ZHONGGUO SHUIWUSHI
HANGYE FAZHAN BAOGAO
2016

中国税务师行业发展报告（2016）

首都经济贸易大学财政税务学院
中国税收筹划研究会
主 编

首都经济贸易大学出版社
Capital University of Economics and Business Press
·北 京·

图书在版编目（CIP）数据

中国税务师行业发展报告 . 2016/首都经济贸易大学财政税务学院，中国税收筹划研究会主编 . —北京：首都经济贸易大学出版社，2017. 9
ISBN 978 - 7 - 5638 - 2654 - 4

Ⅰ. ①中… Ⅱ. ①首… ②中… Ⅲ. ①税收管理—研究报告—中国—2016 Ⅳ. ①F812. 423

中国版本图书馆 CIP 数据核字（2017）第 139324 号

中国税务师行业发展报告（2016）
首都经济贸易大学财政税务学院
中国税收筹划研究会 **主编**

责任编辑 王 猛
封面设计 砚祥志远 · 激光照排 TEL：010-65976003
出版发行 首都经济贸易大学出版社
地　　址 北京市朝阳区红庙（邮编 100026）
电　　话 （010）65976483 65065761 65071505（传真）
网　　址 http：//www. sjmcb. com
E - mail publish@cueb. edu. cn
经　　销 全国新华书店
照　　排 北京砚祥志远激光照排技术有限公司
印　　刷 人民日报印刷厂
开　　本 710 毫米 × 1000 毫米 1/16
字　　数 612 千字
印　　张 34. 75
版　　次 2017 年 9 月第 1 版 2017 年 9 月第 1 次印刷
书　　号 ISBN 978 - 7 - 5638 - 2654 - 4/F · 1477
定　　价 98. 00 元

前　言

2016年是税制改革深入进行的一年，在推行营改增和完善税收征管模式的改革大背景下，我国税务师行业在国家税务总局和中国注册税务师协会的领导下取得进一步的发展。截至2016年年底，全国已取得税务师资格的有13万人，全行业从业人员11万余人，其中，执业税务师4. 4万人，税务师事务所5 600家，业务收入158亿，比上年增长5%以上。

本书由首都经济贸易大学财政税务学院和中国税收筹划研究会共同主编，由首都经济贸易大学财政税务学院院长姚东旭教授、李红霞教授、丁芸教授负责相关编写组织工作。

本书主要分为两个部分：第一部分系统全面地介绍了我国的税务师行业，从2016年税务师行业新发展（由首都经济贸易大学丁芸、宋轶媛编写）、税务师事务所现状分析（由首都经济贸易大学丁芸、高瑞编写）、税务师的服务范围与行业转型升级（由首都经济贸易大学丁芸、宋轶媛编写）、税务师职业道德规范（由首都经济贸易大学丁芸、孙阳编写）、新环境下我国涉税服务的发展现状（由首都经济贸易大学丁芸、朱梦姗编写）、税务师行业发展新思路（由首都经济贸易大学丁芸、高瑞编写）等若干方面进行阐述，让广大读者能更加全面客观地了解税务师行业。第二部分收录了中国税收筹划研究会第十届年会以“大数据时代涉税服务面临的挑战和税收筹划实操案例研究”为主题的论文集和中国财政学会财政史专业委员会学术研讨会论文集中的税收理论与实务论文共计46篇。该论文集的内容主要分为四个方面，即涉税服务与税收筹划，税收征管改革新动态，税制改革新趋势，以史为鉴探讨改革新思路。这些论文对税收筹划、税制改革、税收史等问题进行深入探讨研究，呈现百花齐放、百家争鸣之势，引人深思。

本书参考借鉴了大量的资料，已尽可能地在引用之处标出文献来源，作者在此表示感谢。但由于作者水平有限，经验不足，书中疏漏、错误之处在所难免，恳请读者批评指正。

前言

[illegible]

序　言

郝如玉[①]

2016年是“十三五”的开局之年，也是深化改革的重要一年，从最新发布的经济数据来看，新常态下转型升级的成效已经初步显现。在这样的国内经济形势下，税务师行业要顺应经济发展的“新常态”，逐渐转变观念，凝聚共识，加快转型升级，进一步推动税务师行业的持续健康发展。

我国税务师行业已经有20年的发展历史。随着税制的不断改革和市场经济的不断发展，税务师行业的从业环境也不断得到改善，但在当前的发展形势下，税务师行业也受到内外部多方面的影响，在资格许可、行业竞争、人力资源培训、信息化建设等问题上面临挑战。面对这些挑战，需要全体从业人员正确认识，加强职业道德建设，创新培训模式，推进涉税业务软件研发，还需要认清形势，顺应市场化潮流，强化服务意识，创新服务产品，发挥专业优势，在公平中赢得发展空间，以促进税务师行业的持续健康发展。

大数据时代的到来推动了我国税务工作的信息化，在提高税务工作效率的同时，也为税务信息的存储和整合带来了便利。大数据时代使得办税流程更加简便优化，富有针对性，转变了征管双方的办税思维。网络时代赋予纳税人自由的同时也强化了对税务机关执法风险和纳税人涉税风险的监控。税务征管部门可以依托大数据技术，建立数据采集、分析、存储及应用的一整套大数据管税机制，对电商平台、企业涉税情况等社会数据实施采集、加工及关联，使之成为“涉税”数据；对大企业的生产经营数据进行定期采集，获取企业的库存、采购、销售等信息并进行深层挖掘、多

---

① 作者简介：郝如玉，全国人大财经委副主任委员，首都经济贸易大学副校长，中国税务师协会副会长，中国税收筹划研究会会长，教授、博士生导师。

维分析和动态关联；按期采集来自国税、工商、财政、国土、房管、建设等部门的业务数据，导入第三方数据管理平台进行数据清洗与匹配加工。可以说，大数据时代为税务系统的风险管理和税源深入管理建立起精确、全面的征管数据库，促进了税收征管现代化和信息化。水能载舟，亦能覆舟，大数据时代，数据规模正迅速膨胀，它给各行业带来机遇与变革的同时也带来了各种隐患，致使税务数据的准确性、真实性、时效性都受到较大影响，而且税务数据体系尚未完善，结构较为单一。我们必须认识到大数据时代的双面性，采取有效措施维护税务工作的正常进行。

在大数据时代大背景下，面对互联网技术的巨大变革，税务师行业需要在进一步了解消费需求的同时，顺应时代的发展规律，逐步转变思维，更新服务方式，进一步创新和优化涉税服务。在经济新常态下，税务师行业要时刻准确把握当前的行业政策变化，顺应日新月异的执业环境，积极主动开拓市场业务，重视并提高行业自律能力，强化税务师职业道德意识；要积极促进大数据、云计算、人工智能、物联网等新技术在“互联网+税务”发展中的融合应用，以提高服务的针对性和有效性，从而带动涉税服务标准化、管理规范化。同时，税务师行业要利用信息技术不断改进行业管理方式与人才培养模式，推动税务师行业向法治化、市场化、信息化、国际化方向发展。我国社会主义税收事业正不断发展，在大数据时代的浪潮之下，要顺势而为，转变思维，不断变革涉税服务模式，同时规避和正确处理涉税服务中的各类风险和问题，使税务师行业取得更加长远的发展。

这本《中国税务师行业发展报告（2016）》由首都经济贸易大学财政税务学院和中国税收筹划研究会主编，内容丰富，结构完整且逻辑性较强，是具有较高参考价值的年度性研究报告，也是税收专业人才经验与思想碰撞的火花，可为税务师行业的全面发展改革提供一定程度上的借鉴。

目　录

2016年税务师行业发展报告

税收理论与实务论文集

2016年
税务师行业发展报告

第一章　2016年税务师行业新发展

第一节　税务师行业发展历程概述

我国税务师行业是伴随着市场经济发展而产生的涉税专业服务中介，其创立和发展过程与市场经济的不断发展息息相关。我国税务师行业的发展可以分为萌芽阶段、初创阶段、发展阶段和转变阶段。

一、税务师行业萌芽阶段

我国税务师起源于20世纪80年代出现的以税务咨询为主要业务的税务代理，1983年和1984年我国进行了两步“利改税”，国营企业上缴利润改为上缴所得税的形式。一方面，企业有了自主独立的利润，需要调节利益的分配。另一方面，随着我国税收体制的不断丰富和发展，企业需要能够掌握运用国家税收政策、法律法规的中介机构。在多种因素的推动下，税收代理这种独立公正的服务中介机构应运而生。

在行业萌芽阶段，税务代理的主要业务是提供税务咨询服务，具体包括接受专项咨询委托业务、接受企业委托税务顾问业务和电话税务咨询服务。这一阶段税务咨询服务的宗旨和特征是为国家深化改革提供助力，推动税务工作发展，为委托方提供优质的税务服务，维护委托人的合法权益，以税收制度为依托，推动依法治税的进程。

二、税务师行业初创阶段

1990年纳税人自行申报纳税制度的确立为我国税务师行业带了新契机，被认为是我国税务师行业初创阶段的开端。在税务师行业的初创阶段，更为广泛使用的概念是税务代理行业；1992年，我国在《中华人民共和国税收管理法》中首次以法律形式明确了税务代理人从事税务代理业务；1994年全面性的、结构性的税制改革带来了纳税人对税务代理服务更加复杂、更加迫切的对于税务服务的需求，为顺应市场的需求，国家税务总局下发了《税务代理实行办法》，这是我国税务代理制度正式形成的标志，也是我国税务师行业具有里程碑意义的事件。

为了规范和促进税务师行业的发展，我国从1995年起对税务师这个职业进行了一系列认定和规范。1995年，中国税务师咨询协会成立，成为我国税务师的行业自律组织；1996年，人事部、国家税务总局联合颁布《税务师资格制度暂行规定》，标志着我国的税务师制度正式形成。1998—1999年，人事部和国家税务总局成立了税务师管理中心，并颁布了一系列的法规来完善、规范我国的税务师行业，这对我国税务师行业的健康发展起到了十分积极的推动作用。

这个阶段形成了我国税务师行业的基本雏形，初步形成了具有法律意义、客观公正、自愿平等、操作规范、权责对等的税务代理服务机制。但是，这个阶段同样存在一些问题，如：政企划分不清，难以保证其独立性；税务制度不完善，不利于行业的持续发展；税务代理业公众认知度偏低，地区发展不均衡，人员素质不高，阻碍行业的进一步发展。

三、税务师行业发展阶段

我国的税务师行业在21世纪进入了蓬勃发展的阶段，各方面有了显著的提高和突破。国务院在2000年开始对经济鉴证类中介实施统一的管理，国家税务总局2001年颁布《税务代理业务流程（试行）》，这些举措提高了税务师的执业质量，为促进税务师行业的健康发展提供了更为具体的制度保障。2003年中国税务师协会成立，代替原咨询协会对税务师行业进行管理，标志着我国税务师行业迈上了新的起点。2004—2009年，国家税务总局先后出台了《关于开展税务代理行业专项检查的紧急通知》《税务师管理暂行办法》《关于印发税务师职业基本准则的通知》，进一步规范税务师的执业行为，加强行业的自律管理，促进税务师行业健康有序发展。2012年4月20日，《税务师行业“十二五”时期发展指导意见》正式出台，体现了我国对税务师行业发展的重视，同时标志着我国的税务师行业进入了一个崭新的发展时期。

经过十多年的快速发展，税务师行业已经成为国家税收事业不可或缺的社会管理力量，成为维护国家税收利益和纳税人合法权益、提高管理水平和征纳效率、降低征管成本、规避税收风险不可替代的专业力量，是纳税人和税务机关联系的桥梁和纽带，也是对税务机关执法的重要补充和完善。随着市场经济复杂性的提高、现代纳税体系建设的深入和税收法律法规的完善，我国税务师行业将迎来新一轮的转变和发展。

四、税务师行业转变阶段

我国税务师行业的转变阶段主要体现在市场地位的转变和行业的转型升级。2013 年 11 月 12 日中国共产党第十八届中央委员会第三次全体会议通过了《中共中央关于全面深化改革若干重大问题的决定》，2014 年 7 月 22 日国务院发布了《关于取消和调整一批行政审批项目等事项的决定》，其中取消了税务师的行政许可，一时间受到了广泛的关注和讨论。这两个文件表达了几个重要的观点：第一，经济体制改革的核心是要处理好政府与市场的关系，要使市场在资源配置中发挥决定性作用和更好发挥政府作用；第二，根据上述的观点，政府的改革要简政放权，就要减少行政审批；第三，在政府转变职能的同时，要发挥社会组织在市场监督中的重要作用，就要政社分开，要实现行业协会商会和行政机关的彻底脱钩，发挥其行业自律作用①。国务院取消一批行业的职业资格许可，旨在更好地发挥市场在资源配置中的决定性作用，支持税务师事务所等市场专业化组织发挥社会监督作用，支持税务师事务所对企业财务、纳税情况、资产验资和交易行为的真实性、合法性进行鉴定。2015 年 11 月 6 日，人力资源和社会保障部、国家税务总局发布了《税务师执业资格制度暂行规定》和《税务师执业资格考试实施办法》。由此，税务师的准入类考试资格已经调整为水平评价类职业资格。

2016 年，国家税务总局发布关于《建立税务机关、涉税专业服务社会组织及其行业协会和纳税人三方沟通机制的通知》，是新时期指导涉税专业服务社会组织发展、构建税收共治格局的重要指导文件。中国税务师协会先后发布了《税务师职业资格证书登记服务办法（试行)》、《中国税务师协会行业诚信记录管理办法（试行)》和《中国税务师协会税务师事务所综合评价办法（试行)》为税务师行业自律管理、规范服务和转型升级提供了较为完善的制度保证。

税务师行业作为涉税专业服务的主力军，经过近几十年发展，目前已有税务师事务所 5 600 多家，税务师 13 万多人；年服务纳税人超过 230 万户；已成为继律师、注册会计师之后的第三大鉴证咨询类专业服务行业，在维护纳税人合法权益和国家税收利益、优化纳税服务和提高征管效能等方面发挥着越来越重要的作用。2016 年全国税务师职业资格考试报名 17.6

① 光明日报．专家谈如何使市场在资源配置中起决定性作用和更好发挥政府作用［OL］．(2013－12－02) http：//theory. people. com. cn/n/2013/1202/c40531－23713278. html.

万余人、科次近46万，比2015年度分别增加4%和10%，新增25个考点城市，应届大学生报名应试人员较2015年有较大提高①。

第二节　税务师行业的政策环境分析

一、行业发展相关政策

2016年是我国税务师行业转型升级非常重要的一年，政府机关和行业协会都非常重视行业的发展与转型，发布了相关通知和意见引导行业的升级。详情见表1-1。

表1-1　2016年与行业发展相关新政策梳理

发布机构	政策名称	政策作用
国家税务总局	《关于建立税务机关、涉税专业服务社会组织及其行业协会和纳税人三方沟通机制的通知》（税总发〔2016〕101号）	发挥税务师事务所等涉税专业服务社会组织在构建税收共治格局和优化纳税服务、提高征管效能等方面的积极作用
国家税务总局	《中共国家税务总局党组关于加强税务师行业党的建设工作的指导意见》（税总党组发〔2016〕35号）	进一步推进税务师行业党的组织和工作有效覆盖，完善行业党的组织和工作机制，加强行业党的组织和队伍建设，提升行业党的建设工作水平，保障行业创新发展
国家税务总局	《国家税务总局党组关于扎实开展三项专项治理深入推进巡视整改的通知》（税总党组发〔2016〕95号）、《国家税务总局关于全面开展严禁税务人员违规插手涉税中介经营活动专项治理自查工作的通知》（税总函〔2016〕389号）和《国家税务总局关于停止执行〈税务师管理暂行办法〉第二十三条有关规定的通知》（税总函〔2016〕407号）	围绕着这三个文件，中税协在全行业开展税务师行业转型升级讨论，研究提出推进行业持续健康发展的意见。从创新业务领域、坚持技术创新、提高队伍专业技能和综合素质、强化诚信自律、推进管理创新、推进行业立法、加强正面宣传、落实三方沟通机制等方面展开研究

① 申铖．涉税服务被看好2016年全国税务师资格考生达17.6万人［OL］．（2016-11-14）http：//mt. sohu. com/20161114/n473152921. shtml.

续表

发布机构	政策名称	政策作用
中国税务师协会	《中国税务师协会行业诚信记录管理办法（试行）》	加强税务师行业自律管理，加强税务师行业诚信建设管理机制，不断提升税务师行业的信誉水平
中国税务师协会	《税务师职业道德规范（试行）》	职业道德是新形势下税务师行业健康发展的助推剂，信守职业道德规范，是税务师行业赖以生存和发展的基石，更是与每一个税务师的职业生涯紧密相连的生命线。文件的出台必将对税务师行业的健康发展产生重大而深远的影响

二、税务师事务所相关政策

2016 年新政策中和事务所息息相关的政策主要是关于事务所评级认定和评价管理的相关制度。详情见表 1－2。

表 1－2　2016 年与税务师事务所相关新政策梳理

发布机构	政策名称	政策作用
中国税务师协会	《中国税务师协会等级税务师事务所认定办法》（2016 年修订）	在原有基础上更加细化和规范化了税务师事务所评级的认定办法，为税务师事务所的工作目标提供了指导
中国税务师协会	《中国税务师协会税务师事务所综合评价办法（试行）》	进一步规范税务师事务所的管理、认定、评级和评价机制，建立了较为全面和综合的税务师事务所评价体系

三、税务人才相关政策

税务师行业是人才密集型行业，人才的培养是十分重要的环节。2016 年是全国税务师职业资格考试改革的第二年，报考人数呈现持续增加的态势，各项工作已经顺利完成。与此同时，全国和全行业发布了多个相关通知，为人才培养创造良好的条件。详情见表 1－3。

表1－3 2016年与税务师事务所相关新政策梳理

发布机构	政策名称	政策作用
中共中央	《关于深化人才发展体制机制改革的意见》	解放和增强人才活力，形成具有国际竞争力的人才制度优势，聚天下英才而用之，这是当前和今后一个时期全国人才工作的重要指导性文件
中国税务师协会	《税务师行业突出贡献奖评审办法》（2016年修订）	奖励先进税务工作者，调动税务师行业的积极性和创造性，促进行业健康快速发展

第三节 税务师事务所行业经济环境分析

一、国家经济发展“新常态”的趋势

2016年是“十三五”的开局之年，也是深化改革的重要一年，从最新发布的经济数据来看，新常态下转型升级的成效已经初步显现。在这样的国内经济形势下，税务师行业要顺应经济发展的“新常态”。国内经济环境的特征主要可以归纳为以下几点：

（一）经济下行压力依然存在

虽然政府为我国经济顺利转型和保持平稳做了很多的工作，但是经济下行的压力依然存在，企业尤其是传统企业快速发展的机会减少，企业工作的重点也从之前的高速扩张策略转变为控制成本、规避风险、强化竞争的策略上来。因此，税务师行业要根据市场经济发展和企业的经营策略调整自身的市场拓展策略，协助企业在控成本、降风险和强竞争上作文章。

（二）经济结构转型势在必行

传统的经济增长的三驾马车，即投资、消费、出口的效用逐渐降低，供给侧改革、传统行业结构调整、并购重组等经济行为将对社会经济发展产生很大的影响。税务师如何参与进“去产能、去库存、去杠杆、降成本、补短板”的供给侧改革当中，如何在传统行业结构调整中发挥特长，拓展业务，如何在并购重组浪潮中占得先机，为企业间的经济行为服务，是税务师行业应该思考的问题。

（三）发挥市场机制的决定性作用

党的十八大提出发挥市场机制的决定性作用，再一次确定市场资源的配置方式从由政府主导转向由市场主导，市场将发挥更加重要和决定性的配置作用。政府向社会放权、向市场放权、向企业放权。这也意味着税务师行业的市场竞争更加激烈，“优胜劣汰，适者生存”，税务师行业应当顺应市场的趋势，以市场为导向，积极主动参与到市场竞争中来，不断提高自身的实力和竞争力，在市场经济体制中扬长避短，以更优质、更专业的服务立足于市场。

（四）创新驱动、技术先行

我国经济的增长方式正在由要素驱动型转向创新驱动型，并提出了“创新、协调、绿色、开发、分享”的发展理念。同时，政府已经步入了大数据税收的时代，企业纳税的遵从行为和方式必然改变[①]。税务师行业作为涉税专业服务机构要坚持“五个创新”即理念创新、技术创新、业务创新、商业模式创新和管理方式创新，在“大数据”和“互联网+”浪潮下，税务师行业要顺应信息经济，开拓思路、认真思考、正确应对。

二、经济全球化深入发展的趋势

（一）对外开放战略的促进

“走出去”战略是党中央、国务院根据经济全球化新形势和国民经济发展需要做出的重大决策。“走出去”企业往往会面临政治风险和经济风险，这些风险会直接影响企业的经营状况，导致成本费用增加、经营亏损，从而带来境外亏损在境内无法弥补、税收抵免和税收饶让等税收风险[②]。而这对税务师行业来说是拓展国内外市场的机遇，是税务师行业深入发展高端税务咨询代理服务的重要机会；同时这也对税务师行业提出了更高的要求。税务师行业要和政府、企业紧密联结，利用自身的专业优势帮助中国企业在国际竞争中发展壮大，更好地适应经济全球化深入发展的趋势。

---

① 张占斌．增长动力由要素驱动，投资驱动向创新驱动转换［OL］．（2015－01－29）http：//theory. people. com. cn/n/2015/0129/c392798－26472478. html.

② 中国税务报．完善“走出去”企业税收政策和服务体系［OL］．（2016－11－30）http：//www. lnsds. gov. cn/art/2016/11/30/art_ 43_ 113582. html.

（二）“一带一路”战略的深化

“一带一路”是我国新时期重要的国家战略，具有重要的经济意义，是促进我国经济发展，打造欧亚非经济互通、文化交融新格局的重要举措。我国参与“一带一路”战略的企业必须处理好在投资国的涉税问题。2015 年 4 月，国家税务总局发布了《关于落实“一带一路”发展战略要求做好税收服务与管理工作的通知》，2016 年正是“一带一路”战略迅速发展的关键一年，在“一带一路”领域，税务师的作用不容忽视，专业从事涉税服务的税务师行业要为企业提供全面的、良好的涉税咨询与服务，这也是历史赋予税务师行业的重任①。首先，为我国企业走向国际化提供投资目的国的税务情况咨询；第二，为我国走出去企业提供有关 EPC、股权转让所得税等复杂税务问题的筹划方案；最后，为一些企业编制国别报告。对于税务师事务所原有的客户来说，也同样面临国际化的挑战，事务所要尽快调整和适应，留住原有客户，并和客户共同走向国际化发展。

三、税务师行业需求分析

税务师行业经过了多年的发展，规模、业务范围和人才队伍不断壮大，形成和凝聚成了独特的行业竞争力。税务师行业的生命力所在，行业得以蓬勃发展的前提就是市场需求，符合经济发展的客观需求。纳税人和市场的刚性需求是税务师行业成长的根基。

（一）推进税制改革需要税务师行业

党的十八届三中全会公报对财税体制改革明确提出，“财政是国家治理的基础和重要支柱，科学的财税体制是优化资源配置、维护市场统一、促进社会公平、实现国家长治久安的制度保障。必须完善立法、明确事权、改革税制、稳定税负、透明预算、提高效率，建立现代财政制度，发挥中央和地方两个积极性。要改进预算管理制度，完善税收制度，建立事权和支出责任相适应的制度”。涉税专业服务社会组织在改革中的作用不可替代，涉税专业服务社会组织的创新不可停顿，涉税专业服务社会组织的管理不可或缺。本轮的税收制度改革要盯住全面深化改革所涉及的诸多方面的线索同时进行适应性的改革，税务师行业要在改革中根据政策的需要为企业提供涉税服务，推动改革的顺利进行。

---

① 蒋宝铸．借助税务师行业满足纳税服务需求的思考［J］．税务师，2014（7）：60－62.

（二）深化征管改革需要税务师行业

财税体制改革必然伴随着征管体制的改革。目前，我国的税收征管模式已经不能适应税制改革的要求，征管改革势在必行。截至 2014 年年底，全国税务师行业已有从业人员 120 714 人，其中在税务师事务所执业的有 40 776人，为税务机关的税收征管提供了强有力的补充。首先，随着现代化税收征管体系逐步建立与完善，税务师的专业优势将得到充分发挥，这为税务师行业的发展带来了新的机遇。其次，随着纳税人纳税意识逐渐增强，纳税人越来越重视自身权利的保护，因此，在税收征管过程中，当征纳双方发生矛盾时，需要第三方来协调征纳矛盾，促进税收征管的顺利进行。税务师作为专业处理征纳矛盾的第三方，被赋予了加强税收征管，协调征纳矛盾的使命。最后，充分发挥税务师的职能作用，也可为税务机关减轻征管压力，转移税收管理风险。

（三）保护纳税人利益需要税务师行业

税务师的专业化代理和咨询服务，不仅有利于提高征管效率，也有利于维护纳税人的合法权益。税务师就像是联结企业和税收政策的桥梁，在税收政策范围内保障纳税人的权益，帮助纳税人规避税收风险。上文我们提到当前国内外经济形势的复杂和变革，企业持续健康的发展需要税务师的辅助，这也是越来越多的企业把税务师和事务所作为他们的“好参谋”的重要原因。

综上所述，社会是需要税务师的。对于纳税人来说，税务师提供的专业的涉税服务是其规范纳税、规避税收风险、保障自身合法权益的必然需求；对于政府税务机关来说，涉税服务是提高征收效率、降低征收成本、保证税款足额征收、落实税收法律法规的必然途径。

第四节　税务师事务所行业社会环境分析

一、全国税收收入现状分析

2015 年，全国税务部门组织税收收入 110 604 亿元（已扣减出口退税），比上年增长 6.6%，与经济增长基本协调。①受经济下行、产能过剩及库存较高影响，制造业税收增长较慢，但部分高端装备制造业得益于创新力度大，产业集聚程度高，市场竞争力强，税收增长较快。如电气机械和器材制造业税收收入完成1 870亿元，增长8.3%，比制造业整体税收增幅高3个百分点。②医药、科研和技术服务行业税收增长较快。2015年全国医药制造业税收增长13%，领先制造业整体税收增速7个多百分点；科学研究和技术服务业税收增长13%，大大领先于制造业整体税收增长水平。③新兴信息产业税收大幅增长。近年来，新兴信息产业快速增长，因其创新程度高、溢出效应强，日益成为引导经济结构调整的重要力量。2015年，全国软件和信息技术服务业税收完成1 210亿元，增长21.2%。④新型服务业税收大幅增长。租赁和商务服务业是创新程度较高的行业，如融资租赁产品越来越多样化，商务服务业更是汇集了法律、咨询、知识产权服务等知识密集型行业。2015年，第三产业税收增长7.6%，其中租赁和商务服务业是高增长行业，完成税收5 822亿元，增长23.8%，连续3年增幅提高，企业所得税增长40.9%，显示其企业利润大幅增长。⑤创新创业企业大量增加。2015年，全国创新创业热情高涨，江苏国税纳税企业新增30万户，同比增长28%；浙江国税（不含宁波）纳税企业新增17万户，同比增长22%。2015年国税登记企业户数达295家，而2014年只有25家，创新创业企业激增，发展势头强劲①。

二、社会环境对行业的影响

（一）带动行业的整体发展

首先，涉税服务行业作为新型服务型企业对税收收入的贡献逐年增加，证明涉税服务行业的收入情况和盈利能力在不断提升，而且有不断攀升的趋势，这对涉税服务行业来说是非常好的发展态势。其次，全国税收收入整体水平的提高为税务师事务所创造了丰富的业务资源，可以进一步推动行业向前发展。最后，也是非常重要的一点，纳税人纳税意识的不断增强和对自身权益要求的不断提高也为涉税服务行业创造了良好的社会意识基础，涉税服务行业应以服务为宗旨，为纳税人或扣缴义务人提供优质的涉税服务。

（二）为行业发展提供新思路

社会环境的变化同样可以为行业发展提供新的思路和参考。根据2015

① 以上数据来自《中国统计年鉴》。

年全国税收收入现状的分析，税务师事务所可以根据自身的情况发展服务对象，例如，向高端制造业、医药、科研和技术服务行业、新兴信息产业、创新创业企业进行业务推广，利用它们良好的发展形势带动行业的发展。

第二章　税务师事务所现状分析

税务师事务所是专职从事税务代理的工作机构，它可以是由税务师合伙设立的组织，或者是由一定数量的税务师发起成立的负有限责任的税务师事务所。税务师事务所是实行独立核算、自负盈亏的经济实体，是一种中介组织，提供专门的税务服务；类似于律师事务所提供法律服务。① 虽然我国税务师事务所较其他国家起步较晚，但是，随着我国社会主义市场经济体制改革不断深化，近几年税务师事务所取得了长足发展。下面我们就近三年的数据及税务师事务所的变化情况来分析一下我国税务师事务所的发展现状。

第一节　税务师事务所基本情况

一、税务师事务所数量变化情况

根据表2-1可知，截至2014年12月31日，全国从事经营的税务师事务所共5 455户，比上年增长5.05%。税务师事务所的注册资金总额为35.04亿元，运营资金总额为2.78亿元，资产总额105.89亿元，分别比上年增长10.31%、23.04%和10%。全年税务师事务所利润总额为4.37亿元，比上年增长8.37%，委托人总户数为221.79万户次，比上年减少1.96%。现将2007—2014年全国税务师事务所数量及其增长速度列示如下（图2-1）。

为了实现行业跨越式发展，2012年国家税务总局印发的《税务师行业“十二五”时期发展意见》指出，到2015年年底，要实现行业规模较快发

① 李雪萍．谈税务师事务所及税务师的代理、筹划作用［J］．财经界，2015（8）．

表 2－1　2013—2014 年度税务师行业基础数据统计表

序号	地区	事务所总数			执业注册税务师人数			人员总数			收入总额		
		2013	2014	增幅(%)	2013	2014	增幅(%)	2013	2014	增幅(%)	2013	2014	增幅(%)
1	北京	491	505	2.85	3 837	3 894	1.49	9 387	9 415	0.30	176 561.10	193 414.82	9.55
2	天津	112	115	2.68	721	748	3.74	1 801	1 892	5.05	18 452.67	19 579.54	6.11
3	河北	190	193	1.58	1 233	1 290	4.62	3 816	3 798	-0.47	26 167.24	28 017.03	7.07
4	山西	101	107	5.94	794	821	3.40	1 727	1 834	6.20	23 184.12	21 598.18	-6.84
5	内蒙古	125	126	0.80	669	675	0.90	1 447	1 465	1.24	7 986.72	8 530.49	6.81
6	辽宁	157	167	6.37	1 013	1 074	6.02	2 174	2 151	-1.06	20 250.34	19 149.73	-5.44
7	大连	72	75	4.17	530	535	0.94	1 128	1 178	4.43	12 117.22	13 715.33	13.19
8	吉林	90	94	4.44	514	565	9.92	1 022	1 195	16.93	6 553.46	6 996.86	6.77
9	黑龙江	71	68	-4.23	420	398	-5.24	931	862	-7.41	3 282.51	3 393.50	3.38
10	上海	113	131	15.93	955	977	2.30	2 925	2 966	1.40	107 350.06	123 986.67	15.50
11	江苏	300	318	6.00	2 533	2 760	8.96	6 921	7 315	5.69	145 008.32	148 179.01	2.19
12	浙江	224	230	2.68	1 966	2 105	7.07	7 692	7 898	2.68	126 292.76	135 096.58	6.97
13	宁波	50	53	6.00	455	484	6.37	2 078	2 173	4.57	34 097.57	36 098.57	5.87
14	安徽	167	174	4.19	1 045	1 155	10.53	2 344	2 582	10.15	15 392.68	20 758.44	34.86
15	福建	141	150	6.38	1 110	1 202	8.29	2 901	3 169	9.24	23 838.94	28 854.44	21.04
16	厦门	54	62	14.81	502	536	6.77	1 438	1 521	5.77	17 451.54	19 352.07	10.89
17	江西	107	118	10.28	575	643	11.83	1 378	1 600	16.11	11 581.18	15 171.63	31.00
18	山东	333	336	0.90	2 576	2 651	2.91	6 504	6 569	1.00	50 040.16	52 421.03	4.76

续表

序号	地区	事务所总数			执业注册税务师人数			人员总数			收入总额		
		2013	2014	增幅(%)	2013	2014	增幅(%)	2013	2014	增幅(%)	2013	2014	增幅(%)
19	青岛	81	79	-2.47	536	607	13.25	1 334	1 432	7.35	16 681.57	17 909.94	7.36
20	河南	236	244	3.39	1 574	1 595	1.33	4 111	4 125	0.34	28 927.22	33 569.96	16.05
21	湖北	197	197	0.00	1 367	1 434	4.90	2 971	3 017	1.55	27 740.13	27 592.81	-0.53
22	湖南	126	141	11.90	919	1 008	9.68	2 151	2 328	8.23	27 398.24	28 384.17	3.60
23	广东	568	607	6.87	5 070	5 427	7.04	14 149	14 609	3.25	174 772.31	187 150.43	7.08
24	深圳	173	178	2.89	1 235	1 263	2.27	3 281	3 365	2.56	38 936.25	47 481.76	21.95
25	广西	94	105	11.70	709	763	7.62	1 612	1 769	9.74	9 803.12	12 374.54	26.23
26	海南	52	57	9.62	303	341	12.54	792	889	12.25	9 006.70	10 541.80	17.04
27	重庆	122	133	9.02	824	894	8.50	1 906	2 086	9.44	27 446.09	31 489.78	14.73
28	四川	224	239	6.70	1 759	1 888	7.33	4 699	4 809	2.34	51 820.17	57 700.11	11.35
29	贵州	46	52	13.04	310	340	9.68	911	984	8.01	9 939.80	11 834.46	19.06
30	云南	84	87	3.57	651	711	9.22	1 371	1 470	7.22	14 297.32	15 499.65	8.41
31	西藏	15	18	20.00	86	95	10.47	207	256	23.67	2 465.14	3 166.70	28.46
32	陕西	105	110	4.76	660	701	6.21	1 863	2 073	11.27	14 103.33	20 443.78	44.96
33	甘肃	76	80	5.26	420	427	1.67	872	905	3.78	5 162.94	6 053.03	17.24
34	青海	7	8	14.29	57	72	26.32	227	264	16.30	3 215.00	4 364.57	35.76
35	宁夏	21	24	14.29	135	144	6.67	425	471	10.82	7 360.98	7 854.68	6.71
36	新疆	68	74	8.82	543	553	1.84	1 336	1 365	2.17	18 930.11	20 081.32	6.08
总计		5 193	5 455	5.05	38 606	40 776	5.62	101 832	105 800	3.90	1 313 615.01	1 437 807.41	9.45

资料来源：中国税务师协会公布的统计数据。

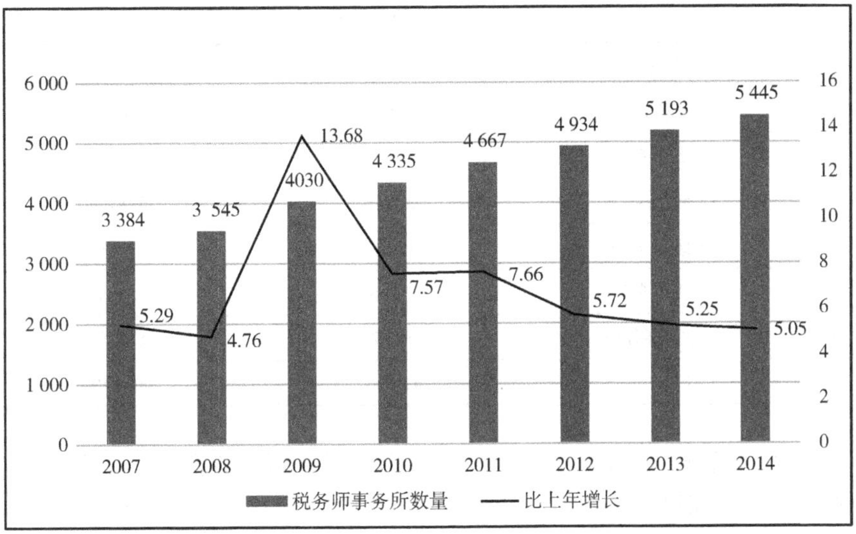

图 2 -1　2007—2014 年全国税务师事务所数量及其增长速度

展，力争实现行业收入总额翻一番，税务师资格人数、执业人数和行业从业人数分别达到 12 万人、5 万人和 12 万人，税务师事务所数量达到 6 000 家的目标。由表 2 -1 可以看出，全国税务师事务所超过百户的地区有 22 个，比上年增加了 1 个，依次是：北京 505 户、天津 115 户、河北 193 户、山西 107 户、内蒙古 126 户、辽宁 167 户、上海 131 户、江苏 318 户、浙江 230 户、安徽 174 户、福建 150 户、江西 118 户、山东 336 户、河南 244 户、湖北 197 户、湖南 141 户、广东 607 户、深圳 178 户、广西 105 户、重庆 133 户、四川 239 户、陕西 110 户。上述 22 个地区税务师事务所共有 4 624 户，占全国总数的 84. 77%。从区域分布情况看，北京、浙江、江苏、山东、广东所在地区的税务师事务所数量占据较大的比例，税务师事务所主要集中在华东、中南和华北地区等经济较为发达的地区。我国的税务师事务所数量也随着经济的发展不断逐年增加。

二、税务师和从业人员

（一）税务师

等级税务师事务所 2015 年税务师合计 16 166 人，占全国税务师行业 2015 年税务师 41 838 人的 38. 64%。具体数据如表 2 -2 所示：

表 2-2　税务师人数

序号	名称	人数	比例
1	A 级事务所	6 224	14.88%
2	2A 级事务所	2 015	4.82%
3	3A 级事务所	2 850	6.81%
4	4A 级事务所	1 531	3.66%
5	5A 级事务所	3 546	8.48%
6	非等级事务所	25 672	61.36%
合计		41 838	100.00%

表 2-2 的数据显示，5 个等级事务所的税务师人数在总人数中占据少量的比重，分别为 14.88%、4.82%、6.81%、3.66%、8.48%，而非等级事务所中的税务师人数则占据较大的比重为 61.36%，由此可以看出，我国一半以上的税务师在非等级事务所中工作。

（二）从业人员

等级税务师事务所 2015 年从业人员合计 44 666 人，占全国税务师行业 2015 年税务师 102 161 人的 43.72%。具体数据如表 2-3 所示：

表 2-3　事务所从业人员比较

序号	名称	人数	比例
1	A 级事务所	16 123	15.78%
2	2A 级事务所	5 425	5.31%
3	3A 级事务所	7 922	7.75%
4	4A 级事务所	5 198	5.09%
5	5A 级事务所	9 998	9.79%
6	非等级事务所	57 495	56.28%
合计		102 161	100.00%

从表 2-3 可以看出，各事务所的从业人员虽然有所增加，但是从业人员的数量远远大于税务师的数量，非等级事务所的从业人数虽然所占比例较税务师比例有所下降，但是从业人员数还是远远大于等级事务所从业人数之和。图 2-2 是税务师、从业人员人数比较。

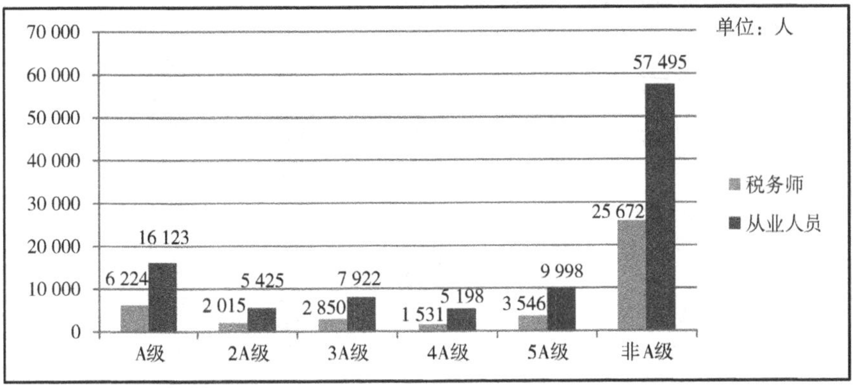

图 2－2 税务师、从业人员人数比较

第二节 税务师行业经营情况

“十二五”期间，我国经济社会发展处于新的转型期，经济平稳较快发展，GDP 年均增长 7.8%。同期，税务师行业的经营收入从 2011 年的 97.33 亿元增长到 2015 年的 149.98 亿元，年平均增长率为 11.42%。[①] 随着我国经济的不断转型升级，税务师行业也在拓宽自己的发展道路以适应经济形势的变化。

一、行业收入总体情况

根据图 2－3 所示，截止到 2015 年 12 月 31 日，税务师行业的收入总额为 148.98 亿元，比上年增长 4.31%。从 2011 年开始，我国税务师行业收入总额持续增长，平均每年增长率为 13.38%，与此同时，除了 2015 年之外，其余年度的税务师行业收入增长率均高于 GDP 增长率。

二、地区收入情况

（一）地区间收入规模差距较大

从图 2－4 中可以看出，我国 36 个地区之间的收入差距悬殊，经营收入较多的地区与经营收入较少的地区之间对比十分明显。根据图 2－4 可以

① 金宁．2015 年度税务师行业收入情况分析［J］．税务师，2016（9）．

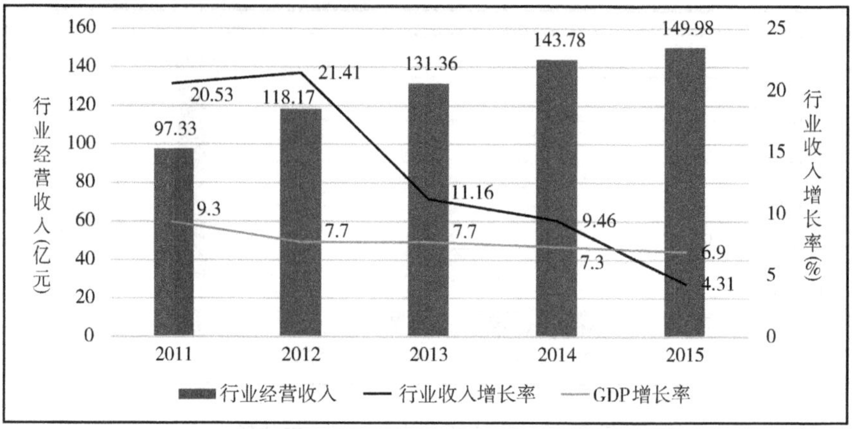

图2－3　税务师行业经营收入和行业收入增长率

看出，2015 年税务师行业经营收入最多的五个地区分别为：北京、广东、江苏、浙江和上海，这五个地区的行业经营收入均超过了 10 亿元，收入总额合计为 85. 31 亿元，占了全行业经营收入总额的 56. 88%。

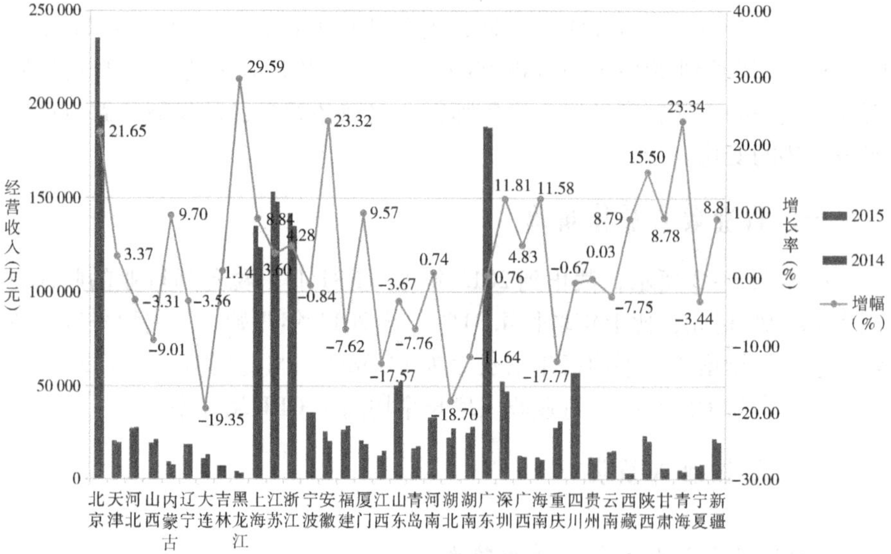

图2－4　各地区经营收入

（二）地区间收入增长率分化明显

2015 年，不仅税务师行业经营收入在各地区之间千差万别，而且行业收入增长情况地区分化同样十分明显。根据图 2 -4 可以看出，全国 36 个地区中有 21 个地区的收入是增长，还有 15 个地区的收入是下降，其中，收入增长幅度最大的三个地区是黑龙江、青海和安徽。由于行业经营收入增长率是 2015 年度的经营收入和 2014 年度的经营收入相比较得出来的，所以基数较小的地区增长率就比较大。

三、等级税务师事务所基本情况

截至 2015 年 12 月 31 日，全行业共计认定等级税务师事务所 1 070 家（不含授牌子所、分所），其中：A 级 701 家、2A 级 160 家、3A 级 160 家、4A 级 35 家、5A 级 14 家，占全国 5 511 家税务师事务所的 19. 42% 。

（一）经营收入

1. 等级事务所与非等级事务所收入

等级事务所和非等级事务所 2015 年经营收入分别为 100. 82 亿元和 49. 16 亿元。等级事务所经营收入占全国事务所经营收入 149. 98 亿元的 67. 22% （图 2 -5）。

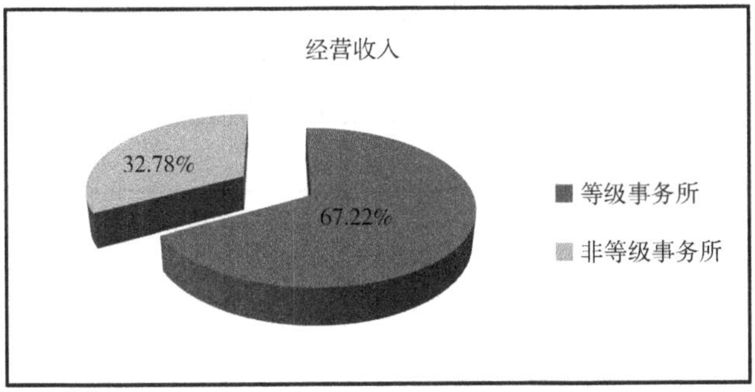

图 2 -5　等级事务所和非等级事务所经营收入

2. 各类型事务所的收入比重

（1）各等级事务所的收入比重：

A 级事务所经营收入为 21. 76 亿元，2A 级事务所经营收入为 10. 89 亿元，3A 级事务所经营收入为 19. 46 亿元，4A 级事务所经营收入为 17. 77 亿元，5A 级事务所经营收入为 30. 94 亿元，占全国税务师行业总经营收入的比例分别为 14.51%、7.26%、12.97%、11.85%、20.63%（图 2-6）。

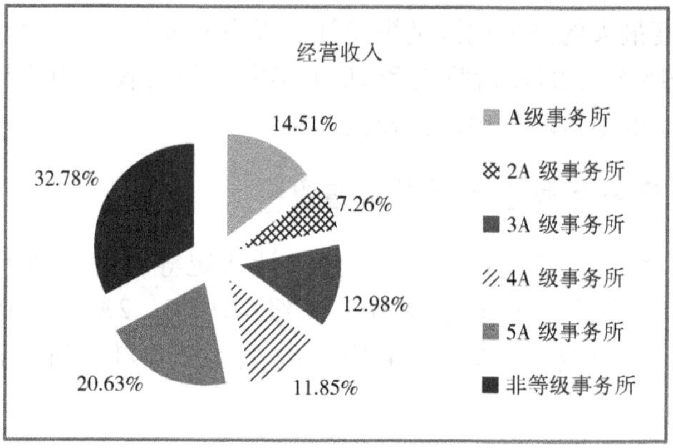

图 2-6　各等级事务所收入比重

（2）4A、5A 级事务所，A、2A、3A 级事务所和非等级事务所的收入比重：

中税协认定的 4A、5A 级事务所经营收入为 48.71 亿元，占全国事务所经营收入的 32.48%；地方税协认定的 A、2A、3A 级事务所经营收入为 52.11 亿元，占全国事务所经营收入的 34.74%；非等级事务所经营收入为 49.16 亿元，占全国事务所经营收入的 32.78%；形成了 4A、5A 级，A、2A、3A 级和非等级事务所经营收入各占 1/3 的格局（图 2-7）。

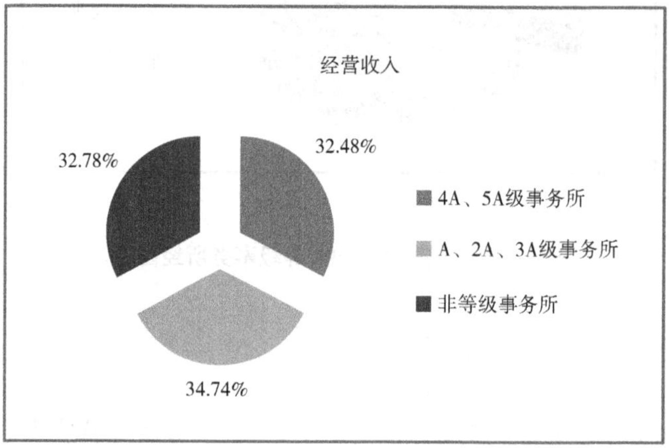

图 2-7　4A、5A 级事务所，A、2A、3A 级事务所和非等级事务所的收入比重

2. 各类型事务所的收入比重

(1) 各等级事务所的收入比重：

A 级事务所经营收入为 21.76 亿元，2A 级事务所经营收入为 10.89 亿元，3A 级事务所经营收入为 19.46 亿元，4A 级事务所经营收入为 17.77 亿元，5A 级事务所经营收入为 30.94 亿元，占全国税务师行业总经营收入的比例分别为 14.51%、7.26%、12.97%、11.85%、20.63%。

(2) 4A、5A 级事务所，A、2A、3A 级事务所和非等级事务所的收入比重：

中税协认定的 4A、5A 级事务所经营收入为 48.71 亿元，占全国事务所经营收入的 32.48%；地方税协认定的 A、2A、3A 级事务所经营收入为 52.11 亿元，占全国事务所经营收入的 34.74%；非等级事务所经营收入为 49.16 亿元，占全国事务所经营收入的 32.78%；形成了 4A、5A 级，A、2A、3A 级和非等级事务所经营收入各占 1/3 的格局。

(二) 利润总额

等级税务师事务所 2015 年利润总额合计 4.64 亿元，占全国税务师行业 2015 年利润总额 5.04 亿元的 92% (图 2-8)。

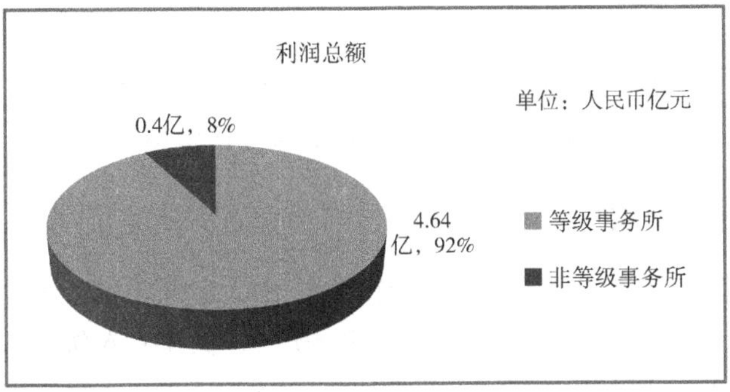

图 2-8　税务师事务所利润总额

其中，A 级事务所利润总额为 0.35 亿元，经营利润率为 1.61%；2A 级事务所利润总额为 0.30 亿元，经营利润率为 2.75%；3A 级事务所利润总额为 0.82 亿元，经营利润率为 4.21%；4A 级事务所利润总额为 1.08 亿元，经营利润率为 6.08%；5A 级事务所利润总额为 2.09 亿元，经营利润率为 6.76%。等级事务所平均经营利润率为 4.60%，比全国事务所平均经营利润率 3.36% 高 1.24% (图 2-9)。

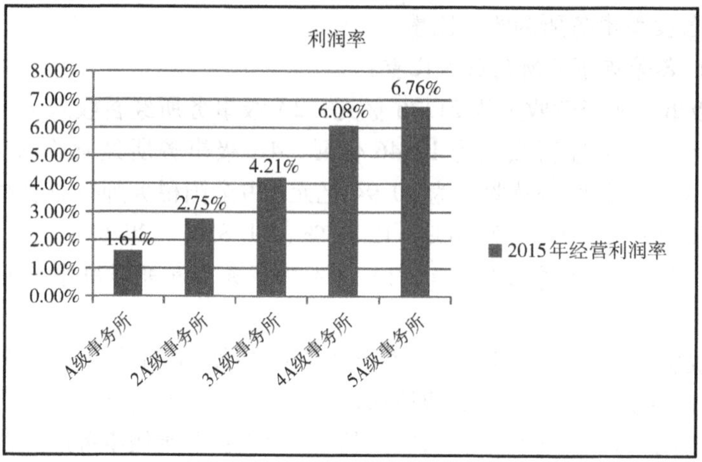

利润率 = 利润总额 ÷ 经营收入

图2－9 等级事务所经营利润率

第三节 等级税务师事务所认定情况

等级税务师事务所在2015年发生了很大的变化，根据中国税务师协会发布的信息，2014年的全国税务师事务所等级认定情况如下。

一、基本情况

截止到2014年12月31日，全行业共计认定等级税务师事务所1 019家（不含授牌子公司事务所、分公司事务所），其中：A级674家、AA级147家、AAA级157家、AAAA级29家、AAAAA级12家，占全国5 455家税务师事务所的18.68%。2014年等级事务所比2013年936家等级事务所净增加83家，其中：A级事务所净增加50家，AA级事务所净增加7家，AAA级事务所净增加16家，AAAA级事务所净增加7家，AAAAA级事务所增加3家。

2014年全行业营业收入合计143.74亿元，执业税务师合计40 724人，人均收入为35.30万元。其中，AAAA级、AAAAA级事务所收入为36.22亿元，占全行业收入的25.20%；执业税务师为3 885人，占全行业执业税务师的9.54%；人均收入为93.22万元，是全行业人均收入的

2.64 倍。

二、等级认定情况分析

（一）各地税协等级认定开展情况

2014 年共有 35 个地方税协开展了等级事务所认定工作，西藏税协暂未开展该项工作。在开展等级认定工作的 35 个税协中，黑龙江、上海、青岛、广西、贵州、甘肃、青海、宁夏等 8 个地方税协对上年的等级事务所进行了复核，未认定新的等级事务所。

（二）等级事务所数量增减变化情况

全国 2014 年等级税务师事务所共计 1 019 家（其中，复核合格 862 家，新认定 157 家）。2013 年 936 家等级事务所中除复核合格的 862 家外，有 70 家未通过复核，其中：注销 8 家，未申请 14 家，经营收入不达标 47 家，不合格 1 家；有 4 家等级事务所成为 AAAAA 级事务所子公司。

1. A 级事务所数量增减变化情况

2014 年全国 A 级事务所共计 674 家，在 2013 年 624 家基础上，增加 145 家，其中：新认定 135 家，AA 级降为 A 级的 8 家，AAA 级降为 A 级的 2 家；减少 95 家，其中：升为 AA 级的 34 家，升为 AAA 级的 5 家，未通过复核的 56 家。

2. AA 级事务所数量增减变化情况

2014 年全国 AA 级事务所共计 140 家，在 2013 年 140 家基础上，增加 43 家，其中：新认定 8 家，A 级升为 AA 级的 34 家，AAA 级降为 AA 级的 1 家；减少 36 家，其中：升为 AAA 级的 19 家，升为 AAAAA 级子公司的 1 家，降为 A 级的 8 家，未通过复核的 8 家。

3. AAA 级事务所数量增减变化情况

2014 年全国 AAA 级事务所共计 157 家，在 2013 年 141 家基础上，增加 38 家，其中：新认定 14 家，A 级升为为 AAA 级的 5 家，AA 级升为 AAA 级的 19 家；减少 22 家，其中：升为 AAAA 级的 11 家，升为 AAAAA 级子公司的 3 家，降为 A 级的 2 家，降为 AA 级的 1 家，未通过复核的 5 家。

4. AAAA 级事务所数量增减变化情况

2014 年全国 AAAA 级事务所共计 29 家，在 2013 年 22 家基础上，增加 11 家，全部为 AAA 级升 AAAA 级；减少 4 家，其中：升 AAAAA 级的

3 家，复核未通过的 1 家。

5. AAAAA 级事务所数量增减变化情况

2014 年全国 AAAAA 级事务所共计 12 家，在 2013 年 9 家基础上，增加 3 家，全部为 AAAA 级升为 AAAAA 级。

（三）AAAA、AAAAA 级事务所区域分布情况

2014 年 AAAA 级事务所为 29 家（不含授牌子所、分所），符合授牌条件的共计 32 家事务所。29 家 AAAA 级事务所分布在 11 个地区，即北京 9 家，河北 1 家，上海 1 家，江苏 4 家，浙江 6 家，宁波 2 家，厦门 1 家，江西 1 家，广东 1 家，重庆 1 家，四川 2 家；另外，北京、四川各有 1 家 AAAA 级子公司，浙江 1 家 AAAA 级分公司。全国 25 个地区尚无 AAAA 级事务所。

2014 年 AAAAA 级事务所为 12 家（不含授牌子所、分所），包括符合授牌条件的子所、分所共计 48 家事务所。AAAAA 级事务所总部分布在 4 个地区，即北京 8 家，上海 2 家，江苏 1 家，广东 1 家；符合授牌条件的母子和总分公司分布在 18 个地区：北京 10 家，天津 2 家，河北 1 家，山西 1 家，大连 1 家，上海 3 家，江苏 8 家，浙江 1 家，宁波 1 家，厦门 1 家，湖北 1 家，湖南 1 家，广东 8 家，深圳 2 家，四川 3 家，贵州 1 家，陕西 1 家，新疆 2 家。全国 18 个地区尚未有 AAAAA 级事务所或授牌的子所、分所。

第三章　税务师的服务范围与行业转型升级

第一节　税务师概述

一、税务师的界定

税务师是国家设立的职业资格制度，纳入全国专业技术人员职业资格证书制度统一规划。通过税务师职业资格考试并取得职业资格证书的人员，表明其已具备从事涉税专业服务的职业能力和水平。中国税务师协会具体承担税务师职业资格考试的评价与管理工作。

税务师行业是随着社会主义市场经济的建立而发展起来的新兴行业，是社会主义市场经济发展的必然产物。一方面由于经济运行到一定阶段所产生的内在要求，另一方面因为与世界经济接轨的客观需要，政府管理经济的模式发生了深刻的转变，宏观调控成为主导，与此同时，各行业自律性组织——行业协会及其中介机构的建设得到了加强。

其中，税务师行业由于有助于建立市场经济体制，健全市场服务体系，保障新税制实施，加快税收征管改革，而得到国家的一贯重视。在此基础上，中国税务咨询协会经过多年的实践，于2002年被国家正式命名为“中国税务师协会”，并与“中国注册会计师协会”分业管理，也标志着中国税务师行业发展一个新的里程的开始。

党的十六届三中全指出，要积极发展独立公正、规范运作的专业化市场中介服务机构，按市场化原则规范和发展各类行业协会、商会等自律组织。这为税务师行业的发展指明了方向。税收事业的大发展，离不开税务师行业工作者们的广泛参与和大力支持，同时也为税务师行业的发展提供了更广阔的舞台。经过多年的发展，税务师行业按照客观公正、优质服务的原则，初步理顺了各方面的关系，在市场经济环境中转变观念、平等竞争，税务代理业务由单一到综合，正向税收全面代理、税务高端咨询、税务顾问等高层次业务发展。

二、税务师的服务范围

税务师的服务范围主要包括纳税申报代理服务、涉税审核鉴定及税务咨询服务。

（一）纳税申报代理服务

纳税申报代理是代理的一个组成部分，具有代理的一般属性，属于民事代理中委托代理的一种。具体来说，纳税申报代理就是指税务代理人在国家法律规定的代理范围内，受纳税人、扣缴义务人的委托，代为办理税务事宜的各项行为的总称。一般来说，委托人可以在税务师的帮助下，减少纳税错误，用足、用活税收优惠政策，做好税收筹划；税务师还可以协调税收征纳双方的分歧和矛盾，依法提出意见进行调解。

（二）涉税审核鉴证

涉税审核鉴证是指税务师接受企业委托，凭借自身的税收专业能力和信誉，通过执行规定的程序，依照税法和相关标准，对企业的涉税事项作出评价和证明的活动。

（三）税务咨询服务

税务咨询是指具有税务代理从业资质的人员运用税收相关知识，通过一定的方式，对纳税人、扣缴义务人以及其他单位和个人的税务专业请求提供帮助的行为。帮助的内容主要包括税收政策、办税程序和有关涉税的一般事项以及以税收风险管理、税务顾问为主的高端咨询服务等。税务咨询是税务代理业务中最具发展潜力的服务内容。

三、税务师行业的特征

（一）主体资格的特定性

在涉税服务法律关系中，涉税服务行为发生的主体资格是特定的。这包含两个方面的内容：首先，作为代理人必须是经批准具有税务代理执业资格的税务师和税务师事务所。其次，作为被代理人一方必须是负有纳税义务或扣缴税款义务的纳税人或扣缴义务人。主体资格的特定性是税务师职业的法定要求。

（二）代理活动的公正性

税务师是与征纳双方都不存在利益关系的第三方涉税服务中介。税务师在开展相关业务的过程中，要站在客观、公正的立场上，以税法为依据，以服务为宗旨，既要保障纳税人的合法权益，又不能损害国家的利益。公正性是税务师职业的根本要求，是税务师行业得以存续发展的重要前提。

（三）法律约束性

税务师从事的涉税专业服务与法律服务、会计审计服务一样，是负有法律责任的契约行为。税务师与委托人之间需要签订具有法律约束力的业务约定书，在执业过程中，其行为受到税法及相关法律的约束。

（四）执业活动的知识性和专业性

税务师从事的涉税服务是知识密集型和实践密集型的专业活动。首先，执业的税务师要具备丰富的知识，且不局限于税法、法律、财会、金融等从业知识；其次，执业的税务师要具有一定的实践经验，有综合的分析能力，其执业过程和程序都是专业的、规范的，体现出涉税服务的专业性。

（五）执业内容的确定性

税务师承接业务的业务范围是由国家以法律、行政法规和行政规章的形式确定的，税务师不得超过规定的内容从事涉税服务活动，税务师不得代理应由税务机关行使的行政职权。在具体的业务中，税务师需要以业务约定书中确定的服务的目的、范围、期限为依据开展业务。

（六）税收法律责任的不转嫁性

税务代理关系的建立并不改变纳税人、扣缴义务人对其本身所固有的税收法律责任的承担。在代理过程中产生的税收法律责任，无论出自纳税人、扣缴义务人的原因，还是由于税务师的原因，其承担者均应为纳税人或扣缴义务人。但是这种法律责任的不转嫁性，并不意味着税务师在执业过程中可以对纳税人、扣缴义务人的权益不负责任，不承担任何代理过错。委托方可以通过民事诉讼程序向代理人提出赔偿要求。

（七）执业有偿服务性

税务师行业是伴随着市场经济的发展而产生发展起来的，既服务于纳税人和扣缴义务人，又间接服务于税务机关，服务于社会。同时，它同样以获得收益为目标，税务师在执业的过程中付出了体力劳动和脑力劳动，应该获得相应的报酬。

四、税务师的执业准则

税务师和税务师事务所提供涉税服务，应遵循以下原则：

（一）合法原则

税务师事务所必须是依法成立的税务师事务所；从事涉税服务的税务师必须是经过全国统一税务师资格考试合格的涉税服务人员；提供涉税服务的过程和结果应当符合法律规定，不得损害国家税收利益和其他相关主体的合法权益。合法原则是税务师执业的重要原则。

（二）合理原则

合理原则又称客观公正原则，是指税务师提供的涉税服务应当符合税法立法目的，合乎事理常规，不得为纳税人筹划虚假交易或其他不当行为。税务师在实施涉税服务的过程中，要公正、客观地为纳税人、扣缴义务人代办涉税事宜，不得偏袒或迁就。

（三）独立原则

税务师在其权限内能够独立地行使自身的职责，不受其他组织机构和个人团体的干预。税务师从事的具体代理活动不受纳税人和扣缴义务人的控制，也不受税务机关的左右，是严格按照税法的规定，根据自身的专业知识和执业素质独立处理受托业务。

（四）胜任原则

税务师在承接业务和执业中，应当审慎评价委托人的业务要求和自身的专业能力，合理利用其他专家的工作，妥善处理超出自身专业能力的业务委托。合理的人员配备能够达到事半功倍的效果，要既节约业务成本，又为委托人提供优质服务。

（五）责任原则

税务师在执业过程中应当以为委托人负责的态度实施服务程序，控制执业风险，承担执业责任。此外，税务师应当对委托人的企业信息及相关的资料负有保密的责任，依照法律规定和约定履行保密义务。

五、税务师提供服务的主要程序

（一）业务承接

税务师应当按照中国税务师协会发布的《税务师业务承接规则》的要求承接涉税服务业务。在签订业务约定书之前，税务师应当与委托人沟通，了解委托背景、目的、目标等特定事项的具体内容。在进行充分的沟通和讨论之后，税务师应当按《涉税业务约定规则》的要求起草业务约定书。业务约定书包括但不限于以下内容：委托背景，委托人的需求，服务目标，服务团队，服务程序，服务成果体现形式、提交方式和时间，业务收费，权利和义务以及法律责任。

（二）业务计划

对涉税服务的业务计划通常有四点要求：①业务计划应当根据服务目标，按照《税务师业务计划规则》制定，业务简单、风险较小的服务项目，可以简化；②税务师应在委托原因、背景、目标充分理解的基础上，制定业务计划；③税务师应当将服务总目标分解成若干阶段，然后确定各阶段的子目标，再据此细划各阶段工作事项；④在项目计划形成后，税务师应当与委托人进行沟通，得到委托人确认后实施。

（三）业务实施

业务实施应以委托人目标实现为导向，根据委托目标，确定相关法律法规范围，分析实现委托人目标应具备的法定条件，分析委托人现有条件与法定条件的差异和差异原因，提出消除差异的方法和建议。在业务实施前，项目组成员应当对业务约定书和业务计划进行讨论，使项目成员都能了解项目目标和各自所承担的任务和责任。项目启动后，项目负责人应当按项目计划对项目的进展、成本、质量、风险进行控制。

需要强调的是，税务师发现委托人提供的资料和陈述严重偏离业务约定书内容，对委托目标实现有重大影响时，应当与委托人讨论修改委托目标和业务约定书的相关内容，如不能达成共识，则应终止项目。

（四）业务报告

在项目结束时，税务师需要根据项目制定相应的业务报告，业务报告的基本要求一般包括：

（1）应向委托人告知涉税服务业务报告的起草原因和所要达到的具体目的。

（2）业务报告的内容和要素应完整，目录要清晰；在具体分析表述中，论述的内容要与大小标题结构相对应。

（3）业务报告中，除了写明分析过程和业务结论外，还应列明相应的依据（委托人的事实和法律法规）；涉及的法律法规可以作为业务报告的附件。

（4）在报告中针对业务约定书确定的目标，税务师要明确告知其结论和建议。

（5）在报告中要告知委托人在使用业务报告时应注意的事项，以避免委托人不当使用业务报告导致税务师事务所承担风险。

第二节　纳税申报代理服务

一、纳税申报代理服务的界定

《税收征收管理法》第89条规定："纳税人、扣缴义务人可以委托税务代理人代为办理税务事宜。"纳税申报代理有明确的法律依据，属于从事法定业务。代理纳税申报是指税务师及其所在的税务师事务所接受委托，对委托人或者其指向的第三人，在委托代理范围内依法代其办理相关纳税申报事宜的行为。

纳税申报代理的法律特征主要包括：①纳税申报代理行为是以纳税人（含扣缴义务人）的名义进行的；②纳税申报代理行为必须是具有法律意义的行为；③纳税申报代理人在其权限范围内有独立意思表示的权利；④纳税申报代理的法律后果直接归属于纳税人（含扣缴义务人）。由于纳税申报代理服务是一项社会性的中介事务，涉及纳税人（含扣缴义务人）和代理人以及国家之间的利益关系，因而建立纳税申报代理服务关系必须遵循自愿、公正和严格管理的原则。

二、纳税申报服务的种类

纳税申报代理根据代理权限范围的不同可分为临时代理、单项代理或全面代理。

（一）临时代理

临时代理是指税务师接受委托人的临时委托，为委托人办理纳税申报代理业务。临时代理主要为了解决纳税人遇到的突发性、临时性的税务问题，不具有持久性，并不是纳税申报业务的主体业务。

（二）单项代理

单项代理是指税务师接受委托人特定业务的代理服务，主要包括办理税务登记、变更税务登记和注销税务登记；办理发票准购手续；办理纳税申报或扣缴税款报告；申请减税、免税、退税、补税和延期缴税；制作涉税文书；进行税务检查；建账建制，办理账务；申请税务行政复议或进行税务行政诉讼等。这些都是纳税申报代理的服务范围，纳税人可以将某一项业务委托给税务师事务所。

（三）全面代理

全面代理是指为企业的全流程的纳税申报代理服务，这是事务所要发展和拓展的重点业务。全面代理对税务师提出了更高的要求，要对税务、会计、财会、金融等知识有系统的掌握，对于委托人的全面委托要做到事前计划、事中监控、事后检查的全流程的税务申报代理服务。

三、纳税申报代理的执业原则

（一）确定原则

税务师事务所承接代理纳税申报业务，应当按照业务承接规范的规定执行。在签订代理纳税申报服务约定书之前，税务师应当与委托人进行沟通，确定提供代理纳税申报业务的事项范围和期限。在纳税申报代理的过程中应严格按照法律、法规的有关规定全面履行职责，不能超越代理范围和代理权限。

（二）胜任原则

胜任原则是事务所开展业务的重要的技术原则，是指税务师事务所应根据委托人规模和业务复杂情况安排适当的项目经理。适合的人力资源配置是项目顺利进行，规避业务风险的重要保障，事务所应以胜任原则为依据，根据业务的难易程度安排项目团队。

（三）提醒原则

代理纳税申报是在纳税人提供申报表的基础上进行的，应提醒纳税人，代理纳税申报只对其提供的数据及资料进行逻辑性复核，不对其经济事项的实质性进行测试和发表意见。税务师应预先告知委托人存在偏差的可能性及偏差对代理纳税申报的实施可能带来的影响。

（四）客观原则

纳税申报代理是一种社会中介服务，代理人介于纳税人、扣缴义务人和税务机关之间，既要维护纳税人、扣缴义务人的合法权益，又要维护国家的税收利益。因此，纳税申报代理必须坚持客观公正原则，以服务为宗旨，正确处理征纳矛盾，协调征纳关系。在税务代理过程中，既要对被代理人负责，又要对国家负责，代理行为既要符合国家法律法规的规定，又要符合被代理人的意愿，而不能偏向任何一方。

四、纳税申报代理服务在税收征纳关系中的作用

（一）纳税申报代理有利于依法治税

税务师在提供纳税申报代理服务时是严格按照法律法规的有关规定开展相关业务的，相对于纳税人独立处理涉税事宜具有更强的法定性和规范性。同时，税务师相对于纳税人来说对税收政策有更加全面的认识和掌握，也有利于纳税人依法纳税，进而有利于税务机关依法治税。

（二）纳税申报代理有利于完善税收征管的监督制约机制

税务师接受纳税人的委托为其提供纳税申报服务，在一定程度上监督制约着税收征管机关的行为，税务师在为纳税人办理业务的同时会时刻关注征管机关的行为，防止由于其操作或处理不规范损害纳税人的权利，影响最终的代理结果。因此，纳税申报代理可以敦促税收征管机关加强监督制约机制，为纳税人提供更加规范优质的服务。

（三）纳税申报代理有利于保护征纳双方的合法权益

税务师事务所是涉税服务的第三方中介机构，具有客观性和公正性，

并不偏袒征纳任何一方，这在一定程度上保证了纳税人和税务机关的合法权益。在征纳双方产生分歧时，税务师可利用其专业知识，维护纳税人的合法权益不受侵害，同时纠正纳税人行为，保证税款的足额征收。

第三节　税务咨询服务

一、税务咨询服务的界定

税务咨询业务是指，税务师依照执业规范，就委托人提出的特定涉税事项和目标，以委托人要求的方式和时间，向委托人提供分析、评估、建议等涉税服务活动。

税务咨询的内容较为广泛，以税收方面的疑难问题为主，并涉及财务、会计、投资、金融、海关、外汇管理等诸多方面的专业知识和操作实务。其内容主要有：税收征纳咨询、办税程序咨询、涉税会计咨询、税务案件咨询、综合筹划咨询。高端税务咨询服务是相对于一般性的政策咨询等传统税务咨询服务而言的。传统税务咨询业务发展到现阶段，已难以满足客户不断增长的税务咨询需求，一些具有较高专业水准和市场敏锐度的税务咨询机构在学习和借鉴了国际“四大”会计公司先进税务服务理念及经验后，推出了高端税务咨询这一极具本土特色的服务产品。高端税务咨询服务的产生，是我国税务咨询市场进一步深化和细化的结果。高端税务咨询的主要内容有：企业税务风险评估与管理、企业税务战略安排、关联交易事项服务、并购重组税务咨询等。

二、税务咨询服务的种类

（一）一般性税务咨询

结合咨询内容和现实业务范围，税务咨询的内容主要包括以下几个方面：

1. 税收法律法规和政策规定

纳税人、扣缴义务人在日常投资、生产经营过程中，为了实现正确纳税、准确决策或者维护权益、避免涉税风险等，可向中介机构查询有关的税收法律、法规、政策等具体规定。咨询的内容包括有关纳税义务人、征税对象、计税依据、适用税率、税目、纳税环节、减税免税等税收实体法的规定和有关税务登记、发票管理、纳税申报、建账建制等税收程序法的规定。税务师在进行这方面服务时，主要是提供税收法律、法规、实施细则、行政规章等规范性文件的政策规定，以及其他法规关于税收方面问题的政策规定。

2. 税收法律法规和政策运用

这是关于税收疑难问题的咨询，也是税务咨询最主要的内容。就我国的税法来看，涉及的内容杂、条款多、层次繁、变化快，要让纳税人全部掌握和理解难度太大，因此纳税人会就税收法律法规、政策性条款，就财政部、国家税务总局以及地方政府所颁布和规定的税收政策在适用范围及具体执行等方面的问题进行咨询。特别是减免税政策和征免界限的划分问题，纳税责任的承担与回避问题，以及税务机关、司法机关的权利与义务等方面的问题被咨询的更多。税收法律、法规、政策运用方面的咨询涉及的税种多，政策面宽，问题具体，这就要求专业从事咨询工作的人员能够通晓各种税收法律、法规、政策，并能够正确理解和综合运用，准确地向咨询人提供适用的政策依据。

3. 纳税操作规程

纳税人、扣缴义务人查询具体办税过程中的有关操作规程，是对有关税收程序法方面政策操作、运用的咨询。纳税人、扣缴义务人在依法履行纳税义务过程中，为了能够准确、顺利、快捷地办理有关涉税事宜，会对税收征管规程，办税实务操作环节、操作程序，需报送的资料，需办理的相关手续以及技术处理等具体办税事项进行咨询。这就要求专业从事税务咨询的人员既要具备办税方面的专业知识，对税收征管法律、法规和税务机关日常管理的具体要求进行深入细致的研究，又要具备实务操作技能，具有丰富的办税经验，掌握办税技巧，以此来满足纳税人、扣缴义务人的咨询需求，使其能够顺利完成办税操作事宜。

4. 涉税会计处理

纳税人、扣缴义务人对涉税会计处理的相关问题进行咨询，咨询内容一般包括现行各税计算，列支、缴纳的会计处理，减税、免税相关的会计处理，纳税审查及税务机关查补税款后所涉及会计账务的调整等。提供咨询人员要以财务、会计及税收法律、法规等专业知识和操作实务为基础，在符合财务、会计处理一般原则的前提下，做到准确无误地运用会计科目。

（二）高端税务咨询

1. 税务风险评估与管理

税务风险评估与管理业务是指税务师事务所接受委托，对被评估单位涉税事项及相关信息资料分析论证，筛查不符合税收法律法规规定的涉税事项，分析由此可能形成的税务违法处罚风险，以及未能及时足额享受税收优惠政策可能形成的财务损失风险，并提供风险应对咨询的服务行为。税务师事务所及其指派的税务师提供纳税风险评估业务，应当根据相关的信息资料，客观地反映经济事项和涉税业务本质，避免主观臆断。

2. 税务战略安排

税务战略安排相对于税收筹划来说是更加系统、更加全面，结合企业的长期、短期战略目标制定的持续性的安排或计划。税务战略安排具有十分重要的意义，它有利于企业有效率地选择经济行为，增强企业竞争能力。良好的税务战略安排不仅能够降低企业的整体税负，增加企业的可支配收入，还有利于企业正确进行投资、生产经营决策，获得最大化的税收利益。企业选择的税务安排如果不能体现企业的战略发展思想，就有可能导致企业牺牲长远利益换取眼前利益的短期化行为，企业选择的税务安排如果不立足于现实，就有可能导致企业的积累能力降低，动摇企业持续发展的基础。因此只有通过科学的战略安排，选择兼顾长远利益和眼前利益的最佳安排，才能最大限度地帮助企业实现最高目标。

3. 企业并购重组、IPO 涉税服务

税务师行业在资本市场同样有很大的发展空间。企业并购业务和 IPO 项目的涉税服务只是资本市场涉税服务的一部分，目前税务师提供的资本市场服务内容主要有以下几个方面：①企业股权结构梳理的涉税问题的处理，在此过程中，不仅需要税务师正确掌握各项税收政策，更需要结合企业的实际情况，提出合理且将企业风险降到最低的税务方案；②企业 IPO 或募集期间申报期纳税的合规审查，这是企业进行 IPO、私募、公募非常重要的一个环节，税务师需要协助企业确保填报信息的准确。

4. 税务顾问

税务顾问业务是指，税务师依照执业规范，在双方事先约定的期限和范围内就委托人发生和提出的涉税事项，向委托人提供法规信息和咨询、涉税政策运用意见以及代表委托人与包括税务机关在内的第三方进行沟通等涉税服务活动。税务顾问业务的主要内容是税务信息提供，税务政策解释和运用咨询，税务事项提醒和风险提示，涉税知识培训，涉税措施的评价和建议，代表委托人向税务机关咨询问题和协商税务处理等业务。税务顾问业务服务的主要目标有四个：提高委托人税法遵从度，提醒委托人在合理的商业目的范围内进行税务规划和筹划，协助委托人充分享受税收优惠待遇和其他权利，指导委托人及时、合理、规范处理税务、会计事项。

三、税务咨询服务的执业原则

（一）目的原则

在签订业务约定书之前，税务师应当与委托人进行沟通，准确理解委托人提出的特定涉税事项和目标的具体内容。这一步骤是十分必要而且重要的，良好的沟通是税务师更好服务于委托人的特定目标，合理规划实施程序，达成预期结果的重要基础。同时，目的原则也可以在一定程度上降低自身业务风险。

（二）胜任原则

税务师事务所应根据委托目标和工作量安排具有胜任能力的税务师。税务师行业已经培养出了一批具有较高执业素质的优秀人才，但是能够胜任高端咨询服务的税务师还比较有限，事务所要选择具有胜任能力的税务师承接此类业务，在此基础上带动其他税务师共同提高。

（三）独立原则

税务师应保持独立、客观和专业谨慎，最大限度消除或降低委托人的目标实现和收费等压力对税务师职业道德的影响。这对于事务所和税务师都尤为重要，税务师应保持独立性，排除可能有损客观、公正的情形。对税务师个人来说，坚持独立原则是保护自身权益，降低服务风险的必然要求，对整个税务师行业来说，独立原则是行业健康发展，树立良好信誉的必然前提。

（四）告知原则

税务师应当将业务计划和工作情况及时告知委托人，委托人有权利知晓计划的有关情况和计划成果，税务师应按业务约定书规定的时间提供咨询成果，使委托人全面了解业务进展情况。如果不能按时提供咨询成果，应当与委托人协商新的咨询成果提交时间。告知原则是保障委托人权益的原则，告知也是税务师和事务所应尽的义务。

第四节　税务师行业转型升级的基本路径

一、转变态度，积极应对

税务师行业的转型升级是市场经济发展的必然结果，全行业要摒弃消极抱怨的态度，正视当前的形势，以自信自强、积极进取的态度面对行业的转型。从心态上、从根本上接受改变，迎接挑战，从以前依赖鉴证的思想逐步转变为以市场需求为依托，依赖市场的全新的市场观念。

二、业务转型，深化发展

税务师行业的业务转型包括横向转型和纵向转型。横向转型是指税务师事务所向具有广泛市场前景的代理申报服务和体现税务师事务所技术水平的咨询筹划服务进行转型。纵向转型是指实现纳税申报代理业务的全流程服务和咨询筹划服务的高端化、领域化、专项化。所有的业务转型要以客户的合法需求为定位，为企业提供精准化服务，真正为企业经营管理服务，为企业税收风险管理服务。

三、相互联合，积极合作

税务师行业并不是一个孤立的行业，税务师事务所要加强与会计师事务所、律师事务所的合作，积极开展合作业务，充分发挥自身的税务专长，拓展服务市场，加大行业的社会影响力。在行业内部，要加强税务师事务所之间的合作和联合。中小型的税务师事务所自身的抗风险能力有限，业务范围和类型单一，需要联合起来共同发展；大型的事务所则可以向连锁式、集团化模式演进，创造规模收益。

四、技术创新，互联网+税务

税务师行业可以借助互联网技术，以多种形式为客户提供涉税咨询服务，增强与客户的黏性，提高品牌的认知度和忠诚度。一些事务所已经建设了微信公众号、电子刊物等多种方式的互动平台，既能够满足客户的信息需求，又能给事务所起到很好的宣传作用。税务师事务所要充分利用信息数据技术，帮助涉税服务机构拓展业务，为纳税人、政府机构、社会公众提供优质的涉税专业服务。

五、强化自律，诚信服务

税务师行业要继续加强自律工作，加快行业诚信体系、综合评价体系的建设，加强对税务师事务所业务质量的抽查，加大对行业违规执业的执法力度。2016 年，中国税务师协会出台和修订了相关的通知办法，以推进事务所综合评价体系和行业诚信管理体系的建设。只有诚信服务、规范操作、加强监管，才能持续增强行业的整体实力和竞争力。

六、人才培养、素质提升

税务师事务所是人合型企业，人力资源对事务所的发展至关重要。目前，税务师行业从业人员的素质能力有限，导致一些事务所无法承接高端的税务咨询服务，这在一定程度上阻碍了行业的转型升级。全行业和各个税务师事务所要加强人才的培养和改进激励机制，开展专项学习和培训，实施以培养好、使用好优秀的税务人才为主要内容的人才队伍建设创新。①

① 赵成刚．中税协宣传委员会会议要求做好宣传工作，为行业改革发展凝聚正能量［J］．税务师，2016（9）．

第四章　税务师职业道德规范

第一节　税务师职业道德规范概述

一、税务师职业道德的含义

税务师的职业道德是指税务师的职业品德、职业纪律、执业能力及职业责任等的总称。它是一种行为规范，主要调整税务师行业内部、税务师与客户、税务机关及社会之间的道德关系。它既是税务师行业从业人员职业行为的道德要求，也是税务师行业从业人员对社会应承担的道德责任和义务。职业道德规范是税务师为实现执业目标，保证国家税收利益不被侵害而必须遵守的前提或基本原则。这些基本原则包括独立、客观、公正，专业胜任能力和应有的关注，保密等。税务师树立职业道德，可在一定程度上限制税务师不恰当、不合规的行为，为税务师合法、合规地从事涉税服务奠定坚实的基础。

二、税务师职业道德规范提出的背景

2014 年 9 月 3 日，中国税务师协会五届三次常务理事会审议通过了《税务师职业道德规范（试行）》（以下简称《规范》），在当前政府简政放权大背景下，《规范》的出台具有重要的现实意义。

该《规范》出台的原因主要有两方面：一方面，随着税务师行业的发展，社会需求的不断增加，业务规模和市场也不断扩大，对税务师的自身素质提出了更高要求，需要有一部专门的职业道德方面的规范对执业者的行为加以明确界定和规范，充分发挥行业自律的作用；而税务师行业在之前并没有一部明确的职业道德规范，不利于行业的长期发展，这就为《规范》的出台创造了必要的条件。另一方面，2014 年 8 月 12 日，《国务院关于取消和调整一批行政审批项目等事项的决定》（国发〔2014〕27 号）取消了

税务师职业资格许可和认定，使得该职业资格从市场准入类变为水平评价类。党的十八届三中全会提出简政放权以来，税务师行业涉税服务主体更加多元化，税务师群体也必将面临更大挑战。

改革使税务师行业所面临的环境发生了变化，迫切要求尽快转型以适应改革需求，税务师行业只有树立起被市场和社会普遍接受的职业道德规范，才有可能在竞争中拥有一席之地。而在行业立法滞后的情况下，建设一套规范行业内部、规范行业与服务对象关系的行为准则就显得尤为必要。

三、税务师职业道德规范的重要意义

（一）《规范》既体现行业发展的要求，又能满足税收征管的需要

税务师职业道德是规范税务师执业行为的基础，提高税务师职业素质的内在要求，提高税务师完成委托业务能力的重要保证，以及税务师取信于社会的必要条件。

规范税务师的执业行为需要道德、行政法规和法律等多种手段共同发挥作用，其中道德发挥的是基础性作用，主要依靠自律来实现。而法律和行政法规则是对违法行为作出禁止性规定，依靠司法机关和行政机关强制执行。一个行业想要实现良好发展必然要求执业人员遵纪守法，具备良好的职业道德，这是行业发展的内在要求。税务师完成委托业务除了应具备专业胜任能力外，必须严格遵守独立、公正、客观等职业道德规范，只有这样才能高水平地完成业务。

税务师的涉税专业服务与一般性的市场服务行业有所不同，这种差异主要体现在一般的市场服务基本只涉及私人利益，很少涉及公共利益，而税收所体现的是政府机关和私人部门之间的关系，税务师事务所的服务不仅涉及私人利益，更多涉及的是公共利益。如果没有职业道德规范的指导，涉税专业服务市场可能会形成“恶性供求”，会出现帮助客户寻求偷税、逃税等“违法性服务”或寻求避税等“脱法性服务”。这将影响国家的税收利益，增加税收的征管难度。《规范》的出台进一步限定了从业人员的行为，使执业人员的行为有规范可以依照，明确了税务师的道德底线，提高了行业的认可度，降低了违法性服务发生的概率，为行业发展和征收管理创造良好的环境。

（二）《规范》既强化了行业的自律管理，又是税务机关行政监管的必要补充

《规范》是针对税务师行业缺乏职业道德标准，针对行业内不同程度

地存在的职业道德监管不严、处罚不力，质量意识淡薄，保护商业秘密意识差，忽视专业胜任能力，招揽客户手段不合理等问题而制定的。制定《规范》的目的是强化行业的自律管理，解决法律和行政法规不能规范的问题，增强税务师自身的执业素质，净化行业的执业环境。《规范》是税务机关行政监管的必要补充。

《规范》作为税务师行业人员的道德要求，从本质上将税务师与其他不正规的中介或没有道德约束的人员进行了划分，明确了行业发展的道德底线，有助于提升行业整体道德水平。以前税务师行业自律完全靠自觉，行为规范没有明确标准；今后以《规范》为标准，就解决了业内业外的综合评价问题，便于社会各界判断税务师执业成果的水平及采信程度，同时提升了税务师的职业道德水平。随着国家的简政放权，税务师行业将更加市场化，对从业人员需要更加严格地约束和管理。

（三）《规范》指导税务师的执业行为，提高社会公众的认可度

实施税务师职业道德规范，可以提高税务师的职业质量，提高执业效率；还可以维护税务师和税务师事务所的合法权益，只要严格遵守相关规范执业，就可以最大限度地降低执业风险。当税务师遭受不正当指责和控告，或遇到委托人指使、授意、教唆等从事不正当行为时，可以依法拒绝其不合理要求，充分保护自身的权益。同时，遵守职业道德也是取得社会信用和信誉的关键因素，如果税务师能够自觉遵守职业道德规范，取信于社会，就能够提高社会公众的认可度，为税务师行业的进一步发展创造良好的环境。

四、税务师职业道德规范的内容

（一）规范的总体概括

《规范》言简意赅地涵盖了对税务师的法律素质、品德素质、专业素养的基本要求，主要体现在以下三个方面：

1. 诚实守信是税务师行业发展的基石

《规范》第二章第八条至第 15 条强调了税务师从法律上和道德上都必须合法、合规、合理执业。在第 16 条至第 20 条，首次提出了尊重同行、公平操作业务等诚实守信的道德规范。同时要求各地方税协建立诚信档案，记录诚信及奖惩信息。在招投标时，出具诚信记录或成为未来涉税服务的充分条件之一。

2. 保持超然独立和客观公正是税务师必须具备的品质

在受到客观因素，如经济利益、亲友关系等影响可能有碍业务公正时，应严格依据《规范》的要求行事。《规范》第三章明确要求税务师应从实质上和形式上保持独立性，并强调税务师事务所应当制定必要的防范措施，保障税务师执业的独立性；《规范》第四章明确要求税务师不得做虚假承诺、不得伪造证据、不得改变证据真实性等，确保税务师执业的独立性和客观公正性。

3. 良好的专业能力是税务师生存的基础

职业素养既是服务客户的本领，也是吸引客户的手段。专业能力即税务师的职业素养，是税务师区别于其他专业资质的鲜明特征。随着市场经济发展和经济全球化进程的加快，税收政策及规定更新频率较高，客户的涉税领域多样化，对税务师的能力提出了更高挑战。《规范》第五章要求税务师与时俱进、持续提高专业能力及职业素养，做到及时掌握、正确执行，为客户提供具有专业水准的服务。《规范》第六、七章，还对税务师的保密义务及违反《规范》的惩戒方式进行了详细说明。

（二）规范的具体内容

1. 诚信

税务师应当牢固树立诚信意识，自觉遵守执业行为规范，在执业中恪尽职守、诚实守信、勤勉尽责、严格自律。《规范》要求税务师积极履行合同约定义务，维护委托人合法权益，税务师如果认为业务报告、申报资料或其他信息存在含有严重虚假或误导性的陈述，含有缺少充分依据的陈述或信息，存在遗漏或含糊其辞的信息，则不得与这些有问题的信息发生牵连。税务师不得向委托人索取、收受委托合同约定以外的酬金或谋取其他不正当利益，不得协助或怂恿税务公职人员违反法律。不得将委托人所托事务转托他人办理。税务师应与同行保持良好关系，不得联合抬高或压低业务收费，对外宣传时，应当实事求是、客观、真实，不得夸大自己，贬低、诋毁同行。税务师离职时，不得随意带走客户资料，不得利用原单位客户资源谋取私利。税务师参与公开招标时，应当主动出具诚信证明。

2. 敬业

税务师应当热爱本职，珍惜行业荣誉，树立正确的执业理念，不断提高专业素质和执业水平，注重陶冶个人品行和道德情操，忠于职守，爱岗敬业，尊重同行，维护税务师的个人声誉和税务师行业的形象。

3. 独立性

独立性是税务师执行鉴证业务的灵魂，是客观、公正的体现，也是《规范》的精髓。《规范》要求税务师在执行鉴证业务时，应当保持独立性，如果税务师对于客户不能保持独立，存在经济利益、关联关系，或屈从外界压力，就很难取信于税务机关、纳税人和其他社会公众。税务师执业应当从实质上和形式上保持独立性，如果税务师与委托人存在各种利害关系，可能影响业务公正执行，应当主动向所在的税务师事务所说明情况并请求回避。

4. 客观和公正

客观和公正是指按照事物的本来面目去考察，从实际出发，不添加个人偏见。《规范》要求税务师在执行鉴证业务活动中，做到客观公正、实事求是，不得因利益冲突、个人偏见或其他各种不当影响而损害自己的职业判断。如果存在导致职业判断出现偏差，或对职业判断产生不当影响的情形，税务师应当采取措施消除影响或终止提供相关专业服务。税务师不得伪造证据，不得改变证据的内容、形式及属性。税务师不得对不实资料出具业务报告。不得做虚假承诺，误导他人，严禁以任何形式和手段协同委托人实施违法违规的行为。

5. 专业胜任能力

为确保提供具有专业水准的服务，税务师应当将专业知识、技能水平始终保持在应有的水平。《规范》要求税务师不断通过继续教育、自学、培训和实践获取和保持专业胜任能力。一个合格的税务师不仅要充分认识自己的能力，对自己充满信心，更重要的是必须清醒认识到自己在专业胜任能力方面的不足，不承接自己不能胜任的业务，如果承接了难以胜任的业务，就可能给客户乃至社会公众带来危害。

6. 保密

税务师与客户维持正常的关系，有赖于双方自愿而又充分地进行沟通和交流，不掩盖任何重要的事实和情况，而这要以保密原则作为基础。《规范》要求税务师对职业活动中获知的个人隐私和商业秘密保密，同时要求不得利用所获取的涉密信息为自己或任何形式的第三方牟取利益。

第二节　税务师职业道德规范的挑战及问题

一、税务师职业道德的挑战

（一）竞争风险的挑战

由于我国税务师行业发展的历史相对较短，现在还处于行业发展的初级阶段，所以，税务师事务所之间的竞争十分激烈，都希望能够抢占更多的市场份额，而这对税务师和税务师事务所职业道德的挑战也是极大的。

全国现有 4 284 家税务师事务所，全国税务师事务所目前的代理客户数量为 135.02 万户，仅占全国纳税户 1 734.14 万户的 7.79%，整体占比水平较低①。由此可见，税务师事务所客户的拓展存在很大的空间。同时，我国由中介机构代办纳税事宜的比例仅为 12.62%。而在西方发达国家，90%的纳税事宜都是在政府的监管下，由社会中介机构及其他组织来完成，如日本有 85% 以上的纳税人通过税务中介机构代办纳税事宜；美国约有 50% 的公司委托代理人代理申报纳税，个人缴纳所得税近乎 100% 是委托代办；澳大利亚的税务中介机构帮助纳税人填写大约 76.2% 的纳税申报表。所以，我国由中介机构代办纳税事宜的比例仍处于较低水平。

造成上述税务师事务所代理客户数量以及代办纳税事宜比例低下现状的原因主要有两方面：一方面，税务机关没有很好地培植、引导社会中介机构和其他组织从事涉税服务，扶持力度不足。另一方面，纳税人对于税务中介机构不信任，存在一定程度的偏见，进一步造成我国由中介机构代办纳税事宜的比例较小。这两个原因造成本应该涉税专业服务机构充分发挥的职能一直被抑制，发展受到制约。

对此，税务机关应该界定好与涉税专业服务机构的界限，做到有所为有所不为，充分放权，把更多的物力、财力、人力放在只能由税务机关从事的服务，把适合中介机构做的交给中介机构去做。只有适当放权，充分发挥中介机构的桥梁作用，才能使税务机关和中介机构的工作相互补充，相互促进，协调发展。

（二）大数据时代的挑战

互联网、物联网和云计算等新技术的迅猛发展，带领我们步入了全新的大数据时代。大数据时代与传统的数据时代相比，具有巨大的优势，无论是企业经营者还是公共部门，都可以通过大数据技术的运用，为其创造更多的价值。当前涉税服务行业的发展方向是以大数据技术为基础，构筑智能化、个性化涉税服务体系，然而传统涉税服务已无法满足其多样化、个性化涉税服务的需求，因此结合大数据时代的特点对其进行优化已不可避免。

在大数据时代下，涉税服务行业急需建立起智能化、数字化的涉税服

---

① 数据来源：《全国税务师事务所服务客户数量与全国纳税户数量对比分析报告》。

务大数据信息系统。大数据技术给涉税服务带来了新的契机，通过数据信息的采集和传输，涉税服务和税务产品将会在行业之间、用户之间以及用户与政府之间产生融合，提升涉税服务每个环节的价值，推动涉税服务的创新和变革。当前涉税服务行业信息系统建设的主要问题是中小型税务师事务所的信息化程度不足。涉税服务大数据信息系统建设初期投入大，大多数的中小型税务师事务所缺乏足够的财力、技术以及相关专业人才。

同时，在大数据时代下，涉税服务人员对于大数据的理解和掌握仍处于较浅层面，对涉税数据重视程度不高，大多习惯于按照以往经验办事，缺乏大数据理念。随着企业信息化管理水平的不断提高，大量企业会计核算和生产经营数据存储于企业财务核算系统、ERP 系统等管理信息系统内部，而许多涉税服务人员对企业管理信息系统缺乏了解，运用现代的数据分析工具来认识、说明和解决问题的能力比较欠缺。此外，部分涉税服务人员对于以往年度的涉税数据关注度较低，缺乏数据的敏感性，对于涉税服务工作的规律性把握不足。

因此，税务师在大数据条件下面临的挑战主要体现在专业胜任能力方面。对于税务师事务所而言，要有足够的财力、技术和专业人员建立健全涉税服务大数据信息系统；对于税务师而言，要能够与时俱进，时刻把握大数据条件下涉税服务的特点，满足纳税人个性化涉税服务的需求，这将成为税务师能否提供优质服务的关键因素。

（三）BEPS 计划的挑战

随着经济全球化和贸易全球化的发展，中国的成本优势和市场优势，吸引了众多外资进入中国市场，但是中国并没有得到应有的税收收入回报。在 BEPS 的国际行动中，必须要明确提出我国的地域特定优势和征税权的主张，避免外资企业将利润转移，侵蚀税基造成税源流失的风险。

税务中介机构在反避税行动中主要扮演三个角色：它是纳税人服从反避税规则的帮助者，是避税计划的提供者和促进者，是反避税立法的参与者和推动者。税务中介机构存在的前提是它们可以为客户提供独立、客观、公正的纳税服务。因此，出于维护公司信誉、降低执业风险、取得各国税务当局信任的目的，税务中介机构也有严格审查其客户账户的义务。甚至有很多大型税务中介机构，更加关注声誉风险，设立严厉的内部风险管理和质量审核程序。在 BPES 计划下，我国税务师要有更扎实的专业能力，熟练掌握国际税收的相关知识，这是一个挑战。

二、税务师职业道德存在的问题

（一）行业环境导致的竞争风险

在行业环境方面，受我国具体国情的影响，涉税专业服务机构是与税务部门多次脱钩改制，依靠行政手段人为推动而来的产物。为保护部门利益，许多地方利用行政手段设置市场准入障碍，致使机构与机构之间、地区与地区之间、行业与行业之间的业务出现垄断和封闭。目前，涉税行业为纳税人提供服务的机构只有税务师事务所和会计师事务所以及一部分律师事务所。

但税务师事务所等中介机构的涉税服务规模偏小导致盈利能力不强，导致税务师对委托客户具有一定经济依赖性，从而弱化了税务师等中介机构执业的独立性。而部分企业有购买假鉴证服务的需求，迫使税务师事务所违反职业道德规范提供虚假鉴证，一方面是迫于生存压力，另一方面是职业道德的制约，这两者就产生了矛盾。我国税务师行业涉税服务单一，业务收入增长困难，个别税务师就可能采取满足客户不合理甚至不合法的要求方式来抢占客户，提供有失公允的虚假鉴证报告，这就违反了职业道德规范的要求从而影响鉴证业务和涉税服务的客观公正性，某些税务师事务所甚至主动或者被动地协助企业做出偷税漏税的违法举动，给税务师行业带来巨大的执业风险。

（二）人员素质低下导致的执业风险

在人员素质方面，税务代理人员的素质总体上还远远不能适应税务代理行业发展和竞争的需要。代理人员的专业素质不高，也导致税务代理局限在相对比较低的层次。据统计，截至2014年年底，执业税务师只占全行业从业人数的35%左右，税务代理人员中没有税务师从业资格的人员超过半数。在税务代理机构中，一些人员达不到执业所要求的熟练程度和专业胜任能力，不能按照相关规定从事税务代理行为，从而导致执业质量不高，少数税务师鉴证报告质量低下，已经影响到客户和税务机关的信任度，直接破坏了税务师行业的行业形象、信誉和发展前景。

（三）管理制度不完善导致的道德低下

税务代理的管理制度尚不健全、法律级次偏低。我国一直没有出台关于涉税专业服务方面的法律，也没有制定在全行业适用的从事各项业务的执业准则。在涉税服务实践中，基本上是各行其是，或者按照各地税务机关的要求开展鉴证业务、质量控制等，但是各个地区对于相关涉税服务的要求存在很大差别。没有统一、规范的管理制度不利于税务师树立职业道德规范，认识缺乏统一，管理不够规范，再加上涉税专业服务机构之间在业务上的竞争，这些都严重制约了涉税专业服务作用的发挥。

（四）行业监管薄弱导致的执业风险

我国目前没有统一的涉税专业服务行业管理机构，行政管理机构尚不健全，行政监管还不到位，此外，有的国税局和地税局缺乏协调配合，导致对税务师涉税专业服务监管不到位。

如果监管体系完善，则会促使执业人员严格遵守职业道德规范，强化自律，降低税务师的执业风险；反之，如果没有良好的监管体系，执业风险就会增加。

第三节　国外税务师职业道德规范体系

一、国外税务师职业道德规范体系的经验

（一）严格保障专业胜任能力

大多数发达国家都有完善的执业准入制度，有严格的考试制度、淘汰制度，有完备的注册或者登记制度，以保障从业人员的规模及业务素质。许多国家规定，除通过专门考试者可以取得资格外，符合条件的律师、会计师等人员也可以从事税务代理业务，这为税务代理提供了大量的从业人员。同时，这些从业人员又必须通过严格的资格考试和选拔认定，接受必要的后续教育，以提高税务代理人员的执业能力。除此之外，世界上所有的税务代理行业都须履行注册手续，有些国家其税务代理行业考试和注册由其他经济鉴证类中介（主要是注册会计师和律师）的资格考试和注册代替。以美国为例，律师、注册会计师以及税务师都可以从事与税务有关的业务，但税务师是唯一由政府认可的税务专家。2011年美国成立税务代理业务发展办公室，通过制定税务代理从业者职业胜任能力标准，逐步淘汰不具备职业胜任能力的税务代理从业者，确保纳税人能够从税务代理那里获得高品质的服务，保障税务师行业的服务质

量和社会认可度。

国外税务师职业道德规范体系对从业者专业胜任能力的严格要求，促使税务师提供高质量的涉税服务，成为行业发展的基础，推动了税务机关对中介机构的简政放权，增强了纳税人对中介机构的信任。

（二）职业道德制度化

健全的税务代理法律法规是税务代理得以健康发展的法律保证。总体上说，发达国家税务代理制度较为严密，并且都用法律、法规的形式确定下来，从而保证了税务代理制度的顺利推进和健康发展。例如日本的《税理士法》、韩国的《税务士法》、英国的《税收管理费法》、奥地利的《经济受托士职业法》、美国的税务代理230号通告等，都是用法律、法规形式确立下来的，从而为这些国家税务代理行业的健康、有序发展提供了有力的法律保障。由此可见，健全的税务代理制度是税务师职业道德规范体系建立的基础，可以使职业道德制度化。

（三）完善的惩罚机制

由于追求经济效益是税务代理的目标之一，难免有个别税务代理人员突破法律与职业道德的约束，损害国家或委托人的利益。要实现税务师职业道德规范的健康有序发展，从国外多年的实践来看，要建立起有效、完善的惩戒制度。目前，国外一般设置有双轨制的惩罚机制，惩罚力度较大，可一定程度上避免执业者违反职业道德的规定。“双轨制惩罚机制”，是指实行行业协会惩戒和税务机关惩戒，或实行行政惩戒和司法惩戒。比如，英国的租税协会可以对其会员实施惩戒，而对没有加入协会的税务会计师则由国内收入局进行惩戒。德国的税务代理惩戒制度也包括两部分：一部分称为司法惩戒，由职业法院对税务顾问涉及违反或损害其职业相关利益的行为进行处分；另一部分称为秩序惩罚，对违法执行业务和违法使用标示者由税务局处分。

严格的惩戒制约机制是避免税务师违反职业道德规范，合理、合法、合规从事涉税专业服务的关键，促使税务师在执业过程中面临违法诱惑时，能够保持职业操守，严格遵守职业道德规范的要求，提供高效率、有质量的服务。

（四）有效降低行业的竞争风险

大多数发达国家都鼓励税务代理行业的发展，以提高政府的工作效率。以韩国为例，韩国法律规定，符合一定标准的法人或者个人纳税人申报法人税或所得税时，必须提交经税务士编制、签章的税务调整计算书，未经税务士审核签章的法人税纳税申报，税务部门可加征20%的税款。此外，韩国国税厅还规定，凡委托税务士建账、记账的中小企业，可以享受减征应纳税额10%的优惠；年收入4 800万韩元以上不建账的企业，给予加征应纳税额10%的处罚。

政府对于税务代理行业的扶持，能够使税务代理行业扩大规模，有效降低竞争风险，避免滋生恶性竞争。

（五）税务师从业的独立性较强

独立性是税务师从事涉税专业服务的灵魂，是税务师职业道德规范的核心内容。所谓“独立性”是指税务师在承接、从事涉税业务，出具鉴证报告时，按照相关法律规定在授权范围内独立地行使权力，无论在形式上还是实质上都独立于税务机关和纳税人，同时不受其他机关、社会团体和个人的非法干预。但由于各国税务师产生的背景、所处的环境和发展进程等各方面的不同，各个国家对于独立性的要求有所不同。以韩国、日本、德国等为代表的一些国家，其税务师及其机构在实质和形式上都具有较强的独立性。在日本，根据有关规定，税理士机构是独立于纳税人和税务机关的完全独立的中介机构，该机构与纳税人和税务机关不存在任何经济利益和政治关系，除了法定的正常收费标准外，税理士没有任何资格从客户那里获得额外的经济收益，严格的独立性为税务师从业过程中树立职业道德规范提供基础。同样，韩国的《税务士法》中也规定，税务士及其职业机构必须与纳税人和税务机关保持超然的独立。德国的《税务代理咨询法》规定得十分明确：税务师及其事务所在法律保护下独立开展工作，不依赖和依靠税务机关，税务机关不得要求税务师做任何事情，更不允许税务机关向纳税人指定税务师及其机构。在我国，税务师行业受到历史背景和管理体制等各方面因素的制约，税务师执业的独立性相对较弱，主要原因是我国大多数税务师机构原本大多挂靠在当地税务机关下，甚至有些中介机构就是由税务机关开办的，从事涉税服务的中介机构与税务局之间有着较强的经济利益关系和行政管理关系，所以独立性相对较弱。

二、国外税务师职业道德规范体系引发的思考

（一）提高涉税专业服务人员素质

发达国家涉税专业服务人员的素质之所以较高，主要在于其拥有完备

的职业准入制度。因此，我国可以借鉴其成功经验，完善涉税专业服务的职业准入制度，提高涉税服务从业者的业务能力和职业道德水平。首先，扩大执业人员的范围，通过对考试和免试科目的科学设置，扩大税务师资格的授予范围。对取得其他资格证书的人员，通过加试不同的专业科目，互相赋予资格，从而扩大税务师队伍，打破行业封闭垄断。其次，完善考试制度，把好“入门关”。从业人员应先具备经济、财务类专业知识背景，并掌握一定的会计、法律知识，在税务师资格考试中突出对实际技能的考核。再次，严格实行税务师注册登记和执业备案制度，通过严格的注册登记和执业备案审查，为加强行政监管提供依据。最后，完善后续教育制度。针对不断更新的税收政策法规，设立相应机构组织学习最新的税收政策法规，保持与时俱进的专业素养，以提高税务师自身的专业胜任能力。同时，可以在高校中设立相关专业，强化对涉税专业服务人员的后继教育，提高其自身的业务素质。

（二）确立和提高税务师以及税务师行业的法律地位

实行税务代理制度的国家，一般都有较健全的涉税专业服务法律法规。我们可以借鉴他们成功的经验，加快涉税专业服务的立法程序，及早出台一部具有普遍指导性的行业法律，通过立法提升涉税专业服务的法律层级，确定税务师的法律地位，明确其权利和义务，把涉税专业服务行业纳入法治轨道。目前我国试行的《税务师职业道德规范》的法律层级较低，对于从业人员的各项要求和规范不够具体，没有普遍的指导性，导致个别从业人员有机可乘，违反相关法规规定，进而引发执业风险、技术风险和竞争风险。

（三）营造良好的涉税专业服务执业环境

引入竞争机制，本着“共容共存、互为补充、各有侧重”的原则，打破涉税专业服务市场垄断，开展平等竞争。首先，在行政管理体制上打破由各行政部门分别管理的现状，打破部门分割的局面，组建统一的涉税专业服务管理机构对各类涉税专业服务组织进行统一管理。其次，打破目前分行业、按地区设置的组织机构模式，建立涵盖法律、会计、审计等的一体化的跨地区，跨行业的综合服务机构。再次，取消对执业范围的硬性规定，从事税务专业服务工作者，对不同专业执业人员，限定不同的专有权利。

打破垄断，营造良好的涉税专业服务执业环境是保持税务师良好独立性的基础。良好的市场竞争状态推动各个税务中介机构采取正当合法的手段进行良性竞争，可以通过提高工作质量和效率抢占市场份额，而不是恶性压低收费标准，致使执业人员盲目追求降低成本，出具不合规、质量低下的鉴证报告和涉税服务，违背职业道德规范的要求。同时，对不同专业执业人员，限定不同的专有权利，可以进一步保障税务师行业从业人员的专业胜任能力，保障职业道德规范充分发挥作用。

（四）强化涉税专业服务的监督管理

为规范涉税专业服务组织的发展，必须加强监督管理，强化法律责任，提高违法风险和成本：①加强行政监管，强化涉税专业服务的行政法律责任；②明确委托双方的权利义务，强化涉税专业服务中的民事责任；③加强司法监督，强化涉税专业服务人员的刑事责任。与此同时，还应借鉴发达国家的成功做法，建立职业赔偿保险制度，强制要求所有的涉税专业服务机构办理必要的职业赔偿保险，从而有效防范、降低和化解税务师的执业风险。

第四节　完善我国税务师职业道德规范的建议

一、认真学习，组织培训

税务师事务所应系统有效地宣传、培训促进税务师重视和了解《规范》的重要性。事务所的内部培训除了学习业务知识和执业规范，还要重视职业道德，每个从业人员都要对照检查，如自己是否诚信，存在哪些不符合《规范》要求的行为等。如果在从业过程中存在不符合职业道德规范要求的地方要积极改正，严格遵守规范的要求。学习中要精选案例、树立标杆，内部管理部门要严格检查与考核，力争提升税务师职业道德水平。各地税务师事务所应通过系统有效的宣传、培训来促使税务师重视和了解规范的重要性，加强对税务师行业政策支持和宣传的力度。一方面，各地税务师协会和税务师管理中心要利用各种媒体进行宣传，各地协会之间也应该相互交流。税务师事务所在做业务过程中也要积极宣传自己，但不得夸大本所而恶意贬低同行。同时，还要加强国际交流，认真借鉴国外税务师行业的发展经验。另一方面，各地税务机关要积极发挥政策导向作用，转变观念、提高认识、积极引导，依法支持税务师行业的发展，采取有效措施加强对行业的扶持、指导和监管。

二、加强从业人员诚信机制建设和监管

在实施和完善事务所内部执业质量检查制度过程中，把充实职业道德评价、加强独立性检查作为重要内容。在事务所内部执业质量检查中，不仅要检查业务程序是否执行到位，还要检查在利益冲突方面是否贯彻了职业道德的要求。建立和完善事务所内部诚信档案，收集、整理、分析、更新、维护事务所从业人员的诚信信息，开展诚信调查，出具诚信证明。逐步建立健全税务师诚信执业评价机制和失信惩戒机制，通过加强诚信宣传和引导，把诚信理念切实贯彻到行业协会的自律管理服务中，落实在每一位税务师从事涉税专业服务的过程中。同时，行业主管部门可从诚信评价、诚信公示、诚信教育、动态监管和加强惩罚等几个方面进行行业诚信建设，逐步将诚信档案记录与资格管理、资质审批、执业情况相结合，增强诚信信息监控体系的信息披露功能，推动诚信信息的公开共享，实现社会公众的监督。还要加大宣传曝光力度，积极弘扬以诚信为本、职业操守为重的职业风尚，将行业诚信水平提升到新的高度。完善的诚信机制能降低税务师从业实践过程中违反职业道德规范要求的风险，可一定程度上抑制涉税专业服务执业者及其机构的不良行为。

三、建立健全事务所内部管理与控制体系，减少道德风险

健全有效的事务所内部管理机制是保证事务所执行客观、公正原则的前提，也是促使事务所从业人员按照《规范》要求执业的基础。我国现在试行的《规范》涵盖内容不够广泛，仅重点对涉税鉴证业务涉及的独立、客观、公正和保密等原则进行了规范，但涉税服务业务的规范相对较少，事务所可以根据《规范》制订本税务师事务所适用的执业道德规范。事务所还可建立职业道德自我纠错机制，及时有效控制执业者的职业行为，如安排业务项目组以外的税务师进行复核，降低执业者违反职业道德规范的风险。同时，定期（一般5年）轮换项目负责人及签字税务师，防止项目负责人和委托人相互勾结，影响涉税鉴证业务的客观公正性。此外，跟踪客户动态，必要时采取非常规措施，有步骤地调整客户。加强由税务师担任的股东或合伙人的职业道德建设，解决股东和股东之间的道德风险和相互忠诚以及收入分配的问题。在以有限责任事务所为主体的税务师行业，提倡事务所内部股东或合伙人之间在道德上树立相互忠诚和相互信任的风气，并以事务所管理机制和内部控制机制来加以保障。可通过股份期权手

段解决人才收入分配问题。管理层要身体力行，对制度要严格遵守，将奖励与惩戒落到实处，认真研究执行效果并采取行动加以改善，建立健全内部质量管理制度，多层次全方位监控从业务承接到报告出具的全过程。

四、加强职业道德教育

诚信的品格需要培养和熏陶，要把职业道德列为事务所从业人员继续教育的必修科目；要进一步加强诚信教育，用从业人员执业成败两方面的案例，开展警示教育。防止“劣币驱逐良币”现象在事务所内部继续发生，自觉遵守行业收费标准，不搞恶性竞争。税务师职业道德也是国家社会道德诚信体系建设的重要组成部分，我们理应做到重视人伦价值，追求精神境界，提倡修养践履，推崇诚信无欺、取财有道。社会监督是职业道德真正落到实处的重要保证，应将税务师执业活动置于广大纳税人的监督之下，通过舆论引导，宣传正面的事例和个人，创造良好的社会氛围和执业环境。同时，对行业中不讲职业道德、违反执业纪律的税务师进行监督，使其充分暴露在社会监督之下，促进行业自律和道德建设。

五、提高执业人员专业素养

税务师的职业道德是评价税务师执业风险水平高低的重要因素之一，如果整个行业的执业人员具有较高的职业道德水平，该行业的执业风险也会相应降低，提升委托人和税务机关对税务中介机构的信任程度。除了职业道德规范中对税务师独立、客观、公正的要求外，执业人员的专业素养也是保证鉴证业务和涉税服务质量的关键因素。税务代理作为高层次的智力劳动，需要高素质的复合型人才，尤其在目前大数据时代和经济全球化的推动下，税务师不仅要精通税法，还要熟知会计知识、审计知识、企业管理知识以及相关的法律、法规等，甚至还需要相应的计算机技术的支持。因此，除了资格考试以外，还应该通过各种途径，加强对税务师的后续教育，提高税务代理人员的实践能力，提高税务代理人员素质，建立一支精通税法，熟悉财务、审计、管理，通晓法律的税务代理队伍。

第五章　新环境下我国涉税服务的发展状况

第一节　税务师涉税服务存在的必要性

一、税务代理概述

税务代理是指在相关法律规定范围内，接受纳税人、扣缴义务人的委托，代其办理税务的相关事宜。税务代理的主体是税务师，独立于税务部门及纳税人以外，是一个专门从事中介服务的行业。税务代理行业也可由注册会计师、律师等参与，但是只能从事涉税服务业务，而税务代理机构既可以从事涉税鉴证业务还可以办理涉税服务业务。所以，我国税务代理业务主营机构是税务师事务所，会计师事务所和律师事务所虽然也能够从事相关工作，但是相当于是兼营项目。

税务师行业是随着我国税制不断改革而发展起来的一个朝阳行业。由于其提供的是有偿服务，是自负盈亏的经营主体，因此与税务机关相比，在提供纳税服务方面更加积极主动。这就要求税务代理机构必须讲究服务质量，维护自身的信誉，更好为纳税人服务。税务师作为从事涉税业务的专业人员，能够帮助纳税人正确选择投资领域和核算方式，享受税法规定的各类税收优惠，防范和化解税收风险，最大限度地维护纳税人的合法权益，降低和节约纳税成本，因而在纳税服务当中发挥着十分重要的作用。

二、税务师提供涉税服务的必要性

（一）税收执法的公平性——税收征管机关的职能限定

税收征管机关代表国家依法征税，是征税主体，其作为一个职能部门，为广大纳税人提供基本的纳税平台，应通过精简程序等方式提高办公效率，减少广大纳税人的纳税成本。但是，作为税收征管机关不能过分强调服务职能。比如，我们常能看到某税务人员凭借丰富经验为纳税人节省了税款的报道。然而，作为税收管理机构，一方面为企业提供纳税咨询，一方面对企业的纳税情况进行监督，这显然模糊了执法机关的职能，无法体现税务机关执法的公正与合理。

税务机关作为职能部门，应当履行监督职能，让中立的税务师帮助企业合法纳税，建立一个公平公正的纳税环境。

（二）税收政策经常更新的要求

由于我国经济处于转型期，国家通过税收政策来对企业的经济行为进行调整，像股票投资的个税及印花税政策等，另外，由于我国经济发展快，新情况多，出台的税收政策执行中可能有新的问题出现，国家税务总局就会发布新的政策进行补充。特别是我国正进行税制改革，如2008 年企业所得税政策的大变革，2009 年增值税政策的重大变革以及 2016 年全面实行“营改增”等，政策不停地颁布、更新、补充、作废……要想及时掌握税收政策，就要不断学习税收法律、法规、政策，从而帮助纳税人正确理解政策内涵，正确处理涉税疑难问题。

（三）税收政策的歧义与空白，需要税务师发挥专业、客观的补充作用

每个纳税人对税收政策的理解都有可能存在偏差。正确理解税收政策的立法原则，以立法本义去理解与思考，才能更好地发挥税收政策的调控作用。在纳税人与税务机关出现争议时，税务师应以客观的立场，既保护纳税人的合法权益，又维护税法的公平公正。随着经济的发展，税收政策可能存在未做规定的空白点，这些前瞻事项的税务处理，也需要税务师发挥中介作用，根据立法原则协调纳税人与税务机关的认识差别，保护和谐的税企关系。对于专项业务，可以采用政府采购的方式，将更多方便交给市场，由纳税人与税务师协调处理。

（四）经济全球化，需要国际化的税务服务

随着我国经济全球化的不断发展，为了充分利用全球资源，国内的大量公司正走出国门，在世界各地建厂、设立研发机构、增设贸易网络，但对国外的纳税环境并不熟悉，很难在短时间内适应国外复杂的税务要求。而国内税务师事务所的专业人员可以利用自身的专业优势，与国外的事务

所充分合作，积累国际经验，为引进来、走出的公司提供纳税服务，满足纳税人的需要。①

第二节 我国税务师行业存在的问题及发展对策

一、税务师行业存在的问题

（一）税务代理的法律制度不健全

我国目前的税务代理制度的基础法律为《中华人民共和国税收征收管理法》，虽明确规定了我国税务代理的法律地位，但内容相对简单空泛，缺乏实施可行性，不能满足现代税务代理制度的发展需求。而国家税务总局颁布的一系列法规和文件法律层次较低，法律效力不足，在实践操作中没有对税务代理行业形成全方位、有力度的有效约束。

（二）税务代理监管体系不完善

首先，行政监管机构和行业自律组织定位模糊不清。在监督管理体系运行的过程中，税务师管理中心与税务师协会责任划分不明确，职能重合，管理不规范，二者之间关系不清，难以体现行政监管和行业自律的有效性。

其次，行业自律管理不足。中国税务师协会（以下简称“中税协”）一直以来有着自律管理的职能，如开展税务代理宣传、税务代理业务培训等工作，但是中税协在这方面的功能发挥并不理想。通常，中税协都是配合税务师管理中心开展工作，很少主动进行职业规范管理和其他方面的管理。这使得税务代理行业的行业自律流于形式，处于缺失状态。②

最后，税务代理行业缺乏独立性。税务代理机构本应是独立的中介机构，但独立性在实际中并没有得到很好的体现。许多地方的税务代理公司为了获取业务，私底下求助于税务机关，并与相关部门分享利益。

（三）税务代理业务范围狭窄

首先，我国税务代理业务内容相对简单，对专业素质的要求不高，一

---

① 禹奎．如何在“一带一路”战略中为企业提供涉税服务［J］．特别关注，2015（12）．

② 程梦萍．我国税务代理行业存在的问题及发展对策［J］．会计师，2015（11）．

些企业使用会计师或兼职会计师即可办理，并不需要去找专业的税务代理机构，这就减少了专业税务代理行业的工作机会。

其次，随着我国市场经济的发展，纳税人控制税务成本意识和纳税人自我保护意识在不断加强，在此大环境下，传统的税务代理业务又满足不了来自部分个人和外商投资企业的要求。

（四）税务代理的社会认知度较低

我国公众对于税务代理的认识、了解还不够，对税务代理的社会整体认知度很低，也就很难去支持其发展。与此同时，人们对税务代理的认知还有偏差，比如有人会把税务代理机构看成税务机关的附属机构，税务代理只不过是税务机关的创收途径等，从而一定程度上导致税务代理失去了其应有的市场。

另外，政府取消注册税务师资格认定也导致人们对税务代理产生误解，有人以为税务师资格考试被取消了，有的甚至以为税务代理行业都即将被取消。这导致很多想考税务师资格的人不敢考，想要从事该职业的人不敢入行，导致行业人才的流失。而企业对这一政策产生误解，会以为税务代理业务不再由专业人士把关，税务师事务所的服务质量将会下降，进而对税务师事务所的业务量产生不利影响。

二、发展税务代理的对策

（一）加快税务代理立法进程

首先，应完善现有的法律法规，充实现行税务代理行业相关法律法规中内容空泛的部分，将法律的规定加以明确，以减少法律规定模糊而造成的税务代理的不规范行为。其次，填补相应的法律空白，如税务援助制度、税务代理风险赔偿金制度等方面。最后，还应提高相关立法层次。如出台《税务代理法》，确定代理人合法地位，对税务代理从业人员的从业原则、服务宗旨和行业的性质等方面进行规定，将提升税务代理行业的法律层级，增强行业的法律约束。

（二）加强税务代理行业的监督管理

行政监管机关应与行业协会分开，二者分别配备专业的工作人员，避免人员交叉重叠的情况发生，同时加强行业协会的自律管理。我国取消了税务机关对税务师的资格认定，一定程度上减少了行政机构对税务代理行业的限制，但还不够。行业协会应从对税务师管理中心的依赖中走出来，更加主动地参与到行业管理当中来，从自身出发完善本行业协会的职能。

同时，监督代理机构还要提高独立性。我国目前已严禁税务机关强行要求纳税人办理涉税鉴证报告，这一定程度上遏制了税务机关对税务代理机构的“关照”，促进了代理机构的独立性。但在税务代理行业的实际监管过程中还应严格把关，查处利益分成、利益挂钩等现象，做到发现一起，查处一起。

（三）拓展税务代理的业务范围

首先，税务代理要提供高水平的服务，一方面要推出税收筹划服务，这样不仅提高了服务的专业性，增强税务代理的行业竞争力，也可提高委托人对高层次业务的需求，促使从业人员对相关知识进行深入的学习。

其次，提供规避涉税风险服务。由于税务相关法律法规不时会有变动，而有些企业的经营者和财务人员很难随时了解新的税收政策，无法及时、全面掌握，客观上导致纳税人在经营过程中产生涉税风险。税务师事务所具有专业知识，对行业政策变动了解得更及时、全面，这时企业就可以聘请专业的税务师事务所来帮助其规避风险。

最后，税务代理机构还可以提供诸如纳税信誉评估、财产评估、企业自查等服务，以此在专业能力方面提高行业竞争力，使整个行业更加适应现代经济发展的要求。①

（四）加大税务代理行业的宣传力度

首先，可以利用各种传媒工具，尤其借助当下最流行的媒体来进行宣传和科普，使得公众更加了解税务代理这个行业。还可以通过行业组织展开活动，推动相关从业者和社会公众的互动。例如，税务代理行业协会可以通过举办各种服务质量评比活动，让群众参与投票，在加深社会对税务代理认识的同时，也敦促税务代理机构提高自身服务水平。

其次，还应向公众宣传税务代理行业的新变化。国家施行新的涉税相关政策后，行业要及时作出全方位的解读，并利用多种媒体进行宣传。如果部分公众对相关政策仍有疑问，行业协会等可以采用在线答疑的方式，解除公众疑惑，进而扩大行业的社会影响力。

---

① 樊其国．新环境下税务师业务拓展的探讨［J］．税务师，2015（5）．

第三节　新环境下税务师行业业务拓展——提升业务水平

一、开发特殊经济区域涉税服务市场

我国目前特殊经济区域大体上有 18 类，如经济特区、沿海经济开发区、经济技术开发区等。税务师行业应当积极探索促进包括涉税服务在内的现代服务业发展的机制体制。研究和探讨特殊经济区域涉税服务市场，是一项前所未有的崭新工作，可以作为高端涉税服务研究课题，积极筹备涉税服务市场可行性论证和试点前期准备，借鉴国际同行的先进技术、管理方式、经营理念、组织形式，探讨适合我国经济发展和创新模式的涉税中介服务。同时，要支持和鼓励税务师事务所根据地域特点开发新兴市场，根据纳税人特点积极主动地拓展新型业务；注重以技术优化结构，逐步由劳动密集型向智力密集型转化；促进区域结构调整，优化税务师事务所的区域分布，形成中国特色的涉税鉴证服务市场发展格局。

二、培育资本运作涉税服务市场

研究和探讨涉税专业机构在资本市场的作用，提高税务师事务所服务企业资本运作的能力，帮助涉税专业机构拓展高端业务领域，打开市场，大有作为。资本运作不仅是公司扩张的重要手段，也是税收筹划的重要工具，资本运作方式的多样性决定了税务处理的复杂性。我国现行有关资本运营方面的税收政策十分复杂，对于企业实施并购、成立新公司、股权转让与回购等资本运作可以利用经营、法律、财务等多方面的综合手段进行分析处理，既降低税负，又规避风险。

三、涉足税务司法鉴证项目

税务师行业参与涉税司法鉴证业务具有市场优势、专业优势和角色优势。涉税鉴证性报告已经成为税务机关、纳税人、社会公众评估企业税收的一种重要依据。税务司法鉴证，要求见证人精通税法，通晓诉讼法，而当前税务师行业很缺乏这样的复合型人才。税务师要从事税务司法鉴定，需要税务师开拓市场。目前，税务司法鉴定绝大部分发生在涉税刑事案件中，大部分业务是接受司法部门的委托进行鉴定。因此，税务师通过客观、公正的鉴定，获得司法部门的信任，是拓展税务司法鉴定的关键。另外，在刑事诉讼中确定犯罪嫌疑人或被告人是否偷税、逃税，在行政诉讼中确定纳税人确切的纳税数额，特别是在税务机关成为被告时，法院如果依据税务机关的鉴定判决，既不符合证据规则，又不利于维护当事人的合法权益。因此，客观上需要中立的社会专业鉴定机构参与进行涉税司法鉴定，以提高司法鉴定的公信力。

四、积极发展税务咨询服务

国务院下发的《关于加快发展生产性服务业促进产业结构调整升级的指导意见》（国发〔2014〕26号）提出，引导商务咨询企业以促进产业转型升级为重点，积极发展资产评估、会计、审计、税务、勘察设计、工程咨询等专业咨询服务。目前，我国的税务咨询服务，特别是高端税务服务还没有形成规模。虽然处于成立初期或者改制阶段的企业，需要确定股权架构及组织结构的企业和计划或者正在实施上市的企业很多，对高端税务服务都有着一定的需求，但实际上这些需求大多还处于一种潜在的状态，没有真正形成购买力。税务师行业应积极发展包括财税咨询、财税顾问、税收筹划等高端税务服务。

五、实施企业税务尽职调查

对投资者而言，企业在作出规划重组、并购等重大决策时，需要对被收购方的税收风险有明晰的了解。信息不对称风险是投资过程中最大的风险之一，为了降低该风险，投资人可聘请税务师事务所，对被投资企业进行税务调查，降低投资过程中信息不对称的风险。由于投资者的偏好，以及每个目标企业的不同特点，税务师的尽职调查具有不可复制性。而接受委托的税务师保持独立性客观、公正地实施调查和反映调查结果是工作成败的关键。

六、为“走出去”企业提供涉税服务

企业走出去过程中，最需要税务师事务所的专业服务，特别是企业对海外资产的审计监督方面。税务师事务所对“走出去”企业提供涉税服务有无可替代的优势，“一带一路”战略为境外涉税服务的发展提供了千载难逢的机会。会计师事务所根据会计准则给“走出去”企业出具审计报告，律师事务所给“走出去”企业提供法律咨询、起草合同，税务师事务所则提供涉税服务，以上既是发现的过程，也是保险的过程，还是一个价值创造的过程。这就是税务师事务所为“走出去”企业提供涉税服务特有的优势。

企业“走出去”到海外发展，对税务师行业服务的需求主要包含八个方面：①企业进行海外投资决策时的财务分析和战略分析；②为企业境外融资提供税务服务，一定程度上国内企业还是倾向于由国内的税务师事务所提供海外上市税务服务，包括在中国香港地区上市；③为中国企业提供境外资产的延伸税务服务，加强对企业境外资产的管理；④专项或专题审计业务，包括海外项目和子公司的审计；⑤税务咨询，为企业境外融资、境外资产、技术性业务流程设计、离岸服务等提供涉税咨询服务；⑥管理咨询，主要包括海外一些项目的收购和兼并当中的事前尽职调查等；⑦税收筹划，帮助中国企业“走出去”到境外从事跨国投资经营，利用国与国之间的税制差异及有关国家的税收优惠，规避、减少或延迟缴纳有关国家的税款从而达到减轻全球总税负的目的；⑧企业税务风险提示，目前我国对海外投资遍布全球，投资集中，在“走出去”步伐加快的同时，随之而来的税务风险也加大了。企业海外投资的过程中，既要维护经济利益，也要捍卫税收权益，诸多的税务风险越来越受到关注。

（一）协助“走出去”企业应对税收风险的策略：依法，维权

“走出去”企业面临的税收风险包括：并购对象历史遗留的税收问题、跨国公司的重复征税、差别待遇、没有享受到税收协定的优惠、税收抵免问题以及转让定价和反避税问题等。应对以上风险，最重要的是遵循两条原则：首先是依法，其次是维权。首先要了解当地的税法，了解相应国家的税收协定，从而帮助企业降低税收风险。如果企业受到侵害，税务师事务所应了解是否有相应的救济渠道，并积极维权。

（二）分阶段、有侧重点地为“走出去”企业提供涉税服务

“走出去”企业承包海外工程项目一般分为战略前瞻、前期准备、项目应标、运营管理和项目完成退出 5 个阶段。税务师事务所需要重点展开的工作是：在战略前瞻阶段，要进行整体战略规划和新型市场的调研，制定清晰的海外业务的战略和控制风险的举措，并分国别和行业细分市场；在前期准备阶段要进行业主背景信息的调研，预计运营模式的成本，对项目的商业风险作出分析报告，并预防双重征税的分析报告，同时要从法律的视角对招标文件进行分析，对项目组织架构有效性、融资策略的可操作性进行全面的评估。在应标阶段，海外工程项目需要进行竞标、谈判和签

约，要仔细审阅项目合同和中标合同，重点是检查其完整性和严密度，防控可能存在的法律、财务和税务的风险。在运营管理阶段，要启动税务管理架构，加强对常设机构税务风险的日常管理，主要工作是审阅项目中重要的往来文件，解决实施过程中有争议的事项，做好再融资的合理安排以及投资后的监督管理。

（三）敢于利用税收协定和多种工具捍卫“走出去”企业的利益

一些企业到海外，对当地税收环境及税收优惠政策不太熟悉，容易吃亏上当。企业应当遵守当地的法律法规、公序良俗，但是当利益受到损失的时候，也要利用税收协定等各种工具捍卫合法的权利。例如，2003 年俄罗斯税务部门提出中国国际航空公司（以下简称“国航”）的收入不符合相关协定中对于收入免税的要求，要求补缴之前的税款，并且冻结了国航的资金。国航就此向俄罗斯最高法院提起申诉，俄罗斯最高法院受理了申诉，并判定国航胜诉。这个案例提醒我们，在“一带一路”沿线国家的法律制度尚不完善的情况下，税务师事务所更要帮助“走出去”企业利用各种工具捍卫自身的权利。

（四）在“走出去”企业的税务管控中发挥作用

“走出去”企业的海外税务管控工作包括四个方面：①信息化，企业国际化以后，会在多国有多个分支机构，同时面临多种税收制度，必须依靠信息化进行税务管控；②国际化，“走出去”企业不仅面对税法的国际化，还要面对税务关系的国际化，要遵从国际税法，有国际化的视野和团队；③优化税负，企业在“走出去”的过程中，税务筹划的空间较国内明显扩大，为进一步优化税负创造了条件；④零风险，这是“走出去”企业应追求的目标，要求投资项目的每个环节都做到零风险。

基于以上税务管控目标，税务师事务所在“走出去”企业的海外税务管控中能发挥以下作用：①做好税务调研，为财务计划打好基础；②做好税收筹划，为投资计划添砖加瓦；③为企业永续经营防微杜渐；④争议解决，为企业发展保驾护航。

在为“走出去”企业提供涉税服务时，问题庞杂，不能疏漏任何细节，否则就可能造成损失。涉税服务提供者要深入研究国内、国际税法，同时注重对实际案例的总结，积累经验，控制好每一个环节，帮助“走出去”企业获得成功。

第六章　税务师行业发展新思路

2014 年，国务院发布《关于取消和调整一批行政审批项目等事项的决定》（国发〔2014〕27 号），引起了税务师行业的广泛讨论。在新的环境下，税务师如何拓宽业务范围，税务师行业如何在新的形势下发展，这些都是值得思考的问题。

第一节　税务师行业当前面对的挑战

一、税务师行业当前形势

近几年来，随着国家“放管服”改革的不断深入，与税务师行业相关的一系列行政法规、政策措施、监管体系和市场环境都发生了很大的变化，行业的市场化方向不可逆转。国务院《关于取消和调整一批行政审批项目等事项的决定》（国发〔2014〕27 号）将税务师职业资格从准入类调整为水平评价类，将税务师事务所行政审批调整为行政登记。2016 年，国家税务总局又暂停了《税务师管理暂行办法》规定的鉴证业务。

我国税务师行业已经有 20 年的发展历史，随着我国税制的不断改革和市场经济的不断发展，税务师业务领域也向更宽阔的范围拓展，执业人员的专业水平不断提高，并逐步得到社会大众的认可。但税务师行业在资格许可、行业竞争、人力资源培训、信息化建设等方面也面临挑战。税务师行业要加强职业道德建设，创新培训模式，推进涉税业务软件研发，顺应市场化潮流，强化服务意识，创新服务产品，发挥专业优势，在公平竞争中赢得发展空间，以促进税务师行业的持续发展。

二、税务师行业的新变化

《国家税务总局关于全面开展严禁税务人员违规插手涉税中介经营活动专项治理自查工作的通知》（税总函〔2016〕389 号）和《国家税务总

局关于停止执行〈税务师管理暂行办法〉第23条有关规定的通知》（税总函〔2016〕407号）暂停了企业所得税鉴证业务，对税务师行业产生了一定的影响。实际上，涉税鉴证曾经发挥着重要的作用，涉税鉴证和审核作为一项涉税专业服务，有多方面的社会需求。涉税鉴证和审核业务是税务机关多年税收管理总结出来的经验，有助于加强税收管理。涉税鉴证和审核业务既有助于避免国家税收利益的流失，也有利于企业做好税收筹划减轻自身的税收负担。涉税鉴证可以帮助企业运用好国家政策，作出正确的经济决定，正确核算申报成果，这些经济鉴证和审核业务对于企业是有益的。

纳税人的需求是税务师行业生存的根基。税务师发展到今天，已经成为继律师、注册会计师之后第三大经济鉴证类社会组织。目前，国内已有税务师事务所5 500余家，从业人员10万多人，其中职业税务师4万多人。① 随着税务师行业的不断发展，税务师行业吸引了很多税务精英人才，税务师的队伍也在逐渐扩大。税务师行业的发展是市场化发展，市场需求也就是纳税人的需求，只有满足了市场需求，税务师行业才能继续生存下去。同时，纳税人也是需要税务师行业的。一方面，纳税人需要税务师提供专业的涉税知识，帮助纳税人规范纳税，依法申报，合理进行税收筹划，降低自身税收风险，保障纳税人的合法权益；另一方面，税务师提供的专业知识能够降低税务机关的征税成本，保证纳税人定期足额缴纳税款，促进纳税人遵守税法。与此同时，转型升级成为未来发展的趋势。国务院公布的文件只是暂停了税务师行业的部分鉴证业务，待新的规定公布之后按照新的规定从事业务，并不代表税务师行业的鉴证业务被永久取消。面对此次重大变化：首先，应该正视政策环境、业务模式等方面已经发生改变的事实，积极面对改变；其次，保持信心，正确面对，以积极的姿态迎接和战胜挑战；最后，改变思路准备转型升级，与时俱进扩大业务范围，税务师传统的三大业务是涉税鉴证业务、代理申报业务和咨询筹划业务，未来可以大力发展咨询筹划业务，向企业提供税收筹划等高端税务咨询业务。

第二节　税务师行业当前面临的问题

随着市场经济的发展，税务师行业已经成为仅次于律师和注册会计师

① 张殷红．顺应形势、加快转型，促进税务师行业健康发展［J］．注册税务师，2016（10）：9－11.

行业的第三大专业服务机构，在保障国家税收利益，降低征纳成本，提高纳税人遵从度，维护纳税人合法权益等方面发挥着积极的作用。但是，税务师行业在不断发展壮大中，存在的问题也逐渐凸显出来。

一、正确解读文件，提高自身竞争力

2014 年 8 月 12 日，国务院发布了《国务院关于取消和调整一批行政审批项目等事项的决定》（国发〔2014〕27 号），正式取消了税务师的职业资格行政许可。随后，2014 年 8 月 13 日，《人力资源和社会保障部关于做好国务院取消部分准入类职业资格相关后续工作的通知》（人社部函〔2014〕144 号）明确将税务师准入类职业资格调整为水平评价类职业资格，税务师位于水平评价类职业资格目录的第 21 项。但国发〔2014〕27 号文件所取消的是税务师职业资格的行政许可，并将其由职业准入类调整为水平评价类，并不是取消税务师职业资格，税务师目前依然是由国家统一管理和实施的国家职业资格。当然，更不是取消税务师事务所和税务师行业，并没有否定税务师行业在维护纳税人合法权益和国家税收利益中所发挥的重要作用。①

与此同时，我们也应该注意到，税务师的职业资格已经调整为水平评价类，涉税服务市场的竞争将会越来越激烈。税务师行业应该发挥自身的专长，提升自身的素质，增强市场对整个行业的认知度。比如，可以帮助税务机关做好税收普法宣传活动，“营改增”就是一个很好的机会；也可以举办一些税务专题培训课程或者是座谈会，把握商机，拓展客户。税务师行业需要发挥团队合作精神，制定长远的行业发展战略，提高自身的竞争力，利用自身专业特长拓宽服务范围，提升服务质量，从而开辟出更好的发展前景②。

二、税务中介业务素质有待提高

税务中介能否在市场环境中生存下去，能否在市场竞争中发展下去，取决于税务中介业务素质的高低。国家关于税务中介服务的政策性文件较多，对税务中介服务的专业性要求较高，因此，税务师不仅要熟悉税务的有关法律法规、财务会计和企业管理等方面的知识，而且还应该具备较强的与人沟通协调的能力、文字写作能力和丰富的税务方面的经验。但目前我国税务中介行业人员的素质参差不齐，业务素质和服务质量在总体上还不太令人满

① 吕育兴．基于当前税务师行业发展面临的问题及对策［J］．现代商业，2014（33）：222－223.

② 高尧．推动注册税务师行业又好又快发展［J］．经济研究参考，2013（70）：103－104.

意。高层次人才短缺现象严重，具有正规资格的税务代理还比较稀缺，部分人员达不到执业要求的熟练程度，工作能力，服务意识、执业行为亟待规范。这些问题的存在，不利于税务师行业的和谐、健康发展。

三、行业自身道德建设有待加强

在市场经济条件下，适度的竞争能够有效促进市场的健康有序发展，有利于税务师行业优胜劣汰，但是过度竞争也会阻碍税务师行业的发展。涉税服务是具有专业性的，若税务师事务所通过压低价格等手段恶性竞争，一方面，会导致服务质量的下降，引起公众的不满，同时税务师事务所自身的风险也会加大；另一方面，国家的税收利益也会遭受损失。税务师行业应是具有较强独立性的行业，税务师应是具有丰富的工作经验和专业知识的人员。

四、连接好税务机关和纳税人

税收活动的主体是纳税人和税务机关，税务师行业是作为中介存在的，辅助纳税人纳税和税务机关征税。随着市场经济的不断发展，纳税主体的应税活动越来越多样，纳税业务也越来越复杂，导致征税业务也越来越复杂，税务机关的工作量越来越大。因此，税务机关将一些工作和服务事项转移给社会，就可以专注于征收管理，而涉税服务中介则可以通过专业知识为企业服务，可以协助税务机关做好工作，同时提升自身核心竞争力，推进税务师行业的发展。

第三节　税务师行业发展新思路

随着社会主义市场经济的发展，税务师行业要转变观念，凝聚共识，迎接挑战，主动作为，加快业务转型升级，推进税务师行业持续健康发展。

一、加快涉税服务与大数据相结合

随着科技进步，大数据已渗透到税收立法、政策制定、组织收入、征管规程、信息管税等领域与环节。因此，税务师行业不应再用以前的思维方式进行运作，应该运用大数据思维，掌握大数据方法，以适应时代的要求。2015 年 3 月 5 日，李克强总理提出制定“互联网 +”行动计划。随着互联网技术的发展，尤其是“互联网 +”概念的提出，互联网技术在我国各行各业的运用越来越普遍。互联网技术同样也可以运用到税务师行业。

“互联网 +”可以帮助税务师提供更加便捷高效的涉税服务。面对时代变革，税务师行业需要适应新的市场规则，转变思维，更新服务方式，进一步创新和优化涉税服务。税务师行业必须准确把握行业政策，适应新的执业环境，积极主动开拓市场，提高行业自律能力，强化税务师职业道德，积极促进大数据、云计算、人工智能、物联网等新技术在“互联网 +”税务发展过程中的融合应用，以提高服务的针对性和有效性，从而带动涉税服务的标准化、管理的规范化。①

二、积极发展税务咨询服务

国务院下发的《关于加快发展生产性服务业促进产业结构调整升级的指导意见》（国发〔2014〕26 号）提出，引导商务咨询企业以促进产业转型升级为重点，积极发展资产评估、会计、审计、税务、勘察设计、工程咨询等专业咨询服务。税务咨询是税务师行业的三大主营业务之一，但是税务咨询业务并没有得到充分的发挥，尤其是高端税务服务市场。虽然处于成立初期或者改制阶段的企业、需要确定股权架构及组织结构的企业和计划或正在实施上市的企业很多，理论上它们都需要一定的高端税务服务，但是企业对高端税务服务的需求只是隐性的，并没有真正形成需求。税务师行业应该借转型升级的机会，真正以客户的合法需求来提供精准化的高端税务服务，真正为企业经营服务和税收管理服务。

三、拓展“营改增”涉税业务

政府正在进行“营改增”改革，税务师事务所在“营改增”的过程中可发挥自身优势，扩展业务空间：①纳税辅导和咨询业务。“营改增”企业需要对其现有的财务软件和会计系统做出合理的评估，确保能准确核算会计信息处理增值税纳税业务，同时要求企业的会计核算能够更准确地对不同税率以及不同业务行为的应税销售额和进项税额进行核算②。②对一些潜在客户跟进服务。多对潜在的客户进行了解，知道这些客户在发展业务中需要的税务服务，积极与潜在客户进行沟通，将潜在的客户发展成为咨询或代理客户。③帮助一些税负加重的企业进行合理的税收筹划，减轻企

---

① 余家金，赵成刚．大数据时代涉税服务面临新的挑战和机遇［J］．注册税务师，2016（11）：8－9.

② 樊其国．新环境下注册税务师业务拓展的探讨［J］．注册税务师，2015（5）：58－60.

业负担。税务师事务所可根据企业实际情况筹划企业经营模式，在遵守法律法规的前提下，为企业做好税收筹划，减少企业税务风险，提高经营效益。

四、为“走出去”企业提供涉税服务

2015 年 4 月，国家税务总局下发《关于落实“一带一路”发展战略要求做好税收服务与管理工作的通知》（税总发〔2015〕60 号），鼓励注册会计师事务所、税务师事务所等中介机构发挥作用，努力为“走出去”企业提供稳定、及时、方便的专业服务。税务师事务所可以在落实“一带一路”发展战略中，发挥自己的专业优势，为企业进行海外投资决策提供财务分析和战略分析，为企业境外融资提供税务咨询等服务。我国近几年的海外投资数量越来越多，企业在加快海外扩张的同时，面临的风险也越来越大，税务师事务所可以为企业提供税务服务，维护企业的经济利益。

税收理论与实务论文集

一、涉税服务与税收筹划

1. “营改增”背景下企业涉税风险

【摘要】2016年5月1日政府全面实施“营改增”工作，由于增值税在计税依据、适用税率、计算方法、纳税时间和地点等方面与营业税存在很大措施差异，“营改增”能否给纳税人起到节税的作用也取决于进项税能否和销项税进行相互匹配。但是由于在“营改增”全面实施之前很多企业是没有涉及到增值税纳税方面，故本文对“营改增”过程中存在的涉税风险进行着重分析，并提出相应的方法策略，以期能提高企业能够在“营改增”过程中正确纳税、合法纳税。

【关键词】营改增　涉税风险　策略

【作者简介】高瑞，首都经济贸易大学财政税务学院研究生

“营改增”的推行可在一定程度上利用增值税销项税额抵扣进项税额的相互匹配作用，起到为纳税人减税的作用，但是“营改增”在全国范围内实施的根本目的并不是为了减税，而是借着“营改增”的契机实现我国产业的升级。

一、我国“营改增”基本概况

1994年进行的税制改革，是新中国成立以来规模最大、范围最大、影响也最深远的一次税制改革，采取了以流转税和所得税双主体税种为主的模式。我国推行了以增值税为主体的流转税制度，对少量的商品征收消费税，对大部分的非商品经营如服务业等则征收营业税。虽然营业税也是流转税的主要税种之一，但是营业税存在着很严重的重复征税问题，这不利于税收公平的体现。因此，自2012年起，我国首先将上海作为“营改增”

的试点，在上海进行营业税改征增值税的改革。“营改增”初期是以一个个城市为试点逐步展开，随后对不同的行业整体进行“营改增”改革，近年则按照整体转型的方式，即从 2016 年 5 月 1 日起在全国范围将建筑业、房地产业、金融业、生活服务业也纳入“营改增”的改革范围。自此，我国营业税已经全部转型为增值税。

二、“营改增”背景下企业涉税风险

（一）会计核算不健全带来的风险

增值税由于需要将销项税与增值税进行抵扣然后再计算应纳增值税额，所以增值税纳税企业的会计核算要比营业税纳税企业的会计核算严格得多。营业税额的计算只要将收入与对应的营业税税率相乘就能够计算出应纳营业税税额，但是增值税税额的计算更复杂，增值税税额的计算要依据各项收入和“应交税费——应交增值税”下的各个明细账，将销项税额与进项税额进行抵消，如果企业没有健全的会计核算就不能依法进行销项税抵消进项税，在这种情况下，在一定程度上会加重企业的税收负担，增加企业的涉税风险。按照现行税法规定，如果企业的会计核算不能够提供准确的税务资料或者会计核算不健全，那么计算增值税时应该按照增值收入和相应的增值税税率计算应纳增值税，而销项税额不能抵扣进项税额。

（二）未分类核算带来的风险

36 号文规定：纳税人兼营销售货物、劳务、服务、无形资产或者不动产，适用不同税率或者征收率的，应当把不同的销售额分别按照不同的税率或者征收率计算应纳税额；纳税人兼营免税、减税项目的，应当分别核算免税、减税项目的销售额；未分别核算的，不得免税、减税。根据36号文的规定，我们可以看出分类核算的重要性，进行分类核算收入能够防止税务机关从严征收的税务风险。但是部分“营改增”企业日常的会计核算并没有进行分类核算，在纳税申报时临时将收入进行分类核算，申报的数据难免会出现错误，给税务机关征税带来麻烦，此时税务机关若对企业从严征收，就加重了企业的税收负担同时也加大了企业的涉税风险。

（三）不能准确把握进项税抵扣范围带来的风险

原来进行非商品经营的企业在“营改增”改革之后获得了一般纳税人的资格，可以在计算增值税应纳税额时将销项税额抵扣进项税额，但是由于“营改增”企业还没有适应“营改增”之后的税收计算的变化，不能够准确找出增值税进项税的抵扣范围，有可能会超出增值税进项税抵扣范围进行抵扣，若被税务机关发现，会对企业进行处罚，这将增加企业的涉税风险，也给企业带来不必要的经济损失。其实，税法已经明确地将增值税进项税的抵扣范围和可以抵扣的条件一一列出，企业应该根据税法的规定准确把握增值税进项税额的抵扣范围和条件。抵扣进项税额必须取得合法有效的扣税凭证，包括增值税专用发票、海关进口增值税专用缴款书、农产品收购发票、农产品销售发票、运输费用结算单据和通用缴款书。

（四）计算应纳税额的风险

由于营业税是价内税，而增值税是价外税，增值税的销售额为向购买货物或应税劳务的购买方收取的全部价款和价外费用，但是不包括向购买方收取的增值税销项税额。但是营业税为价内税，营业税额包括在购买方购买商品的价款之中，如果一般纳税人采取价税合并的方式定价将货物或者应税劳务卖给购买方，在税务会计核算的时候就应该将价款和税款分离，价税分离之后再计算应税销售额和应纳税额，这样才能形成一个比较完善的税务会计核算，才符合税法的规定；小规模纳税人如果采取价税合并的方式定价货物或应税劳务并销售给购买方，也应该将价款和税款分离计算应税销售额和应纳税额。

（五）发票使用不当的税收风险

原进行非商品经营的企业在“营改增”改革之后获取了一般纳税人的资格，可以取得和开具增值税专用发票，但是部分企业对于增值税专用发票的认识还不够。增值税专用发票的开具，不仅是一种企业经济业务发生的证明，还是企业的完税证明。企业原来只是开具营业税发票，没有涉及到增值税发票的使用，而且增值税专用发票的管理比营业税发票的管理更加严格，因此，“营改增”改革之后，企业在取得和开具增值税专用发票时会产生一定的涉税风险。

通常，企业存在以下涉税风险：①由于增值税是我国的主体税种之一，占据的比例最大，所以增值税专用发票的防伪税控系统相较于营业税要更加复杂，信息化程度更高，对于技术的要求也就更高。“营改增”企业在原来的经营过程中，并没有涉及增值税专用发票的开具，因而可能在使用增值税专用发票防伪税控系统设备时出现不当操作，这种操作不规范可能会导致无法正常开票、开票有误等涉税风险。②纳税企业在开具增值税专用发票时操作不当，延续开具营业税发票时的操作习惯，导致增值税专用发票上的要素填写不全，价款和增值税款并没有分开填写而是价税合并填写，这些操作都是不规范的操作，使得增值税专用发票容易出现退票的风险，受票方也会出现增值税专用发票不能抵扣的问题。③部分“营改增”企业由于对增值税法的进项税抵扣规则了解不够，本应该取得增值税扣税凭证但是企业并没有取得，仅取得了普通发票或者收据，从而失去了抵扣税款的机会。④当企业进行无形资产的买卖业务时，由于税务机关并不能有效地对无形资产进行一一核对，而且个别企业在发票的使用管理上缺乏严格的内控监管，导致虚开增值税专用发票行为的发生，这不仅会加剧企业的涉税风险，也会导致严重的后果。虚开增值税专用发票包括为他人虚开、为自己虚开、让他人为自己虚开、介绍他人虚开等。

三、“营改增”背景下企业涉税风险应对措施

（一）学习并了解“营改增”税收政策

“营改增”企业在适应“营改增”改革的过程中会遇到一定的涉税风险，但这些涉税风险在一定的程度上是因为对“营改增”的政策并不是很了解，照搬营业税税控系统的操作方法来操作增值税的税控系统。首先，企业应该加强学习“营改增”的税收政策，特别是“营改增”试点纳税人要了解增值税的具体内容，注重区分营业税与增值税的不同，适应“营改增”改革，为企业自身的转变做好准备。其次，“营改增”纳税企业应该加强与税务机关的沟通，了解税务机关的政策法规，也可以让税务机关帮助解决在“营改增”过程中遇到的纳税难题，避免税收陷阱。再次，企业可以利用税务中介来进一步了解“营改增”过程中的税收政策，通过税务中介帮助企业使用税收优惠政策以减轻税负。最后，企业应该树立依法纳税理念，依法履行纳税义务，同时捍卫自己的合法权利不被侵害。

（二）健全会计核算，加强税务管理

由于增值税的税务会计核算需要将各类收入分类核算，企业需要根据“营改增”相关政策和《企业会计准则》建立完善的税务会计核算，准确计算出相应的销售额、销项税额、进项税额和应纳税额：①在“营改增”的过程中，难免会出现税法和《企业会计准则》在计算上不一致的地方，企业应该了解税法与会计准则之间的差异，此时企业应该既按照税法计算相应的应纳税额，同时根据会计准则计算，以确保税务会计核算的准确性

和应纳税额计算的准确性。②需要及时认定纳税人资格。一般纳税人开具的经过认定后的增值税专用发票可以抵扣进项税，但是小规模纳税人不能抵扣进项税，只能以销售额乘以相应的征收率计算应纳税额，而且小规模纳税人还不能开具增值税专用发票，因此不能抵扣进项税，这也在一定程度上加重了企业的税收负担。③要做好税收分类核算。部分涉及“营改增”的企业在“营改增”之后还在继续沿用过去的核算方法，没有将涉税项目进行单独核算。“营改增”企业在涉及适用不同税率或者征收率的应税服务、兼营营业税应税项目以及混业经营的应税项目时，应该将应税服务或应税项目按照不同的税率或者征收率分别核算销售额，这样可以避免税务机关查处并从高纳税，减轻企业的税收负担。

（三）加强发票管理

首先，要提高企业对发票的风险防范意识。企业在购买货物或劳务时，应该加强对增值税专用发票的重视程度，所支付款项的单位必须与开具抵扣凭证的销货单位和提供劳务的单位相一致才能够抵扣进项税额，否则不能抵扣，而且企业应该积极主动地去查明销货单位或提供劳务单位开具的增值税专用发票的真实性。其次，企业要以真实的交易为基础，不虚开发票。虚开增值税专用发票不仅是发票管理办法和增值税专用发票使用办法严令禁止的行为，而且也是刑法要求严惩的犯罪行为。防范虚开增值税专用发票，需要从“开票”和“受票”两个方面着手控制，企业需要做到不虚开增值税专用发票，同时也要做到不接受其他企业虚开的增值税专用发票。在内控机制上严格管理增值税专用发票的开具，不应该开具增值税专用发票的项目绝对不能开具发票，而且收到销售方的增值税专用发票也应该及时去核对发票的真实性，从根本上解决发票管理和使用不当带来的涉税风险。

我国“营改增”改革已在全国范围内如火如荼地进行中，“营改增”企业应该努力适应和解决改革道路上遇到的困难，企业也应该意识到，“营改增”在给企业带来减税的同时也会给企业带来涉税风险，企业要加强对“营改增”政策的了解，利用自身优势，规范操作，树立依法纳税的理念，合法纳税。

参考文献：

［1］程辉．全面实施营改增莫忘对涉税风险的防控［J］．注册税务师，2016（6）．
［2］任海宁．营改增后企业涉税风险及应对措施［J］．市场研究，2016（7）．

［3］路向东．企业涉税风险："营改增"中一个不容忽视的问题［J］．河南财政税务高等专科学校学报，2015（29）．
［4］苏强．"营改增"背景下纳税人涉税风险管理及应对策略［J］．注册税务师，2013（8）．
［5］彭保红，董玲敏．盘点"营改增"后暴露出的主要涉税风险［J］．财务与会计，2014（7）．

2. 大数据时代的涉税服务：机遇与挑战

【摘要】大数据的广泛运用正在改变着人们在采集、处理和使用数据时的思维，也正在深入影响着发展中的涉税服务行业。变革涉税服务的思维、技术和方法，以适应大数据时代对涉税服务行业所提出的机遇和挑战，是目前涉税服务领域必须正视的主要问题之一。本文首先阐述了大数据的涵义与基本特征，揭示了大数据时代正在改变现有的信息分析与运用的主要方式；然后，在此基础上结合我国目前涉税服务的实践操作，分析了大数据的运用对现阶段涉税服务领域在广度、期限、深度和服务供需主体之间关联的直接影响；最后，从信息化建设、拓展涉税服务领域、延伸服务链条三个层面提出对策建议。

【关键词】大数据　涉税服务　数据挖掘

【作者简介】艾华，中南财经政法大学财政税务学院教授、博士生导师
王薇，中南财经政法大学财政税务学院博士生
薛刚，中南财经政法大学财政税务学院教授、博士生导师

当今，大数据伴随着云计算、移动互联网的发展，正在对全球经济社会产生巨大的影响。大数据给涉税服务工作提供了新的技术和方法，人们要把握大数据的特点，变革涉税服务的思维、技术和方法，推动大数据时代涉税服务事业的发展。

一、大数据的涵义与特征

2009 年，“大数据”这个概念才逐渐开始在社会上传播。“大数据”概念真正变得火爆，却是因为 2012 年美国奥巴马政府高调宣布了其“大数据研究和开发计划”。这标志着“大数据”时代真正开始进入社会经济生活。

互联网数据中心（IDC）为“大数据”下的定义：“大数据”是指为了更经济更有效地从高频率、大容量、不同结构和类型的数据中获取价值而设计的新一代架构和技术，用它来描述和定义信息爆炸时代产生的海量数据，并命名与之相关的技术发展与创新。大数据具有 4V 特点：①数据体量巨大（Volume），从 TB 级别跃升到 PB 级别。②处理速度快

（Velocity），1秒定律，正是这一点使之和传统的数据挖掘技术有着本质的不同。③数据类型繁多（Variety），有网络日志、视频、图片、地理位置信息等多种形式。④价值密度低，商业价值高（Value）。

大数据的精髓在于促使人们在采集、处理和使用数据时思维的转变，这些转变将改变我们理解和研究社会经济现象的技术和方法。

（一）在大数据时代，可以收集和处理整体的更多数据

19世纪以来，当面临大的样本量时，人们都依赖于抽样分析。但是，抽样分析是信息缺乏和取得信息受限制的条件下采用的一种方法。如今，科学技术条件已经有了很大的提高，虽然人类可以处理的数据依然是有限的，但是可以处理的数据量已经大幅增加，而且未来会越来越多。

样本分析其实只是在条件和技术受限制的特定时期，在不可能收集和分析全部数据的情况下的被动选择，由于存在许多固有的缺陷，它的效果依赖于绝对的随机性。但是，一旦检查的随机性出现偏见，分析结果就会相距甚远。随着大数据分析取代了小样本分析，社会科学可以不再单纯依赖于抽样调查和分析实证数据。

（二）在大数据时代，数据利用效率变得更加重要

当分析事物的能力受到限制时，人们关注的是获取最精确的结果。但是，在大数据时代，当拥有海量数据时，数据纷繁多样，优劣掺杂，绝对的精准不再是人们追求的主要目标，更重要的是追求数据的及时性和使用效率。

现在，人们能够容忍模糊和不确定性出现在一些过去依赖于清晰和精确的领域。当然过去可能也只是有清晰的假象和不完全的精确，只要能够得到对一个事物更完整的概念，人们就能接受模糊和不确定性的存在。相比依赖于小数据和精确性的时代，大数据因为更强调数据的完整性和混杂性，可以帮助人们进一步接近事情的真相。

（三）在大数据时代，人们不再热衷于寻找事物的因果关系，而是充分利用事物的相关关系

寻找因果关系，是人类长期发展过程中形成的习惯。相关关系也许不能准确地告知某件事情为何会发生，但是它会提醒人们这件事情正在发生，在许多情况下，这种提醒的帮助作用已经足够大了。在大数据时代，人们可以不必知道现象背后的原因，而是要让数据自己“发声”，通过找

到一个事物的良好的相关关系，就可以帮助人们捕捉到事物的现在和预测未来。

二、大数据时代下涉税服务面临的挑战和机遇

互联网、云计算和移动设备的广泛使用使税务师能够在一个开放的社会经济环境下开展涉税服务工作。信息技术在审计中的运用提高了涉税服务的有效性和效率，税务师事务所可以获得更多的数据进行工作，以此提高服务的质量。

（一）扩大了涉税服务的广度

在过去的涉税服务业务中，税务师事务所限于服务技术和服务成本，多采用单一企业、特定业务服务的方式展开工作。而在大数据时代下，可供税务师分析的数据规模、范围和类型大幅增加，涉税服务可以把数据科学运用到工作中来，利用数据挖掘工具将检查范围扩展至全部涉税信息和数据分析。

因此，大数据时代的到来使涉税服务的深度挖掘成为可能，涉税服务的结果将更加有效并具有普遍性。但是，这也会给税务师事务所带来了很大的挑战，大数据的应用会带来全新的涉税服务工具，这要求税务师不仅应具备基本的税收会计专业技能，还需要掌握新的数据分析方法和分析工具来挖掘、理解和分析大量复杂的涉税数据。

（二）延长了涉税服务的期限

传统的涉税服务工作是在既定的时间内，更多的是对企业已有的交易事项进行服务。伴随着涉税信息系统化、技术化的成熟，可以使税务师事务所通过获得已有服务单位的已有数据进行快速处理，以此对服务单位的交易行为进行持续的、更为精确的服务。这样税务师事务所不再局限于特定时间，可以在全年展开工作，并可以更早地有效确认潜在事项，及时地修改纳税服务计划和涉税程序，有助于实现持续涉税服务。持续涉税服务强调在企业经营事项发生后或者发生时立即进行指导，将涉税服务工作融入企业的生产经营过程，通过及时的涉税服务计划对接受服务的单位各部门进行实时控制，从而有效地降低企业经营的税务风险。

（三）拓展了涉税服务深度

在日益激烈的涉税服务竞争环境下，应鼓励税务师事务所依托人才优

势，开展多元化的专业服务，探索多元化的经营模式。税务师事务所不应再局限于传统的鉴证与咨询服务，而应该向内部控制、资信调查、投资决策等领域延伸。大数据时代的到来，为税务师事务所延伸服务领域提供了很好的机遇，专业和高效的数据分析，以及专业的数据团队对企业决策的影响日益重要。数据分析不仅能发现问题，还能对投资或其他决策是否可行进行分析，预测未来的收益及风险情况，为企业做出科学合理的决策提供依据。虽然越来越多的企业认识到了大数据在企业治理中发挥的重大作用，但缺乏相应技能来了解和分析大数据对业务的影响，不能把原始数据转换成高质量的决策。在日益激烈的市场竞争中，企业必将寻求专业机构来进行数据分析，这就给税务师事务所带来了新的机遇，通过提供数据分析服务参与到企业的经营管理中来，通过掌握企业的核心经济信息加强与企业的紧密联系，而不再疲于与竞争对手争夺审计业务。

（四）密切了涉税服务供需之间的关系

互联网改变了人们之间信息、知识沟通的方式、效率，特别是大数据的积累，改变的不仅仅是审计、鉴证智能化，而是必将带来服务理念、方式、产品以及整个商业模式的改变。在纳税服务领域，不仅是客户提出新的要求，税务机关也有新的变化。作为征纳税双方的沟通者与衔接者，税务师事务所可以利用自身的数据储备与分析能力，更好地介入税务机关的征管改革之中，更好地配合纳税服务社会化的趋势。

三、积极应对大数据涉税服务的发展

（一）加快信息化建设进程，提升服务质量

大数据时代对税务师事务所提出了更高的要求，传统的方法和技术已经不能满足客户的更高的需求。例如，不熟悉信息技术，对企业作业系统的参数缺乏了解和掌握，对业务数据环境、系统工具不够熟悉，将丧失驾驭“大数据”的能力，也无法提供高质量的涉税服务。大数据时代要求相关人员不仅仅要懂法，会看账、查账，还要学会把数据科学运用到工作中来，从信息化管理软件的模块设计，到各种数据的采集、分析，都力求用系统化的战略性眼光来加以考量。因此，税务师事务所应加强信息基础设施建设和应用软件的功能完善，推动信息化进程。税务师还应该通过采用新的分析方法来制定工作计划和程序，通过模型来分析涉税数据确定和评估涉税风险。这些方法不仅可以产生新的服务视角，也能够提高涉税服务

各个阶段的分析质量，发现更多潜在的问题。

（二）拓展涉税服务领域，满足不断变化的需求

在大数据时代下，税务师事务所的鉴证服务不应该仅仅是为企业提供相关年度或事项的鉴证报告，企业还有更大的鉴证需求，如税收数据质量、纳税信用、涉税内部控制设计和评价等。在企业管理和数据之间存在一个技术层，企业有可能担心他们的数据的质量、正确性和可靠性。因此，企业会向相关专业机构寻求帮助，税务师应该提供这些鉴证服务，满足客户的需求。企业越来越依赖于数据分析来做出决策，税务师事务所应该利用自己的技术专长，加强数据分析能力的培养。这样既能满足客户日益增长的需求，又能拓展自己的业务范围，并通过提供高质量的数据分析服务来推动行业转型，向信息化、高端化和国际化发展。

（三）延伸服务链条，实现可持续性发展

大数据时代下，单一的鉴证报告或咨询报告不再是税务师事务所工作的终结，一份报告只是完成了涉税服务这一链条的基础工作。随着数据分析方法的发展，越来越多的数据与模型可以在数据挖掘中得到充分运用。税务师事务所可持续收集与企业相关的数据，把数据运用到涉税风险分析模型中，让模型循环起来，对企业进行实时监控，为企业经营管理决策提供数据支持，从传统的事后监督转变为事前、事中和事后全面监督，延伸涉税服务的产业链条，充分发挥专业机构在防范涉税风险方面的预防性、揭露性、抵御性功能，不断增强企业的“免疫”功能。目前，在许多地方出现的“税收健康体检”就是类似做法的体现。税务师事务所可以通过数据分析向有关机构提供各种活动的预判信息，其产业链条也可以由此从服务企业的微观层面跃升至服务行业的中观层面乃至赢得国家信用的宏观层面，实现其可持续性发展。

参考文献：

［1］李林军．“互联网 + 注税”促涉税服务转型升级［J］．注册税务师，2015（10）．

［2］刘尚希，孙静．大数据治税的理念、模式及应用［J］．经济研究参考，2016（9）．

［3］雷宇．加快构建“互联网 + ”纳税服务新模式探析［J］．经济研究参考，2015（53）．

［4］王素平．涉税专业服务的春天［J］．中国税务，2016（2）．

3. 论税收筹划的博弈均衡

【摘要】本文以博弈论理论为研究工具，阐释企业税收筹划的博弈特征及博弈条件，进而研究税收筹划的博弈机理与博弈对象，深入剖析基于税务稽查的博弈模型、基于委托－代理关系的博弈模型，并求博弈均衡解，系统论证了博弈论在税收筹划领域的应用及实现税收筹划博弈均衡的约束条件，为税收筹划博弈模型的进化与应用奠定基础。

【关键词】税收筹划　博弈　纳什均衡

【作者简介】蔡昌，中央财经大学财税学院教授、税务管理系主任，税收筹划与法律研究中心主任

一、税收筹划的博弈基础

从博弈论的角度来看，税收筹划可以理解为企业作为独立的经济主体在税收制度的约束下，通过合理规划、安排其财务活动和税务事项，以减少税款支出、递延纳税，并最终实现税后收益最大化的博弈行为。

（一）税收筹划的博弈结构

1. 决策主体

税收筹划博弈的参与者主要包括企业、政府、税务机关、股东、债权人、供应商、代理商、消费者、企业管理层、雇员、社会公众等。

2. 制度结构

税收筹划博弈的制度结构主要包括宪法、税法、公司法、合同法以及相关的法律法规。

3. 行为

企业在博弈中的行为是指企业在尊重法律、遵守税法的前提下，事前系统地对自身的经营、投资、理财等活动进行规划和安排，以达到节约税收、递延纳税和降低风险等目标的税务规划行为。

4. 均衡

税收筹划的均衡是指税收筹划博弈对局中的各决策主体都能够满足于

当前所达成的协议，或暂时无力改变协议而只能接受的状态。

5. 收益

收益是指在每一个可能的博弈对局中，税收筹划博弈各方获得的收益。

（二）税收筹划博弈的基础性条件

1. 信息的不对称性

从企业与政府的关系角度来讲，企业并不完全知晓立法者订立税收法律的意图及其执行标准，它们无法准确预测国家税收政策的变化，对于税法中的“非不允许”事项，企业有一定的自主选择空间。税务机关也不能够完全掌握每一个所辖企业的经济运行情况、获利情况以及财务运算情况。企业和税务机关的信息不对称给企业提供了税收筹划空间。

2. 税收契约的不完全性

税收契约不完全性主要是针对法定税收契约来说的。政府颁布的税法可以视为一对多的法定税收契约，一般不会针对单个企业的特殊情况协商签订个别契约，因此企业具有一定程度的主动选择性。另一方面，税收法律法规的制定跟不上经济发展的速度，对经济活动中的一些创新业务，税法有可能没有触及或根本没有做出任何明确规定，不免出现一些税收漏洞和税法空白，使税收契约的不完全性特征更加显著。

3. 契约签订的灵活性

契约的灵活性主要是针对交易税收契约来说的。“交易税收契约”注重纳税人与其利益相关者之间的关系，这种经济战略伙伴关系的维护依赖于“市场合约”。在经济利益的驱动下，市场合约并不像税法那样是固定不变的，而是完全可以在各方合意的基础上做出改变，即企业与其利益相关者是“统一战线”伙伴，它们可以通过改变契约结构、交易条件以及进行价格协商等方式签订“合谋契约”，共同与税务机关进行博弈，以期获得最大化的税收利益。

4. 私法自治与决策自主性

在私法自治原则下，企业对自己的经济业务具有自主决策权和灵活的经营权。经济业务的发生时间、地点、交易方式的不同会导致税收结果的不同，比如通过控制财务费用、销售费用、管理费用的发生时间，可以调节各期之间的企业所得税和净利润水平。因此，私法自治和决策自主权为企业税收筹划博弈奠定了基础。

二、税收筹划博弈机理与博弈对象

（一）税收筹划博弈机理

1. 税收筹划博弈源于契约的不完全性

著名经济学家劳伦斯·罗伯特·克莱因（L. R. Klein）说：“契约的不完全性主要有两个原因：一是不确定性意味着存在大量的偶然因素，且要预先了解和明确针对这些可能的反应，其费用是相当高的；二是履约的度量费用也是相当高的。”① 正是税收契约的不完全性直接导致了企业税收筹划博弈行为的产生。

（1）法定税收契约的不完全性。一方面，由于存在税制缺陷及税收征纳双方信息不对称，导致我国税法的模糊性广泛存在，且存在一定的税收漏洞。这就决定了法定税收契约是不完全的，税收契约不可能规范所有情况下所有纳税主体的税收事项。另一方面，由于政府及征税机关未能在税收征管中严格履行法定税收契约，且征税机关拥有较大的税收自由裁量权。所以，上述因素直接导致了法定税收契约不完全性。企业在法定税收契约不完全性环境下，只有积极主动地与政府及征税机关进行税收筹划博弈才能获取税收利益，实现其最终的财务目标。

（2）交易税收契约的不完全性。我国市场环境不断变化、错综复杂，企业与其利益相关者订立的交易税收契约只是一种合意的约定。受市场环境变化和利益驱动的影响，这种交易税收契约随时可能发生改变。由于交易税收契约存在一定程度的不稳定性，企业需要不断地与利益相关者进行博弈，通过不断改变交易税收契约的条件、内容和结构来达到税收筹划的目的。

2. 税收筹划博弈的实质是改变税收契约关系

企业税收筹划是对其经济业务的一种重新规划和安排，任何类型的税收筹划都会影响到企业之间的利益分配关系。企业作为“一系列契约的联结”之结点，其对经济业务的重新规划和安排都是通过契约来改变利益分配格局，即最终都表现为契约关系的改变。税收筹划本质上是税收契约关系的改变，即契约中规定的各利益主体相互联结形式的一种改变。

契约关系的改变使企业与其竞争者及合作者之间的交易结构、交易方式发生改变。从税收逻辑发展角度观察，企业与政府通过税收契约界定其

① Klein L R. Borderlines of law and Economic Theory：Transaction Cost Determinants of Unfair Contractual Arrangements. American Economic Review Papers and Proceeding 70，1980（5）：356－362.

利益分配格局，企业基于法定税收契约的税收筹划是其对企业与政府之间税收契约关系的改变；企业与其利益相关者通过改变市场交易结构和交易方式获取税收利益，企业基于交易税收契约的税收筹划，其实是对企业和利益相关者之间税收契约关系的改变。

（二）税收筹划博弈对象

企业税收筹划的博弈对象可以分为两大类，即政府和利益相关者。政府又包括作为社会经济事务管理者的各级政府组织和作为征税代理人的税务机关；利益相关者又包括股东、债权人、管理层、上下游企业（供应商、代理商等）、客户、企业雇员、社会公众等。企业税收筹划博弈结构如图 1 所示。

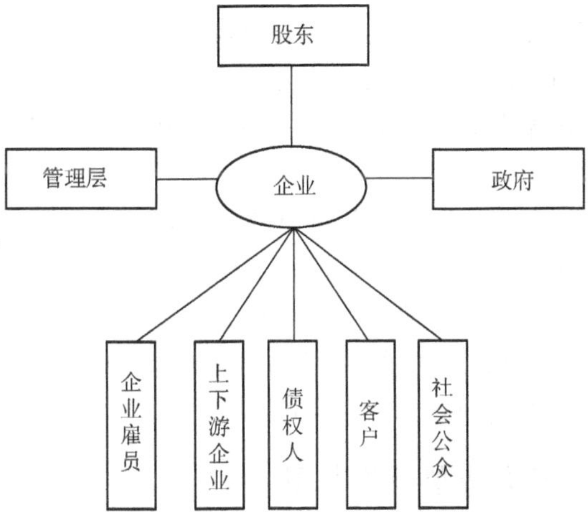

图 1　企业税收筹划博弈结构

1. 企业与政府的博弈对局

企业与政府之间存在着微妙的博弈关系。一方面，企业受制于政府，要遵守各种法律法规，定期接受各项检查；另一方面，企业又受益于政府，各级政府为企业提供了良好的发展平台和政策支持，有些地方政府还为企业提供各种类型的财政补贴和税收减免优惠。政府依赖企业创造的价值而生存，提升政府绩效的源泉也在于企业创造的收益。企业和政府在索与取之间博弈，政府提供发展平台和政策优惠，企业提供价值回报，二者在这种博弈框架下相互依存、共同发展。

从博弈论角度分析，企业和税务机关构成了博弈对局的双方。政府为了获得更多的税收收入，会不断修订和制定新的税收法律，通过强制性契约来约束和限制企业以使其按照政府意图纳税；企业为了维护其自身利益，追求合法框架下的税收筹划。因此，企业与税务机关形成了一种动态博弈对局，征纳双方在动态博弈过程中相互竞争和妥协，最终达成双方都能接受的均衡结果。

2. 企业与上下游企业（供应商、代理商等）的博弈对局

企业与上下游企业之间既存在着竞争又存在着合作。在与税务机关的博弈过程中，企业、供应商、代理商、消费者的利益趋于一致，它们都希望尽量降低税负，降低商品成本和价格，这一利益共同点便成为它们之间合作的基础。企业的经济活动可以通过契约形式约定，不同的契约形式界定不同的业务模式和纳税结构。如果企业与供应商、代理商之间合理安排或调整其契约关系，就可以在更大范围内更主动地筹划纳税事宜以达到节税的目的，即它们之间有可能达成博弈合作，从政府手中争取更大的税收利益，实现除政府之外其他各方利益的帕累托改进。如果企业与供应商、代理商之间存在税率差异，或面临不同的边际税率，则通过订立契约实现共同的税负降低。

企业与上下游企业之间的竞争体现在税负转嫁方面。税负转嫁没有造成国家的税收流失，只是企业与供应商、代理商等上下游企业之间税收利益格局的重新调整。从企业节税角度分析，企业既可以通过压低购进商品或生产要素的价格将税负转嫁给供应商，也可以通过提高商品或生产要素的价格将税负转嫁给代理商，从而实现其税后收益最大化目标。

三、基于税务稽查的博弈模型

（一）博弈模型设计

1. 模型研究的基础

（1）参与人：企业和税务机关。

（2）制度结构：国家订立的税法、公司法，企业制定的内部规章以及道德约束。

（3）假设条件：①纳税人和税务机关均是理性的经济人，其目的都是使自己的利益最大化；②企业与税务机关是信息不对称的；③不存在税务执行人员向企业寻租的情况；④税制不完备性假设，即税法本身存在一定的不合理、不完整和非一致性，企业有税收筹划的空间。

2. 变量设定

在本模型中会涉及以下变量，其含义如下：

T：企业在税收筹划之前所要缴纳的税收；

p：企业进行税收筹划的概率；

q：税务机关对企业进行税务稽查的概率；

m：企业进行税收筹划的成本；

n：税务机关进行税收稽查的成本；

b：企业进行税收筹划之后少缴的税收占 T 的比例；

r：税务机关对企业进行税收稽查，认定该税收筹划行为合法或者未发现企业有税收筹划行为的概率；

c：税务机关稽查后认定企业税收筹划不合法时对企业的罚款比例。

3. 模型设计

在税企稽查博弈均衡模型中，参与人包括企业和税务机关。由于实行纳税申报制度，税务机关根据企业自行申报税额进行征收，并在适当的时候进行税务稽查，对企业纳税申报的真实性与合法性进行检查。企业作为理性的经济主体，在纳税申报时有两种策略可以选择：进行税收筹划与不进行税收筹划，即其策略是“税收筹划”或“不进行筹划”；税务机关的策略是“稽查”或“不稽查”。

分析企业和税务机关的博弈行为，双方形成一个复杂的博弈对局，如图 2 所示：

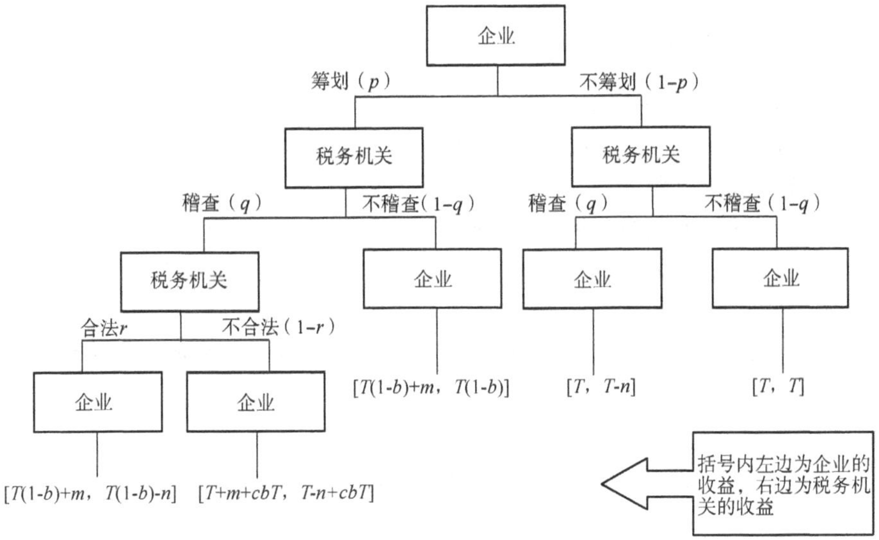

图 2　企业与税务机关的博弈对局

在企业开展税收筹划，税务机关进行稽查的情况下，企业的支付为 $r[T(1-b)+m]+(1-r)(T+m+c)$，税务机关的税收得益为 $r[T(1-b)-n]+(1-r)(T-n+c)$，由此可以得到如表1所示的博弈矩阵，进一步简化表1，可得到表2。

表1　企业与税务机关的博弈矩阵

策略选择		税务机关	
		稽查（q）	不稽查（$1-q$）
企业	筹划（p）	$r[T(1-b)+m]+(1-r)(T+m+cbT)$， $r[T(1-b)-n]+(1-r)(T-n+cbT)$	$T(1-b)+m$， $T(1-b)$
	不筹划（$1-p$）	T，$T-n$	T，T

表2　简化后的企业与税务机关的博弈矩阵

策略选择		税务机关	
		稽查（q）	不稽查（$1-q$）
企业	筹划（p）	$T[(1+cb)-rb(1+c)]+m$， $T[(1+cb)-rb(1+c)]-n$	$T(1-b)+m$， $T(1-b)$
	不筹划（$1-p$）	T，$T-n$	T，T

（二）博弈纳什均衡分析

1. $m<Tb(rc+r-c)$，且 $n<Tb(1+c)(1-r)$ 的情形

当 $m<Tb(rc+r-c)$，且 $n<Tb(1+c)(1-r)$ 时，用条件策略下划线法[①]确定纳什均衡。

（1）在税务机关选择稽查的情况下，比较 $T[(1+cb)-rb(1+c)]+m$ 与 T 的大小，当 $m<Tb(rc+r-c)$ 时，$T[(1+cb)-rb(1+c)]+m<T$，在 $T[(1+cb)-rb(1+c)]+m$ 下划线；

（2）在税务机关选择不稽查的情况下，假定企业开展税收筹划的成本小于企业少缴纳的税收，即 $m<bT$，则 $T(1-b)+m<T$，企业选择筹划，在 $T(1-b)+m$ 下划线；

（3）在企业选择开展税收筹划的情况下，比较 $T[(1+cb)-rb(1+$

① “条件策略下划线法”是求解纳什均衡的一种方法，其步骤如下：①将整个支付矩阵分为A、B两个子矩阵；②在A矩阵中找出每一列的最大者并在下面划线；③在B矩阵中找出每一行的最大者并在下面划线；④将A和B矩阵合并；⑤两个数字下均有划线的组合为均衡的策略组合。

$c)] - n$ 与 $T(1-b)$ 的大小，当 $n < Tb(1+c)(1-r)$ 时，$T[(1+cb) - rb(1+c)] - n > T(1-b)$，在 $T[(1+cb) - rb(1+c)] - n$ 下划线；

（4）在企业选择不开展税收筹划的情况下，由于 $T - n < T$，税务机关的选择是不稽查，在 T 下面划线。

按照上述分析，我们得到表3。

当 $m < Tb(rc + r - c)$，且 $n < Tb(1+c)(1-r)$ 时，（筹划，稽查）是企业与税务机关的纳什均衡。

表3　企业与税务机关的博弈矩阵

策略选择		税务机关	
		稽查（q）	不稽查（$1-q$）
企业	筹划（p）	$T[(1+cb) - rb(1+c)] + m$，$T[(1+cb) - rb(1+c)] - n$	$T(1-b) + m$，$T(1-b)$
	不筹划（$1-p$）	T，$T-n$	T，T

2. $n > Tb(1+c)(1-r)$ 的情形

当 $n > Tb(1+c)(1-r)$ 时，用条件策略下划线法确定纳什均衡。

在此条件下，上述情况中的（2）（4）不变，（3）中情况相反，在 $T(1-b)$ 下划线，（1）中条件放宽，当税务机关选择稽查时，企业是否选择筹划都不是纳什均衡。

经过分析，我们得到表4。当 $n > Tb(1+c)(1-r)$，m 无限制时，（筹划，不稽查）是企业与税务机关的纳什均衡。

表4　企业与税务机关的博弈矩阵

策略选择		税务机关	
		稽查（q）	不稽查（$1-q$）
企业	筹划（p）	$T[(1+cb) - rb(1+c)] + m$，$T[(1+cb) - rb(1+c)] - n$	$T(1-b) + m$，$T(1-b)$
	不筹划（$1-p$）	T，$T-n$	T，T

3. m，n 均无限制条件的情形

若 m，n 均无限制条件，引入概率求解贝叶斯均衡。

假设企业的期望支出为 EM，税务机关的期望收入为 ET，企业的目标为期望支出最小化，税务机关的目标为期望收入最大化，则可得下列结果：

$EM(p, q, r) = pq\{T[(1+cb) - rb(1+c)] + m\} + p(1-q)$

$[T(1-b)+m]+(1-p)qT+(1-p)(1-q)T$

$ET(p,q,r)=pq\{T[(1+cb)-rb(1+c)]-n\}+p(1-q)[T(1-b)]+(1-p)q(T-n)+(1-p)(1-q)T$

对 EM 求 p 的导数，对 ET 求 q 的导数并令其导数为0，可得：

$$\frac{\partial EM}{\partial p}=q\{T[(1+cb)-rb(1+c)]+m\}+(1-q)[T(1-b)+m]-qT-(1-q)T$$

$$=qT(cb-rb-rbc+b)-bT+m=0$$

$$q^*=\frac{bT-m}{bT(1+c)(1-r)}$$

$$\frac{\partial ET}{\partial q}=p\{T[(1+cb)-rb(1+c)]-n\}-p[T(1-b)]+(1-p)(T-n)-(1-p)T$$

$$=pTb(c-r-rc+1)-n=0$$

$$p^*=\frac{n}{bT(1+c)(1-r)}$$

若满足 $p^*=\dfrac{n}{bT(1+c)(1-r)}$，$q^*=\dfrac{bT-m}{bT(1+c)(1-r)}$

则此条件下企业和税务机关的博弈达到了均衡状态。

（三）博弈均衡策略分析

在上述第三种情况下，企业与税务机关并没有达成唯一的纳什均衡，而是形成了一个动态的贝叶斯均衡解，下面进一步对此博弈均衡解作出分析。

1. 企业的策略分析

对于企业来说，企业的期望支出 EM 与税务机关的稽查概率 q 有关，当税务稽查的概率 $q>q^*$ 时，企业的期望支出较大，一般会选择不进行税收筹划；当税务稽查的概率 $q<q^*$ 时，企业的期望支出较小，企业会选择进行税收筹划；当 $q=q^*$ 时，选择二者皆可。

此外，税务稽查的均衡概率 q^* 与 b、T、m、c、r 等相关。当企业的税负（T）、筹划空间（b）、筹划成本（m）一定时，税法规定的罚款比例越大，稽查后认定为合法的可能性越小，法律的效力会在一定程度上代替税务机关的稽查行为，使得税收筹划空间变小。

将 q^* 转化为 $q^*=\dfrac{1}{(1+c)(1-r)}-\dfrac{m}{bT(1+c)(1-r)}$ 可知，当罚款比例（c）、认定为合法的可能性（r）一定时，企业的筹划成本越高、筹划后可减少的税收（bT）越少，稽查的均衡概率越小，企业筹划的动力也不足。

2. 税务机关的策略分析

对税务机关来说，税务机关的期望收入 ET 与企业进行税收筹划的概率 p 有关，当企业税收筹划的概率 $p>p^*$ 时，税务机关的期望收入较大，会选择进行稽查；当企业税收筹划的概率 $p<p^*$ 时，税务机关的期望收入较小，会选择不进行稽查；当 $p=p^*$ 时，选择二者皆可。

此外，企业税收筹划的均衡概率 q^* 与 b、T、n、c、r 等相关。当税务机关的稽查成本（n）越低、企业筹划少缴的税收额（bT）越大、罚款比例（c）越高、认定为合法的可能性（r）越小，税务机关越愿意对企业进行稽查。

四、基于委托－代理关系的博弈模型

（一）参与人的行动分析

由于公司制企业所有权与经营权的分离，在现代企业内部形成了独特的委托－代理关系，企业的所有权人为委托人，企业的管理层为代理人。基于不同的目标定位，委托人与代理人在税收筹划方面的意愿并不一致，但二者可以通过建立某种互利契约、优化策略以实现博弈均衡。

如果管理层选择税收筹划，其负面效应是增加企业的税务风险和运营风险，有可能会因为税收筹划引起一系列连锁反应，如当期盈利水平不高、报表质量下降，对管理层的职业声誉造成影响，此时管理层的收入并不一定会增加，只会增加股东的利益；如果不选择税收筹划，对于有激励机制的公司管理层来说，又会失去激励收入。

从股东（委托人）的角度来看，他关注的是管理层的经营结果，而不是管理层付出了多少努力。管理层进行税收筹划对股东是有益的，企业为国家上缴的税收越少，留在企业的收入就越多，股东分得的红利便越多。因此，股东为了获得更多的收益，会倾向于与管理层订立契约，比如签订激励性契约，促使其进行有效的税收筹划。

（二）博弈模型设计

1. 变量设定

在本模型中设定如下变量：

D：代理人的总收益；

A：代理人的基本年薪；

B：代理人由于税收筹划而带来的激励收入；

t：代理人为企业进行税收筹划而节约的税负；

C：代理人由于税收筹划承担风险而减少的收益；

W：委托人的收益；

M：未进行税收筹划前委托人的分红收入；

N：由于代理人进行税收筹划而使委托人增加的收入。

2. 模型设计

假定企业暂不考虑税收筹划中涉及的税收筹划成本、稽查处罚等，则企业代理人和委托人的收益用下列公式表示：

$D(t)=A+B(t)-C(t)$，代理人的总收益等于其基本年薪加上因税收筹划而获得的激励收入，减去代理人因承担风险减少的收益，变量 D、B、C 都是 t 的函数。

$W(t)=M+N(t)-B(t)$，委托人的总收益等于税收筹划之前的分红收入加上税收筹划后增加的收入，减去支付给代理人的激励费用，变量 W、N、B 都是 t 的函数。

假设代理人由于税收筹划而增加的激励收入与其节约的税负成正比，即 $B(t)=bt$，承担的风险与其节约的税负的二次方成正比，即 $C(t)=ct^2$。由于代理人进行税收筹划而使委托人增加的收入与节约的税负成正比，即 $N(t)=nt$。

根据上述条件，股东与管理层的委托－代理博弈矩阵如表 5 所示，代理人、委托人的收益函数分别为：

$$\begin{cases} D(t)=A+bt-ct^2 \\ W(t)=M+(n-b)t \end{cases}$$

表 5　委托－代理博弈矩阵

策略选择		委托人（股东）	
		激励	不激励
代理人（管理层）	筹划	$A+bt-ct^2$，$M+(n-b)t$	$A-ct^2$，$M+nt$
	不筹划	A，M	A，M

由表 5 可知，当管理层选择不进行税收筹划时（假设管理层是极端的风险厌恶者），无论股东是否对其进行激励，双方的收益是不变的，管理层只在乎自己的年薪，对额外的收益不感兴趣。

（三）委托－代理博弈模型的均衡解

委托人与代理人收益函数的均衡解，可采用作图法进行求解，如图 3 所示。

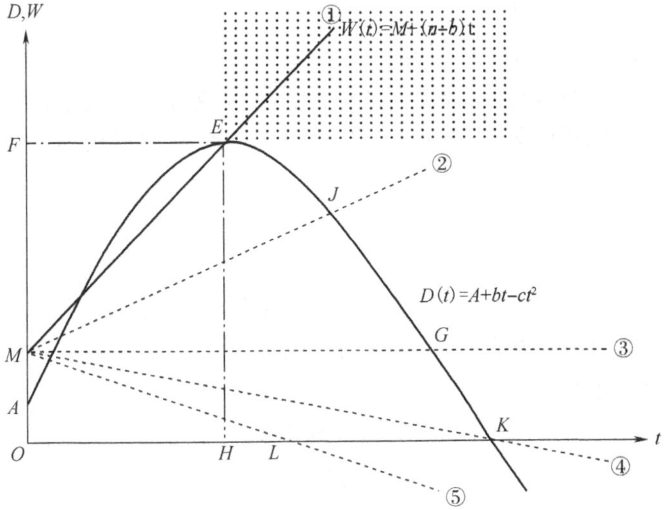

图3　委托－代理博弈模型求解图

D（t）是一个开口向下的抛物线，其与纵轴的交点代表管理层的基本年薪收入。下面根据 W（t）斜率分别不同情况进行讨论：

1. $n-b>0$ 的情形

当 $n-b>0$ 时，W（t）如图3中①②所示。

（1）在 E 点时 D（t）达到了最大值，此时 $t=\frac{b}{2c}$，$D(t)=\frac{b^2}{4c}+A$，与此同时 W（t）也达到了有效区域内的最大值，W（t）的斜率 $n-b=\frac{b}{2}+\frac{2c(A-M)}{b}$，$W(t)=\frac{b^2}{4c}+A$，$E$ 点为二者博弈的均衡点。

阴影区域为无效率区域，管理层不能使自己的收入因为税收筹划而有所提高，因此不会为股东冒险。

（2）若 $n-b>\frac{b}{2}+\frac{2c(A-M)}{b}$，则在区域 EFM 中，管理层的收益还未达到最大化，股东的收益也可以继续增长，股东会进一步增加有效激励以使管理层继续进行税收筹划，二者在博弈的过程中继续最大化各自的收益。

（3）若 $0<n-b<\frac{b}{2}+\frac{2c(A-M)}{b}$，假定处在图3中②的位置，此时虽然因为税收筹划而减少了更多的税负，但管理层由于承担的风险太大使得自己的收益开始下降，最终也会影响到股东的收益。

2. $n-b=0$ 的情形

当$n-b=0$时，$W(t)$ 如图3中③所示。

在G点时，$W(t)=M$，无论是否进行税收筹划，股东得到的收益是一样的，股东因税收筹划得到的收益和付出的激励成本相等，此时股东不会采取激励措施。

3. $n-b<0$ 的情形

当$n-b<0$时，$W(t)$ 如图3中④⑤所示。

由于$n-b<0$，即$n<b$，表示股东为了使管理层进行税收筹划，必须付出比因税收筹划得到的收益更多的激励成本，这种策略对股东来说是不可取的，因此也是无效的。

（1）在K点时，管理层因税收筹划承担风险而减少的收益等于其得到的基本年薪和激励收入的和，管理层所有的努力付诸东流，其总收益为0，股东收益也为0。

（2）在图3中⑤表示的情况下，股东的收入极低，而管理层可能会因税收筹划得到额外收益。

以上两种情况是现实企业经营中不会出现的情形，因为税收筹划的风险太大，成本太高，管理层和股东都会维持其原来的收入水平而不会采取任何行动。

当管理层和股东拥有共同利益时，管理层倾向于遵从股东的意愿进行税收筹划；在管理层与股东收益函数不一致的情况下，除非公司治理结构发生变化，否则管理层与股东的行为取向不可能达成一致。现实生活中最常见的使管理层与股东利益一致的措施就是实现管理层持股，如果管理层持股比例足以影响其自身利益，那么拥有剩余索取权的管理层会和股东的目标函数渐趋于一致，且管理层持股比例与税收筹划的实施程度正相关。

参考文献：

［1］蔡昌．税收筹划论［M］．北京：清华大学出版社，2015.

［2］哈特．企业、合同和财务结构［M］．上海：上海三联书店，上海人民出版社，1998.

［3］李嘉明，张晓美．非对称信息条件下企业税收筹划的博弈分析［J］．税务研究，2004（1）．

4. 浅谈影响“营改增”企业税负的因素及企业降低税负的对策

【摘要】“营改增”是我国于2012年启动的一项重大的结构性税制改革，此项改革牵涉面广，持续过程较长，对我国政府财政和经济社会发展影响重大。值得注意的是，由于政府赋予“营改增”“结构性减税”的重要意义，自该项改革实施以来，其减税效应一直受到政府和社会的关注，“营改增”企业对自身的税负变化关注尤甚。本文分析了影响“营改增”企业税负变动的内外部因素，指出当前评估“营改增”企业税收负担存在的误区，并提出企业应对“营改增”影响，降低自身税收负担的对策。

【关键词】营改增　税负变化　税务筹划　降低税负的对策

【作者简介】刘植才，天津财经大学经济学院教授

刘荣，天津财经大学商学院教授

在人类的税收实践活动中，社会公众对一项税制改革引发的税负变化往往高度关注，而作为税制改革最直接利益相关者的纳税人，则对自身税负变动更为敏感。自2012年以来，随着“营改增”试点工作逐步推进，社会各界对此项改革引发的税负变化给予了持续关注，特别是2016年5月推出的新一轮“营改增”试点，涉及四大行业、1 100多万户纳税人，不仅牵涉面广、对财政收入影响重大，而且由于改革之前国务院领导明确作出“营改增将确保所有行业税负只减不增”的承诺，并预计2016年“营改增”将产生超过5 000亿元的减税效应，因而此轮改革实施后的税负变化更是成为社会关注的焦点。从目前情况看，此轮税制改革如期顺利推出，扎实有序推进，社会总体评价良好，减税效应逐渐显现。但是，亦有一些纳税人反映其在“营改增”之后税负不降反升，且上升幅度比较明显。调查结果表明，“营改增”后确实存在一些企业税负提高的现象。

本文拟从解析导致“营改增”企业税负变化的因素入手，进而揭示当前“营改增”企业税负评价存在的误区及“营改增”之后企业税负变化的趋势，在此基础上提出“营改增”企业为降低自身税收负担应采取的对策。

一、影响“营改增”企业税负变化的主要因素

就具体纳税人而言，“营改增”前后的税负变化主要取决于以下因素：

（一）税制环境因素

1. 税率因素

一般而言，税率变动是税制改革中导致税负变化的最重要因素。原营业税针对不同行业分别设置了3%、5%两档固定比例税率，并对“娱乐业”设置了5%—20%的幅度税率。“营改增”后，不同行业分别适用6%、11%、17%三档固定比例税率，境内单位和个人发生的跨境应税行为税率为零；小规模纳税人适用的增值税征收率为3%。“营改增”后一般纳税人适用的税率明显升高。然而，由于增值税与原营业税的计税方法存在明显差异，决定了不能够简单地以企业在“营改增”前后适用营业税、增值税税率高低来断定其税负的升降变化，而必须结合税基等其他因素综合判断。

2. 税基因素

所谓“税基”，在此是指某个税种的计税依据。在税率既定的条件下，税基的确定方法是影响纳税人税收负担的最直接因素。税基因素对“营改增”企业税负的影响主要表现在以下方面：

（1）计税价格变化。原营业税按含税价格计算应税营业额，我国现行增值税则以不含税价格计算应税销售额，在课税对象价、税合计相等的情况下，按增值税制度计算的应税销售额小于按营业税制度计算的应税营业额。因而，“营改增”带来的计税价格变化属于降低税负的因素。

（2）原适用的营业税税基类型。营业税作为传统型流转税，一般以纳税人取得的全部营业额为税基，而增值税则以纳税人从事生产、经营活动实现的增值额为税基，这意味着“营改增”导致税基缩小，是降低税负的因素。但是，自20世纪80年代中期起，我国为消除传统流转税“重复课税”对经济的负面影响，在引进增值税的同时也对营业税制度进行了改革——对部分税目采取按“进销差额”计税，以取得近似增值税的征收效果（如最初的商业批发，后来的建筑分包转包、旅游以及联运业务等）。这意味着对原先按“差额”计算缴纳营业税的企业而言，“营改增”可谓“换汤不换药”，税基实际变化不大，对税负的影响较弱。

3. 计税方法因素

我国增值税制度按法定标准将纳税人划分为一般纳税人和小规模纳税

人，分别实行不同的计税方法，并规定一般纳税人的某些特定业务可选择采用类似小规模纳税人的“简易方法”计税。在此制度之下，“营改增”企业取得不同类型纳税人身份，决定了其适用不同的计税方法，承受不同的税收负担；一般纳税人的特定业务是否选择按“简易方法”计税，也对其税收负担具有直接影响。

4. 增值税实施范围因素

对增值税的纳税人而言，增值税实施范围越广，税款“抵扣链条”越完整，其采购环节能够得到抵扣的进项税也就越充分，在其他税制因素既定的情况下，其税负也就越低。自“营改增”启动以来，增值税征收范围逐步拓展，目前，所有行业的应税行为都纳入了增值税征收范围，这对“营改增”企业乃至所有增值税纳税人降低税负都是有利的。

5. 税收优惠政策因素

原营业税征收范围十分广泛，牵涉国计民生方方面面，为贯彻国家的相关社会经济政策，税法规定了诸多优惠政策。随着“营改增”试点工作的推进，这些优惠政策大多根据增值税的特点进行了适当调整后得以保留，个别的终止执行。此外，为有利于新旧税制衔接，推动改革平稳进行，“营改增”试点过程中还新出台了一些过渡性税收政策。这些税收政策的调整变化也是影响“营改增”企业税收负担的不可忽略的因素。

（二）企业内部因素

1. 企业纳税人身份类型及计税方法的选择

增值税根据纳税人的不同组织形式、经营规模和财会核算水平等标准将其划分为一般纳税人与小规模纳税人，并分别采用不同的计税方法。一般纳税人以应税销售额乘以适用税率计算销项税额，扣除进项税额后为应纳增值税额；一般纳税人的特定业务可选择采用“简易计税方法”。小规模纳税人采用“简易计税方法”，以应税销售额乘以征收率计算应纳增值税额。由于3%的增值税征收率与原营业税最低税率持平，加之“营改增”之后计税依据由含税价格变为不含税价格，使小规模纳税人的税基缩小，因而其税负几乎肯定会有所降低。因此，“营改增”企业取得哪一类纳税人身份以及其特定业务采取哪种计税方法会对其税收负担产生直接影响。

2. 企业“增值率”高低

所谓“增值率”，是指企业在生产经营过程中获得的增值额占其应税销售额的比例。尽管我国现行增值税采用“间接计算法”（扣税法）计税，但其税基实质上依然是增值额。因此，就增值税一般纳税人而言，在应税销售额规模和税率既定的情况下，增值额越大、增值率越高，应缴纳的增值税也就越多。为此，企业的资本有机构成状况、成本中物耗与活劳动消耗的比例等因素都影响着其增值率，也影响着其税负水平。

3. 供应商（上游企业）的情况

由于小规模纳税人无法开具增值税专用发票，由税务机关代开发票增值税也仅为3%，若一个企业的货物、劳务和服务供应商大部分为小规模纳税人，可能会造成其进项税额抵扣困难或者减少，从而使税负增加。

4. 涉税业务管理水平

与传统型流转税相比，增值税最显著的特点和优点是只对纳税人在生产经营过程中实现的增值额课税，从而可以避免对从前一交易环节发生的采购金额重复课税。在目前采用“间接计算法”的情况下，这是通过从销项税额中抵扣进项税额实现的。但是，在税收实践中，进项税额的抵扣必须符合税法设定的条件。因此，能否依法管理涉税业务，有效避免进项税额抵扣失败的风险，就成为影响“营改增”企业税收负担的一个不可忽略的因素，在改革的初始阶段尤其如此。

二、“营改增”企业税负评估存在的误区

笔者认为，目前虽然企业自身及社会各界对“营改增”后企业的税负变化高度关注，但对税负的评估存在着一定的误区，易造成评估结果失真。问题主要在于增值税的计税方法与传统型流转税不同，其计算过程并非以流转额乘以税率就能够完成，而是要在此基础上扣减掉与应税流转额形成相关的外购项目已纳增值税额。对那些偶然从事增值税应税业务的纳税人来说，通过较短时期的纳税情况、甚至一次交易的纳税情况来判定其税负水平可能并无不妥。原因在于其经营活动是临时性、甚至一次性的，应税活动的销项税额和进项税额一般在较短时间内可以得到确认。但对持续经营、长期从事增值税应税业务的纳税人，如果根据较短时期的纳税情况判定其税负水平则可能不够准确。主要原因在于：

（一）企业购销活动的非均衡性影响其短期内税负稳定

一些企业由于材料物资采购或销售具有季节性特点，购销业务规模在时间分布上不均衡，造成在某一纳税期内销项税额与进项税额错配。例如，在有的纳税期内企业集中采购材料物资却恰逢销售淡季，会出现应纳税额较少甚至为零，同时存在大量待抵进项税额的状况；与之相反，在有的纳税期内又会出现进项税额发生较少，却正逢销售旺季，应纳税额畸高

的现象。鉴于此类企业税负的波动性，只有考察较长时期的纳税情况，方可对其税负水平作出比较客观、准确的判断。

（二）企业发展的周期性特点可导致其税负产生波动

根据“企业生命周期理论”，企业在其生命周期中经历的诞生、成长、壮大、衰退甚至消亡等各个不同阶段会表现出不同的特征。这种周期性变化必然对企业的增值税负担产生影响，以固定资产进项税变化因素为例：在诞生期和成长期，企业扩张速度较快，通常会发生大量的不动产和设备、设施购建业务，在“消费型”增值税制度下，必然形成大量可抵扣的进项税额；在成熟期，企业注重优化业务流程、培育新的增长点，需对固定资产进行更新、改造，以保持可持续发展，这一时期固定资产进项税额虽有所减少，但仍会间断发生；在经过成熟期之后，企业发展趋于停滞，固定资产更新乏力，相关进项税额进一步减少。上述情况必然引起企业增值税负担水平的波动。

（三）涉税业务管理因素可导致“营改增”企业税负短期攀升现象

由于增值税的课征制度远比营业税复杂，尽管“营改增”之前企业办税人员已经接受过培训，但要适应此项改革还需要财会部门之外的其他涉税业务部门配合，并对采购系统等进行调整。因此，“营改增”后企业需有一个适应过程。在此期间，企业可能由于操作不当或不熟练而使本来有机会抵扣进项税的业务失去抵扣机会而增加了税负，因此类问题而导致税负上升的现象随着企业涉税业务管理水平提高是可以转变的。在此有必要提及的是，自2012年以来，在历次“营改增”试点范围扩展之后笔者都会遇到一些因税负上升而咨询、求助的企业，后来其中大多数企业回馈的信息是因逐渐熟悉、适应增值税制度的要求，不断改进涉税业务管理，使进项税抵扣更为充分，税收负担比改革初期不同程度地有所降低。这似乎成为许多企业“营改增”后一段时间内具有共性的税负变化趋势。

上述情况表明，对持续经营、长期从事增值税应税业务的纳税人，根据较短时期（尤其是“营改增”初期）的纳税情况判定其税负水平可能是不准确的。为此，应采取跟踪测算、动态评估的办法，根据企业的经营特点适当拉长对“营改增”企业进行税负评估的时间维度，以便更加客观、真实地反映其税负状况。

三、“营改增”企业降低自身税收负担的对策

针对前述影响“营改增”企业税负变化的各项因素，从目前来看，企

业的当务之急是要认真研究、尽快适应“营改增”带来的税制环境变化，努力提高涉税业务管理水平，并积极开展税务筹划，根据自身的特点积极创造条件，充分享受“营改增”试点过渡政策，努力降低自身的税收负担；从长远着眼，则要顺应增值税的目标和基本理念，根据本行业、企业的特点，适时调整企业发展战略，充分享受“营改增”带来的红利。

（一）尽快适应增值税制度的要求，努力提高企业涉税业务管理水平

“营改增”带来的计税模式改变，要求企业必须对业务流程进行重新梳理，在此基础上确定增值税涉税业务环节和风险点，制定相应的企业税务管理制度。在增值税制度框架下，企业要降低税负，必须抓住进项税抵扣这一关键环节，力争做到应抵尽抵。而欲达到或最大限度接近这一目标，不仅涉及供应商的选择、购进项目用途性质界定等环节，而且要有严格的涉税凭证管理制度与合理的进项税抵扣时间把控。对“营改增”企业而言，加强内部管理、改变和优化涉税业务管理模式是降低税负不可或缺的手段。

（二）积极创造条件，充分运用“营改增”试点相关政策

财政部和国家税务总局颁布的《营业税改征增值税试点过渡政策的规定》在很大程度上延续了原营业税的政策精神，对保持政策连续性、避免纳税人因“营改增”而增加税收负担具有重要意义。通过实施税务管理，积极创造条件获取税收优惠待遇是“营改增”企业稳定乃至降低自身税收负担的有效途径。此外，财政部和国家税务总局颁布的《营业税改征增值税试点有关事项的规定》出于稳定税收负担的目的，也对某些特定应税行为规定了有选择余地的征税方法，例如：规定一般纳税人以清包工方式提供的建筑服务、为建筑工程提供的建筑服务、为建筑工程老项目提供的建筑服务、出租2016年4月30日前取得的不动产，以及公路经营企业中的一般纳税人收取试点前开工的高速公路的车辆通行费，均可以选择适用简易计税方法，按规定的征收率计算应纳税额。这些规定给“营改增”企业通过税务筹划稳定或降低自身税收负担留下了空间。企业应根据自身特点，通过精心筹划，选择有利的纳税方法。

（三）适时调整企业发展战略，充分享受“营改增”带来的红利

从长远来看，企业应根据增值税的特点和基本目标取向，适时调整发展战略，充分享受“营改增”带来的红利。

1. 多经营环节的全能型企业应通过实行服务外包提高专业化水平降低税负

增值税最突出的优点在于它能够消除传统型流转税重复课税的缺陷，适应生产力发展的要求，促进企业分工、协作，实现专业化经营。针对增值税的这一特点，“营改增”之后，那些多经营环节、流程复杂的全能型企业应当通过实行服务外包等途径加强与其他企业的分工协作，以提高企业专业化水平和劳动生产率，降低税收负担，提高经济效益。

2. 劳动密集型企业应通过加大固定资产投资、提高资本有机构成，降低税收负担

我国目前实行的“消费型”增值税具有刺激固定资产投资，促进企业提高劳动生产率的征收效果。这在客观上有利于资本有机构成较高的企业而不利于劳动密集型企业。因此，实行“营改增”之后，劳动密集型企业加大固定资产投资，提升设备的自动化水平，可以在提高劳动生产率的同时，降低企业税收负担。随着我国劳动力红利逐渐消减，就业压力减弱，企业的这种战略调整不仅从微观层面，而且从宏观经济层面考量也是具有合理性的选择。

（四）准确评估自身税收负担，客观反映企业的特殊情况与合理诉求

鉴于目前“营改增”试点工作仍在进行，相关政策还在完善过程之中，“营改增”试点规定与原增值税制度有关内容尚待进一步整合。企业如果发现“营改增”之后出现税负超常变动，应认真分析原因并进行持续动态评估，而后将税负变化情况、原因及诉求按照规定程序反映给主管税务机关，以引起税务机关的关注，获得税务机关的指导和帮助，并促进税收政策的完善。

参考文献：

[1] 高培勇．营改增的功能定位与前行脉络［J］．税务研究，2013（7）．
[2] 魏陆．上海“营改增”试点政策效应的分析及完善［J］．税务研究，2013（4）．

5. 试论大数据时代下涉税服务的优化

【摘要】随着互联网的普遍运用，数据信息呈现大规模增长态势，大数据时代已经来临。大数据时代为涉税服务发展提供了一个良好的契机，利用大数据创新涉税服务是涉税服务优化的重要路径。针对大数据时代下涉税服务面临的现实挑战，建议推进涉税信息有效整合，完善涉税信息安全保护措施，加大涉税服务人员培训力度，加强涉税服务行业信息系统建设。

【关键词】大数据时代　涉税数据　涉税服务

【作者简介】姚林香，江西财经大学教授、博士生导师
万莹，江西财经大学教授、博士生导师
余文韬，江西财经大学研究生

一、引言

互联网、物联网和云计算等新技术的发展，带领我们步入了全新的大数据时代，无论是企业经营者，还是公共部门都可以通过大数据技术的运用，为其创造更多的价值。当前涉税服务行业的发展方向是以大数据技术为基础，构筑智能化、个性化涉税服务体系，然而传统涉税服务已无法满足多样化、个性化的需求，因此结合大数据时代的特点对其进行优化已迫在眉睫。在此背景下，中央政府近年来出台了一系列的政策措施促进大数据发展，推动涉税服务优化，2015 年 8 月国务院出台了《国务院关于印发促进大数据发展行动纲要的通知》，以推动国内大数据的发展和应用。涉税服务行业运用大数据技术创新涉税服务，标志着我国涉税服务行业发展进入到一个新阶段。

近年来，财税学界对大数据与涉税服务的研究逐渐深化，大多数学者主要是沿着大数据创新涉税服务的战略意义、问题分析、优化路径开展研究，并取得了丰硕的成果。关于大数据创新涉税服务的战略意义，李林军（2016）认为信息化不仅是手段、工具，更是理念、模式、产业链的创新，税务师行业的“互联网 +”将对财税服务行业的转型升级产生深远影

响[1]；李忠尔（2016）指出随着互联网技术的迅速发展，整个社会正在步入信息社会，充分运用网络的优势，构筑新的服务业态，对于优化涉税服务具有重要意义[2]。关于大数据时代涉税服务的问题分析，乔游（2016）认为数据的安全性与隐私性问题是目前公认的制约大数据发展的最主要因素，使互联网在政府领域的应用推广面临巨大挑战[3]；雷炳毅（2016）指出在大数据时代下涉税服务行业收集数据存在一定的困难，这就影响了涉税信息的全面、准确，信息不对称问题是大数据时代信息采集工作最大的阻碍[4]；王向东（2014）指出当前涉税服务人员对于大数据并不熟悉，对大数据的内涵、大数据技术的功能了解甚少，对大数据重视程度不足[5]。关于大数据时代涉税服务优化的建议，杨华（2011）提出应优化社会化纳税服务环境，为税务代理机构拓展执业范围和服务空间积极创造条件，在税收政策咨询、税收资料使用、信息技术利用等各方面为税务代理提供方便[6]；李渊（2016）指出在大数据的分析和挖掘上要不断研究和探讨，建立涉税信息的大数据库，把分散到各个应用系统的数据集成、整合和统一管理，为数据分析和挖掘提供基础保障[7]；丁芸（2015）认为财税服务应借助互联网融合、平等、开放等特性，将信息和数据转变为创新财税服务模式的新动力，财税服务的创新应注意坚持以人为本的理念，以纳税人为中心，充分运用大数据、云计算，针对用户需求设计产品[8]。通过梳理国内学者对大数据时代下涉税服务的研究成果发现：大多数学者关注的重点更多集中于大数据与税收征管领域，而对大数据时代下涉税服务行业发展关注较少；对于国外发达国家成功经验借鉴不足。与现有的研究不同，本文关注的是大数据创新涉税服务领域，通过分析目前我国涉税服务在大数据时代下所面临的挑战，并借鉴国外的成功经验，提出有针对性的政策建议。综合来看，涉税服务行业应当充分发挥大数据海量性、分散性、多样性与处理速度快等特点，积极推动涉税服务的优化。

二、大数据时代涉税服务面临的主要挑战

涉税大数据贯穿于整个涉税服务过程中，直接影响涉税服务效率和涉税服务质量等方面。大数据时代下涉税服务面临的主要挑战，体现在四个方面：

（一）涉税信息采集的挑战

随着经济多元化、社会分工细致化以及互联网技术的发展，纳税人的经营范围越来越广泛，经营方式越来越多样化，核算方式也逐渐由传统的

纸质记录向信息电子化、无纸化方向发展。这些变化导致税源跨境、跨省、跨市流动性增强，税源的隐蔽性增强。同时，由于管理体制、法律缺失和各部门各领域主导系统开发管理等原因，信息孤岛、信息壁垒现象较为严重和突出，税务部门与涉税第三方、纳税人之间信息不对称的现象也较为严重。信息不对称主要体现在两个方面：一是征纳双方之间存在信息不对称。税务人员具备充分的税收知识与专业的税收征管经验，并拥有部分税收政策的解释权，因此在政策的把握与运用方面优于纳税人。但是在纳税申报信息的掌握方面，税务部门却处于弱势地位，纳税人是生产经营活动的主体，对于自身的经营状况肯定最为了解，但出于利益的考量，并非每个纳税人都会按要求披露所有的信息，他们很可能只会提供对己方有利的信息，使得税务部门无法全面地获得纳税人的涉税信息。二是税务部门与涉税第三方之间存在信息不对称。企业进行生产经营活动少不了与其他经济部门打交道，如企业涉及货币资金的活动与银行密切相关，经营业务范围变化等事项与工商部门相关联，另外与房产、海关等部门也有关联。正是由于信息不对称问题的存在，给涉税信息采集工作造成了很大的困难。

（二）涉税信息安全的挑战

涉税信息多为纳税人的敏感信息，从企业的角度来看，涉税信息不安全容易使企业的正常生产经营、财务状况以及声誉等遭受损失，因此纳税人对于涉税信息安全往往都有着很高的要求。而在大数据时代，涉税服务行业获取的涉税数据具有透明化、公开化的特点，纳税人的涉税信息很容易被除税务部门和纳税人自身以外的其他个人和部门获取，这使得纳税人的隐私保护面临着严峻的考验。例如，当前金税三期系统已经全面上线，但是除增值税发票升级版中应用了国家税务总局部署的身份数字认证系统外，其余各种保留的应用软件都没有纳入身份认证系统的管理。在复杂的网络环境下，传统的“用户名＋密码”登录网上办税平台模式已不再符合国家税务总局信息安全的新要求，涉税信息安全面临潜在威胁。此外，由于涉税数据量庞大而且关联性强，在大数据逐步走向开放的过程中，网络黑客可以较为容易地利用挖掘工具和程序破译诸如客户银行账户之类的重要信息，给纳税人造成经济损失。在大数据时代，纳税人涉税数据的保密工作将一直是制约涉税服务发展的重要问题。

（三）涉税服务人员专业素质的挑战

在当前实践中，涉税服务人员对于大数据的理解仍处于较浅层面，对涉税数据重视程度不高，大多习惯于按照以往经验办事，缺乏大数据理念。同时，随着企业信息化管理水平的不断提高，大量企业会计核算和生产经营数据存在于企业财务核算系统、ERP 系统等管理信息系统内部，而许多涉税服务人员对企业管理信息系统缺乏了解，运用现代数据分析工具来认识、说明和解决问题的能力比较欠缺。此外，涉税服务人员对于以往年度的涉税数据关注度较低，缺乏对数据的敏感性，对于涉税服务工作的规律性把握不强。

（四）涉税服务大数据信息系统建设的挑战

在大数据时代下，涉税服务行业急需建立起智能化、数字化的涉税服务大数据信息系统。大数据技术为涉税服务提供了新的契机，通过数据信息的采集和传输，涉税服务和税务产品将会在行业之间、用户之间以及用户与政府之间融合，提升涉税服务每个环节的价值，推动涉税服务的创新和变革。当前涉税服务行业信息系统建设的主要难点集中在中小型税务师事务所的信息化程度不足，由于涉税服务大数据信息系统建设初期投入大，大多数的中小型税务师事务所缺乏足够的财力、技术以及相关专业人才去建设大数据信息系统。

三、大数据时代涉税服务的国际经验借鉴

大数据时代背景下，许多国家不断优化升级涉税服务，在涉税信息数字化建设、涉税信息人才培养以及涉税信息安全保护等方面有不少值得借鉴的做法，给我国提供了大量的有益经验。

（一）涉税信息数字化程度高

涉税信息数字化是大数据创新涉税服务的基础。美国政府早在 20 世纪 60 年代就开始建立涉税信息数据系统，并且以法律的形式明确了工商、房产、金融、海关等第三方部门共享数据的义务。德国涉税数据信息化程度也很高，其基层税务部门以公民的身份编码为基础建立起个人税务信息平台，并已经实现了电子化的纳税申报，提高了纳税人的税收遵从度。欧盟建立起其成员国涉税数据共享系统，用以监督欧盟成员国之间的纳税人行为，在解决欧盟成员国所面临的国际避税问题方面成效显著。

（二）涉税信息人才培养体系健全

大数据的发展趋势不可阻挡，在人才管理领域，急需培养一批懂得大

数据、善于研究大数据的数据科学家。在大数据时代，最核心的资产是涉税数据和数据科学家，大数据产业的发展将为全社会提供大量的工作岗位。发达国家在培养大数据人才方面投入了大量精力，例如美国政府在大数据人才培养方面，通过与高等院校的合作，建立起高水平的数据科学家人才库，如斯坦福大学、约翰·霍姆金森大学、西北大学、哥伦比亚大学、纽约大学等高校，开设了大数据分析相关专业培养适应大数据时代税务管理现代化发展的人才。

（三）涉税信息安全保护措施完善

美国中央情报局前雇员斯诺登的“棱镜门事件”折射出大数据时代信息安全保护工作的缺陷，使得人们对大数据时代的信息安全性感到担忧。在错综复杂的国际环景下，许多国家纷纷从“战略”的角度来构建信息安全保护措施。如美国乔治梅森大学法学院2012年设立的重要基础设施保护项目中取得了多个学术研究成果，包括非对称安全理论、网络安全保障的公私合作研究、安全风险披露模型等。不仅如此，哈佛大学、印第安纳大学、斯坦福大学、加州大学伯克利分校等美国著名高校法学院也针对网络安全问题设立了研究项目，进行了相应的研究[9]。另外，美国政府为了更好地维护涉税信息安全，还建立起了严格的涉税信息安全规章制度，规范了大数据信息生产者、管理者、使用者及相关机构的行为，使他们能够切实承担起保护信息安全的责任；澳大利亚建立了备份运行系统来防范自然灾害发生导致的数据丢失，所有联入网络的计算机都必须安装防火墙以及正版的杀毒软件，其他诸如口令保护、权限保护、电子通行证等传统措施也被澳大利亚反复强调并勒令执行。这些都有利于保障税务系统的信息安全，防范安全危机的发生。

四、大数据时代涉税服务的优化路径

在大数据时代下，通过分析多样化的涉税数据发掘其内在规律是当前涉税服务工作的重点，运用大数据技术的优势创新涉税服务，是实现涉税服务优化的重要路径。本文结合国外涉税服务以及大数据发展的经验，对我国大数据时代下涉税服务的优化提出以下几点建议：

（一）推进涉税信息有效整合

涉税信息数字化是指将各类复杂多变的信息转变为可以度量的数据。数字化的前提是标准化，无论是纳税人自行申报的信息还是第三方涉税信息，必须按照统一的数据标准进行采集和存储，才能够实现数字化应用。目前，涉税服务行业虽然通过各种渠道获取了海量信息，但由于未能进行标准的数字化处理，无法有效地整合利用信息，制约了应用和管理效果。针对目前涉税服务行业采集涉税信息过程中出现的信息不对称、“信息孤岛”的现象，如果仅是依靠传统手工做法，势必耗费大量的时间和精力，对数据的分析和应用也会存在不足。因此，涉税服务行业必须借助计算机技术，对数据进行导入、集中、自动关联与分类应用；同时，对公共税务服务的数据内容进行开放化管理，方便客户进行下载和查询，提升客户的满意程度，通过实现数据公开化来让纳税人客户积极参与到涉税服务决策的制定过程中。借助大数据技术的支持，不仅可以提高涉税服务人员的工作效率，还能准确、及时地了解纳税人税源状况，从而更好地为纳税人提供全面精准的涉税服务。

（二）完善涉税信息安全保护措施

大数据时代下，数据信息具有透明化、公开化的特点，使得如何保护好纳税人隐私成为不可忽视的问题，本文认为涉税服务行业应从三个方面加强对纳税人隐私的保护：①与政府部门积极协调，建立涉税服务相关法律，以此来规范涉税服务行业的发展，避免纳税人隐私的泄露。为了规范涉税服务行业的执业行为，我国应尽快出台包括《税务师法》《税务代理程序法》在内的法律法规，进一步规范约束涉税服务行业，为我国涉税服务行业的发展提供一个完备的法律环境。②应当积极完善涉税服务大数据模式下的基础设施，以此来为纳税人的隐私保护提供设施基础。涉税服务行业应加强网络安全系统硬件和系统安全软件平台建设，加大大数据信息系统维护等资金的投入力度。③积极加强涉税信息安全人才的培养，加大对工作人员涉税信息安全知识的培训力度，使得涉税服务人员充分认识信息安全的重要性，通过专业技术的运用不断完善涉税服务中出现的漏洞，不给窃取信息者以可乘之机。

（三）加大涉税服务人员培训力度

大数据时代的核心不是比较取得数据量的多少，而是充分发掘数据的潜在价值，使其发挥最大作用。大数据思维是对总体数据的收集、挖掘、整合，进而采用随机采样对数据进行有效处理。目前涉税服务人员对大数据的认知仍有待进一步的提高，思想是行动的先导，加强大数据分析应用，首先要解决的是思想观念问题。为此要在涉税服务行业深入普及大数据相关知识，引导涉税服务人员正确理解大数据的核心理念，培养大数据的思维方式，力争在涉税服务行业营造一个“用数据来说话、用数据来管理、用数据来决策、用数据来创新”的大数据文化氛围，为涉税服务大数据建设奠定坚实的思想基础。大数据思维及其运用，不仅有助于涉税服务行业的工作效率提高，更能有效推动涉税服务信息化、现代化的进程。

（四）加强涉税服务行业信息系统建设

涉税服务行业信息系统是包括税务数据库（包括税收法规政策资料库、人才库、方案库、客户档案等）、企业信息采集分析系统、税务风险评估分析系统、税务审计查账系统、风险管理系统等在内的完善的信息系统。建立一套完善的大数据信息系统，不仅便于掌握每个企业的具体资料，并针对其实际经营活动状况为每个企业提供适合的个性化服务方案，从而维护客户资源，避免客户的流失；而且利于税务师事务所更好地掌握企业的税务风险点，规避代理过程中面临的各种风险，同时促进税务师事务所以此为契机拓展税务风险防范的高端业务。在企业和税务师事务所之间建立起一个良好的信息化平台，不仅可以促进双方各自的发展，而且为双方进一步的合作奠定了基础。因此，涉税服务行业应加强大数据信息系统建设，实现纳税人、税务机关与涉税服务行业的信息共享。

参考文献：

[1] 李林军．“互联网＋注税”促涉税服务转型升级［J］，注册税务师，2015（10）．
[2] 李忠尔．互联网催生涉税服务新业态［N］．中国税务报，2016－05－20（8）．
[3] 乔游．浅析“互联网＋”背景下的税收风险管理［J］．税务研究，2016（5）．
[4] 雷炳毅．“互联网＋税务”要解决的问题与推进思路［J］．税务研究，2016（5）．
[5] 王向东，王文汇，王再堂，黄莹．大数据时代下我国税收征管模式转型的机遇与挑战［J］．当代经济研究，2014（8）．
[6] 李渊．大数据时代强化税源管理的思考［J］．经济论坛，2016（3）．
[7] 杨华．纳税服务的国际经验借鉴［J］．地方财政研究，2011（12）．
[8] 丁芸．“互联网＋财税服务”面临哪些机遇和挑战［N］．中国税务报，2016－04－01（8）．
[9] 刘小川，桑达卓玛．试论大数据时代的税制体系重构［J］．税务研究，2015（10）．

6. 公司职工薪酬个人所得税筹划技巧分析

【摘要】公司职工薪酬的发放标准、方式及时间安排，与职工的个人所得税税负密切相关。本文从公司职工薪酬制度安排角度探讨个人所得税筹划途径，具体包括“保持各月货币性工资的均衡性”“月职工薪酬与年终奖税收安排”“职工薪酬货币化与福利化的税收安排”“货币化工资和股权激励性工资的税收安排”。分析结果表明，若纳税人收入总额既定，其分摊到各个纳税期内的收入应尽量均衡，以避免增加纳税人的税收负担；企业在安排年终奖金时，应回避“无效奖金区间”；企业安排福利要注意免税福利费不能从超出国家规定的比例或基数计提的福利费、工会经费向职工个人支付各种补贴、补助，要避免采用人人有份的补贴、补助；股权激励个人所得税筹划应重点关注工资薪金的个人所得税和再转让时的“财产转让所得”应纳所得税款的合计数如何才能达到最小化。上述职工薪酬的个人所得税筹划方案互相配合，可以形成更有效的合力。

【关键词】职工薪酬　个人所得税　税收筹划

【作者简介】王金霞，吉林财经大学税务学院教授
苏扬，吉林财经大学税务学院讲师、博士

一、引言

职工薪酬管理制度是公司根据不同部门的工作性质与特点，建立合理的分配方式与制度，以适应不同部门的需要；通过合理的职工薪酬管理制度，鼓励员工提高自身能力，承担更大责任，同时建立完善合理的考核机制，做到多劳多得，按能取酬，按个人绩效取酬机制。职工薪酬是指企业为获得职工提供的服务而给予各种形式的报酬以及其他相关支出。建立合理的职工薪酬体系，有利于实现企业效益、个人业绩挂钩，公司岗位价值与个人价值的统一，体现市场外部竞争性和企业内部成本安排的协调，确定公司年度薪酬总额和市场薪酬定位。

根据《企业会计准则第 9 号——职工薪酬》，职工薪酬包括：职工工资、奖金、津贴和补贴、职工福利费、工会经费和职工教育经费、社会保

险费（包括医疗保险费、养老保险费、失业保险费、工伤保险费和生育保险费等）、住房公积金；还包括非货币性福利、因解除与职工的劳动关系给予的补偿、其他与获得职工提供的服务相关的支出。公司在制定职工薪酬制度时，在薪酬结构的设计、薪酬价值观和薪酬思想上要体现税收因素，根据个人所得税有关“工资薪金所得”的应税范围、计税依据、适用税率、计税方法以及税收优惠方面的特殊规定，安排个人所得税的税务筹划。个人所得税筹划的思路和技巧与其他税种及个人所得税其他税目相比有着独特之处，其筹划必须在个人所得税相关规定的框架下进行，在合法、合理前提下谋求个人收益最大化，并将企业所得税与个人所得税税收负担综合考量。

二、工资薪金所得计税的一般规定

工资薪金所得是指个人因任职或者受雇而取得的工资、薪金、奖金、年终加薪、劳动分红、津贴、补贴以及与任职或者受雇有关的其他所得。一般而言，工资薪金所得税属于非独立个人劳动所得。工资薪金所得以每个月工资薪金收入额减除“三险一金”及生计费用后的余额为应纳税所得额，采用七级超额累进税率计算缴纳所得税，所得额越高，适用的税率越高。

按工资、薪金所得税目计算纳税的还有：年终奖金、内部退养费、因解除劳动合同取得经济补偿金、单位职工以低于购置或建造成本价格从单位购进房屋而支付的购进价款与企业购置或建造成本的差价、股票期权，以及单位为职工个人购买商业性补充养老保险等。虽然上述项目在计税时都按“工资、薪金所得”项目计税，但由于各个项目的性质不同，在费用扣除、计税方式、适用税率以及是否与当月工资合并计税等方面的具体规定存在着差别，使得工资薪金所得筹划空间较大。

从工资薪金计税的基本规定可以看出，影响工资薪金所得个人所得税的应纳税额的因素有两个，即应纳税所得额和税率。因此，要降低税负，无非是运用合理又合法的方法减少应纳税所得额，在保证纳税人实际收入前提下，缩小税基，或者通过周密的设计和安排，使应纳税所得额适用较低的税率。

工资薪金所得是个人因任职或受雇取得的月工资薪金收入扣除“三险一金”以及每个月费用扣除标准 3 500 元后的余额。在实行超额累进税率的条件下，费用扣除越多，所适用的税率越低，税收负担就会下降。企业在向职工支付薪酬时，应合理利用“工资薪金所得”的有关规定，科学设计职工工资薪金收入、福利待遇，通过多种形式，向职工支付薪酬，合理布局工资薪金和年终一次性奖金的数量关系和支付进度，将货币化的工资薪金与股票期权性工资合理搭配，充分利用税收优惠政策等多种途径，有效降低税收负担。

三、工资薪金所得个人所得税筹划的理念和原则

（一）工资薪金所得个人所得税筹划的理念

首先，工资薪金所得个人所得税筹划的理念应在合法、合规的前提下，坚持“应扣尽扣，应免不漏”，“综合考虑，免税效应”的基本理念。在保证实际工资薪金收入不变的前提下，减少名义工资薪金收入和名义支出，尽可能扩大减除费用额度，从而降低应纳税所得额。为此，工薪个税的筹划，一方面要充分扣除“三险一金”“免征额”等费用，同时，应适度地将个人收入变为单位对职工的福利、劳保支出，个人收入就可以在单位经营成本中税前扣除，做到应扣尽扣，即降低了职工工资薪金所得税税收负担，也不影响企业所得税的税负，一举两得。通过周密的设计和安排，可以使应纳税所得额适用较低的税率，尽量避免临界所得导致进入高档税率区。

其次，充分利用个人所得税的税收优惠政策。税收优惠是税收制度的基本要素之一，是国家为了实现税收调节功能，在税种设计时的有意而为。纳税人应充分利用这些条款，做到应免不漏，达到减轻税负的目的。

最后，充分进行事前筹划。纳税筹划应坚持事前筹划，要有超前性和目的性，必须在工资薪金发放之前进行筹划，综合考虑各种影响工薪个税的因素，系统地对各项人工成本的支付行为做出事先安排，以达到减少个人所得税的目的。

（二）工资薪金所得税筹划应遵循的原则

1. 合法性原则

依法筹划工资薪金个税，在于把握节税与避税、偷税、欠税、抗税、骗税的界限，特别是节税与偷税。《税收征收管理法》对除避税外的上述行为进行了界定。一些常规的操作手法，若不恰当地发放实物性工资不计税等，不是合法的避税。而企业利用福利费、抚恤费、救济费，外国来华人员的非货币化的住房补贴等税收优惠，则是合法的税务筹划。

2. 综合效益原则

纳税筹划不能孤立进行，如果工资薪金所得纳税筹划取得了节税效

果，却增加了其他方面的支出，这样的纳税筹划就值得商榷。

3. 风险和收益均衡原则

对工资薪金所得个税进行税务筹划时还必须考虑其风险性。因为涉税的环境不是静止的，而是不断变化的，国家宏观的经济环境、税收政策、工资薪金个税的客观条件都在变化。这就可能造成原来筹划好的方案因为某些因素的变动而影响筹划的效果，甚至给纳税人带来意想不到的损失。企业在向职工支付工资薪金，对职工工资薪金个税进行筹划时，考虑收益的同时也要将风险因素考虑进去，采取适当的措施，趋利避害，争取最佳的效益。

四、职工薪酬个人所得税筹划的几个问题

（一）保持各月货币性工资的均衡性

由于我国现行个人所得税采用超额累进税率，计税区间按月设计，即按月应纳税所得额的大小确定各个区间的适用税率，工资薪金应税所得越多，其适用的最高边际税率就越高，导致纳税人收入的平均税率和实际有效税率都可能提高。所以，一定时期内，若纳税人收入总额既定，其分摊到各个纳税期内的收入应尽量均衡，不能大起大落，以避免增加纳税人的税收负担。

一般而言，各个单位职工的基本工资大多比较稳定和均衡，但由于各个企业经营情况差别较大，各个岗位的工作进度和强度各异，而绩效工资和月度奖金多与工作量和业绩相结合，有可能出现各月薪资波动起伏的状况。这种安排虽然能够反映职工的工作业绩和工作状态，但往往导致税收负担增加。这就要求企业在年初应做好人工成本总量测算以及每层级职工收入的测算，合理安排基本工资和绩效工资以及奖金的发放。对于绩效工资以及奖金的发放，一方面要考虑管理方面的需要，另一方面也要兼顾职工个人所得税税收负担问题。本文建议根据以往工作业绩完成规律，将绩效工资分成三至四个层次，对大部分可以完成的部分，各月均衡发放；对经过努力可以完成的部分按照一定比例均衡发放，对完成较为困难的部分，可以考虑按照考核期限集中发放，但所占的比重应加以控制。这样的操作可使各月工资、薪金、奖金以及津贴等各类应税收入基本保持均衡。当然，均衡发放并不一定要求每月工资绝对额相等，而是要尽可能地使每月适用的个人所得税税率相同，避免工资薪金的非均衡化使得税率“爬升”，从而达到职工税后收益最大化。

（二）月职工薪酬与年终奖税收安排

1. 年终奖的计税规定

从心理期望看，职工都希望年终发放的奖金数量愈多愈好，但从筹划的角度看，发放年终奖要充分考虑税收成本问题，要更关注税后收入。因此，必须清楚年终奖的计税规定。

根据个人所得税的有关规定，全年一次性奖金单独作为一个月工资计税，具体规定见表1：

表1　全年一次性奖金的计税方法

要点	具体规定	
内容	发放的全年一次性奖金、年终加薪、年薪、绩效工资	
计税时间	单独作为1个月工资、薪金所得	
税率的确定	全年一次性奖金/12，以商数定税率	当月工资≥费用扣除标准
	［全年一次性奖金－（费用扣除标准－当月工资）］/12，以商数定税率	当月工资＜费用扣除标准
费用扣除	不再扣费用	当月工资≥费用扣除标准
	扣除当月工资薪金所得与费用扣除额的差额	当月工资＜费用扣除标准
应纳税额	全年一次性奖金×适用税率－速算扣除数	当月工资≥费用扣除标准
	（全年一次性奖金－雇员当月工资薪金所得与费用扣除额的差额）×适用税率－速算扣除数	当月工资＜费用扣除标准
限制性要求	①上述方法在一个纳税年度内，对每一个纳税人，一年只能使用一次 ②雇员取得除全年一次性奖金以外的其他各种名目奖金，如半年奖、季度奖、加班奖、先进奖、考勤奖等，一律与当月工资、薪金收入合并，按税法规定缴纳个人所得税 ③对无住所个人取得上述奖金，可单独作为1个月的工资、薪金所得计算纳税，不再减除费用，全额作为应纳税所得额直接按适用税率计算应纳税款	

从年终奖的计税公式可以看出，虽然年终奖先除以12再确定适用税率，但是只扣除了1个月的速算扣除数，因此在对年终奖征收个人所得税时，实际上只有1个月适用了超额累进税率，另外11个月适用的是全额累进税率。

2. 年终奖收入增长与税负分析

由于年终奖适用的税率相当于全额累进税率，全额累进税率的特点除了税负重以外，第二个缺陷是各级距临界点附近税率和税负跳跃式上升，从而造成税负增长速度大于收入增长速度。如果全年奖金除以12个月后的数值靠近不同税率的临界点，会出现获得奖金多反而收入少的情况。经过测算，年终奖收入增长幅度低于税负增长幅度的范围见表2：

表2　年终奖税负增长速度大于收入增长速度范围表

级数	奖金收入级距	适用税率	年终奖收入增长慢于税负增长的范围
1	不超过18 000	3%	
2	18 000—54 000	10%	18 000—19 283.33
3	54 000—108 000	20%	54 000—60 187.50
4	108 000—420 000	25%	108 000—114 600
5	420 000—660 000	30%	420 000—447 500
6	660 000—960 000	35%	660 000—706 538.46
7	960 000以上	45%	960 000—1 120 000

根据表2中的数据，在年终奖收入增长小于税负增长幅度的区间内，企业安排的年终奖是无效的，名义上年终奖数量增加，但完税后职工个人税后收入却减少了。因此，企业在安排年终奖金时，应回避“无效奖金区间”。若年终奖恰巧处于“无效奖金区间”的话，可以将该部分奖金以工资薪金的形式发放，规避年终奖金的超额负担。

3. 合理匹配工资薪金与年终奖的区间结构

在职工收入较为稳定的情况下，应科学安排月度工资和一次性奖金的发放比例，找到工资和奖金之间税率的最佳配比，有效降低税率和个人所得税负担，从而使工资、奖金所得最大限度地享受低税率。

首先，员工月工资尽量达到法定的费用减除标准3 500元以及员工个人缴纳的“三险一金或五险一金”，其次，再考虑发年终奖，可以少缴税。

由于工资薪金按月计税，全年一次性奖金单独按一个月工资薪金计税，而且，确定税率时，以全年一次性奖金除以12后的商数来确定。因此，对于劳动关系和年收入较为稳定的员工，可以将年应纳税所得总额对半分，目的是使得月工资薪金所得与年终奖适用税率相同，计算应纳税额，而后参照表3的有关数据区间，确定工资薪金与年终奖的匹配区间。

表3　年终奖最低税负计算表

级数	预计年收入	预计年应纳税所得额	年终奖
1	60 000—78 000	18 000—36 000	0—18 000
2	78 000—125 550	36 000—83 550	18 000
3	125 550—150 000	83 550—108 000	29 550—54 000
4	150 000—258 000	108 000—216 000	54 000
5	258 000—669 000	216 000—627 000	108 000
6	669 000—882 000	627 000—840 000	207 000—420 000
7	379 000—504 000	840 000—1 320 000	420 000
8	504 000—964 000	1 320 000—1 920 000	660 000
9	964 000—984 000	1 920 000—∞	960 000

具体操作方法是：将全年所得总额除以2以后的商数，分别作为全年工资薪金所得和年终奖，而后查表3，若表3中年终奖数据是固定数，则工资薪金和年终奖的数额便可以据此进行确定，此时，年终奖和工资薪金的匹配只能按照固定的数额确定，没有第二种选择。若年终奖是一个区间数，则需要以全年所得总额除以2以后的商数，分别作为全年工资薪金所得和年终奖以后，继续将商数（全年工资薪金所得或全年一次性奖金）再除以12，计算月应纳税所得额，据此确定适用税率，以本级适用税率对应的应纳税所得额上限乘以12为工资薪金所得额的上限，据此确定年终奖的下限（年终奖的上限在表3中已经明确），此时，工资薪金和年终奖的数额都是一个区间，可以组合成多个方案，但每个方案的税收负担相同。按照上述步骤，可以合理地对收入稳定的职工的工资薪金和年终奖进行合理匹配，达到降低税负的目的。

（三）职工薪酬货币化与福利化的税收安排

工资薪金福利化是指支付工资、薪金的单位为员工确定适当的而不是较高的名义工资，然后以税法允许的各种福利补贴的方式保证员工的实际工资水平和生活水平，而且不直接将各种补贴款货币化以工资薪金形式发放给纳税人，而是由企业支付、纳税人享受各种福利待遇。一般而言，员工福利所得可以区分为法定福利和企业福利两种，这两种福利的税收政策有所区别。

1. 法定福利

法定福利主要包括“三险一金”，即基本养老保险、医疗保险、失业保险和住房公积金。根据《关于住房公积金、医疗保险金、养老保险金征收个人所得税问题的通知》（财税字〔1997〕144号）及财税〔2006〕10号等有关税收文件规定，企事业单位按照国家或省（自治区、直辖市）人民政府规定的缴费比例或办法实际缴付的基本养老保险费、基本医疗保险费和失业保险费，免征个人所得税；个人按照国家或省（自治区、直辖市）人民政府规定的缴费比例或办法实际缴付的基本养老保险费、基本医疗保险费和失业保险费，允许在个人应纳税所得额中扣除。单位和个人分别在不超过职工本人上一年度月平均工资12%的幅度内，其实际缴存的住房公积金，允许在个人应纳税所得额中扣除。

鉴于此，企业可尽量权衡实际发放的货币性工资以及对未来生活保障而扣缴的“三险一金”，统筹安排、合理设计“三险一金”缴费比例，用足“三险一金”的税收优惠。

2. 企业福利

企业福利一般表现为实物形式补贴或变相的其他福利安排及多方位的保障，通过降低员工的生活成本及税收成本，提高员工实际收入。对于这些补贴是否可以免税，要根据实际情况分析确定，一般而言，生活补助可以免税。根据《中华人民共和国个人所得税法》第四条及《中华人民共和国个人所得税法实施条例》第14条的规定，免纳个人所得税项目中包括福利费。免税福利费是指根据国家有关规定，从企业、事业单位、国家机关、社会团体提留的福利费或者工会经费中支付给个人的生活补助费。根据《国家税务总局关于生活补助费范围确定问题的通知》（国税发〔1998〕155号）规定，生活补助费是指由于某些特定事件或原因而给纳税人本人或其家庭的正常生活造成一定困难，其任职单位按国家规定从提留的福利费或者工会经费中向其支付的临时性生活困难补助。企业安排福利要注意免税福利费的界限，首先不能从超出国家规定的比例或基数计提的福利费、工会经费向职工个人支付各种补贴、补助，其次要避免采用人人有份的补贴、补助方式。

除此之外，企业可以提供假期旅游津贴，提供员工健身、娱乐休闲场所等福利设施，提供免费午餐和交通工具，对职工及家属医疗支出给予保障，安排职工子女教育及就业，加强职工培训和学习等，全方位提供单位的“准公共产品”。这样设计，可以抵减职工的工资薪金收入，缩小工资薪金所得税的税基。对于纳税人来说，这只是改变了自己收入的形式，能够享受到的收入效用并没有减少，同时由于这种以福利抵减收入的方式相应地减少了其承担的税收负担，实际收入可能会有提高。另一方面，这样人性化的“福利安排”所构建的和谐企业精神和良好的工作氛围，会缓解员工工作的压力，增强企业的凝聚力。

（四）货币化工资和股权激励性工资的税收安排

股权激励是为了激励员工，平衡企业的长期目标和短期目标，对员工进行长期激励的一种方法，是企业为了激励和留住核心人才，而推行的一种长效激励机制。股权激励是通过给予激励对象一定的经济权利，使他们能够以股东的身份参与企业决策、分享利润、承担风险，从而勤勉尽责地为公司的长期发展服务的一种激励方法。目前，股权激励模式主要有股票期权、限制性股票、股票增值权、业绩股票激励和虚拟股票等。

股权激励作为一种薪酬政策，能通过股权实现个人利益与企业利益的捆绑，引导个人作出有利于企业长远发展的决策。

1. 股权激励的涉税政策规定

关于股权激励税收政策主要涉及以下几个方面问题：所属税目、计税方式、纳税义务发生时间和应纳税额计算等。

公司实施股权激励计划后，根据激励对象的所处状态，分为施权、行权、持有、转让四个阶段。不同阶段税收政策规定各有特点（表4）。

表4 股权激励不同阶段的税务处理

<table>
<tr><td>操作行为</td><td colspan="3">税务处理</td></tr>
<tr><td>授权</td><td colspan="3">不征税</td></tr>
<tr><td>行权前转让</td><td>工资、薪金所得</td><td colspan="2">转让净收入（规定与行权时的计税方式相同）</td></tr>
<tr><td rowspan="3">行权</td><td rowspan="3">工资、薪金所得</td><td>应纳税所得额</td><td>（行权日市场价－施权价）×股票数量</td></tr>
<tr><td>费用扣除</td><td>不扣</td></tr>
<tr><td>应纳税额</td><td>（应纳税所得额/规定月份数×适用税率－速算扣除数）×规定月份数（不超过12个月）</td></tr>
<tr><td rowspan="2">持有</td><td rowspan="2">利息、股息、红利所得</td><td>应纳税所得额</td><td>1. 持股超过1年的，股息红利所得暂免征收个人所得税
2. 持有期限在1个月至1年的，暂减按50%计入应纳税所得额
3. 持有期限在1个月以内，全额征税</td></tr>
<tr><td>应纳税额</td><td>应纳税所得额×税率</td></tr>
<tr><td rowspan="2">行权后转让</td><td rowspan="2">财产转让所得</td><td>应纳税所得额</td><td>（转让日市场价－行权日市价）×股票数量</td></tr>
<tr><td>应纳税额</td><td>暂免征收个人所得税（限于境内上市公司）</td></tr>
</table>

2. 股权激励税收负担分析

鉴于股权激励的税收政策，股权激励的个人所得税负担需要从公司和员工两个层面分析。从公司层面看，作为公司薪酬计划或职工薪酬制度的组成部分，公司应从员工个人所得税和企业所得税两个方面考量。

首先，上市公司应根据公司员工的薪酬水平，将货币性工资与股权激励性质的工资合理匹配，避免货币性工资较高，公司员工个人所得税税负爬升，即将部分薪酬以货币性工资发放，满足员工即期需求的货币保障，同时，将部分薪酬设计为股权激励，一方面降低员工个人所得税税收负担，也将其个人发展与公司发展有机结合。其次，应尽量选择境内上市公司的股权激励方案。根据财税〔2009〕5 号以及财税〔2005〕35 号的规定，员工将行权后的股票再转让时获得的高于购买日公平市场价的差额，按照“财产转让所得”适用的征免规定计算缴纳个人所得税。对个人买卖境内上市公司股票的差价收入暂免征收个人所得税；对个人转让境外上市公司的股票而取得的所得以及转让非上市公司的股权，没有相关税收优惠，因此，应选择境内上市公司股票实施股权激励计划。

从员工层面看，个人可以随着证券市场行情的波动，正确选择行权及转让的时机。简而言之，按照“低价行权、高价转让”。“低价行权”可以缩小行权价与行权日该种股票市价之间的差距，降低股票期权形式的工资、薪金应纳税所得额。“高价转让”享受转让境内上市公司股票暂免征收个人所得税的优惠。另外，正确选择持有时间，根据股票市场及资金运作情况，尽量规避持有时间不超过 1 个月而全额缴纳“股息”个人所得税的情况。

由于股票期权行权时涉及“工资薪金”，持有时涉及“股息、红利所得”，转让时涉及“财产转让所得”这三类不同类型的所得，因此，如何使这三项应纳个人所得税额的总和最小化，并与货币化工资合理匹配是上市公司及其员工股权激励个人所得税税收筹划应关注的关键问题。通过上述时机的把握，控制工资薪金、财产转让所得和股息、红利所得的整体税负。由于上述三类所得中，金额较大的是行权时公开市场成交价与施权价的差额以及转让股权时与行权时公开市场成交价的差额，而对于持股比例不高的一般股东而言，行权后的股息、红利所得所占比重较小，而且很难对企业的利润分配政策和实务施加足够大的影响，因而这方面的筹划空间并不大，为此，股权激励个人所得税筹划应重点关注工资薪金的个人所得税和再转让时的“财产转让所得”的应纳所得税款的合计数如何才能达到最小化。

参考文献：

[1] 尹磊，黄鑫．我国工资薪金个人所得税制度的改革与完善［J］．税务研究，2015（3）．

[2] 安福仁，沈向民．工资薪金个人所得税税前扣除额变化对收入影响的实证研究［J］．税务研究，2011（3）．

[3] 梁文涛．新税法下工资薪金个人所得税的纳税筹划［J］．财会月刊，2011（28）．

[4] 李敏．工资薪金个人所得税费用扣除标准问题探析［J］．会计之友，2014（11）．

[5] 常世旺，韩仁月．工资薪金个人所得税改革的再分配效应：基于微观数据的分析［J］．财贸经济，2015（2）．

[6] 邹莹．浅议个人所得税之工资薪金纳税筹划［J］．金融经济，2010（12）．

[7] 景天昊．工资薪金个人所得税筹划方案浅析［J］．西部财会，2015（1）．

7. 税务师行业发展方向研究

【摘要】税务师行业的发展面临转型升级，而互联网技术的应用为其提供了发展创新的契机，本文主要从互联网技术运用的角度入手，对我国税务师行业发展过程中的机遇与挑战进行分析，并提出相应的建议。

【关键词】税务师行业　互联网+　发展

【作者简介】李苗苗，首都经济贸易大学研究生

在2015年度的税务师行业收入百强发布会上，李林军以“双重压力推动税务师行业转型升级”为题发表演讲，他在演讲中指出在互联网的迅猛发展和全面改革不断深化的双重压力下，我国税务师行业需要谋求改变与发展，推动行业转型升级。可见，从我国现阶段的改革方向和互联网技术的应用入手，是研究税务师行业发展方向的重要视角。

一、税务师行业发展的机遇

在互联网时代，互联网技术的运用不仅仅是作为一项工具，而是成为一种新的产业模式，并参与到社会再生产循环过程中。把互联网与传统行业的结合形成新的“互联网+”模式，而对于税务师行业来说，也不失为一种发展创新的方向。税务师行业的发展壮大主要依据的是其所提供的税务服务，所以对其所面临的机遇可以从服务入手，分别从税务师行业的服务范围和服务质量两个方面进行分析。

（一）从服务范围来说

首先，可以通过创建互联网平台扩大服务的范围。传统的税务师行业提供服务基本都是面对面交流加以电话辅助，这在实际业务发生时，缺少及时性与灵活性，相对的边际成本也较高，对此，可以通过创建互联网平台，提供24小时咨询服务，一方面，可以根据咨询客户的需求，在网上设置相应区域位置的咨询师，这样既能够更加精准地了解当地的税收政策，也能满足客户随时随地的咨询需求；另一方面，还可以利用网络语音或者视频聊天功能，既可以大大减少通话费用，也能进一步提高咨询的效率和

舒适度，也符合现今的交流习惯。

其次，可以通过互联网提升用户的参与度来提高用户黏性。通过互联网的用户浏览记录，可以记忆用户经常的咨询方向，根据统计的信息可以针对不同的客户提供与其需求相匹配的税务信息、快讯等，另外还可以让用户自己选择希望接受的信息，在满足消费者偏好的情况下提升用户黏性。随着微博、微信中“打赏”模式的出现，这种模式能够激发起读者和作者的互动，税务师行业中的政策分析文章的推送也可以采用这样的方式，提高用户的参与度的同时也提高了用户的黏性。

（二）从服务质量来说

税务师行业的从业者可以通过互联网获得及时的信息服务，根据客户的需求制定个性化的方案，针对不同行业的税务咨询问题，可以根据各个行业特点归纳一些大类的共同点，然后再在这些共同点的基础上根据客户的咨询目标，提供适当的方案。另外，在大数据的时代，税务师行业可以运用数据挖掘工具对服务单位的现有数据进行加工处理，及时地根据数据的分析，修整涉税服务计划和程序，为客户提供更加持续高效的服务。

二、税务师行业发展面临的挑战

通过应用互联网技术，税务师行业可以从税务服务的范围和质量方面得到实质性的改变，为税务师行业的发展注入新的活力，但是一个行业的发展创新并不是一帆风顺的，税务师行业的发展亦是如此，其在改革创新的过程中也面临着一些挑战。

（一）传统运营模式的改变存在阻力

互联网技术虽然已深入人们的生活，得到大家的认可，但是一个行业要想加入互联网技术，不仅仅是其运用工具的改变，更是其运营模式的巨大变化。将互联网引入到传统的税务师行业，传统运营模式的改变所面临的阻力主要体现在以下几个方面：第一，传统思维的改变。税务师行业的老一辈的从业人员根据几十年的从业经验，已经适应了其固定的思维模式，让其进行改变，接受新生的事物有一定的困难。第二，发展模式的改变。由传统的第三方机构推荐转化为对大数据的应用，这对税务师行业所提供的服务有更高的要求。第三，运营方式的改变。通过加入互联网，税务师行业的运营方式由线下转为线上，这对税务师行业人才的要求会有一定的变化，除了提供税务服务的人员外，计算机等方面的人才更是不可或缺。第四，收费模式的改变。随着互联网技术的发展，微信、支付宝等支付方式的多样化，打破了以往的收费模式，在为客户提供方便的同时，也对税务师行业的灵活性有了一定的要求。

（二）税务师行业融资难度大

互联网的运用能够较大幅度地提高企业的服务质量，促进企业的快速发展，因此越来越多的企业选择转型升级，尝试将互联网技术运用到传统的服务业务中去。然而互联网技术的运行需要较大的资金支持，在其投入的前期过程中又存在较高的风险。现行的涉税服务企业的规模基本上都是中小型的，该类企业在资金提供方面存在一定的困难，因为一般的中小型企业规模较小，其流动资产相对较高而可用于抵押的固定资产等不动产相对较少，因此其在融资方面存在一定的劣势，再加上其融资规模小，经营风险大，信用水平低等原因，造成银行尤其是大银行对中小企业有歧视，导致中小企业贷款越发困难。另外，互联网技术的运用也可能会给企业带来更大的风险，其相应的融资难度也会更大。

三、促进税务师行业发展的建议

（一）搭建互联网平台

随着时代的发展，我们需要理解和掌握互联网时代的规律与特征，在此基础上结合当前税务师行业的发展特征，借助互联网的力量实现税务师行业的转型升级。首先，要挖掘客户信息，提供相应服务。比如，可根据客户的浏览记录及之前的咨询历史，记录下该用户的偏好，根据其需求提供相关方面的信息，增强客户的信赖度，进而无形中提高顾客的忠诚度。其次，建立多种交流平台，提高税务咨询的时效性。在互联网平台上，可以提供24小时的在线服务，可以通过语音、视频等渠道与有需求的客户进行交流，根据客户的需求特点，分派相对应的咨询师提供服务，在保证服务质量的前提下满足客户随时随地的税务咨询需求。另外，还可以建立一些讨论组或者实名认证交流平台，在这些平台上，大家可以对自己实际遇到的一些情况进行交流，在促进资源共享的同时也使得事务所更加了解客户所面临的问题，针对一些相通的问题可以编制一些通用的模板，然后再针对特定客户提供服务的同时相应修改模板中的细则，使其更加适用于该企业。税务师事务所还可以搭建财税课堂模块。对于财税课堂模块的搭建，税务师事务所可以通过互联网实现先让老师录课而后上传的方式，将课程内容进行分类，扩大课程的传播范围。这样，互联网课程既能够很好地让学员随时随地学习，了解最新税收动态，也能够让学员在尽量减少成本的前提下，学到最为有效的知识。最后，运用数据分析模块，提高企业服务质量。通过互联网技术的运用，对已有的数据进行深入的分析，提高信息分析及利用能力。

（二）引入新型收费方式

随着微信、支付宝支付的应用越来越普遍，对于传统的收银、转账等收费方式，税务师行业应该根据客户的需求，进行收费方式的改变。就目前来看，注册税务师协会对涉税服务项目的收费标准有所规定，但对于涉税服务的收费模式及方法并没有详细的要求。因此税务师行业可以从其他行业借鉴一些经验，更新现有的收费模式，通过细化收费标准的方式提高行业服务的人性化程度，尽量吸引客户的使用，促进行业健康发展。比如，税务师行业可以根据其业务需要，通过云记账功能，建立一套完善的计费系统，根据客户的不同需求，将自己所提供的各类服务进行打包或者以套餐的形式出售，如咨询+课程套餐等，并实行统一收费模式，另外可以采用预存服务费提供优惠的方式，在给客户提供方便的同时，又让其能显而易见地感受到所获得的收益，刺激客户消费的同时也提高了客户黏性。优惠方式可以吸取其他行业的先进经验，比如预存服务费赠送超值服务、立减现金、赠送电子优惠券或者积分等。通过收费模式的灵活改变，一方面提高税务师事务所提供服务的灵活性与实用性，另一方面也使客户从中受益，逐步提高其用户忠诚度，扩大税务师事务所的市场占有率，进而促进税务师行业的创新发展。

（三）加大信息化建设资金投入

互联网技术的应用离不开信息化建设，而信息化建设的特点就是工程大，耗时长，投入高，因此，我国在进行信息化建设的过程中应该根据实际情况，选择适用的项目进行投资。在这方面，政府可以制定相关的政策，或者一些激励性的优惠措施，引导企业进行信息化建设方面的投资，同时政府也可建立产业投资基金，积极引进外部投资机构，对一些正在进行信息化建设的中介服务机构等提供创业基金。此外，政府还可以在政府预算中提高信息化建设的比例，增强国家信息化建设的投入力度，进一步推动信息化建设的长远发展。

在信息化建设的过程中离不开相对应的人才的培养，因此企业在加大信息化建设资金投入的基础上，也应该大力加强对计算机人才的培养，从发展的角度提高计算机及互联网应用方面的学习培训力度，从而实现互联网效用的最大化发挥。对于税务师行业来说，税务师事务所可以建立大数据跟踪监测后台，培养后台监控人员，并学习使用 Wireshark、Sniffer 等强大的网络数据分析工具，从而捕获并解析数据包、直观显示网络数据包内容特点，通过用户信息了解客户对于产品的满意度，用户的性别、企业来源以及忠诚度、具体板块的使用程度，每天的浏览量和使用量等情况，从而了解自身，了解受众，提高平台的用户体验，提升灵活度，在了解客户需求的情况下，及时完善自己的服务，来提高自身的竞争力。

（四）降低税务师事务所融资难度

互联网的引用对于税务师事务所的发展创新来说已经势不可挡，但其相关配套设施、人力等方面的投入都需要大量的资金。而我国现有税务师事务所，中小型的税务师事务所居于主流，其在人员配备、技术支持及资金注入方面均存在一定的劣势。虽然，我国已经颁布了许多中小企业融资的优惠政策，但是相关法律法规还比较欠缺。因此，我国应该结合当前发展的情况，加快完善相关法律法规，进一步促进中小型企业的发展壮大。例如可以促进金融机构提高其对于中小型服务企业的贷款比例等。或者鼓励金融机构的相关创新业务，提高金融服务质量，进一步推动税务师行业在互联网应用方面的改革创新。

参考文献：

[1] 王素平．服务改革发展大局推动行业转型升级——中国注册税务师协会五届二次理事会会议述要［J］．中国税务，2015（5）：75－76.

[2] 佘文韬．试论大数据时代下涉税服务的优化［J］．国际商务财会，2016（6）：52.

[3] 佟钧．从时代角度思考税务师行业发展［J］．注册税务师，2016（9）：29－30.

[4] 佘家金．大数据时代涉税服务面临新的挑战和机遇——中国税收筹划研究会第十届年会在杭州召开［J］．注册税务师，2016（11）：9.

二、税收征管改革新动态

1. 大数据背景下税收征管模式创新

【摘要】 近年来，大数据发展如火如荼，在此背景下，本文简要介绍了大数据的概况，并尝试运用大数据思维，将大数据与税收征管进行结合。征收机关可通过对大数据的运用，多角度掌握纳税人信息，解决信息不对称问题，管控纳税风险。本文在总结大数据背景下国际税收征管模式实践经验的基础上，提出了我国现代税收征管新思路，完善税收征管制度；对税收征管模式进行流程再造，建立信息共享－信息比对－信息反馈的税收征管体系；优化纳税服务渠道，提供个性化服务，提高税收征管效率。

【关键词】 大数据　涉税信息　税收征管

【作者简介】 马洁，湖北经济学院
李新，湖北经济学院

一、问题的提出

近年来，大数据是一个热门话题，人们对于大数据发表过很多各自不同的见解，但对于大数据学术界尚没有一个明确的定义。舍恩伯格和库克耶（2013）在《大数据时代》中提出，大数据是指不用随机分析法（抽样调查），而采用所有数据进行分析处理[1]。而 IBM 商业价值研究院提出大数据具有 4V 特性：数量（Volume）、多样性（Variety）、速度（Velocity）和真实性（Veracity）[2]。一般而言，大数据的“大”体现在以下几个方面：

（一）大数据的数据量非常巨大

根据2013年的数据，一分钟内，Google进行200万次搜索，用户发送2.04亿封邮件，LinkedIn职位搜索1.1万次，Skype通话140万次，Facebook增加350GB数据。数据量之大远远超出了传统分析手段的处理能力，无法在一定时间内用常规软件工具进行捕捉、管理和处理，需要新型的处理模式。

（二）大数据的类型及来源非常多样

大数据，既有电子邮件、网页浏览或GPS定位系统所产生的数字化数据，也有相机、可穿戴设备所产生的模拟数据；既有进行过预处理保存在数据库中的结构化数据。还有未经处理的视频、音频、文本等非结构化数据，同时也有类似于邮件、HTML、报表、资源库等半结构化数据；既有政府数据，也有企业和公民数据。

（三）大数据产生迅速

以2013年光棍节（11月11日）支付宝公布的数据为例，高峰时期每分钟处理交易达到20.5万笔，当日总交易数量超过1亿笔。在百度和谷歌上进行某些热门关键词搜索，可能每一分钟的搜索结果都不同，正如古希腊哲学家赫拉克利特所说："人不能两次踏进同一条河流。"

（四）大数据要真实才具有价值

由于数据量巨大，通过对其进行深入的分析，能够有效挖掘出其中蕴藏着的更精准的内在关系和商业价值。但无论多么巨量的数据，只有真实才具有价值。由于大数据来源广泛、类型复杂很难进行人为干预或制造，在一定程度上有效避免了数据造假的情况。

那么，这样的大数据会对税收征管模式产生什么影响呢？

自2001年《税收征管法》颁布至今，随着信息技术和经济的发展，《税收征管法》已有一定的滞后性。当年的金税工程是构建现代税收征管模式的一项重要内容，但科技发展日新月异，当前税收征收管理模式仍落后于科技发展。为此我们要紧随科技和经济的发展步伐，在大数据的基础上，对我国税收征管模式进行进一步的完善。

二、大数据对税收征管模式的影响

（一）大数据减少了税收征管中存在的信息不对称问题

在税收征管中，征纳双方往往存在信息不对称问题。纳税人申报纳税信息，征收机关根据纳税人申报的信息进行征税。在现有的纳税征管模式下，存在部分纳税人为追求自身利益最大化，违法逃避缴纳税款行为，而征税机关往往不够及时。在大数据的背景下，征收机关可根据税务信息系统历史数据、纳税人报送数据、经纪业务往来的第三方数据和纳税人向其他部门报送的数据进行分析，经过整合比对，征收机关可以对纳税人的信息进行全面掌握，大大减少信息不对称问题。

（二）大数据可有效改善税收风险管理

在税收征管中，受到各方面因素的影响，征纳双方都存在一定的风险，尤其是在纳税人的纳税遵从方面。征收机关对企业税收信息的充分掌握有利于税收风险的管控，在大数据运用的基础上，征收机关可以将纳税人申报的信息与数据库信息进行对比分析，提高纳税人申报纳税环节信息的真实性、准确性，从源头进行风险管理。与此同时，通过大数据的分析结果，征收机关可以对税收风险进行预测，在接下来的税收征管工作中，可据此提前做好防范准备工作。

（三）大数据有利于征收机关对纳税人进行合理评估

纳税人信息披露的深度与广度关乎征收机关对纳税人评估的精准与否。征收机关可利用大数据，将纳税人的多角度信息进行整合、分析，征收机关可以据此分析结果合理评估纳税人的税源等相关信息。征收机关将来可根据评估结果对纳税人提供针对性的服务，提高纳税服务工作效率。

（四）大数据有利于征纳双方信息透明度

涉税信息的透明度影响着税收遵从度的高低，在纳税服务工作中，可通过大数据构建一个拥有透明、精准信息的征管体系，做到征纳双方合作互信。而合作互信的前提之一是双方沟通渠道顺畅，为确保征纳双方沟通顺畅，纳税人可通过网络新媒体等平台了解相关税收政策，根据相关规定及时准确披露纳税人信息。同时征收机关也可以通过这些沟通渠道对纳税人进行线上培训和指导，加强沟通效率。大数据下征管体系的构建，有利于提高征纳双方信息透明度，从而有效规避风险。

三、大数据背景下税收征管模式的国际实践

近年来，利用大数据对相关信息进行分析、比对继而发现并解决问题的企业不胜枚举。相应地，越来越多的国家开始重视大数据的运用，许多国家在大数据的基础上，对税收征管模式进行了相应的探索，在信息共享、风险防范、个性化服务等方面开展实践。这些经验对我国有一定的借鉴意义。

（一）纳税人税收信息共享度高

部分国家重视税收信息共享建设，投入大量的人力、物力搭建税收信息数据库，推动税收征管信息化进程。与此同时，因税务工作的开展离不开其他相关部门的配合，这些国家不断健全和完善其税收制度，加强部门间的联动。例如，美国的国内收入局（Internal Revenue Service，IRS），20世纪中叶就开始构建信息化管理体系，经过不断的发展，其下设的计算中心与相关部门建立了信息共享网络[3]。在税收征管的工作中，通过与银行、海关、税务、财政、法院等部门建立的税收信息共享机制，税务部门可以要求相关部门提供相关信息并进行部门间联动，极大减少了税收征管中存在的信息不对称问题。

（二）税收风险防范水平高

征纳双方的税收风险主要体现在纳税人税收遵从方面：一方面，为提高纳税人的自主纳税意识，征收机关加强税法的宣传是减少税收风险的必要手段。例如，日本主要通过广播电视机构播放相关的税收节目，对税收政策进行宣传。这种税收专题的宣传资料迎合了纳税人的需求，体现了税收宣传的多样性。另一方面，通过技术手段对纳税人数据进行整合分析，提前预测风险，分门别类合理选择防范风险的应对方法。例如，英美两国建立了相关评估机构，通过建立预测模型，对纳税人相关数据进行分析，提前预测纳税人是否可能存在违法行为，并根据预测结果对风险进行防范。

（三）注重个性化服务

近些年来，发达国家不断探索税收征管新模式，并取得了一定的成效：一方面，根据纳税人的规模、行业及风险等特征，对纳税人进行了税

源划分，与此同时，根据征收机关的不同职能对机构进行细分，针对性地为纳税人提供服务。例如，美国的 IRS 根据征税对象的不同，划分了不同的职能部门[4]。另一方面，根据纳税人的信息及纳税记录，征收机关针对性地对某一类型的企业推送个性化纳税服务。例如，美国通过大数据建立的分析系统，成为征收机关提供个性化纳税服务的基础。根据数据库信息，对纳税对象进行划分，并根据已整合的纳税人咨询问题集，对不同类型的纳税人提供不同的纳税服务。纳税人也可根据自身需求选择合适的服务方式，包括电话、互联网、会面等方式[5]。在大数据的背景下，征收机关提供的个性化纳税服务有利于提高征收效率，降低税收征管成本。

（四）信息共享渠道通畅

各部门涉税信息共享平台对税收风险的控制具有重要意义。信息共享平台的搭建使征收机关能够动态地对税源进行监控，并全面、及时地掌握纳税人信息。例如，意大利根据纳税人信息建立的税收信息管理系统，实现了纳税人信息共享。它不但实现了信息国内共享，还实现了欧盟成员国之间的共享。征收机关根据掌握的海量涉税信息，通过专业化的处理、整合，对税源的各个环节进行监控管理，有效减少了跨国企业涉税风险。

四、借助大数据实现税收征管模式创新

根据大数据对税收征管模式的影响，结合国际经验，笔者认为中国的税收征管模式可以采取以下改进措施：

（一）完善税收征管机制

《税收征管法》对征纳双方的责任及义务有明确的规定，通过法律的形式可以更好保障征纳双方对制度的遵循，运用大数据健全相关制度，能更好地保障大数据在税收征管中的良性运用。

1. 完善信息采集制度

在大数据背景下，信息的采集显得尤为重要。在对征管法的完善中，应以法律的形式详细规定信息的提供方提供纳税信息的义务与责任，尤其是明确提供不真实、不准确信息的纳税人所承担的法律责任。对于征收机关，应明确其对纳税信息的使用范围，避免出现侵犯纳税人利益现象。

2. 完善信息保密制度

大数据技术采集到的信息可能包括国家机密、商业秘密和个人隐私等，利用大数据一方面可以解决征纳双方信息不对称问题，提高税收征管

效率；但另一方面，信息泄露风险的危害也是巨大的。故此，需要完善数据保密制度，明确数据泄露的责任方应承担的法律责任，打消数据提供方疑虑，提高数据提供方的积极性。

3. 完善新兴行业税收征管制度

近几十年，我国经济有了突飞猛进的发展，原有的机制体制已跟不上经济发展的形势。例如，电商税收征管方面的制度仍不完善，近些年来电子商务发展迅猛，电商的规模、交易金额都越来越大，阿里、京东均已成为上市公司。但在税收征管方面，我国对于电商的税制构成要素没有给出明确的规定，应对税收征管机制进行完善，将电子商务这一新兴行业纳入征管体系，补充相关条款，明确征纳双方权责关系。

（二）建立信息共享－信息比对－信息反馈的税收征管体系

1. 信息共享——多方面数据信息的综合

征收机关的信息来源不仅仅来自于内部，也应该与外部信息进行整合。征收机关可建立信息共享系统，系统内数据来源除了征收机关因各种需要专门采集录入的信息资料和纳税人自主申报的纳税信息外，还应综合第三方信息。第三方信息包括两个方面：一是应不同职能部门的需要，纳税人在非征收机关申报留存的信息，例如高新技术企业向科技部门填报的科技年报；二是与纳税人交易往来方的信息，例如商品交易的过程中涉及买卖双方，倘若买方是第三方，其身份为个人，征收机关应鼓励买方对交易信息进行登记。征收机关应综合一切可以综合的信息，完善信息共享系统，多角度掌握纳税人信息。

2. 信息比对——数据真实性检验

征收机关可在信息共享系统基础上建立信息比对系统。纳税人向税务系统申报纳税后，征收机关利用信息共享系统的数据进行后台数据比对，通过筛选、验证、整合等方式，核实纳税人纳税申报的相关信息的真实及准确性。在全方位把握纳税人信息的基础上，信息比对系统可彻底解决征纳双方信息不对称问题。

3. 信息反馈——提高征收效率的必要手段

征收机关可将信息比对的结果向纳税人进行反馈，对申报纳税信息有误的纳税人的信息进行分析评估。倘若是因财务人员专业知识掌握不到位而造成的错误，责令纳税人改正申报信息；但如果是因纳税人主观原因故意进行错误申报，征收机关应对纳税人进行调查核实，情节严重者，依法进行处罚。通过对信息比对系统的结果反馈，征收机关可以根据反馈结果找出需要重点关注的纳税人，做好未来征收工作的风险防范；而纳税人可根据反馈结果更加严谨地对待纳税申报工作，确保申报数据的真实、准确。

（三）优化纳税服务渠道，提高税收征管效率

经济合作与发展组织（OECD）将纳税服务渠道从低到高依次分为面对面服务形式、书信服务形式、电子邮件服务形式、电话服务形式、网络服务形式[6]。目前，我国现存的纳税服务体系中以上几种形式皆有，但因对纳税服务渠道建设认识模糊，整体而言，这些渠道的运用效率低下，难以实现对纳税人提供个性化的服务。在现有的纳税服务渠道的基础上，纳税服务工作要下沉，信息沟通工作不能只停留于表面，要有效地将这些渠道利用起来，快速、准确地传递信息，促进税收征管工作的高效开展。在大数据的基础上，征收机关可根据纳税人的操作痕迹、提供的信息等动态涉税信息，通过后台分析，自动对纳税人进行智能分组；根据分组类型，后台可不定期地向纳税人推送有关法律法规、新闻、税务培训等信息。与此同时，在纳税人分组的基础上，在有必要的前提下，征收机关可根据不同的纳税人，重新划分征收机关的内部职能，根据不同类型纳税人的纳税需求，征收机关可针对性地提供个性化的纳税服务。

参考文献：

[1] 维克托·迈尔·舍恩伯格，肯尼思·库克耶．大数据时代［M］．杭州：浙江人民出版社，2013.

[2] IBM 商业价值研究院．分析：大数据在现实世界中的应用［EB/OL］．http：//www. ibm. com/midmarket/cn/zh/att/pdf/realworld_ use_ bigdata. pdf.

[3] 尹昌杰．国外税务信息化建设经验对我国的启示［J］．合作经济与科技，2008（11）：118－119.

[4] 孙开，沈昱池．大数据——构建现代税收征管体系的推进器［J］．税务研究，2015（1）：96－99.

[5] 薛钢．基于纳税人需求层次的纳税服务创新［J］．税务研究，2010（12）：68－70.

[6] 浙江省国家税务局课题组．优化纳税服务渠道的国际经验及借鉴［J］．涉外税务，2010（6）：51－54.

2. 大数据背景下税务稽查执法风险预警机制的完善

【摘要】大数据时代，涉税数据爆炸式增长。随着市场经济和企业环境日趋复杂，依法治税的不断推进，税收征管体制及"营改增"改革的不断推进，都无疑给作为税务征管的最后一道防线——税务稽查工作带来了新的机遇和挑战。在大力推进以风险管理为导向的税务稽查工作大环境下，将大数据与税务稽查执法风险防控进行紧密结合，通过大数据独特的"5V"特点①，充分运用大数据思维和手段，完善与构建在相关关系基础上的预测功能，是有效提高税务稽查准确性、权威性、震慑性的必然选择。本文以大数据理论为依托，简要地介绍了税务稽查执法风险的内涵、特征以及产生的原因，结合实际案例，针对稽查环节的风险点进行分析归纳，从而对大数据背景下税务稽查执法风险预警机制进行完善与构建。

【关键词】数据　税务稽查　执法风险　预警机制完善

【作者简介】胡月，中国社会科学院税务学硕士

贾英姿，中国财政科学研究院博士后

税务稽查是税收征管体系中的重要组成部分，是税收征收管理的最后一道防线。在我国，征、管、查相互分离、相互制约的税收征管模式，始终在打击遏制逃税骗税、维护税收秩序、提高纳税遵从、保障税收收入等方面发挥着举足轻重的作用。2015 年全国税务稽查工作会上，王军局长作出"大力加强风险管理导向下的税务稽查工作，进一步提升稽查打击的准确性和震慑力"的重要批示。与此同时，以"行动计划"为代表的一系列政策出台，也表明了大数据在税收征管中的应用和发展正不断推进。在当前税务稽查日趋法治化、复杂化、多元化、智能化、隐蔽化的背景下，将大数据内嵌于税务稽查风险防控体系中，对提高税务稽查准确性和震慑力，维护税务稽查权威性和保障稽查人员自身安全等方面具有非常重要的现实意义。

---

① "5V"特点：大量（Volume），高速（Velocity），多样（Variety），价值（Value），真实性（Veracity）。

一、大数据的发展现状及特征

（一）大数据的内涵

近年来，具有“21 世纪的新石油”之称的大数据浪潮迅速席卷全球，大数据的应用已逐步上升为世界各主要国家重要的发展战略之一。但无论是在中国还是在世界，对于“大数据”内涵仍没有一个较为权威的界定。2015 年国务院印发了《促进大数据发展行动纲要》，结合中国的现实特点，首次对大数据的内涵进行说明：“大数据是以容量大、类型多、存取速度快、应用价值高为主要特征的数据集合，正快速发展为对数量巨大、来源分散、格式多样的数据进行采集、存储和关联分析，从中发现新知识、创造新价值、提升新能力的新一代信息技术和服务业态。”① 大数据之所以能够在社会各个行业迅猛发展，不仅仅因为其“数据容量之大”，更得益于国家可以通过推进大数据的发展和应用，来挖掘海量数据本身的潜在价值，洞察数据间的相关规律，并在已发现的相关关系的基础上，通过大数据技术对未来可能发生的现实事物进行分析预测，以此在经济发展、社会治理、结构调整、财政改革等方面做出更加合理的决策和风险防控措施。

（二）大数据的特征

目前，虽然对大数据的定义始终没有一个权威的界定，但是对 IBM 提出的以“5V”为代表特征的描述却形成了较为统一的共识。与传统数据相比，大数据在思维方法上的裂变则更为突出，具体区别比较见表 1。

表 1

	传统数据	大数据
数据特征	数据量有限	数据量巨大（Volume）
	以结构化、平面化数据为主	多样（Variety），以半结构、非结构化、立体化数据为主
	处理速度与传统技术相当	高速（Velocity）
	高密度数据中见价值	低密度度中见高价值（Value）
		真实性强（Veracity）

① 《国务院关于印发促进大数据发展行动纲要的通知》（国发〔2015〕50 号）。

续表

	传统数据	大数据
思维方法	随机采样，以最少的数据获取最多的信息	全数据模式，样本 = 总体
	追求数据的精确性	不追求精准性，接受混杂的数据信息
	寻求因果关系“为什么”	更重视相关关系“是什么”

（三）大数据的发展现状

当今世界，数字化进程不断加快、海量数据不断增长，大数据时代的到来，给世界各国传统的对待数据的思维方式和处理技术带来了巨大的挑战，同时也是机遇。目前在全球范围内，运用大数据推动经济发展、完善社会治理、提升政府服务和监管能力已经成为主要发展趋势。据统计，我国数据总量正在以年均 50% 的速度增长，预计到 2020 年将占全球 21%，中国正在成为真正的数据资源大国。其中，70% 的数据主要集中在我国的政府部门，所以在具有大数据坚实基础的政府机构，加速推进深化大数据的发展和应用，不仅决定了我国大数据的发展潜力，而且也是顺应时代潮流，推动我国政府治理能力现代化的内在需要和必然选择。伴随着大数据的不断发展，数据缺乏的现象已经不复存在，而如何对海量数据进行处理、分析和应用，则是当前各国亟待研究的重要课题。在当今世界，如 HDFS、可视化分析等一系列大数据技术在数据采集、预处理、储存、分析和发掘等方面都获得了较为显著的发展甚至突破，尤其是对大数据核心价值——“预测”的应用，取得了更为突出的成果。

（四）税收大数据的发展现状

税收作为一个国家的主要财政收入，始终在推动经济发展，提升国家治理和监管能力方面发挥着重要的作用。伴随着税务系统信息化的不断发展，以及金税三期工程的逐步完善，税务部门的核心征管系统内也同样积攒了海量的税收数据。而税收大数据作为经济运行的晴雨表之一，直接反映了国家经济运行状况，其潜在的数据价值不仅能够为政府决策和预算提供更加准确的信息资源，而且在社会的各个领域，在公众生活、生产、投资决策方面可以发挥无法估量的作用。在大数据时代，大力推动税收大数据的发展和应用，运用大数据思维整合税收业务，通过大数据技术对税收大数据进行更为深入的挖掘，把海量的“死数据”变为具有分析决策价值的信息资源，借助于大数据强大的预测功能来有效地防控税收风险的产生，成为税务部门落实国家大数据发展行动、提升税收治理能力、实现税收现代化建设的必然选择。

在税收征管的实践过程中，广州市地税局融合“互联网+”与“众包”思维在税收大数据的应用上取得了较为显著的成绩，开创了大数据时代数据管税的新格局。其借助于大数据平台，加强了对税收大数据的整合、开发和应用，大力推进了信息交换共享工作机制的完善和以第三方数据为主的综合治税数据信息采集，不仅有效地实现了信息增值，而且在一定程度上提高了税收管理的精确度。据统计，广州地税通过税收大数据的分析应用，截至2016年10月份，利用涉税信息增加税收收入15.31亿元，有效降低了税收流失的风险，提升了税收治理能力。

当前大多数的税收数据主要来源于税务机关在税收征管过程中记录和保存下来的各种工作记录以及纳税人的基础信息等，而税务稽查作为税收征管的最后一道防线，对税务数据的分析与应用往往在一定程度上决定了税收征管的质量和效率。当前经济全球化和互联网技术加速发展，外界环境复杂多变，涉税手段日趋多元化、复杂化、智能化，将大数据全面引入税务稽查工作中尤为必要。税务部门可以充分利用大数据这一重要的战略资源，加强对海量涉税数据的管理，提高税收数据的分析利用水平，深度挖掘税收数据的潜在价值，拓展第三方信息平台，从而给税务稽查部门提供高质量的、全面的、真实的、精确的涉税信息数据，这不仅在一定程度上可以提高税务稽查执法效率和震慑力，而且还可以有效降低税收流失的风险。

二、大数据背景下税务稽查的发展现状

（一）大数据背景下税务稽查的变革

21世纪以来，随着互联网、云计算等信息技术的迅猛发展，多样化的数据资源呈爆炸式地迅速膨胀，大数据时代已经来临，且正与国家治理、企业生产、商业经营、居民生活等各个领域紧密结合，而税收征管工作也将迎来巨大的变革和挑战。税务稽查作为税收征管的重要环节，在大数据时代必将发生很大的变化（表2）。

表 2

转变要素	大数据前	大数据时代后
税务稽查思维	对涉税违法行为常处于被动发现并进行稽查的状态	在涉税违法行为发生前进行主动预测
税务稽查对象的范围和数量	主要是以企业为代表的单位纳税人，数量较为固定	财税体制改革后，自然人纳税人占据了相当大的比例
税务稽查方法和模式	税务稽查多采取抽样稽查、就账查账的粗放型稽查模式，数据分析手段方法较为单一	税务稽查更加灵活精细，在全面监控的模式下，依托于信息化技术，在稽查方式上引入多元化的数据分析模型和指标
税务稽查数据来源渠道和种类	数据来源渠道较为狭窄，信息流动性差，主要限于税收管理平台体系内部和企业上报的基本信息，结构化数据占据绝大比例，数据信息常仅限于稽查部门单独使用	数据来源渠道广泛，数据信息开放共享，依托于“互联网”和信息交换机制，第三方数据信息资源成为主体，并且扩大了在图像、影像等非结构化数据方面的稽查分析
税务稽查风险	对于广泛存在的税务稽查风险在整体上进行防控	实现层次化、差别化风险应对，稽查风险防控更加精确化

（二）大数据引入税务稽查的必要性

在 2015 年全国税务稽查工作会议上，孙瑞标明确表示：“以加强稽查大数据应用为支撑改进稽查手段方法，以提升稽查队伍能力为抓手夯实稽查执法基础，不断提升稽查治理能力，有序推进税务稽查现代化建设”①，是税务稽查部门在“十三五”时期的重要任务之一。在大数据已然上升为各国发展战略的背景下，谁能够掌握大数据、深度挖掘大数据、增值大数据，谁就可能在国际竞争中取得发展的先机。税务稽查作为我国税收征管体系的最后一道防线，始终担负着维护税收秩序，引导纳税遵从的重要职责。伴随着大数据的不断发展，税收数据量迅猛增长，渠道平台化、企业网络化、产业连结化、交易形式虚拟化俨然已经成为当今时代企业新型商业模式的典型表现之一。在这种日趋复杂化、智能化、多样化，隐蔽性加强的经济和企业环境下，税务稽查部门的信息技术手段更新明显滞后，数据应用程度不高，数据的分析方法和范围过于单一，跨系统信息共享性

① 孙瑞标在全国税务稽查工作会议上的讲话。

差、信息孤岛现象严重，这都在一定程度上降低了对税源的有效监控，影响了税务稽查工作的质量和准确性。随着国家全面推进大数据的发展和应用，税务部门可以在多年的税收信息化建设的基础上，充分发展和利用大数据平台，借助于大数据的理念，通过金税三期工程以及综合治税平台的不断建设和完善，深化税收大数据在税务征管系统中的发展和应用，这有助于破解税务稽查信息化建设的诸多难题，加快向税源精细化管理转变的进程，有效减少税源的流失。从这个意义上来讲，将大数据广泛引入税务稽查工作中是十分必要的。

（三）运用大数据防控税务稽查执法风险的必要性

全球化思维、大数据技术，使税收征收管理的效率得到了质的提升，但同时也对税收风险防控与治理提出了更高的挑战，迫切需要税务管理人员从全球化大数据的思维高度上更加全面地掌握和了解风险。税务稽查作为税收遵从风险管理体系的重要支撑，始终担负着“税收征管体系最后一道防线”的重要角色使命，由于直接牵涉纳税人的经济利益，税务稽查执法风险也必定如影随形①。国家税务总局局长王军在2015年全国税务稽查工作视频会议上就税务稽查工作作出重要指示：“在新的一年，各级税务稽查部门要大力加强以风险为导向的税务稽查工作，严厉打击各类税收违法行为，进一步提升稽查打击的准确性和震慑力”，说明我国对于税务稽查风险防控越来越重视。

在大数据时代，税收信息化的高速发展已经成为了不可逆转的现实。互联网、云计算等新兴业态不断更新，经济全球化不断发展，使得社会经济环境、纳税人的组织架构和经营模式，甚至是涉税违法手段都日趋多元化、复杂化、隐蔽化、智能化。随着我国“营改增”的逐步落实，财政体制改革的不断推进，促使税收数据始终处于持续高速更新的状态，传统的税务稽查流程和模式，不完善的数据共享机制，较为落后的数据采集、储存以及人机结合的数据对比分析技术等，都使得当前的税务稽查工作难以准确全面地进行涉税风险点的扫描、识别、过滤、分析和评价，错查、漏查的现象仍普遍存在，这都给税务稽查部门带来了巨大的执法风险。并且随着我国政治体制改革的深入和法制化进程的推进，纳税人的维权意识显著提高，经营行为愈来愈公开透明，在一定程度上，税务稽查部门同样承担了比以往更高的执法风险。如果将大数据引入税务稽查执法风险的防控

① 廖健，宋汝冰．行政执法风险及其管控探析——以税务稽查执法为例［J］．中国行政管理，2016（2）．

中，税务稽查部门便可以充分发挥大数据的技术优势，开发选案软件、电子查账软件、情报交换网络等，有效克服因获取信息不畅、不全、不够准确而造成的税务稽查风险。并且依存于大数据精准挖掘功能，对税收数据以及稽查执法过程进行痕迹化的管理和实时监控和督导，全面实现税务稽查信息化、机械化，不仅可以保障税务稽查执法的规范性和实效性，而且可有效降低税务稽查执法风险。因此，充分运用大数据来防控税务稽查执法风险将是税务稽查部门的必然选择。

三、税务稽查执法风险

税务稽查执法风险，是指税务稽查部门在税务稽查工作过程中，由于违反相关法律法规或因工作失误、不作为、故意作为，以及稽查措施不当等原因导致税务稽查对象利益受到侵害，由此所引发的行政复议、行政诉讼、国家赔偿等不可估量的损失风险，以及因职务犯罪使稽查人员受到处分，承担刑事责任等一系列难以掌控的追责风险①。税务稽查执法风险产生的前提是税务稽查出现违法行为，承担风险的主体主要是税务稽查执法相关人员。

（一）税务稽查执法风险的基本概况

1. 税务稽查执法风险的种类

税务稽查行政执法，虽然有着特定的、固有的规则和程序，但是在不同稽查环节会因为工作对象、定位不同，使得存在的风险也会有一定差异。

从税务稽查执法风险来源来看，其主要分为内在风险和外在风险。所谓外在风险主要是指因法律制度、执法环境、执法对象等其他外界因素所导致的风险；而内在风险则主要是指执法主体由于工作不规范、专业性差、风险意识低等内部因素导致的风险。

从税务稽查的工作环节来看，税务稽查执法普遍存在于选案、检查、审理、执行四个稽查环节当中。在具体的稽查过程中，这四个相互独立又相互制约的环节，在不同的时间会产生不同的风险点。

从风险所导致的结果来看，可以分为稽查对象权益风险、执法过错风险、职务犯罪风险。不同的风险种类会产生不同严重等级的后果。

2. 税务稽查执法风险的特征

税务稽查执法风险作为税务稽查风险的一部分，其除了具备一般风险

---

① 刘兵．税务稽查风险提示与防控策略［M］．北京：中国税务出版社，2015.

的特征之外，还有着客观性、严重性、不确定性、可控性等独特的特征。

（1）客观性。税务稽查风险是客观存在的，税务稽查是税收征管体系的最后一道防线，是维护税收秩序、引导纳税遵从的重要手段。税务稽查作为行政执法行为的一种，其直接牵扯到纳税人的经济利益，在法制化进程不断推进、人们维权意识不断提升的今天，税务稽查执法风险必然客观存在。

（2）严重性。税务稽查执法风险始终存在于税务稽查的整个过程中，任一环节出现风险，由于稽查行为的连贯性，必然会引发一系列严重的、无法估量的损失和影响，并且稽查部门的形象也将随之严重受损，权威性、震慑力等会显著降低。

（3）不确定性。虽然执法风险在税务稽查的整个过程中如影随形，但是在具体实践过程中，稽查部门需要在不同的执法环境下，结合相关的专业知识、法律法规，以及自身的办案经验和自身对法律条文的理解和判断，对不同行业、不同性质的涉税行为进行判断和处理。由于上述的各种因素的影响，在整个税务稽查过程中，很难准确地定位风险点产生的区域和环节。

（4）可控性。税务稽查执法风险是客观存在，不可能完全避免的。但是只要相关部门采取一定的措施，加强对税务稽查执法风险点的识别和认识，严格依照法律法规的要求，对涉税违法行为进行查处，并且不断提升税务稽查人员的风险防范意识、专业能力以及职业道德素养，优化税务稽查执法风险的长效防控策略，便可以有效防范税务稽查执法风险的产生，或者将其减少至最低程度。

（二）税务稽查执法风险产生的原因

税务稽查执法风险之所以不断增加主要有主观和客观两种原因。

1. 客观上，税务稽查法治化进程滞后，现存的法律制度仍不完善

当前税务稽查执法依据只有《税收征收管理法》及实施细则中的几个条款，面对一些复杂、模糊的重大案件时，在实际执法过程中往往因为缺乏相应的法律依据，而无法对案件查深查实，对于明显的违规行为难以准确地执行到位。由于没有固定的法律条文，相关法规条例常常为了应对复杂多变的经济形势而随着国家政策的变化而变化，“朝令夕改”的频繁出现，大大削弱了税务稽查对案件查处的实效性和震慑性①。

---

① 刘兵．税务稽查风险提示与防控策略［M］．北京：中国税务出版社，2014：11－12.

2. 主观上，税务稽查工作机制不健全

当前的税务稽查机关内部，重实体、轻程序的现象仍旧普遍存在，在实际执法过程中，稽查人员只重视在税收政策性文件中查找依据，导致稽查办案程序上的缺陷。再加上当前的税务稽查工作流程、部门之间的职能划分仍不够清晰，绩效考核制度个人主观性过强，不仅导致稽查反复，增加了稽查成本，而且明显削弱了稽查办案的刚性，增加了税务稽查的执法风险。

（三）廉政风险

廉政风险主要包括内部和外部两个方面。外部的廉政风险主要表现为，上层管理部门以保护当地招商引资为由或出于私利，干预税务稽查执法，导致无法形成对税收违法行为的有效打击。

内部的廉政风险主要表现为稽查人员渎职侵权、滥用自由裁量权、权力寻租等行为。如某市一税务干部在没有进行实地调查核实纳税人税务登记事项真实性及是否实际经营的情况下，在某汽车销售部的《个体工商户定额核定审批表》上签字，且在后续的管理中未发现上述汽车销售部没有实际经营，导致未能及时停止对该汽车销售部发放发票，造成税收损失401 839.35 元。

四、税务稽查执法风险发展现状分析

在当今的税务稽查实践过程中，“重稽查任务，轻稽查程序”、“重查补税款任务，轻稽查执法”的现象十分普遍，使得执法风险几乎内嵌于税务稽查的各个环节。

（一）选案环节中的执法风险

选案作为税务稽查的起点，对税务稽查质效高低起着至关重要的作用。其风险具体表现为以下几个方面：

1. 选案随意不精确

现阶段税务稽查选案仍主要以人工选案为主，缺乏科学、严密的选案程序和选案标准，且与征管部门，其他国土、工商等第三方机构缺乏沟通交流，使得选案无法充足、全面、及时、准确地掌握信息资料和动态线索。

2. 案件处理不规范

在税务稽查实践中，主要以“举报、转办、交办、协查”等四类为主，而对这几类案件的处理流程却不够规范、清晰，不登记、不处理、不核实等现象仍普遍存在，致使因落实不力、流程不清、监督不严而导致最终案源丢失。例如某房地产公司由张某、王某和李某共同出资组建，在某县开发一个商场，后李某和王某将股份转让而由张某一人经营，而三方清算后，因张某未及时支付股份转让金，导致王某和李某将张某起诉某县人民法院。此案败诉后，王、李两人发现张某的一部分资金并未缴纳税款，将张某实名举报到省地方税务局局长处。该税务局局长在收到举报信后未采取任何措施，三个月后王、李两人又写了一封举报信，此案件以实名举报的形式转交到地方税务局稽查局，然而稽查人员却劝说当事人放弃维权，并未根据程序进行稽查审核，由此导致了当事人上访，致使该税务局承担了负面的社会影响的风险①。

（二）检查环节中的执法风险

检查作为税务稽查的连接点，对税务稽查质效高低起着承上启下的重要作用。其风险具体表现为以下几方面：

第一，检查手段单一，调取证据不充分。传统的税务稽查检查环节主要采用“就账查账”的单一手段，对不同的检查对象缺乏个性的认识和了解，对不同性质的稽查对象套用统一的检查手段和方法，针对性不强。

第二，相对于企业财务账簿信息化技术的应用发展，当前税务稽查检查环节的技术手段较为滞后，仍停留在对纸质财务资料的核查上，致使不能全面、充分、合理合法地调取有效的证据资料，无法准确地判断和确认稽查对象的违法行为。

第三，检查程序不规范，主要表现为未按规定出示证件，不合规的文书制作和送达，违反程序的调取账簿、采取税收保全或强制执行措施等行为②。如 2015 年 5 月某市地方税务局稽查局根据举报认定某公司涉嫌偷税，当即立案并发出《税务检查通知书》，查处后认为该企业将转账支票背书给股东没有确认收入为偷税行为，对其采取相应的处罚。而该公司股东立即聘请律师处理本案，介入后发现该稽查局的《税务检查通知书》的文书主体错误，缺少《送达回证》、检查人员证件号和姓名及《税务稽查任务通知书》，并且没有对该企业的财务人员、股东等进行询问，只根据调取的集资、退股资料，转账支票存根，某国有企业出具的付款证明等，便认定偷税行为，无论在稽查程序还是实体认定上，税务稽查部门都存在

① 上述案例来自于刘兵律师工作室。

② 上述案例来自于刘兵律师工作室。

错误。根据本案的具体情况，如果该公司申请行政复议，税务稽查局的处理决定必定会因为检查程序的不规范而遭到复议机关的撤销。

（三）审理环节中的执法风险

税务稽查的审理环节主要是针对整个税务稽查过程中的实施程序、获取的全部证据以及做出的税务处理或行政处罚的合理性和合法性进行审查判断的过程。实际上，审理是税务稽查的落脚点，对税务稽查选案、检查起着校验质效高低和最后屏障的重要作用。其风险具体表现为以下几方面：

一是审理方式单一且流于形式，书面审理仍旧是当前的主要审理方式，审理人员往往是根据检查部门提供的案卷资料为基础，结合审理人员个人经验、业务知识对整个税务稽查的合法性、合理性进行审查认定，审查结论主观性、局限性强。

二是由于审理部门对于稽查对象、稽查内容、稽查过程、稽查结论等审查信息，大部分来源于检查环节提供的案卷资料和信息，而缺乏对整个检查环节过程的实时监控和痕迹化管理，无法深入地挖掘选案、检查环节中未曾发现的、潜在的关联关系和违法行为，使得稽查审理缺乏灵活性和深入性。

三是审理流程不规范，其主要表现为混淆审理程序，不依法进行集体审理；审理文书制作不规范；由于稽查报告信息不充足，导致重复审查，超出合理的审查时限；税务稽查资源分配不合理，稽查审理流于形式。如对某市一家房地产开发企业，经过前面的立案、检查环节后，对其一系列涉税行为进行查处和罚款，但是在整个稽查环节中，该企业土地使用税的定额税率由 8 元/平方米变为 10 元/平方米，但相关征管部门却未将数据及时进行变更，在前两个环节根据现存资料也并未发现不妥，待案件进入审理环节后，审理人员仅根据检查部门提交的案件资料对整个过程是否合规进行了审理，而并未深入检查该案件处理是否准确，最终导致流失税款 73 009元①。

四是缺乏资源共享意识和挖掘利用社会资源意识。目前，计划单列市以上税务机关都成立了复议委员会或咨询委员会，在这些委员会中，都或多或少地聘请了一些专家担任专家委员，但并没有真正发挥这些专家委员的作用，大多数情况下仅是电话咨询一下而已，使专家委员会流于形式。

---

① 案例来源于某市地方税务局稽查局。

（四）执行环节中的执法风险

执行环节作为税务稽查的最终保障，对影响税务稽查起着最终保障的重要作用。其风险具体表现为以下几方面：

一是违反程序规定送达税务处理文书，导致税务处理对相对人不产生处理效果。

二是超越法定处理权限，对稽查对象采取强制措施，造成当事人经济损失。

三是执法力度不够，对逾期拒不履行处理决定的当事人，选择延迟或回避，导致因未能及时采取措施而产生税款、罚款等流失的风险，使税务处理决定成为“法律白条”。

五、大数据背景下的税务稽查执法风险的防控机制

下面我们以C市地方税务局为例，阐释大数据在税务稽查执法风险防控中的应用。

（一）选案环节

（1）开发稽查预告特色应用系统，对重点税源检查案件在选案前开展包含稽查自查审批、预告对象确定、预告任务分配、告知预告对象等业务，以人性化手法进一步提高选案前案件筛选的准确性。

（2）打通目前主要采用指标峰值法的选案系统，将不在峰值范围内的指标，认定为问题对象，并且与CTAIS、金税工程、金税三期数据系统等征管系统和所有涉税应用之间的信息采集接口对接，补充数据采集的定位，减少重复劳动，提升稽查信息采集的效率和可用性。

（3）拓宽外部信息采集渠道，建立畅通的信息传递机制。面对混杂性日益增强的海量数据，积极与市工商、国土、房管、建委、公安等部门分别建立涉税信息共享机制：一方面，收集和整理纳税人的第三方数据信息，落实通过关系型数据库以及SVM等分析系统对纳税人的信息进行分析整理，形成稽查案源，并不断落实税收“黑名单”制度。另一方面，统一调配全市的稽查资源，合理分配案源，并对已经检查完毕的案源，进行案件指标收集，完善数据模型。

（4）建立案源管理数据库。C市地方税务局稽查局依托于大数据应用平台，建立了税务稽查对象库，并且在采集和研判各级风险管理数据的基础上建立了税务稽查异常对象库。

税务稽查对象库（图1）包括了辖区内的全国、省、市、县重点税源企业，通过录入纳税人的税务登记信息，添加“重点税源户标志”指标项对纳税人进行精细化分类管理。

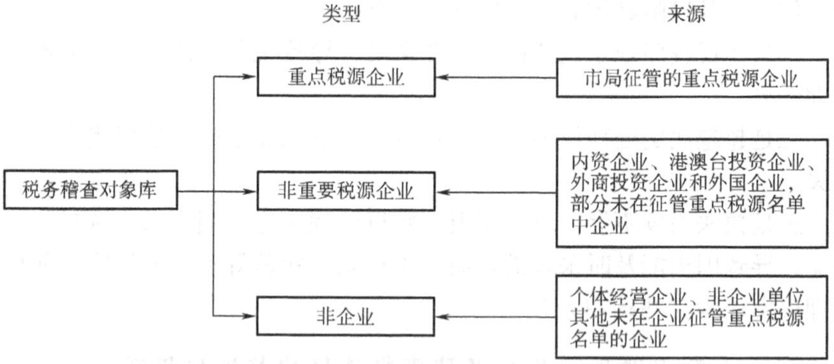

图1　税务稽查对象库

资料来源：某市地方税务局稽查局。

税务稽查异常对象库（图2）主要用来记录长期纳税申报异常、税收高风险、纳税信用级别低、有多起被检举涉嫌税收违法行为的纳税人，并通过异常库中的数据进行关联规则分析、分类预测、异常分析等数据处理分析模型，自动进行数据处理，生成待审批案源。

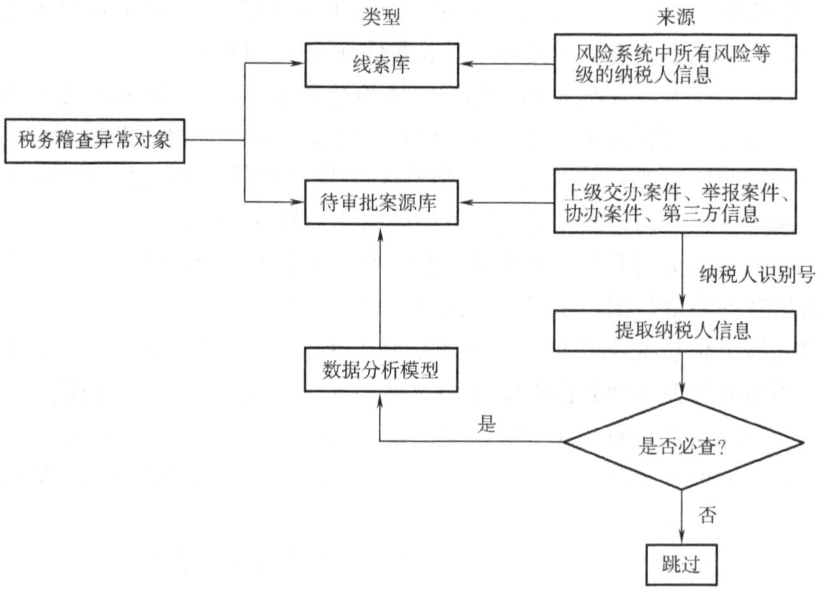

图2　税务稽查异常对象库

资料来源：某市地方税务局稽查局。

（二）检查环节

稽查对象确定后，传统的税务稽查检查环节主要是稽查人员根据案件所涉及的行业、税种的特征，在以往经验和固有的检查技巧的基础上，对稽查对象的内部财务账簿和实际生产经营情况等数据资料进行分析和审查，查询相应的法律法规对涉税违法行为进行处罚。而随着大数据技术的不断发展，纳税人的组织形式、经营方式日趋复杂化、多元化，并且企业的经营核算方式也逐步向电子化、智能化转变，如果企业有意识地隐瞒相关数据，若在税务稽查检查环节缺乏信息化技术手段、不熟悉企业工作流程和原理，将无法全面、准确地掌握企业涉税违法行为的要害，会降低税务稽查检查效率。

为此C市地方税务局稽查局主动引进电子查账系统，此系统以企业的涉税电子数据和税收征管部门的征管信息为基础，以税收的政策法规为依据，将税务稽查经验、方法与计算机信息处理技术相结合，是辅助税务稽查人员对不同税种实施稽查的先进的、高效的信息化查账工具。电子查账系统主要包括数据采集系统和稽查查账系统两部分。其中，数据采集系统主要负责采集企业的涉税财务数据并将其转换为标准的电子文档；而稽查查账系统是应用内嵌的检查分析工具，针对采集回来的企业的涉税电子数据，以及企业涉及的相关税种，通过典型的账务指标进行评估和账务自动对比分析，快速地抓取并记录企业涉税的疑点，获取案件线索、开展调查取证。利用其防伪纠错功能，稽查机构还可以有效检测出企业是否修改账套、提供虚假数据等痕迹。具体的系统操作流程如图3所示：

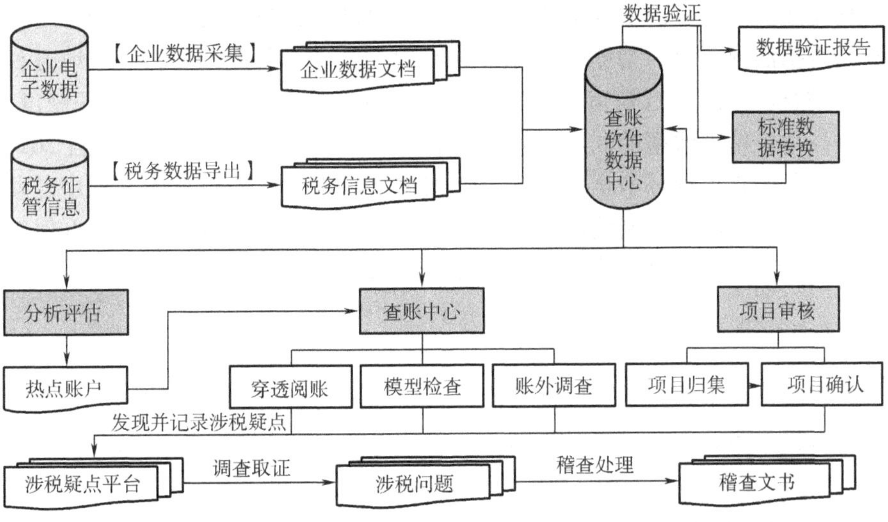

图3　电子查账系统

资料来源：某市地方税务局稽查局。

C市地方税务局稽查局应用此电子查账系统进行取证、分析，截至目前，共成功立案1 500余件。以此同时，在检查环节大力推行账外调查，锁定证据链条，深入挖掘数据信息中案件的关联证据，在一定程度上突破了“就账查账”的传统模式局限，有效地提高了稽查检查效率和准确率。

（三）审理环节

在当前“一级稽查体制”下，审理环节是保证稽查机构依法行使职权，保证税务稽查质量的重要环节，其在维护税务稽查合法性、准确性、公平性、权威性，保护纳税人合法权益等方面都发挥着重要的作用。传统的税务稽查审理环节多采用书面的形式，根据检查人员提供的案件资料、稽查底稿等进行案头分析，结合多年的办案经验和对案件的理解，反复审理并核实案件稽查流程、法律法规应用等方面的合理性和准确性。因而审理案件材料局限性强、行政自由裁量权大、审理意见变更痕迹无法留存、法律法规更新不及时、政策意见难统一，这制约了审理工作质量和实效的提升。

为此，C市地方税务局稽查局充分利用大数据平台健全上下贯通的稽查管理决策支持系统，通过给稽查人员配备无线上网卡、执法过程记录仪等全网覆盖式移动信息化办案设备，记录税务稽查的整个过程，有效实现痕迹化管理。计算机辅助案源管理系统的开发建设，实现了涉税信息自动对比分析，自动产生案源、分配案源和案源跟踪。并且在系统中增设费用类、经营往来类涉税分析指标，以及检查环节法律法规使用、执法程序、工作完成进度等方面的规范化考核指标，通过将其与绩效管理结合，对税务稽查执法规范化、智能化形成了强有力的推动。与此同时，C市地方税务局稽查局全面实行初审、复审、重大税务案件集体审理三级审理制度。在提高税务稽查效率的同时，有效规范了审理部门的自由裁量权。自2014年在税务稽查审理环节全面引入大数据技术以来，税务稽查办案程序、业务环节衔接、法律法规使用等基本实现“零差错”，查补入库率基本保持在98%以上，执法更为公平，税务稽查威慑作用更加明显①。

（四）执行环节

稽查执行工作，是实现税务稽查查处成果的最后环节，其执行力度的高低直接关系到查补税款、滞纳金、罚款能否及时足额入库，以及稽查工

① 数据来自于2014年税务稽查统计年鉴。

作的整体成效。传统的税务稽查执行环节主要存在以下三个弊端：一是执法文书送达不规范、不准确；二是查补收入无法及时入库；三是由于部门之间沟通不畅，导致执法力度不够。面对执行环节存在的不足，C 市地方税务局稽查局以大数据平台建设为契机，创新工作举措、完善联合机制、优化资源配置、凝聚执法合力，拓宽了第三方信息平台，有效改善了税务稽查执法难的三个弊端，尤其在后两项中体现得更为明显。首先，利用金税三期首批试点的先行优势，充分运用“互联网 +”的思维，C 市地方税务局稽查局全面推动了与工商、法院、公安等第三方涉税信息的共享，切实解决了信息分散、数据存在偏差等问题，然后根据各自掌握的涉税信息，共同商定执行方案；其次，全面加强警税协作，联合打击涉税违法犯罪行为，按需同步采取税收保全或税收强制执行措施，有效督促查补税款的足额入库；最后，继续推进“合作办案，统筹进户执法”体系，通过“进户执法管理信息系统”进一步克服资源配置不足，有效发挥稽查职能。根据 2014 年至今的稽查查补入库税额（如图 4 所示）可以明显看出大数据技术的应用在一定程度上有效提高了 C 市地方税务局稽查局执行环节的效率。

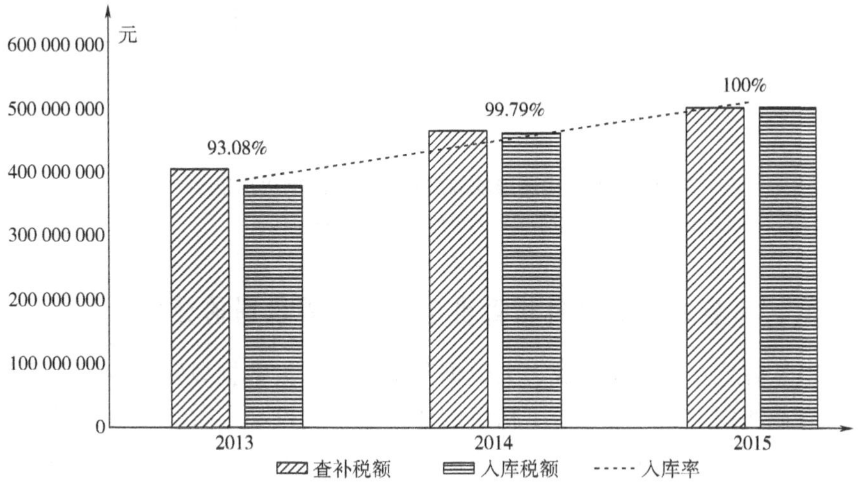

图 4　稽查查补入库税额

数据来源：某市地方税务局稽查局大数据平台。

（五）廉政风险防控

税务稽查具有专业性强、岗责明确、容易量化的职能特点，因此构建个人绩效考核指标体系，在防控税务稽查廉政风险方面无疑将发挥重要的作用。C 市地方税务局稽查局在以往人工绩效考核的基础上，充分运用大数据技术，构建了个人绩效考核指标体系，将个人绩效考核与税务稽查工作紧密结合起来。体系主要从工作业绩、工作能力、工作态度、工作满意度方面进行评定，每期的考核内容主要分为两大类：一是纳入扣分范围的考核类数据指标；二是不纳入扣分范围的提醒类指标。通过这些考核指标对税务稽查人员的行为数据、业务数据、业务规则应用数据进行汇总、分析和评估，实现内部的有效监控。与此同时，还借用大数据在公共管理中的应用框架，将其与税务稽查廉政风险防控系统进行融合，应用框架如图 5 所示①：

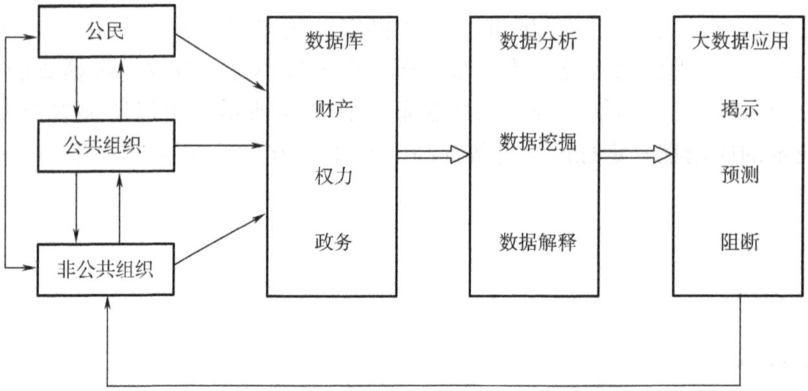

图 5　税务稽查廉政风险防控的大数据应用框架

数据来源：某市地方税务局稽查局。

六、完善大数据税务稽查执法风险预警机制的建议

虽然各地在大数据集成、大数据分析模型、大数据风险防控等方面进行了有益的探索，并且取得了初步的研究成果，推动了税务稽查的各项改革，但是当前税务部门的信息化整体上仍然处于不可逾越的“系统内集成阶段”②。税务部门只有跨越此阶段，实现系统内外互通互联的大数据应

① 廖晓明，魏永平，罗文剑．基于大数据的腐败预防：方法、框架与挑战［D］．南昌：南昌大学，2015.

② “系统内集成阶段”的中心任务：结束数据分散，实现数据集中；技术系统林立，实现系统整合；实现统一标准和安全保障。

用，才能正式进入“全社会集成（大数据）阶段”①，有效实现精准治税，对税务稽查执法风险实现有效防控。

（一）拓宽数据采集的范围

对于税务稽查部门来说，不仅要充分利用当前的数据采集软件广泛获取稽查对象的结构化数据和财务类数据，而且要借助于大数据平台加强对非结构化数据和企业经营类数据的采集和分析。由此可以更加全面深入地了解稽查对象，针对其一系列的涉税行为做出更加准确的判断和处理，填补税务稽查执法风险防控上的空白。

（二）推进风险防控系统智能化

对于大数据技术的应用，不仅要注重技术和硬件的投入，也要强化对数据的采集、维护和开发。税务稽查部门应该大力推进执法风险防控系统智能化，对于税务稽查各个环节所产生的税收数据能够自动进行排查、筛选和比对，并对存在的风险点进行智能化的提醒。这不仅可以有效提高税收数据的质量和应用价值，而且还可有效缓解由于稽查人员知识储备不足等导致的税务稽查风险的发生。

（三）构建风险典型案例库

税务稽查部门在运用税务稽查风险防控系统的过程中，应该通过大数据平台对案件风险点进行汇总和收集，构建风险典型案例库，向税务稽查人员进行推广宣传，以为将来的税务稽查执法风险防控实践提供充足的数据资源和标准，从源头上对税务稽查执法风险进行预警和防控。

（四）培养专业的大数据分析人才

我们需要培养一批大数据税务稽查专家，来加强数据分析、强化税务稽查风险管理、提高税收征管质量与效率。这些专家需要深谙大数据规律，精通税务稽查业务、计算机电子技术，熟练掌握会计与数理统计等知识，通过税务大数据的相关性分析探寻相应的规律，深挖信息数据背后的价值，找出税务稽查执法风险点，实施有效的监控和处理。

---

① “全社会集成（大数据）阶段”指跨部门、跨系统的信息共享、资源优化和协同工作。

参考文献：

[1] 贾绍华. 中国税收流失问题研究 [M]. 2版. 北京：中国财政经济出版社，2015：330－335.

[2] 刘兵. 税务稽查风险提示与防控策略 [M]. 北京：中国税务出版社，2015：15－17.

[3] 焦瑞进. 税收治理现代化及其数据应用分析 [M]. 北京：中国税务出版社，2016.

[4] 薛清水. 纳税评估仿生模型：一种新型纳税风险识别技术方法 [J]. 税务研究，2012 (4).

[5] 谭荣华，焦瑞进. 关于大数据在税收工作中应用的几点认识 [J]. 税务研究，2015 (9).

[6] 刘尚希，孙静. 税收治理的新范式及政策挑战 [J]. 经济研究参考，2016 (9).

[7] 钱宝荣. 用好税收杠杆，服务转型升级 [N]. 浙江日报，2010－04－19 (7).

[8] 初胜君. 基于“互联网＋”时代的税务稽查探讨 [J]. 中国税务稽查，2016 (1).

[9] 孙开. 大数据——构建税收征管体系的推进器 [J]. 税务研究，2015 (1).

[10] 彭骥鸣，曹永旭，韩晓琴. 大数据时代强化税收风险管理的思考 [J]. 税收经济研究，2014 (5).

[11] 蔡自力. 增值应用第三方涉税信息的实践与思考 [J]. 税收经济调研，2014 (2).

[12] 黎锋，李少飞，石秋燕，张朔. 大数据背景下的税收风险管理研究 [J]. 特区经济，2015 (12).

[13] 于众. 大数据环境下税收数据深度利用探索 [J]. 经济研究导刊，2016 (13).

[14] 余镜怀，李亚民. 税务稽查选案方法研究：改进支持向量机 [J]. 税务研究，2015 (11).

[15] 廖健，宋汝冰. 行政执法风险及其管控探析——以税务稽查执法为例 [J]. 中国行政管理，2016 (2).

[16] 顾正源. 税务稽查执法风险成因及对策研究 [D]. 上海：上海海关学院，2016.

[17] 蒋丽华. 数据挖掘技术在税务稽查中的应用 [J]. 税收征管，2007 (5).

3. 大数据时代的税收征管研究

【摘要】本课题的主要目的就是在对我国税收征管信息化现状及问题分析的基础上，对大数据时代背景下税收大数据的构成、质量及其带来的机遇与挑战进行系统的研究；并借鉴国际先进经验，对构建我国以税收大数据为基础、以解决征纳信息不对称为目标、以信息流程为主线、以数据比对为核心、计算机处理与人工处理相结合的“管数制”税收征管模式，提出思路和对策建议。

【关键词】大数据　税收征管

【作者简介】刘锁生，北京鑫税广通税务师事务所
王进，北京鑫税广通税务师事务所

伴随着电子商务、基于位置的服务、社交网络等为代表的新型信息发布方式不断涌现，以及移动互联网、物联网和云计算等新技术的兴起，互联网上的数据正以前所未有的速度不断增长和累积，我们正步入全新的大数据时代。越来越多的行业正经历大数据浪潮冲刷，越来越多的企业正运用数据驱动业务发展，越来越多的组织决策正根据数据分析做出。大数据时代的来临，对正在向现代化迈进的我国税收管理而言，既是严峻的挑战，更是难得的机遇。要在2020年实现我国税收管理现代化目标，就要细致谋划税收管理现代化的最优路径，充分运用大数据思维和技术实现“弯道超车”，不断提高我国税收管理的质量和效率。

一、税收征管信息化现状

（一）税收征管制度缺失

要发挥大数据优势，就必须有健全的适应大数据时代的征管法律制度，即完善的税收征管法，以及与大数据相适应的征管制度，才能为税务机关利用大数据提供强有力法律支撑。但目前，我国对税务机关获取第三方信息的权利，以及第三方向税务机关提供涉税信息的义务尚缺乏明确的法律支持。现行的《税收征管法》第六条对税务机关获取相关信

息只做了一点一般性的规定（即纳税人、扣缴义务人和其他有关单位应当按照国家有关规定如实向税务机关提供与纳税和代扣代缴、代收代缴税款有关的信息），但对提供数据的义务、种类、内容、范围、时限和形式未做出安排，更未对不提供涉税信息的行为制定出强制性处罚手段、方式和标准，造成税收法律上的严重缺失，致使一些政府部门、社会组织、市场主体往往以法律未有明确规定，或以信息保密为由，拒绝向税务机关提供第三方涉税信息，使税务机关在信息采集环节中处于被动不利地位，给保障国家税收收入造成了一定的障碍，影响了国家财政收入的如期实现。

（二）税收征管信息不对称

1. 数据获取的途径不畅

目前，大数据发展的障碍，在于数据的流动性和可获取性不强。从现状来看，无论是税务机关内部还是外部第三方涉税数据的流动性和可获取性都较弱，税务机关获取信息的渠道不通畅。一方面，内部的工作流程和业务环节没有理顺，信息的共享利用受到了制约；另一方面，外部工作协调难度大，政府职能部门、社会组织以及市场主体与税务机关的涉税信息交换共享尚未制度化、常态化。

2. 数据挖掘运用的水平不高

数据的价值在于更深层次的挖掘和再运用，这样才能最大限度地发挥数据的价值效应。然而，目前税务机关既未有效利用和深入挖掘自身已有的数据，更未有效获取和利用第三方数据。即使是利用，也更关注数据的基本利用，而忽视了对潜在数据价值的挖掘运用，影响了大数据效能的发挥，导致信息管税的效能未能充分体现。

（三）涉税中介的服务成果未获认可

除个别省市税务机关外，绝大多数地方未将税务师事务所等涉税中介组织的工作成果作为重要涉税第三方信息予以采集，部分税务机关甚至存在种种偏见，对涉税鉴证报告等第三方信息不予采信，人为造成最有价值的涉税信息缺失。

（四）税收征管技术手段滞后

1. 数据交换方式落后

在大数据时代，目前的涉税信息交换工作仍然以手工方式为主，存在交换数据量小、交换速度慢、更新频率低、易受人为干扰等弊端，且要逐个上门采集，耗时长。

2. 数据处理的能力不足

随着计算机技术全面融入社会生活，数据时代已经发展到了引发税收征管急剧变革的程度。涉税数据来源和渠道的增加，使得信息的维度越来越广阔，对于这些不同渠道来源的信息实施有效的采集、存储、分析和应用，需要强大的信息处理平台为技术支撑。而目前税务部门的税收征管信息系统普遍落后，单项业务系统种类多、数据隔离、运行速度慢、功能不完善，且系统应用性差，系统之间形成了壁垒，造成已有信息不能够在国地税之间、各业务部门之间实现共享，使得获取的信息成为了死数据，致使数据利用率低、实效不大。

3. 缺乏有效技术制约

由于机关、企事业单位对数据交换共享工作的重要性认识不够，未能以大局为重，不提供或不按时、不完整提供涉税信息，税务机关采集涉税信息时经常遇到沟通不顺、配合不力的问题，造成工作被动且效率低下。税务机关与纳税人、政府部门对外发布的信息因交换频率不协调造成滞后，而且绝大部分信息尚未纳入信息交换的范围，而这些方面目前未有技术保障手段进行强制约束。

二、税收大数据的构成及其影响研究

首先，2016 年 5 月 1 日，我国开始在全国范围内推行营改增试点，所有行业都可以使用升级版税控系统开具增值税普通发票和专用发票，并且数据实时传输至税务机关，因此，开票数据已经非常全了。其次，国家税务总局金税三期建设完以后，肯定会有全国统一的数据平台和大数据平台，这些数据更多是跨省、跨税种、跨业务的场景。最后，税收要服务地方经济、社会综合治理，也就是税务的价值要反哺社会。从另外一个角度看，也存在一个全社会协税的过程，因为税务大数据不仅是税务部门的数据，而是全社会的数据。

随着世界变得越来越数字化，大数据正在潜移默化地影响着每个人的生活。现在，大数据技术被广泛应用于零售、金融、娱乐、交通、疾控、舆情管理等方方面面。在税收征管上，涉税信息是其中的基础性内容。涉税数据的完备程度、准确与否直接决定了风险指标能否识别出风险疑点及风险疑点的精准性。大数据技术将有助于提升税务机关的信息采集与应用能力。

（一）有利于提高征管数据质量

通过收集散布在互联网各处的纳税人信息，与税务机关掌握的外部门信息、征管信息比对，可及时发现征管信息的差错，并实现动态更新。通过对各应用系统的税收数据应用，可以发现问题数据，提高基础数据的有用性、时效性，同时也可在一定程度上化解因纳税人数量快速增长，以及纳税人跨地区、跨国经营，集团化经营而带来的信息采集难题。

（二）有利于提高征管数据的时效性

税务机关以往在分析纳税人涉税行为时依赖的信息，无论是纳税人报送信息还是外部门交换信息，都是往期信息。信息为税务机关所获取时，该行为已经完成，甚至可能已经完成很久，待分析产生结果付诸处置时，很多事项都会面临当事人无法找到，证据湮灭等困境，难以得到有效处理，使得大量信息被迫成为“无用”信息。如会展、演艺等活动，一旦活动结束，参展、参演的机构、人员就会离开本地，再做调查取证和追缴税款的难度就会大大增加。大数据技术，一方面可使税务机关获得实时、准实时的涉税信息，动态掌握纳税人生产经营状况；另一方面能即时进行预分析，及时做出反应，这将极大地提高税务机关的处置效率。

（三）有利于提升征管数据利用水平

大数据技术将能够解决目前涉税信息在税务机关各部门、大集中系统各模块以及不同本地系统间碎片化存储、相互关联度低、难以全面反映纳税人信息和税收征管状况的问题，通过全面的信息关联，使涉税信息真正成为税收管理资源。

（四）有利于补充第三方涉税信息

通过掌握纳税人、政府各部门自行对外发布的信息，可以部分弥补第三方信息因交换频率带来的数据滞后问题；校验外部门数据的完整性，补充其中缺失的部分；并可能获取各部门已公开发布，但尚未纳入信息交换的外部门信息。

三、大数据时代税收征收管理信息化的国际经验借鉴

国外将大数据技术应用于税收管理方面的研究起步较早，一些国家的税务部门已经利用集群技术在大数据样本中分辨出具有类似行为特征的集

群，以有效识别具有税收欺诈行为的群体。这主要体现在以下几个方面：

（一）寻找纳税申报疑点

2012年起，美国联邦及州的税务部门即开始尝试应用大数据技术寻找偷税、骗税行为的共同特征来打击逃税。美国国内收入署（IRS）对纳税人申报信息与各种公开信息记录进行比较，特别针对申报表中的税前列支内容、退税信息创建了大量算法，寻找其中的疑点。

2013年，意大利税务机关宣布启用新的计算机信息系统“REDDITOMETRO”，利用统计数据将意大利分为五个区域，并定义了11种纳税人类型，分别分析包括住房、社会保障贡献、康乐活动等七方面信息，比对纳税人申报的收入、支出的真实性。希腊税务机关则利用Google Earth来比对纳税人房产税申报情况与卫星照片信息的差异，来核对其纳税真实性。

（二）分析涉税违法行为

澳大利亚税务局尝试利用大数据统计分析技术来提高税务管理质效。该局通过对100多万份中小企业报送的“企业所得税纳税申报表”和“经营活动报告表”数据进行深度分析，确定了各行业利润率等关键指标的风险控制的基准值。这些基准值可以帮助澳大利亚税务部门迅速识别出异常申报的纳税人，例如少申报应税收入的餐馆或者加油站。该项创新举措实施一年以来，澳大利亚税务部门已识别出3万多家异常申报企业。该局在发出“税务事项通知书”后，有17%的企业在申报表中进行了纳税调增，调整后申报的应税所得户均增长了68%。

（三）强化电子商务税收管理

2013年，英国税务海关总署与著名数据公司SAS达成合作，以大数据技术监控电子商务交易。英国充分利用了其全国邮资定价体系提供的物流信息、银行卡交易体系提供的支付信息等数据与纳税人申报情况进行比对分析，2013年当年减少约10亿英镑的税收流失，预计未来最终能够达到200亿英镑的规模。

（四）强化大企业税收管理

澳大利亚使用基于大数据分析技术推出“税收流失风险指数”对大企业进行初步的风险评分和排序。在进一步的风险监测中，他们充分利用大型涉税情报数据库的数据，分析企业存在哪些主要的涉税风险，从中判断确定战略性风险，通过大数据技术寻找其关联企业，开展综合性的案头分析，之后再由大企业和国际税务管理司派出税务人员进户调查。

（五）提供法律法规保障

通过立法形式保障税务机关对纳税人的涉税信息及时、全面的采集是国际上的通行做法。美国自2011年起，就通过立法明确要求银行和电子支付服务商，向联邦税务局报告所有通过借记卡、信用卡以及贝宝（PayPal）等第三方支付平台完成的交易。英国自2009年立法要求银行、非银行发卡机构、非银行收单机构和电子货币发行机构等在线服务企业提供其客户信息。其他主要发达国家都通过了类似法律，保障税务机关及时、有效获取涉税信息。澳大利亚也通过立法保障税务机关从外部获取数据，只要税务机关认为需要，就可以向其他政府部门、银行及其他企业索要，数据拥有方必须给予配合。因此，这些国家的税务机关都掌握着大量关于纳税人的实时、有效信息，可以利用大数据发掘企业与个人的涉税疑点。

四、大数据时代推动我国税收征管发展的思路与对策

当前，国家正在实施“大众创业、万众创新”发展战略，纳税人数量迅猛增长，企业规模日益庞大，经济业务类型日趋复杂，税务机关职能转变、减政放权的矛盾日益突出。要破解大数据时代税收管理不适应经济发展需要的问题，笔者结合宁夏实施“金税三期工程”实际，运用大数据的思维方式和手段，从制度上、体制上、手段上解决征纳双方信息严重不对称问题，全面实施信息管税，走出“以人盯户”“以票控税”的传统征管模式。

（一）建立科学完备的征管体系，着力畅通数据获取渠道

1. 优化税收征管机制

为适应大数据时代信息管税需要，要深化管理体制改革。按照“数据流”改革现有征管体制，重新调整征管机构设置，优化征管业务流程，建立新的岗责体系。在各级税务机关设立征管数据管理和风险分析监控机构，在各业务部门设置征管数据管理岗，明确职责，配置专人专司数据分析等风险管理工作，探索形成数据采集－数据分析－决策支持－提出更多数据需求的良性循环，构建起数据对征管体系的支撑机制。要发挥征管资源配置作用，让不同能力层次的干部找到合适的位置，把精业务懂技术的骨干人才整合成“专家团”，负责数据管理、税收分析、纳税评估等复杂

涉税事项；让那些管户经验丰富的人员负责数据的采集、核实以及巡查等基础性事项；把登记、申报、征收、开票等业务统一集中到办税服务大厅受理和办理，让各类审批事项通过数据链从后台流转、前台出件，实现由“单兵作战”向“团队化管理”的根本转变。目前，宁夏国税局在区、市局建立税收风险分析监控中心，配备了专门人员从事征管数据分析监控工作，确保了工作顺利开展。

2. 建立健全税收征管制度

要充分发挥大数据在税收管理中的作用，不仅需要信息技术上的有力支撑，更需要在税收法律制度层面充分保障，通过立法来保障税务机关从外部获取数据。首先，全国人大常委会应及早修改《税收征管法》，以法律形式明确海关、工商、银行等涉税信息占有者向税务机关及时准确提供涉税信息的法律义务和责任，以便税务机关更充分地掌握纳税人的实际生产经营情况，来促进税收管理工作。其次，建议由国务院制定《国家涉税信息保障条例》，对政府部门、社会组织以及市场主体向税务机关提供的涉税信息进行细化，明确提供涉税信息的范围、内容、程序、方式、标准和时限；明确只要税务机关有需要，就可向政府部门、银行及企业获取数据，数据拥有方必须给予配合；尤其是银行、非银行发卡机构、非银行收单机构和电子货币发行机构等在线服务企业都要向税务机关提供其客户的基本信息和交易信息，第三方支付公司（如淘宝、支付宝）也要向税务机关提供线上交易支付信息。第三，建议国家税务总局制定《国家涉税信息保障实施办法》，对税务机关的信息采集、储存、分析和利用等工作进行严格规范，明确信息采集、加工、利用的方式、时间和要实现的目标，并按年度将第三方数据利用情况向社会进行披露，以取得社会各界的信任和支持。

3. 全面畅通大数据获取途径

要进一步增强数据的流动性和可获取性，有效解决信息管税的数据“源”与“流”问题。税务机关应从内外两方面着手，消除数据流动的障碍，畅通数据获取的渠道。

（1）税务机关必须打通内部壁垒，整合各种应用系统，实现内部不同部门、不同信息系统、不同层级、不同地区之间数据的流动共享。宁夏国税局被总局确定为全国首批金税三期优化版试点单位后，立足有12个未分设地税局的县（区）实际，开创性优化金税三期应用系统，打通内部数据信息壁垒，实现了税务机关国地税征管数据大集中和信息互联互通，提升了数据利用效率，成为全国金税三期首个国地税业务“一个网络、一个系统、一机通办”的税务机关。国家税务总局局长王军在宁夏区国税局金税三期工程运行情况汇报的呈阅件上作出批示：“一个网络、一个系统、一机通办，虽系宁夏特色，但有着特殊意义。请在三期推广时高度重视。”

（2）国家需要打通外部堡垒，建立政府大数据的云平台，让各部门占有的数据共享到云平台，让税务机关及时无障碍地从政府云平台上获取数据，实现税务机关与部门间信息的互联互通，达到数据高效应用的最终目的。宁夏自 2015 年 4 月 1 日，推行了工商营业执照、组织机构代码证和税务登记证“三证合一、一照一码”试点工作，通过政府云平台实现了各方信息共享，提高了税务登记信息准确性，促进了税源管理。

（3）充分发挥税务师事务所等涉税中介组织的作用，通过行业协会等收集、反馈各税务师事务所对纳税人涉税鉴证报告等涉税数据信息资料，作为税务机关日常征管、评估、检查工作的重要第三方信息资料，充分运用好这些资料有助于减轻税务机关自身的工作量，避免少走弯路，有效地降低征收管理成本。

（二）增强数据处理能力，着力构建税收风险防控体系

要推动深化改革，必须走科技创新驱动的道路，利用现代信息技术手段，构建科学合理的数据分析模型，应由政府依托国家人口基础信息库、法人单位信息资源库和企业信用信息系统的全社会市场主体基础数据统一平台，整合金融、工商、税务、社保、交通、安监、统计等领域信息，实现各地区、各部门信息共建共享，对数据进行批量采集、集中存储、自动关联和分类应用，实现第三方涉税信息与纳税人信息的对比分析。建议国家税务总局加快金税三期工程推广步伐，运用互联网＋思维和相关技术手段，在互联网上收集、筛选、捕捉涉税信息，通过分析挖掘，为税源管理、风险防范以及税务稽查提供可印证的信息支撑，实现对税收风险的精准管控，精确查找风险点。运用风险成果，将金税三期工程中的风险管理系统建设成为一个功能强大的数据处理平台，实现全国税收征管数据大集中，覆盖所有纳税人、税务机关、工商、海关、公安、外汇管理、银行、社保部门乃至互联网等不同渠道取得的数据，实现对数据的有效采集、存储、处理、分析和应用。

当前，建设一个信息化、智能化、一体化的全国性的税收风险管理系统成为当务之急。为此，在金税三期推广中，总局要将大数据技术应用于税收风险管理，优化完善税收风险管理系统，形成“数据采集、税收分析、风险管理、税源监控”为一体的税收风险管理系统，由国家税务总局

统一规划风险数据的收集整理，制定数据应用和后续处置规范，实现全国风险管理工作一盘棋。要通过税收风险管理系统的任务管理，实现单户企业各类税收风险点一户式形成、一次性下发、一次性应对，改变过去业务处室各自下发评估、检查任务而出现重复进户的问题，既要达到税收管理要求，又要减轻基层和纳税人负担。宁夏国税局依托大数据分析技术，在税收风险管理系统中将纳税人划分为不同的风险等级，对低风险的纳税人，采取风险提醒方式，给纳税人主动改正的机会；对中风险纳税人，由税务机关进行纳税评估应对处理；对高风险的纳税人，由稽查部门立案进行应对处理，彻底解决以前由于征纳双方信息不对称问题，实现了风险企业指向性强，风险点明确，大幅度提升了税收风险管理效率。

（三）加强数据分析利用，着力提升信息管税的能力

1. 加强数据分析

必须建立数据仓库，运用大数据技术，通过信息关联推进数据共享、共用，改变目前有分析需求的不占有数据，占有数据的没有足够力量分析数据的现状。要充分发挥合力作用，做好数据分析工作，通过数据分析，让“睡着”的数据醒过来，让“死”数据变成“活”信息，充分利用各种渠道采集上来的数据，提高利用效率和分析水平，使涉税信息真正成为税收管理资源。

2. 挖掘数据潜能

大数据的价值需要税务机关通过创新性的分析利用来释放。应当充分运用大数据的理念和思维，强化对大数据分析人才的选拔、培养和使用。借助科研机构、社会中介等多种力量，努力构建功能强大的智能化数据分析网络，深入挖掘数据潜在价值。通过对获取的海量数据开展分析，探寻、发现、理解信息内容及信息与信息之间的关系，从而实现大数据的核心价值——“预测判断”，打造智能税务，精确实施税源监控，大幅度提高税收征管水平。

（四）发挥数据辐射作用，着力提升纳税服务质效

1. 打造服务品牌平台

以 12366 纳税服务系统为基础，紧密结合纳税人需求，运用大数据推进资源共享，打造综合化、品牌化的纳税服务平台，并通过与税务网站、微博、微信等互联互通，为纳税人提供增值服务。建立专家咨询团队，提高疑难问题处理效率，为纳税人提供统一、权威、实用的解答。组织开展

企业与金融机构融资对接、上下游企业合作对接等活动。充分发挥公共信用服务机构作用，为司法和行政机关、社会信用服务机构、社会公众提供基础性、公共性信用记录查询服务。

2. 驱动智能纳税服务

成立“大数据”纳税服务技术研发团队，利用大数据获取纳税人的个性化需求，形成前端按“需”索骥、中端可行性把关、终端开发应用的闭合工作流程。适时推出 WIFI 冲浪、身份识别、数据云端获取等多个网络应用服务。通过远程控制的方式协助纳税人操作办税系统，在线解决纳税人遇到的种种问题。随着营改增扩围，国税机关管辖的纳税人数量迅猛增加。与此同时，纳税人办税需要也日益多元化，但是一部分纳税人对于电子化办税还很陌生，这和大数据管税要求之间存在着一定的不对称。如何在纳税人规模增容和服务要求膨胀的状况下，缓解这种不对称，迅速提高办税服务效能成为税务机关面临的一个突出难题。为此，要引入电子商务平台 O2O（On line to Offline）概念，通过互联网+税务行动计划落实，打造线上线下多维服务模式，积极调动力量，让纳税人通过互联网终端与国税机关形成智能互动模式，并可承载申报助手、QQ 矩阵、预审等多项服务，配备征管、税政等业务和技术部门协助办税、纳税申报智能处置等办税服务，满足纳税人的多样化需求。

3. 建立多维服务模式

纳税人在实际办税中经常会出现资料携带不齐全，无法正常办理涉税业务的情况。“互联网+容缺预审”服务，搭建起办税事项事前“互联网+微信预审”、事中“互联网+容缺预审”、事后“互联网+跟踪督办”平台，从数据采集到数据应用、从按需服务到主动工作，信息服务实现云计算与服务实体的全面对接。为适应大数据时代，将云端数据全面覆盖到发票、申报、征收等环节，纳税人办理税务登记后，根据指引来到自助体验区，亲身测试各业务操作流程，让纳税人感受到大数据带来的便利。

4. 推动涉税服务转型升级

在大数据背景下，税务师事务所等涉税服务的互联网+方兴未艾，一大批互联网+涉税服务项目浮出水面，一些产品直击税务咨询、税务顾问行业根本，推出了网约车式的税务咨询的生态链，税务师用碎片化时间做税务咨询，上线就赚钱模式，改变了广大纳税人有财税问题查百度或者打 12366 咨询等单一模式，使广大纳税人面临的涉税问题解决途径多样化、个性化，在时效性和准确性等方面有了更好的保障。

5. 推进涉税风险服务

通过大数据应用，及时丰富风险提醒服务的内容，定期向纳税人推送可能出现的涉税风险，使纳税人避免非主观原因带来的损失。面向大中型企业财务人员开设案例分析讲解培训，增强财务人员识别判断风险能力。定期组织对中小企业经营管理人员的培训，引导中小企业建立完善的财务会计制度，逐步做到账证完整、核算准确、按时申报。

大数据的思维、方法和手段的运用和发展，必将为从根本上改变征纳双方信息不对称的状况，提供现实解决方案，促使税务机关不断创新管理手段和方式，推进税收征管改革深化，为税收事业科学发展、跨越发展、长远发展，实现税收现代化发挥巨大的作用。

参考文献：

[1] 徐子沛．大数据［M］．桂林：广西师范大学出版社，2013.

[2] 维克托·迈尔·舍恩伯格．大数据时代［M］．杭州：浙江人民出版社，2012.

[3] Curtis Clark. Fighting tax fraud with big data［EQ/OL］. http://www.cnbc.com/id/101575717, 2014-04-11.

[4] Herb Weisbaum. Big data used to catch fraudulent tax returns［EQ/OL］. http://www.cnbc.com/id/101496551, 2014-03-18.

[5] David Smith. UK public sector can use big data to tackle £ 20 billion lost through fraud［EQ/OL］. http://www.sas.com/offices/europe/italy/news/preleases/public-sector-fraud.html, 2013-12-06.

[6] PTI. Infosys: Government to use Big Data to increase tax collection［N/OL］. http://timesofindia.indiatimes.com/tech/tech-news/infosys-government-to-use-big-data-to-increase-tax-collection/articleshow/25262882.cms, 2013-11-05.

[7] Big Data Insight Group. Italy to use big data for tax fraud—New system-redditometro-will highlight overt discrepancies between income and spending［EQ/OL］. http://www.thebigdatainsightgroup.com/site/article/italy-use-big-data-tax-fraud, 2013-01-08.

[8] 杨敏．治税变革：转型与升级［J］．决策，2013（5）.

[9] 张科．税务机关应加强大数据处理与应用能力［N］．中国税务报，2013-09-25.

4. 基于大数据的税务风险治理机制的研究

【摘要】大数据时代已经到来，各种涉税数据爆炸式增长，税务部门应顺应大数据时代，调整风险治理机制。税务部门应采取先进的数据获取技术广泛采集第三方涉税数据，通过先进的数据挖掘技术建立准确可行的数据分析模型，将数据中隐藏的信息充分挖掘、利用，为日常征管和领导决策提供全面、科学的依据。本文以大数据时代为背景，介绍了国内外运用大数据进行税务风险防治的先进经验，深入分析大数据在税务系统中的应用现状及问题，提出改进建议并初步设计基于大数据的税务风险治理机制。

【关键词】大数据　税务风险　治理机制

【作者简介】陈耀华，首都经济贸易大学财政税务学院硕士
贾宜正，中央财经大学财政税务学院博士后

一、引言

伴随着经济的发展、商业模式的变革，纳税人的经营业务越来越复杂、经营方式越来越多样化，纳税人核算方式呈现电子化、专业化趋势，加之物联网、云计算的发展和大数据的到来，由于信息的不对称，使得税源越来越隐蔽，税收征管不断加大。税收征管中面临的第一个信息不对称为税务机关和纳税人之间的信息不对称，税务机关和纳税人之间的信息不对称问题又体现在两个方面：一是税务机关和纳税人关于税法规定的信息不对称，税务机关总体上存在信息优势。二是税务机关和纳税人关于纳税人涉税信息的不对称，纳税人远比税务机关了解自己的经济活动，纳税人具有信息优势。税收征管中面临的第二个信息不对称为税务机关之间的信息不对称。

为更有效治理税务风险，有效利用大数据技术的必要性主要体现在以下五个方面：

（一）减少税收征管中的信息不对称

税收管理要解决信息不对称问题，有赖于围绕以数据为核心的精确管

理体系，对各种数据进行收集、分析、整合和使用离不开大数据的支持。税务机关通过大数据技术可以准确、实时、全面地掌握全国税收工作各项数据和整体情况，直接对各行业、各地区、各类型纳税人的税收情况和发展趋势进行解读和综合分析，更好地实现科学化管理的目标，充分发挥税收作为经济晴雨表的作用，增强预见性，为政府宏观决策提供更高层次的服务。

（二）征管堵漏增收的内在要求

拉动税收增长有“三驾马车”，即经济、政策与征管。其中，经济是决定性因素，经济决定税收。从2010年开始，全国GDP增速一直在回落，在经济增速回落的同时税收增速也在回落。历史经验数据分析表明，在现行税制框架下，当经济增长低于8%时，税收增长通常会低于10%，所以经济形势一定会在税源与税收收入上反映出来。从政策来说，这几年实施的是结构性减税，尤其“营改增”又成为结构性减税的重心，在这样的大背景下，即使每年税收收入任务不变，在税收收入盘子越来越大的情况下增收的压力仍会非常大。因此，从政策层面结构性减税，从征管层面加强数据分析是堵塞征管漏洞，促进税收增收的内在要求。

（三）深化信息管税的必然要求

在大数据时代，仍通过传统的税收管理员属地管户、人盯人的单一方式管理税源，显然已难以为继，必须创新工作思路和理念，努力破解税源的急剧变化与管理资源相对短缺的难题，而信息管税正是基于“大数据”时代税收征管方式的一项重大创新。要达到信息管税的目的，一个基本前提是数据的自由流动和获取。当前，国家对政务数据开放越来越重视，自2008年5月1日实施的《中华人民共和国政府信息公开条例》，从制度层面为数据开放扫清了障碍。各税务机关可以更有效利用大数据技术分析并认识经济活动规律，找出与税收相关的经济指标，开展税收增长与经济发展的相关性分析，这仅能预测税收变化趋势，也能查找税收征管的薄弱环节，从而达到信息管税的目的。因此，大数据是深化信息管税的必然要求。

（四）推进风险管理的客观要求

税收风险管理这一理念的核心是建立在“大数据”基础之上的。税收风险管理的实现途径就是通过对海量涉税数据的深度整合、分析和挖掘，对纳税人进行客观的风险识别、风险排序和风险确认，对不同风险程度的企业实施不同的风险管理应对措施，从而最大限度地降低税收流失风险。

（五）实现税收现代化的利器

国家税务总局局长王军在2013年年底召开的全国税务工作会议上提出：税收改革发展的总目标是到2020年基本实现税收现代化。税收征管体系作为一项高度集成的系统工程，征管体系的现代化是实现税收现代化的引擎，而税收征管体系的现代化意味着税收征管方式与手段必须与现代科技相适应、与大数据理念相匹配，运用大数据的思维方式和手段，解决征纳双方信息不对称问题。在信息技术的支撑下，通过对海量税收数据的加工利用，深入挖掘海量税收数据与其他相关经济数据中隐藏的大量涉税信息，深挖各种涉税数据流之间的相关性，找出规律性，从数据分析中要税收。

二、国内外税务风险治理中大数据应用的比较

（一）国外情况

国外将大数据技术应用于税收管理方面的研究起步较早，已取得了一定的成果，主要体现在以下几个方面：

1. 寻找纳税申报与退税申请的疑点

2012年起，美国联邦及州的税务部门即开始尝试应用大数据技术寻找偷税、骗税行为的共同特征，来打击逃税。美国国内收入署（IRS）对纳税人申报信息与各种公开信息记录进行比较，特别针对申报表中的税前列支内容、退税信息创建了大量算法，寻找其中的疑点。仅就2011年度纳税申报，即发现36亿美元的虚假税前列支，并发现超过3%的退税存在欺诈行为。

2013年1月4日，意大利税务机关宣布启用新的计算机信息系统“REDDITOMETRO”，利用统计数据将意大利分为五个区域，并定义了11种纳税人类型，分别分析包括住房、社会保障贡献、康乐活动等七方面信息，比对纳税人申报的收入、支出的真实性。希腊税务机关则利用Google Earth来比对纳税人房产税申报情况与卫星照片信息的差异，以核对其纳税真实性。

2. 预测纳税人涉税违法行为

通过整理和分析历史数据，美国IRS还在尝试建立一套纳税人行为预

测模型，通过预测分析，可以及时发现纳税人的不法行为，而不是等到一年甚至几年以后再做分析。IRS 在美国东北部的一个分支机构已开始试用这一分析模型，并取得了一些成果。

3. 强化电子商务税收管理

2013 年，英国税务海关总署与著名数据公司 SAS 达成合作，以大数据技术监控电子商务交易。英国充分利用了其全国邮资定价体系提供的物流信息、银行卡交易体系提供的支付信息等数据与纳税人申报情况进行比对分析，2013 年当年减少约 10 亿英镑的税收流失。预计未来最终能够达到 200 亿英镑的规模。

4. 强化大企业税收管理

澳大利亚使用基于大数据分析技术推出“税收流失风险指数”对大企业进行初步的风险评分和排序。在进一步的风险监测中，他们充分利用大型涉税情报数据库的数据，分析企业存在哪些主要的涉税风险，从中判断确定战略性风险，通过大数据技术寻找其关联企业，开展综合性的案头分析。之后再由大企业和国际税务管理司派出税务人员进户调查。

5. 提供法律保障

通过立法形式保障税务机关对纳税人的涉税信息及时、全面的采集是国际上的通行做法。2013 年 5 月美国参议院通过了《市场公平法》（Marketplace Fairness Act），要求所有在线零售商代收消费税，并要求第三方支付公司向税务机关提供线上交易支付信息。英国 2009 年也立法要求银行、非银行发卡机构、非银行收单机构和电子货币发行机构等在线服务企业提供其客户信息。其他主要发达国家都通过了类似法律，保障税务机关及时、有效获取涉税信息。澳大利亚也通过立法保障税务机关从外部获取数据，只要税务机关认为需要，就可以向其他政府部门、银行及其他企业索要，数据拥有方必须给予配合。因此，这些国家的税务机关都掌握着大量关于纳税人的实时、有效信息，可以利用大数据发掘企业与个人的涉税疑点。

（二）国内税务机关运用大数据经验——以大连国税为例

在国内，大数据技术在税收管理领域的应用还处于起步阶段，且大多还在设想和初步探索阶段。

1. 大连国税运用大数据模型管控大企业风险

大企业是税收收入的主要贡献者，但由于其规模、结构和交易的复杂性，往往隐含着大量的税务风险。传统的大企业管理模式，难以有效消除大企业的税务风险。大连市国税局运用大数据思维，借助信息化手段，收集、整理、加工企业涉税数据，分析、预测、控制企业的风险，取得了有效成果，建立起越来越成熟的大企业税务风险管理模式。

大连市国税局的大企业集中在直属税务分局，下辖14大类行业企业，包括制造业、金融业、商业、电力、热力、燃气及水的生产和供应业等。该局的税收收入较为集中，据统计，110户税务总局定点联系企业，数量仅占8.5%，税收收入却占近九成。

大连市国税局的大企业风险管理模式重组了三个基础环节：以矩阵模式打破人员原有科室结构，组建“专业化”工作团队；以税务审计的方法借助管理平台对企业的数据进行分析、比对和审核，形成初步的税收风险方向；以大企业税收风险管理平台作为税收风险管理的综合处理场所。这为提升税收风险的防控水平创造了条件。

基于大数据思维下的大企业风险管理，根本条件是占有优势数量的数据。为此，该局的风险管理平台创建了囊括税收征管数据、企业行为数据和非特定第三方数据等为一体的大容量数据库。同时，将税收法律规范、政策规定、工作经验和统计理论知识也嵌入平台的分析模型中，增强了风险分析的客观、及时与准确性。

对数据的关联、深挖、预测是大数据的三大功能。大连市国税局直属分局围绕大数据的三大功能，在实践、探索和分析过程中产生出三种类型风险管理模型：描述性统计分析模型、诊断性统计分析模型、预测性统计分析模型。

以石化行业为例，该行业属于资金技术密集型产业，具有生产规模大、资金流动性强、生产工艺复杂、部门机构设置多样化等特点。风险管理平台与行业内的数家企业的生产模拟系统、财务核算系统等多个内控系统对接，收集并分析17大类200多份内控文件，收集了近3年5万多条数据。

（1）描述性模型，主要体现大数据的关联功能，说明企业发生了什么，用简单直观的方法给出数据的描述和展示。它计算企业数据的各种统计指标，以便了解企业特定业务、流程的具体情况。描述性统计分析可提供有关当前企业行为和运营趋势的情况，为税务风险管控的资源分配、流程改进和整体绩效管理提供决策依据。在此模型下，该局分析了石化行业的成品油产销量对比，基于行业销售的特征，企业产销比例比较稳定且趋近于1，用这个指标查看企业产销比例是否保持在稳定的区间内。分析耗电量与原油加工量对比，原油单位加工量的耗电量比较稳定，相关系数接近于1，有很强的线性关系。将每个期间的原油投入加工量与耗电总量进行对比，通过比较两者的变化趋势是否同步，来识别涉税风险。

（2）诊断性模型，体现大数据的深挖功能，说明为什么会发生。通过分析找出企业经营过程中异常情况，并与纳税申报信息进行比对，对相应的异常情况进行辨别，在这一过程中，把企业正常的波动和异常的经营情况区分开来，便于税收风险的识别。对比分析企业成品油来料加工复出口率与实际收率，识别企业来料加工复出口油品的收率是否在合理区间内，判定是否存在一般贸易同类产品按照来料加工贸易方式申报出口享受免税的涉税风险。

（3）预测性统计分析，体现大数据的预测功能，说明将要发生什么。通过分析大数据来进行预测并确定企业未来出现某种结果、趋势或事件的可能性。在税务风险管控中，预测分析可用于判断企业未来一个时段税收收入的变动情况，进而考察企业在购产销过程中潜在的税务风险点。预测分析成品油产量，以六西格玛理论为基础，将计划偏差率的置信区间设定为上下三西格玛，进而确定各成品油的产量浮动，结合企业计划的原油投入量，预测出计划的各成品油的产量置信区间。预测分析消费税，以六西格玛可以预测应缴消费税的置信区间。如果用于回测往期数据，实际缴纳税额超出预测的应缴消费税置信区间的视为异常，可能存在涉税风险。

总的说来，该局的风险管理模式有三方面的优点：

其一，转变思维，拓展渠道，抓住税收风险管理切入点。建立税收风险管理平台，就是要在描述大企业的风险是高还是低这一事实时，尽可能多地使用数据来说话，这是增强客观性、减少主观性的最好办法。为此，在已囊括了较为全面的征管数据和财务数据的大企业税审软件基础上，拓展数据采集范围，重点采集企业行为数据和行业第三方数据，密切跟踪企业ERP系统等各种数据处理系统，锁定企业的购、产、销行为，构建企业的虚拟数据集。

其二，搭建平台，跨界融合，挖掘税收风险管理创新点。该系统首次创建了集成三类数据的综合数据库，实现了非结构化数据的自动整理和导入功能；首次将业务模型建立在动态的生产运营数据的基础上，消除了以静态的财税数据为分析依据而产生的偏差；首次将税收政策及业务经验转化为数学模型，使传统的“点估计”延展到“区间估计”，从而为更客观地定义和计算税收风险值奠定了基础。这些新功能恰恰是运用大数据三大理念所结出的“果实”，大数据时代下，数据要全体不要抽样，要效率不要绝对精确，要相关不要因果。

其三，同频共振，实时管控，把握税收风险管理着力点。在税收风险管理平台的技术支持下，涉税数据按月增加，税收风险管理与企业生产运营几乎同步，可视化界面逐月动态变化，同频共振，实时管控，使风险管理与生产经营“如影相随”；系统独有的预测分析模型集聚了“预测”和“回测”功能，成为税收分析的有效工具。该系统改变以往只注重因果关系的数据，更多关注相关关系的行为数据，形成新型数据池，运用模型分析，提高数据的容错率，降低了数据取得的成本，突破了税企信息不对称的困境，抓住了税收风险管理的着力点。

2. 大数据分析模型应用情况——以中科院数学所研究成果为例

（1）通过无监督建模、非线性建模、非参数建模与高维复杂数据建模技术，及超曲面复杂仿生识别预测模型技术，对税收大数据进行风险识别，可给出行业经营异常企业、已纳税经营期间、偏离行业标准纳税额度的具体金额区间范围，并指明疑点会计科目。

（2）通过无监督建模、非线性建模、非参数建模与高维复杂数据建模技术，及超曲面复杂仿生识别预测模型技术，可给出行业经营异常企业、未纳税经营期、应纳税额及标准化经营状态，指出未纳税经营期的应纳税额度、预申报纳税额度及各类经营指标偏离行业标准经营状态的偏离区间范围，并指明疑点会计科目。将可能出现的经营异常或纳税异常的企业名单，在季度、年度汇算清缴时，给予预警提示：经营异常或纳税异常；并对整个地区、各个行业未来财税缴纳走势进行预判分析，并对经营异常企业，预警其行业经营生存指数或预警其具有涉嫌偷税行为，发生两次预警后将进入税务稽查部门黑名单，税务机关会对其进行约谈或稽查。

（3）通过无监督建模、非线性建模、非参数建模与高维复杂数据建模技术，及超曲面复杂仿生识别预测模型技术，可对纳税人未来经营状况给出预测，并依据历史大数据资料分析，指出在国内（本市、本省、全国）、国外同行业中的竞争优势及劣势，提供合理化建议，给予企业行业经营状态分析及投资预警分析等，提高对纳税人的服务水平，降低纳税人经营及投资风险。

（4）通过无监督建模、非线性建模、非参数建模与高维复杂数据建模技术，及超曲面复杂仿生识别预测模型技术，未来可实现对国家民生、财税、金融等各领域建立全国性的系统分析、评估预测体系，对国民经济涉税信息大数据，进行超高维仿生分析识别，搭建国民经济智能神经中枢，建立国民经济大数据虚拟人，建立国民经济各行业标准纳税经营模型及同源性修正模型，模拟国民经济各个经济行业过去、未来的经济状态，评估识别经济异常特征点等，最终实现对国民经济大数据的有效智能分析。

（5）通过无监督建模、非线性建模、非参数建模与高维复杂数据建模技术，及超曲面复杂仿生识别预测模型技术，可建立专业的高、中、低技术搭配的纳税风险识别模型，如同交通系统的电子监控眼；有了税务监控电子眼，对提高税务审计、稽查能力，提高对纳税人违法避税的博弈能力，对提高纳税人合法纳税的遵从度，提高全民纳税意识，提高对企业经营状态的预警监控服务，提高纳税服务水平都是有益的。

三、大数据背景下税务风险管理存在的问题

税收征管与科技的有效融合，为税收征管大数据平台准备了充足的技术条件，更为深化税收风险管理提供了技术支撑。但是，税收风险管理不是简单地应用信息技术手段实现工作流程的计算机化，而是涉及税收管理理念、业务流程、制度机制、资源配置等方面重大、深刻的变革，会给税收工作发展带来深远的影响，将面临如下几个核心问题：

（一）涉税数据质量有待提高

税务管理各个环节，包括税务登记、纳税申报、税款征收、发票管理、纳税评估、税务稽查等产生的涉税信息资源，构成了税务机关征管系统的主体数据。近年来，各地税务机关通过设立数据审计规则、错误数据推送、初始数据校验、发布数据质量通报等措施，使征管系统数据质量有了较为明显的改善。但由于采集方式多以手工录入为主，数据在质量上，特别是在完整性、准确性、规范性、逻辑性等方面，依然难以满足税收风险管理的需要。另外，不同纳税人的名称、生产经营地、法人、财务负责人、经营范围经常变化，使税务机关征管系统的数据很难做到随时更新，也给税收风险管理带来难题。

（二）第三方数据采集缺乏制度保障

目前，第三方涉税数据的流动性和可获取性都较弱，税务机关的信息获取渠道并不通畅。这主要是因为内部流程和环节没有理顺，信息的共享利用受到了制约；缺乏法律法规层面的制度保障，外部协调难度较大，政府职能部门与税务机关的涉税信息交换尚未制度化、常态化。对税务机关获取第三方信息的权利，以及第三方向税务机关提供涉税信息的义务尚缺乏明确的法律支持。

（三）数据接口标准有待进一步统一

当前，同一主体多个代码共存现象较为普遍，影响信息比对，降低行政效率。我国现有机构代码分为原始码和衍生码两类。前者主要包括工商部门的工商注册号、机构编制部门的机关及事业单位证书号、民政部门的社会组织登记证号等。后者主要包括组织机构代码管理部门的组织机构代码、人民银行的机构信用代码、国家税务总局的纳税人识别号等。2015 年 6 月份，国务院下发《法人和其他组织统一社会信用代码制度建设总体方案》，规范统一国务院部门制定政务数据的接口标准，建立覆盖全面、稳定且唯一的以组织机构代码为基础的法人和其他组织统一社会信用代码制度，为税收风险管理数据拓展利用建立了坚实的基础。尽管上述文件从源头上要求实现“书同文，车同轨”，但不可否认的是，自然人以身份证号或社会保障号作为唯一的识别码，实现在税收领域的全覆盖，还须政府的更多重视。

（四）数据挖掘技术需提高

数据的价值在于更深层次的挖掘和再运用，最大限度地发挥数据的价值。只有对这些数据进行深层次的分析，才能获得更有价值的信息，但是，当前对数据所反映出的税收风险、经济内涵分析监控乏力，没有建立税收与相关经济数据之间的关联模型，难以对现有数据进行数理统计和趋势预测分析，不能为管理决策提供科学、有效的信息支撑。目前，税务机关更关注数据的基本利用，绝大多数的数据分析仍停留在简单的查询和比对层面，缺乏行之有效的数据分析工具，使大量沉积在业务操作层的数据尚未有效转换为管理决策层所需要的信息。

（五）数据利用智能化的建设运用缺乏相关专业人才

部分税务干部团队化管理、协作化履责、专业化分工模式的思想观念还未全面树立，认识还不够到位；对分析预警、纳税评估和税务稽查等岗位技能还不熟练，能力素质的现状难以达到风险管理的要求。数据利用智能化建设的一个重要瓶颈，就是缺乏复合型人才，税务机关应注重专业人才的引进和培养，发挥主观能动性，提高积极性。这也是我国大数据利用智能化发展的关键因素。

四、大数据背景下税务风险治理机制的建议

大数据对税收征收管理的效率起到了质的提升的作用，同时对税收风

险治理提出了更高的要求。当前或者中短期内可能对面临的税收风险尚不能有效量化，但也需要意识到，在现代社会制度下，风险预警监测和事后处理能力的重要性，税务管理人员迫切的需要从全球化大数据的思维高度上对风险形成更加全面的掌握和了解。

数据情报管理是税收风险管理的前提和基础，没有数据情报管理流程就没有税收风险管理流程。将税收数据情报管理流程融入税收风险管理流程，弥补税收风险管理流程中数据情报管理方面的不足，可以将数据情报应用作为开展风险管理的前置步骤和过程支撑，实现数据情报管理环节与风险管理环节相互融合、相互促进，进而实现风险导向、情报驱动的风险管理方式，如图 1 所示，从宏观战略和应用技术等不同层面持续提升税收风险管理的综合能力。

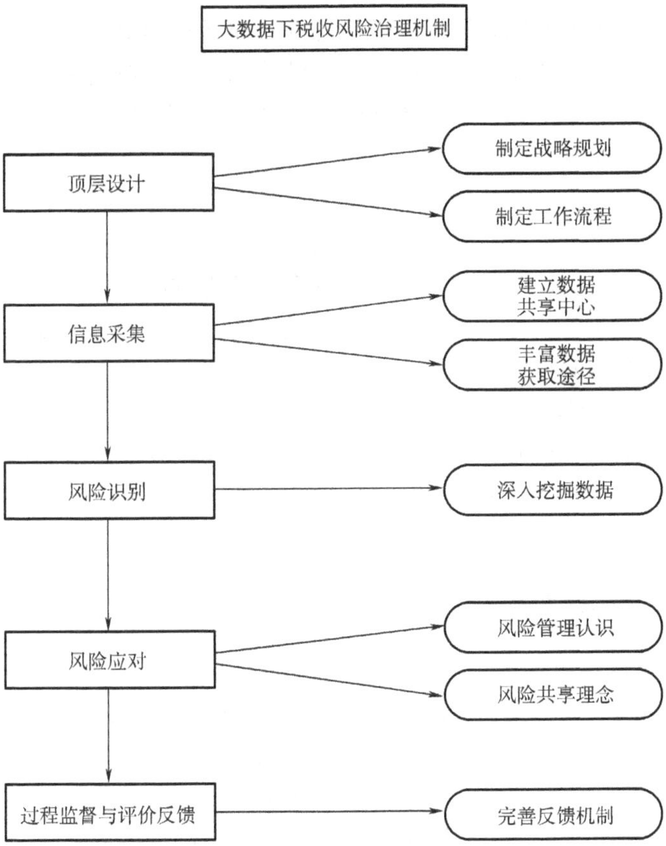

图 1　大数据下税收风险治理机制

为更好发挥大数据的优势，加强数据分析与信息管税，强化风险管理，需要更有效解决如下问题：

（一）完善顶层设计

1. 健全大数据管理制度

要发挥大数据优势还需要完善征管法与相关针对涉税信息的法律制度，为税务机关获取第三方信息提供法律支撑。《中华人民共和国税收征收管理法》第六条对税务机关获取相关信息做了原则性规定：纳税人、扣缴义务人和其他有关单位应当按照国家有关规定如实向税务机关提供与纳税和代扣代缴、代收代缴税款有关的信息。当前必须以《税收征管法》修订为契机，在《税收征管法》中对政府及社会职能部门向税务机关提供的信息名录进行细化，明确其范围、内容、程序、方式、标准和时限，明确他们向税务机关及时准确提供涉税信息的法律义务和责任，为税务部门获取第三方信息提供法律保障，以便税务机关充分地掌握纳税人生产经营情况，消除信息的不对称，加强数据分析，强化税收管理。

2. 完善整体管理模式

现代税务风险制度的建立，需要风险管理对现行税收征管基本程序缺失导致的缺位进行填补，将风险管理确定为征管的必经程序，并对税收征收概念重新界定。这要求我们必须以风险管理为方向，按照新税收征管基本流程，再造业务流程，要建立和健全风险管理各项配套制度，使风险管理成为征管改革的组成部分。

3. 树立大数据理念

“大数据”是数据、技术和思维的高度融合。数据本身是静止的，要深度挖掘其内在价值，不仅要依赖先进的数据处理技术，更需具有善于使用数据的创新思维，“大数据”是三者的统一体。

（二）优化信息采集

1. 建立数据共享中心

相关部门要牵头建立数据共享中心，保证数据充分流动。大数据时代，税收征管模式应由传统的“管户制”向“管数制”转变，要从根本上构建起适应现代化税收征管要求的“管数制”，为推进风险管理提供优质的数据源。数据交换中心是数据源采集、分析、利用的载体，只有通过不断开发优化才能发挥其作用。在部门计算机联网的诸多因素影响下，税务机关要积极争取政府协助，充分利用政府网站，有效搭建涉税信息交换共享平台；各职能部门要及时将所有非涉密涉税信息按其内容和性质进行整理、分类后予以发布，实现网页信息批量下载功能，实现与大多数财务软件相兼容，完成从多渠道自动化收集信息的目标，并能对外部动态信息及时采集，全面实现电子化涉税信息数据传输。

2. 丰富数据获取途径

在信息管税的理念之下，涉税数据信息对于税费征管来说非常重要，而对第三方信息的利用和获取则更为重要，因为第三方数据信息是一个相对客观的参照物，是我们利用自身数据的一个催化剂。只有将海关、银行、车管部门、土地房产部门、股票交易等多个部门的信息整合起来，风险管理系统才能利用大量信息进行充分的综合分析研究，风险评价的准确度就可得到极大提高。

3. 增强税务信息数据的采集质量

税务部门在对纳税人管理过程中形成的数据大多位于核心征管系统之外。为发挥大数据优势，必须扩大税务机关的数据采集范围，尽可能获取更多的涉税数据信息，并不断加强数据的质量审核，确保数据的准确性与真实性。

（三）精确识别风险

在涉税数据管理工作中，不仅应关注税收管理中需要但还未获取的各类涉税数据，还要充分盘活存量信息，利用已有数据信息，加大数据分析利用深度，进行数据的挖掘、分析、应用工作。通过掌握风险数据分析模型、分析方法，使税收数据更好地为实际工作服务，使信息化技术成果更好地为税务机关服务。要通过数据的深入挖掘，提高税收征管的质量和效率，实现对税收征管全过程的监控。立足已有数据，深入分析各行业海量信息，根据行业管理规律，逐步构建覆盖所有国民经济行业分类的评估模型和指标体系，预测经济与税收发展趋势，不断提升税源管理能力，更精确地识别税收风险。

（四）加强风险应对

1. 加强风险管理认识

改革创新是提高税收征管水平的不竭动力。

2. 强化风险共享理念

企业或个人的信息在不同部门不同系统之间是互通的。一旦出现税收上的风险，将会阻碍该企业或个人的其他业务，例如贷款、出入境等。而且将税收系统与诚信档案结合，将起到威慑作用，强化纳税人的风险意识。

3. 提高税收风险的处理速度

经济全球化和信息化进程的加快，促使生产力和生产方式产生飞跃，同时引发了一系列与之相对应的管理理念和方法的创新，税收工作也是如此。利用信息技术不断提高税收管理水平、推动各项工作已成为重中之重，亦是提高风险管理效率，保证风险管理质量的必然要求。因此，要逐步建立全国统一的功能全、效率高、实用性强的风险管理智能软件，让税务机关结合各地各行业的实际情况，依靠完善的数据仓库，针对不同地区、不同行业、不同经营管理水平的纳税人开展风险管理识别、评估、控制等工作，提升风险管理的科技含量。

（五）完善反馈机制

税务机关要依托风险管理平台，在基础管理中发现纳税人在会计核算、财务管理和税收缴纳等方面的涉税风险数据信息，提出有针对性的合理化建议，并帮助其不断加强管理、全面提高管理水平。管理科室在对存在涉税风险企业进行评估、调查后，将评估报告信息反馈给基础管理科室，以便开展后续管理。同时，如果企业存在偷税漏税等违法行为，也可以通过风险管理平台反馈到工商、银行等部门，形成内循环和外循环共存的信息反馈机制。

（六）加强人才队伍建设

1. 选拔复合型人才

在大数据时代，我们需要培养一批大数据税务专家，来加强数据分析、强化风险管理，提高税收征管质量与效率。这些专家需要深谙大数据规律，精通税收业务、计算机电子技术，熟练掌握会计与数理统计等知识。

2. 完善培养机制

专业的税务人才在税务风险管理中起着关键作用，要进一步建立健全干部管理机制，将管、考、训、用统一起来，定期对税务行政人员进行税收法规、财务会计等专业能力和执法能力的培训，不断提高其服务能力。同时，还应对企业开展政策法规、税收风险防范、税收保障等方面的宣讲。要着眼优化队伍结构，围绕打造专业团队目标做好业务培训，突出工作实绩，做好干部的选拔任用，促使干部不断学习业务、钻研业务，以此提高税务机关工作水平。

参考文献：

[1] 贾绍华．税务管理新论［M］．北京：中国财政经济出版社，2016.
[2] 薛清水．纳税评估仿生模型：一种新型纳税风险识别技术方法［J］．税务研究，2012（4）．
[3] 刘兵．税务稽查风险提示与防控策略［M］．北京：中国税务出版社，2015.
[4] 焦瑞进．税收治理现代化及其数据应用分析［M］．北京：中国税务出版社，2015.
[5] 刘尚希，孙静．大数据思维：在税收风险管理中的应用［J］．经济研究参考，2016（9）．
[6] 汤贡亮．中国改税改革与法治研究［M］．北京：中国税务出版社，2015.
[7] 维克托·迈尔－舍恩伯格，肯尼思·库克耶．大数据时代：生活、工作与思维的大变革［M］．盛杨燕，周涛，译．杭州：浙江人民出版社，2013.
[8] 刘京娟，大数据时代下的税收风险控制［J］．湖南税务高等专科学校学报，2014（6）．
[9] 彭骥鸣，陈爱明，韩晓琴．大数据时代强化税收风险管理的思考［J］．扬州大学税务学院学报，2014（5）．
[10] 姚键，王周飞，陈爱明．基于大数据背景的税收风险管理［J］．税务研究，2015（11）．

5. 大数据时代纳税服务面临的机遇、挑战及应对策略

【摘要】优质高效的纳税服务是构建和谐征纳关系的关键。随着税务工作迈入大数据时代，纳税服务工作迎来了机遇，基于大数据的分析使纳税服务工作更具针对性，而税务风险预警有利于降低纳税遵从风险，分级分类的税源管理可提高纳税服务工作的效率。同时，也面临着税务数据有效性、涉税信息安全性、数据规范性和数据分析能力不足，大数据应用型人力资源匮乏的挑战。本文从提高税务数据有效性，建立数据规范、提高数据质量，以及保障涉税信息安全性，加快税收大数据应用方面的人才培养等方面着手，探讨如何应对大数据时代纳税服务工作面临的挑战。

【关键词】大数据　纳税服务　涉税信息　税务数据

【作者简介】冯秀娟，北京经理学院，博士、副教授

一、大数据及纳税服务的相关研究

1980 年，美国著名未来学家阿尔文·托夫勒（Alvin Toffler）在其巨著《第三次浪潮》中首次提出了大数据（Big Data）的概念。目前，理论界关于“大数据”概念有两种比较权威的说法：一是旅美学者涂子沛在其所著的《大数据》一书中将其定义为：“大数据是指那些大小已经超出了传统意义上的尺度，一般的软件工具难以捕捉、存储、管理和分析的数据。”而英国牛津大学教授维克托·迈尔－舍恩伯格则在其《大数据时代》一书中提出“大数据是人们获得新认知、创造新价值的源泉，是改变市场、组织机构以及政府与公民关系的方法。”

在税务研究领域，巴尔（De Barr，2004）研究认为，美国国内收入局通过应用 2000—2003 年海量纳税人数据分析其遵从信息，运用数学模型识别一部分高收入人群纳税不遵从的案例，而每个案例都涉及上百万美元的偷逃税数据。彭骥鸣等（2014）认为，强化数据分析是大数据时代，堵塞征管漏洞、加强信息管税、推进风险管理的必然路径选择。孙懿（2015）提出，增强非结构数据规范管理能力、保证纵向与横向税务数据完整、加

强税务数据创新与智库建设，从制度、人员和技术上确保税务数据的安全性，以及建立国际税收的合作组织、强化国际税收情报分享等，加强税收管理。刘磊等（2015）认为，大数据时代实现税收管理现代化要从树立大数据思维、做好大数据分析、重构理论体系和业务模式等几个方面入手。谢波峰（2015）认为，构建大数据的税收微观数据体系，应综合不同来源税收微观数据，形成微观税收大数据体系，建立面向大数据的微观税收数据分析理论及模型，建设税收数据公开体系实现大数据环境中税收数据的应用。程平等（2015）认为，大数据时代，税务部门应借助云会计平台，通过移动互联网、泛物联网、社会网络等媒介，获取各种结构化数据、半结构化数据和非结构化数据，应用于税收征管、税务稽查以及纳税服务等领域。刘尚希等（2016）认为，大数据能够降低税收治理中的不确定性和信息不对称；大数据的运用有利于减少“人治”，提高税收公平性；大数据在立法、守法、执法、司法等层面能够提高税收法治性。孙静等（2016）认为，大数据技术应用于税务风险管理与识别，税源监控分析与指标预测决策，纳税服务等领域，将引致税收治理方式的根本转变。

学者们虽从不同的角度研究了大数据对税务工作的影响及应对，但关于大数据时代纳税服务面临的挑战及对策方面的研究较少。本文分析了大数据时代为涉税服务工作带来的机遇及挑战，提出在大数据时代如何才能提高纳税服务的质量。

二、大数据时代纳税服务工作面临的机遇及挑战

为纳税人提供高效优质的纳税服务是构建和谐征纳关系的关键。从纳税服务提供的主体来看，纳税服务可以由税务机关、专业服务机构、其他组织或个人（志愿者）提供，帮助纳税人履行纳税义务、维护合法权益。目前纳税服务的形式主要包括：税法宣传、纳税咨询、办税服务、纳税人权益保护、纳税信用管理、社会化纳税服务等。随着互联网和信息技术的发展，纳税服务提供的渠道也不断增多，涵盖了面对面咨询、电话咨询、互联网和移动新媒体咨询等。

互联网与社会经济各领域不断融合，促使税收管理现代化进程逐步深化，税务部门开始迈入大数据时代。在税收收入方面，全国税收总收入从1994 年的5 070.8 亿元至2015 年的110 604 亿元，增长了21.8 倍。在全国税务系统管户数量增长方面，2001 年全国税务登记总户数是2 711 万户，截至2013 年12 月底，全国国税系统税务登记总户数2 679 万户，全国地

税系统税务登记总户数 3 796 万户（不含安徽省地税局数据）①，增长了139%。在税收管理现代化方面，新一代信息技术已应用在税收管理中，从2009年国家税务总局确定信息管税思路，启动金税三期工程，到2013年年底全国税务工作会议上提出2020年基本实现税收现代化的目标，再到2015年9月，国家税务总局结合税收工作实际制定了“互联网+税务”行动计划，我国税收管理迅速向现代化推进。2015年10月，全国推行“三证合一”“一照一码”改革为推进纳税人信息化管理奠定了良好的基础。2016年8月，金税三期全面上线，实现核心征管统一规范化，纳税服务多渠道、多样化、内容统一同时又强调个性化，与外部第三方信息交互，实现涉税信息共享支持管理决策等，极大推动了税收信息化管理。

（一）大数据时代为纳税服务工作带来的机遇

1. 基于大数据的分析为更具针对性开展税法宣传工作提供了便利

大数据时代，税务部门掌握了海量数据，不仅有纳税人的登记、申报等数据，而且还有与其生产经营有关的第三方（如工商、银行、海关、车辆管理部门、房产管理部门）的涉税数据。通过对纳税人的纳税情况进行调查，以及以往涉税问题处理时留下的痕迹进行云计算、归纳分析，将纳税人细分、细化，并充分运用新闻媒体及网络资源，有针对性地进行税法知识的宣传普及，推送与纳税人紧密相关的最新出台的相关法律法规，提高纳税服务工作的效率。

2. 基于大数据的税务风险预警有利于降低纳税遵从风险

纳税遵从风险包括由于纳税人对政策理解偏差、工作疏漏等情况造成的非故意性不遵从，或利用自身信息优势等不正当方式的故意性不遵从，最终都会导致税收流失的风险。在大数据背景下，税务部门可以通过税务大数据平台获取纳税人生产经营相关的涉税情报，采用税收能力估算、关键指标识别等风险识别的方法，进行税收风险识别，按照风险等级进行排序，对税收风险高的纳税人设置自动风险预警，让纳税人可以进行税收风险的自查和防范，降低纳税遵从风险。

3. 基于大数据的税源管理有利于提高纳税服务工作效率

税源专业化管理是税务管理的核心，它是税收基本管理、信息管理、风险管理及其高度融合下的综合管理。高效率的税源专业化管理，首先要对税源进行准确的分级分类，然后针对不同类别的纳税人采用相应的税源

---

① 彭骥鸣，等. 大数据时代强化税收风险管理的思考［J］. 税收经济研究，2014（5）：28-35.

管理方法。在传统征管条件下，出于征管效率的考虑，重点通常放在大企业等重点税源管理上。而在大数据背景下，可以通过大数据共享平台采集纳税人数据，按照纳税人经营规模、纳税情况等指标，应用云计算等工具对税源进行准确的分级分类，分成重点税源、中小税源、零散税源等。在此基础上，对不同的企业按照税源特点，提供纳税服务，包括税法宣传、纳税咨询、办税服务、税收救济等。

（二）大数据时代纳税服务工作面临的挑战

1. 税务数据有效性的挑战

大数据时代社会公共数据更加透明和开放，核心数据不断累积，这为我国税务机关提供了丰富的可利用数据。与此同时，税务数据也存在着结构数据比重小和公开数据缺失等问题。

（1）结构化数据比重小。税务数据结构分为结构化数据、半结构化数据和非结构化数据。结构化数据是指存储于税务数据库，可用二维表结构来逻辑表达实现的数据；非结构化数据是指其他所有格式的办公文档、文本、图片、XML、HTML、报表、图像、音频和视频信息等数据；半结构化数据是介于结构化数据和非结构的数据之间的数据，HTML 文档就属于半结构化数据。据 IDC 的调查报告显示：企业中 80% 的数据都是非结构化数据，这些数据每年都按指数增长。

（2）税务公开微观数据缺失。从历年的中国统计年鉴、财政统计年鉴、税务统计年鉴等资料来看，公开的税务数据多为分地区、分行业、分税种的年度收入完成情况等宏观数据，而市县、纳税人等微观税收数据较少或缺失。这与美国公布代表性的连续微观纳税人样本，美国、英国和新加坡等可以通过政府网站获取政府部门原始数据等，有着很大的差距。税务数据的有效性直接影响纳税服务工作的针对性、精准性和工作效率①。

2. 涉税信息安全性的挑战

涉税信息一般是指与纳税人履行纳税义务有关的各类数据和事务等的总和。目前，我国的涉税信息主要包括四类：①纳税人报送的信息，如办理税务登记和纳税申报等的信息；②税务机关掌握的信息，如进行税源管理、纳税评估和税务稽查等得到的信息；③第三方提供的信息，如工商、银行、房产管理、中介机构等部门与社会组织，以及网站、电视、广播和报刊等媒体的信息；④其他涉税信息，如有关部门交办与转办，税收情报

① 孙懿．大数据时代对税务工作的挑战与对策［J］．学术交流，2015（6）：133－139.

交换与调查，网络搜索和个人举报等信息。涉税信息的外泄，可能会给纳税人带来不可估量的损失，造成不良的社会后果。

涉税信息安全包括制度、技术、运算、存储和传输安全等多个层面，可分为内部威胁和外部威胁。前者主要是指由于税务工作人员的操作失误及其无意识泄露，造成机密数据失真或外泄；后者主要是指由于外部攻击，如黑客行为、间谍活动对税务机关数据系统进行攻击，造成数据外泄、毁损。另外，由于网络维护压力增大、网络系统隐患增多和网上办税人员风险意识较差等因素的存在，导致网上办税系统信息的不安全问题增多、增大。因而涉税信息的安全问题尤为重要，在纳税服务工作中如何保障纳税人的涉税信息安全，是大数据时代纳税服务工作面临的挑战之一。

3. 数据的规范性和数据分析能力的挑战

目前，虽然数据来源多样，但还没有建立统一规范，与企业涉税信息相关的部门或系统众多，包括发改、统计、工信、财政、税收、金融等部门。各不同部门、各内设机构分别按各自需要提出要求，进行表格设计，企业要重复填报来自不同系统或同一系统内容要求、格式不一的统计要求，而税收数据来源渠道多元化，分别来自税务、财政、企业、统计等多个部门，缺少统一部门对数据进行统筹管理，各自为政、多头管理，统计指标体系设置原则、标准、办法不统一，数据规范性不强，不利于数据的分析应用。另外，在大数据时代，为从海量数据中挖掘与分析出税收管理的有效信息，更好提供纳税服务，就要提升宏观分析与微观数据相结合的能力，通过了解行业、地区的税收总体情况，推断微观企业的纳税遵从情况，对有疑点的企业进行风险预警，通过分析企业的历史申报信息，挖掘其纳税服务需求。这些都是提高纳税服务质量所面临的挑战。

4. 能够充分了解和应用大数据的人力资源稀缺

随着我国市场经济的发展，纳税人数量急剧增长，跨国、跨区域、跨行业的大型企业集团相继涌现，税源国际化和跨区域化趋势日益明显，同时大数据、技术不断进步，客观上需要既熟悉税收法律法规、税收征管业务，又了解税收数据分析的方法，从海量、杂乱的涉税数据中发掘信息，整合各种数据源并整理成结果数据集，揭示蕴含在数据中的税收经济规律和涉税疑点问题的人才。但目前税务系统普遍存在干部年龄偏大、队伍素质不高等问题。截至2012年年底，全国税务系统拥有博士和硕士学位的税务干部占全部税务干部的比例仅为3.64%，拥有“三师”资格证书的税务干部占全部税务干部的比例仅为4.41%①。缺乏能够有效利用大数据的人力资源，大数据对纳税服务工作的优势就难以发挥。

三、大数据时代提高纳税服务质量的对策

大数据时代提高纳税服务质量应从提高税务数据有效性，建立数据规范、提高数据质量，以及保障涉税信息安全性，加快培养税收大数据应用人才等方面着手。

（一）提高税务数据的有效性，保障纳税服务的针对性

1. 规范非结构数据的管理能力

随着非结构化数据在税务数据中的比例日益提高，在保证积累和运用以往的结构化数据的基础上，加大对非结构数据的获取、处理和分析的能力，有助于解决税务数据结构单一的问题。

目前税务机关可依托技术平台，加强对非结构化数据的规范、制度化管理。关于文本、音频、视频和图像等多种类型的非结构化管理，技术层面有多种处理方法。UDMS（Unstructured Data Management System）试图解决非结构化数据所带来的存储、查询、抽取、挖掘等问题；myBUD（my Bank of Unstructured Data），可扩展的非结构化数据统一管理的架构参考模型，能够从多个适合特定非结构化数据的存储服务中为特定非结构化数据类型选择合适的存储子系统，等等。税务机关可以应用这些方法，通过建立存储、分析、索引、搜索和环境模型，将模型的内容作为元数据进行存储，并将其映射到具体的数据引擎进行操作，实现税务非结构化数据的有效采集与分类，为税务机关提供符合其标准、内容与方法等要求的信息，发挥信息特性、信息提示和信息检索等功效。另外，还需要将分散于不同信息系统，如税务机关内部不同部门，金融、工商、海关等部门的非结构化数据，采用统一规范的管理办法，建立统一的税务数据应用分析平台，实现便捷灵活的联机查询和分析。

2. 规范结构化数据，提高数据质量

规范结构化数据的管理标准和采集规范，建立省、市、县（区）以及基层税务所四级数据采集网，设置涉税数据采集专业岗位，明确职责分工，专门从事纳税人交易相关方信息、经营动态信息等的采集；按照统一标准录入有关数据，并对采集的数据进行逻辑和真实性检验，建立数据审

① 刘磊，钟山．试析大数据时代的税收管理［J］．税务研究，2015（1）：89－92.

计规则，加强数据质量事中控制和事后比对，对使用过程中发现的数据问题及时修正，为数据应用提供可靠的信息来源。实现信息数据集中处理，将综合征管系统、发票管理系统、分析监控平台、房地产一体化管理系统等各类征管数据统一存储、加工和管理，实现各类信息资源互联共享，实现征管工作各环节在信息化支撑下的有效衔接。

在规范结构化数据和非结构化数据管理基础上，建立社会综合治税网络平台，设置统一的指标口径，通过信息平台的对接互通，将银行、工商、国税、房管、土地、建设等部门的涉税信息定期向税务部门传递，构建全方位的税收沟通、交流和监管体系。提高税务数据的有效性，有助于更加准确地进行纳税服务需求分析，保障纳税服务的针对性。

（二）创新税务数据挖掘方法，提高纳税服务工作效率

1. 创建科学有效的数据挖掘和分析体系

税务数据创新主要是通过创新思维，运用云计算、物联网、数据处理工具等新技术[①]，特别是大数据所要求的大规模并行处理（MPP）数据库、数据挖掘、分布式文件系统与数据库、互联网和可扩展的存储系统等特殊技术。在构建税务数据分析体系方面，注重宏观与微观相结合，通过宏观分析了解地区间、行业间、企业间税收情况，结合微观纳税人的实际纳税情况，找到纳税风险点，及时进行税务风险警示，强化税收风险管理；注重上级与下级相结合，税源管理专业化的思路就是“做实省局、做精市局、做专县局”，分级分类加强税收数据的挖掘分析，将纳税服务贯穿到整个税源专业化管理工作中，按照专业化的税源分类，有针对性地做好税法宣传、纳税辅导、纳税咨询等纳税服务工作。

2. 加强税务数据智库建设

大数据技术方法的应用，为加强税务数据智库建设提供了基础条件，其措施主要包括：强化税务机关的专业团队建设与管理，培养一批大数据的专业税务人才，提高其对税务数据的加工和分析能力；加强非税务部门和非传统渠道（网络分布数据）涉税信息的收集与分析，实现大数据“互联”的要求；加强纳税人与税源管理，逐步形成纳税信息数据库和纳税人数据样本库。此外，应适时推进税务机构改革，遵循组织架构扁平化与集约化的原则，按照税务信息管理功能设置机构和岗位分工，在市（地）级以上税务机关设立或健全大数据管理科（处、司、局），专职负责税务大

① 孙义成．云计算在税务信息化建设中的机遇与挑战［J］．电子世界，2013（6）：15－16.

数据的采集、挖掘、整理、分析、存储等活动，进而提高纳税服务工作效率。

（三）强化涉税信息的安全性，保障纳税人权益

1. 加强涉税信息安全的法律保障

在大数据背景下，纳税人信息尽在税务机关掌握之中，涉税信息安全是保障纳税人权益的前提。我国相继出台了《中华人民共和国政府信息公开条例》《关于大力推进信息化发展和切实保障信息安全的若干意见》《关于加强网络信息保护的决定》等有关信息安全的法律法规，也正在拟定出台《信息安全法》，以规范数据的采集、加工、存储、传输、使用、发布、查询、更新和共享等。

2. 强化涉税信息安全的人员保障

加大对税务机关工作人员涉税信息安全方面的培训力度，提高信息安全的意识，防止纳税人信息泄露，同时，应制定一整套约束各级税务机关人员和非工作人员的信息管理规章制度及奖惩制度，包括涉税信息保密、机房出入、口令密码和内外网强制隔离等管理制度，以及严密的安全管理责任、考评和计算机监管制度，确保税务部门信息系统的稳定、安全、有效运行。

3. 强化涉税信息安全技术保障

涉税信息安全技术保障是信息安全最为关键的措施。税务机关应加强网上办税系统硬件和系统软件平台建设，加大数据信息系统维护等资金的投入力度；建立涉税信息安全监控机制，通过工作人员用户认证与访问控制、VLAN、MPLS 及 SSL 加密、密钥交换、防火墙、防篡改和入侵测试等信息技术，对违规操作自动预警，及时查处，防范税务信息风险。

（四）加快培养税收大数据应用人才是提高纳税服务质量的保障

税务机关或税务人员在纳税服务的供给过程中，充当着指导者、教育者、信息传递者，纳税服务提供者的素质直接决定纳税服务的质量。为应对大数据时代的挑战，要加快培养一批全面掌握财务税收、数据分析、数理统计以及信息化技术等相关知识的复合型人才，要增强培养的针对性，积极开展专业人才特别是领军人才培养，引进国内外专家，要统筹国内外培训，实施分级分类培训，对税务部门管理者应树立大数据思维，重视大数据在税务管理中的应用等方面进行培训，对税务工作人员则侧重于税收数据的发掘，数理统计软件的使用等技能方面的培训。同时，还要注重高

端专业人才的培养，培养一批在相关专业领域有很深造诣的专家型人才。创新人才使用机制，发挥各类人才在税收管理工作中的重要作用，加强数据分析等各类专业队伍建设。

参考文献：

[1] 维克托·迈尔-舍恩伯格. 大数据时代［M］. 盛阳燕，译. 杭州：浙江人民出版社，2013.

[2] 程平，张硕. 大数据时代云会计在税收业务中的应用［J］. 会计之友，2015 (22)：127-130.

[3] 李荣. 大数据时代电子税务数据分析与应用研究［J］. 计算机光盘软件与应用，2013（19）：144-146.

[4] 刘磊，钟山. 试析大数据时代的税收管理［J］. 税务研究，2015（1）：89-92.

[5] 刘尚希，孙静. 大数治税的理念、模式及应用［J］. 经济研究参考，2016（9）：3-6.

[6] 刘尚希，孙静. 税收治理的新范式及政策挑战［J］. 经济研究参考，2016（9）：6-12.

[7] 彭骥鸣，陈爱明，韩晓琴. 大数据时代强化税收风险管理的思考［J］. 税收经济研究，2014（5）：28-35.

[8] 孙开，沈昱池. 大数据——构建现代税收征管体系的推进器［J］. 税务研究，2015（1）：96-99.

[9] 孙义成. 云计算在税务信息化建设中的机遇与挑战［J］. 电子世界，2013（6）：15-16.

[10] 孙懿. 大数据时代对税务工作的挑战与对策［J］. 学术交流，2015（6）：133-139.

[11] 王向东，王文汇，王再堂，等. 大数据时代下我国税收征管模式转型的机遇与挑战［J］. 当代经济，2014（8）：92-96.

[12] 王再堂. 大数据时代税务机关网上办税安全管理问题探析［J］. 税务与经济，2015（1）：106-108.

[13] 谢波峰. 大数据时代税收微观数据体系的构建［J］. 税务研究，2015（1）：92-95.

[14] 张孝，周宁南. 非结构化数据存储管理研［J］. 科研信息化技术与应用，2013（4）：30-40.

6. 大数据在税务风险治理中的应用研究

【摘要】大数据时代已然来临，这给税务风险管理带来一些新的机遇和挑战。本文将税务风险管理与大数据理论和实践相结合，分析大数据对税务风险管理过程产生的影响，并结合税务治理中大数据应用实践经验，提出构建税务大数据进行税务风险治理的新模式，从而减少税收流失，提高税务风险管理实效。本文还通过对税务数据进行现状分析，基于理想状态下的税收数据利用流程，针对大数据背景下我国税务风险管理困境，从组织架构、管理体制、人才队伍、业务流程等方面提出了具体的政策建议。

【关键词】税务大数据　案例分析　风险治理流程　对策建议

【作者简介】郭玉兰，中国社会科学院研究生院税务硕士
唐国强，江苏省苏州市吴江区地方税务局稽查局局长

一、税务大数据应用背景与概念

（一）大数据应用背景

大数据背景下，税务风险管理面临着快速增长的、更加纷繁复杂的数据环境，如何甄别并利用大数据打造升级版税收风险管理体系，是新形势下税收管理者面临的重要课题。随着商事制度改革和全面“营改增”的推行，传统的税务征管模式面临挑战，特别在经济转型、税收制度转轨的背景下，原有的制度和管理模式被打破，而新的制度尚未建立，容易造成税款流失。作为税收征管现代化的重要组成部分，税务稽查工作须适应新的变化和挑战，更新观念，转变方式，在治理税收流失，维护税收秩序，推进国家治理现代化等方面有所作为。[①] 面对税收数据爆发式增长态势以及税源精细化管理，和新兴行业带来的海量数据处理问题，可以通过构建税务大数据，基于税务大数据建立税务风险防控机制，

① 贾绍华．中国税收流失问题研究［M］．2 版．北京：中国财政经济出版社，2015：337－339.

利用税务大数据对面临的涉税风险做出迅速反应并及时采取有效应对措施。李克强总理在考察国家税务总局、财政部并主持召开座谈会时强调，“要进一步完善制度，加强引导，防止出现搞地方保护、市场分割等情况，依法严厉打击偷逃骗税等行为”。税务征管机关，在数据收集管理上存在优势，应将大数据管理思维引入税务风险管理，构建税务大数据，并基于税务大数据建立创新型风险防控机制。在新形式下探索大数据在税务风险管理领域的应用，是税务监管的重要改革，也是实现税收现代化的重要环节。

（二）税务大数据

税务大数据指来源于征纳双方，或其他机关、事业单位或企业法人提供的、与纳税人的生产经营活动和税务机关的征收管理有直接或间接联系的全部涉税信息，因此税务大数据即全面涉税信息。在大数据税务管理思维下，通过对全面涉税信息进行高效的采集、分析、应用，可以印证纳税人提供的涉税信息是否客观准确，弥补纳税义务人提供涉税信息的不足，及时发现纳税人税务风险，帮助税务机关加强税源监控，提高税务风险管理效率，防止税收流失。

利用税务大数据进行税务风险管理，是指在税务风险管理过程中应用大数据技术对涉税信息进行采集、分析和应用的税务风险管理模式。税务机关的大数据应用，是指采用新的平台，将申报、征收、减税、退税、登记、票管信息进行收集汇总，通过数据清洗、去轨迹等操作，对多系统数据进行共享与分析。简而言之，即是对内部管理及外部采集的大数据信息的综合归整和利用。对大数据进行的处理、分析与整合，将成为税务治理质效的关键。在未来的税收管理工作中，我们需要利用各种大数据分析技术和工具，挖掘和处理涉税大数据，在此基础上预测和分析最佳的税收管理方案，以支持税务机关做出更加合理的决策，提高税收征管质效，加快服务创新步伐，发现和开拓新的税源增长点，促进税收事业更快发展。在税务大数据助力税务风险管理过程中，涉税信息的获取、分析、应用是税务大数据税务风险管理的基础。特别是涉税信息获取的速度、广度、深度、准确度，决定了大数据下设定的风险指标识别点的及时性、全面型、精确性。构建税务大数据，并利用税务大数据进行税务风险管理将有助于提升税务机关的信息采集与应用能力，提高税务机关涉税风险管理效率，这主要表现为以下两个方面：

1. 税务大数据提高税务风险应对能力

通过构建税务大数据，建立税务风险管理机制，有助于提高税务机关风险应对能力。税务机关通过对涉税信息的全面收集，将分散在企业、税务征管系统、第三方和互联网等机构平台的数据汇集到税务大数据处理中心。在税务治理过程中，税务机关可以将较大风险层面的数据进行多方比对、核定，从而及时发现税务风险点，进行风险防控。同时大数据技术可使税务机关获得实时、准实时的涉税信息，动态掌握纳税人生产经营状况，通过动态地对风险点进行实时监控，显著提高税务机关风险管理能力。

2. 税务大数据提升风险识别的广度和深度

将税务大数据应用到税务征管领域，可以提升对涉税风险识别的广度和深度。应用税务大数据技术，解决了目前涉税信息在税务机关各部门、大集中系统各模块以及不同本地系统间碎片化存储、相互关联度低、难以全面反映纳税人信息和税收征管状况的问题。大数据技术通过形成全面的信息关联，使涉税信息成为税收管理资源，利用税务大数据，可以发现隐蔽的涉税风险，发现隐藏的税源，减少税收流失。将海关、银行、车管、土地房产、股票交易等多个部门的信息整合起来形成税务大数据，税务风险管理系统就能够利用大数据进行充分的综合分析研究，使得税务风险评价的准确度得到极大提高。

二、税务大数据应用理论基础

（一）动态与静态管理相结合，降低数据不确定性

应用税务大数据能够降低信息不对称和不确定性对税收治理的影响。涉税风险是由于信息不确定性导致的大数据可以使税务机关的数据终端与企业、其他政府部门、金融机构联网，能够实现实时获取，使数据及时、全面和真实。在大数据税务管理思维下，通过对全面涉税信息进行高效的采集、分析、应用，可以印证纳税人提供的涉税信息是否客观准确，弥补纳税义务人提供涉税信息的不足，及时发现纳税人税务风险，帮助税务机关加强税源监控，提高税务风险管理效率，防止税收流失。

（二）征管与服务相结合，促进税收公平

税务大数据能够助力税收治理的法治化，提高税务部门治理和服务能力，从而提高征管与服务能力，促进税收公平税务大数据为实现制度设计

和实际执行公平提供了可能。基于信息和数据平台的税收立法，可以使税制要素的设计契合经济社会发展趋势，使税收征管实现“两低两高”[①]。税收征管的公平原则体现为应收尽收，以尽可能减少偷逃税的可能性。“应收”基本上由税收实体法所界定，也就是税收收入制度来决定。“尽收”取决于税收征管法及其执行效率。利用税务大数据可降低人为因素的干扰，用数据发现问题的存在，在信息技术的支持下，计算机能够自动对涉税信息进行全方位处理，包括企业历史数据分析、行业对比分析、税源预测等，从而可减少税收征管部门的人力投入，降低人为因素的干扰，促进税收公平。

（三）征管与风险治理相结合，提升税务大数据价值

大数据时代税源管理新模式下，税务信息网络将为纳税人提供个性化服务。无论税收执法还是纳税服务，都需要在充分掌握纳税人情况和需求的前提下开展，大数据管理模式就是将分割的、独立的、碎片化的数据信息加以提炼、整合，找出税收流失的可能性和风险点，给出方案，最终提升税务大数据的使用价值，从而服务于税务部门和纳税人。我们可以用以下数学模型表示：$TAR = IR \times CR \times TDR$ 其中，TAR 指税务治理风险（Tax Audit Risk），IR 指固有风险（Inherent Risk），CR 指控制风险（Control Risk），TDR 指税务检查风险（Tax Detection Risk）。税务治理风险与固有风险、控制风险和税务检查风险成正比，因此通过降低固有风险、控制风险和税务检查风险可以降低税务治理风险。模型中固有风险，是指在税务征管中由于系统和税收法律法规的客观漏洞，税务风险管理模型中存在的风险；控制风险，强调在税务风险管理具体过程中存在的风险；税务检查风险指在发现风险点后进行税务检查时面临的涉税风险、执法风险等。而通过将税务大数据应用到税务风险管理模型中，会降低控制风险和检查风险，通过结合大数据处理技术形成的革命性优势，将促进税务治理风险的有效降低。

三、税务大数据应用现状与困境

（一）国内外应用现状

当前，税务机关在税务风险监督管控机制方面，除了政策管理机制外，在技术方法上较为先进的技术手段是，将评估企业按区域、年度、行业、规

---

① “两低”指降低税款流失，降低征税成本；“两高”指提高税收征管的质量与效率，提高纳税服务水平。

模划分后，应用传统数理统计及机器学习等其他方法，对税务专业数据进行风险识别、科学选样，并依据好的样本企业，建立行业标准纳税经营模型，建立税务分析预警数学模型。通过对企业各类经济指标进行风险识别分析，发现企业的经济特征异常点，确定行业中经营异常的企业等。

税务局自2013年起就着手研究大数据时代对税收管理发展带来的影响，探讨税务大数据技术应用于税收风险管理的前景，并建设了“涉税情报管理平台”作为信息化支撑，着重研究行业、事项和大企业等三类税收管理领域，通过从互联网上收集与纳税人有关的各类数据，经处理后与征管系统中的信息进行分析、比对，产生风险疑点实施推送应对。但由于税务大数据技术在税收管理领域的应用还处于起步阶段，大多还在设想和初步探索当中，各地运用税务大数据手段提高税收管理的水平参差不齐，广东的税务大数据应用尝试突出纳税人涉税风险和纳税服务方面；江苏税务大数据的应用尝试突出上市公司管理和纳税服务层面；安徽在2013年开始将税务大数据管理理念运用于税收管理，但目前尚局限于将散落在税务机关各部门及外部门的涉税数据整合利用。各地税务局对税务大数据的应用侧重点不同，效果差异也很大。

基层税务机关在实践中，也积极探索利用大数据进行税务风险管理。某地方税务局根据重点税源管理原则，对当地重点大型关联企业进行税务检查，充分利用税务大数据思维，对企业进行相关处理，共计补收税款6 715 814.67元，加收滞纳金69 900 721.12元，处罚款966 151.62元。该案例中，税务人员充分利用大数据思维进行税务风险防控，借助第三方信息、企业数据、互联网数据和检查人员丰富检查经验以及敏锐的洞察力，迅速找到突破口。通过对关联企业进行联动检查，综合分析、逐一排查疑点，特别是对互联网数据和第三方数据与企业提供数据的对比分析，Google Earth实时全景的创新应用，探索运用税务大数据进行税务稽查，防止税收流失，及时发现税收征管风险。税务稽查是税务风险管理的核心内容，是税务风险管理的最后一道关卡，关系到国家利益。在税务稽查中引入大数据思维，对于降低税收流失，及时发现税务治理的风险点有重大意义。传统的查账模式已然不适应现行企业的稽查，仅仅通过账本的检查，难以发现实际隐藏在账本之外的涉税风险。基于此案例，我们可以看出，对于税务稽查而言，应从传统的查账模式过渡到税务大数据思维下全方位、立体式的稽查模式。检查既要立足于账本，但不能局限于账本，要充分借助税务大数据平台，利用互联网信息、第三方信息、企业提供信息和实地调查情况进行分析对比，发现隐藏在企业的涉税风险。

美国联邦税务局的税收管理依托税收风险管理信息系统实现，通过纳税人电子申报、申报数据集中存储、建立申报表风险打分和涉税问题识别系统、建立税收风险识别规则库、按照税收风险排序并分配工作任务等环节进行分析选案。美国国内收入署（IRS）对纳税人申报信息与各种公开信息记录进行比较，特别针对申报表中的税前列支内容、退税信息创建了大量算法，寻找其中的疑点，利用税务大数据预测纳税人涉税违法行为。

2013年，英国税务海关总署与著名数据公司SAS达成合作，以大数据技术监控电子商务交易。英国充分利用了其全国邮资定价体系提供的物流信息、银行卡交易体系提供的支付信息等数据与纳税人申报情况进行比对分析，2013年当年减少了约10亿英镑的税收流失，预计未来能够达到200亿英镑的规模。同时，英国早在2009已立法要求银行、非银行发卡机构、非银行收单机构和电子货币发行机构等在线服务企业提供其客户信息。其他主要发达国家都通过了类似法律，保障税务机关及时、有效获取涉税信息。

2013年1月4日，意大利税务机关宣布启用新的计算机信息系统"REDDITOMETRO"，利用统计数据将意大利分为五个区域，并定义了11种纳税人类型，分别分析包括住房、社会保障贡献、康乐活动等七方面信息，比对纳税人申报的收入、支出的真实性。希腊税务机关则利用Google Earth来比对纳税人房产税申报情况与卫星照片信息的差异，核对其纳税真实性。

（二）税务大数据应用启示

经分析，包括中国在内的一些国家和地区均非常重视税务大数据的应用和税务数据平台建设，在大数据应用于税务风险治理方面做了尝试。总结起来，对我国现阶段税务大数据信息平台建设有以下几点可供借鉴：①设立统一的纳税人识别号。联邦税制下采用统一的代码对纳税人进行登记，税务登记代码和社会保障号码一致，代码的通用性方便了税务部门与其他部门交换信息。②在法律保障下建立严密的部门间信息互联网络。在西方国家，税收征管的高度电子化及计算机全面联网形成了比较广泛、严密的税收监控和分析网络，为第三方信息情报资料的分析与利用创造了条件。③要深化对多方信息的分析利用。近年来，美国启用了数据挖掘（NCR）和信息匹配程序，对纳税人的有关信息进行搜索、追踪、锁定，把从银行、雇主得到的信息与纳税人申报表上的信息进行对比，对其可靠性和匹配程度进行打分，并提出最佳处理方法，减少了征管成本和对纳税人不必要的干扰。

总体看来，我国在税务大数据方面，着手较早，起步较早，在实践中应用尝试较早。但就目前情况来看，我国在税务大数据建设、平台建设、数据利用方面还存在一些差距，需要进一步探索解决。

四、基于大数据的税务风险治理机制探索

（一）税务大数据来源的真伪分析

如前所述，目前税务大数据主要问题是数据源单一，数据的可靠性低，数据采集、挖掘和利用效率不高。针对税务大数据数据源存在的问题，本文将对税务大数据的来源进行分析，尝试通过以下途径获取全面涉税信息用于税务风险治理，构建税务大数据，提升税务大数据利用的广度和深度。

如图 1 所示，我们认为税务大数据的来源有以下几个方面：

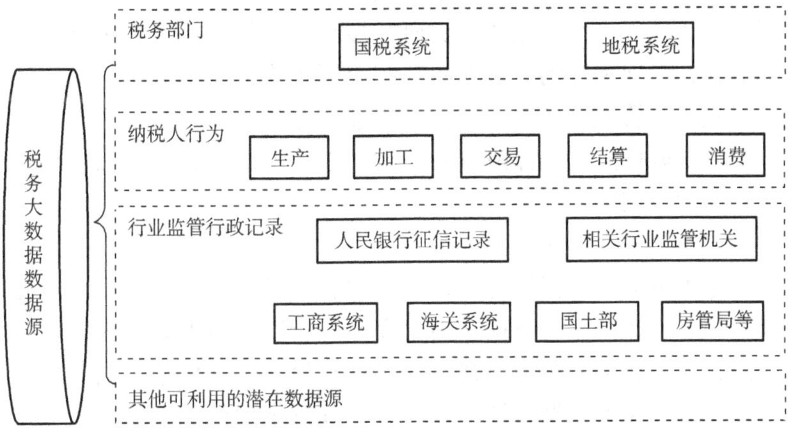

图 1　税务大数据数据源图解

一是税务部门数据，此类数据主要是存储在国税和地税征管系统的基础数据，可以从税务内部系统中直接获取，具体包括纳税人税务登记、纳税申报等环节形成的涉税信息。

二是纳税人行为数据，是指纳税人在生产、加工、交易、结算和消费等过程中形成的涉税信息。如企业的 ERP 系统数据、企业资产负债表、法定代表人相关消费数据、资产数据、企业社会评价及承担的社会义务信息等。

三是行业监管行政记录数据，主要是存储在政府部门的涉税信息。这部分信息可靠，数据质量高，如人民银行、相关行业监管机关、工商、海关、国土、房管等部门提供的涉税数据。

四是其他可利用的潜在数据源，主要指有利于税务大数据构建的其他

涉税信息。

（二）构建基于税务大数据的风险治理模式①

基于税务大数据的风险管理模式以“大数据”驱动发展，打造高效、先进、有效管理并不断优化细节的新型风险管理模式，在此模式下的涉税风险管理能及时发现企业涉税风险，降低税款流失风险，保障国家税款及时足额入库。基于税务大数据构建以税收风险管理为导向，以分类分级管理为基础的现代税收征管体制，加快税收征管的科学化、信息化、国际化进程，精准实施税收风险监控是践行五大发展理念，健全现代税收制度的重要体现。

1. 建立专门大数据研发与管理机构

为保障数据的采集开发和应用顺利进行，应建立国家层面的税务大数据管理机构，成立专业的团队负责研究拟订并组织实施大数据战略、规划和政策措施，引导和推动大数据研究和应用工作；组织制定全面的第三方涉税数据收集、管理、开放、应用等标准规范等；通过协调政务信息资源共享，统筹协调信息安全保障体系建设，推动形成全社会大数据形成机制的建立和开发应用。

2. 完善税务大数据信息平台

构建完善税务大数据信息平台，在现有信息平台基础上，以全方位的数据管理和多层次的深度数据应用为突破口，以大数据思维完善税务大数据数据源，加快相关的多方数据源的接口建设。建立包括数据集中安全存储、智能分析、深度挖掘、纳税服务需求分析等现代化的税务大数据综合应用集成的信息平台。一方面，以税务大数据为基础建立税收信息平台系统，增强税务部门对纳税人信息的掌握，有助于税务部门提前对纳税人的涉税风险点进行检测和预警，并及时提醒纳税人进行更正；另一方面，税务部门能够利用平台的风险治理能力，发现并分析纳税人的服务需求，降低纳税人的纳税成本和全社会的征税成本。可以预见，基于大数据的税收征管将进一步减少税收征管对纳税人生产经营的干扰。

3. 建立税务大数据风险治理机制

税务大数据应用为税务部门有效处理复杂涉税问题提供了新的手段，有利于提升政府治理能力，实现政府治理能力现代化。通过深化税务大数据的应用，建立税务大数据风险治理机制，可以提升政府决策和风险防范水平。

---

① 参考苏州市地税局大数据建设应用经验。

如图 2 所示，税务大数据风险管理流程主要有四个环节：数据采集、税务大数据、风险治理、风险服务。在数据采集阶段，数据主要来源于税务部门、纳税人行为、行业监管行政记录、其他潜在数据。根据数据采集的信息，形成税务大数据，在税务大数据阶段首先要进行的是数据的存储，进而完成数据清洗，根据获取的数据进行分析预测，对数据进行挖掘，进而形成数据报告，实现税务大数据风险监控，从而分析企业涉税风险，支持税务机关进行决策。风险治理是基于税务大数据进行的，主要包括风险监测、风险评估、风险分析、风险控制、风险报告、风险服务和风险管理。最后是风险服务环节，税务机关利用税务大数据进行税务稽查、税务征管；纳税人利用其进行内部风险防控。

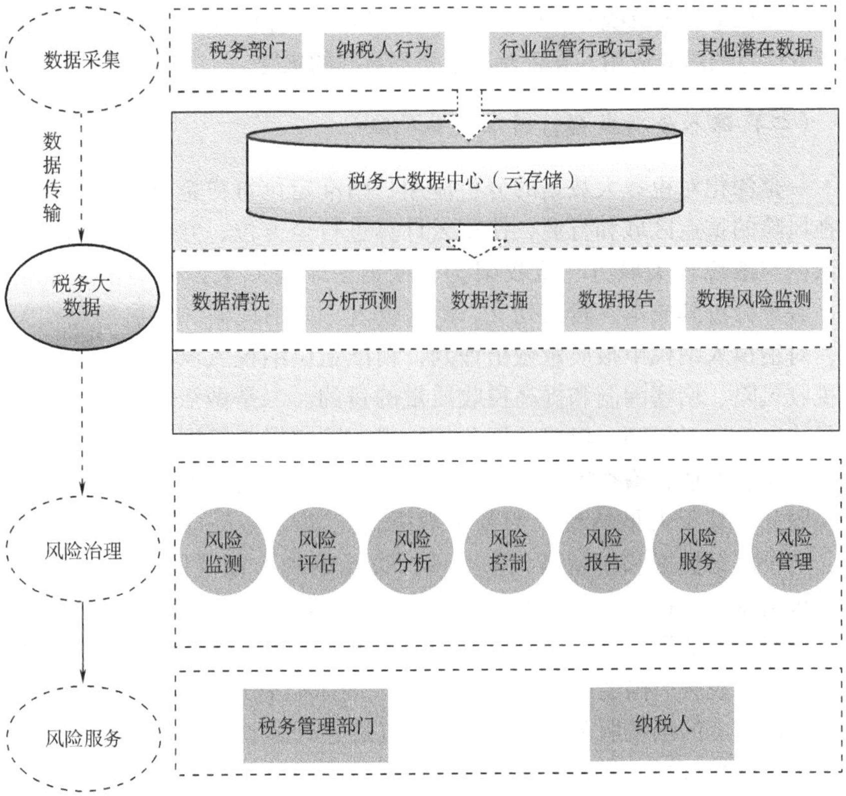

图 2　税务大数据风险管理流程①

① 基于税务大数据风险管理流程，得到了苏州吴江区地税局数据与风险管理科朱利强的帮助，特表感谢！

五、完善税务大数据应用的对策建议

（一）完善相关法律，提供制度保障

通过修订《税收征收管理法》及其实施细则等，规定各级政府部门与税务机关在实现信息共享及税收征管工作过程中双方的权利和义务，并进一步明确相关法律责任。借助法律法规的权威性和约束作用，打破部门壁垒，扫清人为设置的各种障碍，提高涉税信息采集的可靠性和及时性。在新的征管法中，要通过清单的方式列举需要提供数据的单位，并联合税务征管机关共同制定各个单位提供数据的方式、提供数据的项目等具体事项。由于各自定位和角度不同，各个部门的字段定义和内容口径、含义各不相同，因此只有在最高层级建立规范统一、口径一致的公共信息交换平台，才能更好地推动第三方信息的高效应用，真正解决信息不对称的难题。

（二）深入分析数据，精准定位风险

一是深化对税务大数据的分析应用，精准定位每户企业风险所在。对存在风险的重点区域和行业，使用云计算进行全方位、立体化扫描，将征管数据与纳税人关联方、股权架构、进销往来等原来分散的信息集中分析，着重分析其成本、费用列支、销售收入、应纳税额、亏损额等相关指标，对纳税人纳税申报质量做出评判，精准定位纳税人风险所在，达到发现税收风险、堵塞漏洞和提高税收质量的目的。二是做活数据推送。推行差异化风险应对机制，根据数据分析结果，确定风险级别，按级别运用提醒、约谈、评估、稽查等风险应对策略。三是利用税务大数据，提供精准纳税服务。基于大量纳税人的基本数据，比如纳税人的税收征管平台数据、电子申报数据和纳税咨询信息等，以及纳税人涉税信息、行为信息、和需求信息等，任何与纳税人相关的数据均可作为税务数据源被收集和存储。根据获取的税务大数据，通过建立模型，分析纳税人涉税情况、纳税疑难问题和税务风险管理情况，对纳税人的风险管理偏好进行全面了解，进而提供精准的纳税服务。税务机关可以通过开通涉税提醒服务，针对纳税申报、催报催缴、优惠政策落实、定额核定调整等内容，通过互联网渠道及时推送给纳税人，使纳税人能够提前预知、提前纠正、提前防范，帮助纳税人化解风险。税务机关应提升风险应对能力，创新应对方法，改革应对机制，务求降低风险。

（三）基于税务大数据，构建纳税信用评级

将税务治理风险控制与税务大数据征信进行结合，构建税务大数据信用评级机制。一是基于税务大数据对纳税人进行信用评级。通过搜集企业涉税信息、第三方信息及互联网信息，同时结合税务征管系统数据，对纳税人信用进行全面评级，针对信用等级高的纳税人，可以提供更多的纳税便利，对信用等级差的纳税人进行重点关注。二是纳税人与第三方对纳税服务质量定期评价反馈制度，持续改进和提升纳税服务工作质量。加快建立促进诚信纳税机制，为纳税信用好的纳税人提供更多便利，对税收违法“黑名单”纳税人实施联合惩戒，深化纳税信用信息的共享共用，充分发挥纳税信用在社会信用体系中的基础性作用。① 三是利用税务大数据提升纳税服务。基于税务大数据可以全面了解纳税人涉税情况，稽查人员可根据政策要求，依照纳税人实际经营情况、减免税优惠条件和第三方数据交换信息，根据纳税人申请、申报、认定信息，通过网上办税厅或短信平台对其进行优惠提醒，实现税收优惠变纳税人申请为税务机关推送，保证优惠对象的全覆盖。

参考文献：

[1] 贾绍华．中国税收流失问题研究［M］．2版．北京：中国财政经济出版社，2015：337－339.

[2] 刘兵．税务稽查风险提示与防控策略［M］．北京：中国税务出版社，2015：6－9.

[3] 焦瑞进．税收治理现代化及其数据应用分析［M］．北京：中国税务出版社，2015：3－9.

[4] 刘尚希，孙静．数据思维：在税收风险管理中的应用［J］．经济研究参考，2016（9）．

[5] 刘尚希，孙静．税收治理：基于大数据的理论思［J］．经济研究参考，2016（9）．

[6] 贾绍华．我国税收流失的测算分析与治理对策探讨［J］．会计之友，2016（13）．

[7] 倪东升，郭玉兰．新型稽查预案的探索应用——以苏州地税“查前预案为例”［J］．中国税务稽查·厉风，2016（3）．

[8] 刘畅．大数据背景下需改革税收征管模式［J］．税收征纳，2014（12）．

[9] 刘京娟．大数据时代下的税收风险控制［J］．湖南税务高等专科学校学报，2014（6）．

---

① 王军．践行五大发展理念，健全现代税收制度［J］．求是，2016（6）．

[10] 刘磊，钟山．试析大数据时代的税收管理［J］．税务研究，2015（1）．
[11] 谢波峰．大数据时代税收微观数据体系的构建［J］．税务研究，2015（1）．
[12] 孙开，沈昱池．大数据——构建现代税收征管体系的推进器［J］．税务研究，2015（1）．
[13] 谢波峰．“互联网+”时代的税收风险管理［J］．中国税务，2015（8）．
[14] 王向东，王文汇，王再堂，黄莹．大数据时代下我国税收征管模式转型的机遇与挑战［J］．当代经济研究，2014（8）．
[15] 谭荣华，焦瑞进．关于大数据在税收工作中应用的几点认识［J］．税务研究，2014（9）．
[16] 彭骥鸣，曹永旭，韩晓琴．大数据时代税源专业化管理面临的机遇与挑战［J］．税收经济研究，2013（6）．
[17] 维克托·迈尔-舍恩伯格，肯尼思·库克耶．大数据时代：生活、工作与思维的大变革［M］．盛杨燕，周涛，译．杭州：浙江人民出版社，2013.
[18] 龙子午，云鹏．大数据时代对CPA审计风险与审计质量的影响探究［J］．会计之友，2016（8）．

7. 依托“互联网+”打开税收风险管理的新局面

【摘要】互联网应用的创新发展对我国政治、经济、生活等各方面均产生了深远的影响。同时，互联网技术的发展也给我国税收工作带来了更多的机遇和挑战，其对于税收风险管理的影响更为深远。在“互联网+”的大背景下，“税收风险管理工作如果不主动拥抱互联网就没有未来”逐渐成为税收工作者的一项共识。本文通过“互联网+”背景下我国目前税收风险管理工作面临的机遇和挑战入手，进行深入分析，并结合自身的工作实践，提出充分利用互联网思维，依托“互联网+”的力量优化税收风险管理的一些建议。

【关键词】互联网+　税收风险管理　纳税遵从

【作者简介】丁芸，首都经济贸易大学财政税务学院教授

2015年7月20日，国务院正式颁布《关于积极推进“互联网+”行动的指导意见》（国发〔2015〕40号），积极推动技术进步、效率提升和组织变革，提升实体经济创新力和生产力，促进形成更广泛的以互联网为基础设施和创新要素的经济社会发展新形态。在此背景下，我国税务机关必须主动去拥抱互联网，着力探索税收风险管理与“互联网+”的深度融合，学会运用“互联网+”的思维方式来处理日常工作中的各种税务问题，防范和化解税务风险，为税源管理和建设提质增效。

一、税收风险管理简述

（一）税收风险管理的概念

所谓税收风险管理就是以风险管理理论为基础，将现代风险管理理念与现实的税收征管相结合，以涉税风险管理为导向，通过数理技术及风险管理技术对各种可能的涉税风险信息加以识别，在对纳税人涉税风险度进行科学测评的基础上，根据涉税风险的不同，采取相应的风险应对策略，以缓释和化解税收风险，为后续一系列税收风险管理活动提供支撑，以提高纳税人的税收遵从度，减少税款的流失。

我国税收风险可主要划分为税源风险和执法风险两种。前者主要是纳税遵从方面的风险，即纳税人出于主观或者客观的原因所导致的税收流失的可能性风险；后者主要是指税务人员执法中，因违反税收法律及管理制度所造成的税收流失及纳税人合法权益受损的风险。基于“互联网+”的背景，本文着重从前者入手对我国税收风险管理问题进行思考探索。

（二）税收风险管理的必要性

税收风险管理的终极目标是实现纳税遵从。一方面，税收风险管理对于我们的税收工作来说，还是一个复杂、多层次性的命题，它不仅涉及税收征管、税务审计，还涉及纳税评估、税务稽查等多个方面，税收征管难度日益增加。这就意味着，税务机关必须推动和完善税源专业化改革，实现税源管理的科学化、专业化、精细化，以应对各种可能出现的涉税风险。另一方面，由于税务机关面对的纳税人结构日益多样化、税务管理业务日益复杂化，这就非常考验税务部门征管资源的配置能力。因此，要提高纳税遵从度，就必须充分利用税收风险管理方法论，对有限的税收征管资源进行最优配置和充分运用。

二、“互联网+”背景下税收风险管理面临的机遇和挑战

“互联网+税务”是一种新的征管模式，是通过互联网，依托信息化手段，使得纳税人足不出户即可网上办理涉税事务，办税时间和场地都不受限制，不仅纳税人获得便利，而且使得涉税信息得以完整保留，有利于提高纳税遵从度。与此同时，“互联网+税务”使得税收工作向智能化、人性化方向发展，能够最大限度提高税务机关的征税效率。通过互联网和税务信息系统，征纳双方的涉税信息更加透明公开，征纳双方沟通更加顺畅、及时，这为税务机关的税收治理提供了广阔空间。

“互联网+税务”不是简单的二者相加，而是运用互联网思维，积极主动地改变传统的税收征管模式，改善征纳双方关系的新变革。税务系统要把握“互联网+税务”这个新契机，创新推出服务新举措，为税收征管、纳税服务等提供优质的专业化服务。

（一）“互联网+”背景下税收风险管理面临的主要挑战

1. 涉税信息整合难度加大

众所周知，互联网时代也是“信息爆炸”的时代，信息资源成为一种非常重要的社会财富。“互联网+”突破了以往个体信息传递的局限，逐

渐呈现出大数据、云计算等特征。尤其是我国“金税三期”工程推行后，涉税数据呈跳跃式增长，涉税信息整合处理的难度进一步加大。然而，由于税收信息化建设的滞后，税务机关尤其是基层税务机关的数据管理和数据处理能力相对还比较欠缺，面对海量涉税信息却不能有效整合、充分开发，造成涉税信息资源的浪费。另一方面，各级税务机关自行开发搭建数据处理系统，各自为政，整合性差，数据质量难以保证，并且存在很多的垃圾信息，这给数据处理带来了很多的麻烦。

2. 涉税信息不对称问题更加突出

“互联网+”背景下，一方面企业的营业收入更多来源于无形资产、虚拟产品、互联网增值服务等的销售，其产品本身就是数字化的而非传统的实体商品，与实体经济相比，其利润更便于转移；另一方面，越来越多的企业通过实行集团化运作，跨区域开展经营活动，加之许多企业的重大交易事项保密性强，交易方式复杂多样，这与现行属地税收征管体制下的分散管理以及由基层税务机关处理各种涉税事项之间日益矛盾。伴随税源流动性的加强，税源的隐蔽性也越来越强，这就造成了涉税信息不对称问题更加突出，从而造成层出不穷的征管漏洞、税源流失及可能的税收执法风险。

3. 税收风险监控人才异常缺乏

“互联网+”时代涉税信息的提取是税收风险管理的基础，而对海量的涉税数据进行分析处理才是税收风险管理的关键所在。然而，海量数据的处理绝非易事，它需要许许多多既具备丰富的税收专业知识和实践经验，又熟悉大数据分析处理，同时又具有创新精神和奉献精神的综合型人才来建立和维护风险监测模型，对数据进行分析提取。但是，现实情况却是，做系统开发的不懂税收，懂税收的又不懂系统开发，缺乏综合型人才。系统开发和税务机关的实际需求脱节严重，使得税收风险管理难以取得突破性的发展。人才的缺乏在一定时期内将成为困扰税务风险管理工作有效实施的一大痛点。

（二）“互联网+”背景下税收管理面临的主要机遇

1. 为税收风险管理理念的转变提供了机遇

一直以来，税务机关习惯于把提高纳税人的纳税遵从度作为税收风险管理的基本目的，过分强调涉税风险案件的事后精确发现和及时处置，而忽略了对纳税人的服务。在“互联网+”背景下，税务机关在纳税人经营异常或出现异常数据时，更容易通过大数据、云计算等现代信息技术手段及时发现纳税人的涉税风险，这就为税务机关通过事前手段化解涉税风险提供了更多可能性。因此，随着“互联网+”的发展，税务机关应适时转变税收风险管理的思路，将税务风险管理由通过征管手段来完成，逐渐向纳税服务手段优先转化，通过推送提醒等人性化服务及时将可能存在的涉税风险告知纳税人，为纳税人主动化解风险提供可能，从而将绝大多数的涉税风险案件消灭在了萌芽状态，这也有利于和谐征纳关系的建立。

2. 为建立各方面的深层协同提供了可能性

由于部门利益的束缚，税务机关与其他部门之间的信息共享、信息联动机制落实缓慢。但在“互联网+”背景下，推行全面的信息化管理日益成为各部门共同的诉求，这有利于税务机关加深与其他部门的联系，搭建大数据共享平台，实现税务、公安、工商、法院、海关、银行等部门的信息数据互通共享，通过云计算、大数据技术对各种数据进行网络化、智能化、人性化、协同化处理，为各方共同应对各种风险提供强大的数据支撑。

三、“互联网+”背景下创新税收风险管理的思路

在“互联网+”背景下，税务机关应理解“互联网+”的核心精神，开创税收风险管理的新局面，主动顺应时代的变化。要充分把握和了解“互联网+”时代的新特点、新要求和新挑战，通过对大数据、云计算的深度挖掘，最终形成以合作型遵从为特点的税收风险管理新局面，最大限度地为纳税人提供全面的纳税服务，和谐征纳关系，增强税收协同。结合自身的工作经验，笔者对于如何利用互联网思维创新税收风险管理作出以下几点思考：

（一）构建税收风险管理保障体制

首先，加快推动涉税信息提供制度的立法工作。在“互联网+”背景下，高效的涉税信息提供制度是税收风险管理体系建立的基础。因此，建议由国务院牵头制定涉税信息提供管理实施办法，为税务机关依法要求纳税人及其第三方提供准确有效的涉税信息数据提供法律依据。在制度制定的过程中，可以充分运用互联网进行社会宣传，广泛听取公众的意见建议，并进行多方论证，以保证制度的科学性。其次，各基层税务机关应结合自身实际情况设立专门的风险监控管理机构，以管理协调相关部门、科室的税收风险管理工作，进一步完善工作机制和工作流程，在税务机关内部形成一个协调配合、联动监督、良性互动的闭环工作模式，打造税收风

险管理的“拳头”。

（二）搭建基于“互联网+”的税收风险管理平台

目前许多地方的税务机关已经尝试建立或正在搭建基于地方需求的税收风险管理平台。下一步应在税务总局的统一部署下，在全国范围内建立一个统一的基于“互联网+”的税收风险管理平台，通过该平台统筹税收信息化建设，推动互联网创新应用成果与税收风险管理的深度融合，实现与各地税务风险管理系统的数据对接。各地税务部门在此平台上可以根据自身需要调整和维护自己的风险监控模型。

税收风险管理平台是一个信息采集平台，也是一个集合的数据加工厂，要实现其最大功效，必须不断提升数据挖掘、数据获取、数据整理、数据分析、风险识别的能力。鉴于此，本文认为应从以下两个方面着手：

1. 通过信息共享提升大数据信息获取能力及税收风险发现能力

首先应建立以大数据为依托的风险信息支撑，利用金税工程推广的契机，推动税务和工商、法院、财政、银行、保险、国土资源、房管、城建、统计、发改、国资等相关部门的信息共享，打破部门信息壁垒；第二，要大力搜集、挖掘散落在互联网上的海量涉税信息，大力拓展各行业协会、电商平台、社交平台等外部涉税信息获取渠道。通过对这些信息的不断提炼、加工，逐步建立起按地域、行业、税种、涉税风险点等多维度、全天候的实时数据库，建立“一户式”纳税人信息档案。对于发现的涉税风险，要及时运用“互联网+”的协同理念和技术，实现各相关单位的信息共享，实现互联互通共同以应对风险。

2. 建立科学合理的“互联网+”税收风险内部管理流程

一方面，要规范数据归口管理，构建以团队化分工协作为主导的风险管理业务流程，仔细梳理数据挖掘、数据获取、数据整理、数据分析、风险识别、风险排查、风险处理、风险监督等风险管理链条，将各项工作职责和业务流程规范化，落实责任机制，保证风险数据的及时有效处理；另一方面，要切实落实统一采集入口、统一数据处理，并且要不断整合优化数据采集工具，在不断扩大数据采集的广度和深度的同时，保证数据质量的提高，掌握去伪存真的技术，切实避免垃圾数据的干扰，保证数据的纯净和真实。

（三）拓展基于“互联网+”的纳税人服务平台

事后的风险补救远不如事前的风险防范。因此，税收风险管理的根本在于税务机关切实转变观念，将税务风险管理由通过征管手段完成逐渐向纳税服务手段优先转化，建立以纳税人为核心的现代纳税服务体系。各级税务机关通过职责分明的线下税务监控体系，以及税务业务全覆盖、办税流程简便的在线办税服务体系，实现线上线下高效协同的无缝对接。要着力开发能深入分析纳税人涉税特征及行为偏好的纳税识别工具，通过智能识别为纳税人提供有针对性的涉税信息提醒，提升涉税服务的针对性和实效性，也为纳税人快速办税提供强有力的基础。要着力开发基于移动端的移动涉税服务平台，使纳税人足不出户即可享受信息化服务。办税的便利、纳税人税收风险的及时提醒，一方面有助于纳税人主动应对风险，另一方面也可有效地将涉税风险消灭在萌芽状态。实践经验表明，纳税服务手段和纳税服务理念的真正转变才是降低征纳双方风险的根本所在。

（四）打造素质过硬的“互联网+”综合型人才队伍

为适应“互联网+”时代要求，推动税收风险管理的现代化，需要一大批既具有深厚的税收专业功底又深谙税收信息化发展规律，既具有互联网创新思维又懂得大数据、云计算技术研发的综合型人才。要打造素质过硬的“互联网+”综合型人才队伍，就必须完善税务机关的人才管理机制。首先，要注重内部人才队伍的培养，完善内部培训机制，在强化税务专业知识更新培训的基础上，着重加强互联网应用技术、数据管理、风险管理等方面的培训，提高全员的信息化素质水平；其次，积极引入社会力量，做好高素质人才的引进、培养及人才储备建设工作，完善人才激励和保障机制，创造良好的人才梯队化成长机制，吸引更多的具有互联网创新思维的人到税务队伍里来。同时，要不断优化人员组合，合理配备资源，使得人尽其才，避免人才资源的浪费，为税收风险管理现代化提供强有力的组织和人才保障。

参考文献：

[1] 国家税务总局．国家税务总局关于印发“互联网+税务”行动计划［J］．中国工会财会，2015（12）．

[2] 谢波峰．“互联网+”时代的税收风险管理［J］．中国税务，2015（8）．

[3] 姚轩鸽，魏春田．税收风险的预警和防范［J］．中国经济报告，2014（1）．

[4] 彭骥鸣，陈爱明，韩晓琴．大数据时代强化税收风险管理的思考［J］．税收经济研究，2014（5）．

［5］张景华．税收风险识别模型的构建［J］．税务与经济，2014（1）．
［6］李忠华，贾心明．预防和化解我国税收风险问题探讨［J］．经济纵横，2011（4）．

8. 对我国电子商务税收征管问题的研究

【摘要】本文从电子商务的概念、类型、特征和发展前景等入手，着重介绍我国现行税收征管现状，分析电子商务税收征管存在的问题及原因。然后，通过电子商务征税的必要性和可行性两方面切入，阐述不管是已征税的 B2B、B2C 等电子商务模式，还是仍存在争议和监管漏洞的 C2C 等模式，都有征税的必要性和可行性。最终，从电子商务的特殊性角度，分析电子商务的特殊性，继而针对这些特殊性，提出完善税收征管制度的建议。

【关键词】电子商务　税收征管问题

【作者简介】朱梦珊，首都经济贸易大学财政税务学院研究生

一、电子商务概述

（一）电子商务的产生及定义

电子商务，顾名思义就是通过计算机和电子网络进行的商品交易活动。电子商务的产生是建立在 EDI（Electronic Data Interchange，电子数据交换）技术的应用基础之上的。根据 EDI 传输网络的发展变化，电子商务的发展可以分为两个阶段：第一个阶段是 20 世纪 60—90 年代，EDI 主要通过租用的专用网络 VAN（Value - Added Network，增值网）传输，但由于 VAN 使用费用过高，采用电子商务的基本是大型企业；第二个阶段则是 20 世纪 90 年代至今，随着 Internet 技术的日渐成熟和迅速普及，Internet 逐步取代 VAN 成为 EDI 的主要传输网络，电子商务得到了迅速发展。① 电子商务产生和发展的条件主要有以下几点：一是计算机的大量普及，这是电子商务得以发展的基础条件；二是互联网的迅猛发展，Internet 的低价快捷使其逐渐成为了重要的信息交流媒介；三是电子金融的普及应用，金融机构及各大银行不但退出了快捷方便的信用卡，还由此形成了完善的信用

① 吴晓红．电子商务［J］．中国档案，2003（8）：45.

卡网络支付和结算系统。再加上诸如 SSL 协议、加密技术、数字签名等安全技术的发展，为电子商务提供了一个安全而有利的环境。

（二）电子商务的类型及特点

电子商务是一种跨越交易双方国界，交易对象在国际自由流动的新的贸易方式。如果按照电子商务中交易各方的关系来划分，那么常见的模式包括：企业对企业的电子商务交易活动（B to B），我国已经将 B2B 模式的电商纳入了税收征管的范畴，进行 B2B 电子商务的企业有承担税负的义务；还有企业对消费者进行的电子商务交易活动（B to C），该模式是我国最早的电子商务交易模式，常见的天猫、京东都属于 B2C 模式，该模式下的电商经营者都比较正规，也易于进行税收征管；还有个人对消费者进行的电子商务交易活动（C to C），身份为个人的电商经营者在这里进行电子商务活动，该模式下的电商经营规模大都较小，但数量庞大，不易进行税收征管。

不同于传统商务的商品交易模式，电子商务基于网络数字化，其与传统商务的销售模式大相径庭，也正因如此，电子商务的产生和发展给现行税收征管制度造成了巨大的冲击。与传统商务相比，电子商务具有以下特点：

1. 虚拟性

这是相对于传统商务而言的，也是和传统商务最大的区别之一。传统商务有自己的门面、地址，电子商务只是平台上的一个链接、一个网址；传统商务是买家、卖家面对面，而电子商务不需要面对面；传统商务进行现金交易、刷卡交易，电子商务可以通过网上银行、第三方支付等方式进行交易；传统商务是一手交钱一手交货，而电子商务的商品传递依托的是物流机构甚至是网络下载。①

2. 低成本、高效率

电子商务不需要卖家出门，也不需要卖家有成品展示，这就使得购物的整个环节都可在家中完成，省去了买家逛街的成本，也省去了卖家店面的成本，避免了积压库存的风险，宣传方式也更加简洁。同时，计算机应用系统可以帮助人们对商务信息自动快速处理，极大缩短了交易时间，使得商务交易变得更加快捷方便。

3. 超越时空、地域的限制

互联网的出现和运用打破了时间和空间对商务活动的限制，任何企业

① 高富平，尹腊梅. 电子商务法律基础［M］. 北京：北京师范大学出版社，2011：23.

和个人都可以通过互联网成为全球这个统一大市场的主体。一方面，货物、服务、资本和技术都可以通过网络在全球范围内流动，使电子商务活动没有了地域上的限制。另一方面，通过计算机自动处理技术，消除了人的生理周期限制，使得电子商务活动可不受时间的制约。

总体而言，电子商务与传统商务在本质上是相同的，即都是交易的主体（卖方和买方），在一定的区域或空间内，以货币作为媒介进行商品资源配置的活动，但两者也有诸多方面的不同。电子商务的优势使其发展速度极快，推动了经济的发展，改变了贸易的模式，也促进了科技的发展。同时，电子商务的一些特征也造成对现行税收征管制度的冲击。

二、电子商务税收征管存在的问题

（一）从税收要素分析

电子商务的虚拟性、创新性、全球性、经济性等特征对传统的关于税收要素的认定造成冲击，继而给税收征管制度带来挑战，主要表现在以下方面：

1. 纳税主体不清晰

目前，我国电子商务销售商的注册、登记还没有相关制度要求，在税收征管方面也暂时没有明确要求，很多人进行电子商务活动时没有进行任何的登记。这导致税收部门在征税时，无法查证纳税人的身份，税收工作也因此无法开展。

2. 纳税对象不明确

电子商务本身具有虚拟性的特点，这个特点决定了在电子商务交易过程中存在很多虚拟化的商品，例如通过互联网下载的收费软件、知识指导等虚拟产品，这种类型产品的无形化导致商品的本质难以确定，以目前的税种不能对其进行分类，更不用说对其征税了。

3. 纳税期限、纳税地点无法确定

现在的税收制度规定的纳税期限是在传统贸易的基础上定义的，以支付方式或者发票的开具时间为纳税义务发生的时间点，这种定义并不适用于电子商务，纳税期限对电子商务而言也就失去了约束力。同样，由于电子商务的流动性，如何确定纳税地点也需要重新界定。电子商务的特殊性也造成了税收管辖权的难以确定，而税收管辖权是指政府在征税方面所拥有的或行使的权力。

（二）从税收征管流程分析

1. 电子商务税务登记的问题

税务登记是税务工作的第一个环节，而从事商务活动的经营者只有在工商部门办理了营业执照之后，才可到税务机关开具税务登记证。但是，从工商部门2010年7月1日起实施的《网络商品交易及有关服务行为管理暂行办法》来看，电子商务的店家并没有完全纳入工商登记的范畴，这就给电子商务税收征管带来了问题，电子商务的店家没有进行工商登记，也就无法进行税务登记，更无法对其进行税收征管。而且，即便进行了税务登记，当下的登记信息对于电子商务的税收监管而言也远远不足。

2. 电子商务对账簿、凭证管理的影响

税收征管法规定，纸质账簿和凭证有法律效力，而这一点对于电子商务并不适用，如果如此硬性规定，会阻碍电子商务的发展。在电子商务交易模式中，账簿、凭证基本上都是以网络上的数字形式存在的，而就目前的情况而言，该账簿、凭证虽然有便捷性，但是技术上没有进行信息安全处理，造成该电子账簿、凭证的真实性易遭到质疑，也就失去了成为法律依据的可能。税务机关缺少了可靠、全面的账簿、信息凭证，就很难对纳税人的交易量进行监控，也就无法对纳税人的税收行为进行监管。

3. 电子商务税务稽查的问题

税务稽查是税收征管的重要环节之一，然而电子商务的虚拟性、数字性等特征给税务稽查带来了挑战。电子商务税务登记的不完整、电子发票制度的不完善、纳税评估制度的缺失等都给税务稽查带来了困难。电子商务的特点有：账簿、凭证、交易过程都在网络上以电子形式表现；电子商务的经营者没有固定的店址；电子商务的交易过程具有虚拟性。这些都给税务稽查带来困难。①

三、电子商务征税的必要性及可行性

从长远来看，要保持电子商务快速发展的强劲势头，不能只通过减税、免税等政策使其拥有价格优势来维持，关键在于要牢牢抓住电子商务的特点和发展的相关要素。所有事物的发展都不能只依靠外力，关键在于其内因，只有自身强大了，电子商务才能更长久、更健康地发展。例如，近几年，“刷单”现象泛滥于电子商务领域，“刷单”的出现极大影响了电

---

① 邓莎球．我国电子商务税收征管问题探析［J］．现代经济信息，2014（9）．

子商务的健康发展。而通过税收征管，可以在一定程度上遏制这种恶性竞争，维护电子商务的健康发展。

税收征管在可以一定程度上对电子商务经营者的经营活动进行有效监管。目前，我国的电子商务经营者大部分都是通过网络交易平台注册登记的，网络交易平台承担了主要的责任。但如果网络交易平台不能尽到用户注册信息的审查和监督义务，就实现不了对经营者的监管。换言之，这部分经营者将处在一种无监管的状态，这会导致大量的网络违规违法现象的出现，不利于我国电子商务的健康发展。因此对电子商务实施监管存在一定的必要性。

从税收公平原则和税收中性原则来看，电子商务和传统商务应当受到同样的税收制度约束，如果税收待遇有别，就可能影响商户经营方式的选择。从另一方面来考虑，同样都是电子商务，由于 B2B、B2C 模式的电商，在实践中已经征税，而 C2C 模式的电商没有受到税收制度的约束，所以更容易偷税、漏税。这将导致 B2B、B2C 的电商以 C2C 模式进行经营，即以个人而非企业身份在电子商务平台进行注册，从而承担更少的税负。这种情况违背了税收中性原则，有意识的逃税、避税造成了电子商务不公平的竞争环境。如果放任不管，势必会扭曲经济发展的模式，造成电子商务的不健康发展。规范电商的行为，税收手段不可或缺，税收原则必须维护。经济上的可税性是指经济上的可能性和可行性，“在确定某类交易是否属于征税范畴，也就是说该行为有没有经济上的可行性，主要从收益性出发；如果某类行为产生了收益，而且该收益达到了一定数额，就可以对其进行征税”。2015 年，我国电子商务交易总额超过了 20.8 万亿元，同比增约 27%。网络零售总额达到 3.88 万亿元，同比增长 33.3%，其中实物商品网络零售额占社会消费品零售总额的 10.8%。这不仅反映了电子商务的飞速发展，同时也说明了对其征税具有经济上的可行性，并且是合理的。

四、对于电子商务税收征管问题解决方案的思考

（一）从电子商务的特殊性入手

由于电子商务具有虚拟性、便捷性、创新性、经济性等特点，使得现有的税收征管体系对其缺乏应有的约束力，难以实现税收公平原则，对经济发展造成影响的同时，也对传统商务造成巨大的冲击。

1. 建立电子商务登记平台

税务登记是税务机关进行征管的第一步，只有对电子商务的税务登记

进行规范，才能将其纳入征管范围，才能有后续的征管措施。

鉴于电子商务的虚拟性、便捷性等特点，对于电子商务的税务登记应该有专门的管理条例。有必要建立一个统一的电子商务登记平台，该平台的信息可以与各个相关部门和机构，例如工商、海关、信息、银行、交易平台、第三方支付平台、物流等连通。电子商务登记平台内容应该针对电子商务的特殊性，在进行税务登记的时候，除了传统的税务登记内容还应该明确以下几点：电商交易的平台、电商的域名、电商的交易范围、电商的联络方式（不仅包括电话号码，还包括网上交易时所使用的沟通软件的账户）、电商实际地址（以此判断税收管辖权）、电商交易的银行账户（唯一的）。

税务机关在对电商进行登记的同时，有义务对电商登记信息的真实性进行审查，宣传电子商务税收的相关条例，让纳税人明确自己的权利和义务。电商在交易平台上必须显示自己的税务登记证号码，让税务机关、交易平台和买方共同监督。

只有规范了电商的税务登记，税务机关才有可能进行税源管理，从而减少因电子商务特殊性造成的税收流失。

2. 强化电子商务税收征管中的信息交流

电子商务的特殊性使得对其进行税收管理有一定难度。税收征管离不开各个部门和企业的配合，加强各主体之间的信息交流可以减少电子商务税收的征管难度。

交易一定涉及金钱的出入，获取电子商务交易的货币信息，需要金融机构的协助，不仅包括银行还包括第三方支付，以及平台的相关信息记录。电子商务中的有形物品交易需要快递的介入，这就给税务机关提供了另一个加强电子商务税收征管的途径，就是加强物流信息的收集。总之，从电子商务无法避开的环节入手获得电子商务的信息，加强对这些信息的收集，可以实现对电子商务税收的有效征管。

3. 提高纳税遵从度

电子商务的发展日新月异，如何从根本上解决其税收征管问题，最终的途径是增强纳税人的纳税遵从度。鉴于我国目前纳税遵从度较低，通过宣传、教育等手段提高纳税遵从度。需要很长的时间，税务机关可以从侧面通过其他有效的途径提高税收遵从度。

例如，普及发票的使用。如果卖家和买家私下商定，以不开发票换取更高的价格优惠，这样将导致机制失效。鉴于这点，我们可以从交易平台入手，强制交易平台规定，商品交易纠纷处理需要提供发票，那么买家就会倾向于开具发票。这是因为电子商务的虚拟性使得交易过程中有很多不确定性，如收到的物品与网页描述并不匹配等，这些情况时有发生。所以，买家为维护自身权利，会主动选择开具发票。这将间接迫使卖家不得不开发票，从而有利于对电子商务的税收征管。

4. 税收管辖权

由于电子商务的全球性特征使得国际“反避税”问题提上日程。传统商务对流转税实行所得税来源地原则，依靠海关代征实现对有形商品的进口流转税征收，依靠付款单位代扣实现对无形商品的进口流转税征收。对所得税实行居民管辖权与所得来源地管辖并重、所得来源地优先征收的原则，并将常设机构作为外国企业在本国的纳税义务人，如无常设机构，则由本国付款人代扣预提所得税。在电子商务的条件下，由于商务形态发生改变，传统的管辖制度将造成跨境交易的税收收入向生产方向流动，所得来源地将越来越难收到税。

在电子商务交易中，判断一笔所得来自何地，应看为这笔所得付款的买方在交易时位于何地。如能明确知晓交易时买方在何地，则所得来源地为交易时买方所在地。如不能判定卖方交易时所在何地，则以卖方的习惯居住地为所得地来源；如不能判定卖方的习惯居住地，可将卖方的国际所在地作为所得来源地。

由于我国处于电子商务发展的初级阶段，应积极向发达国家借鉴经验，避免国际税收的流失。另外，应加强和国际各国的信息交流，获得更丰富的信息，有效监管跨国企业在避税地所从事的涉及境内交易的电子商务信息。

（二）从税收征管内容入手

1. 完善税务登记制度

2010 年 7 月 1 日起实施的《网络商品交易及有关服务行为管理暂行办法》并没有将电子商务的经营者店家完全纳入工商登记的范畴，经营者店家没有进行工商登记，就无法进行实物登记，因而也就无法对其进行税收征管。税务登记是税务活动的第一个环节，可建议工商部门出台规定，要求所有电子商务经营者店家必须办理营业执照，税务机关对其进行税务登记证的办理。只有将所有的电商纳入工商、税务系统，才能进行行政监管，有效打击假冒伪劣以及其他侵犯消费者权益的行为，尽量避免国家税收的流失。

综上所述，应在完善电子商务经营者工商登记的基础之上，建立电子商务经营者税务登记制度。修改和完善现有税务登记制度，使之适用于电子商务，如税务登记的内容上增加网址、第三方支付账号等内容。这种税务登记制度需要得到交易平台的协助，如规定交易平台在接受电商经营者的申请时，必须审核其是否具有有效的营业执照和税务登记证，并且监督其在首页上显示登记证号码，保证其提供的银行账号或者第三方支付的账号与税务登记时的一致。只有工商部门、税务部门、交易平台充分合作，才能从根本上解决电商经营者的注册登记问题，有益于工商部门进行商业监管，税务部门进行税收征管，也有益于交易平台维护其信誉度。

2. 完善账簿、凭证管理

当前电子商务飞速发展，迫切需要对账簿和凭证管理的制度进行完善。现行的税收征管法明确规定，财务、会计处理办法和会计核算软件应报送税务机关备案，原始凭证有其保存期限。这一点应对电子商务的经营者是有同样的约束力，税务机关应加强这方面的监管。

电子商务是在网络上进行的，账簿、凭证也都依托于电子形式，这种数字形式的账簿、凭证易被修改而不能保证其真实性。而随着信息技术、电子化税收的发展，使用电子账簿和电子凭证成为一种趋势，那么就需要通过技术手段和法律制度的结合来使电子账簿、凭证具有真实可信度。例如，可以对数字流进行控制，采取加密处理，使其不可篡改。通过法律制度规定恶意篡改电子账簿、凭证的法律责任。这样双管齐下，保证了电子账簿、凭证的真实性，就可以承认其与纸质账簿、凭证具有同等法律效力。

3. 推广代扣代缴制度

税务机关一直代收基金、费，征收模式为代扣代缴，在维护账号等基础信息后，由税务机关每个月统一批扣。这种征收模式也可以适用于C2C模式的电商。

电商商户在税务机关登记时就应该提供唯一的银行账户，或者其他第三方支付账号。每月代扣代缴，进行统一批扣。电商的月营业额信息，可以由电子商务信息交易平台提供，交易平台对电商交易流水有记录，应该保证记录的真实性，即不可恶意删除、篡改，不可随意增加。这样既可以保证税款不流失，又可以防止电商的恶意竞争。如果电商有自己的交易平台，那么税务机关应从其登记的银行账户入手，要求其账户是唯一的且只用于电商交易，通过其账号确定其交易额。

4. 完善电子发票制度

我国2013年4月出台了《网络发票管理办法》。网络发票相较于传统发票有自己的优势，主要体现在：电子发票的成本、相比传统发票要低；发票真伪的鉴定比传统发票更方便等。随着计算机和网络的普及，以及计算机安全环境的规范，电子发票制度应运而生。电子发票的使用方便了纳税人，节约了成本。如果电商做好了前期税务登记及其他基础性工作，就可以轻松获得电子发票带来的便捷性。如果买家要求开具纸质发票，也可以以电子发票打印纸质发票。

以票管税是税收征管的重要手段，目前像京东这样大型正规的电商已经实现了每笔交易都开具发票，所以对电商进行发票管理是可以实现的。税务机关有权利进行督查，得到交易平台和物流的协助，可以通过硬性规定和技术手段强制实现一笔交易一张税票；税务机关还可以加强对买家也就是消费者的宣传，让大家意识到发票的重要性，意识到如果自身消费权益受到侵害时，发票的存在是不可或缺的，从而主动索要发票。

综上所述，本文建议应通过法律的强制规定，让电子发票拥有与传统发票一样的法律效力；制定详细的电子发票管理办法，规范电子发票的使用；加强宣传和与相关单位的协作，推广电子发票的使用。

参考文献：

[1] 刘剑文，熊伟．财政税收法［M］．北京：北京大学出版社，2005.
[2] 魏秋萍．税务管理［M］．北京：中国财政经济出版社，1988.
[3] 王君．电子商务税收问题研究［M］．北京：中国税务出版社，2006.
[4] 赵黎明．经济发展中的中国税收研究［M］．天津：南开大学出版社，2001.

9. 纳税服务标准体系建设研究

【摘要】本文就纳税服务的认识、意义、不足进行了研究，提出税务部门要有现代纳税服务理念，努力实现向服务型机关转变；制定税收基本法，实现纳税服务标准法制化；利用“互联网+税务”，推动纳税服务平台信息化建设；严格监管税务中介从业人员，规范税务中介行业；建立科学的考核评价体系和量化的考评指标；借鉴国外经验，建立完善纳税服务评价机制。

【关键词】纳税服务　税务部门　纳税服务评价

【作者简介】徐茂中，河南财经政法大学财政税务学院副教授
徐颖科，河南财经政法大学财政税务学院讲师
胡公启，河南财经政法大学财政税务学院讲师

一、引言

市场经济是法治经济，完善的市场体系无不以完善的法律体系为支撑。政府需要依法征税，在征税过程中，征纳双方都是有权利的义务主体，任何当事人的权利都需要尊重。税款的征纳，一方面是公民纳税的过程，另一方面还是为纳税人服务的过程。优质的纳税服务不仅有利于国家税收收入的顺利入库，而且也是构建和谐征纳关系的一个重要保证。只有让纳税人纳税成本最小、感觉满意的纳税服务才是与服务型政府内在要求一致的公共服务，因此提高纳税服务水平尤为重要。

随着改革开放的深入，社会主义法律体系的逐渐完备，纳税人权利意识的不断提高，从保护纳税人权利的角度研究推进纳税服务标准体系建设，不仅符合税务部门向服务型机关转变的要求，还能满足纳税人的需求、提高纳税服务水平，更是与党的十八大报提出的“建设职能科学、结构优化、廉洁高效、人民满意的服务型政府”的精神高度一致。可以说，优化纳税服务是“服务型”“效率型”税务机关建设的内在要求，深化纳税服务标准体系建设对于提升纳税服务质效，规范纳税服务行为，统一纳税服务标准，促进征纳关系和谐具有重要的意义。

2014年，国家税务总局针对纳税人反映的办税标准不统一、服务工作不规范等问题，按照国务院转变职能、简政放权的要求，参考我国服务行业标准体系，积极借鉴国际纳税服务有益经验，以现行税收法律法规为依据，结合我国纳税服务实践，制定了全国县级税务机关纳税服务规范（1.0版），同年10月起在全国试行；2014年12月又发布了覆盖省、市、县三级税务机关的《全国税务机关纳税服务规范》（2.0版）；2015年2月，根据税收政策的变动，对2.0版的部分内容进行了调整形成了纳税服务规范2.1版；2015年11月又出台了纳税服务规范2.3版。纳税服务规范为纳税服务标准体系的建设奠定了良好的基础，本文将结合纳税服务规范和当前税收工作实际，就纳税服务标准体系的认识、意义、不足进行分析，并对如何完善标准化体系提出建议。

二、对纳税服务标准体系的认识

（一）纳税服务体系的概念

纳税服务是税务机关根据税收法律、行政法规的规定，在纳税人依法履行纳税义务和行使权利的过程中，为纳税人提供的规范、全面、便捷、经济的各项服务措施的总称①。而纳税服务体系则是指政府为实现纳税服务这一目标，在税收的组织、管理过程中所采取的方式、方法、步骤和措施等。作为政府重要的职能部门，税务机关应该时刻牢记为纳税人服务的根本要义，建立高效的纳税服务体系，提供贯穿于税收工作的全过程的纳税服务。具体来说，就是：税前为纳税人提供公告咨询、政策解读、纳税辅导，进行税法宣传普及，增强纳税人纳税意识，以提高纳税人依法履行纳税义务的能力；税中为纳税人创造条件，使纳税人能够更方便、快捷、准确地履行纳税义务，减少纳税人的纳税时间和其他纳税成本，贯彻税收成本最小原则；税后为纳税人监督投诉、争议仲裁、损害赔偿提供便捷的渠道，以保护纳税人的权益和减少维权成本。到2015年年底，各级税务机关基本形成了以理论科学化、制度系统化、平台品牌化、业务标准化、保障健全化、考评规范化为主要特征的，始于纳税人需求、基于纳税人满意、终于纳税人遵从的现代纳税服务体系②。

---

① 《国家税务总局关于加强纳税服务工作的通知》（国税发〔2003〕38号）。

② 《关于印发〈“十二五”时期纳税服务工作发展规划〉的通知》（国税发〔2011〕78号）。

（二）建设纳税服务标准体系的意义

随着我国经济发展进入新常态，税收收入增幅下降，经济形势复杂化，对通过税收调控经济、促进经济发展方式转型，运用税收政策改善民生提出了新要求，纳税服务工作也面临着新的机遇与挑战。

纳税服务环境不断变化，信息技术的应用更加广泛深入，纳税人的法律、维权意识不断增强，服务需求日益广泛。纳税服务工作的对象、手段、主体的变化，为纳税服务工作发展提出了新课题。税务部门必须适应新形势的发展变化，以改革的精神，更新纳税服务理念，借鉴国际经验，探索内在规律，拓展服务范围，实现体制创新和服务创新，全面提高纳税服务水平，建立科学的纳税服务标准体系。

三、纳税服务体系建设中存在的不足

（一）服务理念有待增强

1. 思想转变不彻底

受中国传统“官本位”思想的影响，管的意识强，服务的意识弱的转变比较慢，尚未完全理解和进入税收服务员的角色。这一现象在基层一线税务人员身上较为突出。

2. 定位不够准确

税收征管目标被简单化为完成税收任务，而不是把提高居民纳税遵从度和促进税务管理有效性作为税收征管的核心，这弱化了纳税服务是税务部门核心业务的工作定位。

3. 服务不够主动

尽管税务部门为方便纳税人采取了不少措施，但是实际操作中往往是“守株待兔”“看风向”“跟着领导走”，缺乏主动性和能动性。

（二）法律制度不够完善

纳税人权利与义务立法层级不对等，需要立法建立行之有效的纳税人权利保障机制。《宪法》中明确了公民纳税的义务，但未提及纳税人对应的权利。《税收征收管理法》虽对纳税人的权利作出了一些规定，但无论在立法内容或是可操作性等方面保障作用有限，难以达到目的。

现行的《纳税服务工作规范》虽然明确了纳税服务的具体内容和标准，但作为税务系统内部的工作规范，并不具有法律约束力。在微观的层面上，纳税服务工作缺乏具体政策的支撑，特别是在服务项目、服务承诺、人才队伍建设、管理体制等方面。

（三）队伍素质有待提高

1. 人员年龄结构失衡

税务机关新进人员数量少，远远跟不上岗位需求的变化，税务人员虽然有理想、有抱负，但愿意扎根基层建设的少；税务机关在岗人员平均年龄逐年递增，每日忙于应付事务性工作，税收知识得不到系统的更新，有些人甚至将工作推给新进人员，提前进入退休状态。

2. 工作缺乏激情

无论是政府机关还是企业，员工都需要有效的激励，以激发员工的潜能，提高工作效率。税务机关作为国家职能机构，人员同样需要及时更新和有效的激励，才能更好地服务。但是，近些年来，基层税务人员更新速度放缓，年龄结构偏大的问题日益明显，再加上现行制度的约束，仅靠思想政治工作进行激励难以有效激发税务人员的积极性、创造性。干部队伍缺少激情活力与创新精神，在一定程度上制约了纳税服务工作的进一步开展。

3. 业务素质的制约

部分税务人员对税收政策不学习、不钻研，满足于浅层知识的理解，对于纳税人的咨询，要么凭主观想象，要么无法应对。新进人员投入工作前虽接受岗前培训，但理论知识与税收实践的结合不够紧密。岗位培训往往针对业务精英，往往导致“专的更专，精的更精”，而业务水平不足人员的状态依旧。另外，税务人员的业务素质和职业素养存在差距。一些工作人员业务技能单一、业务素质水平较低，不能满足新的纳税服务需求。

4. 职业素养亟待提高

少数税务人员思想觉悟较低，不思进取，满足于一知半解；不能将征纳双方的权利、义务对等起来，为纳税人服务的态度不端正，对纳税人不信任、不尊重，对纳税咨询要么不耐烦，要么一问三不知，既不利于和谐征纳关系的建立，也影响了纳税人依法诚信纳税意识的形成。

（四）服务能力有待提高

1. 效率偏低

在信息技术飞速发展的大环境下，我国纳税服务对信息化技术利用率不高，没有为纳税人提供足够的便利。例如，各地税务机关的局域网之间，税务部门同银行、海关等部门之间未普遍实现联网，导致了税务信息渠道单一，开放性差，没有实现信息资源共享；借助信息技术进行税收管理和服务的比例偏低，制约了征管效率提高的同时，也与目前纳税人普遍较高的网络利用水平不相匹配。

在“互联网+”时代，河南国税通过“互联网+纳税”努力拓宽服务渠道，充分运用信息化手段，把办税从实体大厅扩展到互联网。全新的网上办税服务厅对原有网上涉税办理、网上申报缴税、征管档案电子影像、免填单等14个系统进行大整合；对213项涉税业务分批逐项进行功能开发，实现功能全覆盖，办税无纸化。开发了“豫税通”APP和“河南国税”微信公众号，向纳税人推出“手机办税”服务。纳税人使用手机即可实现办税导航、预约服务、实时互动、申报缴税等业务功能，同时还可利用手机的拍照功能随时上传电子资料、查验发票真伪，利用手机定位可以查看附近办税地图，并预约办税等。这些举措让市区的很多纳税人得到了很大的便利，但县、乡、镇的纳税人往往因不了解或不会操作依然使用传统方式办税。有些税务单位，业务流程和审批手续仍然较为繁琐，要求纳税人报送的报表资料繁多，“一站式”服务并未真正实现，常常是纳税人奔波于各个科室找相关人员审核签字，办事效率低下。

2. 缺乏针对性

服务的需求有共性也有个性，为纳税人提供有效的服务，不仅需要共性服务也需要个性服务。但是，从实践中发现，税务机关所提供的服务基本上都是针对所有纳税人的共性服务，没有个性化服务，没有对纳税人进行区分和根据纳税人的特定需求提供服务。而纳税人因类型和规模的差异决定了所需要的服务不同，因此目前很难真正满足纳税人的各项服务需求。另外，税务机关对纳税人关心的执法公正、服务效率、税收政策变化等问题缺乏必要的关注，使得纳税服务“供需不对路”。

（五）纳税服务社会协作不够深入

税务机关与财银商部门沟通联系较多，与其他部门和行业协会、社会中介组织鲜有协作。在与其他部门协作时，重视税收征管方面的合作，忽视在纳税服务方面的合作。

（六）纳税服务考评作用得不到有效发挥

纳税服务水平的提高需要有效的考核机制和评价考核方式，仅仅按照考核指标进行纳税服务考核评分，无法形成对纳税服务水平提高的良性促进。况且，评价本身也是个难题，纳税服务的效果如何、服务的成本效益如何、纳税人的需求满意度怎样，很多都难以准确测量，所谓的“工作业绩”也难以在短时间显现，这导致了激励不足，加大考核的难度。

四、完善纳税服务标准体系的思考

作为公共财政的重要执行者，税务机关应当从维护社会公平和保障社会和谐的高度，统一思想、摆正位置、合理配置资源，科学推进纳税服务体系建设，使之具有丰富的内涵和广阔的外延，涵盖征收、管理、法律、服务等诸多领域，落实到一切征纳关系的梳理，从而减少纳税人的遵从成本，增强公共财政的合法性和有效性。

（一）纳税服务理念现代化

1. 从法律地位的不平等向平等化转变

“法律面前人人平等”，这是人类自有法律以来的共同追求，中国古传的“王子犯法与庶民同罪”，正是这种追求的形象化比喻。税收法律作为法律的一部分，征纳双方在法律地位上是平等的，这是税收法律应有的本义，也是税收法律产生的本源，即“税法是对抗征税之法”。但由于中国缺少依法办事的传统，中国人也就缺少对法律的尊重，税务机关也相应地缺少对纳税人法律权利的尊重，形成了事实上的法律地位的不平等。随着纳税人法律意识的觉醒，对自身权利保护意识的增强，用复议、诉讼等法律手段来维护自身利益的案例日益增多。这将迫使税务机关从高高在上，走向与纳税人平等的地位，纳税人依法纳税，税务机关依法为纳税人提供服务。

2. 从管理型机关向服务型机关转变

税务机关作为具有征管职能的执法机关，必须把服务理念融入到日常全面的工作中，而非仅限于某些特定岗位或特定工作。服务同管理并不矛盾，必要的服务可提高纳税人对管理的遵从度，促进管理的有效性；反之，服务不到位必然加深纳税人的抵触情绪，不利于管理的和谐开展。

3. 从官本位思想向公仆意识转变

《公务员法》第12条规定：“公务员要全心全意为人民服务，接受人民的监督。”党章也明确规定：“党的干部是党的事业的骨干，是人民的公仆。”衡量一个国家干部是否合格，有两个标准：有无公仆意识；是否德才兼备。国家的一切权力属于人民，执政的权力来自人民，是受人民的委托，要按人民的意愿执好政、掌好权。在社会主义国家，党的干部与人民群众的关系，只能是公仆与主人、代表与被代表的关系，而不是其他任何关系。

4. 从被动服务、等待服务向主动服务、延伸服务转变

纳税服务并非“守株待兔”，固定岗位（如办税大厅服务人员）只能提供有限的服务，无法满足纳税人越来越多样化的需求。税务机关其他岗位人员也必须从自身管辖范围出发，主动为纳税人提供延伸服务，如税政科可以用网络调查、当面座谈、新政策讲座、电话访问等形式对纳税人关心的政策性问题予以了解和指导；收入规划科可以充分利用重点税源分析监控等信息化软件，整理归档的税收资料，经过汇总整理后，从企业的税务规划、经营决策、会计处理、纳税申报、税款缴纳、税务登记、账簿凭证管理、税务档案管理等方面对涉税风险进行全面梳理，进行税收风险提示和预告，并提出相关防范建议。

5. 从注重形式向注重内容、形式、效果相统一转变

税务机关要从口头上、材料中、墙壁上服务的形式主义的误区中解脱出来，踏踏实实把服务落到实处，服务内容切合纳税人的需求，提升服务的效果，通过持久和务实的工作，形成纳税服务长效机制。

（二）纳税服务标准法制化

1. 提高立法层次

我国《宪法》第56条规定：“中华人民共和国公民有依照法律纳税的义务。”它强调了纳税主体——公民的纳税义务，但没有明确纳税人对应的权利。长期以来，我国税收法律、法规的“通病”就是单方面强化纳税人的纳税义务，忽视对纳税人权利的保护。因此本文建议修改《宪法》和相关法律，明确纳税人的权利和国家所应承担的纳税服务义务，实行依宪治税。

2. 制定税收基本法

目前，我国有关税收的实体法范畴法律少、条例多，税收立法层次偏低，导致《宪法》与一些单行税法之间形成空档，难以有效衔接。有关税收立法权限、立法程序等最基本和最重要的问题仍散见于各单行法律规定中。

另一方面，主要以税收征纳程序、法律标准为内容的《税收征收管理法》固然曾经完成了对本身的“修补手术”，但是，税收程序法律标准不少方面短乏更高层次的法律支持，且与其他法律（如民商法、行政法）之间的关系不协调，不少规则可操作性较差，如协税义务制度、税收优先权

制度、税收代位权和撤销权制度、税务行政复议救济制度等。有关税收处分、税收复议、税收诉讼、税务行政赔偿等制度还只是适用普通行政程序法的规则，没有体现税收程序的特性；有关税收稽查、税务代理等程序规则法律效能不高。

《税收基本法》起草项目曾经列入我国第十届全国人大常委会五年立法规划，但目前尚未成型。本文建议加快《税收基本法》的出台，确立国家税收立法、执法、司法活动的基础性法律规范，以健全税收法律体系，实现税收之“良法之治”。

3. 统一立法权限

（1）我国税法的级次设置不科学。一是立法机关制定的税收法律少，即全国人大及其常委会制定的税法仅占9.1%；二是税收授权立法多，即国务院制定的税收相关法规占72.7%，国务院各部委制定的占18.2%。特别是税务机关的标准性文件大量地存在，直接影响了税法的效力，严重降低了税法的严肃性和权威性。因而，改善我国现有税法级次架构，将大量行政法规、部门规章升格为税收法律，减少标准性文件是推行税收法治现代化的燃眉之急。

（2）税收法律制度体系以行政法规为主、法律为辅，大量税收立法由国务院根据授权制定。这些被授权的税收立法，其主要依据是1984年全国人大常委会通过的《关于授权国务院改革工商税制发布有关税收条例草案试行的决定》和1985年全国人大做出的另一项更广泛的授权。1984年的授权决定已经废止，1985年的授权也应该尽快废止。按照中共十八届三中全会关于落实税收法定原则的要求，现行税收法规在2020年之前应该全部实现立法，落实税收法定原则。

2000年通过的《立法法》第八条规定了只能制定法律的事项，“税收”是在该条第八项“基本经济制度以及财政、税收、海关、金融和外贸的基本制度”中规定的。2015年修改后的《立法法》将“税收”作为第六项，明确“税种的设立、税率的确定和税收征收管理等税收基本制度”只能由法律规定。这意味着，今后政府收什么税，向谁收，收多少，怎么收等问题，都要通过人大立法决定。为了加快税收立法进程，落实税收法定，应当按照《立法法》的规定，积极搭建以法律为主、行政法规为辅的税收法律体系，并进一步完善税收授权立法制度，对税收授权立法从实体到程序加以明确规定。

（三）纳税服务平台信息化

纳税服务平台信息化，即通过网络、通信、数据库等现代技术手段，由征税主体向纳税主体提供涵盖税收立法、税收司法和税收行政等在内的信息化服务，提高纳税服务效率，实现纳税服务工作的现代化。

1. 大力推行“互联网 + 税务”

“互联网 + 税务”工作模式，以信息化为手段，超越时间、地域、场所限制，把实地办税服务转变为网上办税、自助办税和移动办税，全流程无纸化办税，节省办税成本，提高办税效率，给纳税人带来便利，让纳税人享受全天候纳税服务。

“互联网 + 税务”工作模式促进了税收管理由粗放式向精准化的转型。一是以互联网、大数据和云计算为手段，开发数据情报平台、“数字稽查”软件等，充分挖掘应用第三方信息，依照分析模型比对涉税数据，彻底改变“人盯户、票管税”的传统做法，为纳税人提供全维度的纳税服务①；二是税务机关可以随时通过网络、涉税平台抓取数据开展分析、评估，针对纳税人的需求，实现精准的纳税服务，提高纳税服务的科学性；三是信息技术使数据在纳税人和税务机关之间不再需要层级的过滤，可直达对方，实现纳税服务的及时性。这就要求税务机关实现扁平化、集约化管理，提高行政效率。

2. 推广零接触式纳税咨询平台

纳税咨询是重要的纳税服务项目，也是使用频率最高的纳税服务项目之一，目前我国纳税咨询的主要途径是 12366 热线。咨询服务的质量取决于话务员的业务水平，但话务员人数较少且流动性较大，工作繁重，缺少业务进修培训。而纳税人群体庞大，电话是一对一服务，服务效率不够高。

目前，河南国税除 12366 热线外，还设有门户网站纳税人咨询专栏、“豫税通” APP、“河南国税”官方微信等方式可供纳税人咨询、查询使用，建议加强对这些平台的宣传力度，扩展使用面，减轻 12366 热线压力。

国家税务总局建有税收法律法规的知识库，通过类似百度、谷歌的搜索引擎可以直接搜索到与关键字匹配的所有税法条文，非常实用。该知识库若能面向税务人员及公众开放，将有利于税务人员工作学习，并为纳税人办税提供更好的服务。

（四）纳税服务中介规范化

由于我国税制复杂，税种繁多，不少纳税人并不具备自我核算、自行

① 胡怡建．“互联网 + 税务”开创税收工作新局面［N］．中国税务报，2015 - 07 - 24.

申报的能力，也不能根据自身情况制定合理的税务规划，既容易造成纳税人少缴税，又无法让纳税人充分享受优惠政策。在国际上，一些国家税务代理制发展较好，如美国有庞大的税务顾问队伍，日本有比税务人员人数还要多的税理士。这些税务顾问主要由会计师和律师组成，在取得相关资格后，为纳税人提供纳税申报、税务分析、审计支持、税收筹划和投资建议等服务，将纳税人由于不熟悉税法或计算失误而少缴或多缴税款的风险减到最低。由于种种原因，我国的税务中介机构先天不足，素质参差不齐，无法发挥应有的纳税服务功能。另外，税收法律法规和税务机关也缺少对税务中介的支持，因此，必须从法制、机制、体制上进一步强化税务中介，并使之规范化服务。

1. 严格监管税务中介从业人员

我国税务中介组织大规模成立之初，多是从税务机关脱离出去的，裙带关系始终存在，很多从业人员是税务部门的退休人员或家属，通过回扣、分红等形式捆绑税务干部，导致税务代理变成强制代理、霸王代理、黑色代理。为改变这一现状，对税收中介人员素质必须从高要求，从严监管，严格禁止税务机关以组织和个人名义从代理机构取得经费来源，杜绝税务代理与税务机关的经济往来，严禁代理机构行业垄断，对违反规定的从业人员，终止其代理资格，倡导规范服务、良性竞争。

2. 正确引导纳税人协会

世界纳税人协会成立于1988年，其成员来自六大洲40个国家的46个纳税人协会，其使命是全世界降低税负、减少浪费，是责任政府和纳税人权利的联合。而我国纳税人协会的主要成员为在任或退休的税务官员和国有大企业领导，不能真正代表纳税人利益，所以需要加强其独立性并正确引导，使之能有效刺激公共部门的效率提交，防止征税机关给予纳税人不公正的待遇，提供政府征税和支出明细信息，保障纳税人的权益。

3. 合理利用税收志愿者组织

现有的纳税服务志愿者组织往往由税务部门自行组织，参加者有税务干部，也有一般公民，多是临时性的，利用业余时间向纳税人提供义务帮助或开展收宣传活动。为加强志愿者组织建设，可以动员一些税务师、会计师等精通涉税事务的专业人士，向特定的社区或需要涉税援助的特殊纳税群体提供纳税事务方面的无偿服务。还可以利用新闻采访、互联网论坛、公益广告等形式普及税法知识，宣传税收志愿者的感人事迹和活动经验，营造有利于志愿服务的浓厚舆论氛围。通过税收志愿者组织，一方面将税法宣传、涉税咨询等服务延伸到社区，开辟税法宣传的新领域。纳税服务志愿者可以面对面地为特殊纳税群体提供纳税服务，更好地解释税收、税法本质和税收法律法规，提高其纳税遵从度。另一方面，志愿者为特殊纳税群体提供个性化的无偿服务，减少了他们聘请有偿的专业中介机构代理办税的支出，从而降低纳税成本。

（五）纳税服务考核具体化

1. 创建科学的考核评价体系

对纳税服务作质量评价，目前主要是通过地方政府的行风评议和上级组织的规范化创建、评选服务标兵的形式进行，科学性不足，评价的主体、内容、对象、方法不统一，评价工作的开展不规范，结果无法进行统一的比较。

要提高评价的科学性，必须有科学的考核评价体系，突出服务对象和社会评价的主体地位，把纳税人评价、内部评价和第三方评价综合起来对纳税服务质量作出评价。纳税人评价是指纳税人对税务机关的服务效果的评价，可通过对纳税人进行问卷调查、访谈、座谈、接受投诉等方式获得，权重可以设定为30%①；内部评价是税务机关的自我评价，信息的获得可来自税收征管信息系统、执法管理信息系统的监控记录，权重可以设定为30%；第三方评价是由独立于征纳双方之外的第三方专业机构进行的评价，受托方的调查测评工具、方法、流程以及抽取样本的数量、范围等，由其按需求独立确定，税务部门按需要提供必要的协助，调查测评报告由受托方出具，权重可以设定为40%。三个方面评价的综合结果作为对一个单位（部门）和职工纳税服务质量评价的最终结果，纳入对单位（部门）的年度目标考核和对职工的年终考核。

2. 创建量化的考核评价指标

现行的考评标准规范化、个性化不强，大多停留在办税环境、语言、态度、效率等表面层次，服务质量难以进行科学的统计和量化分析。新时期，应该依据征收、管理、稽查各环节，对纳税服务目标进行分解，设定量化指标，使考核结果直观化，可以建立三类评价指标，即：纳税人评价指标、内部评价指标和第三方评价指标。指标设计既要直观简洁，方便评价人较快作出评价；又要系统全面，涵盖纳税服务工作各环节。每项指标应量化其分值，并合理确定评价指标的权重。对不能直接量化的定性指标，进行科学转化。内部评价指标，主要提取CS软件和BS软件的数据，

① 这里的权重可以根据实际情况进行调整。

一般按指标量值评分；对于不能量化的外部评价指标，先将指标的量值恰当地划分为区间，每个区间对应量值进行赋值配分，实现指标的转化。外部评价指标，采用五级量表的方法量化，即：满意、较满意、一般、较不满意和不满意五级，相应赋值配分。指标信息实行动态管理，建立开放式的指标体系，使评价指标具有时代性，以满足不同时期对纳税服务工作的不同要求。评价指标的设置和权重随着形势、环境、政策等因素的变化以及纳税人需求的日益提高，需要及时进行调整、修正、补充和完善①。

3. 完善纳税服务评价管理

评价的目的是更好地提升纳税服务水平，因此要成立评价工作委员会，统一进行考核评价、资料收集、意见反馈等工作，并督促评价结果的反馈落实。内部评价可以每月进行一次，纳税人评价可以每季度进行一次，第三方评价②可以每年进行一次，年终时将以上三类评价结果进行综合计分。评价委员会将纳税人评价、内部评价、第三方评价的计分结果分类归集得出分值，然后对应所在岗位和个人，按照30%、30%和40%的比例计入个人的纳税服务总分值中。部门得分根据各部门的个人平均得分情况确定。评价结果要进行公示，纳入部门的年终目标考核和公务员的年度考核，作为晋职晋级的重要依据。

（六）纳税服务监督独立化

欧美等发达国家专门设有纳税服务监督机构，如美国联邦税务局专门设置了纳税人权利维护办公室。美国纳税人权利维护办公室地位超然：其负责人由财政部部长与联邦税务局局长和财政事务监事会协商后任命；其日常工作独立于税务机关，为保证与纳税人沟通交流的独立性，设有单独的电话、传真线路，单独的邮政编码；其办事机构遍布每个州，并实行垂直管理，各州办公室直接向国家纳税人援助办公室汇报工作；其工作成果由国会监督，每年要向参议院和众议院提交两份工作报告，其中涉及征纳双方争议的问题不能少于20项；其特权是在纳税人与税务机关的问题不能得到合理有效解决时，可以签署援助令，要求税务机关必须无条件执行③。

相比之下，我国缺乏独立的纳税服务监督机构，光靠舆论监督只能“头痛医头，脚痛医脚”，无疑是治标不治本。而上级部门监管也被证明并

---

① 梁爱和，贺子清．建立纳税服务评价机制的设想与思路［J］．税务研究，2010（4）．

② 第三方评价频率不可过高，以每年一次为好，主要在于第三方评价需要一定成本，而且频繁地评价也会影响工作正常进行。

③ 袁冰，李建军．美国的税收征管制度及其启示［J］．公共经济与政策研究，2015（4）．

非万能，护短现象屡禁不止，对纳税服务问题无法形成有效威慑。只有参考西方成功经验，建立独立的纳税监督部门，才能保证纳税人意见反映渠道的畅通，促进纳税人诉求向服务措施改进的转化，保障纳税人权利真正落到实处。监督机构应该有三项权力：

一是拥有独立的人事任免权。建议在国家税务总局设立专门的纳税服务监督办公室，负责人由相关部门同国家税务总局协商决定，在省、市、县均设垂直管理的办公室，负责人拥有独立的人事任免权。

二是直接向各级人大负责。纳税服务监督办公室直接向各级人大常委会汇报工作，每年要向人大提交工作报告，由人大对其工作进行考核。

三是赋予其最终裁定权。当税务机关不能解决纳税人的服务诉求而引发征纳矛盾时，纳税服务监督办公室有义务进行调解，调解无效有裁定权，如果裁定税务机关应提供或改进相应服务，有权令税务机关限期整改并报人大常委会备案。

参考文献：

[1] 胡怡建.“互联网+税务”开创税收工作新局面［N］. 中国税务报，2015-07-24.

[2] 梁爱和，贺子清. 建立纳税服务评价机制的设想与思路［J］. 税务研究，2010（4）.

[3] 薛钢. 浅论纳税服务理念在税收征管中的体现［J］. 税务研究，2009（4）.

[4] 袁冰，李建军. 美国的税收征管制度及其启示［J］. 公共经济与政策研究，2015（4）.

[5] 张亚明. 对河南地税开展办税服务厅规范化建设的实践与思考［J］. 经济研究导刊，2011（19）.

10. 加强基层税收执法风险管理的几点思考

【摘要】税收领域要深化财税体制改革，建立税种科学、结构优化、法律健全、规范公平、征管高效的税收制度，同时还要加大税收优惠力度。但在具体落实中，有可能产生风险，如宏观上的税收流失、微观上纳税人与税务机关的对立，都会对社会有序运行造成阻碍。因此，应加强税务执法风险管理研究，有效防范税收执法风险，促进我国税收事业健康发展和税收收入的可持续增长。

【关键词】基层　税收执法　风险

【作者简介】张翅，北京市朝阳区地方税务局
刘宇，北京市朝阳区地方税务局

一、税收执法风险管理概述

（一）税收执法风险含义

税收执法风险，是指税收执法过程中各种潜在的或者已经发生的风险因素的总概括。具体是指税务机关和税收一线执法人员在进行税收执法的过程中，如在纳税户管理、日常征管、税收稽查等过程中，因故意或者过失造成对税收法律法规的不当使用、行政执法的错误或遗漏，而这些行为最终可能会导致税收管理功能失效，使执法主体与执法人员受到伤害，甚至对税收执法相对人造成损害。

这一概念包含了三层含义：

一是风险承担的主体是税务机关和税务执法人员。

二是税收执法风险是指执法行为失当而导致的权利损失或义务承担的可能性。执法行为失当，主要表现为主观故意和客观过失两种。主观故意体现在一些执法人员依法行政意识薄弱，以权谋私，不应为而为之；客观过失是执法人员不知为而为之，此类风险容易受到忽视。

三是从结果可以看出，税收执法风险是责任风险，一旦形成这样的执法风险，将导致下列一个或多个处理结果：①上级税务机关对下级税务机

关的行政决定作出复议撤销、变更处理，或者重新指导下级税务机关作出行政决定；②税务机关在纳税人提起的行政诉讼中败诉；③税收执法机关在法院的判决下对其因执法不当或其违法执法的行为向纳税人进行赔偿；④基层一线税收执法人员或者其相关直接责任人因工作失误、玩忽职守、滥用职权、徇私枉法或者其他原因被追究行政或刑事责任。

（二）税收执法风险特征

1. 广泛性

税收执法风险点存在于税收执法的各个环节，如税务登记环节、申报征收环节、税源管理环节……涵盖了税务机关面向管理相对人履行征税职能的各项行为。在这些税收管理活动中，执法风险普遍存在，税收执法行为延伸到哪里，执法风险就跟随到哪里。

2. 损害性

税收执法风险不仅会带来税款的流失，纳税人合法权益的损害，还将导致税收公正的破坏，造成征税环境劣化，税务机关公信力和税收执法人员社会形象降低。

3. 隐蔽性

税收执法风险属于微观风险，只存在于和税收工作相关的时间、空间，因此不具有社会广泛性。而且许多风险在初期十分微小，很容易被忽视，但在工作过程中慢慢积累，最终爆发不可收拾。比如，执法过程中忽视程序，一旦处理结果和纳税人产生争议，往往将导致行政复议或诉讼失败。

4. 差异性

由于税收规范性文件的制定复杂多变，众多新旧政策之间的变化和地区间的差异，给税收执法带来了变动的风险。由于税收管理和服务对象侧重不同，相应的业务量不一，使得税收执法行为及其风险在地区间、部门间存在明显差异；税收执法所造成的影响程度不同，税收执法风险承担后果的等级不同。有的风险不排除会导致直接的刑事责任，有的风险可能会直接导致行政责任，有的风险可能只是给管理上带来一些不便，在一定条件下才会转化为执法过错责任。

5. 不确定性和可控性

税收执法风险具体何时在哪个环节发生不可确定，造成的损失不可确定，税务机关和人员要承担的责任不确定。但可以通过教育加强税务工作人员责任感和风险意识，规范执法行为，严格依法行政，对于一些工作流程上常见的风险，可通过长期观察总结规律，制定科学的防范、治理策略，尽量降低风险发生的概率和可能造成的损失。

（三）风险管理

风险管理是20世纪初兴起的研究风险的发生规律和风险控制技术的一门管理学科。它是指经济单位透过对风险的了解、测量和分析，选择最有效的方式，主动、有目的、有计划地处理风险，用最小的成本取得最大的安全保障的管理方法。管理主要涉及职能部门、管理决策部门、分支机构和业务单位。管理层在风险存在的情况下，通过实现风险管理的八个核心内容，从而达到规避税收执法风险的目的。其中，风险管理的核心内容主要包括：

1. 目标的设定

在管理之前，首先要确定目标，税务主体在实现目标的前提下采取相应的措施。

2. 内外部环境

内部环境主要为税务主体如何对待风险和认识风险，外部环境指税务主体执法过程中所处的外部环境。

3. 事项的识别

在风险评估前必须要识别实现目标的内外部事项，区分机会与风险，并及时将这些内外部事项反映到目标的制定过程中去。

4. 信息的沟通

税务主体一定要及时地学习新的相关知识，以避免继续使用旧的法律法规，造成执法不当，要及时与其他相关人员进行信息的交流与沟通，确保在最短的时间内掌握最新的法律知识。

5. 风险的评估与应对

通过风险的产生因素分析风险发生的可能性，并对如何进行风险管理作出应对的措施。

6. 控制与监控

制定并执行程序和政策来确保风险应对措施的有效实施，并对整个风险管理过程进行全面的监控，在必要时加以修正。

进行风险管理要注意以下几个关键点：①风险管理由各个阶层的人员进行，存在于整个的流动的组织活动中，其过程会涉及风险识别、治理、操作和管理等部门；②管理风险管理必须与发展目标相协调，它不是单纯的内部控制，而是通过管理手段来避免各种不确定性的因素；③风险管理就是把风险控制在可以承受的范围内，并尽可能地把风险转化为发展的机会。

（四）研究税收执法风险管理的意义

税收执法风险管理研究的根本目的是防范和控制税收工作中可能或正出现的风险。这对新时期的税收工作意义重大。

1. 有利于推进依法治税

税收法定原则是税法的基本原则，其中不仅仅包括课税要素法定原则，也包括税务合法性原则。税务合法性原则要求税收执法过程要严格依照税法的规定和要求，在此过程中，法治是手段，也是目的。税务机关应通过加强内部管理以及规范对外执法行为，切实保证税收法律、法规与规章在日常税收管理中得到正确贯彻与执行，减少权力滥用导致的多征和失职不征、少征税款以及其他执法违法行为。防范执法风险的根本，在于通过制度建设以及科学规范的管理，从源头上防止和减少税收违法行为，降低税务人员受到法律追究的可能，促进税收管理的法治化和规范化，从而深化依法治税。要通过执法风险研究，及时发现税法、工作流程和制度中的不足之处，根据实际情况对其进行修改和完善，使税法更严密，制度更严谨，税收执法工作真正做到有法可依、有章可循。

2. 有利于提高税收征、管、查的质量

税务部门的第一要务是组织税收收入，而这需要通过加强征管来实现，税务稽查对于发现跑冒滴漏、震慑犯罪，能发挥重大的作用。执法过错过多、不能识别纳税人潜在风险都是造成税款流失的主要原因，执法风险研究能够帮助防范执法过错、识别并监控风险，最大限度减少国家税款流失，确保税收职能充分发挥。税务部门和税务干部只有增强风险意识，不断提高自身业务水平、业务能力和工作责任心，做到工作流程的依法、科学、精细，才能有效提高征管查质量，降低执法风险，从而确保税收收入的足额及时入库。

3. 有利于构建和谐的税收征纳关系

市场经济环境下，税收管理要面对和解决的是多元利益主体并存下的复杂税收法律关系，而规范执法，防范执法风险，不仅关系到税收法律规范及国家的大政方针能否得以正确贯彻执行，更关系到税务机关能否营造和谐的征纳关系和执法环境。加强税收执法风险防范，旨在通过明晰税收执法各环节存在的执法风险形式及其法律后果，警示税务人员时刻遵循法治原则，正确履行税收管理职责，树立税收执法公信力和良好的执法形象，强化税务人员的风险意识、责任意识，规范行政执法行为，减少其主观和客观上因执法不当对纳税人造成的损失，减少社会资源浪费，减少各类涉税争讼的发生，营造和谐的税收征纳关系。

4. 有利于促进税务干部队伍的健康成长

防范和化解税收执法风险，就是维护税收执法人员的切身利益，帮助广大税务干部不断提高抗风险能力，确保不犯或少犯错误，从而确保整个税务干部队伍的健康、稳定和发展。

二、税收执法风险管理工作的现状

（一）对执法风险的认识不到位

在不少税务干部头脑中，对税收执法风险的内涵和形式还没有一个清晰的认识，对执法风险与纳税风险、工作不力、违规执法、徇私舞弊的关系和界限缺乏明确的认识，把执法风险管理等同于强化监督，或缺乏“防患于未然”的意识，仅在发生失职渎职事件后方进行问题补救。

（二）执法风险管理的措施还有待整合

1. 现有执法风险防范措施侧重于静态管理

现有的风险防范管理主要还是采取征管质量考核、执法督察等方式发现执法风险点，对执法风险的内部监控尚未实现信息化、动态化、日常化。

2. 现有执法风险防范管理措施尚未形成体系

各地对执法风险的防范管理主要是对已经发生的风险点进行查究和整改，对税收执法风险的管理还是危机应对的模式，没有系统地从风险的识别、评估、应对、控制角度进行整体管理。

（三）不断提升的纳税服务需求对税收执法风险防范提出了更高的要求

随着全国纳税服务规范的颁布和执行，税收执法过程中能否实现和维护好公民、法人和其他组织的合法权益，不仅关系到税收法律规范能否得以正确贯彻执行，更关系到税务机关能否营造和谐的征纳关系和执法环境。加强税收执法风险防范，旨在通过明晰税收执法各环节存在的执法风险形式及其法律后果，警示税务人员时刻遵循法治原则，正确履行税收管理职责，树立税务机关税收执法公信力和良好的执法形象。

三、产生税收执法风险的原因

（一）税收法制环境影响

税收法制环境尚不健全，税收执法缺乏良好的税收法制保障。综合性、基础性的税收法律尚未完全建立起来，缺少“税收基本法”“税务机关组织法”等基础法律规范，使得税收执法活动缺乏完善、严密的税收法律体系的支撑。此外，我国税收法律体系仍存在不协调，税法与其他法律法规的衔接不通畅，造成相关部门协税护税意识不强，影响了税法的实施效力，容易形成执法风险。

在当前的社会环境下，税收执法始终处在各种矛盾和利益的焦点上，行政干预、企业人情干扰、部门配合不力等一系列问题制约着税收执法，不可避免地增加税务机关和人员的执法风险。长期以来，组织税收一直是税务机关的第一要务，税收计划往往成为税收执法的标准，税收任务完成往往成为税收执法的成绩。但政府意志主导的收入指标设计会带来税法之外的执法目的，这导致税务执法的着眼点更多地被放在查补税款上而往往忽视了规范执法。同时，税务执法过程中，税务干部一定程度上也会受到一些因素的干扰，加大了税收执法风险。

我国目前在税收法定原则的贯彻执行方面仍不到位，立法不健全，课税要件缺乏应有的明确性、系统性、规范性，使得现有税收实体法和程序法中的都存在不匹配或不适用问题，造成一些执法行为或处理结果依据不足。在税务执法过程中，无法可依的风险是最显性化的风险。

（二）政策缺陷引发的税收风险

由于税收立法滞后于改革进程，税收政策调整不可能及时全面地适应市场经济的多样性和复杂性，使得政策本身存在一定的滞后性和局限性。加之税收政策在执行过程中存在难以把握的因素，造成税务人员执法存在不确定性。

1. 税收自由裁量权缺乏监督和被滥用

这是一个潜在和巨大的执法风险，若运用不当，将会直接侵害纳税人的权益，同时也会产生很大的影响。我国现行税收实体法主要是由各税种单行法律、行政法规、规章组成，而有些违法事实的确定依据，法律、行政法规和规章并没有作出具体而明确的规定。税务机关在行使税收执法权时自由裁量权过大，主观因素很容易左右征税的结果，违背了税收法定原则，势必引起税收争议而产生执法风险，以及小部分税务人员滥用职权、玩忽职守、徇私舞弊的风险。

2. 税收政策复杂化

现行税收法律、法规和规章中，法律所占比例较小，大多是规范性文件。财政部、国家税务总局和各级税务机关每年都有成千上万的规范性文件出台，文件多、规定多，文件之间不协调，税收政策趋于复杂化，在执行过程中导致冲突。

3. 税收政策变化快

税收政策时常发生变化，执法人员难以及时掌握，税收管理难以迅速跟进。税务部门出台了大量解释性、补充性的规范文件，不仅税务干部难以全面掌握，纳税人更是无所适从，容易由此产生争议。

（三）因工作流程缺失或不完善产生的执法风险

近些年来，国家简政放权不断推进，取消审批项目，这在推动“双创”的同时，也带来了执法者执法风险的提高。从税收管理的角度看，审批是一种事先行政许可行为，只有得到税务机关的许可后，纳税人的相关涉税事项才可进行。所以，通过审批环节，税务机关可从纳税人提供的申请材料中判别涉税事项的合法、合规性，如此可以减少税务机关的执法风险。但是，审批制改为备案制后，事先行政许可改为事中和事后的管理监督，如若纳税人不如实申报，由于涉税信息不对称，税务机关后续的管理手段不足、相关部门的工作协调不顺畅等，将导致执法风险升高。在简政放权进程中，税务机关的管理需要快速跟进，完成流程再造，但目前部门衔接和政策配套没有得到有效梳理。

一是内部管理流程、政策传递机制不畅，征管软件整合不够，业务工作流程、法律文书不规范统一等制度脱节，易发生税收执法风险。例如：上级出台的新政策不能及时有效传递到基层执行；自行开发和整体开发的软件种类较多，但匹配度和整合度有待加强，如个人所得税的扣缴软件系外包第三方开发，难以与大集中系统连通；业务工作流程有待细化。

二是内部职能职责划分法治程度低，职能职责交叉、职能职责不清晰等制度空白易引发税收执法风险。例如：部门间相互推诿、迟延答复侵害相对人的合法利益。

（四）税务部门自身因素引发的执法风险

部分税务工作者法制观念、政策水平、业务水平、风险意识不足。

一是部分税务工作者，对依法治税缺乏全面深入的理解，法律意识跟不上形势的发展，业务素质和综合素质相对滞后于征管改革的发展，在执法过程中经常出现这样那样的错误，直接引发税收执法风险。有些税务干部明知程序不到位、操作不合法，仍心存侥幸，我行我素，不加纠正，认为以前都没事，别人都没事，自己也不会有事。

二是政策业务水平和执法水平不高。部分基层一线税务执法人员平常不深入学习和钻研税收业务，既不精通法律法规，又不熟悉税收、会计知识，既不掌握税收政策，又不了解企业情况，而是凭感觉、凭经验、凭关系执法，加大执法风险。

三是风险意识、廉洁自律意识、制度法律意识还比较淡薄，自觉监督相对缺位。小部分税务人员滥用职权、玩忽职守、徇私舞弊将带来风险。

四是重实体、轻程序的现象依然存在。一些税务干部在执法程序上容易出现偏差，违反规定，不按程序操作的现象还不同程度存在，这是产生潜在风险的另一个主要原因。

（五）监管不力产生的风险

随着税收征管模式的不断变化，监督意识、监督机制滞后于征管工作，疏于管理，淡化责任的问题还仍然存在。

一是监督机构还不十分健全，还没有形成一套完整的监督制约体系。税收督察内审、执法监督部门应该由业务素质很高的人员组成，但目前绝大多数税务机关，都没有把业务上的精兵强将安排督查内审部门，这容易产生监管不力的现象。

二是监督模式没有跟上征管模式改革的进度，事前、事中监督手段滞后，没有形成全方位立体式监督框架。

三是税收执法监督制度不够健全。现有的执法监督制度的考核内容、标准等缺乏科学性和可操作性。

近些年来，税务机关在提高工作效率、加强内控管理方面收到了一定的成效，但是过分强调分工，导致了税收征收、管理、稽查部门各自为战，整个税收征收管理流程脱节、执法管理缺位，甚至出现该管的不愿管，想管的管不了，管理缺手段，过分重服务，事后监督走过场等现象，致使纳税人总体上违法成本过低，形成新的税收执法风险。

四、防范和控制税收执法风险的措施

（一）完善税收法律体系，规范税收执法依据

税收执法的依据应该是税法，应在我国《宪法》的基础上，结合税收

工作实践经验和客观规律，制定出真正符合中国国情的税收法律体系，注意立法技术的运用，规范调整好法间关系。遵循“依法治税”的原则，提升税收立法层次，增强税收立法的稳定性和严肃性，降低实施细则和暂行条例以外的补充规定的比重，减少税收法律法规的变动频率，坚持税法的统一与刚性，从法律上防范和降低税务执法风险。

1. 完善税法体系，规避政策风险

税法纰漏产生的风险是最大的风险，因此完善税法体系，修正税法纰漏，是规避风险的治本之策。考察世界各国的税收立法状况，大多数国家也都是以税收法律为主、税收行政法规为辅。而我国除了企业所得税和个人所得税是由税收法律调整的，其他税种都是由国务院的暂行条例调整的，在税法体系的结构方面，占主体地位的不是税收法律，而是税收行政法规。因此，本文建议将《中华人民共和国增值税暂行条例》《中华人民共和国消费税暂行条例》等税种的暂行条例修订升级，上升为法律，提高法律效力，减少执法风险系数。

2. 修订现行法律法规，从根本上降低执法风险

例如，《增值税暂行条例》《消费税暂行条例》都是国务院1993年制定的，为适应税收形势的变化，财政部和税务总局又陆续制定了很多补充性的规范性文件，如与增值税有关的减免税规定、消费税税目和税率的调整等，应把这些内容直接加入暂行条例里，进一步完善。再如，《税收征管法》在对偷税处理上规定0.5倍以上5倍以下罚款，税务机关在处罚时自由裁量权过大，一定程度上会对税收执法的合理性、公正性造成影响，应适当修改。

3. 建立完善税收执法标准化体系

依据税法规定，结合工作实际，应对税款核定及税收执法自由裁量权等税收业务的具体条件、适用范围、裁量幅度、裁量依据等予以科学合理的细化、分解，制定出行使税收执法自由裁量权的指导性标准，明确执法权限，使税务干部在执法时有章可循。要制定执行重大事项集体审议制度、自由裁量判例制度，以制度管人，降低税收执法风险系数。

4. 要规范税收规范性文件

税收规范性文件是指导具体工作、解决具体问题的直接依据，直接影响执法结果，同时也会制约执法效果。规范税收规范性文件是规避执法风险的需要，制发宜慎重，切忌过多过滥，税务机关制定各类操作规程、办法，须经法规部门审查，并深入基层搞好研讨、调研，对其可行性、科学性全面论证，防止出台与法律相悖、与政策相左的文件；表述宜严谨、周密、清楚，力戒模棱两可、含糊不清、产生歧义；政策宜稳定，切忌朝令

夕改，前后矛盾，文件打架，让人无所适从；清理要及时，对过时、失效文件及时清理，公布废除，避免基层执法失当，坚持规范性文件定期清理制度。本文建议将近年来制定的内部管理规定全面进行梳理，着手解决税收规范性文件制定管理中存在的权限不明，程序不规范，内容欠缺合法性和科学性等问题。

（二）完善业务工作流程，规范税收执法行为

结合简政放权，进一步完善工作流程，环环相扣，规范执法行为，提高工作效率。可以对窗口进行合理设置，对工作流程进行梳理和完善，切实减轻纳税人负担，保护纳税人合法权益，严格落实各项政策，化解征纳矛盾，实现严格执法与热情服务的统一，化解执法风险。

1. 规范工作规程，明确履职权限

地税机关属于地税行政执法部门，其涉及的业务内容十分繁杂，除下达法律法规及规范性文件之外，还需要制定与完善与之配套的操作规程，才能使操作层面统一执行，减少制度执行所带来的廉政风险。为此，应就行政管理和税收征管的工作事项进行清理，看哪些工作事项还缺少操作规程，哪些操作规程已不能适应当前工作需要，这些操作规程是否明确了工作环节和岗位的职责权限。针对清理出的工作规程存在的问题，可按照标准质量管理作业指导书的形式，制定各类行政管理和税收征管作业指导书，以此规范和完善地税部门的工作操作规程，减少因职责权限不明导致的公务人员行政管理和执法过程中的不作为和乱作为。

2. 建立完备的规范制度体系

首先，加强制度建设。建立健全各项规章和工作制度，使各项工作都能够在制度的规范下运行，避免决策拍脑袋、想当然或“一言堂”。其次，加强上下级沟通，实行双向监督，既注意多向上级汇报，服从上级监督，也要注重发扬民主和接受群众监督，切实做到下情上达、上情下达，决策科学民主，监督透明顺畅。第三，要进一步理顺税收执法人员岗责体系。根据总局税源专业化管理要求和税收管理员制度及县级税务机关纳税服务规范，进一步细化基层执法人员岗位职责，理顺工作流程和业务规范，明确执法人员在每一个执法环节中的权利和义务；全面推行政务公开，实行阳光办税，透明执法，将税收执法权和管理权置于纳税人和社会公众监督之下，让权力在阳光和监督下运行。

3. 建立风险管理团队

以培养兼具理论水平与实战技能的风险管理团队为目标，将各自独

立、分布松散的业务骨干选拔到风险识别团队中，组建多层次、专业化的风险管理人才梯队。专家团队发挥风险应对的专业作用，专门应对企业交易事项复杂、涉税数额大、跨地区经营等疑难、复杂事项，分批次进行风险推送和风险应对。

（三）构建风险大数据系统，完善风险内控机制

党的十八届五中全会，决定实施“互联网+”行动计划，发展分享经济，实施国家大数据战略。基于“互联网+”思维和大数据支撑，打造“互联网+涉税大数据”的风险管理平台，通过分析税收大数据，指导税收执法风险管理和廉政风险防控，是新形势下提升税收风险管理水平的现实路径选择。有效整合信息资源，依托信息数据省级集中的优势，利用金税三期上线运行的契机，研发支持税收执法风险和廉政风险防控运作的应用软件，建立统一的平台，把分散于各类应用系统的执法疑点连接起来，畅通信息共享利用通道，使税收风险疑点信息、税收执法风险和廉政风险疑点信息的抓取形成联动，为疑点信息提取、风险识别、任务推送、结果反馈提供系统支撑，逐步由人工为主转向人机结合，提高风险防控的信息化水平。

1. 提高基础数据的有效性

完善基础信息推送机制，按照数据采集标准，严把数据入口关，对涉及税务登记、税种认定、发票管理、申报征收多个环节的数据进行逐一审核，强化对动态信息的跟踪管理和及时更新；拓宽第三方信息的获取渠道，加强与银行等金融单位的信息共享，掌握纳税人全部银行账号，对纳税人收入、支出等进行网上比对，着力解决征纳双方信息不对称问题；强化数据分析应用，搭建贯通各层级、部门、岗位的涉税数据分析应用平台，加强涉税数据整理存储、信息互通、加工分析和挖掘应用，为风险管理提供支持。

2. 导入风险管理理念，充分利用联席会议平台

建立集采集、评估、处置为一体的闭合式执法风险管理模式，并做好风险预警。首先，对税收执法风险信息进行全方位收集。按季度对风险信息进行收集，集中信息资源，加强信息比对，通过定期排查分析，及时发现执法风险点。其次，对税收执法风险信息进行级别评估。根据风险发生的概率和可能造成的损失等要素，将税收执法风险等级分为高、较高、一般三个级别。再次，对税收执法风险进行及时处置。对评估为较高等级以上的税收执法风险采取措施，提出消除风险建议，定期发布风险预警。

3. 建立税务预警机制，主动化解执法风险

要对税务执法的全过程进行有计划、有组织的动态管理，对任何的税收执法和行政管理异常信息，进行采集、录入、整理、评估、发布等规范处理，根据分析得出风险信息，采取有效的控制行动，追查其原因并督促纠正，以有效地预防、处理和化解风险。将业务事项逐个岗位、逐个流程、逐个环节地分解嵌入到平台的各业务环节中。根据预警信息所反映的倾向性、苗头性问题，及时采取防范措施，有针对性地加强税收执法工作，将预防关口前移，防患于未然。办税业务在平台中流转时，每到一个岗位，系统会自动提醒待办事项、风险点、风险等级，并详细提示防控措施。对各个岗位的职责、权限、标准、要求进行固化，确保从业务的发起、受理到办结，每个节点都按照规定的程序、手续流转。将业务流程中每个节点必须具备的表证单书等痕迹项目固化到平台中，统一规范各个痕迹项目的格式、内容、填制要求等，为监控执法的风险提供可靠的原始依据。

4. 建立完善以预防职务犯罪为主要内容的防控机制

加强执法监督是税收管理的重要措施，要针对不同业务管理部门、不同业务岗位以及业务流程排摸风险点，明晰监管责任，突出监管重点，形成科学合理、方便操控的监管系统，完善征管流程，强化岗位责任，防止业务管理部门和岗位的权力与责任脱节。要充分发挥制度建设抵御风险的作用，推进执法公开，优化执法权力配置和流程设计，规范执法程序，推行重大税务执法事项集中审理制度，科学配置人员，探索执法人员分类管理制度，将合适的人配备到合适的岗位，对关键岗位、高风险岗位实施轮岗制度、专项监督制度和保证责任制度等制度。

5. 建立有效的责任追究体系

特别应在考核评议和过错追究两个环节，充分考虑和体现税源专业化管理模式下新的税收执法风险内部控制要求，完成岗责体系中税收工作可量化指标的标准化设置，对不可量化工作要采取目标责任制。实施责任积分管理，建立责任柔性或弹性追究体系，突出内控的目的不是追究责任而是在于整改和促进工作。通过调整系数，开展纵向、横向和动态性绩效评价，全面真实反映税收管理和执法水平。要完善税收管理员和基层执法人员考评办法，进一步细化考核考评机制，加大考核奖惩力度。要把税收计划管理、绩效管理与依法治税有机结合起来，适当弱化税收收入考核，强化依法治税考核，将考核重心由数量为主转化为以质量为主；在考核方式上，改变单纯事后考核办法，建立事前预防机制、事中督查机制，强化过

程监控。同时要建立税收管理员和基层执法人员依法行政外部监督机制。通过聘请社会行风监督员，开展税收执法人员述职述廉或引入第三方评价等活动，促使基层税收执法人员切实感受到税收执法风险的现实压力。

（四）加强执法风险教育，增强风险意识和廉政意识

基层税务机关普遍存在对风险应对的重要性和必要性认识不足，害怕追究责任，“等”和“推”思想严重的问题。要彻底解决这些问题，一方面要加强教育引导，讲明执法和廉政风险，使干部树立强烈的风险意识，明白执法和管理的风险所在，对执法风险和廉政风险保持高度警觉；另一方面要严格问责，对风险核查中发现的问题分类处理，对于执法过错行为要严格追究责任，对于违纪问题要由纪检监察部门立案查处，对于违法问题要及时移送司法机关处理。通过从严查办和警示教育，形成执纪监督的高压态势，防止同类问题反复出现。

1. 强化税收执法风险思想教育

首先，要深入理解税收行政执法风险的重要性，不断强化税收执法人员的法治观念，提高依法行政意识，自觉地学法、遵法、守法，克服执法上的侥幸和麻痹心理，提高防范意识，确保税收执法的安全性。其次，要使税务干部树立正确的世界观、人生观、价值观和正确的权力观、地位观、利益观，解决好“人该怎么做、法该怎么执、权该怎么用”的问题，加强自律，增强拒腐防变意识，筑牢预防职务犯罪的思想防线。最后，要开展形式多样的执法风险宣传教育，结合身边的典型案例开展廉政教育、警示教育、现身说法教育，从而使每个人都能从思想上重视廉政建设和依法治税的重要性，自觉抵制违法行为，不断提高税务人员认识、发现、预防和化解税收执法风险的能力。

2. 提高税务人员的整体素质

防范和化解税收执法风险，需要有一只综合素质较高，能够正确开展税收执法活动的干部队伍。这些素质包括正确的思想观念、端正的工作态度、必要的法律知识、熟练的业务技能以及丰富的处事协调能力等。首先，要加强税收法律法规和业务知识的学习培训，稳步提高干部的整体业务素质，使其掌握各种税收法律法规和规范性文件的实质内容和执法程序，具备良好的执法素质，避免执法过错的发生。其次，要加强思想政治建设和职业道德教育，进一步增强干部职工的工作责任心，提升税务人员的依法行政能力和职业道德素养，最大限度地减少税收执法的随意性，切实降低并有效化解税收执法风险。

3. 提高税务干部执法风险意识

作为一名税务人员应从思想上重视执法风险，在日常工作中始终绷紧风险这根弦，严格按照法律规定的程序和内容执法，重程序、重证据，规避可能的风险：①在制定相关税收制度的时候要注意文件的合法性，避免与相关法律、法规发生冲突，不能想当然，要进行实地调查研究，真正做到制度合法，执行有力。②税务人员要尽力做好本职工作，避免因自身工作失误而产生执法风险。③税务人员要严格遵守各项法律、法规，避免因违法行政而产生风险。④发动税务干部查找税收执法“风险点”，明确执法的薄弱环节，制定防范措施，做到警钟长鸣、防微杜渐。⑤推行岗位轮换制，岗位定期轮换，减少执法风险。作为基层执法部门应明确哪些非领导职务的重点执法岗位应在什么年限内定期轮换，并作为一项制度一以贯之地执行下去。同时，在选配人员时应考虑其是否具备该项工作所需的经历和能力，这样才能防范由于岗位权力带来的廉政风险。

4. 结合廉政文化建设，开展思想教育活动

积极开展党的性质和宗旨、廉政理念、社会公德、职业道德、家庭美德、党纪法规等为基本内容的教育培训：①定期或非定期地分层次对干部职工开展有针对性的职业道德和反腐倡廉的教育和培训，人人撰写学习心得体会，形成自我教育的氛围。②加强正反两个方面的典型教育，以先进模范典型事迹感染人、启迪人，以违法犯罪腐败典型案例警示人、教育人，让大家在日常学习、工作和生活中常思考、常警醒、常反省。通过开展丰富多彩的学习教育活动，进一步提高干部职工思想政治理论素质，增强廉洁自律、廉政勤政意识和法纪观念，提高拒腐防变能力，筑牢思想道德和党纪税法两道防线。

11. 关于电子商务税收征管问题的研究

【摘要】随着互联网科技的不断发展，电子商务逐步成为全球商务活动的重要组成部分，发展空间巨大。本文首先从电子商务的基本概念入手，对电子商务区别于传统商务的特点进行分析。然后，论述电子商务税收征管的现状以及存在的问题。利用相关数据对我国电子商务发展的现状进行描述，通过全国首例网络交易偷税案——“彤彤屋”偷税案，引出我国电子商务税收征收管理中存在的问题，由此引发对电子商务征税必要性的思考。接下来，对美国和欧盟电子商务税收征管现行政策展开分析，与我国的电子商务税收制度进行对比，为改革我国电子商务征收管理提供一定的经验借鉴。最后，提出完善电子商务税收征管的建议，主要从完善税务登记制度、全面推广电子发票、构建信息共享平台、建立专业化人才队伍的角度提出具体建议。

【关键词】电子商务　税收征管

【作者简介】孙阳，首都经济贸易大学财政税务学院研究生

一、电子商务概述

（一）电子商务的基本概念

电子商务是以互联网为载体的新型交易模式，是在互联网开放的网络环境下，基于浏览器/服务器应用方式，买卖双方在不谋面的情况下进行各种商贸活动，实现消费者网上购物、网上交易和在线电子支付，以及各种商贸活动、交易活动、金融活动和相关综合服务活动的一种新型商业运营模式。

电子商务可以从两个层面去理解，即广义的电子商务和狭义的电子商务。广义的电子商务是指使用各种电子工具从事商务活动，通过使用互联网等电子工具，使公司内部、供应商、客户和合作伙伴之间，利用电子业务共享信息，实现企业间业务流程的电子化，配合企业内部的电子化生产管理系统，提高企业的生产、库存、流通和资金等各个环节的效率。狭义的电子商

务是指通过使用互联网等电子工具在全球范围内进行的商务贸易活动，是以计算机网络为基础进行的各种商务活动，包括商品和服务的提供者、广告商、消费者、中介商等有关各方行为的总和。人们一般所谓的电子商务普遍泛指狭义上的电子商务。无论是哪种范畴上的电子商务都有两个特点：一是离不开互联网的平台，二是通过互联网完成的是商务活动。

按照交易对象对电子商务进行分类，可以分为企业对企业的电子商务（B2B），企业对消费者的电子商务（B2C），企业对政府的电子商务（B2G），消费者对政府的电子商务（C2G），消费者对消费者的电子商务（C2C），企业、消费者、代理商三者相互转化的电子商务（ABC），以消费者为中心的全新商业模式（C2B2S），以供需方为目标的新型电子商务（P2D），等等。

（二）电子商务的特征

商务的本质使电子商务无法跨越交易对象、交易主体和资金流通等要素的制约。具体而言，电子商务存在交易的商品，不管是有形还是无形；有买家也有卖家，只是电子商务多了第三方交易平台；有资金的流动，只是不依赖于现金的流通，而是依托于网上银行、第三方支付平台。所以，电子商务本质上和传统商务是一样的，但有一些特有的优势。电子商务的特征主要体现在以下两方面：

1. 电子商务具有较强的虚拟性

传统商务有真实存在的门面、经营地址，交易过程一般是通过交易双方面对面一手交钱一手交货而实现。但是电子商务通常利用互联网上的一个平台、一串链接地址，不需要买卖双方面对面就可以进行交易，买方通过第三方支付平台支付货款，卖方通过物流等方式提供货物。

2. 电子商务具有较强的便捷性

这种便捷体现在两方面：一方面，交易时间不受限制。传统商务门店的经营时间有限，而电子商务在网络平台上可以24小时随时进行交易，不受经营时间的限制。另一方面，电子商务降低了成本，提高了交易效率。对于消费者而言，电子商务省去了外出购物的出行成本，在家就可以货比三家，节省了时间和体力，使交易更加便捷，效率更高。

二、我国电子商务税收征管现状及存在的问题

（一）我国电子商务税收征管的现状

随着互联网的普及和大数据时代的到来，近些年我国电子商务发展的

速度很快。数据显示，我国电子商务交易规模从2009年的3.7万亿到2014年12.3万亿，增长了近2.32倍①。从图1可以明显且直观地看出，2009—2014年，电子商务交易规模增长的趋势十分明显，并且按照现行的发展形势来看，这种增长还没有放缓的趋势。

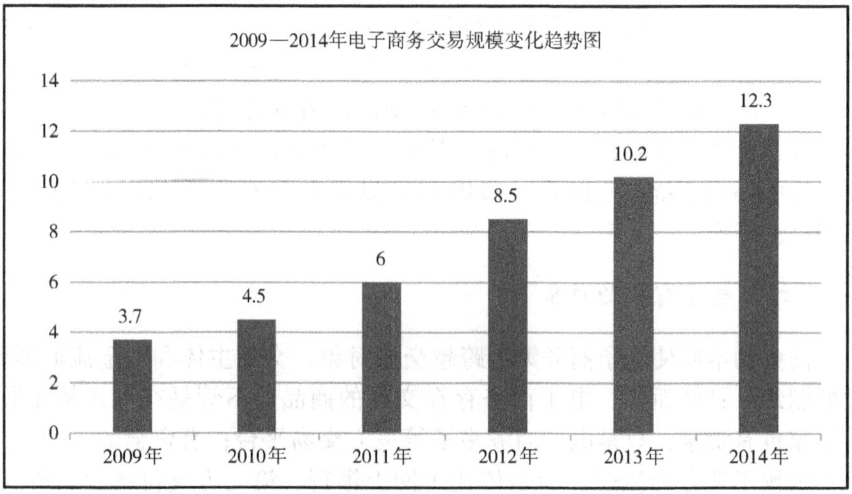

图1 2009—2014年电子商务交易规模变化趋势

随着我国电子商务的快速发展，交易量达到可观的水平，行业收入不断增加，在我国经济发展中起着越来越重要的作用，与之而来电子商务税收征管制度的弊端也逐渐暴露。快速发展的电子商务和滞后的税收制度形成了反差，传统的征收管理方法无法有效地对电子商务征税，造成了税收的流失，给政府造成了税收损失。近年来，电子商务的快速发展和传统税收征管制度不完善之间的矛盾越来越突出，导致电子商务税收征管问题越来越严重。现行的税收征管法不仅无法适应电子商务的要求，而且也不利于电子商务的长期发展，未来势必要将所有电商纳入征税范围。其实，对电商征税并不一定是件坏事，它可以起到规范电商销售行为的作用，创造良好的电子商务环境，保障消费者的权益。目前国内很多电商为了获得更多的信誉，宣传和推销自己的产品，采用了“刷单”等极端手段，提高产品和服务的销量，来骗取消费者对产品和服务的信任。如果对电商的销售行为进行征税，一定程度上将制约电商的刷单，因为在虚增销售量和销售

① 数据来源：产业信息网发布的《2015—2020年中国电子商务市场调研与投资前景报告》。

收入时，将面临着多交税的风险，从而可以在一定程度上规范电商的行为。但是，对电商征税也将不可避免地抑制电子商务的发展，一些电商有可能转移到其他更有利的国家和地区，造成我国税源的流失。所以，可以在征税的同时，对电商制定一系列的优惠政策鼓励和扶持电子商务的发展。对于改革电商税收征管，一方面应该致力于将所有的电商纳入到征税范围，以防止税款的流失；另一方面应该合理制定税收优惠政策扶持该行业的发展。

（二）案例分析——彤彤屋偷税案

下面我们将通过全国首例网络交易偷税案——彤彤屋偷税案，引出我国电子商务税收征管过程中存在的问题。

在网络交易模式刚兴起的几年，一对上海夫妇合伙开办了一家黎依市场策划公司，这家公司主要是做礼品生意。其中，妻子张黎女士担任该市场策划公司的法人代表。2006 年 6 月，张女士发现婴儿用品在网上的销路很好，就决定用其经营的黎依市场策划公司的名义在淘宝网上注册一家网店并进行网上销售。不久后，网店的生意越来越好，张女士又用其黎依市场策划公司的名义筹建了一个专门销售婴儿用品的网站——“彤彤屋”。随着时间的推移，网店生意逐步壮大，到案发为止总共销售了价值 280 多万元的婴儿用品。张女士根据之前在网上销售的经验，了解到网上交易几乎从不开具发票，逐步摸索出了一套网上销售并逃税的方法。比如说，销售商品后不进行账簿登记、不为消费者开具发票等，以 C2C 的电商身份进行 B2B 的商品交易，达到偷税的目的。案发后，上海市普陀区国家税务局通过具体数额核对，认定黎依市场策划有限公司于 2006 年 6 月份至 12 月份期间通过网络渠道销售的各种货物，其所含金额已经高达人民币 289. 5 万余元。最后，上海市普陀区人民法院对张女士的公司——上海黎依市场策划有限公司以偷税罪的罪名判处罚金人民币 10 万元，同时法院还判处张女士有期徒刑两年，缓刑两年，罚金 6 万元。

张女士在接受庭审时说：“网上所有人几乎都是这样交易的。”简单的一句话背后隐藏的是电子商务偷税漏税问题的严重，彤彤屋只是众多电商违反税收法规中的一个，由此可见我国电子商务活动中税收流失的程度。

（三）我国电子商务税收征管存在的问题

1. 税务登记制度不完善

传统商务在从事生产经营活动之前需要在工商管理部门办理营业执

照，并依照营业执照进行税务登记，才能够开展经营活动。但是，对于电子商务而言，工商部门2010年7月1日起开始实施的《网络商品交易及有关服务行为管理暂行办法》（以下简称“管理办法”），并没有将电子商务的店家完全纳入工商登记的范畴，没有对电商出台严格的税务登记制度，导致很多电商没有进行相应的税务登记便开始从事电子商务活动。税务登记是税收征管的起点，如果税务登记不明确，税收征管就存在问题，电子商务的店家没有进行工商登记，就无法进行税务登记，也就无法对其进行税收征管。

2. 税收相关要素难以确定

就纳税主体而言，因为缺乏健全的税务登记制度，很多电商在进行电子商务活动时没有进行税务登记，税务机关无法查实纳税人的身份对纳税人征收相应的税款，导致税务工作无法继续进行。就纳税对象而言，由于电子商务不同于传统商务，存在虚拟性的特性，这就决定了在电子商务活动过程中存在很多虚拟化的商品和交易对象，而我国现行的税收制度没有相应的税种与之相匹配，导致税务机关在核定应纳税款时存在盲区，处理陷入困境。就纳税期限而言，我国现行的税收制度所规定的纳税期限针对的是传统意义上的贸易，根据支付方式或者发票的开具时间确认纳税义务的发生时间，但由于电子商务存在虚拟性以及电子发票机制的不健全，导致电子商务纳税时间的界定不够明晰，纳税期限对电子商务而言失去了约束力。就税收管辖权而言，我国现行的税收体制是以经营地或个人居住地为纳税地点，而网上电商经营可能没有固定的经营地点，对经营地的确定较为困难，所以税收管辖权的确定存在争议，这也造成税收征管上的困难。

3. 缺乏健全的发票管理制度

国内电子商务没有建立规范的发票管理机制，个别电商存在不开发票或者违规虚开增值税发票等现象。一方面，我国消费者对要求电商开具增值税专用发票的意识淡薄，相关规定也未将开具增值税发票作为电子商务活动的前置条件，这就导致很多电商不给消费者开具增值税发票，以便逃避税款，使电商手中有大量剩余的电子发票。另一方面，很多企业需要发票来抵消部分成本，实现利润的最大化，这就为电商虚开增值税发票创造了相应的条件，而这会严重扰乱经济的秩序，造成税收的流失。此外，税务部门和电子商务平台缺乏信息共享机制，数据交流不充分，使税务机关不能充分掌握电商的经营数据，给电商少申报缴纳税款创造了条件。部分电商的申报金额不是按照实际经营所得，而是开票的金额，但是电商发票管理机制不健全，不开、乱开发票的现象比较严重，税务机关无法掌握。所以，税务部门和电子商务平台的信息不对称要求加快健全发票管理制度。

4. 税务稽查难度较大

税务稽查是税收征收管理工作的重要步骤和环节，是税务机关代表国家依法对纳税人的纳税情况进行检查监督的一种形式，在税收征管中占有重要的地位。但是，由于电子商务的特性，其较强的虚拟性和数字性等都给税务稽查带来了很大的挑战。上述的电子商务税务登记的不完整、电子发票制度的不完善、各部门信息交流的缺乏导致信息的不对称等问题，都给税务稽查带来了很大的困难。电子商务活动税务稽查的难度主要体现在两方面：一方面，电商在从事电子商务活动过程中很容易出现税收违法行为，漏缴税款等，造成税收收入大量流失，而对该行业进行税务稽查需要投入大量的人力、物力和财力。另一方面，我国现行税收制度对电子商务活动的规定不明晰，没有严格的法律法规对电商的纳税行为进行约束，同时存在很多客观因素导致电商的账户、记账凭证等不完善或者不真实，不能有效为税务稽查提供依据。所以，目前税务机关对电子商务开展税务稽查存在诸多困难，这也间接导致了电商出现更为严重的偷税漏税现象。

（四）电子商务征税的必要性

随着市场经济的不断发展，电子商务在我国所占的比重越来越大，地位也越来越重要。对电子商务活动进行免税，会造成我国税收收入的流失，影响国民经济发展。同时，税收应该保持公平原则，电子商务应该和传统商务一样受到税收制度的约束，否则会导致传统商务逐步衰落，使产业结构出现不平衡 。另外，目前我国在电子商务领域的税收并不是完全空白的，电子商务中的 B2B 和 B2C 已经纳入我国征税范围内，而 C2C 尚未纳入到税收范围之中，这样的税收政策会导致纳税人心理上的反抗，通过各种手段隐藏企业的身份，伪造形式上的 C2C 模式经营，不利于公平性原则的体现和电子商务的健康发展。有意的逃税、避税也会造成电子商务行业出现恶性竞争和不公平竞争。

三、国外电子商务税收征管经验借鉴

（一）美国

美国《市场公平法案》是 2013 年 5 月 6 日参议院投票通过的一项法

案，该法案的通过表明美国已经告别了电商免税时代，规定美国各州政府应对电商企业征收销售税。而之前，只有从事电子商务活动的商户在该州拥有实体店的情况下，才有义务缴纳销售税；也就是说，沃尔玛等大型零售商在互联网上进行电子商务交易时必须缴纳销售税，而如果只是电子商务零售商就可以免税，如 eBay 等。

《市场公平法案》是美国第一个全国性电子商务销售税法案，这个法案提供了电子商务活动中税收管辖权不明问题的解决思路。该法案中规定，电子商务平台向电商收取销售税，然后电子商务平台所在的州政府向电商平台收取销售税。法案还规定了电子商务的征税对象和征税范围，对税收要素进行了进一步的明确，为州政府和地方政府的征收管理提供了依据。同时，该法案规定：当企业通过网络、物流、电话、电视等渠道进行产品交易时，必须缴纳销售税。另外，法案也规定了起征点，电子商务年度销售额达不到100 万美元的，享有免税权。

从美国出台的《市场公平法案》我们可以看出，随着电子商务的不断发展，电子商务活动的逐渐普及，征收管理的总体走向是像传统商务活动一样应该体现税收公平原则，逐步将电子商务纳入税收管理的范畴之中。同时从该法案中可以看出，即使电子商务发展水平在全世界相对领先的美国，还是对电子商务进行了政策上的鼓励，没有忽视对电子商务活动的税收优惠。根据美国的经验，我国未来电子商务税收征管改革的方向应该是：一方面逐步将所有电商纳入到征税范围，保证税收收入；另一方面也要制定相应的税收优惠政策，扶持电子商务的发展。

（二）欧盟

2003 年 7 月 1 日起，欧盟成员国开始执行电子商务增值税的新指令。这使欧盟成为世界上第一个对电子商务征收增值税的地区，开创了对电子商务征税的先河。

在新法例执行之前，欧盟的法律对电子商务的税收征管问题是这样规定的：欧盟国家对境内、境外国家的企业、个人进行电子商务有形商品、无形商品销售时都需要缴纳增值税；非欧盟国家对欧盟国家的企业、个人进行有形商品销售时需要缴纳增值税；非欧盟国家对欧盟国家的企业进行无形商品销售时需要缴纳增值税。这意味着非欧盟国家对欧盟国家的个人进行无形商品销售时是无须缴纳增值税的。这样的税收制度规定不利于欧盟电商的发展，造成了经济上的损失，所以欧盟出台了新指令。

欧盟电子商务增值税新指令对纳税人、征税对象、税务登记制度等进行了明确和完善。新指令规定：电子商务增值税纳税人为在欧盟取得电子商务收入的非欧盟居民企业，课税对象为非欧盟居民企业在欧盟取得的电子商务收入。另外，新指令规定，非欧盟企业需要在进行增值税税务登记的欧盟国家申报、缴纳相关税款。也就意味着，非欧盟国家必须在欧盟成员国进行税务登记、接受税收征收管理。这样有助于欧盟对电子商务税收活动进行监管。

四、完善电子商务征收管理的建议

（一）完善税务登记制度

2010 年 7 月 1 日起，我国开始实施《网络商品交易及有关服务行为管理暂行办法》，电子商务的店家并没有完全纳入工商登记的范畴，无法进行相应的税务登记，税务机关无法对电子商务进行税收征管。所以，本文建议工商部门加强对电商营业执照办理的要求，同时加强对电商无照经营的处罚力度。只有逐步将所有电商纳入到工商管理系统，并依照营业执照办理税务登记，使电商的所有交易行为都在工商、税务相关部门的监管之下，才能有效地从源头上避免税源的流失，有效地打击假冒伪劣产品以及其他侵犯消费者权益的行为，促进电子商务行业的良性发展。

具体而言，可以在电子商务经营者工商登记制度的基础上，建立电子商务经营者税务登记制度。根据电子商务区别于传统商务的特点，税务登记的改革不能完全照搬现有的税务登记模式，比如可以将网址、第三方支付账号等内容纳入税务登记的要求之中。税务登记制度需要得到电子商务交易平台的协助，可以规定交易平台在接受电商申请之前，对电商是否具有有效的营业执照和税务登记证进行审查，监督电商在网络主页上显示其登记证号码，保证提供的银行账号和税务登记的账号一致。在完善税务登记制度过程中，要求工商管理部门、税务部门和交易平台充分合作，建立信息共享机制，从根本上解决电商的登记注册问题。这样不仅有利于工商部门对其商业活动进行监管，有利于税务部门的税收征管，同时也有益于交易平台维持信誉度，有益于产品质量的提升。

（二）全面推广电子发票

我国电子商务活动的经营者主要是企业、个体工商户和个人。对于企业而言，其具有完善的财务管理制度和较强的税收核算能力，可以主要采用纳税人自行开票、自行申报的纳税形式进行税收征管。税务机关可以根据第三方交易平台的订单信息、交易量等数据进行分析，识别企业可能存在的涉税风险。同时，对于存在涉税问题的电商进行严格的税务稽查，实施监管，根据违反税法规定的情形处以一定的处罚。对于个体工商户和个人而言，财务管理制度不够健全，税收核算能力弱，开具发票的自觉性不高，可以采用全面推广电子发票制度的方式实行税收征管。逐步将开票列为交易成功的前置条件，并且由第三方电子商务平台对每笔电子商务活动开具发票，在交易系统中嵌入电子发票，将销售货物和开票货物关联起来。这样可以防止电商经营不开发票的弊端，有利于税务机关以票控税。

（三）构建信息共享平台

现在是信息时代，必须要与时俱进树立信息管税的理念，以信息技术为媒介促进税务机关税收征管质量和效率的提高，建立一个广泛覆盖税务部门、工商部门、第三方交易平台的机制，进行信息共享。电子商务其本质是一个市场，电商的经营都在其间进行，销售数据、收款状况、货物、物流、开票情况等信息都一览无余。电子商务平台的出现，为税务机关利用大数据分析纳税人是否依法履行纳税义务提供了便利，同时通过大数据分析也为税务机关开展针对性的纳税服务提供了指引，有利于促进税收征管质量提高和征管成本下降。这就要求各部门需要深度合作，定期交换数据，运用大数据的思维方式和手段，解决征纳双方信息不对称问题，全面实施信息管税。

（四）建立专业化人才队伍

随着互联网技术的不断进步，电子商务未来很可能将成为主要的交易形式。与此同时，税收信息化也是今后的发展趋势。因此，信息专业人才是信息时代的核心要素，信息化应用应该成为税务工作者的必备素质。一方面，税务机关应加强信息化时代税收专业人员的培养。逐步加大教育投入，制定详细的税收人才培养计划，将提高税收人员信息应用水平和业务技能作为重中之重，培养出一批税收业务精、信息技术水平高的复合型人才。另一方面，要提高信息应用水平和业务技能较高的税务人员的工资水平，进而引进优秀人才和避免专业人员的流失。

参考文献：

[1] 谢波峰．对当前我国电子商务税收政策若干问题的看法［J］．财贸经济，2014（11）．

［2］王彩凤．基于非对称信息的电子商务税收征管研究［D］．吉林大学，2015.
［3］刘贺澎．电子商务税收征管制度研究［D］．石家庄：河北经贸大学，2015.
［4］周望望．基于我国淘宝 C2C 电子商务模式税收征管问题研究［D］．华东政法大学，2014.
［5］王艳芳．网络交易税收征管的法律问题——基于“彤彤屋”网店税收案研究［D］．兰州大学，2011.
［6］孙偲佳．欧盟电子商务税收政策对我国的启示［J］．现代经济信息，2013（5）．
［7］刘卫明．完善我国电子商务税收征管的设想［J］．税务研究．2014（2）．
［8］段晓红．电子商务税收法律问题探析［J］．西大学学报：哲学社会科学版，2014（5）．

12. 证券公司集合资产管理计划的增值税征管问题研究

【摘要】截至2016年二季度末，我国资产管理业务规模已达到72.76万亿元，其中绝大部分都是通过集合资产管理计划方式运作。对于集合资产管理计划在哪些环节涉及增值税，如何征收，在银行、证券、保险分业监管格局下，本文选取证券公司集合资产管理计划为案例蓝本，分析了将集合资产管理计划作为独立纳税实体征税、由集合资产管理计划参与人作为纳税主体征税，两种征税模式对增值税及其附加税不同影响，并提出完善集合资产管理计划增值税征收管理的具体措施。

【关键词】资产管理　集合计划　增值税　征管政策　案例分析

【作者简介】王震，河北地质大学会计学院

一、案例实况

2015年9月9日，某证券公司设立一支总额为1亿元，总份额1亿份，期限为1年的分级集合资产管理计划（后文简称集合计划），优先级0.8亿元，劣后级0.2亿元。优先级份额预期收益7.5%，计划到期兑付优先级预期收益和计划全部本金后的剩余收益，优先级分享20%，劣后级分享80%，按照收益该证券公司担任集合计划的受托人和管理人，交通银行担任集合计划资产的托管人。

该计划可投资于国债、货币市场基金和境内上市公司股票。为了分析方便，假设该计划仅投资境内上市公司股票，不考虑印花税和所得税。

A公司投资0.3亿元参与该计划，不考虑参与费，共取得参与优先级份额2 000万份，劣后级份额1 000万份；A公司股东中国公民高某参与金额500万元，取得劣后级500万份。该计划封闭运行，计划成立3个月后，参与人可通过证券公司的柜台交易办理份额转让。

2016年9月8日，管理人以600万元的价格卖出一只股票，该股票投资成本400万元；9月9日，A公司转让计划优先级份额1 000万份，转让成交价格1.1元/份额。

2016年9月11日，该计划到期实现投资收益0.3亿元，按照资产管理合同的约定进行计划资产的清算分配。

优先级参与人可分配收益＝8 000×7.5%＋（3 000－8 000×7.5%）×20%

＝600＋480＝1 080（万元）

劣后级参与人可分配收益＝（3 000－8 000×7.5%）×80%＝1 920（万元）

A公司到期兑付收益＝1 080×1/8＋1 920×1/2＝135＋960＝1 095（万元）

高某到期兑付收益＝1 920×500/2 000＝135＋960＝480（万元）

根据上述事宜，A公司主管税务机关，要求A公司申报缴纳计划份额转让的增值税及附加：

应纳增值税＝［1 000×（1.1－1）/（1＋6%）］×6%＝5.66（万元）

应纳城建税＝5.66×7%＝0.4（万元）

应纳教育费附加＝5×3%＝0.17（万元）

A公司主管税务机关，要求A公司按照“贷款服务”申报缴纳优先级收益的增值税及附加：

应纳增值税＝［135/（1＋6%）］×6%＝7.64（万元）

应纳城建税＝7.64×7%＝0.53（万元）

应纳教育费附加＝5×3%＝0.23（万元）

证券公司的主管税务机关要求计划管理人，一方面申报缴纳集合计划买卖股票的增值税，与此同时还要其代扣代缴A公司转让计划份额的增值税及附加：

应纳增值税＝（600－400）/（1＋6%）×6%＝11.32（万元）

应纳城建税＝11.32×7%＝0.79（万元）

应纳教育费附加＝10×3%＝0.34（万元）

应代扣代缴A公司计划份额转让的增值税及附加：

应代扣代缴增值税＝［1 000×（1.1－1）/（1＋6%）］×6%＝5.66（万元）

应纳城建税＝5.66×7%＝0.4（万元）

应纳教育费附加＝5×3%＝0.17（万元）

二、涉税争议

（一）优先级份额收益按照“贷款服务”计征增值税的争议

A公司对转让计划份额征收的增值税及其附加无异议，但对于取得的优先级份额收益按照“贷款服务”计征增值税，认为与事实不符，税务机关适用税收法规错误。

按照《证券公司客户资产管理业务管理办法》第33条第二项的规定，证券公司从事客户资产管理业务，不得向客户做出保证其资产本金不受损失或者取得最低收益的承诺。根据该条规定，资产管理合同优先级7.5%的预期收益表述，不能视同为固定回报的投资协议，不能将其视为债权性投资的利息性收入，否则违反资产管理业务的上述规定。对一项投资，只有事先约定还款期限和资金使用成本，才符合债权性投资的基本特征，对投资者取得的债权性投资收益应确认为利息性收入，按照“贷款服务”计征增值税。反之，还款期限或资金使用成本不固定的投资，应属于股权性投资，股权性投资收益则不属于增值税的征收范围。就本集合计划而言，其属于偏股型投资计划，根本无法保证能按期收回本金和预期收益，所以公司取得的优先级份额收益无需计缴增值税。

主管税务机关认为，根据该计划的资产管理合同相关条款，劣后级参与人的投资实际上是对优先级参与人投资的一种兜底性保障，对优先级参与人而言，合同设定的预期收益具有“刚性兑付”的特征，实际上属于投资回收期限固定（该计划封闭期1年）和投资回报固定的利息收入。资产管理合同的相关条款如下：

在兑付期内，集合计划的可分配收入在扣除集合计划应支付的成本或者费用后进行分配时，按下列原则和顺序向全体优先级参与人和劣后级参与人进行分配：①100%向全体优先级参与人分配，直至全体优先级参与人均收回其全部累计参与出资和预期收益；②100%向劣后级参与人分配，直至劣后级参与人收回其全部累计参与出资（本条执行完毕后，计划分配的收益均为可分配净收益）；③经过上述分配后的资金余额按优先级参与人20%、劣后级参与人80%的比例分配。

（二）集合计划买卖股票计征增值税的争议

证券公司认为，集合计划属于《证券投资基金法》规范的私募性契约式基金，应适用证券投资基金的税收政策。根据《营业税改征增值税试点过渡政策的规定》，对证券投资基金管理人运用基金买卖股票、债券的差价收入，免征增值税。管理人无需申报缴纳集合计划买卖股票的增值税。

证券公司的主管税务机关认为，证券公司的集合资产管理业务是根据《证券公司客户资产管理业务管理办法》《证券公司集合资产管理业务实施细则》，集合资产管理业务与证券投资基金在投资金额、筹资方式、信息披露、管理人报酬、收益目标、合同期限和投资范围等方面多有不同。鉴于集合计划的私募特征，其不属于《证券投资基金法》规范的证券投资基金，不能套用证券投资基金的税收政策而扩大税收优惠的适用范围，管理人必须按期申报缴纳集合计划买卖金融商品的增值税及附加。

（三）计划参与人转让份额增值税的代扣代缴义务的争议

证券公司认为，按《证券投资基金法》第八条的规定，基金财产投资的相关税收，由基金份额持有人承担，基金管理人或者其他扣缴义务人按照国家有关税收征收的规定代扣代缴。集合计划既不是单位也不属于个人，不具备增值税纳税人的主体资格。证券公司开展的资产管理业务，业内没有就集合计划办理涉税事宜的先例，集合计划参与人的税收事宜应由其自己申报缴纳。另《营业税改征增值税试点实施办法》（财税〔2016〕36号）并没有对境内单位或个人的应税行为，规定代扣代缴义务人。根据《税收征管法》第30条的规定，扣缴义务人依照法律、行政法规的规定履行代扣、代收税款的义务。对法律、行政法规没有规定负有代扣、代收税款义务的单位和个人，税务机关不得要求其履行代扣、代收税款义务。所以，管理人无需履行计划份额转让增值税的代扣代缴义务。

证券公司的主管税务机关认为，财税〔2004〕78号文和《营业税改征增值税试点过渡政策的规定》只是豁免了基金管理人运用基金买卖股票、债券的营业税纳税义务，并没有豁免基金参与人买卖金融商品的增值税纳税义务。考虑到管理人将集合计划投资运用或份额转让的信息，传递给参与人需要时间，存在时滞，为了能实现税款的及时足额征收，证券公司应该接受税务机关的委托，办理参与人转让份额的相关税收，管理人应申报缴纳集合计划的所有涉税事宜。

三、案例实况分析

证券公司的资产管理业务，在管理人与投资参与人不组建投资企业的前提下，一般以资管机构为主导，设立集合计划募集资金。集合计划有如下特征：①集合计划募集的资金，独立于资管机构和托管机构的自有资产。②集合计划对外投资取得的财产和收益归入资产管理计划，产生的应付税费从资产管理计划财产中列支。③非因资产管理计划财产本身承担的债务，不得对资产管理计划财产行使请求冻结、扣押和其他权利，其债权人不得主张对资产管理计划财产强制执行。④资产管理人、资产托管人进行清算的，资产管理计划财产不属于其清算财产。

自2012年以来，银监会、证监会、保监会等监管单位，针对资产管理市场密集出台了一系列政策，在原信托公司的基础上赋予银行、证券、保险、基金、期货等金融机构资产管理业务资格。各类资产管理机构均可接受个人、企业和金融机构的委托，受托管理个人、企业和金融机构的资产。银信、银证、银保、信保、信基等资管机构之间的合作，统一的资产管理市场初步形成，我国已步入“泛资产管理时代”。

由于我国实行银行、证券和保险分业监管，不同资产管理机构适用不同的法律法规，譬如信托公司适用《信托法》《信托公司集合资金信托计划管理办法》，基金公司及其子公司适用《证券投资基金法》《基金管理公司特定客户资产管理业务试点办法》，商业银行适用《商业银行个人理财业务管理暂行办法》《关于规范商业银行理财业务投资运作有关问题的通知》，公司制和合伙制的私募基金则适用《公司法》《合伙企业法》。在此背景下，容易出现不同金融机构办理的资产管理业务适用不同的税收政策的现象。截至 2016 年 6 月 30 日，我国资产管理业务的市场规模已达到 72.76 万亿元，面对如此巨大的资产管理业务市场，各地都在积极探索资产管理业务的税收征管方案。

对集合资产管理计划征税，考虑到集合计划财产特征，作为一种创新的投资组织形式，可以赋予集合计划纳税主体资格，由计划管理人代为办理集合计划的涉税事项，并代扣代缴集合计划参与人转让份额的相关税收，可将此征管策略称为集合计划实体纳税。也可以集合计划参与人为纳税主体，由参与人自己申报缴纳集合计划分派的债权性投资收益，以及计划份额转让的增值税，可将此征管策略称为参与人纳税。显然两种不同的征税策略导致了本案例中的涉税争议。下面结合案例中的涉税争议，分析如下：

（一）参与人实体纳税的涉税分析

如果由参与人自己申报缴纳集合计划买卖金融商品的增值税，则可能的税收征管流程如下：首先，管理人能够准确计算集合计划每月转让金融商品，本期应纳的增值税金及附加；其次，管理人能够及时准确地将税金分配给计划的每一个参与人；最后，再由参与人在其机构所在地或注册居住地，按期完成集合计划买卖金融商品应纳增值税的申报缴纳。

管理人不区分委托人类别，总体计提集合计划买卖股票应纳税金方法（后称“总体计提法”）下，A 公司的增值税税负（为了分析简便，此处不考虑城建税和教育费附加），可根据持有计划份额占计划总份额的比例计算。

$$管理人计提的集合计划买卖股票应纳增值税 = [(600-400)/(1+6\%)]\times 6\% = 11.32（万元）$$

$$A公司应纳增值税 = 11.32\times 2\,000/10\,000 = 2.26（万元）$$

高某应纳增值税 = 11.32 × 500/10 000 = 0.57（万元）

A 公司增值税税负 = 2.26 ÷ 〔（600 − 400）× 2 000/10 000〕 = 5.65%

按照财税〔2016〕36 号文规定，委托人高某无需申报缴纳买卖金融商品营业税，这部分税金不应事先计提。在集合计划的参与人有个人的情况下，"总体计提法"会多计提集合计划的应纳增值税，导致机构投资者多负担增值税。可见，"总体计提法"适用于委托人全部是机构投资者的集合计划。

为了解决"总体计提法"多计提税金的问题，管理人在计提集合计划的税金时，就应考虑委托人的结构或类别，仅计提机构投资者应纳增值税。即在"总体计提法"计提税金的基础上，按照机构投资者持有份额占计划总份额的比例（ = 1 − 个体工商户或其他个人持有份额占总份额比例）确定，该方法可称之为"分类计提法"。

本案例中，假设该集合计划的委托人只有高某一个个人投资者，个人持有份额的比例为 5%（500/10 000 × 100%），则机构投资者持有份额的比例为 95%（1 − 5%）。"分类计提法"下，A 公司的增值税税负如下：

管理人计提的集合计划买卖股票应纳增值税 = [（600 − 400）/（1 + 6%）] × 6% × 95%
= 10.75（万元）

A 公司应纳增值税 = 10.75 × 2 000/10 000 = 2.15（万元）

A 公司增值税税负 = 2.15 ÷ [（600 − 400）× 2 000/10 000] = 5.38%

"分类计提法"下，机构投资者增值税税负比"总体计提法"下的税负降低了 0.27 个百分点。

当然，管理人选择不同的税金及附加分配基础，也会影响参与人应纳增值税的金额。除份额比例外，可能的分配基础还有份额总值比例（参与人持有份额占集合计划资产总值的比例）、份额净值比例（参与人持有份额占集合计划资产净值的比例）等。对此本文不再赘述，有兴趣的研究者可以自行测算。

参与人作为纳税主体，还会导致管理人计划资产净值核算上的不便。委托人缴纳税金后，需要及时将完税凭证传递给管理人，管理人才能据此计入计划的应交税费项下，同时转销计提的应付税金，方可调减计划的净值。考虑到各地集合计划的税收政策不统一，参与人完税凭证传递时间各异，这些因素都可能对集合计划资产净值的核算和列报产生干扰。

在参与人未办理赎回或转让计划份额，取得分派收益时，参与人可能缺少或没有资金缴纳集合计划买卖金融商品的相关税金。从参与人财务管理的角度看，无法预期的资金支出往往会打乱参与人的资金预算，为了缴纳税款，参与人可能需要从生产经营活动中抽调部分资金，这样，参与人正常的生产经营活动秩序必将受到影响，在参与人再融资受限时，可能导致参与人资金链断裂。参与人为了减少集合计划买卖金融商品应纳税金的影响，需要提前安排计划的强制赎回、份额的强制转让或计划的强制分红。这种内在的征税机制需求，必将对集合计划资金的运用产生负面影响，增加集合计划的管理难度。考虑到资本市场的传导效应，这种征税机制安排，将对各层次资本市场参与主体资金的期限配置产生严重干扰，容易催生系统性的金融风险。

（二）参与人取得的优先级收益涉税分析

集合计划设立之后，参与人也只能通过请求赎回或转让处分其持有的计划份额单位，不能直接处分计划财产。集合计划资产与各计划当事人相互独立不属于计划当事人的财产。参与人只能通过计划份额转让，到期分配计划的净收益方式收回自己的投资。集合计划分级与否，都不改变集合计划投资预期收益的不确定性，优先级参与人与劣后级参与人只是投资风险的一种配置结构，如同公司的优先股和普通股之别，优先级参与人与劣后级参与人按照持有份额取得的集合计划分派的收益，都属于不能预先确定投资收益率的股权性投资收益，不具有固定利润或保底利润的特征，不涉及贷款服务增值税的缴纳。

（三）集合计划实体纳税的涉税分析

如果赋予集合计划纳税主体资格，由计划管理人代理集合计划税金的核算与申报，可以解决委托人作为纳税主体导致的诸多困难。

首先，掣肘集合计划税金核算的原始票证问题，可迎刃而解。凡是归属于集合计划的支出事项，都可以集合计划为受票单位；凡是归属于集合计划的收入，都可以集合计划为纳税主体对外开出发票。也无需委托人履行完税凭证的传递，集合计划税金核算的效率和准确性都将大大提高。

其次，管理人可以动用集合计划的资金，办理税金缴纳，不会产生参与人实体纳税观点下参与人无钱缴税的困难，参与人也不用再安排集合计划的强制赎回、份额的强制转让或计划的强制分红。管理人可以在集合计划的期限内，减少这类强制措施对资金期限配置的干扰，提高集合计划资金运用的预期性和稳定性。

第三，在参与人中既存在机构投资者，又存在个人投资者时，坚持以集合计划为纳税主体，可以避免参与人实体纳税下“分类计提法”对机构投者增值税的影响，使机构投资者买卖金融商品增值税的实际税负保持在

5.67%，与其名义税率一致。

从国际比较看，以色列和爱尔兰将集合计划视为一般的公司，适用正常的公司税税率。美国、英国、加拿大、挪威等国将集合计划视为独立纳税主体，需要全额纳税，对分配给投资者的收益，采用扣除法解决重复征税问题。意大利、西班牙、荷兰等国将集合计划设为独立纳税主体，对集合计划适用低税率。德国，投资基金无须纳税，但投资基金要被视作独立纳税主体来确定税基。日本、比利时、韩国、巴西等国不把投资基金视为纳税人。中国香港、印度则豁免投资基金所获利息及资本利得的纳税义务。可见，集合计划作为独立纳税主体是一种国际趋势。

四、分析结论与政策建议

根据上述分析，我们可以得到以下结论：

第一，集合计划参与人实体纳税的观点和方法，导致集合计划会计和税金核算上的不便，并对参与人的资金管理和正常生产经营活动产生严重不良影响，该观点还加剧了金融市场的不稳定程度。为了减少参与人实体纳税的不良影响，只能放弃对集合计划买卖金融商品增值税的征收，退而求其次，仅对参与人转让计划份额的资本利得征收增值税。我国《证券投资基金法》即采用了这种观点。集合计划参与人实体纳税，构成对合伙企业和公司制企业买卖金融商品征收增值税的税制歧视。

第二，集合计划实体纳税的观点和方法，可有效解决参与人实体纳税产生的诸多不便，一方面可以及时增加增值税税收收入，同时也为实物资产集合计划的开展留足发展空间（当前我国的集合计划参与人只能以货币资金出资）。如果允许参与人以非货币性资产出资，集合计划不是增值税纳税主体，集合计划在购置、出售实物资产时，则无法使用增值税专用发票，增值税环环抵扣的链条断裂。在合伙企业、公司制企业买卖金融商品征收增值税的前提下，集合计划实体纳税，可实现对合伙企业和公司制企业买卖金融商品征收增值税的一视同仁，可减少纳税人通过各类资产管理计划规避增值税的套利行为，实现增值税的普遍的公平征收。

第三，集合计划份额转让收入的公允性值得推敲。集合计划优先级参与人到期可分配收益 1 080 万元，每份优先级份额可分配收益 0.135 万元，1 000 万份优先级份额可分配收益达 135 万元。计划参与人转让份额单纯按照交易系统的协议价格确定税基，容易导致利用协议价格避税增值税。

根据上述分析结论，笔者提出如下三条建议：

1. 修订《营业税改征增值税试点实施办法》纳税人和扣缴义务的规定

《营业税改征增值税试点实施办法》第一条第二款修订为“单位，是指企业、行政单位、事业单位、军事单位、社会团体、各类金融机构的集合资产管理计划、证券投资基金、私募投资基金及其他单位”。也可由财政部发文扩充“其他单位”，将各类金融机构的集合资产管理计划、证券投资基金、私募投资基金纳入其内。

修订《营业税改征增值税试点实施办法》第六条，将各类金融机构的集合资产管理计划、证券投资基金、私募投资基金管理人增列为代扣代缴义务人。也可由财政部单独制定增值税代扣代缴管理暂行办法，将各类金融机构的集合资产管理计划、证券投资基金、私募投资基金涉税事宜的代扣代缴纳入其内。

经过上述修订，明确集合计划管理人负责集合计划增值税的纳税申报缴纳或扣缴义务。

2. 修订《营业税改征增值税试点实施办法》核定征税规则

《营业税改征增值税试点实施办法》规定的销售额核定采用平均价格法和组成计税价格法。由于证券投资组合的复杂性和灵活性，根本无法采用平均价格或组成计税价格核定集合计划份额转让价格，建议修订《营业税改征增值税试点实施办法》第 44 条，在组成计税价格前增加一项，按照投资资产的净值确定金融商品转让价格。

3. 抓紧部署对资产管理涉税业务的税收专项检查

营改增后，各类金融机构之间资产管理业务创新不断，为了能及时发现资产管理业务营改增税收政策执行中存在的问题，应对资产管理业务部署一次全国性的税务检查，理顺税务机关与资产管理机构监管机关、中国证券登记结算有限公司、中国债券登记结算有限公司、基金协会之间的信息交换机制和信息系统建设，以尽快实现对资产管理业务涉税信息的综合监管。

参考文献：

[1] 刘坤．我国证券投资基金税制研究［D］．长沙：中南大学，2011.

[2] 刘文成．我国私募证券投资基金发展中的税收问题研究［D］．北京：财政部财政科学研究所，2015.

[3] 汤洁茵．证券投资基金纳税主体资格的法律确证［J］．税务研究，2008（6）．

[4] 王震．集合资产管理计划的营业税政策研究［J］．税务研究，2014（9）．

13. 论税务机关督察内审工作对依法行政的重要性

【摘要】税务督察内审是税务机关内部进行税收执法监督检查、内部财务审计和领导干部经济责任审计的工作统称，属于税务机关内部控制体系范畴。2013 年，北京市税务机关专门设置了督察内审的职能部门，主要职责是组织实施税收法律法规、部门规章及规范性文件执行情况的监督检查；承办税务系统财务、基建、大宗物品采购审计和领导干部经济责任审计工作。在简政放权的大背景下实现依法行政，督察内审工作越来越重要，并逐步形成了社会共识。

【关键词】督查内审　依法

【作者简介】郑志，北京市朝阳区地方税务局
陈晨，北京市朝阳区地方税务局
高珊，首都经济贸易大学财政税务学院

一、督查内审的理论基础和实践意义

（一）督查内审的理论基础

1. 从管理学角度看督查内审

（1）破窗理论。破窗理论由詹姆士·威尔逊（James Q. Wilson）及乔治·凯林（George L. Kelling）提出——若建筑物上一扇窗子被打破而未得到及时的修理，那其他的窗子也会无缘无故地被人为打破——即如果一个恶性环境未得到及时的治理，而放任其存在，则会给人一种不良的心理暗示，导致环境继续恶化。

从这个角度看，税务机关在进行税收征管时，有时会出现缺位、越位等不合规的行为，很容易引发破窗效应，有碍税务机关实现依法行政。加强督查内审，恰恰可以从内部及时清除隐患，防患于未然，达到依法行政的目的。从法治的角度出发，通过督查内审，防止征纳双方的破窗效应，能更好地体现税收公平。

（2）“非人格化”思想。韦伯在他的官僚制理论中，提到一种“非人格化”思想，“即官僚组织要以法律、法规、文件来规范组织及其成员的行政行为，以避免个人情绪和偏爱等非理性因素影响组织的理性决策，以确保组织目标的实施。①”其主要是建立一种理性规范的制度，处理组织事务时考虑其合法性、合理性、正当性。

对于税收工作而言，督察内审恰恰暗合了“非人格化”思想的实质，即通过建立一种规范的内部监督机制，防止税务人员在执法过程中因个人情绪等非理性因素而影响行政效果。

2. 从经济学角度看督查内审

（1）政府失灵理论。布坎南的政府理论研究了市场经济条件下政府干预行为的局限性或政府失灵问题。这是公共选择理论的核心问题。所谓政府失灵，是指个人对公共物品的需求在现代议会制民主政治中得不到很好的满足，公共部门在提供公共物品时趋向于浪费和滥用资源，致使公共支出规模过大或者效率降低，政府的活动并不总像本应该的那样或像理论上所说的那样“有效”。

由于政府存在失灵，税务机关在工作中就有可能滥用税收权力，而导致征管效率低下。督查内审作为自律性的监督行为，恰好可督促税务机关提高办事效率，防止权力滥用。

（2）有限理性思想。有限理性是指主观上追求理性，但客观上只能有限地做到这一点，即人们经济活动的动机是有目的、有理性的，但仅是有限的条件下的理性行为。威廉姆森说，理性有限是一个无法回避的现实问题，因此就需要正视为此所付出的各种成本，包括计划成本、适应成本，以及对交易实施监督所付出的成本。

通过“非人格化”思想和政府失灵理论的分析，我们可以认识到，税务机关与纳税人之间的关系，可以通过纳税人购买政府公共服务的市场行为加以分析。这一交易在发生的过程中，双方不可能是完全的“理性经济人”；有限理性的存在迫使税务机关必须对自身的征管行为督查内审，以实现依法行政。

（二）督查内审的实践意义

1. 督查内审能够体现依法治税的进程

税收法治建设包括税收立法、执法、司法以及法律监督等一系列制度

① 陈敏斌．浅析韦伯官僚制对我国行政管理的启示［J］．他山之石，2011（4）：205.

的完善，而督查内审则是税务机关进行的自律性的监督行为，突出内部控制的特点。作为一项法律监督制度，督查内审的实行对于我国完善税收法治意义重大。依法治税本身就需要强有力的监督制约机制，内部制约机制的完善能够加强对执法权的监督制约，营造良好的税收法制环境，推进依法治税进程。

2. 督查内审能够有效降低执法风险

简政放权后的税收管理不仅仅是强化事后监管，还必须有发现问题的敏锐性和防患于未然的眼界，这就需要良好的内审制度。一方面，严格规范税务机关的工作程序，避免税务机关内部存在权力交叉的现象，及时发现问题及根源，从而从根本上实施执法风险内部控制；另一方面，通过对内部工作的梳理审查及时搜集资料，为有关部门的检查工作提供及时充分的依据，降低执法风险。

3. 有效改善税收管理工作的不足

督察内审工作需要各个部门的密切配合，督察内审处通过与各个部门的接触可以及时发现各部门管理中的不足与缺失，同时完善各部门的规章制度以便于督察内审工作的进行。因此督察内审工作可使各部门的问题有一个统一的调配窗口，督察内审处在糅合各部门的优点与不足后再结合实际进行改善，制定内部管理标准，一方面明确各部门的工作，另一方面使各部门之间的配合更加紧密，可有效提高税收的征管效率。

4. 督查内审能够促进征纳关系的和谐

征纳关系主要是指税务机关和纳税人之间因为征税、纳税发生的关系。传统的征纳关系中，尽管征纳双方法律地位平等，但作为执法一方的税务机关一直处于相对优势的地位，一旦依法稽征和依法纳税没有得到充分实现，税收的公平原则就会遭到破坏，正常的征纳关系也会被扭曲。因此，通过督察内审加强税务机关依法治税，可以有效解决人情税、地区税负差异等问题，对于和谐征纳关系、提高纳税遵从度的意义重大。

5. 督查内审能够促进反腐倡廉

2013 年，北京市税务机关将督察内审工作范围明确为：组织实施税收法律、法规、规章及规范性文件执行情况的监督检查；组织开展税收执法责任制工作，落实责任追究制度；拟订地税局内部审计办法；接受和开展地税局财务政策执行、财务收支、政府采购、签约合同的审计监督，对地税局科级领导干部进行经济责任审计；负责协调和落实外部审计部门开展对地税局的审计监督。强化督察内审工作实质上就是强化内部控制，产生威慑力量，推进反腐倡廉。

二、影响督察内审作用发挥的因素

（一）政策缺陷影响督查内审作用的发挥

1. 法规层面的缺陷弱化权利制衡机制

现实中，督察内审工作有利于规范税收执法行为，营造良好的税收法治环境。但由于该部门在税务系统中的队伍组建时间较短，还存在一些亟待解决的问题，例如该部门的工作制度及流程很多是原来法规部门、财务部门及人事监察部门等相关工作制度的合并，工作中一些具体的执法问责流程并未理顺，尤其是各部门间协作运行机制、与外部监督部门沟通调节机制、督察内审整改落实机制等制度，都需要进一步完善。

同时，笔者实际调研的过程中发现：由于新法规出台而相应配套措施难以同时跟进，税务机关只能针对新法使用旧的配套规定执行，是否合乎法规的界限变得模糊不清，使督察内审工作缺乏必要的政策依据，从而在一定程度上限制了执法督查作用的发挥。

2. 责任追究机制缺陷影响督察内审作用的发挥

现行的督察内审制度着力于围绕税收工作中心任务开展监督，确保财政资金的使用、管理及重大经济决策的落实，积极促进依法行政的推进。不过，现行税收执法责任制和执法过错责任追究制度方面不够深入，致使税收执法过错追究重表象、轻内容，重程序、轻结果，重权力、轻责任，重他律、轻自律，重问题、轻追究，既削弱了惩戒的作用，也挫伤了其他人员的积极性。例如对签字程序的审查，只能将重点放在是否为亲笔签字上，至于在实际工作中签字时间是否符合程序法的规定无从判断，那么此时的签字就仅仅是个形式而已，既增加了税务机关的工作量，又不能切实起到监督管理的作用。而如果采用电子审批的话，既节省时间，又能及时审批复核，提高了征管效率有利于监督。

同时，当前北京市对税收行政追究执法办法没有统一的方案，仅能参照《北京市地方税务局税收行政执法过错责任追究暂行规定》（京地税法〔2008〕7号），然而此规定出台时间较早，很多规定已不符合现实的情况，无法满足执法者的使用需求。

（二）外部配合不到位影响督查内审的作用发挥

1. 职能范围与其他部门存在重叠

现行的督查内审范围还比较狭窄，经济运行中，每一个阶段都有其特殊的工作重点，而现行的督查内审范围并没有完全涵盖本阶段的改革中心任务。北京市地方税务局根据《中华人民共和国审计法》、《审计署关于内部审计工作的规定》（审计署令第 4 号）、《北京市审计条例》等，专门出台了《领导干部经济责任审计办法》，以健全和完善经济责任审计制度，加强对领导干部的管理监督，推进党风廉政建设。但是在实际当中，督查内审科的职能范围与监察科、法制科存在重叠，例如廉政工作在督查内审科和监察科的职责范围划分中并不明确，事前、事中、事后的审查处理工作并未清晰划分；同时对于一些重点项目没有建立统一标准，各部门各自为政的现象严重。

2. 程序断点影响督查内审的效能

督查内审制度作为规范税收执法、确保依法行政的“防火墙”，能否实现审计工作全覆盖、成果转换最大化，主要取决于程序间能否无缝衔接，以切实发挥督查内审机制的效能。然而，现行的督查内审工作机制并不能完全实现程序到位，环环紧扣的预期目标，在执行督查内审工作流程时，依然会暴露出机制层面上的问题。实际调研发现：由于督察内审工作推行时间不久，在审计结果通报、税收执法过错责任追究、整改措施落实等各个方面都没有很好地与其他部门配合起来，资料搜集与职能发挥没有得到支持甚至被其他部门抵触，程序间存在的断点严重影响了督查内审工作的效能，降低了督查内审成果的运用。

（三）管理手段和认识水平影响督察内审的作用发挥

1. 技术手段的缺陷带来执法不到位的风险

对于督查内审工作而言，其工作的重点不仅是有效开展税收执法监督、财务审计监督和领导干部经济责任审计监督，同时更有责任将督察内审工作中发现的不足与问题及时反馈给监督对象。这便要求参与督查内审的人员必须有发现问题的敏锐性和防患于未然的眼界，同时更需要良好的技术手段和分析能力实施管理与反馈。然而执法督察方式创新程度不高、内部审计缺乏系统规划，目前税务局的工作大部分仍然依靠人力进行，以致于督察内审翻阅资料大部分为手工作业，工作量大人手配备不足，使得税收执法监督整体而言缺乏活力。同时其受到外部监督机制本身的制约，使督查内审参与者错失运用政务公开、网络反映、民主监督等渠道发现线索的机会，造成督察内审工作的各项职能发展不平衡，存在执法不到位的风险。

2. 督察内审意识淡化带来执法偏颇

督查内审工作要真正落实，不仅需要督察内审干部具备过硬的业务本领和高度的敬业精神，更需要监督对象的积极配合。然而，实际税收征管中，一些单位并未完全、真正地认识到税收督察内审工作的必要性，从地税干部的角度来看，存在只强调组织收入，轻视执法督察与内部审计的现象。在日常工作中，存在畏难情绪，更有甚者将接受督察内审当成一种负担，把监督看作是对自己的不信任，进而不履行或不正确履行岗位职责，严重损害了纳税人及其他行政相对人的合法利益。

3. 管理层对督查内审工作缺乏深入的认识

当前管理层对部门督查内审工作的态度存在重表象、轻内容，重结果、轻程序，过于追求形式、缺乏整体把握的问题。同时，管理层在缺乏实地调查研究的情况下，出台的文件往往没有相应的配套措施的衔接，按新法执行时配套措施却是旧的，对于一些重点事项也没有及时的培训，造成下属部门依法行政工作的盲目性。这种认识和实践的脱节极大地影响了督查内审工作的效能。

三、督查内审促进依法行政的实现路径

（一）完善督查内审制度

1. 推行税收执法责任制，实施综合督查检查

面对法律法规层面的缺失，开展督查内审工作的重中之重是出台相关法规，明确各部门工作职责，强化权力制衡机制。比如，明确纳税服务局负有指出执法风险点的职责，风险监控局负有协助指标技术开发及验证的职责，各区县地方税务局负有协助排查执法风险点的职责，督察内审处则负责具体工作的牵头落实、跟踪管理和情况上报。

实施综合监督检查需要内部和外部的共同配合，一方面，作为税务业务部门与专门监督机构的共同职责，在督查内审工作中加强与内部业务部门的协作是基础且必要的。建议督查内审人员在开展工作前先与业务部门进行沟通，取得支持与理解的同时，加强配合，业务部门有责任主动向检查组介绍日常管理中的问题，讲解有关业务；而监督机构也要将查出的问题及时告知各业务职能部门，并认真帮助其进行整改，做到相互理解、相互支持，形成合力。例如，朝阳地税局的督察内审科就牵头各个部门磋商合作，整理出了符合规定又具有特色的规章制度总结并编制成《业务培训1》（大白本）人手一份，既协调了各部门的工作，又为税务机关平时的工作提供了准则，实现了督察内审科与其他部门的双赢。与此同时，从外部来讲，督查内审人员还要主动与财政专员办和审计特派办联系，多沟

通、多汇报，争取他们的理解和支持。总之，督察内审工作要力争做到监督与管理相结合、监督与服务相结合，将内部监督与税务管理融为一体。

2. 完善责任追究机制，严格实行行政问责

对于责任追究机制缺陷的问题，需要各级领导高度重视和大力支持，在明确各部门人员责任的基础上，建立部门工作档案，将各部门的工作开展情况和进度成果详细记录，并将相关资料收录在册。相关领导要不定期开展对各部门工作的了解和检查，并定期组织开展部门工作汇报会和部门之间的联席会，总结工作，并明确指出工作中出现的问题，对相关责任人要视情况的不同给出不同程度的处理意见，由监察室直接问责，并由督察内审科直接追究，完善责任追究机制，严格实行行政问责。

（二）改善督查内审环境

1. 延伸督查内审范围

在保持原有的督查内审范围的条件下，还应进一步延伸税收执法督察的范围，将中央和总局重大税收决策部署的执行情况、税收法律法规及规范性文件的执行情况等项目纳入督查内审范围重点检查，包括：贯彻落实组织收入原则情况，发票管理情况，注销清算税收管理情况，促进小型微利企业发展的税收优惠政策落实情况，调整经济结构、促进科技进步税收优惠政策落实情况等。

2. 督查内审程序无缝衔接

要完善督查内审程序，实现程序的无缝衔接，闭环管理，具体措施包括：负责督查内审的相关部门间关联业务工作应按照“谁发现，谁发起”的原则，对发现的各类风险问题信息由发现部门进行收集、分析，通过“传递卡”向关联业务主管部门传递。关联业务主管部门对接收的风险信息进行调查、核对，并在规定时限内填写“反馈卡”，向传递部门反馈工作结果，保证督查内审流程的闭环管理，提高执法效能。

（三）创新督查内审机制

1. 加强督查内审工作者的专业培训

为保证督查内审工作的顺利有效开展，首先需要加强督察内审人员的综合素质建设，一方面，要重视督查内审人员的理论和业务培训，提升督查内审人员的专业知识和工作技能，组织学习《税收征管法》及其实施细则、《会计法》、《企业会计准则》、《行政单位会计制度》及《会计基础工作规范》等法律法规，同时要组织专业培训，督察内审提升督察内审人员

的工作能力，以适应新变化、新要求；另一方面，也要着力提高督查内审人员的政治理论素养，提升工作人员的职业道德，在实际执法过程中，坚定职业信仰，正直敢为。

2. 强化督查内审管理方法创新

在信息时代，“互联网+”的模式已经被社会各界广泛认可并应用到实际工作中。2014年，国家税务总局提出了“互联网+税务”的工作要求，在督查内审工作的推进过程中，要按照总局的要求，将实际工作与信息化连接，以“信息管税”为起点和最终目标。在工作中，可以建立适用于督查内审工作的执法督查软件，或将原有的软件进行升级，建立数据库，丰富关联数据资料，建立数据模型，用科学的方法筛选出执法疑点和相关信息，进而实现有针对性的检查和管理。

参考文献：

[1] 缪根宝．依法行政意义重大［J］．中国行政管理，1997（8）．

[2] 索永新．浅谈行政不作为的表现形式及依法行政的意义［J］．黑龙江科技信息，2009（2）．

[3] 姚延松．论依法行政［D］．郑州：郑州大学，2010.

[4] 陈敏斌．浅析韦伯官僚制对我国行政管理的启示［J］．他山之石，2011（4）：205.

[5] 刘军辉，黎凡，董静．新形势下加强督察内审工作的思考［N］．江苏经济报，2014－11－25.

14. 新形势下创新税源管理的目标、途径和方法

【摘要】经济社会状况的不断变化给我国的税源管理带来了新的挑战。本文结合我国经济社会发展的新形势，阐述了我国创新税源管理的必要性。在此基础上，本文深入分析了新形势下我国创新税源管理的目标、途径和方法，并提出了有针对性的建议。

【关键词】税源管理　目标　途径　方法

【作者简介】韩立新，北京市朝阳区地方税务局
秦亚峰，北京市朝阳区地方税务局
宋仁波，首都经济贸易大学

一、引言

随着时代的不断变化，我国的经济、社会甚至纳税人的心理状况都发生了较大的变化。从税收征管角度看，这些变化给我国的税源管理带来了不小的挑战。这些挑战突出表现在以下几个方面：①纳税主体逐渐多元化。如果缺乏适当的税源管理手段，一些新增业务（比如电子商务）将成为管理的盲点，税源结构的变化必将导致税收收入的流失。②税基信息的隐蔽化。由于互联网加密技术取代了以往的书面交易记录，无法有效追踪会计凭证，无法准确区分所得的性质，无法进行有效的稽查，造成了税源监控的实质性缺位。③税源的流动性增强。生产要素尤其是资本和高素质劳动力的流动性增强，给纳税人利用地区间、国家间税制差异提供了机会。④纳税人筹划意识的增强。当前，税收筹划已成为国内外企业战略管理及日常财务管理的重要组成部分，尤其是一些跨国公司，税收筹划方案是其管理层进行重大决策的重要依据。有关税收筹划活动的合法性问题、恶性跨国经营问题等都为税源管理信息的真实性提出全新挑战。

面对着这些新问题，虽然我国目前的税源管理制度总体上呈现出较强的适应性，但是，由于缺少规范科学的税源管理模式、手段和方法，现阶段我国在税源管理方面还存在很多缺陷和不科学的地方。这表现在税源管理模式不够科学、税源管理手段的专业性仍显不足、税源管理方法较为

“粗放”等几个方面。为此，尽快创新我国税源管理的途径与方法，便成为了当务之急。

二、创新税源管理的目标

新的形势带来新的挑战。在经济社会环境发生巨大变化的背景下，我国的税源管理体系需要在体制、方法和过程等方面实现进一步的创新，以适应新的形势，将我国的税源管理工作做稳、做实。从我国当前的税源管理体制来看，将科学化、专业化、精细化的管理理念渗透进税收管理的全过程，努力构建税源的全过程管理模式，在此基础上，进一步阐明优化税源管理制度的关键问题、实现途径和方法，应该成为我国创新税源管理的目标导向。

（一）税源管理的专业化

随着现代管理理念的不断发展，专业化逐渐成为我国税源管理的主旋律。在近几年的全国税务工作会议上，税源管理专业化多次被明确强调，成为近些年我国税务系统开展税源管理工作的主线。

从专业化管理的最初含义来看，其是指企业生产经营过程中，通过专业化的分工，实现专业技术能力的差异性（独特性），促使企业对市场的快速反应，实现生产经营的高效率，最终促进企业的专业化发展。这一含义在我国的税源管理中得到了发展和延伸。在近几年的全国税务工作会议上，“实施专业化管理”“探索专业化管理的新模式”成为国家税务总局对各级税务机关开展税源管理的总体要求。对这些要求的阐释及税务机关税源管理的实践极大地丰富了专业化管理的内涵。根据这些阐释和探索，我们可以将税源管理的专业化定义为：以税收征管质量和效率的提升为目标，将管理主体的分工协作与管理客体的科学分类有机联系在一起的系统性的管理理念和方法。

（二）税源管理的科学化

科学化是创新我国税源管理需要坚持的又一目标和方向。它主要针对的是我国目前税源管理中存在的手段滞后、内容不清以及机制不全等问题。虽然近些年来我国的税务管理系统一直在积极推行科学化管理，但是，由于制度改革的滞后性，现有的税源管理制度很难满足新形势的需要。随着经济社会的快速发展，我国税源的分布越来越广，结构越来越复杂，流动性和隐蔽性也越来越强。在这种新形势下，我国既有的税源管理制度的不足也逐渐暴露出来。比如，在税收任务与实际税源差距较大的地区，税源管理的“松紧”程度并不相同：在那些税源充足的地区，只要把握住那些纳税大户，税收任务便可以高枕无忧地完成，其对非重点税源户往往疏于管理，甚至不纳入税源管理范围；而在那些税源短缺的地区，即使税务机关抓住全部税源，其税收任务仍有可能存在较大缺口，在这种情况下，难免会产生空转、收过头税等现象。显然，这一问题的出现与税源分析和预测科学性的缺失有着紧密的联系。不仅如此，由于经济社会的新发展，我国的税源管理还面临着诸多的挑战。这就要求税源管理的理念、方式不断更新，以适应税源状况的不断变化。在这种情况下，强化税源的科学化管理有助于推动我国税收管理体系不断适应新形势。

（三）税源管理的精细化

随着现代管理理念在企业生产经营中的广泛应用，精细化管理逐渐成为现代管理的主要内容之一。税源管理中的精细化管理主要是指通过细化税源管理的目标、对象、环节、机构、制度、过程等关键要素，不断增强各级税务机关控管税源的能力，提高纳税人纳税遵从度，使申报征收情况与实际税源的差距逐步缩小，最终实现应收尽收，有效防止税收流失。

在税源管理中坚持精细化的原则有其深刻的必要性：①在纳税人和税务机关的契约关系中，税制这一税收契约的实质体现往往是不完整的——由于经济形态的多样性和复杂性，即使再详尽列举的税制条款也不可能规范所有的经济行为。税收契约的这种不完整性给纳税人提供了多维度的自由行为空间。在这种情况下，只有依靠精细化管理，才能将这种空间压缩至最小，从税收角度说，就是做到税款的应收尽收。②随着社会分工的逐渐精细化，税收组织收入及调节功能的发挥必然要求税源管理从常规管理过渡到精细化管理。③新形势下，我国粗放式的税源管理方式暴露出许多问题，突出表现为：税源管理基础薄弱，“疏于管理，淡化责任”的现象还时有发生；税源监控管理还存在许多盲点；税收征管成本还比较高，税收工作的社会满意度也还不尽如人意。

三、创新税源管理的途径

税源管理体系是一个涉及诸多因素、贯穿税收征管全过程的综合系统。在新的形势下，税源管理的影响因素逐渐增多且不断变化，其触角也愈加广泛，渗透到税收征管体系的各个环节。在这种情况下，税源的管理工作必须坚持专业化、科学化和精细化的目标导向，合理配置管理资源，进一步优化管理手段和方法。

（一）税源管理专业化的实现途径

根据专业化的定义，税源管理专业化的核心内容是“主体”与“客体”的专业化及其有机统一。税源管理主体的专业化管理实质是对税收征管的资源进行最合理的配置，其主要内容包括：税收征管主体内部机构设置的科学合理及协调机制的有效性；税务机关“征、管、评、查”职能在税源管理上的协调和强化作用；税务系统人力资源的合理配置以形成税源管理的合力。税源管理“客体”的专业化管理核心在于税源的专业化分类，以使有限的征管资源在挖掘和维护税源，监督和管理税源，检查和评价税源方面发挥最大的作用。

税源管理主体与客体的统一是专业化管理的核心环节。为此，首先需要完善税源管理运行机制，建立并完善机构、部门、人员的协调配合机制、激励约束机制与监督评价机制。比如，我国税务机关目前已经建立起的上下级税务机关“分工负责”的纵向互动机制和税源监控、税收分析、纳税评估、税务稽查“四位一体”的横向联动机制，都是保障税源管理的基础措施。其次要加强风险管理导向。根据纳税人风险特征的不同，对纳税人实行分类管理，以将有限的税源管理资源优先配置到遵从风险较高的纳税群体和领域。最后要注重发挥人才在税源管理体系中的作用。说到底，税源管理过程中所有的工作都需要人来完成。由于税源管理涉及领域众多且性质各异，其对人才的素质要求因而也更高，为此，必须注重税源专业化管理人才的培养和技能的提高，加强人才的培养。

（二）税源管理科学化的实现途径

科学化要求税源管理工作运用现代化的管理方法和信息手段，从实际出发，积极掌握和探索税源管理的规律和方法，不断提高税源管理的质量和效率。其关键要素在于构建“无缝隙管理体系”、优化税源管理流程和提升税源管理执行力。首先，构建“无缝隙管理体系”是实现税源管理科学化的基础。为此，需要搭建起部门协调、内外联动的严密机制，建立科学的税源管理内控制度，密切部门间、机构间的协作关系。其次，优化税源管理的流程是促进税源管理科学化的重要手段。这需要利用信息网络技术，以税收征管的业务流程为导向，以信息流为核心，再造征管业务流程。最后，提高税源管理的执行力是税源管理科学化的体现和保障。这就要求充分利用信息化手段，建立起完善的税源监控网络，利用科学的方法和手段进行税源的分析预测以及检查评估。

（三）税源管理精细化的实现途径

从税源管理的内容来看，“精细化”主要包括税源挖掘、税源规划、税源监控、税源分析以及税源评价的精细化。精细化税源挖掘的主要目的是使（几乎）所有的纳税人都纳入税务机关管理的视野，尤其是那些“隐性税源”（隐蔽的、不容易发现的税源）和“潜在税源”（具有较大发展前景的税源）；税源规划的精细化主要是在科学分析现有税源的基础上，制定合理的税收发展规划（计划），使之与现实税源实现最大程度的契合；税源监控的精细化是指在税收征管过程中对税源的发展变化进行动态的、有效的监控——由于各地税源特征各异，所以从精细化角度看，“放之四海而皆准”的税源监控制度几乎是不存在的，“因地制宜”应成为税源监控精细化的主线；税源分析精细化的关键在于采用科学的税源分析方法，建立起科学有效的定期分析报告制度，细化税收管理的目标和职能分析；税源评价的精细化则是指运用现代分析技术，科学分析不同税源的纳税情况和税收管理制度的效应。上述几个方面紧密衔接在一起，形成了完整的税源精细化管理的链条。

四、创新税源管理的方法——打造“全过程”税源管理模式

根据专业化、科学化和精细化的目标，创新我国的税源管理制度，需要将这些目标有机融入税收管理的整个过程，打造贯穿“纳税义务实现的整个过程”的税源管理模式。这是因为，税源管理不仅仅局限于税收征管工作本身，其还向前延伸到税款征收的前端——税源的调查、分析、预测甚至是税源的涵养，向后延伸到税款征收的后端——税源的纳税检查和评价。说到底，税源的多寡取决于经济的发展水平。作为税收管理的内容，税源管理虽然不能对经济发展的产生干预，但可以对其进行监测：通过翔实的调查监测经济的发展状况，通过科学的分析预测经济的发展趋势；在此基础上，对税收收入做出大致精准的预测。而在税款征收的后端——纳税义务完成后，通过专业稽查、科学合理的评估，检查税源的实现状况，对纳税人的纳税行为和征纳工作的绩效进行评价——这些都是税源管理工作的范畴。可见，税源管理贯穿于纳税义务发生的全过程、渗透在税务机关“征、管、评、查”的各个环节中。为此，优化税源管理的制度必须构建起全过程管理模式，将税源管理划分为事前、事中、事后三个环节。

（一）“事前”环节是税源管理的开端和基础

在这一阶段，税源管理的主要任务有两项：①根据经济社会的发展状况进行税源调查，并采用科学的方法分析其对税收的影响，在此基础上，科学地制定税收发展的规划和税收计划（任务），为税源管理的实现打好基础，对税源的状况和变化做到心中有数；②打好先期的制度基础和服务基础，包括针对各类税源事先制定分级分类管理制度，完善税务登记制度，做好纳税宣传和事前告知服务，为税源的顺利实现提供有力的保障。

（二）“事中”环节是指在纳税人实际履行纳税义务、税款入库的过程中对税源的监控环节

在这一环节，税源管理的目的在于，通过发票管理、纳税申报、税款征收以及为纳税人提供纳税服务的过程，对税源实现过程进行监督和控制。由于这一环节并不在税源主要管理部门——收入规划核算部门的视野内，因此，这一环节税源管理制度的优化主要是建立起各相关部门之间的有效联动机制和激励约束机制，在此基础上，建立起行之有效的税源预警体系，同时，完善日常的税源检查和报告制度。

（三）“事后”环节是税源管理过程的评价与反思阶段

事后评价与分析既是对征管工作的总结，又是新一轮征管工作开始的“前车之鉴”，因而至关重要。税收的功能有没有发挥、税收管理过程是否富有效率、税款是否及时足额入库等都要通过这一阶段的税源管理工作来完成。在这一阶段，税源管理的主要内容是进行税收经济分析、重点检查和科学评价。需要说明的是，事后管理发挥作用的关键在于其与事前、事中管理的衔接：即针对事后出现的问题，可以在事前、事中管理中得到有针对性的改进和强化，起到借鉴或者警示意义。这需要各部门之间的密切配合。

需要说明的是，在打造全过程税源管理模式的过程中，需要做好两个方面的配套工作：一方面，要加强税务机关内部的协调配合，同时建立起外部的协税护税网络机制，形成税源管理的联动体系；另一方面，要充分发挥信息化的作用，为此，应最大限度地拓宽税源信息的来源，在不断完善税务系统内部税源信息采集的同时，加强对外部税源信息的采集，尽可能实现税源信息的全面、完整、动态。在此基础上，不断完善税源信息管理手段，提高税源信息分析水平。

参考文献：

[1] 郝如玉，曹静韬. 税收理论研究［M］. 北京：经济科学出版社，2008.

[2] 唐迎霞. 我国非居民税源管理现状、存在问题及改进措施［J］. 中国西部科技，2010（4）.

[3] 安体富，曲璐，李瑞敏. 税源管理的国际比较与改革思路［J］. 山东经济，2009（5）.

15. 自然人股权转让个人所得税的征管问题研究

【摘要】随着我国资本市场的蓬勃发展，投资过程中个人股权转让成为普遍现象，股权转让交割日益频繁且产生的个人所得税金额逐年增大，转让过程中产生的涉税问题日益增多，国家税务机关在税务管理上，不断更新完善相关税法政策及规定。在企业的整个生命周期中，成立、成长至成熟等不同发展时期往往涉及股东权益的变更。股权变更会发生在不同法律主体之间，不仅发生在法人之间，也经常发生在法人与自然人之间、自然人与自然人之间。法人之间的股权变更通过企业缴纳转让收益所得额，比较简单易操作，而与个人进行股权转让的涉税问题往往会被忽略。2016年，全面进行“营改增”后，个人所得税在地方税收中的规模和地位愈加突出，但对个人股权转让所得征税的征管程序比较复杂，因此加强对个人所得税的控管，十分必要。本文阐述了自然人股权转让的内涵以及对其征管的重要意义，梳理了国税局对此的相关政策文件，归纳了目前各地税局对自然人股权转让个人所得税征管取得的成果以及存在的问题，并给出了相应的改进建议。

【关键词】股权转让　个人所得税

【作者简介】王润泽，北京市丰台区地方税务局
丁芸，首都经济贸易大学财政税务学院教授
陈远燕，首都经济贸易大学财政税务学院讲师

近年来，我国个人股权投资行为十分活跃，既促进了资源优化配置和经济发展，也催生了一部分高收入者。为做好股权转让所得个人所得税征管工作，国家税务总局近年来先后下发了《关于加强股权转让所得征收个人所得税管理的通知》（国税函〔2009〕285 号）和《关于股权转让所得个人所得税计税依据核定问题的公告》（国家税务总局公告 2010 年第 27 号）。但随着时间推移和经济社会的不断发展，新的股权交易形式不断涌现，交易内容日趋丰富多样，新的涉税诉求不断提出，上述两个文件已不能满足实际征管工作的需要，纳税人和基层税务机关对完善和升级现行股权转让个人所得税相关规定的诉求颇为强烈。为了切实提高个人所得税管

理工作的法治化水平，规范和完善股权转让个人所得税相关规定，在充分调研论证和多方面征求意见的基础上，国家税务总局于2014年12月7日发布了《股权转让所得个人所得税管理办法（试行）》，自2015年1月1日起实施。

毋庸讳言，就我国目前股权转让征缴个税的现状来看，当前股权转让尤其是有限责任公司的自然人股东股权转让的税收管理，仍然存在一些不容忽视的问题，在法制层面还有很多提升的空间。本文站在个税征管的角度，在分析目前现状及存在问题的基础上，就股权转让征缴个税工作的进一步加强提出了一些见解。

一、股权转让个人所得税之概念、特点及功能

（一）股权转让个人所得税的概念

1. 股权转让的概念

股权转让是指股东将其对公司持有的股权转移给受让人，由受让人继受取得股权成为公司新股东的民事法律行为。也有学者表述为“股权转让是指股东依法将其在公司中的股东权益让与他人，他人由此取得股东资格的民事法律行为”。还有人认为股权转让的概念有广义和狭义之分，广义的股权转让泛指既已存在的股权从原股东持有转为他人持有的权利变动事实，包括继受取得的全部法律状态，主要有以下几种形式：①股权交易，指股东（转让方）将其所持有的股权全部或部分转让给受让人，并由受让人，支付对价的一种转让形式；②股权赠与，即股东将其持有的全部或部分股权无偿赠送给他人的一种转让形式；③股权继承，即由继承人继承被继承人死亡后遗留的股权的一种转让形式；④因法律规定、法院判决、政府指令等而发生的股权转让。民商法理论一般将前两种股权转让视为依法律行为发生的转让，而将后两种转让规定为非依法律行为发生的转让。从法律规制的角度出发，也可以将股权转让限定为股权交易这一种形式，而将股权交易以外的转让形式称为股权转移。狭义的股权转让指的正是股权交易这种形式，股权交易是典型的有偿法律行为。虽然学界对股权转让的概念表述不一，但这些表述并无实质性的区别，例如都认为股权转让是一种民事法律行为，股权转让影响的只是原股东在公司中享有的资格和权益，对公司法人资格并没有任何影响。综上所述，股权转让是指公司股东依法将自己向公司缴纳的出资及由此产生的权利全部或部分地让渡给他人，由受让人继受取得股权而成为新股东的民事法律行为。

股权转让不同于出资转让。在修改前的我国《公司法》中，关于有限责任公司的股权转让问题，并没有使用“股权转让”这一概念，而是使用了“出资转让”的概念。

2006年《中华人民共和国公司法》出台后，一律使用“股权转让”这个概念。我国学界普遍认为：“出资转让”这一称谓不够准确和科学，因为“出资"是对股东过去对公司投资多少的一种界定或事实性描述，其具有过去性、静止性和确定性。而有限责任公司中的“股权”是指股东在公司设立或增加注册资本时向公司缴纳和增加出资、让渡财产所有权而取得的对公司的权利，其具有发展性、运动性和变化性，是一个抽象的权利，且其价值由多种因素构成，如固定资产、流动资产、知识产权或专有技术、盈利水平、管理层的素质以及公司发展前景等，并随着各种因素和市场行情的变化而变化，所以将“出资转让”等同于“股权转让"是不准确的。

实践中股权转让和资产转让的表象极其相似，由于我国目前对这两种行为的纳税处理有较大差异，会给企业带来不同的纳税负担，因此正确区分这两种行为尤为重要。首先，股权转让和资产转让的主客体不同。股权转让的主体是股东，客体是股东持有的股权份额，虽然股东凭借这一份额可以享有诸如剩余财产分配权、公司事务表决权等权利，但其毕竟不会直接涉及公司的具体财产：而资产转让的主体是企业，客体是企业拥有的部分或全部财产，此处的财产是企业拥有或控制的能以货币计量的具体经济资源，包括房产、土地、机器设备等。其次，交易目的不同。股权转让的受让方主要是为了获得股东权和对企业的管理控制权，在股权转让行为完成后，企业各项资产的所有权没有发生改变；而资产转让的受让方主要是为了获得转让方的财产所有权。再次，转让的程序不同。股权转让行为完成后，转让双方通常要办理股权的工商变更登记，受让方可因此而获得法律对其股东资格的认可和保护；而资产转让只要转让方与受让方达成转让合意，签订转让协议即可成立，不涉及变更工商登记。最后，两者承担的税负不同。股权转让属于债权债务的整体转移，不需要缴纳增值税，由于其并未涉及不动产的转让，因此也不必缴纳土地增值税和契税，但需要缴纳印花税，如有增值收益，还应当缴纳所得税；资产转让由于会涉及不动产和无形资产所有权的转移，因此会涉及增值税、城市维护建设税、土地增值税、契税、印花税、所得税等多个税种。

根据股权转让的不同情形，可以将股权转让作以下分类：首先，根据股权转让赖以发生的依据不同，可以分为协议股权转让与特殊股权转让，前者是指股东与他人基于意思表示一致而发生的股权变动，后者则是基于某种法律事实，如强制股权转让、因继承而发生的股权转让、离婚析产而发生的股权转让以及异议股东行使退股权等。在现实生活中，发生特殊股权转让的情况比较少，频繁发生的是协议转让。其次，根据转让方的类型不同可分为法人股东的股权转让和自然人股东的股权转让，前者的转让所得缴纳企业所得税，后者的转让所得缴纳个人所得税。最后，根据转让标的是否完整可分为全部股权转让与部分股权转让，在全部股权转让中，原股东将退出公司，不再具有股东身份，而在部分股权转让中，原股东身份不变，仅是在公司中占有的股权份额发生了变化。

本文讨论的股权转让范围仅限于自然人股东的协议转让。

2. 所得的概念

关于所得的概念国外学者早有研究且成果丰硕，目前主要有以下三种代表性学说：

（1）所得源泉说。这一学说最早起源于英国，其采用的是限制性所得的概念，即在经济性的收益中，只有连续、反复取得的所得才是所得，而对于因财产转让等临时、偶然取得的所得并非所得。根据这种观点，利息、分红、工资、利润、地租等就是所得。但就财产转让等偶发性的所得而言，其被排除在课税对象外的原因是这种所得的发生并未创造出新的价值。例如甲将自有财产以高于初始投资成本的价格转让给乙，虽然甲取得了超出投资成本的收益，但这不过是甲的财产和乙的货币相交换而已，并未产生新的事物和创造出新的价值。因此对甲的财产转让收益不能视为所得，只能视为对利益的再分配。英国以及欧洲诸国的所得制度就是基于这一所得概念的。源泉说的代表人物有弗里茨·纽马克、塞尔泽等。弗里茨·纽马克将“所得”表述为：只有从一个可以获得固定收入的永久性“来源”中取得的收入，才应被视为应税所得。

（2）纯资产增加说。与上述所得源泉说相反，纯资产增加说采用的是包揽性所得的概念。该学说否定源泉说“只有永久性来源产生的收益才可以课税”的论点，认为不论是什么原因产生的所得，只要在一定期间内使所有人负担税款能力增加的经济利益均为应予课税的所得。根据这一观点，不但每年连续、反复取得的所得是应税所得，诸如继承、受赠、财产转让收益等一时性的、偶然性的收益也属于所得的范畴。美国 1913 年采用的联邦所得税基本上是基于这一思想的。因此，该思想和英国及欧洲诸国的制度不同，它不管所得的来源，而是将所有的“所得"都归入课税对象。

（3）消费支出说。该学说采用的是消费型（支出型）所得的概念，即在个人的收入中，只将那些消费开支和本期消耗掉的耐用消费品的价值之和视为所得，而把用于积蓄的那部分所得从所得的范围中排除。这一学说能够鼓励储蓄，促进资本的积累，但是由于把所得的概念作为消费来理解，有悖于“所得”这一用词的通常含义，并且也使征管面临困境。因此，这一“消费型所得”的概念目前仅停留在理论阶段，尚未被各国实践所接受。

综观我国个人所得税法，其将财产转让所得、偶然所得、其他所得等非连续的、反复的所得均归入个人所得税的征税范围，可见我国采用的是包揽性所得的概念，这也是合理且可行的。因为从税收公平的视角出发，一切来源的所得均应当包含在应税所得中，而不论这一所得是偶发还是常态，否则消费能力相同的人税收负担却不相同，这有违量能课税的要求。另外，大多数发达国家由于采用了综合所得税制，这一包揽性所得的概念还可以使所有的收益都成为课税对象并置于累进税率之下，从而提高所得税的再分配机能。

3. 股权转让个人所得税的概念

结合上述“股权转让”和“所得”概念的含义，本文认为股权转让个人所得税是以自然人股东转让其全部或部分股权获得的增值收益为课税对象所征收的一种税，其属于个人所得税中财产转让所得税目的范畴。

（二）股权转让个人所得税的特点

1. 课税对象的非劳性

我国应税所得主要分为勤劳所得和非勤劳所得。勤劳所得指个人为获取报酬而提供劳动取得的所得，在我国个人所得税法中主要有工资薪金所得、个体工商户生产经营所得、对企事业单位的承包经营承租经营所得、劳务报酬所得、稿酬所得。非勤劳所得指主要不是通过劳动而是依赖资本的稀缺性以及市场的通货膨胀因素或其他偶然原因获得的收益，主要有特许权使用费所得、利息股息红利所得、财产租赁所得、财产转让所得、偶然所得、其他所得。股权转让所得是转让方基于自身持有的代表资产价值的股权增值获得的收益，是一种消极的非勤劳所得。

2. 税源产生的长期性

股东持有股权的目的通常是为了获得投资收益，这种投资收益包括持有收益和转让收益，排除市场主体的投机性因素考虑，股权的流动性与经营性资产相比较差，因此为了分享被投资企业的发展利益，投资人通常会将股权持有几年甚至更长的时间。

3. 税额的不可预期性

股权作为生产要素，纳税人多为长期持有，是否转让以及何时转让难以预测，即其转让具有不规律性和偶然性。由于股权转让的价格受到企业留存收益及股权受让方对企业经营前景预期等诸多因素的影响，具有主观性，因此转让时是否会获利亦难以确定。

4. 增值收益的隐蔽性

根据现行公司法的界定，股权转让合同生效，双方当事人完成股权转让交易后即发生股权转让的法律效果，是否到工商管理部门办理股权变更登记并不影响当事人之间股权转让的效力，只是不能对抗善意第三人。因此，股权转让的双方当事人即便发生了股权转让行为，如果不到工商部门办理变更登记，税务机关很难知晓，更谈不上掌握转让方是否有所得以及所得额的大小。

（三）自然人股权转让课税的功能

1. 增加财政收入

在市场经济体制下，资本流动和股权交易活动日趋活跃，股权转让个人所得税的税源是比较充足的。虽然股权转让所得具有偶然性和不确定性，转让方缴纳的个人所得税款在一定时期内占税收收入的比重不大，但就目前形势看，这类税收呈逐年上升态势。根据财政部发布的数据显示，2015 年全国税收收入124 922.2亿元，同比增长 4.8%。在各项税收中，个人所得税实现收入8 617.27亿元，同比增长 16.8%。对个人所得税增长贡献较大的所得项目有财产转让所得、劳务报酬所得、工资薪金所得和个体工商户生产经营所得。2016 年上半年全国个人所得税收入5 695亿元，同比增长 19.8%，其中财产转让所得税增长 23.9%。财产转让所得税收持续增长的原因是，随着资本市场和艺术品市场的发展，个人股权转让以及拍卖收入大幅增长，带动居民财产转让所得税快速增长。

2. 调节收入分配

股权转让个人所得税的课税对象是股权转让收益，这一收益体现的是财富的增值，属于非勤劳所得。如果对这种收益不征税，会使原本已拥有较多财富的社会阶层积累更多的财富，贫富差距将进一步加大。

3. 调控资本市场

不同的税种对社会经济影响的侧重点各不相同。股权转让个人所得税作为对股权转让所得的课税，会对股东投资方式、资本形成及资产结构产生影响。在市场经济体制下，资产结构的改进和资源的合理流动是资本性资产正常流通的重要体现，对自然人股权转让所得课税会对资产流通起到一定的调控作用。

近年来随着我国经济的快速发展，城乡居民收入水平不断提高，收入来源趋于多样化，除了工资薪金、劳务报酬、个体工商户生产经营所得等劳动所得外，财产转让所得、利息股息红利所得、偶然所得等非劳动所得项目亦日趋增多，其中尤以财产转让所得中的股权转让为主。据了解，我国发生的个人股权转让数量相当巨大，已经发生的最大股权转让缴税案例，是北京大中电器创建人张大中因把自己所持股权转让给国美电器而缴纳了5.6亿元个人所得税。再以笔者所在的江苏省溧阳市为例，2010年全市共有145户单位249人次发生股权转让行为，转让金额达65 818.05万元，剔除平价或低价转让股权的219人次，尚有30人次有股权转让所得，共计缴纳个人所得税2 905.95万元。由此可以看出，随着资本市场的日趋活跃，股权转让行为不仅涉税金额较大，而且转让方通常是社会的富裕阶层，社会关注度高、影响大，其所纳税款的高低直接决定着个人所得税调节收入分配、促进社会和谐动能的有效发挥。

二、加强对自然人股权转让所得征税的必要性

（一）横向比较

通过比较各大税种的绝对值与个人所得税在税收收入总额中占的比例，都可以发现个税收入从2009年起一直处于最低水平，但这也证明个税征管仍有很大提升空间（表1）。2015年个税占比是近十年增长幅度最大的一年，增幅达到了0.7个百分点（图1），尤其是在当前资本市场活跃、股权交易频繁的经济环境下，加强对自然人股权转让个人所得税的征管能提高其对税收收入的贡献。

表1　2006—2015年全国税收收入统计

年份	各项税收（亿元）	国内增值税（亿元）	营业税（亿元）	国内消费税（亿元）	个人所得税（亿元）	企业所得税（亿元）
2006	34 804.35	12 784.81	5 128.71	1 885.69	2 453.71	7 039.60
2007	45 621.97	15 470.23	6 582.17	2 206.83	3 185.58	8 779.25
2008	54 223.79	17 996.94	7 626.39	2 568.27	3 722.31	11 175.63
2009	59 521.59	18 481.22	9 013.98	4 761.22	3 949.35	11 536.84
2010	73 210.79	21 093.48	11 157.91	6 071.55	4 837.27	12 843.54

续表

年份	各项税收（亿元）	国内增值税（亿元）	营业税（亿元）	国内消费税（亿元）	个人所得税（亿元）	企业所得税（亿元）
2011	89 738.39	24 266.63	13 679.00	6 936.21	6 054.11	16 769.64
2012	100 614.28	26 415.51	15 747.64	7 875.58	5 820.28	19 654.53
2013	110 530.70	28 810.13	17 233.02	8 231.32	6 531.53	22 427.20
2014	119 175.31	30 855.36	17 781.73	8 907.12	7 376.61	24 642.19
2015	124 922.20	31 109.47	19 312.84	10 542.16	8 617.27	27 133.87

数据来源：2015 年国家统计年鉴、财政部 2015 年全国一般公共预算收入决算表。

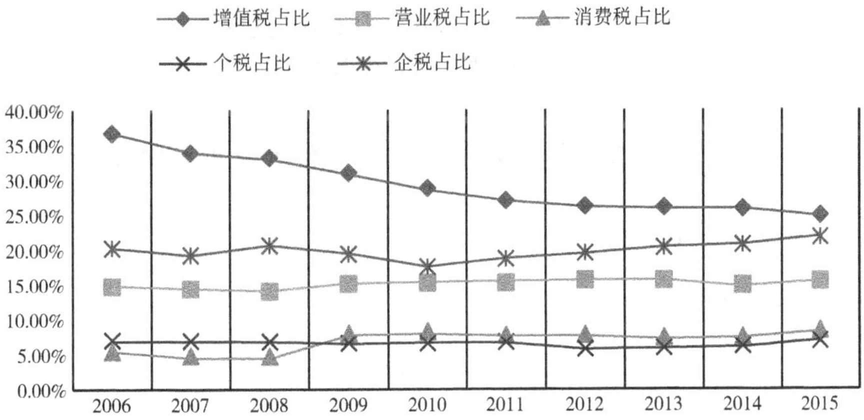

图 1　2006—2015 年全国五大税种占税收收入总额百分比
（数据来源：2015 年国家统计年鉴）

（二）纵向比较

个人股权交易长期以来是个人所得税管理的重点和难点，但是因为各种原因，税收流失的情况较为严重，对个人所得税收入的贡献一直不高，按照财政部公布的数据，2013 年全国的个人所得税收入6 531亿元，财产转让所得税 664 亿元，这 664 亿元中有相当一部分是二手房交易的个人所得税，可见个人股权交易对个人所得税收入的贡献之小（图 2）。因此，进一步加强征收管理很有必要。

图2　2006—2015 年全国个人所得税总额统计
（数据来源：2015 年国家统计年鉴）

三、关于自然人股权转让个人所得税相关政策的梳理

（一）相关政策一览

表 2 是相关政策一览表。

表 2　相关政策一览表

标题	文号	内容
国家税务总局关于加强股权转让所得征收个人所得税管理的通知	国税函〔2009〕285 号	明确了个人转让非上市公司股权的纳税义务人以及缴纳个人所得税与股权变更登记等程序性规则、办理纳税（扣缴）申报的时间、主管税务机关及纳税地点，明确了对计税依据明显偏低且无正当理由的处理及各地主管税务机关应履行的职责
国家税务总局关于股权转让所得个人所得税计税依据核定问题的公告	国家税务总局公告 2010 年第 27 号	明确了股权转让所得个人所得税计税依据适用原则、明显偏低的判定及方法等，是对个人股权转让计税依据有关问题详细的解释。属于个人股权转让涉税问题的实体性规定

续表

标题	文号	内容
国家税务总局关于个人终止投资经营收回款项征收个人所得税问题的公告	国家税务总局公告2011年第41号	进一步明确和拓展了个人股权转让所得的征管范围
国家税务总局国家工商行政管理总局关于加强税务工商合作实现股权转让信息共享的通知	国税发〔2011〕126号	就如何加强工商税务合作，信息共享方式、内容、时限及组织协调等内容进行了规范
国家税务总局关于个人投资者收购企业股权后将原盈余积累转增股本个人所得税问题的公告	国家税务总局公告2013年第23号	明确了在100%股权收购情况下，股权转让价格与净资产价格不同的情形下如何计税的问题
国家税务总局关于发布《股权转让所得个人所得税管理办法（试行）》的公告	国家税务总局公告2014年第67号	就股权转让范围、股权转让双方及被投资企业的责任义务、股权转让收入和股权原值的确认、纳税时点、税务机关征收管理等问题进行了集成优化和补充完善，规定内容更为科学和全面
关于完善股权激励和技术入股有关所得税政策的通知	财税〔2016〕101号	政策明确了非上市公司员工在取得股权激励时可暂不纳税，递延至转让该股权时纳税；股权转让时，按照股权转让收入减除股权取得成本以及合理税费后的差额，适用“财产转让所得”项目，按照20%的税率计算缴纳个人所得税

（二）《办法》对股权转让所得个人所得税的界定

1. 股权转让的范围

《股权转让所得个人所得税管理办法（试行）》（国家税务总局公告

2014年第67号，以下简称67号公告）第三条规定，股权转让是指个人将股权转让给其他个人或法人的行为，包括以下情形：

（1）出售股权。

（2）公司回购股权。发生股权回购主要是依据《公司法》的相关规定，适用于本公告所指的用于股权激励、再转让等情况。如果发生被投资企业权益的减少应该按照撤资和减资进行个人所得税处理，主要的政策依据是国家税务总局《关于个人终止投资经营收回款项征收个人所得税问题的公告》（国家税务总局公告2011年第41号）。非上市公司发生的向个人股东回购股权业务，应该按照本公告进行税务处理，在上市公司中大量发生的股票回购业务不适用于本公告，主要原因是个人转让上市公司的股票免征个人所得税。

（3）发行人首次公开发行新股时，被投资企业股东将其持有的股份以公开发行方式一并向投资者发售。这种情况依据的是《首次公开发行股票时公司股东公开发售股份暂行规定》（证监会公告〔2013〕44号）和《关于修改〈首次公开发行股票时公司股东公开发售股份暂行规定〉的决定》（证监会公告〔2014〕11号）的规定。企业在首次公开发行股票时，向未来新的投资者发售的既有增加的权益，也有原有股东的权益的转让，那么原有的老股东把权益转让给未来的新股东的行为，就属于拟上市主体股权权属的变更，进而属于个人所得税的征收范围。

（4）股权被司法或行政机关强制过户。

（5）以股权对外投资或进行其他非货币性交易。以股权对外投资或进行其他非货币性交易在企业并购中很常见，个人股东将其持有的股权向其他企业投资，取得被投资企业的股权，由于股权权属已经发生变更，因此，应该按转让行为来处理。

个人以股权投资征收个人所得税的政策是确定的，并且是按照财产转让行为一次性征税。这种征税方式虽然符合税收的基本原理，但是存在着很多现实问题，例如纳税资金来源、“对赌协议”多缴税等问题。笔者认为对于这个问题的处理，税收上应该更宽容一些，即使暂时不能做到不征税，也应考虑给予纳税人分期纳税的待遇。

（6）以股权抵偿债务。

（7）其他股权转移行为。

2. 可扣除的合理费用

67号公告第四条规定，个人转让股权，以股权转让收入减除股权原值和合理费用后的余额为应纳税所得额，按“财产转让所得”缴纳个人所得税。合理费用是指股权转让时按照规定支付的有关税费。

《个人所得税法》第六条规定，财产转让所得，以转让财产的收入额减除财产原值和合理费用后的余额，为应纳税所得额。个人所得税法实施条例第20条规定，税法第六条第一款第五项所说的合理费用，是指卖出财产时按照规定支付的有关费用。

67号公告中的“合理费用”应该给予进一步的明确规定，即应该列举常见的可以扣除的税费，否则在基层执行时就会出现纳税人和税务机关的意见分歧。在实践中经常遇到这样的案例，基层税务机关以政策不明确为由，在计算股权转让所得时只让扣除原值，不让扣除相关费用。现在争议较多就是在计算股权转让所得时，是否可以扣除律师费、中介费、评估费以及咨询费等费用。笔者认为只要是纳税人能举证是与股权转让有关的、由转让方承担的并且符合常规的费用就应该允许扣除。对于这个问题，有些地区税务机关的文件写得比较细致，给予了明确解释。例如，江西省地税局发布的《自然人股东股权转让所得个人所得税征收管理办法（试行）》（江西省地方税务局公告2012年第9号）第八条规定，与股权转让相关的税费是指纳税人在转让股权过程中按规定所支付的税金及费用，包括营业税、城建税、印花税、教育费附加、地方教育费附加、资产评估费、中介服务费等。

3. 股权转让收入范围

67号公告第八条规定，转让方取得与股权转让相关的各种款项，包括违约金、补偿金以及其他名目的款项、资产、权益等，均应当并入股权转让收入。

67号公告第九条规定，纳税人按照合同约定，在满足约定条件后取得的后续收入，应当作为股权转让收入。

67号公告第八条规定是对股权转让收入范围的进一步细化，既有延续以往规范性文件的内容，也有新的规定，但是总的框架还是在个人所得税法实施条例规定的范围内。概括起来就是，与转让股权有关的各种形式的收入都应该并入征税范围的收入总额当中。

其中，违约金和补偿金在以往的规范性文件中就存在。例如：《国家税务总局关于个人股权转让过程中取得违约金收入征收个人所得税问题的批复》（国税函〔2006〕866号）规定，股权成功转让后，转让方个人因受让方个人未按规定期限支付价款而取得的违约金收入，属于因财产转让而产生的收入。转让方个人取得的该违约金应并入财产转让收入，按照“财产转让所得”项目计算缴纳个人所得税，税款由取得所得的转让方个人向主管税务机关自行申报缴纳。

4. 股权转让纳税时点

67 号公告第 20 条规定，具有下列情形之一的，扣缴义务人、纳税人应当依法在次月 15 日内向主管税务机关申报纳税：

（1）受让方已支付或部分支付股权转让价款的；

（2）股权转让协议已签订生效的；

（3）受让方已经实际履行股东职责或者享受股东权益的；

（4）国家有关部门判决、登记或公告生效的；

（5）本办法第三条第四至第七项行为已完成的；

（6）税务机关认定的其他有证据表明股权已发生转移的情形。

四、对自然人股权转让个人所得税征管取得的成果

表 3 是 2005—2014 年全国各省市个税收入情况。

表 3　2005—2014 年全国各省市个人所得税税收收入概览（单位：亿元）

年份 地区	2014	2013	2012	2011	2010	2009	2008	2007	2006	2005
北京市	383.52	333.84	281.49	272.90	215.33	177.84	171.33	135.20	102.28	84.52
天津市	71.98	58.31	49.56	52.01	42.96	35.66	32.17	29.36	21.21	18.82
河北省	56.12	54.60	50.19	57.39	47.05	42.41	42.48	36.61	29.35	28.24
山西省	47.20	48.87	43.10	42.84	31.95	27.04	25.67	20.74	15.70	13.68
内蒙古自治区	40.20	44.97	47.61	53.83	39.34	29.68	24.02	17.60	12.08	10.07
辽宁省	70.28	64.15	60.92	76.94	64.20	48.94	51.73	45.78	35.63	32.81
吉林省	34.92	28.06	26.85	29.49	23.39	18.52	17.49	15.12	11.70	11.12
黑龙江省	36.98	35.63	28.39	34.05	25.07	20.73	22.23	20.34	16.02	15.56
上海市	408.61	355.22	318.10	314.95	261.20	230.44	204.89	169.44	131.07	111.92
江苏省	306.33	264.88	224.22	237.74	180.94	140.21	129.23	110.95	81.73	66.20
浙江省	217.54	193.84	178.93	185.56	151.08	124.11	115.71	102.50	80.98	66.12
安徽省	52.14	43.44	35.91	40.04	31.97	23.03	21.43	18.29	13.97	12.50
福建省	86.67	78.37	68.24	69.24	56.34	47.54	44.98	41.42	33.44	27.41
江西省	35.94	28.77	26.52	32.32	20.27	16.40	15.99	14.83	12.36	11.26
山东省	115.18	104.59	95.11	96.58	81.01	64.67	61.13	56.81	45.84	38.89

续表

年份 地区	2014	2013	2012	2011	2010	2009	2008	2007	2006	2005
河南省	58.01	47.63	41.41	48.38	40.29	33.33	32.30	30.26	24.05	22.05
湖北省	64.69	57.74	48.55	48.85	34.41	29.41	28.06	24.68	19.55	17.46
湖南省	56.56	50.92	46.74	48.25	37.62	30.37	28.43	25.00	20.22	16.76
广东省	408.91	348.02	322.71	341.40	287.26	238.99	236.38	200.08	156.92	132.43
广西壮族自治区	30.22	27.74	24.19	29.41	25.84	20.04	19.48	19.21	14.73	14.58
海南省	13.42	11.68	7.58	9.75	8.05	6.14	5.57	5.12	3.96	3.57
重庆市	43.24	37.54	32.98	34.90	26.24	21.24	17.83	16.04	12.24	10.67
四川省	97.20	88.10	73.40	72.75	57.76	44.38	41.57	38.15	26.84	22.08
贵州省	32.52	34.65	32.29	33.24	27.42	21.32	18.41	14.72	11.04	8.90
云南省	48.18	40.76	37.10	41.38	32.23	25.67	23.21	19.19	14.46	11.94
西藏自治区	9.44	11.48	23.80	8.10	1.98	0.73	0.71	0.58	0.45	0.45
陕西省	46.87	48.76	42.05	44.42	35.54	26.87	22.75	17.63	13.29	10.22
甘肃省	15.81	14.78	13.54	14.06	11.13	8.99	8.13	7.15	5.79	5.18
青海省	6.28	4.72	3.56	4.45	3.46	3.12	2.59	2.14	1.46	1.03
宁夏回族自治区	7.46	7.39	6.68	7.50	5.57	4.50	4.02	3.51	2.46	2.22
新疆维吾尔自治区	48.13	43.10	35.89	38.34	27.38	20.20	18.16	15.32	10.71	9.31

从表3中可以看到，北京市、广东省以及江浙沪地区个人所得税税收收入遥遥领先，同样，在自然人股权收购个人所得税征管方面，取得的成果也更为显著。

以江苏为例，2014年年末，张家港地税局在税源监控分析中发现，辖区内某有限公司发生重大股权转让行为。通过前期的数据查询分析、部门信息交换和实地核查，该局进一步了解到，此次股权转让行为转让方式多样、转让时间跨度长、转让金额巨大、税收政策相对复杂，不仅发生在境内外纳税人之间，且与两年内发生的三次股权转让关联，除个人所得税外还涉及印花税、国税部门负责征收的预提所得税等。为此，该局专门组成纳税服务专家团队，认真查阅、研究相关资料和税收政策，积极向上级业务部门请示汇报，多次深入企业，耐心细致地向纳税人宣传、解读政策规定，分析、谈判、确定股权转让收入、成本和应纳税额，随后又面对面地向纳税人讲解、辅导申报纳税流程。全程专业化、人性化的跟踪服务赢得了纳税人的理解和支持，确保了该笔超 1.2 亿元的巨额个人所得税税款的顺利入库，成为目前苏州地区所入库的跨境自然人股权转让缴纳的个人所得税单笔金额最大的业务。

近年来，随着张家港市资本市场迅速发展，张家港市上市公司和“新三板”拟挂牌企业数量快速增长，部分行业的并购重组引起国际、国内投资资本的关注，大笔收购股权行为将会越来越普遍，也必将会带动非劳动所得个人所得税的增长，并日益成为新的税收增长点。对此，张家港地税高度重视，结合税源专业化管理模式下的职责分工，建立了第三方数据交换共享、机关实体化运作、复杂业务团队化应对、个性化纳税辅导等股权转让征管服务机制，使股权转让税收征管制度化、常态化，提升了股权转让税收征管服务质效，促进了纳税人的税法遵从。

五、自然人股权转让个人所得税征管环节存在的问题

（一）被投资企业及纳税人方面的问题

目前多数被投资企业股东发生变化后，企业人员都会及时主动办理工商变更登记手续，而对如何办理变更税务登记一事很多人则知之甚少，笔者在执业中遇到过不少股权转让已经完成二三年才做税务变更登记的企业。在办理变更税务登记环节，被投资企业办事人员对税务机关要求股权转让、受让双方缴纳税款、提供涉税鉴证报告普遍表示不理解。他们没有意识到在股权转让业务中已经产生了纳税义务，也不能充分理解此项鉴证业务的必要性，最终往往是怀着疑问，迫于税务机关的要求，才委托中介机构提供股权转让鉴证报告。产生这种现象主要有如下几个原因：

1. 不了解相关税收政策

许多中小型的私营企业的财务人员素质参差不齐，后续培训很少。近几年国家财政、税收法律法规及政策文件频繁更新，这些财务人员

仅能勉强应付日常业务，对于类似股权转让这种偶尔发生的业务根本无暇关注。

2. 业务本身特点的因素

（1）个人股权转让业务具有偶发性。正常经营中的企业很少发生股东的更替，很多财务人员可能没有接触过此类业务，所以对此业务不甚了解。

（2）个人股权转让业务具有隐蔽性。个人股权转让业务发生后，除非被投资企业或纳税人主动办理变更、申报手续，否则税务机关无从得知此类业务已经发生，无法及时提示被投资企业办理变更手续。在被投资企业营业执照上并不体现股东的变更，在被投资企业的财务报表中实收资本一般也无变化，所以税务机关从这些日常接触频繁的企业资料中无法获取相关信息。2011 年，国家税务总局和国家工商行政管理总局联合发布了 126 号文，明确了税务与工商部门信息共享的办法，但是一些地方对此文件的执行效果不够理想。

（3）个人股权转让具有主观性。主观性主要指股权转让的定价主观性较强，随意性较大，在不了解税收政策的前提下，许多定价往往没有考虑到税收成本，导致被投资企业要代付大额税款。

3. 宣传力度不大

税务机关对个人股权转让业务的宣传力度不大。工资薪金收入、彩票中奖收入要缴个人所得税，经过多年宣传已深入人心，而个人股权转让需要缴税，许多财务人员并不知晓。虽然股权转让对于多数人来说仍属偶发事件，但其涉税金额往往较大，应作为税务机关重点监管对象。税务部门可以向企业的财务人员进行专业性较强的宣讲，也可与工商部门配合，在纳税人办理工商变更时，提醒他们需缴纳相关税费，办理变更税务登记手续。

（二）税务机关及其他部门的问题

1. 政策落地时间滞后，各地执行力度不一

笔者注意到，一个税收文件从出台到各地落实执行，中间的时间跨度很大。285 号文是国家税务总局在 2009 年 5 月 28 日下发，北京市地税局于当年 9 月 11 日转发给各区县地税局。因为，各区县如何执行，需要时间调查研究，需要制定出适合本地区的具体细则，最后公布细则，落实执行，再加上政策调整的时间，我们可以推断从国家税务总局文件出台到企业在实际中执行，作为税收征管先进地区的北京，

落实时间应该不少于半年，那么对于全国其他地区，文件出台到落实的时间跨度有可能长达一至两年。过长的时间差很容易引发纳税人的误解，使得政策的权威性大打折扣。而在政策落地执行后，各地方对政策的执行力度也有可能不一致。国家税务总局通过285号文件的出台开始加强个人股权转让所得的征管力度，相关系列文件仍在逐步制定完善中，有些政策还需要更详细的解释以指导税务人员及纳税人，但在相关解释出台前的具体执行办法取决于税务人员对政策的理解，这就造成了不同地区、不同办事人员对同一政策的理解存在差异，采取不同的处理方法。个人股权转让是否必须出具涉税鉴证报告、股权转让收入如何确定、被投资企业是否需要资产评估等政策，在同一地区不同税务机关执行的范围和标准不同，会严重损害税法的权威性。而在执行此项规定的税务机关中，不同的专管员对报告内容需求不同，有的需要提供房租合同，有的需要提供评估报告，有的需要转账凭证，不同的业务人员对附件的要求不统一，且没有具体的书面标准。

2. 执法缺乏法律依据，专业素养有待提高

部分税务机关和税务人员在工作中会提出一些不尽合理的要求，例如提出被投资企业在办理个人股权转让变更税务登记时必须附送股东之间股权价款收付的银行交易记录或票据。一般情况下，股东之间以何种方式支付价款不影响税款的计算，只要股东之间签订了合法有效的股权转让协议，股权转让事项经公司股东会通过即可，税法并没有要求股权转让必须得通过货币资金流转的相关规定。若按此做法，无偿赠送股权该提供何种凭证？被投资企业在个人股权转让过程中既不是纳税义务人也不是扣缴义务人，只是依法办理相关变更手续。而税务机关不加强税款征收手段，却要求由被投资企业代为缴纳股权转让双方应缴纳的税款，这没有法律依据。被投资企业为了顺利办理变更，一般都会代为缴纳税款。代缴的税款与被投资企业的生产经营无关，不应该在企业所得税汇算清缴前扣除。这无疑增加了被投资企业的负担。

3. 政策执行不够彻底，税务监管不够到位

按照285号文的要求，个人股权的转让方应在办理股权变更登记（工商）前申报纳税，同时受让方也有义务代扣代缴相关税金，然后纳税人持完税证明去工商部门办理变更手续。文件对办理股权变更的程序进行了规范，而且在126号文中对两部门加强信息共享提出了要求，但是部分基层税务、工商部门对这方面工作并未切实执行，尚未真正建立起文件要求的互动机制。

任何一项税法的执行，不仅要有法律依据，更重要的是要让纳税人充分了解、理解和支持业务的开展，这样才能保证国家制定相关税法的目的得以实现。所以，无论是税务机关还是中介机构，都有义务和责任宣传税法，让广大纳税人了解、认同税法的规定，并配合执行，建立顺畅的征纳关系，形成良好的税收环境。

（三）中介机构的问题

1. 鉴证报告不够规范，格式标准有待统一

中介机构出具的个人股权转让涉税事项鉴证报告没有标准格式，繁简程度、内容、附件等也不一致。到目前为止，关于股权转让鉴证类报告尚无统一文本格式，只能由各事务所自行总结归纳。各地区、各事务所执业水平参差不齐，报告样式、标准、内容等千差万别，直接影响了税务机关对鉴证报告的认可度，增加了税务机关、中介机构及纳税人（扣缴人）三方沟通的难度，进而增加税务机关的执法成本、中介的执业成本、纳税人（扣缴人）的办理成本。

在国家税务总局或中税协层面有必要对个人股权转让涉税鉴证报告进行规范，对内容、格式、执行标准进行统一，对纳税人（扣缴人）办理变更手续时需提供的资料进行统一，这样有利于该类涉税业务能够按照国家实现统一的标准征管，尽可能减少执法成本，提高执法效率，减轻纳税人（扣缴人）的负担。

2. 个别中介机构水平较低，税法精神领会不足

个别中介机构对税法条款的理解不能让税务机关信服，无法提出有效的依据，导致被税务机关退回鉴证报告，进而影响了中介行业声誉。

六、完善我国个人股权转让所得税征管的建议

（一）提升立法层次，完善配套政策

从立法层面来看，目前我国股权转让个人所得税相关法规仅停留于规范性文件层面，在总结各地征管实践的基础上，国家税务总局应着手制定具体的征管办法并将其上升为部门规章，并考虑设计适用财产转让税目的的个人所得税自行纳税申报表。此外，在现行公司登记管理条例中可以增加要求提供股权转让协议的规定，以方便基层部门的征收执行。针对税务程序前置的相关法律依据不足的问题，税务机关可以通过发文来解决，使

基层征收单位在执行中有法可依。

对税务机关相关文件中的疑难问题，还须作出进一步细化和明确。比如，规定对转让价格明显偏低且无正当理由的，按照评估后的净资产价值合理确定股权转让价格，明确个人无偿受赠股权的免税情形仅包括继承等特殊情况，对独资、合伙企业进行转让应纳入股权转让或者财产转让征管范围。

（二）设定差别税率，兼顾多重因素

我国对个人股权转让所得课税时，没有不予计列和扣除的规定，也没有对长期股权转让和短期股权转让进行区分对待。因此，在税率的确定上，笔者建议可针对持股时间超过一年的股权转让适用较低税率，反之适用较高税率。

此外，现行的个人股权转让所得税没有考虑资本损失和通货膨胀因素，出现资本亏损的，不得抵补和结转。为了鼓励投资和保护中小投资者的利益，我国应该增加股权转让损失抵补的规定，并考虑通货膨胀因素，对股权转让利得进行指数化调整。

（三）落实扣缴制度，实行税款预征

在提高纳税人自身纳税意识的同时，税务机关应广泛宣传个人股权转让的受让方负有代扣代缴的义务。当纳税人与股权变更企业不在一地又未被扣缴税款时，应由变更地税务机关向纳税人所在地税务机关发送税务事项联络函，并由后者办理纳税申报、追缴税款。

鉴于代扣代缴制度存在操作上的局限性，可采取预征税款的办法，即按转让价格的一定比例确定预征率进行预征，然后由纳税人在一定期限内自行到税务机关办理清算申报，多退少补。此时，要求纳税人必须提供真实可靠的股权转让材料，以便税务机关掌握主动权。

（四）完善信息建设，加强部门合作

建议在现有税收征管软件中增加个人股权转让模块，针对个人股权转让过程中存在的各类问题，进行信息化管理。在信息化前提下，主管税务机关应加强与工商部门的联系，对所辖企业逐户建立自然人股东明细登记表并动态监控自然人股东及其股权变动情况。此外，还应加强与房管、建设部门的合作，以获取股权转让纳税评估所需的相关信息。

（五）稽查信用结合，加大执法力度

对个人偷税行为，除按《税收征管法》的有关规定进行处罚外，还应将其记入个人的税收档案中，并向社会公布，以促使纳税人提高自觉纳税意识。此外，在法律上还可适当增加税务机关查案办案的执法权，有效遏制偷逃税。

参考文献：

[1] 陈娜，朱乃平，刘雨欣．关于个人股权转让所得税征管存在的问题及完善［J］．财务与会计，2013（4）：30－31.

[2] 陈钜胜．强化股权转让个人所得税征管问题的思考［J］．经济研究参考，2016（17）：51－56.

[3] 张伟，田雨晴．股权转让个人所得税新政解析［J］．中国税务，2015（3）：45－47.

[4] 赵洪涛，王奎．自然人股权转让中的税收管理难点及对策［N］．江苏经济报，2010－06－01（2）．

[5] 刘江红．浅析个人股权转让涉税事宜［J］．财经界，2015（9）：340－341.

[6] 周平芳．股权转让个人所得税的纳税筹划［J］．注册税务师，2016（3）：43－45.

[7] 高峻，樊苏群．个人股权转让个人所得税政策研究［J］．市场周刊，2010（8）：10－11.

[8] 金梦露，朱乃平．对我国个人股权转让所得税征管问题的思考［J］．涉外税务，2012（11）：67－69.

[9] 陈蓓蓓．股权转让个人所得税的实务探索［J］．经济研究导刊，2014（36）．

[10] 王乙清．股权转让个人所得税征收中存在的问题及其规制［J］．经济管理者，2014（19）．

[11] 王有全．浅析股权转让环节个税筹划［J］．财政金融，2013（21）．

[12] 洪连埔．个人所得税股权转让纳税遵从实证研究［J］．税务研究，2015（6）．

[13] 陈营．平价转让股权的个人所得税征管实践探讨［J］．法制与经济，2015（5）．

[14] 林培霞．自然人股权转让所得应如何确定标准［J］．注册税务师，2012（4）．

[15] 叶霖儿，王金梁．解析《股权转让所得个人所得税管理办法（试行）》［J］．国际税收，2015（3）．

[16] 刘玉兵，汪洋，徐瑶．加强股权转让个人所得税征管的思考［N］．江苏经济报，2015－12－31（B02）．

[17] 龚愿如．提高自然人股权转让个人所得税征管质量［N］．江西日报，2012－

10－29（B03）.
[18] 孙利. 应进一步规范自然人股东股权转让个税征管［N］. 中国税务报，2014－06－18（B04）.
[19] 曾福斌. 我国将建立自然人税收管理体系［N］. 证券时报，2015－12－25（A01）.

三、税制改革新趋势

1. “一带一路”战略推进中税收的定位

【摘要】随着“一带一路”战略的实施，我国与沿线国家的经贸联系会越来越密切，税收发挥作用的领域也会越来越广泛。这就要求我国在推进“一带一路”战略过程中，科学设计税收定位，包括：完善国内税制以提高企业竞争力；加强国与国之间的税收协调以消除生产要素及货物流动的障碍；提高税收征管与服务水平以提高纳税人对税法的遵从度。

【关键词】“一带一路”　税收　定位

【作者简介】赵书博，首都经济贸易大学财政税务学院

“一带一路”是我国在新的历史条件下的重大战略构想。随着“一带一路”战略的推进，我国与沿线国家的联系必然会更加紧密，表现为：一是与沿线国家的贸易联系加强，国与国之间的货物贸易、服务贸易量增加。二是与沿线国家的资金往来更密切，会有更多的企业赴海外进行投资或承包工程，也会有更多的企业“走进来”。

党的十八届三中全会通过的《中共中央关于全面深化改革若干重大问题的决定》提出“使市场在资源配置中起决定性作用和更好发挥政府作用”，这一改革目标符合经济发展的客观规律，应成为推进“一带一路”战略、促进沿线各国间经贸合作的一个基本准则。在推进“一带一路”战略的过程中，一是要使市场在资源配置中起决定性作用，充分发挥市场主体的积极性；二是要更好发挥政府作用，通过运用财税政策在内的各项政策助企业一臂之力。

在此原则下，利用税收服务“一带一路”战略，一要建立与国家治理

体系和治理能力现代化相匹配的现代税收制度，以提升企业竞争力；二要与沿线国家进行税收协调以便为资本与人员的流动扫清障碍；三要提升税收管理水平以提高企业的纳税遵从度。

一、要有利于提高企业竞争力

首先，税收制度影响企业竞争力。从宏观层面讲，税收制度是国家制度的组成部分，是企业生产经营大环境的一个重要因素。从微观层面讲，税收制度影响企业的成本、利润。“一带一路”战略下，国与国之间的经贸联系增强，这将使得我国企业面临外国企业更为直接的竞争，这就要求我国制定有利于提高企业竞争力的税制。

其次，党的十八届三中全会通过的《中共中央关于全面深化改革若干重大问题的决定》（以下简称《决定》）指出“财政是国家治理的基础和重要支柱”，“科学的财税体制是优化资源配置、维护市场统一、促进社会公平、实现国家长治久安的制度保障”。可见，我国财税体制的作用已经从经济领域向诸如政治建设、文化建设、社会建设、生态文明建设等领域延伸，这就使财税体制有了更广的作为空间。

最后，随着国家治理现代化的推进、财政与财税体制功能的拓展，我国完善税收制度的方向发生了根本性的变化——由“适应市场经济体制”向“匹配国家治理体系”转变，由“建立与社会主义市场经济体制相适应的税收制度基本框架”向“建立与国家治理体系和治理能力现代化相匹配的现代税收制度”转变①。这就要求我国在完善税制的过程中，坚持以推进国家治理体系和治理能力的现代化为指导原则，着力提高企业竞争力。

二、要有利于消除生产要素及货物流动的障碍

国家发展改革委、外交部、商务部 2015 年 3 月 28 日联合发布的《推动共建丝绸之路经济带和 21 世纪海上丝绸之路的愿景与行动》（以下简称《愿景与行动》）的第一部分指出：“共建‘一带一路’旨在促进经济要素有序自由流动、资源高效配置和市场深度融合，推动沿线各国实现经济政策协调，开展更大范围、更高水平、更深层次的区域合作，共同打造开放、包容、均衡、普惠的区域经济合作架构。”消除要素国家间流动的障碍，我国必须加强与沿线国家的合作与协调。

---

① 高培勇．与以往大不相同的新一轮税制改革［J］．国际税收，2015（4）．

（一）与沿线国家签订税收协定

税收协定对境外企业的影响表现为以下几个方面：一是在协定中约定签约各方解决公司所得税等税种的重复征税的方法，消除双重征税，降低企业的整体税收负担。二是提供税收确定性，降低企业跨国经营的税收风险。企业到没有和我国签订协定的国家去投资，执行的是东道国的税收政策；但如果到与中国签订税收协定的国家投资，东道国税法与税收协定不一致的部分，执行税收协定。一般来讲，国内税法变动速度快于国际税收协定，则到与我国签订税收协定的国家投资，税收的确定性更强。三是在协定中规定的关于投资所得的税收负担一般会比来源国国内税法规定的税负低，关于常设机构的判定时间会比国内税法规定的期限长，这都有利于提高企业竞争力。四是企业和东道国税务机关发生税务争议，可以启动相互协商程序，由税务总局与东道国税务主管当局，谈判解决存在争议的问题。五是税收协定中的税收饶让抵免的条款，使跨国企业真正享受到东道国提供的税收优惠好处。

目前我国已经与沿线 64 国中的 53 国签订了税收协定，没有签订的，位于西亚的国家有 6 个：伊拉克、约旦、黎巴嫩、也门、巴勒斯坦、阿富汗，位于东南亚的国家有 3 个：缅甸、柬埔寨、东帝汶，位于南亚的有 2 个：马尔代夫与不丹。我国要抓紧与经济联系密切的国家签订税收协定。

（二）与沿线国家进行税收协调

“一带一路”沿线国家，有的属于大陆法系（如缅甸、泰国、老挝等东南亚国家，绝大多数中东欧国家，俄罗斯，蒙古等），有的属于英美法系（如印度、巴基斯坦等南亚国家），有的属于伊斯兰法系（如伊朗、沙特阿拉伯等）。同大陆法系偏重法典相比，英美法系在司法审判原则上更“遵循先例”，即作为判例的先例对其后的案件具有法律约束力。伊斯兰法系则是以伊斯兰教法作为基本法律制度的诸国所形成的“法律传统”、“法律家族”或“法律集团”，主要内容包括穆斯林义务、土地所有权、债权法、家庭法、继承法、刑法等。不同国家隶属于不同法系，而法系的不同导致在出现税收法律争端时国家之间的处理方式不同，法律的适用性被削弱，从而带来一系列法律风险。

各国所属法律体系的不同以及税制的差异影响货物及要素的流动。为此，《愿景与行动》第四部分指出：“加强政策沟通是‘一带一路’建设的重要保障。加强政府间合作，积极构建多层次政府间宏观政策沟通交流机制，深化利益融合，促进政治互信，达成合作新共识。沿线各国可以就经济发展战略和对策进行充分交流对接，共同制定推进区域合作的规划和措施，协商解决合作中的问题，共同为务实合作及大型项目实施提供政策支持。"我国应加强与沿线国家的税收协调。

1. 关税协调

关税影响国际贸易。为加快国际贸易的发展，有些国家之间通过谈判建立自贸区，相互承诺降低或取消关税。以我国加入的第一个自贸区中国-东盟自由贸易区为例，最开始中国与东盟实施"早期收获"计划，从2004年1月1日起对500多种产品实行降税，到2006年将这些产品的关税降为零。2004年中国与东盟签署《货物贸易协议》和《争端解决机制协议》，规定从2005年7月起，双方对7 000多个税目的产品实施降税，对原产于中国和东盟的产品相互给予优惠关税待遇，以自由贸易区的税率实现彼此货物的通关。货物贸易之后是服务贸易与投资。2007年1月中国与东盟签署《服务贸易协议》，自2007年7月起正式生效，各方开放相关的服务部门。与东盟的关税协调促进了贸易的发展，我国与东盟国家的贸易总额逐年增加。从世界其他地区进行的关税协调看，也取得了不错的效果。

2. 增值税协调

过去世界各国税收制度协调始终聚焦直接税领域，对间接税跨境重复征税问题重视不足。随着增值税在国际税收体系中的地位不断提升，因各国税制不同造成的重复征税问题日渐突出：①重复征税问题。2010年OECD的一项调研结果表明，在受访的31个国家308家跨国企业中，80.2%的企业会发生涉及VAT的境外支出，但只有不到20%可以通过出口退税得到补偿，约1/3的企业承认这种双重税负会严重影响其投资决策。②遵从成本高。各国出口退税比率与程序均不同，企业遵从成本高，税务机关风险大，有时会因为转盘欺诈以及其他手法的骗税造成国家税收收入的流失。因此无论是企业还是各国政府，均需要一套跨国VAT/GST框架做指导。

为了消除增值税对跨境贸易的扭曲并有效防止各国政府财政收入的流失，OECD制定了《国际增值税（货劳税）指南（2014）》（International VAT /GST Guidelines），并在第二届增值税全球论坛上获得通过。增值税指南的通过，意味着间接税国际税制协调迈出了实质性的一步。

3. 所得税协调

国家间的所得税协调已经有很长的历史。但进入"后金融危机时代"

之后，税基侵蚀和利润转移（BEPs）问题越来越严重，对国际税收的影响越来越大，各国政府也越来越关注这个问题。2012 年 6 月，20 国集团财长和央行行长会议同意加强国际合作，并委托经济合作与发展组织开展 BEPs 行动计划的研究；2013 年 6 月 OECD 完成方案，9 月获得 G20 圣彼得堡峰会各国领导人签字通过。目前 15 项行动计划成果已经全部完成，标志着国际税收实体规则开始百年重塑。这对我国既是挑战，也是机遇，我国应该好好把握。

三、要有利于提高企业对税法的遵从程度

（一）提高本国税收管理水平

李克强总理在 2016 年政府工作报告中指出："以敬民之心，行简政之道，切实转变政府职能、提高效能。继续大力削减行政审批事项，注重解决放权不同步、不协调、不到位问题，对下放的审批事项，要让地方能接得住、管得好。"这也是指导税收管理与服务工作的一个重要标准。这就要求税务机关找到税收服务与执法间的平衡点，提高纳税人的遵从程度。

我国在税收管理中应加强税务机关、纳税人及其税务中介之间的联系，使征纳双方之间由缺乏信任的关系转变为开放的、能进行建设性对话和相互理解的关系，提升企业对税法的遵从程度。

（二）加强与沿线国家的征管合作

1. 健全税收争端处理机制

各国应该充分运用税收协定项下的相互协商程序，通过税务主管当局之间的磋商，保护我国企业在投资国的合法权益，避免或消除国际重复征税，确保企业享受应有的协定优惠待遇或非歧视待遇。

2. 扩大与沿线国家征管合作范围

我国要与沿线国家税务机关加强信息互换、监管互认、执法互助，为我国和沿线国家企业的投资便利化、贸易自由化创造良好税收环境。

参考文献：

[1] Matthews S. What is a "Competitive" Tax System? . OECD Taxation Working Papers, No. 2, OECD Publishing. http://dx. doi. org/10. 1787/5kg3h0vmd4kj – en, 2011. 12.
[2] 郝昭成．国际税收迎来新时代［J］．国际税收，2015（6）.
[3] 杰弗里·欧文斯．"后 BEPS 时代"及对中国的影响［J］．何振华，王婷婷，王

质君，译. 国际税收，2014（7）.
[4] 盛斌. 迎接国际贸易与投资新规则的机遇与挑战［J］. 国际贸易，2014（2）.
[5] 王力. 全面依法治国进程中的税收法制建设［J］. 国际税收，2015（6）.

2. 从一起案例看我国自然人特别纳税调整规则的不足

【摘要】本文由一起自然人转让股权的案例出发，通过案例的处理及分析，剖析我国现行特别纳税调整规则对自然人纳税人规定的缺失状况，并据此提出了完善我国特别纳税调整规则的建议。

【关键词】案例　自然人　特别纳税调整

【作者简介】韩立新，北京市朝阳区地方税务局
白晓，北京市朝阳区地方税务局
颜洪立，北京市朝阳区地方税务局

一、案例简介

中国公民闫某为北京A公司的唯一股东。A公司是一家知名的停车管理公司，主要业务为机动车公共停车服务。闫某的妻子徐某为境外某国的自然人居民，其分别通过位于英属维尔京群岛、开曼群岛的B公司、B1公司、B2公司间接持有香港S公司100%的股权，其中，B公司、B1公司、B2公司均为不存在实质经营活动的"空壳公司"（如图1所示）。2015年，闫某和徐某控股的公司发生如下两笔交易：

第一笔交易：2015年5月5日，闫某与香港S公司签订股权转让协议，以人民币2 105.84万元为交易对价，转让A公司100%股权。闫某已以此转让价格在朝阳区地税局缴纳个人所得税。

第二笔交易：2015年4月28日，维尔京B公司与香港H有限公司签订协议，转让开曼群岛B1公司80%股权，协议约定转让价格为2.65亿人民币（分三次支付，第一次支付人民币1.5亿元人民币）。同时约定，只有在B1公司实际控制了A公司100%股权的情况下，协议才能生效。

由此可以看出，第一笔交易虽然协议签订的时间较晚，但却是实现第二笔交易的前提。这两笔交易的结果是将A公司的实际控制权转让给了香港的H公司。税务机关调查发现，第一笔交易已经完成，

且第二笔交易款中的 1.5 亿元，已经以借款方式转入闫某的个人账户。

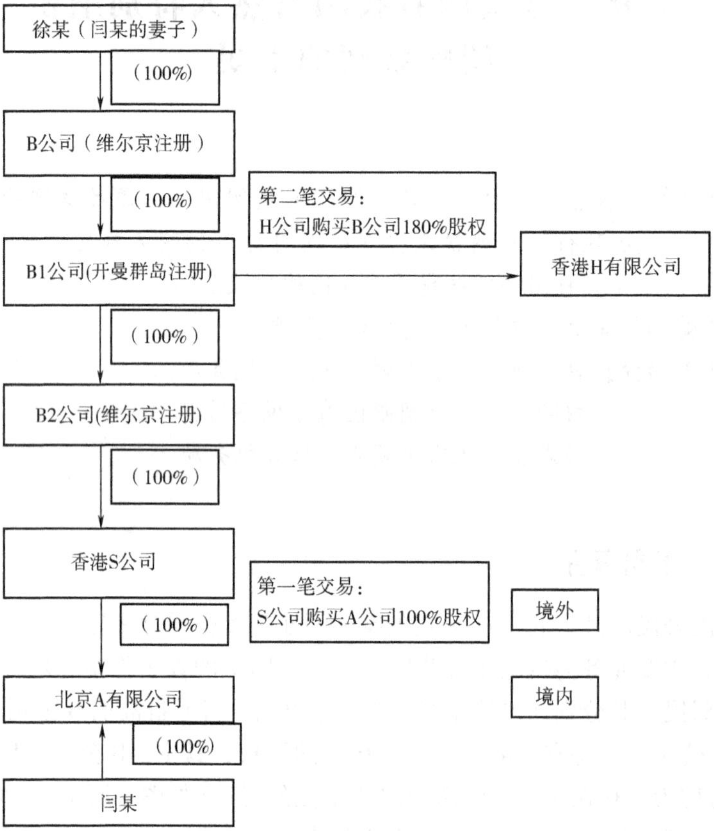

图 1　案例股权结构图

二、案例适用的特别纳税调整规则

该案例主要涉及中国的自然人公民向境外关联方转让股权、并将真实的转让利润滞留在境外的交易。由于上述两笔交易在不到十天的时间里连续发生，其实际转让标的均为北京的 A 公司，而且第一笔交易的价格（金额）明显偏低，两次交易金额差距在十倍以上，因此，税务机关认为，这是一起典型的、通过转让定价将股权转让所得留在境外以规避纳税义务的案例。根据我国现行的特别纳税调整规则，这一案例的处理主要适用以下几项政策依据：

（一）国税发〔2009〕2号文件中关于关联关系认定的规定

按照该文件的第九条第八款规定，交易的一方对另一方的生产经营、交易具有实质控制，或者交易双方在利益上具有相关联的其他关系，包括家族、亲属关系等，都属于税法规定的关联关系。根据这一规定，案例中的闫某和徐某为夫妻关系，构成了关联关系。这样一来，案例中的第一笔交易就构成了关联交易。需要说明的是，国家税务总局 2016 年发布的第 42 号公告，对关联关系的界定标准进行了进一步明确。根据公告第二条规定，具有夫妻、直系血亲、兄弟姐妹以及其他抚养、赡养关系的两个自然人分别与双方具有本条第（一）至（五）项关系之一（控制与被控制、双方同为第三方控制），即构成关联关系。

（二）《税收征管法实施细则》第 54 条第四款的规定

按照这一规定，纳税人与其关联企业之间转让财产、提供财产使用权等业务往来，未按照独立企业之间业务往来作价或者收取、支付费用的，税务机关可以调整其应纳税额。在本案例中，两笔交易的实际转让标的均为北京的 A 公司，且第一笔交易的价格（关联交易价格，即转让定价）远远低于第二笔交易的价格（独立交易价格，即非受控价格），两者相差悬殊。更为重要的是，这两次交易的结果是，大部分的转让所得滞留在了境外 B 公司，导致了我国税收的流失。因此，根据这一规定，税务机关可以对第一笔交易进行特别纳税调整。

（三）《税收征管法实施细则》第 55 条的规定

这一条给出了税务机关进行转让定价调整的方法，其中的第一款明确了税务机关可以“按照独立企业之间进行的相同或者类似业务活动的价格”调整计税收入额或者所得额。在本案例中，第一笔交易为关联方交易，第二笔交易为独立企业之间的交易，且两次交易的实际标的均为北京的 A 公司（同一公司的股权转让，具有较高的可比性）。因此，税务机关可以按照第二笔交易的价格对第一笔交易的价格进行调整。

除了上述政策外，税务机关在特别纳税调整的实际操作中，还要应用一些程序性的规定。在本案例中，税务机关以上述政策为依据，首先确认了闫某和徐某的关联关系，并据此明确了第一笔交易为关联交易，然后对比了两笔交易的价格，发现了关联交易价格明显偏低的问题。因此，税务机关认为，应该参考第二次交易价格，对 A 公司的第一次股权转让价格进行调整。目前税务机关正在对A公司、闫某等进行约谈。

三、我国特别纳税调整规则对自然人规定的缺失

在本案例处理的过程中，我们发现，我国现行的特别纳税调整规则存在着一个重要的问题——针对自然人纳税人的规定严重缺失，致使相当一部分反避税政策难以适用。从我国目前的特别纳税调整规则体系来看，明确将自然人纳税人涵盖在内的政策规定相对较少，主要集中在《税收征管法》及其实施细则以及《特别纳税调整实施办法》（国税发〔2009〕2号文件）的部分条款中。而一些关键的特别纳税调整文件，却根本不涉及自然人的规定。这不仅给法人纳税人和自然人纳税人带来了更大的避税空间，也使得税务机关实施特别纳税调整措施面临着重重阻碍，难以充分发挥作用。

（一）《税收征管法》及其实施细则是对自然人实施特别纳税调整的主要依据

从《税收征管法》的规定来看，其第一章“总则”的第四条规定：法律、行政法规规定负有纳税义务的单位和个人为纳税人。这就为税收征管法及其实施细则的其他规定打下了基础，也就意味着在这一条之后的特别纳税调整相关条款中的“纳税人”都包括自然人。但是，在《税收征管法》的第36条关于特别纳税调整的规定中，“纳税人”这一措辞却没有出现，取而代之的是“企业”：“企业或者外国企业在中国境内设立的从事生产、经营的机构、场所与其关联企业之间的业务往来，应当按照独立企业之间的业务往来收取或者支付价款、费用；不按照独立企业之间的业务往来收取或者支付价款、费用，而减少其应纳税的收入或者所得额的，税务机关有权进行合理调整。”这显然在“无意中”将自然人排除在外。所幸的是，这一缺憾在《税收征管法实施细则》中得到了弥补。该实施细则的第54条规定“纳税人与其关联企业之间的业务往来有下列情形之一的，税务机关可以调整其应纳税额”，第55条规定“纳税人有本细则第54条所列情形之一的，税务机关可以按照下列方法调整计税收入额或者所得额”。

本案例中，自然人闫某将A公司股权转让给香港S公司的第一笔交易，属于自然人纳税人与法人纳税人之间的关联交易，《税收征管法》第36条并未将其涵盖在内。而按照《税收征管法实施细则》第54条和55条的规定，才可以对第一笔交易进行调整。

（二）《特别纳税调整实施办法》对自然人纳税人的规定不足

《特别纳税调整实施办法》（国税发〔2009〕2 号文件）是我国特别纳税调整规则的系统体现。在这一文件长达 13 章共计 118 条的内容中，明确涉及自然人的规定主要有两章：第二章“关联申报”和第八章“受控外国企业管理”。除此之外，无论是同期资料的管理，还是转让定价管理、一般反避税方法，都明确针对企业，而没有涉及自然人。

就“关联申报”一章而言，该文件的第九条规定：“所得税法实施条例第 109 条及征管法实施细则第 51 条所称关联关系，主要是指企业与其他企业、组织或个人具有下列之一关系。”这就明确了个人也可以成为关联方。正是以这一条规定为前提，在本案例中，税务机关才将自然人闫某和徐某认定为关联方并进而进行特别纳税调整。

就“受控外国企业管理”一章而言，该文件的第 76 条明确规定了受控外国企业的两类控制主体——中国居民企业股东和中国居民个人股东。尽管如此，在这一章的后续条款中，无论是受控外国企业境外所得的计算，还是受控外国企业的管理规定，都只针对“中国居民企业股东”，而未涉及个人股东。这样一来，由境内自然人控制的、符合相关条件的“受控外国企业”便无法适用这一章的管理规定。本案例中，尽管“闫某－徐某－B 公司”构成了关联方链条，尽管闫某对 B 公司有可能构成本规定第 77 条所称的“控制”标准，尽管两笔交易的结果是将大部分利润留在了位于维尔京的 B 公司——这使得本案例看上去好像可以适用受控外国企业规则——但是，由于我国现行特别纳税调整规则缺少对自然人股东的条款，对该案例的处理仍然无法适用受控外国企业规则。

（三）部分关键的特别纳税调整文件缺乏对自然人的规定

在本案例的处理中，我们发现，这两笔交易实质上是境外自然人（徐某）将北京 A 公司的股权间接转让给了非关联企业，并将转让所得滞留在境外。这在税务处理中，看上去也可以适用《国家税务总局关于非居民企业间接转让财产企业所得税若干问题的公告 》（国家税务总局公告 2015 年第 7 号 ）。这一公告的第一条规定，非居民企业通过实施不具有合理商业目的的安排，间接转让中国居民企业股权等财产，规避企业所得税纳税义务的，应按照企业所得税法第 47 条的规定，重新定性该间接转让交易，确认为直接转让中国居民企业股权等财产。本案例中的两笔交易实际上正是间接转让中国居民企业（北京 A 公司）股权的行为，而且这一转让行为也基本符合该公告第四条规定的“不具有合理商业目的”的标准。这样看来，对于本案例，好像也可以按照这一公告进行处理。

但是，事实并非如此。在这一公告的标题、前言中，都明确了其适用的主体是“非居民企业”，而且其制定依据也主要是企业所得税法及其实施条例。这就将该公告的适用范围局限在了企业范围内，而将自然人排除在外。

事实上，除了这一文件之外，我国还有相当一部分关键的特别纳税调整文件也明确规定只适用于企业，而不适用于自然人。例如，《国家税务总局关于境外注册中资控股企业依据实际管理机构标准认定为居民企业有关问题的通知》（国税发〔2009〕82 号文件）的第一条规定，境外中资企业是指由中国境内的企业或企业集团作为主要控股投资者，在境外依据外国（地区）法律注册成立的企业。再如，国家税务总局颁布的《一般反避税管理办法（试行）》（国家税务总局令 2014 年第 32 号）第二条规定，本办法适用于税务机关按照企业所得税法第 47 条、企业所得税法实施条例第 120 条的规定，对企业实施的不具有合理商业目的而获取税收利益的避税安排，实施的特别纳税调整。

四、结论与启示

从本案例可以看出，由于在我国现行的特别纳税调整规则中，针对自然人的规定存在严重缺失，因此，对本案例的处理有很多政策无法适用。所幸的是，我国的税收征管法及其实施细则中的特别纳税调整条款和国税发〔2009〕2 号文件中的关联企业判断标准，并未将适用范围仅仅限定于企业，而是将自然人涵盖在内，因此，对本案例的处理，只能按照上述文件进行处理。从这一案例不难看出，我国目前的自然人特别纳税调整规则严重不足。这主要体现在以下三个方面：一是在我国现行的《个人所得税法》及其实施条例中，缺乏特别纳税调整的条款；二是在我国现行的特别纳税调整的纲领性文件《特别纳税调整实施办法》（国税发〔2009〕2 号文件）中，针对自然人的规定严重不足；三是一些关键的特别纳税调整文件，将自然人排除在外。

自然人特别纳税调整规则的不足，已经成为了我国反避税政策体系的一个重大缺憾。这一方面是因为，随着信息技术的发展和我国对外交易的增多，我国的自然人居民的跨境涉税收入、跨境避税行为也越来越多；另一方面，我国对自然人特别纳税调整规则的不足，在给纳税人留下了巨大的避税空间的同时，也使得税务机关在进行特别纳税调整时由于“无法可依”而处于两难境地。针对这一状况，我们需要尽快建立起系统的、规范的自然人特别纳税调整规则，完善我国的反避税体系。只有这样，才能完全发挥特别纳税调整规则的作用。

参考文献：

[1] 韩立新，白晓，颜洪立．税基侵蚀和利润转移对我国的影响［N］．中国财经报，2016－12－13（6）．

3. 互联网金融的税收政策：国际经验与中国现实

【摘要】税收政策对于互联网金融这一新兴业态的健康发展，具有扶持和监管的双重功能。互联网金融税收政策面临的主要挑战包括：我国流转税占比偏高的税制结构，与信息化时代新兴产业发展的兼容性相对较低；企业所得税和个人所得税之间相互分立的“古典所得税制”，存在着一定的经济性重复征税。优化互联网金融税收政策可从以下方面加以谋划：兼顾税收优惠与税收公平原则；应尽可能采用先征后退的税收支持方式；应该由互联网金融平台企业提供完备的涉税资料；针对不同互联网金融业务类型，确定不同利益相关主体的应税节点。

【关键词】互联网金融　税收政策　税制结构　税收优惠　税收公平

【作者简介】马蔡琛，南开大学教授

按照媒体报道的说法，2013 年或许可以称为中国“互联网金融元年”，从那时算起的三年多时间内，互联网金融在中国异军突起，高举着普惠金融、服务小微企业等光鲜亮旗帜，在经济新常态的背景下逆势发力，取得了惊人的发展。截至 2016 年 2 月初，在百度搜索引擎上检索“互联网金融”的相关网页已然多达 444 万个。在第三方支付、P2P 网贷平台、众筹等术语已成为热门词汇的同时，互联网金融平台的跑路潮、倒闭潮、坏账风波、“庞氏骗局”等负面消息也同样不绝于耳。[①] 然而，在互联网金融这一新兴业态的支持政策与监管手段中，税收政策应如何发挥扶持和监管的双重功能，却未能引起足够的关注。

在国际税收实践中，曾有这样一则关于众筹（crowdfunding）这一互联网金融重要方式的税讯报道：美国的一个众筹项目，为了制作土豆沙拉的创意，在著名众筹网站 Kickstarter 上，获得了 7 万美元的融资，但此举却受到美国国家税务局的重罚，因为筹资方没有缴纳 2.1 万美元的税费。在

① 据 P2P 门户网站“网贷之家”统计，截至 2015 年 12 月底，全国有2 595家网贷运营平台，2015 年一年就有多达 896 家网贷运营平台出现问题，是 2014 年的 3.26 倍。资料来源：e 租宝事件阴影笼罩，P2P 网贷平台跑路事件频发，第一白银网，2016 年 1 月 27 日，http://www.silver.org.cn/cjyw/2016012771497.html。

美国，在 Kickstarter、Indiegogo 等众筹网站上的融资所得，将被纳入应纳税所得额。Kickstarter 网站的帮助页面也明确显示，在该平台上筹集到的资金被视作个人收入，通常需要向税务当局报备。①

这一案例给我们的启示在于，尽管互联网金融作为一种新兴产业形态，在其发展的初期，确实需要给予必要的税收扶持政策，但互联网金融也并非免税的天堂，仍旧存在相应的税收管理与税务风险问题。因此，结合税制设计和税收管理的基本原理，进一步明确互联网金融相关税收政策的原则取向，厘清互联网金融主要业态的应税节点，对于促进该行业的健康发展、完善我国金融税制体系、健全税收征信系统、实现建立现代税收制度的全面深化改革目标，具有重要的理论价值和现实意义。②

一、我国互联网金融税收问题的最新研究进展

互联网金融的提法并非一个规范且普遍使用的国际用语，从相关的英文文献中也难以找到“Internet Finance”一词。③ 由于中外金融环境和社会文化的差异，在我国炙手可热的一些互联网金融现象，如第三方支付④，在发达经济体中也未必代表了业态发展的主流趋势。基于以上考虑，本文将重点考察国内互联网金融税收问题研究的最新进展。

根据中国知网（CNKI）数据库的统计，国内对于互联网金融税收问题的研究，主要集中于 2014 年和 2015 年两年间，文献总量相对较少，据不

---

① 方珺逸：国外众筹是如何纳税的，http：//www.360doc.com/content/15/0320/08/19476362_ 456603114.shtml。

② 互联网金融作为一项新生事物，其内涵与外延的界定还有待进一步规范，“互联网金融”与“金融互联网”之间的区别和联系，也远未能够达成共识。就具体业务形态而言，互联网金融涉及众筹、P2P 网贷、第三方支付、比特币等诸多新兴的与互联网有关的金融话题；就主体形态而言，既有银行、证券、保险、信托等传统金融机构利用互联网工具来开展金融业务，也有为数众多的互联网企业跻身金融领域。鉴于传统金融机构的税收问题，学界和实务部门多有研究，有些互联网金融业态（如比特币）在中国也未能获得更大范围内的认可，故而本文对于互联网金融税收政策的分析，在业务形态上，主要涉及众筹、P2P 网贷、第三方支付等，在主体形态上，更侧重于考察互联网企业的相关金融税制问题。

③ 在欧美等国，普遍使用的概念是“Network Finance”或“E－Finance”等，这些词语可以翻译为“网络金融”“电子金融”等。进一步论述可以参阅：王国刚，张扬．互联网金融之辨析［J］．财贸经济，2015（1）．

④ 在欧美等发达经济体中，网上商品交易的支付结算主要是由各种信用卡公司实现（如 VISA、MasterCard 等），这些国家并没有发展出像我国如此多的网上第三方支付机构。资料来源：陈勇．中国互联网金融研究报告（2015）［M］．北京：中国经济出版社，2015：21.

完全统计仅有十篇左右。[①] 这些文献的下载频次总体较高（截至 2016 年 1 月，9 篇论文的下载频次达到2 885次），但被引频次较低（均为 0 次）。这反映出当前我国的互联网金融税收问题，开始日益受到关注，但多数研究成果的纵向推进还有待深化，或许因为时间的关系，各项研究成果之间也缺乏必要的相互借鉴。其研究主题主要集中于以下这样几个方面：

（一）以互联网金融为背景对整体金融税制的考察

周琳（2014）认为，为促进互联网金融的发展，有关部门在对待网络经济的税收问题上，持更为谨慎的态度，但暂不征税并不意味着对这部分征税主权的放弃。[②] 张富强、李梦露（2014）关注了互联网金融税收的顶层设计及其在“营改增”问题上的具体应用。[③] 李伯侨、王存军（2014）探讨了互联网金融背景下的银行税制问题，认为我国银行业的间接税负担过重，扭曲了资金配置效率。卫颖（2015）初步归纳了税收中性、效率和成本最小化等互联网金融税收征管原则。[④]

（二）重点分析了互联网金融税收征管的困难与挑战

叶娅莉（2015）认为，现行针对互联网和金融行业的税收法规，难以完全涵盖互联网金融行业的新型产品和新型服务。[⑤] 吴国炳等（2015）认为，目前我国的税收制度仅对传统线下和实体银行业务征税，对互联网金融的税收监管还存在部分运行模式缺乏征税依据、难以全面确定纳税主体、税收管辖权不确定等困难。[⑥] 姚余栋、熊鹭（2015）也认为，互联网金融对现行税制的挑战主要体现为纳税主体模糊、应纳税额难以确定、税收管辖权容易冲突，进而提出了处理互联网税收的三项基本原则（税收中性原则、国际协调原则、宏观调控原则）。[⑦] 边境、孙桂荣、陈鹏等（2014）认为，传统的税收管理是按照企业注册经营地管辖，而第三方支

① 关于电子商务的税收问题研究，其中文文献数量已达上千篇，但因其并未主要聚焦于本文所探讨的互联网金融税收问题，故未纳入统计。

② 周琳．对互联网金融税收政策的探析［J］．现代商业，2014（20）．

③ 张富强，李梦露．完善互联网金融税收立法的思考［J］．法治论坛，2014（4）．

④ 卫颖．互联网金融税收征管［J］．山海经，2015（18）．

⑤ 叶娅莉．对互联网金融税收政策的分析［J］．财经界，2015（5）．

⑥ 吴国炳，等．互联网金融：税收征管存在的问题及建议［N］．中国税务报，2015-04-08.

⑦ 姚余栋，熊鹭．互联网金融税制思考［J］．清华金融评论，2015（6）．

付多数是网上支付，由总公司统一管理，跨省市税收征管政策依据缺失。① 严卫中（2015）认为，由于监管层的监管态度不甚明朗，导致 P2P 性质界定不明，目前实务界及学术界存在"准金融机构"与单纯"信贷服务中介"的争议，税收征管受其影响也存在诸多不确定性。②

（三）对具体互联网金融业务的涉税问题分析

刘磊、钟山（2015）分别研究了五种主要形态的互联网金融税收问题，进而提出在维护公平税负和税收中性原则的基础上，促进互联网金融健康发展的建议。③ 叶娅莉（2015）认为，第三方支付企业从事支付业务收取的手续费，应该按照金融保险业征收流转税。④ 周琳（2014）认为，P2P 网贷公司提供居间服务所收取的佣金，应当缴纳流转税及其附加。⑤

二、互联网金融税收管理面临的主要挑战：基于税制结构的考察

针对互联网金融的税收管理，尽管存在税收管辖权重叠交叉，交易环节和结算手段无纸化而导致的课税节点难以捕捉、应税所得的性质归属较难判断等技术难题，但依照互联网金融推动者倡导的大数据平台和云计算技术，如果这些技术革命真如所预期的那样⑥，那么这些税收征管技术问题的低成本且高效率解决，应该是值得期待的。互联网金融对于现行税制提出的更大挑战或许在于，互联网金融等信息时代新兴产业形态的不断涌现，凸显了我国现行税制难以及时追踪产业结构的变化，未能及时实现后工业化时代税制结构的升级换代。

（一）我国流转税占比偏高的税制结构，同信息化时代新兴产业发展的兼容性相对较低

互联网金融之所以能够扰动互联网时代的这"一池春水"，就在于集

① 边境，孙桂荣，陈鹏．对 P2P 新兴金融业态税收监管的思考［J］．天津经济，2014（7）．

② 严卫中．浅议互联网金融税收征管［J］．税务研究，2015（5）．

③ 刘磊，钟山．互联网金融税收问题研究［J］．国际税收，2015（7）．

④ 叶娅莉．对互联网金融税收政策的分析［J］．财经界，2015（5）．

⑤ 周琳．对互联网金融税收政策的探析［J］．现代商业，2014（20）．

⑥ 根据对于互联网金融发展的乐观分析，在互联网所创造的云数据时代，首先是如何获取数据，其次是互联网"开放、平等、协作、分享"的精神，为数据的获得创造了天然的平台，从而较好地解决了经济活动中的信息不对称性问题。或许在这个时代，仅仅云数据的处理就可能形成新的"金融中介"，个人或企业的信用信息无一不体现在其中。这些云数据中所体现的信用信息，其实比传统的信用识别标志要准确得多。进一步论述可以参阅：吴晓求．互联网金融：成长的逻辑［J］．财贸经济，2015（2）．

中体现了信息化时代（或称后工业化时代）各种新兴产业之于传统业态的挑战。[①] 因此，分析互联网金融的税收问题，需要从互联网时代对于税制结构变迁的内在影响出发来加以考察。

在人类社会的发展过程中，税制结构的变迁和演化大致经历了这样三个依次推进的发展阶段：第一阶段主要是在传统的农业社会，因生产力发展水平的局限，往往采用原始直接税（也就是土地税和人头税）。由于社会剩余产品的有限，在很长的历史时期内，也只能采用“量入为出”的财政预算管理原则。第二阶段是工业化阶段，自工业革命以来，随着社会分工的深化和各种专业化管理手段不断涌现，以流转税为代表的现代间接税成为工业文明的标志性税种。其中，最为典型的就是增值税。增值税在生产和销售过程中的各环节分阶段地仅就其增值额课税，避免了传统营业税的重复征税弊端[②]，适应了社会化大生产所体现的社会分工日益精细化、生产和流转环节非常清晰的特点。[③] 第三阶段是信息化阶段（或服务业阶段）[④]，在信息时代，各种新兴业态目不暇接，各种服务性产品的供给方式千变万化，各种新兴交易手段层出不穷，各种信息存储量和数据处理能力远远快于经济的增长速度。[⑤] 从这个意义上讲，传统的商品流转环节变得越来越模糊，征税节点变得越来越难以捕捉，税源结构越来越复杂多样，以增值税为代表的现代间接税体系，日渐难以适应信息化时代的税制改革

---

① “后工业化时代”“信息化时代”“互联网时代”“知识经济时代”等表述方式，尽管在细节上仍存在诸多差异，但其总体指向是基本一致的，故本文在行文中对于这些术语的使用，并不做过于严格的区分。

② 各国税制比较研究课题组．增值税制国际比较［M］．北京：中国财政经济出版社，1996：5.

③ 随着社会剩余产品的极大丰富，在财政预算管理原则上，也具备了从“量入为出”转向“以支定收”的可能性。通过界定政府与市场的边界，确定政府公共服务供给的资金需求，进而通过税收的方式为政府预算支出筹资。这或许也解释了为什么各种主流经济学（尤其是公共经济学）教科书在开篇中大多会论及“市场与政府之间界定的划分”。而在这种分析框架下，不同税种的设置，仅仅是将公共产品成本在不同利益主体之间、在不同收入流（或所得来源）之间，进行“分摊”的具体方式选择而已。这就为后续税制演化转向以所得或财产作为税收筹集标的物，提供了理论上的可行性和社会财富上的现实积累。

④ 自1980年美国著名未来学家阿尔温·托夫勒出版《第三次浪潮》一书后的30多年间，人类社会已然全面进入信息化（或者服务业）阶段。

⑤ 人类存储信息量的增长速度比世界经济的增长速度快4倍，而计算机数据处理能力的增长速度比世界经济的增长速度快9倍。资料来源：迈尔－舍恩伯格，库克耶．大数据时代［M］．杭州：浙江人民出版社，2013：13.

诉求[①]，这或许已不仅是一种理论上的探讨，而成为各国税制变革中不可抗拒的发展趋势。因此，尽管所得税（尤其是个人所得税）存在着侵犯个人隐私、征收成本相对较高、申报程序繁琐等内生缺陷，但也不得不成为一种“只能如此”的妥协选择。也就是说，任凭信息化时代的新兴产业和新型业态层出不穷，交易工具和交易方式千变万幻，但各种资金流转终究会有“落袋为安”的时候，这或许就是所得税代表了未来税制演化趋势的内在原因。

改革开放以来的30多年间，我国以超常的发展速度完成了工业化的初期发展，在这一时期形成的以流转税为主体的税制结构，也是符合经济社会发展内在需要的。尽管在1994年税制改革之初，就已提出了建立“流转税和所得税并重”的双主体税制建设目标，但历经20多年的发展，流转税占比相对较高的格局仍旧未能得到根本改观。这种以流转税为主体的税制结构，面对互联网金融等新兴业态，难免存在某种内生性的局限。随着“营改增”将要全面覆盖金融业，金融业因经营活动更加复杂，增值额比较难以确定，征管成本也相应较高，改行增值税具有一定的难度。[②] 而这一问题在以互联网金融为代表的新兴金融业态中，因其交易行为的网络化特点，会将流转税之于互联网时代的不适应性，表现得更加显著。因此，不能将互联网金融税收政策的优化与完善，简单地寄希望于“营改增”改革的深化，而应该着眼长远，尽快构建适应信息化时代以所得税为主体的现代税制结构。

就税收政策的作用效果而言，所得税（尤其是企业所得税）以是否盈利作为纳税与否的标准。对于互联网金融等新兴业态来说，因其初创阶段的投入成本较高，往往需要经历一段时间才可能获得盈利。故以所得税为主体的税制结构，企业能够获得的合法免税时间就会较长，这本身就内生了对战略性新兴产业的税收支持。如果再考虑到可以弥补以前年度亏损的相关政策，对于小微企业而言，其支持力度也是相当之大的。但在以流转税为主体的税制结构下，因其针对商品流转额或非商品销售额课税，企业只要一开张，就面临着相应的税收负担。[③]

① 尽管增值税不同于传统意义上的流转税或周转税，已然具有针对毛所得课税的所得税性质，但增值税依托于产品或服务在不同加工环节的增值部分征税，内生蕴含了工业化时代的税收特点，使得该税种在后工业化时代的长期发展过程中，将会表现出越来越多的不适应性。

② 全面推开营改增将进一步激发市场主体活力［N］. 21世纪经济报道，2016-01-27.

③ 尽管增值税是针对销售收入减除销售成本的毛利征税，但也未能从根本上改变这种趋势。

（二）我国企业所得税和个人所得税相互分立的“古典所得税制”，存在着一定的经济性重复征税问题

关于企业所得税与个人所得税是否作为两个相互独立的税种，在税制发展史上，也一直是一个颇具争议的话题。总体而言，大致有两类观点：一为独立课税制（以美国为主），根据法人实体说理论，认为公司为有独立纳税能力的纳税主体。公司所得课征公司所得税后，其净利润分配予股东时须再征个人所得税，两税分别独立并无关联。作为一种传统的观点，这种方式又称为古典所得税制。另一类为合并课税制（以欧洲国家为主），根据法人虚拟说理论，认为公司法人仅为法律的虚拟体，并无独立纳税能力，仅作为将盈余传送至股东的导管，故公司阶段的所得与股东阶段的股利，应仅课征一次所得税。①

目前，我国采用的是古典所得税模式，对股息所得存在着一定的经济性重复征税问题。如果企业的股东全部为个人，且企业将净利润全部分配，那么100万元的税前利润，被课征一次企业所得税和一次个人所得税所得税后，实际上股东所得的仅剩60万元［即100万元×（1－25%）×（1－20%）］，综合负担水平高达40%。这种现状难免会影响企业的投资决策，也会扭曲企业资源配置。② 为解决企业所得税与个人所得税的重复征税问题，各国探索了诸多解决方案，其中较为常见的是采用归集抵免法（Imputation System），也就是公司阶段所缴纳的公司所得税，可全部或部分抵免股东阶段的个人所得税。③ 但在现时的中国，不仅未能将避免企业所得税和个人所得税的重复征税问题纳入政策调整的相关议程，甚至在理论上也未必承认这种重复征税的存在。

针对互联网金融企业而言，这种影响有可能会更加显著。以被誉为售卖创意的众筹为例，在股权式众筹中，为了符合公司法等法律的规定④，

---

① 马蔡琛．免除经济性重复征税的方式及对我国的借鉴［J］．山西财经大学学报，2003（1）．

② 黄凤羽．浅谈免除经济性重复征税问题［J］．上海会计，2002（1）．

③ 在归集抵免法下，公司发放股利按股东的边际税率课税，即将公司就已分配利润所缴纳的公司所得税，按股东的持股比例，可以全部或部分抵免股东的个人所得税。这种方法以税收抵免的形式，将公司所得税与个人所得税有机结合起来，借以缓解或消除对股息的经济性双重征税。归集抵免法已成为绝大多数国家免除经济性重复征税的惯例。在原欧共体12个成员国中，截至21世纪初叶，已有7国相继实行此法；加拿大和土耳其也加以效仿。进一步论述可以参阅：马蔡琛．免除经济性重复征税的方式及对我国的借鉴［J］．山西财经大学学报，2003（1）．

④ 我国公司法第79条规定，股份有限公司的股东人数不得超过200人；我国合伙企业法第61条规定，有限合伙企业的股东人数不能超过50人。

往往采用“合格投资者领投加上代持股份”的方式。通过众筹项目吸引投资人，然后投资人按照出资比例成立有限合伙企业或股份有限公司，再入股项目公司，持有项目公司出让的股份。① 在这种运作模式下，难免会存在企业所得税和个人所得税的双重征收。②

三、优化互联网金融税收政策的总体思路

（一）兼顾互联网金融税收优惠与税收公平的原则

在全面提倡发展“互联网＋”相关产业的大背景下，给予互联网金融等新兴业态以一定的税收优惠政策，应该是无需过多讨论的话题。但是，税收优惠政策的制定，同样需要基于税收公平的基本原则。也就是说，无论对于传统金融企业还是互联网金融企业，只要是从事互联网金融的同一类业务，就需要给予基本相同的税收待遇，而不能根据企业的行业出身，而对大致相同的业务做出税负轻重不一的规定。

我国传统金融业税负的轻重问题，在一段时间以来，一直是一个颇具争议的问题。由于一些发达市场经济国家，对于银行业的税收管理主要集中于所得税，而流转税的税负相对较轻，故而仅就流转税而言，我国银行业的税负可能显得略高一些。但就综合流转税和所得税来看，至少在2010年以前，我国银行业税负水平并不高。③

就现实而言，由于传统金融业的“营改增”尚在攻坚克难阶段，增值税这一对于产业分工的增值环节清晰度要求相对较高的税种，如何在金融业复杂的业态环境下得到成功应用，本身尚有一些不确定因素。因此，对于互联网金融的新兴业态如何适用增值税，可能还需要等待金融业整体的“营改增”顺利实施并完成试运行之后，才可能纳入议事日程。从这个意义上讲，可以考虑对于互联网金融企业的流转税管理，在增值税转型的特殊时期，暂时给予一定的免税优惠政策，但在所得税管理上，则应坚持税收公平的原则，以充分体现税收的国民待遇原则。

① 陈勇．中国互联网金融研究报告（2015）［M］．北京：中国经济出版社，2015：130.

② 类似的问题，在债权转让模式的P2P网贷中，也同样存在。按照通常的说法，债权转让模式的P2P网贷模式是指，为了能够更好地连接借款者的资金需求和投资者的理财需求，网贷平台主动地批量化开展业务。目前几乎所有2012年以来成立的网贷平台都是债权转让模式。资料来源：陈勇．中国互联网金融研究报告（2015）［M］．北京：中国经济出版社，2015：162.

③ 王敏，龙腾飞．我国银行业税收负担比较分析［J］．涉外税务，2010（8）．

（二）在税收支持政策的实施中，应尽可能采用先征后退的处理方式

税收支持政策的具体实施，具有多种备选方案，既可以采用直接减免税的简单化处理方式，也可以采用较具弹性的加速折旧、再投资退税等间接支持方式；在应税收入的资金流转上，既能以直接免税的方式将资金留在企业和个人手中，也可以采用先征后退（或即征即退）的方式。在通常情况下，出于征管简化的考虑，除增值税出口退税等特殊性业务外，实践中对于采用先征后退方式往往比较慎重。但就互联网金融来说，采用先征后退的方式，仍旧是十分必要的，其主要原因包括以下几个方面：第一，有利于全面核算给予互联网金融行业的税收支持力度，为将来全面编制税式支出预算做好准备。第二，有利于探索互联网金融这一新兴业态的税收管理方式，为将来建立覆盖传统金融行业和互联网企业的统一公平税制，做好前期准备工作。互联网金融是一个新兴事物，在纳税人确定、应税收入的范围、课税环节、扣缴义务人等问题上，征纳双方也容易出现分歧，采用先征后退的方式，相当于为这些问题的最终解决，提供了一个探索试验的“路演”机会。第三，在目前各种互联网金融风险开始逐渐暴露的特殊时期，先征后退的方式还具有某种“托宾税”① 的功能，有助于加强互联网金融业务的资金监管，从而适度抑制当前互联网金融行业中已然开始萌生的泡沫现象。

从操作简化和征管便利的角度出发，在履行先征后退纳税义务的过程中，应以各类平台公司（众筹平台、P2P 网贷平台、第三方支付平台）作为代扣代缴义务人。这也是这些平台公司收取中介服务费后所应尽之义务。

（三）税收支持政策落实的前置条件，应该是由互联网金融企业提供完备的涉税资料

当前互联网金融税收管理的主要难点就在于，税务部门难以动态掌握纷繁复杂的互联网金融业务之涉税信息。例如，P2P 网贷多借助于第三方支付合作，多数情况下税务部门并不掌握第三方支付企业的名称、P2P 网贷企业与第三方支付的利益分配方式和比例等关键信息。② 这种税收遵从

① 托宾税（Tobin Tax）是美国经济学家、诺贝尔经济学奖得主詹姆斯·托宾在 1972 年首次提出的，他建议“在飞速运转的国际金融市场这一车轮中掷入一些沙子”，从而在某种程度上减缓投机行为的蔓延速度。

② 边境，孙桂荣，陈鹏．对 P2P 新兴金融业态税收监管的思考［J］．天津经济，2014（7）．

成本的约束条件，对于一般性产业或许是成立的，但对互联网金融来说，则必须将互联网金融企业（主要指各类平台公司）提供完备的涉税资料，作为各项税收支持政策落实的前置条件。其原因在于，至少在理论上，通过以大数据和高速算法为基础的信息处理和风险评估，互联网金融可以有效减低交易双方的信息不对称程度，通过综合分析客户行为偏好数据、金融数据和互联网数据等，可以为风险管理、金融分析、客户价值挖掘和个性化定制服务等提供数据依据，减低资金供需双方在资金期限匹配、风险分担等方面的成本。① 既然互联网金融的信息搜集功能如此之强大、信息处理成本如此之低廉且高效，那么由互联网金融企业提供较之其他企业更为全面的涉税信息，就是很正常的事情了，更不会增加企业的税收遵从成本。

如果互联网金融企业连这些基本的涉税信息都难以提供或提供成本较高的话，那么所谓的大数据信息是否真像乐观预期的那样神奇，就是一个需要重新加以思考的问题。在互联网金融企业不能及时、全面、真实地提供各种涉税信息的情况下，为防止“庞氏骗局”的出现，就更有必要强制其提供全面完整的涉税资料，而不能以税收遵从成本作为借口，规避法定的纳税申报义务。

（四）针对不同互联网金融业务类型，确定不同利益相关主体的应税节点

互联网金融涉及诸多具体的业务形态，诸如众筹、P2P 网贷、第三方支付等，尽管都冠以互联网金融的名义，其实这些具体业务之间的差异还是很大的。因此，需要针对不同的互联网金融业务类型，确定不同利益相关主体的应税节点。

1. 众筹的应税节点

在众筹的多种方式中，鉴于募捐式众筹的公益性特点，可以考虑给予全面性免税，而借贷式众筹实际上已然转化为 P2P 借贷的模式，故本文在此重点考察预售式众筹和股权式众筹的税收问题。② 预售式众筹在事实上已然构成了一种销售行为，故项目发起人所获得的众筹资金，应该视为一

---

① 陈勇. 中国互联网金融研究报告（2015）［M］. 北京：中国经济出版社，2015：16－17.

② 众筹可以分为四种类似，分别是募捐式众筹（Donation Crowdfunding，一般以公益主题为主，并非为了金钱回报，如关注贫困地区老人儿童的众筹项目）、奖励式或预售式众筹（Reward or Pro－sale Crowdfunding，项目支持者得到的回报属于非金融性回报，事实上往往构成了一种销售）、借贷式众筹（Lending or Debt Crowdfunding，项目支持者将得到还本付息）、股权式众筹（Equity Crowdfunding，项目支持者可以分享项目成功后的收入或利润，这是众筹发展的主要方向）。

种销售收入，缴纳相应的流转税，同时将其收入纳入所得税的应纳税所得额；项目支持者的资金投入，也应作为一种购买性支出，列入有关的成本费用予以扣除。股权式众筹则应区分企业和个人的不同情况来加以考虑：对于企业而言，项目发起人应作为实收资本的增加，项目支持者应作为一种对外投资，分别做出相应的税收处理。对于个人而言，考虑到我国对于股票市场交易的资本利得并不课征个人所得税，但对于股息红利所得则需要纳税，故对于众筹资金的投资回报，应视为股息所得来加以课税，以体现税收公平原则。

2. P2P 网贷和第三方支付的应税节点

在我国 P2P 网贷的运营和监管尚不到位的现实之下，其税收管理的重点应该放在 P2P 网贷平台公司层面，对于借款人和贷款人则可以参考传统金融业借贷的税务处理方式。对于 P2P 网贷平台的税务处理，则应根据是否形成资金池来做出不同的处理。

如果 P2P 网贷平台仅仅是发挥交易撮合的功能，借贷资金由借款人直接通过监管银行拨付给贷款人，网贷平台只收取中介费用，则可以按照服务业中的经纪业务，仅就中介费用进行税务处理。如果采用资金池式的运营模式，由借款人将资金先行拨付到网贷平台的账户，再由网贷平台转拨给贷款人，为了防止网贷平台“跑路”的现象出现，就需要结合金融业“营改增”的进程，将网贷平台的账户资金视同购入一笔信贷资金，计算进项税额，并纳入托管银行的专门监控账户管理，待以后网贷平台将资金拨付给借款人的时候，再作为销售该笔信贷资金处理，计算相应的销项税额。这样既保持了增值税抵扣链条的完整性，又有利于加强资金监管，可以有效避免网贷平台利用资金池而形成“庞氏骗局”。

鉴于第三方支付同样存在着类似的资金池问题，为避免相应的金融风险，也可以采用类似的税务处理方式。这样通过增值税的进销项相抵，既不会增加网贷平台和第三方支付企业的税收负担，又可以提高资金运行的安全性，在互联网金融所依托的大数据和云计算技术下，这种税务处理的成本也是相当低的，并不会增加相关企业的税收遵从成本。

参考文献：

[1] 陈勇．中国互联网金融研究报告（2015）［M］．北京：中国经济出版社，2015：16－17.

[2] 王敏，龙腾飞．我国银行业税收负担比较分析［J］．涉外税务，2010（8）．

[3] 马蔡琛．免除经济性重复征税的方式及对我国的借鉴［J］．山西财经大学学报，

2003（1）.
［4］黄凤羽. 行为经济学视角下的自雇创业者税收行为研究［J］. 税务研究，2015（8）.
［5］陈建英，杜勇，熊奇. 我国众筹模式存在的问题与对策研究［J］. 湖南财政经济学院学报，2015（6）
［6］张中华，朱新蓉，唐文进. 2014 中国金融发展报告［M］. 北京：北京大学出版社，2014.
［7］李耀东，李钧. 互联网金融［M］. 北京：电子工业出版社，2014.
［8］边境，孙桂荣，陈鹏. 对 P2P 新兴金融业态税收监管的思考［J］. 天津经济，2014（7）.
［9］姚余栋，熊鹭. 互联网金融税制思考［J］. 清华金融评论，2015（6）.
［10］吴晓求. 互联网金融：成长的逻辑［J］. 财贸经济，2015（2）.
［11］王国刚，张扬. 互联网金融之辨析［J］. 财贸经济，2015（1）.
［12］芮晓武，刘烈宏. 中国互联网金融发展报告：2014［M］. 北京：社会科学文献出版社，2014.

4. “营改增”对金融业税收负担的影响

【摘要】从2016年5月1日起，金融业被正式纳入“营改增”的试点范围，而营改增究竟对金融业税收负担有何影响？这就要求我们对我国金融业营改增的发展现状及其特点有所了解。本文从税率变动和进项税额抵扣两个方面，以银行业为例，测算了营改增后税收负担的变化情况，期望能对分析金融业“营改增”的税负变化起到一定的参考意义。

【关键词】营改增　金融业　税收负担

【作者简介】白亚卿，首都经济贸易大学财政税务学院研究生

一、金融业营改增基本概况

（一）营改增及金融业的概念

“营改增”即营业税改为征收增值税，指原应缴纳营业税的项目改为征收增值税。因为，增值税的计税依据是产品或服务的增值额，所以可以有效减除重复征税。“营改增”的目标是减轻企业税收负担，加快服务业特别是高端服务业的发展，促进我国财税体制改革。

金融服务，是指经营金融保险的业务活动，包括贷款服务、保险服务和金融商品转让、直接收费金融服务，在我国国民经济中处于十分重要的位置。

（二）我国金融业营改增的发展现状

“营改增”于2012年1月在上海最先开始试行，主要应用于运输业和部分现代服务业，并于2013年8月推广至全国。铁路运输业和邮政业于2014年1月纳入试点，同年6月，电信业也纳入“营改增”范围。2016年5月1日营业税全面取消，建筑业、金融业、房地产和生活服务业被纳入增值税范畴。

因为金融业自身业务种类繁多、特点复杂，计税依据确认难度大，所以一直是营改增中的重难点所在。我国从2013年8月开始从融资租赁业方面对

金融业“营改增”进行初步试点。具体规定为，经相关部门审核通过，融资租赁公司可以按照5%的税率，仅对租赁服务增值部分缴纳营业税，可见，虽然征收的是营业税但实际上已是增值税的征收原理和征收模式。

2016年3月24日，财政部和国家税务总局发布《关于全面推开营业税改征增值税试点的通知》（财税〔2016〕36号），其中金融业自2016年5月1日起正式纳入“营改增”的范围。

（三）我国金融业“营改增”的特点

首先，“营改增”后维持了营业税中金融业的相关税收政策，并对原营业税制下一些不严谨的政策从严进行了处理。具体政策包括：存款利息延续“不征税”政策；金融商品买卖维持差额纳税政策；金融业同业往来、重点扶持行业的贷款业务等营业税下免税项目，维持免税处理办法，但与原营业税相比，缩小了同业拆借的免税范围，将金融机构同业往来利息收入免税规则，限定在四种具体情况之下等。

其次，“营改增”促进了我国税收制度的公平性。以前金融业主要缴纳营业税，相比于那些缴纳增值税的产业来说税收负担较高，造成了产业之间税负在一定程度上的不平等，在这种税收政策下，金融企业为降低税收负担，会大量推出非金融产品，最终导致资源配置效率低下。而“营改增”后，金融业的进项税额可以抵扣，可以很好地减少这种行业间的不公平性。

最后，“营改增”解决了重复征税问题，实现了税收中性。金融业收入的主要来源有利息收入、手续费收入、保险收入、金融商品转让收入这四项。“营改增”后，金融业获得了进项税额抵扣的资格，成功将其主要收入纳入了增值税链条，保证了增值税抵扣链条的完整性，消除了重复征税问题，体现了税法中性原则。

二、金融业“营改增”对税收负担的影响

（一）税率变动对税负的影响

金融业在“营改增”前，营业税税率为5%，其计税依据包括一般贷款业务收入、金融商品买卖差价业务收入和金融中间业务收入。其中，贷款业务收入是其营业收入的主要来源，其计税依据是金融业务营业收入的全额。

金融业在“营改增”后，增值税税率为6%，虽然看起来税率上涨了1%，但由于增值税属于价外税，营业税属于价内税，其计税依据需要先换算为不含税收入。根据营业税口径换算后，6%的增值税税率相当于

5.66%的营业税税率，名义税率仅增加了0.66%。

（二）进项税抵扣对税负的影响

金融企业的业务主要有贷款业务、直接收费金融服务、金融商品转让。金融业“营改增”后，与之相关的进项税额可以抵扣。

以银行业为例，购进业务主要有如下五个方面：

1. 购进资产类

购进资产类：固定资产、无形资产、长期待摊费用、在建工程等。其中，购进办公用写字楼，根据财税〔2016〕36号文附件2《营业税改征增值税试点有关事项的规定》，适用一般计税方法的试点纳税人，2016年5月1日后取得并在会计制度上按固定资产核算的不动产或者2016年5月1日后取得的不动产在建工程，其进项税额应自取得之日起分两年从销项税额中扣除，第一年抵扣比例为60%，第二年抵扣比例为40%。具体的进项税可抵扣事项及税率，如表1所示。

表1　资产类进项税额扣除情况

项目	项目	明细项目	适用税率
资产费用	固定资产	房屋建筑物	11%
		器具、工具、家具	17%
		交通工具	17%
		电子设备	17%
		其他固定资产	17%
	无形资产	土地使用权	11%
		其他无形资产（软件）	17%
		其他无形资产（专利技术和非专利技术）	6%
	长期待摊费用	经营租入固定资产改良支出（建筑业）	11%
		长期待摊租赁费（不动产租赁）	11%
		长期待摊广告费	6%
		长期待摊物业管理费	6%
	在建工程	在建工程	适用税率

2. 各项业务费用

各项业务费用：水电费、钞币运送费、业务招待费、差旅费、低值易耗品、安全防卫费、邮电费、咨询审计、租赁费、修理费、广告费、风险代理费、印刷费、业务宣传费等。因为用于银行商务活动，大部分进项税额准予当期扣除。

3. 利息支出

利息支出：存款利息支出、其他利息支出、金融机构往来、系统内往来。根据财税〔2016〕36号文附件2《营业税改征增值税试点有关事项的规定》，贷款利息费用不得扣除。具体事项如表2所示。

表2 利息支出进项税额扣除情况

<table>
<tr><th>项目</th><th>项目</th><th>明细项目</th><th>适用税率</th></tr>
<tr><td rowspan="11">利息支出</td><td rowspan="5">存款利息支出</td><td>个人活期、定期</td><td rowspan="5">不征税</td></tr>
<tr><td>单位活期、定期、通知、协定、结构性</td></tr>
<tr><td>信用卡</td></tr>
<tr><td>大额存单</td></tr>
<tr><td>同业存放</td></tr>
<tr><td rowspan="2">其他利息支出</td><td>理财资金利息支出</td><td rowspan="2">不可抵</td></tr>
<tr><td>发行债券利息支出</td></tr>
<tr><td rowspan="3">金融机构往来</td><td>同业拆入</td><td rowspan="3">不可抵</td></tr>
<tr><td>转贴现</td></tr>
<tr><td>卖出回购</td></tr>
<tr><td>系统内往来</td><td>系统内往来</td><td>不可抵</td></tr>
</table>

4. 人员费用

人员费用：工资及社保、福利费、劳务派遣。一般来说，银行从业人员的人工支出费用，不能抵扣进项税额。具体项目是否可以抵扣及相关税率，如表3所示。

表3　人员费用进项税额扣除情况

项目	项目	明细项目	适用税率
人员费用	工资及社保	工资、奖金、绩效工资	不征税
		社会保险	
		住房公积金	
		工会经费	
		股份支付	
		企业年金	
	福利费	福利费	不可抵
	劳务派遣	商务辅助服务	6%

5. 手续费及佣金支出

手续费及佣金支出：代理手续费支出、结算手续费支出、证券买卖手续费支出、银行卡手续费支出、债券发行业务手续费支出、债券交易结算手续费支出、外汇业务手续费支出等。进项税额准予当期扣除，适用税率为6%。

案例：2016年7月，A银行购进小汽车两辆作为银行商务用车，金额为60万元；利息支出总额3 000万元，转账支付，其中存款利息2 000万元；购进水140万元，电160万元；购入办公用写字楼价款为12 000万元。上述活动均已取得增值税专用发票。那么，该银行当期可抵扣的进项税额为多少？（各项支出均为不含税金额）

购进小汽车可抵扣进项税额：60×17%＝10.2（万元）

利息支出中，存款利息2 000万元属于不征税项目，其余1 000万同样不得当期申报扣除。

购进水可抵扣进项税额：140×13%＝18.2（万元）

购进电可抵扣进项税额：160×17%＝27.2（万元）

购进的写字楼第一年可抵扣进项税额：12 000×11%×60%＝792（万元）

购进的写字楼第二年可再抵扣进项税额：12 000×11%×40%＝528（万元）

综上，当期可抵扣进项税额：10.2＋18.2＋27.2＋792＝847.6（万元）

（三）金融业“营改增”税负变化分析

根据吴飞虹等（2016）对我国四大国有银行2015年年报数据的测算，鉴于银行的利息支出不能抵扣，作为银行利润主要来源的贷款利息收入，实际上相当于按照全额征税。同时银行人力费用占成本支出比重较高，但不可抵扣。“营改增”后银行进项税额的主要来源是业务费用中的支出项目，包括水电费、房屋租赁费用、软件系统采购、机器设备和不动产购置所取得进项税金，而占业务费用比重较高的存款保险金、业务招待费等无法进行抵扣。银行真正可抵扣的进项税不多，再加上银行实际税率从5%提高到6%，四大银行静态测算结果显示“营改增”后中国银行、工商银行、建设银行、农业银行，净利润变动率分别为：－4.76%、－3.02、－4.04%、－5.98%，整体税负提升，净利润平均变动幅度在4%左右。因此可推断出，“营改增”之后银行业的整体税负水平将上升。银行业“营改增”的税负测算结果，对于我们预测金融业“营改增”的税负变化也具有一定的参考意义。

综上，“营改增”之后，税收负担的变化一方面取决于6%的税率，另一方面取决于可抵扣的进项税及其抵扣税率。考虑到金融业税率有所上升，进项税额可以抵扣，一增一减使得税收负担变化趋势难以简单判断。

但是，按照李克强总理于2016年7月主持召开的国务院常务会议“要适时完善配套措施，做好政策解读和纳税服务，引导企业用好增值税抵扣机制，确保金融业税负只减不增，稳定市场预期”的精神指示，金融业“营改增”后，尽管现阶段税收负担可能略有升高，但未来其税收负担一定会有所下降。

三、结语

总而言之，目前我国金融业“营改增”正处于全面推进时期，要想达到金融业税收负担只减不增，稳定市场预期，可以从两个方面着力：

金融企业需要加强对“营改增”政策的解读和学习，充分掌握各项优惠政策，对于各项可抵扣进项税的支出保证取得增值税专用发票。重视负债端业务，增强进项税额的抵扣力度，进而实现减轻税收负担的目的。

税务机关需要适时完善金融业“营改增”相关政策，做好纳税服务，实现新旧税制顺利过渡。增加免税项目，如对出口金融服务实行免税。优化可抵扣项目，如难以区分商用还是私用不可抵扣进项税的业务招待费，可以仿照企业所得税中的“部分折扣”的方法，即采取“打折”的形式来抵扣进项税。还可以参考一些 OECD 国家的政策措施，在税制设计中增加“例外条款”和“部分折扣”等方式，最大限度地发挥增值税抵扣制度的作用。

通过以上措施，充分保障金融业在“营改增”的过程中，税收负担只减不增，实现金融业的可持续发展。

参考文献：

[1] 王菊仙，翟进步，李培馨，盛雅彬．互联网金融企业税负分析及预测［J］．税务研究，2016（3）：54－55.

[2] 吴飞虹，吕荣福．“营改增”试点方案对商业银行税负的影响及相关建议［J］．税务与经济，2016（5）：88－93.

[3] 刘佳．我国金融业营改增的难点分析及改革思路探讨［J］．现代营销：下旬刊，2016（7）：160－161.

[4] 王玺，李晓，徐国荣．银行业“营改增”方案设计及效应［J］．税务研究，2016（2）：89－92.

[5] 符冰若．营改增对金融企业的影响分析［J］．现代商业，2014（21）：178－179.

5. 税收新常态下税制改革的思考

【摘要】经济新常态决定税收新常态，“十三五”期间的税制改革是新常态下的税制改革，是一次全面、深入、系统性的变革，是以《深化财税体制改革总体方案》为总依据，以最终建立现代财政税收体制为目标的深刻变革。本文将从税收新常态的特征入手，分析我国现有税制存在的问题，并总结提出税收新常态下税制改革的基本路径。

【关键词】新常态　税制改革　原则　路径

【作者简介】宋轶媛，首都经济贸易大学财政税务学院研究生

一、税收新常态的产生及特征

（一）税收新常态的产生

“新常态”一词最早是在2014年4月25日由习近平总书记在河南考察时提出的，新常态是较之前相比形成的新的、具有持续性、稳定性的一种状态。在同年9月的中央经济工作会议上，习总书记首次提出“经济新常态”，并从九个方面全面阐释了经济新常态的特征和具体内涵。经济新常态是对我国经济发展阶段性特征的高度概括，是对我国经济转型升级的规律性认识，是制定当前及未来一个时期我国经济发展战略和政策的重要依据。

而“税收新常态”则是伴随经济新常态的产生而产生的，税收新常态是指通过税制改革形成较为完善、稳定的税制结构，能够服务于经济新常态。进一步讲，即能够适应经济、政治、社会发展需要的税制结构的稳态。税收新常态主要表现在以下四个方面：

1. 进一步发挥税收功能

税收新常态下的税制结构能够恰当、充分地发挥税收在国家治理中的作用。2015年10月13日通过的《深化国税、地税征管体制改革方案》中就明确提出要进一步增强税收在国家治理中的基础性、支柱性、保障性作用，使之成为服务国家治理现代化建设的重要手段。税收新常态就是进一

步发挥税收功能，通过税收手段来促进我国的全面发展。

2. 良好的税制结构

良好的税制结构是一个相互协调、相互补充的税制体系，是有效发挥税收职能作用的前提。良好的税制结构并不是一个理想的税制结构，而是一个基于当前经济发展状况、社会整体需求、政府行政职能的完整的、适合的税制结构，即一种较为合理、可持续性的，对社会发展能够产生正效应的税制结构。经济新常态下的税制结构就是这样一种稳定的税制结构。

3. 全面落实依法治税

税收的法定原则是税收新常态最根本的表现。首先是税种的法定，税种的开征和调整都需要法律的明确规定；其次是税制要素的法定，即纳税人、征税对象、计税依据、税率等基本税收要素应当由法律规定；最后是征管法定，即税务机关必须严格按照法律规定的课税要件和征纳程序来征收税款。概括起来，前两点主要是对税收立法的要求，最后一点则是对税收执法的要求。

4. 健全的纳税服务体系

税收新常态下的纳税服务体系应是一个低成本、高效率，令纳税人满意的征管体系。具体来说，是让纳税人享受到规范、便利、高效、放心的税收服务；是国税局和地税局服务深度融合，实现“一站式”优质服务。在这样的纳税服务体系下，纳税人的纳税遵从度将明显提高，形成和谐融洽的征纳关系，从而进一步增强税收的功能。

（二）税收新常态的运行特征

1. 税收收入增速放缓，逐步看齐经济增速

表1归纳了我国自1994年税制改革以来，全国税收收入增速和GDP增速之间的数据对比，从中我们可以得到一些结论：

表1　1994—2015年全国税收收入增速及GDP增速对比

年份	1994—2002年平均增长率	2003年	2004年	2005年	2006年	2007年	2008年
GDP增速	8.8%	10.5%	10.5%	10.9%	13.3%	14.7%	10.1%
税收收入增速	16.7%	13.5%	20.7%	19.1%	20.9%	31.1%	18.9%
年份	2009年	2010年	2011年	2012年	2013年	2014年	2015年
GDP增速	8.4%	10.3%	8.9%	8.5%	7.1%	7.8%	6.9%
税收收入增速	9.8%	23.0%	22.6%	12.1%	9.9%	7.8%	6.6%

从表1中我们可以看出，1994—2002年十几年期间，我国GDP的增长速度为个位数，平均为8.8%，但是税收收入增速已经呈现两位数的较高速度的增长，增速大约为GDP增速的两倍；从2003年开始，我国经济进入了快速增长时期，GDP的增速明显加快，进入了两位数的高速增长期，税收收入随着经济的增长也大幅度提升，增速远远高于GDP的增长速度；2009年金融危机以来，我国受国际和国内经济环境的影响，GDP增速放缓，到2014年进入经济新常态，我国经济增速由高速增长转为中高速增长，保持在6.5%到7%之间运行，这时期的税收收入增速也有明显的变化，由略高于GDP增速到逐步与GDP增速基本持平。截至2016年第三季度，我国GDP增速为6.7%，税收收入增速7%，和GDP增速基本一致。

税收收入被认为是国民经济的“晴雨表”，我国税收收入增长放缓与当前的经济波动和税收调整有一定的关系，但是与宏观经济的阶段性转型关系更为密切。我国已经进入了经济换挡期，根据中国社会科学院经济蓝皮书的预测，我国2017年的经济增长率将维持在6.5%左右，这也决定了税收收入将难以回升至两位数的增速，个位数增长将成为我国税收增长的“新常态”。

2. 税收增长动力转型，税收收入结构调整

根据国家税务总局发布的税务部门组织税收收入情况我们可以看到，自2014年以来，第一产业税收贡献率逐年降低，第二产业，尤其是第三产业的税收贡献率明显增加，在2014年，第二产业和第三产业税收收入同比分别增长5.8%和9.9%，第二产业税收占比46.3%，第三产业税收占比53.5%；2015年第三产业税收占比达54.8%，税收增量占全部税收增量的80%；截至2016年第三季度，第三产业税收同比增长8.2%，快于第二产业增速7.2个百分点；占全部税收的比重为57.3%，较去年同期提高1.7个百分点，高于第二产业14.8个百分点。

近年来，发展态势迅猛的第三产业主要集中在东部地区，持续拉动东部地区税收增速持续的快于中部、西部地区，2016年上半年，东部地区税收收入增长12.2%，中部和西部地区税收收入分别增长4.9%和4.4%。

税收结构的变化反映了我国经济结构性调整已经有了成效，税收收入结构不断优化。也体现出我国经济转型升级正在取得积极进展，创新驱动作用增强，新的税收增长点正在形成。

3. 深化税改进行时，全面服务经济新常态

我国自1994年税制改革以来，没有再进行全面的税制改革，尽管我国税制在不断调整以适应新发展的需要，但是现有的财税体系无法完全满足

经济转型的客观要求。2014 年 6 月，中共中央政治局审议通过了《深化财税体制改革总体方案》，并将其定位为“一场关系国家治理体系和治理能力现代化的深刻变革”，为财税体制改革确立了时间表和路线图。

近几年来，我国税制改革的焦点是“营改增”范围的逐步扩大，2016 年 5 月 1 日，我国全面实行“营改增”，持续推进促进经济转型升级。截至 2016 年 8 月 31 日，建筑、房地产、金融和生活服务四大行业试点纳税人共计1 048万户。5—8 月份，四大行业累计实现增值税应纳税额3 127亿元，与应缴纳营业税相比，减税 486 亿元，税负下降 13.45%。前期纳入“营改增”试点的“3 + 7”行业减税 541 亿元，原增值税行业减税 619 亿元，5—8 月份合计实现减税1 646亿元。再加上 1—4 月份营改增 847 亿元的减税，2016 年 1—8 月份营改增整体减税共计2 493亿元。目前，全面推开营改增试点运行平稳，呈现出逐月向好的发展态势。

营改增对经济转型升级的影响主要表现在：第一，对第三产业的持续发展起到了积极作用，以现代服务业为主的新型服务业发展迅速；第二，促进企业主辅分离、专业化协作生产，优化业务结构，有力促进了生产性服务业专业化发展；最后，推动传统产业快速转型，促进传统制造技术升级改造，向高端制造企业转型，根据数据显示，2015 年部分高端装备制造业税收增长较快，如电气机械和器材制造业税收收入完成1 870亿元，增长 8.3%，比制造业整体税收增幅高 3%。

二、我国现行税制存在的问题及改革目标

（一）我国现行税制存在的问题与不足

1. 税收立法体系基本建立，但仍存在问题

我国税收立法体系目前存在税种立法层次较低，税收立法程序不够完善等问题。

我国大多数税种的法律级次较低，国家行政机关几乎包揽了税收立法，18 个税种中，只有 4 个税种是由全国人大及常委会制定，其他实体法都是由国务院及其主管部门制定的。这样既不利于税收法定原则的落实，也不利于税制结构的稳定，表 2 中汇总了我国税种立法及修订的情况。不仅如此，我国还存在大量效力层次比较低的行政法规和部门规章，这些法规和规章的权威性不高，内容庞杂，存在重复交叉的现象，这样就容易产生法律规范相互冲突、矛盾的现象。尽管行政法规、规章可能对税收的相关问题做了一定的规定，但没有达到完善税法体系建设的要求。

表 2　我国 18 个税种立法及修订汇总表

税种	立法机关	级次最高的法律法规	最后修订日期或发布日期
增值税	国务院	增值税暂行条例	2016 年 1 月 13 日
消费税	国务院	消费税暂行条例	2008 年 11 月 5 日
关税	全国人大常委会	海关法	2013 年 6 月 29 日
城市维护建设税	国务院	城市维护建设税暂行条例	2011 年 1 月 8 日
企业所得税	全国人大	企业所得税法	2007 年 3 月 16 日
个人所得税	全国人大	个人所得税法	2011 年 7 月 19 日
资源税	国务院	资源税暂行条例	2011 年 9 月 30 日
车辆购置税	国务院	车辆购置税暂行条例	2011 年 2 月 25 日
船舶吨位	国务院	船舶吨位暂行条例	2011 年 12 月 5 日
印花税	国务院	印花税暂行条例	2011 年 1 月 8 日
房产税	国务院	房产税暂行条例	1986 年 9 月 15 日
车船税	全国人大常委会	车船税法	2011 年 2 月 25 日
城镇土地使用税	国务院	城镇土地使用税暂行条例	2006 年 12 月 30 日
烟叶税	国务院	烟叶税暂行条例	2006 年 4 月 28 日
契税	国务院	契税暂行条例	1997 年 7 月 1 日
土地增值税	国务院	土地增值税暂行条例	1993 年 11 月 26 日
环境保护税	全国人大常委会	环境保护税法	2016 年 12 月 25 日

其次，我国的税收立法程序不够完善，由表 2 我们也可以看出，我国的税种多为人大及常委会授权立法制定，而我国授权立法还存在“空白授权”“转授权”等不规范的地方，这就直接导致了税收立法程序的不完备；另外，我国税收立法程序中缺少公民的参与，缺少向群众征求意见及建议的程序，这也是我国税收立法程序有待完善的地方。

2. 税制结构有待优化，间接税比重较大

根据国家统计局的数据显示，我国目前还是以间接税为主体的税制结构，图 1 为近五年来我国主要间接税占全部税收收入的比重，图 2 为近五年来我国主体直接税占我国全部税收收入的比重。可以看出，我国仅增值税的收入就大于所得税的收入，自 2016 年“营改增”以来，增值税成为我国第一大税种。间接税虽然有课税对象广泛、税源充裕、避免重复征税等优点，但是在我国经济新常态下，间接税对于市场经济和产业结构的调节功能相对有限，对企业和个人的税负调节作用也比较有限，而且间接税容易转嫁税负，容易导致价格上涨，抑制消费需求，其具有的累退性的特点，也不符合税收的公平原则。

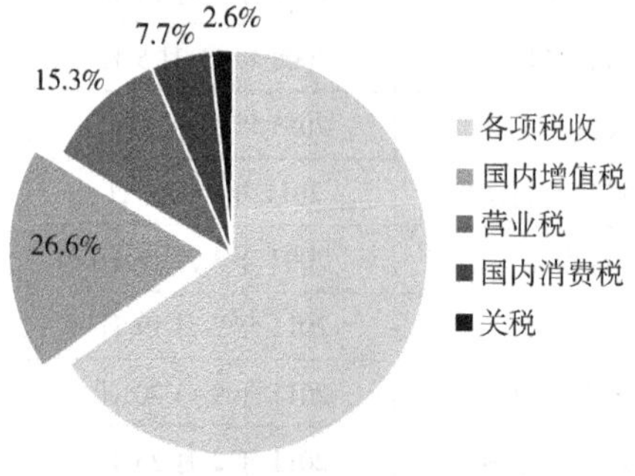

图1　2009—2014 年主要间接税占全部税收收入情况

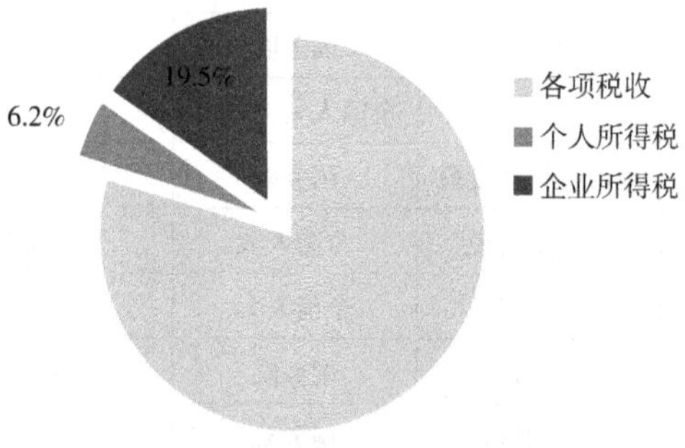

图2　2009—2014 年主要直接税占全部税收收入情况

表3　OECD 部分发达成员国所得税占税收的百分比（%）

国家＼年份	2001	2002	2003	2004	2005	2006	2007	2008	2009	2010	2011	2012	2013
澳大利亚	56. 3	56. 23	56. 42	58. 29	58. 94	58. 97	59. 59	59. 1	55. 88	56. 82	59. 1	58. 12	57. 11
加拿大	46. 65	44. 1	44	45. 13	45. 85	47. 02	47. 66	47. 54	46. 23	45. 56	46. 1	46. 32	46. 27
法国	25. 38	23. 92	23. 2	23. 37	23. 54	24. 19	23. . 88	24. 14	20. 71	21. 92	22. 74	23. 67	24. 23
德国	28. 79	27. 97	27. 44	27. 35	28. 18	30. 35	31. 2	31. 84	28. 88	28. 5	29. 45	30. 4	31
日本	33. 39	30. 58	30. 54	31. 98	33. 81	35. 4	36. 36	33. 55	29. 53	30. 22	30. 15	31. 06	32. 46
荷兰	26. 59	27. 19	25. 58	24. 67	27. 87	27. 24	28. 25	27. 21	28. 1	27. 85	26. 86	25. 3	24. 75
瑞典	37. 73	35. 59	36. 68	38. 06	39. 08	39. 39	38. 7	36. 18	35. 21	35. 47	34. 8	34. 07	34. 54
瑞士	41. 15	40. 78	41. 38	41. 08	41. 23	42. 1	42. 63	42. 18	42. 53	42. 42	41. 78	42. 18	41. 99
英国	39. 65	38. 09	36. 74	36. 69	38. 41	39. 68	39. 41	39. 99	38. 51	37. 52	36. 7	35. 62	35. 41
美国	48. 23	43. 69	42. 7	43. 28	46. 3	47. 86	48. 22	45. 21	40. 17	41. 63	45. 41	46. 93	47. 16
OECD 平均水平	34. 7	33. 82	33. 47	33. 47	34. 02	34. 68	35. 2	34. 85	33. 13	32. 46	32. 78	33. 01	33. 26

从表3中我们可以看出，发达国家以所得税为主体的直接税占税收比重平均超过1/3，美国、加拿大、澳大利亚的直接税比重甚至达到税收收入的50%，即使是占比较低的法国，直接税比重也高于我国平均水平。以

所得税为主的直接税的税源广泛、固定，对经济和个人收入分配能够起到重要的调节作用，能够发挥税收稳定器的作用。此外，企业所得税可以通过税收优惠、税前扣除等项目引导产业调整和产业升级；个人所得税同样可以根据家庭和个人情况进行调节，符合公平原则和合理负担的原则。

3. 地方缺少主体税种，地方税体系亟待建立完善

我国地方税制体系建立的进程比较缓慢，地方缺少主体税种。在我国，税源稳定、收入充裕的税种大多为中央税，留给地方的是税源相对分散、征管难度比较大的税种。这就导致了在经济发达、征管水平较高的地区财政相对富裕，经济落后、税源匮乏的地区财政吃紧，使得地方政府无法或较难通过地方税收有效地组织财政收入和调节经济，这在一定程度上导致了“土地财政”和“隐性负债”等问题，政府部门利用非税收方式组织财政收入，使得部分地区出现恶性循环的现象。

我国在“十二五”规划中，已经明确要求在合理界定事权基础上，进一步理顺各级政府间财政分配关系，完善分税制，逐步健全地方税体系，赋予省级政府适当税政管理权限，在具体地方税种上要推进房产税的改革。但直到“十二五”结束，相关改革方案还在研究中，并没有正式启动。地方税制体系的建立是税制改革中牵扯范围较大，牵动利益关系最广的改革难点，也是我国税制体系中比较突出和亟待解决的一个问题。

（二）我国税制改革的目标

2014年6月，中共中央政治局通过了《深化财税体制改革总体方案》（以下简称《方案》），《方案》要求，2016年基本完成深化财税体制改革的重点工作和任务，2020年各项改革基本到位，现代财政税收制度基本建立。新一轮税收体制改革，是配合经济新常态，致力于匹配国家治理现代化进程，立足于发挥国家治理的基础性和支撑性作用，以建立现代财政制度为标志的财税改革。我国税制改革的目标可以从以下四个方面来进行理解：

1. 明确、转变政府职能，建立现代财税体制

我国现阶段税制中存在的问题不利于政府职能的转变和现代财税体制的建立，今后的税制改革要以未来目标为依据，既要处理好政府与企业、个人之间的利益协调关系，也就是要明确政府和市场的界定，又要明确中央政府与地方政府之间的职能权限，处理好中央与地方的关系，为新一轮税制改革奠定基础，最终实现建立现代财税体制的总体目标。

2. 服务经济新常态，促进产业结构调整优化

我国经济发展模式正从“三高一低”的粗放式向精细式的发展模式转

变，发展方式从之前的资本驱动和劳动驱动向创新驱动转变。因此，税制改革的设计也必须要有利于经济发展模式和经济发展方式的转变，在保持经济增长的同时，税制改革要以促进产业调整、产业转型和产业升级为目标，激发企业的活力和创新力，引领经济进入“新常态”。

3. 促进社会公平，调节收入分配

调节收入分配功能是税收的基本职能之一。税收制度在调节收入分配，促进社会公平方面应发挥积极的作用，而我国目前以间接税为主的税制结构影响了其作用的发挥。因此，税制改革的目标就是要充分发挥税收在收入分配方面的作用，通过对个人所得税、财产税等直接税税种的改革，发挥税收自动稳定器的作用，在一定程度上缓解社会两极分化，促进社会的和谐发展。

4. 建立绿色税制，促进经济可持续发展

如上文所述，高消耗、高污染的粗放式经济发展模式对我国生态环境造成了不可逆的破坏，国家也越来越重视生态环境的保护工作。税制改革的另一目标是要着眼于绿色税制结构的建立。我国的环境保护税，拟于2018年开始征收，希望通过环保税来带动绿色税制的建设，实现节能降耗，改善生态环境。

三、新常态下税制改革的原则与路径

（一）新常态下税制改革的基本原则

1. 法定原则

把法定原则作为税制改革的第一原则是因为法定性是建立现代税收制度的根本要求，是确保税制改革顺利落实，平稳运行的必要条件。要在规范、法定的前提下，通过税制改革优化税制结构，使税制科学化、合理化。通过税制改革的法定原则进一步推进税收立法进程，推动相关税种走上立法程序。

2. 系统性原则

系统性原则是指新常态下的税制改革不应当是对原有税制简单的修补或者填充，而是站在一个更加系统、更加全面的角度来对原有税制进行设计，加强各税种之间的相互配合，统筹兼顾，既有效地实现财政收入的目标，又发挥税收调节的整体性和统一性。

系统性原则的第二层含义是指税制改革应当和财政体制改革协调配合，形成一个整体的框架，作为一个系统为实现共同的目标而运行。

3. 匹配原则

匹配原则有两层含义：首先，税制改革要和现阶段我国的征管水平和潜在征管能力提升相匹配，尤其是直接税的改革，对国家的征管水平和涉税信息的获取能力要求比较高，如果改革步伐过快，会出现适得其反的效果。其次，税制改革也需要考虑纳税人的纳税心理和纳税意识，对一些税痛比较明显的税种，改革要表现出一定的柔性，逐步推开；如果超过纳税人的心理界限或纳税人的纳税意识没有达到相应的程度，税制改革也不会达到预期的效果。

4. 激励原则

在经济中高速增长的新常态时期，税制改革要以刺激经济增长，激发市场活力，鼓励大众创新为原则，不增加税收负担，考虑不同纳税人的负担能力，将税收负担控制在一个相对合理、公平的范围内。同时，对于国家结构性调整支持的企业要予以照顾和激励，支持大众创业，合理引导企业的产业调整和优化升级，以激发企业创新为最终目的，符合经济新常态下"创新驱动"的根本要求。

5. 国际化原则

伴随着国际经济形势的新趋势，我国经济新常态下的税制改革必定要考虑全球经济的发展和国际税收的新秩序。在税制改革的过程中，要适应世界新变化、新发展，与国际税收制度衔接，不仅维护我国的税收利益，减少税收的流失，同时增强我国企业的国际竞争力，尤其是在"走出去"战略、"一带一路"战略的实施过程中，税制改革能够帮助企业顺利走出去，更好地融入到世界经济的发展中去。

（二）新常态下税制改革的实施路径

根据《方案》的总体规划和我国税制改革的目标，新常态下税制改革的实施路径可以从以下几个方面进行：

1. 落实税收法定原则，完善税收法律体系

党的十八届三中全会通过的《中共中央关于全面深化改革若干重大问题的决定》中明确提出"落实税收法定原则"的要求，因此，落实税收法定原则、推进税收法治制化不仅是国家治理和财税改革的必然要求，更是建立现代财税制度的必要条件。税收和企业、个人的自身利益关系密切，加之纳税人税收敏感度、纳税意识、法律意识逐渐增强，税收的法治化理应成为税制改革的优先事项。

上文中已经提到，我国 18 个税种中，只有 4 个税种是由法律的形式颁

布的，2016年12月25日最新通过的《环境保护税法》是我国落实税收法定原则里程碑式的事件，开启了我国税收立法的改革。但是，推进税收法治的压力很大，因此税收法治化进程可以分阶段、分情况实施：首先，对现有阶段税种的改革要和立法同步推进，根据税种改革的先后顺序，依次实施立法。法律是由全国人大及常委会审议通过，经过更细致和科学的设计，具有更强的权威性和法定性，群众的认同感相对也比较高，能够进一步加快税种改革的落实。其次，对于开征新税种，要合理规划，以立法的形式公布。我国现有的税种已经过多，设计复杂，开征新的税种一定要走立法程序，广泛讨论、征求意见。这也是完善我国税收法律体系的重要步骤。

2. 协同推进“六税一法”改革，优化我国税制结构

“六税一法”改革是税制改革的重头戏，在新常态下的税制改革中，要科学地规划，有步骤、合理地推进“六税一法”的改革。目前，“营改增”已经全面落实，《税收征管法》的修订已经完成，但是，在新常态下，我们的税制改革还有很大的改进空间，主要包括以下几个方面：

（1）继续优化以增值税为主体的间接税结构。增值税改革的重点是优化税制设计，保持其中性特征，改革方向主要是简化合并税率、明确增值税抵扣范围和规范增值税优惠三项内容。首先，我国增值税税率过多，计算复杂，不利于突显增值税的中性优势和市场配置资源功能的发挥。增值税改革应简化增值税税率，考虑实行大多数国家增值税采用的两档税率，在简化合并税率的过程中，可以同时整合增值税的相关优惠政策，现阶段增值税的优惠政策类目繁多，可以考虑同步进行整合和简并。其次，增值税在进项税税款抵扣时，人力资本是不允许抵扣的，但是在“创新驱动”的新常态下，优质的人力资本是技术创新的重要来源，现行的增值税制在一定程度上会对技术创新型企业产生不利的影响，在知识经济下，需要优化增值税抵扣范围，鼓励技术创新。

（2）推动个人所得税、房产税两大直接税的改革。个人所得税改革和房产税改革，担负着优化税制结构，逐步提高直接税比重的重要任务①。这两个税种的税痛比较直接，和群众的切身利益息息相关，因此改革时要注重体现负担原则和公平原则，真正发挥直接税对个人收入分配的调节作用。

个人所得税的改革主要围绕由分类征收向分类综合征收转变，随着征

① 高培勇，十三五时期的财税改革与发展［J］．金融论坛，2016，（1）：16－39.

管水平的不断提高，逐步合并税目；考虑到个人所得税的负担原则，在“二胎放开”和“老龄化”等社会趋势下，根据家庭的承受能力和赡养状况，适当增加扣除项目；最后，我国目前的个人所得税采用的是七级累进税率，可以调整税率级距和税负水平，适当降低最高边际税率，减少累进级距，以降低中等收入阶层，尤其是工薪收入者的税收负担。

相对于个人所得税，房产税的改革举步维艰，一方面我国征管水平有待提高，另外纳税人的纳税意识还不够高，因此房产税的改革不宜操之过急，需要全面统筹规划。首先要做的就是继续推进产权登记制度和政府相关部门间的信息共享，将房产信息收录入库，合理确认产权归属，把握好税源。这样才能科学地测算税率并根据掌握的情况考虑税前扣除和税收优惠。

(3) 充分发挥消费税、资源税及环保税调节经济外部性作用。消费税、资源税和环保税的改革是建立绿色税收体系的重要一环，也是纠正市场经济负外部效应，加强税收调节功能的一系列改革之一。

消费税改革基本围绕在征税范围的改革上。首先，将“三高”产品逐步纳入征税范围，即高污染、高耗能、高档消费品纳入征税范围，发挥消费税调节收入分配，合理引导消费，保护环境，节能降耗的功能；其次，随着人民生活水平的提高和消费结构的改善，将已经成为日常消费品的税目取消，更好地体现出消费税的目的性和调节性。

资源税的改革思路和消费税的改革思路类似，都可以从征税范围着手。资源税的征税对象可以逐渐向水、森林等空间资源入手，加强对生态环境的保护工作；另外，可以优化完善资源税的计税方法，由从量征收逐步调整为从价计征，既能够保持税收收入的持续增长，也能够加强资源税的调节作用。

环保税是专门针对治理污染、节能减排而建立的专项税种，符合我国的新常态。但是我国虽然通过了《环境保护税法》，仍然有一些问题值得我们去思考。首先，如何落实环保税的征收，保证税收收入，这不仅需要税务部门做好充足的准备，还要和环保相关部门相互配合，并制定出实施条例和实施细则，为税收征管奠定基础；其次，环保税是当前排污费的平移，在征税范围和计税依据上都采用原有的排污费的办法，这种直接的平移是否符合当前的需要，是否足够地科学和严谨，也是我们值得考虑的问题。

3. 科学协调中央地方权限，加快地方税体系建设

新常态下的各项改革和举措都需要地方政府的配合和支持，需要地方

政府有积极性和足够的财力的支撑。“营改增”后，地方主体税种缺乏，无法有效组织财政收入，增值税五五分成只是一个权宜之计，根本方法还是要加快地方税体系的建设，培育地方主体税种，为经济改革奠定牢固的基础。

党的十八届三中全会明确指出：“保持现有中央和地方财力格局总体稳定，结合税制改革，考虑税种属性，进一步理顺中央和地方收入划分。”首先，应通过对地方税权的合理界定，确立或逐步建立地方的主体税种，优化地方税制结构，完善地方税体系，如将房产税、资源税等属地性比较明显、地方更了解情况、便于征管的税种作为地方税的主体税种。其次，科学安排税种分享比例，依据事权与支出责任相匹配的原则、民生事项的重要程度和社会公共管理的相关性等来确定税种分享，凡与地方民生相关大、更富地方特性的税种，应增大所在地的分享比例，这样才能调动地方政府的积极性，保证地方的财政收入，发挥自身的职能，更好地服务新常态。最后，赋予省级政府对地方主体税种一定的管理权限，在法定的前提下，允许省级政府在一定区间内调整税率等，尤其是对自治区区域、特别地区等给予一定的税收管辖权限。也有部分专家提出：可以在保证国家宏观经济政策政令畅通，不挤占中央税、共享税税源，不影响周边地区经济利益的前提下，允许省级政府通过立法程序，并报经中央政府批准，对具有区域性特征的税源开征地方性税种。①

4. “互联网＋纳税服务”，构筑纳税服务新体系

税收新常态的重要表现之一就是要建立优质的纳税服务，构筑纳税服务新体系。纳税服务体系作为公共管理的核心职能部门之一，面临服务升级优化的问题，在“互联网＋”的大背景下，税务机关可以利用互联网技术助力纳税服务的转型升级。

“互联网＋”的特点之一是一体化的高效性，“互联网＋纳税服务”旨在为纳税人提供高效便利的税务服务。首先，纳税人可以实现线上线下自助式办理。线上，纳税人通过移动终端或计算机进行掌上办税、家居办税；线下，推广自助办税终端，和网上系统衔接，方便纳税人办理网上申报、实时缴费、领购发票等涉税事宜。其次，操作系统可以满足纳税人的一站式需求，如税务咨询、服务预约、在线办理等。

“互联网＋”的第二个特点是大数据技术，利用大数据、云计算等技术，进行纳税人信息的收集和整合，不仅有利于税务机关的征收管理，还

① 欧阳明，马敏．“新一轮税制改革背景、思路及政策建议”综述［J］．税收经济研究，2016，4：86－92.

能够实现数据增值、联动增效；利用互联网提供的集约管理服务，强化资源共享，提高信息资源的使用率。

总之，要通过“互联网 + 纳税服务”的模式，推动税收工作持续健康发展，为纳税人提供更加便捷、优质的纳税服务，最终建立新常态下的纳税服务新体系。

参考文献：

[1] 安体富．十三五时期的税制改革［J］．经济研究参考，2016（13）：29－31.

[2] 白宇飞，高凌江．多元目标约束下的我国税制改革［J］．税务研究，2015（9）：77－81.

[3] 边静如，毛成银，陈杰．经济新常态下我国税收制度改革研究［J］．改革与战略，2016（2）：43－46.

[4] 高培勇．十三五时期的财税改革与发展［J］．金融论坛，2016（1）：16－39.

[5] 高培勇．与以往大不相同的新一轮税制改革［J］．国际税收，2015（4）：32－34.

[6] 贾康．当前税制主要问题与新一轮税制改革［J］．金融市场研究，2015（1）：4－11.

[7] 蒋震．关于经济新常态下税制改革的思考［J］．税收经济研究，2016（2）：33－36.

[8] 卢洪友．经济新常态的税制改革路径［J］．税务研究，2015（11）：18－23.

[9] 唐婧妮．经济新常态下深化税制改革难点及建议［J］．经济研究参考，2015（68）：23－29.

[10] 田效先，鲍洋．新常态下中国税制结构优化的路径选择［J］．税务与经济，2016（5）：71－76.

[11] 赵硕刚．我国税收新常态的特点［J］．税务研究，2014（12）：9－12.

[12] 朱为群．我国税收立法存在的问题及改革建议［J］．税收经济研究，2013（3）：41－47.

6. “一带一路”背景下企业对外直接投资所得税激励政策研究

——基于绿地投资模式的分析

【摘要】本文主要研究绿地投资模式下企业“走出去”税收风险问题及典型案例，从鼓励居民企业“走出去”的视角提出进一步完善我国对外直接投资所得税政策的建议。

【关键词】“一带一路”　绿地投资　所得税激励制度

【作者简介】贾宜正，中央财经大学财政税务学院博士后
王芳芳，中国社会科学院研究生院税务硕士

2013年以来，我国倡议的“一带一路”逐步进入实施阶段，为我国对外投资开辟了一个崭新的时代。根据商务部数据，2015年，我国的境内投资者在全球155个国家和地区的6 532家境外企业累计实现对外投资额7 350.8亿元人民币，预计从2016年开始我国企业对外投资额将超过利用外资额，中国将成为净投资国。企业“走出去”对于我国平衡对外投资贸易，加快出口模式创新，减轻国内部分行业产能过剩压力，促进国内经济结构调整都有重要意义。绿地投资（Greenfield Investment）是跨国公司拓展海外业务最重要的方式之一，主要方式为直接在东道国投资或合资设厂。这种形式有利于跨国企业充分利用当地资源，实施本土化经营，降低整体成本。对政府而言，作为“走出去”的主要模式之一，我国企业在“一带一路”沿线国家进行绿地投资可以减轻国内过剩产业压力，调配优势资源布局新兴产业，使我国在国际分工链条上占据优势位置。

一、我国对外直接投资发展阶段及特征

由著名的国际投资理论学者约翰·邓宁提出的投资发展周期理论（The Investment Development Path Theory）可以在一定程度上解释一个国家吸引外国直接投资、对外直接投资与本国的经济发展水平之间的关系和发展中国家国际直接投资的发展过程。IDP理论将一国对外直接投资发展阶段分为五个，如图1所示，横轴为人均GNP，纵轴为对外净投资额：第一

阶段，经济落后，本国几乎没有所有权优势和内部化优势，也不能利用国外的区位优势，对外直接投资处于空白状态，国外直接投资的流入处于很低的水平。第二阶段，由于经济发展水平的提高，国内市场有所扩大，投资环境有较大改善，外国直接投资流入迅速增加，对外直接投资刚刚起步，处于较低水平。第三阶段，国家经济实力有了很大的提高，对外直接投资迅速增长，这一阶段国际直接投资的流入量和流出量都达到较大的规模。第四阶段，国家进入了发达时期，拥有强大的所有权优势和内部化优势，并从全球战略的高度来利用东道国的区位优势，因此对外直接投资达到了相当大的规模。第五阶段，国际直接投资的流出量和流入量都在增加，逐渐趋向平衡，净值围绕0上下波动；

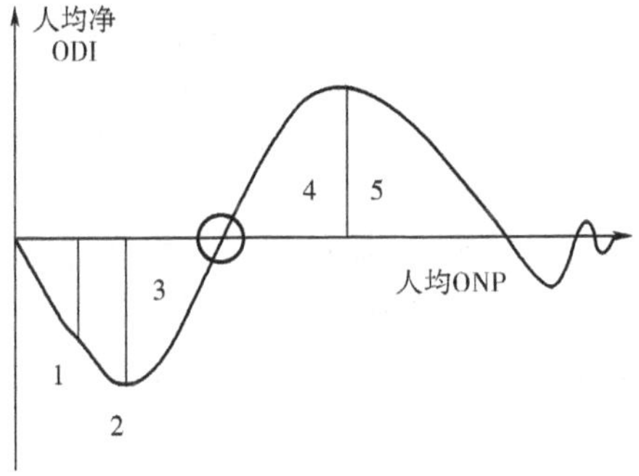

图1　投资发展周期五阶段

我国居民企业海外直接投资的发展状况与我国经济的改革进程和发展战略变化息息相关。改革开放以来，我国企业积极参与国际经济合作。与引进外资和国际贸易相比，我国居民企业对外直接投资起步较晚，但规模迅速上升，尤其是2013年我国提出“一带一路”重大倡议以来，企业对外直接投资区域持续扩展，产业范围不断扩大。据商务部年度统计数据显示，我国对外直接投资规模已连续12年增长，2014年以来，我国多家企业参与收购海外知名企业，如中粮集团收购新加坡来宝公司等，对外直接投资市场高潮迭起。2014年对外直接投资流量创下1 231.2亿美元的历史最高值，同比增长14.2%，是2002年的45.6倍。

根据对外直接投资发展阶段理论（IDP），从人均GNP和NOI来看，我国在2006—2007年时进入第三阶段，在2016年左右进入第四阶段，目前处于第三阶段末期或第四阶段初期，即对外直接投资流量继续增加，大于或等于引入国际直接投资流量。可以预见，随着我国经济发展水平继续

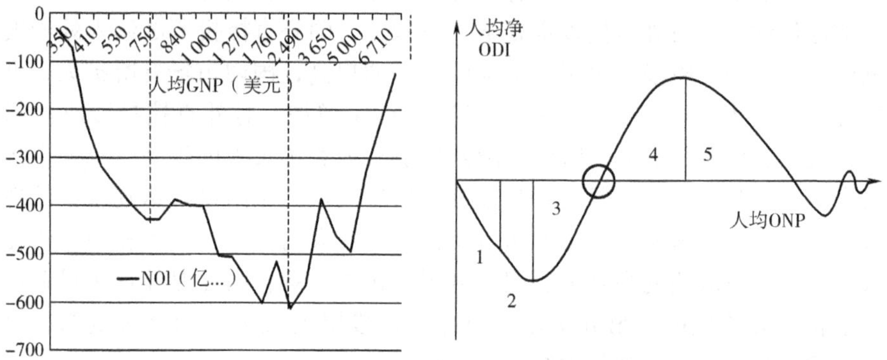

图2 我国人均 GNP 与 NOI 变化情况（1991—2014）

资料来源：人均 GNP 数据来自世界银行数据库 GNI；OFDI 和 FDI 数据来自 UNCTAD，FDI/TNC database（www. unctad. org/fdistatistics）、2014 年度中国对外直接投资统计公报，中华人民共和国商务部网站；NOI = OFDI - FDI。

提高和我国居民企业海外经营逐渐成熟，运用全球战略和东道国区位优势，对外直接投资占 GDP 总额将在未来相当长的一段时期内迅速扩大并持续增长，国际直接投资净流量（NOI）将转为正值并逐渐扩大至第四阶段末期。

从地区经济体来看，我国对东盟、中亚等发展中经济体直接投资快速增加，对欧盟、美国、澳大利亚的投资均创历史最高值，显示出“一带一路”战略的强大生命力和指导作用。在 2014 年，中国的对外直接投资流向典型避税地（中国香港、卢森堡、英属维尔京群岛、开曼群岛）的数额共计 842. 07 亿美元，较上年增长 10%，占流量前 20 个国家（地区）的 75. 8%，占当年流量总额的 68. 4%。上述国家和地区均属于国际避税地或低税地范畴，显示出税收因素在国际投资中的重要作用。

由于我国企业“走出去”发展时间较短，对外投资经营业绩不容乐观。根据《2015 中国企业海外投资可持续发展报告》，约七成企业境外直接投资经营状态为亏损，仅 24% 的企业利润为正。从投资方式来看，我国企业对外直接投资仍然以新建企业（绿地投资）为主，以跨国并购为辅。据商务部统计，2014 年，56% 的“走出去”企业主要采取绿地投资方式进行对外投资合作，其中合资为主，独资为辅；31% 的中国企业进行了海外并购，24% 的企业承包海外工程和进行劳务输出。

二、我国国内税法中的对外直接投资企业所得税政策评析

2008年实行的《中华人民共和国企业所得税法》构成了我国对外直接投资税收政策体系的基本框架，第一次在我国对外直接投资所得税中加入了间接抵免法，是我国完善对外直接投资企业所得税制度里程碑式的进步。财税〔2009〕125号及税总〔2010〕1号文件明确了我国企业对外直接投资所得免除重复征税的办法，即分国限额抵免法及其计算方法和具体操作规则，随后2011年又发布了《关于高新技术企业境外所得适用税率及税收抵免问题的通知》和《关于我国石油企业在境外从事油（气）资源开采所得税收抵免有关问题的通知》，为我国企业“走出去”提供了财税政策支持和保障。这是我国首次提出针对特定行业制定专门的境外投资税收优惠政策，这对于我国进行产业结构调整十分有益。

然而，由于我国在改革开放之初的政策以吸引外资为主，直到21世纪我国才开始逐渐重视境外投资。近些年，虽然我国的境外所得税制度有一些补充和完善，尤其是加入了间接抵免等方式，但是总体看来，由于我国的大规模对外投资刚刚起步，理论和实践发展经验不足，因此现行的境外投资所得税制度仍不够完善。本文主要研究绿地投资模式下涉税相关政策及其问题。

（一）对外投资企业所得税制度单薄零散

作为国际税收制度的重要组成部分，境外投资所得税制度是针对境外所得的税收政策。我国由于发展方式的原因，目前的国际税收政策还是以管理境内所得为主。随着我国企业实力的不断增强，越来越多的企业走出国门，参与到国际市场竞争中。随着我国“一带一路”战略的提出，我国企业会更多地参与国际市场竞争，对外直接投资规模会不断增加。这就对我国建立和完善境外投资所得税制度提出了紧迫要求。但是从目前我国的制度建设来看，境外所得税制度并未成体系地建立，相关政策和规定都零散地分布在管理部门各项通知、办法和规定中，企业对外直接投资所得税核算有时无章可循，只能按惯例行事。

当前，我国税法中主动利用境外投资所得税政策实现国家战略意图的意识还不明确，对于我国利用国际市场再分工实现产业升级的战略目标无法发挥应有的作用。如在当前国际减税和反避税双重趋势下，许多国家对居民企业的境外所得实行境外参与免税法或综合抵免法。但是我国税法中，单一规定只能采用分国不分项限额抵免法，这种规定剥夺了纳税人的

选择权，在一定程度上增加了纳税人的税收负担和税收遵从成本，不利于促进企业对外投资的发展。

（二）绿地建设投资直接抵免政策尚不完善

税收抵免制度的产生是基于跨境所得的双重征税情况。跨境所得既要缴纳东道国税款，又要缴纳母国税款，为避免因双重缴税影响企业走出国门设计出了抵免法。我国实行分国不分项限额抵免，限额为境外所得按本国税法计算的应纳税额，由于所得税本身就是对居民企业或个人的净所得征税，这里的“净所得”应为按照税法规定的扣除为取得该项所得应分摊的成本、费用以及损失后的数额。但是目前税法对支出确认和分摊方法的规定较为笼统，仅制定了是否符合一般经营常规和我国税收法律法规的基本原则，对国外经营的特殊支出没有规定，对一些特殊行业的费用应如何列支，也还属于无章可循的状态。另外，税法规定抵免限额为“境外所得按照我国税法计算的已纳税额”，而我国居民企业对应纳税所得额的确定是根据经注册会计师审定后的会计利润，经纳税调整得到的。由于各国会计准则不同，境外居民企业不得不设两本账，境外公司的报表公允性无法保证。

在汇算清缴及抵免时间上，我国企业所得税是实行年终汇算清缴的税种，在境外境内所得汇总合并纳税时，还有两个问题：一是部分国家企业所得税要求季度或某时点缴纳，而这部分税款国内只能在次年 5 月 31 日得到抵免，给企业对外投资资金流动性带来困难；二是世界各国年度汇算清缴时间不同，企业在境外已纳税款可能由于时间原因无法确定最终数额，导致在境内清算时所得税扣除额不能确定，而实际抵扣时企业需要提供境外税务当局填发的同一纳税年度的纳税凭证原件等，这会对企业抵免当年税款带来实际困难，不便于对外投资企业及时足额申报抵免税款。

从税收征管的实际出发，由于涉及多国多项的计算和核查成本过高，因此要求纳税人自行按照所得来源的国家分别计算可抵免的数额，由税务机关审核。而且在实际操作的过程中，对于有多层企业结构的境外税额归集计算都按照第一层企业的所在国统计，不需考虑其下层企业的所在地。这种征税方式便于征管和计算，但是也有明显的弊端。因为在这种征税方式下，我国税收抵免制度的监管也局限于境外企业的第一层机构。这样就给人为操纵偷漏国际税收提供了空间。例如，企业可以将企业的第二层或以下层次设立在国际避税地，规避各国的稽查和监管，达到偷漏税的目的。

（三）亏损弥补政策不尽合理

在所得税制度的构建中，按照资本输出的中性原则和税收的横向公平原则，政府应当允许企业在计算应缴所得税时，用收益弥补亏损。但我国的《企业所得税法》规定，我国企业的境外机构亏损不能抵消境内机构的盈利，并且在境外亏损抵消同一境外国盈利时只能向后结转五年。但企业进行对外投资的风险远远大于在母国投资，尤其对于市场开拓阶段的海外企业，在短时间之内很难盈利，同时我国境外企业直接投资亏损比例较高，这在很大程度上增加了企业的税收责任和经营压力，会对居民企业境外投资的积极性造成严重的影响，不利于我国企业开拓国际市场。

（四）我国居民企业海外直接投资的所得税政策导向性较弱

我国的“走出去”战略承担着促进我国产业升级的重要使命，对不同行业的企业对外直接投资出台相应的税收政策，有利于加速我国产业结构的升级。然而我国目前的所得税政策基本上采取了一刀切的形式，缺乏主体导向性、产业导向性和区域导向性。除了财税〔2011〕23 号和财税〔2011〕47 号文件对石油企业和高新技术企业给予税收抵免优惠和税率优惠以保障其与国内同类企业税负相同外，其他行业的居民企业境外所得仍按统一的税率和抵免方法征收企业所得税，并没有对有利于提升我国产业结构的行业给予特殊激励措施。在投资区域方面，虽然我国相继提出了“走出去”战略和“一带一路”倡议，并与 101 个国家签订了避免双重征税协定，但从地区和产业层面来看，尚缺乏引导性。

（五）对海外直接投资激励性措施较少

由于各国政治环境和经济状况不尽相同，相比于国内投资，企业参与海外投资面临着更大的风险和挑战。因此，国家应该为“走出去”提供相应的政策、政治支持。企业对外投资涉及政治、金融、信息、法律等多种因素，其中税收也是影响企业对外投资的重要因素之一，是引导、支持企业更好地进行对外投资活动的重要手段。但是，由于传统的引进外资导向的税制影响，目前我国企业所得税制针对企业“走出去”的激励措施较少，企业境外经营成本较高，不利于海外直接投资的长远发展。

三、企业“走出去”面临的税收风险典型案例

（一）D建设公司

山东D建设公司是国内较大的电力工程企业，公司在印度设有项目部，负责与国内总公司签订合同及印度项目的实施。多年来，公司一直按照境内供货和境外服务两个合同各自在中国和印度核算，根据中印协定，印度境内的合同按照10%的预提所得税缴纳。然而，自2012年以来，印度实施了新一轮税制改革，新税制要求印度各地税务局对辖区内外国公司的施工、安装类总承包合同制定统一的预扣税率，按照10%的核定利润率对全部合同款征收42.23%的所得税。从2013年的印度会计年度——4月1日起，D公司印度项目部被税务局告知与中国境内签订的供货合同要按照1%的合同额征税。目前，D公司在印度的合同金额有45亿美元，已经执行了一半，保守估计需多缴税款3 000万元，但是中国境内的设计和供货等合同已经在母公司申报纳税了，如果再被印度课税，公司将难以承受如此高额的税负。

为此，企业已经向山东省国税局和国家税务总局申请税收协商程序，但由于印度税务当局态度强硬且企业尚有印度境内的多项未完工合同，因此预计企业将不得不按照印度税务机关的要求缴税。由于这部分税款已经在我国缴纳，我国实行5年的抵免余额结转弥补期，而印度的纳税评估通常需要2—3年时间，出具纳税凭证则需要更长的时间，在正常经营的条件下，将近4 000万元的税款是无法在5年内结转弥补的，很可能会由于过期而失效，企业将因此承担巨额的双重税负。另外，我国税法规定，纳税人超额缴纳税款自结算日起3年内发现的，可以向所在主管税务机关申请办理退税手续，但对境外所得退税条件尚不明确。由于国外经营、核算周期长，因此企业很难在3年以内办理退税手续。另外，我国税法中目前还没有向前结转的规定，在印度这样物价飞涨且会计年度与我国不一致的国家中，必须考虑资金的时间价值，如果规定可以向前结转，就可使企业的国内外重复纳税负担及时获得补偿，减轻企业税收压力。

与本案例相似的情况还有：企业对外投资初期往往需要投入大量资金进行勘察设计、开发建设等，因此最初几年很难实现盈利，且初期盈利一般较少，而我国规定境外亏损结转允许在5年内结转弥补同一境外国利润，这种情况导致大量投资亏损无法弥补，严重削弱了我国企业“走出去”的动力。

（二）Z石油公司

尼日利亚作为我国“一带一路”的重要合作伙伴之一，经济发展水平位于非洲前列，自然资源丰富，是非洲最重要的石油生产和出口国。尼日利亚的税收制度和征收机构较为健全，对居民企业的所有利润都要征税，税率为30%。但针对石油公司征收石油利润税而非企业所得税，税率一般为85%。主要的税收优惠有：新设立的外国企业在开办后3年内免征企业所得税，且石油利润税享受50%的资本化税收抵免优惠。

中国某石油公司（以下简称Z公司）2006年初以23亿美元收购尼日利亚海上石油开采许可证（开发区块C）项下45%的收入权益，7年间，Z公司累计在C区块投资约100亿美元。按照尼日利亚税法的基本规定，石油开采合同有50%的资本化税收抵免优惠，即累计约40亿美元的税收抵免优惠。由于2006年到2009年该项目几乎没有收入，因此母公司缴纳国内居民企业所得税时不涉及该项目的税收优惠，自2010年以来，C区块陆续进入生产期，企业对生产期内的石油利润税做了计提和缴纳，以2012年为例，项目油气销售收入约为12亿美元，扣除费用化支出和矿区使用费等后的应纳税所得约为4.5亿美元，石油利润税为85%×4.5=3.825亿美元，资本化支出摊销约为6亿美元，扣除后项目实际缴纳石油利润税为0.825亿美元。

尽管财税〔2011〕23号文件明确了石油企业境外所得税的抵免政策，即石油企业选择综合抵免，但是主要中东石油国家油气开采所得税率均高于我国税率，因此综合抵免对于免除重复征税的效果并不明显。在本案例中，由于我国与尼方签订的税收协定中不含税收饶让条款，不能视同已交税额抵免，在不考虑其他因素的情况下，该项目的抵免限额应为4.5×25%=1.125亿美元，该项目母公司Z企业应就差额3 000万美元缴纳国内企业所得税，也意味着尼日利亚为了吸引海外投资而对石油利润税的优惠在我国无法得到承认，纵向来看，企业在未来的十几年平均每年需多缴纳3亿美元，这对任何企业来说都是一个沉重的负担。

近十几年来，我国企业“走出去”步伐迅速加快，中国资本也得到各国的欢迎和相应的财税政策鼓励。我国已签订的101个税收协定中有57个含税收饶让条款，其中不发达国家为24个[①]，仅占我国对外直接投资185个国家的少部分，尚未覆盖“一带一路”沿线国家。企业对外直接投资不

---

① 赵凌．中外税收协定中税收饶让制度的现状、问题与优化［J］．国际经济法学刊，2015(6)：238-253.

仅取决于市场、资源等，政治环境和经济风险也是重要的考量因素，东道国给予的税收优惠能够在一定程度上弥补企业对外投资的风险，增强我国跨国企业的国际竞争力，是“双赢”的选择。

四、完善对外绿地投资企业所得税政策建议

我国国际税收政策是改革开放以来逐步建立起来的，始于吸引外资，提高经济水平，自2008年，由对外商投资的超国民待遇向资本输入中性转变。随着我国对外直接投资蓬勃发展，“走出去”和“一带一路”战略逐步走向深入，我国应当对出于行使收入来源地税收管辖权为主要目的而形成的国际税收基本概念和制度进行重新检视和设计完善，兼顾属人和属地原则，保证企业对外直接投资与国内投资在税收方面的公平待遇，完善我国的国际重复征税减除制度，减轻企业对外直接投资承受的超额税收负担。

在体现税收中性的同时，给予特定行业对外直接投资基础建设适当的税收激励，体现我国政府鼓励企业“走出去”开拓国际市场的政策目标，减轻国内过剩行业产能压力。由于资本国际化和税法国别化的矛盾在一定时期内仍较为突出，在当前国际反避税的浪潮下，我国给予“走出去”企业税收优惠的同时，还应注重维护国家的税收权益。优惠支持不等于无原则的让步，对于滥用税收优惠进行避税的行为应当积极防范和严厉打击，保障国家财政利益。

（一）明确界定境外所得，简化境外应纳税所得的调整办法

正如前文所述，我国税法对居民企业境外所得界定和计算规定尚有模糊的地方，如企业需同时遵循东道国会计准则和我国税法调整应纳税所得额两套账的问题，境外企业报送我国税务机关经营报表的公允性问题等。鉴于目前我国税收征管水平较为有限，建议实行按照投资东道国的会计税法规定列支成本费用，不再按照本国税法调整，但是必须由境外合格的注册会计师机构审计，或由我国税务机关对境外所得申报明细表中的重点和特殊项目进行稽查。由于各国产业结构不同，为了鼓励企业创新发展，我国税法可以在费用分摊等问题上对特定产业给予适当优惠，如对境外投资企业发生的研发费、勘探测量等费用给予税前扣除，对无形资产摊销费实行与国内相同的加计扣除。在征管方面，税法应细化境外所得类型，并根据征管需要提出相关的申报要求，如对来源于避税地区或受控外国子公司的所得应相对严格，对有问题的项目作出调整。

在直接抵免方面，我国目前采用单一的分国限额抵免法，这种方法不考虑企业规模大小和核算模式，一刀切地剥夺了纳税人的选择权。如案例所示，这种方法会造成企业在高税率国缴纳的超额税款长期无法抵免，导致重复征税问题无法解决，尤其是在企业“走出去”时间短，盈利能力不强时。我国应将现行的分国限额法逐步在一定范围内，如非避税地国家和地区，改为综合限额法，居民企业作为母公司可以利用综合限额法简便操作的优势，减轻企业税收遵从负担，给予本国对外直接投资的企业更多的优惠，鼓励企业对外直接投资。在实行综合限额法的过程中，还可以借鉴日本的经验，规定排除亏损国的综合限额抵免法，给部分行业和企业“走出去”更大的动力。

（二）优化对外直接投资税收激励制度

在全球竞争日趋激烈的环境下，各国在制定对外直接投资税收激励制度时，往往根据当时的政治经济形势、政策目标和导向，对不同产业或地区实行有差别的税收激励制度，以发挥税收激励的效用。例如，1965 年，为了鼓励企业境外利润再投资，美国采用延期纳税制度，缓解企业投资初期的资金压力。又如，为了鼓励跨国公司将海外利润投资国内以增加就业机会，2004 年布什政府通过了为期一年的特别减税法案——《美国就业机会创造法案》，对利润汇回给予税收优惠，规定持有受控外国公司股权的美国股份公司从低税区汇回美国国内的利润，可以按照汇回利润总额的 85% 扣除计税，扣除之后其联邦公司所得税实际税率仅为 5.25%。这一法案吸引了美国企业累积在海外的利润约2 000亿美元大量回流国内，2011 年奥巴马政府也推出了以税收优惠为主的《美国就业法案》。

在完善我国对外直接投资的税收激励制度时，也应当体现国家的产业政策导向，并优化对外直接投资的地区结构。在对外直接投资的产业政策导向方面，按照《境外投资产业指导政策》（发改外资〔2006〕1312 号）的规定，对于国家鼓励类的境外投资项目，应当制定特殊的税收激励制度，以引导企业优化对外直接投资的产业方向。具体来说，我国对外直接投资税收制度，一方面应当体现产业对外转移和国内转型升级的要求。根据产业选择理论和动态优势理论，政府可以适当鼓励部分资源型或低端劳动密集型产业开展对外直接投资，促进国内经济结构调整和转型升级，实现我国和对外直接投资东道国的经济双赢。另一方面，应当积极鼓励高新技术和研究开发的境外投资。针对我国现在缺乏技术创新和产业研究的情况，应鼓励我国企业在智力和技术资源密集的发达国家对高新技术产业进行学习型投资。

在对外直接投资的地区导向方面，应当根据我国的全球经济发展战略和对外投资整体布局，结合开拓国际市场、获取自然资源、获取先进技术的对外直接投资战略目标，在推进“一带一路”建设中，加紧和沿线国家签订和更新双边、多边国际税收协定，为到境外直接投资的居民企业提供更广泛的税收保障，降低企业投资风险，对这些国家的投资项目给予适当的税收激励政策，对投资于相关国家的对外直接投资项目实行特殊的税收激励制度。

（三）建立多种形式的对外直接投资税收激励工具

1. 建立对外直接投资风险准备金制度

由于“一带一路”沿线国家包含非洲、亚洲等地矛盾多发地区，企业投资风险较大，我国可以借鉴日本、韩国的做法，对国家鼓励投资的行业、项目、地区，按照投资成本大小和风险高低，实行有差别的投资准备金制度，允许企业提取准备金以防可能遭受的损失。根据发达国家的经验，我国可以制定境外直接投资亏损准备金制度，允许企业在境外投资的一定年限内，每年按投资所得的10%左右提取免税的损失准备金，积累至一定数额用于弥补风险损失。这一制度可使企业和政府共同承担海外投资风险，具有很强的政策导向性。

2. 允许有条件的境外盈亏互补

我国规定境内外机构和境外不同国家的营业机构之间盈利和亏损不得相互弥补，原因主要是在现行涉外税收能力有限的征管条件下，防止纳税人虚增境外亏损，或虚增境外盈利以增加抵免限额，造成对我国税基的侵蚀。但是，这同时也增加了纳税人的税收负担，造成国内投资和国外投资在税制上的不公平，违背了资本输出中性原则。因此，在征纳双方，特别是税务部门有能力获得真实的境外经营状况，积累了一定反避税经验后，我国应考虑允许企业以境外亏损抵减其他境外国家盈利；甚至当条件更为成熟时，可以借鉴美国“追补课税”的做法，允许境外亏损抵减境内盈利，但当境外亏损机构以后年度有盈利时，追补课税，不再给予外国税收抵免。这种做法符合税收公平和效率原则，尤其是在通货膨胀较为严重的国家，政府和企业共同承担了对外投资的风险，可以起到鼓励企业对外投资的效果。

3. 对企业对外直接投资给予税收饶让

我国作为长期外资单向流入的发展中国家，在与其他国家缔结的双边税收协定中，一般都列有要求对方国家对于其居民在我国境内投资所得给予税收饶让的条款。但是，部分税收协定是单向的，没有我国承担税收饶让义务的条款，从而导致对外直接投资企业获得东道国给予税收优惠后无法在我国获得抵免。例如，我国已签订的101个税收协定中有57个含税收饶让条款，且单边给我国税收饶让的有26个。这一方面是由于在缔结税收协定时，我国的对外直接投资基本处于空白状态，在协定中写入我国承担税收饶让的条款没有实质意义；另一方面，也可能是由于认为税收饶让会导致过度资本输出，从而损害我国的经济利益。但随着我国鼓励对外直接投资政策的确立，应当改变长期以来片面认为税收饶让抵免会使本国经济利益受损的观点，充分认识到税收饶让抵免对增强本国企业国际竞争力发挥的作用，对企业对外直接投资给予税收饶让。我国应积极与主要投资目的地国家重签或修改税收协定，在税收协定中列入税收饶让的条款，也可以在税法中规定无论企业投资所在国是否与我国签有税收饶让条款，其投资得到的企业所得税税收优惠，在纳税人提供有关证明并经税务机关审核后，均视同企业已全额缴纳进行抵免，单方面赋予我国居民企业获得税收饶让的权益。

参考文献：

［1］陈志勇，夏晶．我国对外直接投资中财税激励政策有效性及其优化研究［J］．河北经贸大学学报，2014（3）．

［2］董晓岩．中国对外直接投资的税收制度与管理研究［D］．大连：东北财经大学，2012.

［3］葛夕良．全球化下企业所得税国际税收问题思考［M］．北京：经济日报出版社，2015.

［4］葛夕良．论我国居民企业境外所得重复征税消除制度的优化［J］．财经论丛，2014（8）．

［5］何杨，马宏伟．中国对外直接投资企业的税收负担探究［J］．税务研究，2013（7）．

［6］汤贡亮．中国财税与法治研究［M］．北京：中国税务出版社，2014.

［7］朱青．鼓励企业走出去与改革我国避免双重征税方法［J］．国际税收，2015（4）．

［8］朱青．国际税收［M］．6版．北京：中国人民大学出版社，2014.

［9］李鑫，李红梅．税收饶让对外国直接投资的影响［J］．东北财经大学学报，2012（4）．

［10］刘蓉，李进．ODI与我国企业所得税激励政策［J］．上海金融学院学报，2010（4）．

［11］漆彤．“一带一路”战略的国际税法思考［J］．税务研究，2015（6）．
［12］王镭．国际投资中的涉外企业所得税收问题研究——兼论“入世”后中国涉外企业所得税收制度的改革与完善［D］．北京：中国社会科学院，2003.
［13］王逸．跨国直接投资公司所得税激励机制优化研究［D］．成都：西南财经大学，2008.
［14］王逸．鼓励企业“走出去”的税收法律机制研究［J］．江南大学学报，2011（2）．
［15］杨志勇．实施“一带一路”战略的财税政策研究［J］．税务研究，2015（6）．
［16］尹德先，杨志波．中国对外直接投资发展阶段研究［J］．商业研究，2013（1）．
［17］尹音频．中国的海外投资与税系构造［J］．税务与经济，1995（3）．
［18］尹音频，高瑜．“走出去”：税收激励与制度优化［J］．涉外税务，2009（3）．
［19］张青．最优资本流动的税收政策分析［J］．涉外税务，2003（2）．
［20］赵凌．中外税收协定中税收饶让制度的现状、问题与优化［J］．国际经济法学刊，2015（6）．
［21］廖体忠．深度参与全球税收合作，持续打造国际税收升级版［J］．国际税收，2016（5）．
［22］Barlow R，Wender I. Foreign Investment and Taxation［M］. Englewood Cliffs：Prentice Hall，1955.
［23］Cantwell J A，Tolentino P E. Technological Accumulation and Third World Multinationals［C］. Paper presented at the annual meeting of the European International Business Association，Antwerp，1987.
［24］Dunning J H. Trade，location of economic activity and the multinational enterprise：a search for an eclectic approach. In Ohlin B，Hesselborn P O，Wijkman P M.（Eds.）The International Allocation of Economic Activity［C］. London：Macmillan，1977：395－418.
［25］Dunning J H. Explaining the International Direct Investment Position of Countries Toward a Dynamic or Development Approach［J］. Weltwirtschaftliches Archiv，1981，117.
［26］Hines J R. Tax Sparing and Direct Investment in Developing Countries［J］. NBER working papers，No. 6728，1998.
［27］Hymer S H. The International Operations of National Firms：A Study of Direct Foreign Investment. Published posthumously. Cambridge：The MIT Press，1976.
［28］Sudsawasd S. Tax Policy and Foreign Direct Investment of a Country［C］. presented at Singapore Economic Review Conference，2007.
［29］Wijeweera A，Dollery B E，Clark D. AnEmpirical Assessment Of The Impacts of Host Country and Home Country Corporate Tax Rates on FDI In The United States［J］. Applied Economics，2007，39.

附录　2008 年《企业所得税法》实施后有关境外投资企业所得税的相关文件

文号	相关文件及公告	执行日期
国税函号〔2009〕81 号	国家税务总局关于执行税收协定股息条款有关问题的通知	
国税发〔2009〕82 号	国家税务总局关于境外注册中资控股企业依据实际管理机构标准认定为居民企业有关问题的通知	2008－01－01
财税〔2009〕125 号	财政部、国家税务总局关于企业境外所得税收抵免有关问题的通知	2008－01－01
国税函〔2010〕266 号	国家税务总局关于境外分行取得来源于境内利息所得扣缴企业所得税问题的通知	
国家税务总局公告 2010 年第 1 号	国家税务总局关于发布《企业境外所得税收抵免操作指南》的公告	2010－01－01
财税〔2011〕23 号	关于我国石油企业在境外从事油（气）资源开采所得税收抵免有关问题的通知	2010－01－01
财税〔2011〕47 号	关于高新技术企业境外所得适用税率及税收抵免问题的通知	2010－01－01
国家税务总局公告 2011 年第 45 号	国家税务总局关于印发《境外注册中资控股居民企业所得税管理办法（试行）》的公告	2011－09－01
国家税务总局公告 2014 年 9 号	国家税务总局关于依据实际管理机构标准实施居民企业认定有关问题的公告	2013－01－01

四、以史为鉴探讨改革新思路

1. 近百年来中国税收“入宪”历程的简要回顾与展望

【摘要】根据中外税收法制建设的经验和教训，应当首先从完善宪法做起。为此，研究近百年来中国宪法发展过程中税收条款的沿革，总结其中的经验和教训，为今后完善中国宪法中的税收条款提供借鉴，很有必要。

【关键词】税收　宪法　百年

【作者简介】刘佐，中国税务报社总编辑

2011年召开的第十一届全国人民代表大会第四次会议批准了《中华人民共和国国民经济和社会发展第十二个五年规划纲要》，其中提出加强税收法制建设；2012年召开的中国共产党第十八次全国代表大会提出全面推进依法治国，完善中国特色社会主义法律体系；2013年召开的中国共产党第十八届中央委员会第三次全体会议通过了《中共中央关于全面深化改革若干重大问题的决定》，其中提出完善中国特色社会主义法律体系，落实税收法定原则；2014年召开的中国共产党第十八届中央委员会第四次全体会议通过了《中共中央关于全面推进依法治国若干重大问题的决定》，其中进一步提出完善以宪法为核心的中国特色社会主义法律体系，具有重要的现实意义和深远的历史意义。

一、清末民初宪法的探索

说到清末民初中国宪法的探索，最重要的是《钦定宪法大纲》、《中华民国临时约法》和《中华民国约法》三部具有宪法或者临时宪法性质的法律。

1908年8月27日（光绪三十四年八月初一），清政府公布《钦定宪法大纲》。大纲是以1889年（明治二十二年）公布的《大日本帝国宪法》（又称明治宪法或者帝国宪法）为蓝本制定的。大纲“臣民权利义务”部分第七项规定：“臣民按照法律所定，有纳税、当兵之义务。”第八项规定：“臣民现完之赋税，非经新定法律更改，悉仍照旧输纳。”这里既有国民纳税义务的规定，也有税收法定的含义。

大纲中还规定：“凡法律虽经议院议决，而未奉诏命批准颁布者，不能见诸施行。”“在议会闭会时，遇有紧急之事，得发代法律之诏令，得以诏令筹措必需之财用。惟至次年会期，须交议会协议。”由此可见皇权之大。

1911年（宣统三年）辛亥革命成功、1912年（民国元年）中华民国成立以后，经中华民国临时参议院通过，1912年3月11日，中华民国临时大总统孙中山公布实施具有临时宪法性质的《中华民国临时约法》。该法第二章“人民”第13条规定：“人民依法律有纳税之义务。”第三章“参议院”第16条规定：“中华民国之立法权，以参议院行之。”第19条中规定：参议院的职权包括议决一切法律案，临时政府的预算、决算，全国的税法、币制和度量衡的准则，公债的募集和国库有负担的契约等。这里第一次直接规定了全国税法的立法权。

1914年（民国三年）5月1日，经约法会议通过，中华民国大总统袁世凯公布实施具有临时宪法性质的《中华民国约法》（又称袁记约法）。该法第二章“人民”第11条规定：“人民依法律所定，有纳税之义务。”第四章“立法”第30条规定：“立法以人民选举之议员，组织立法院行之。”第31条中规定：立法院的职责包括议决法律、预算；议决或者承诺关于公债募集和国库负担的条件；提出法律案；提出关于法律和其他事件的意见，向大总统建议等。第八章“会计”第50条规定：“新课租税及变更税率，以法律定之。”“现行租税，未经法律变更者，仍旧征收。”第51条规定：“国家岁出岁入，每年度依立法院所议决之预算行之。”这里第一次直接作出了税收法定的规定。

二、民国宪法的制定

20世纪20年代至40年代中国制定的宪法和具有临时宪法性质的法律，是1923年（民国十二年）公布的《中华民国宪法》、1931年（民国二十年）公布的《中华民国训政时期约法》和1947年（民国三十六年）公布的《中华民国宪法》三部法律。

1923年10月10日，经国会通过，中华民国大总统曹锟公布《中华民国宪法》（又称曹锟宪法、双十宪法）。该法第四章“国民”第19条规定：“中华民国人民依法律有纳租税之义务。”第五章“国权”第23条中规定：“关税、盐税、印花税、烟酒税、其他消费税，及全国税率应行划一之租税”，国有资产、国债、专卖和特许，由国家立法并执行。第25条中规定：“田赋、契税及其他省税”，省债，由省立法并执行，或者令县执行。第27条规定：“国家对于各省课税之种类及其征收方法，为免左列诸弊，或因维持公共利益之必要时，得依法律限制之：一、妨害国家收入或通商；二、二重课税；三、对于公共道路或其他交通设施之利用，课以过重或妨碍交通之规费；四、各省及各地方间，因保护其产物，对于输入商品，为不利益之课税；五、各省及各地方间，物品通过之课税。”第六章“国会”第39条、第40条分别规定：“中华民国之立法权，由国会行之。”“国会以参议院、众议院构成之。”第十章“法律”第106条、第108条分别规定：“法律非以法律，不得变更或废止之。”“法律与宪法抵触者无效。”第十一章“会计”第109条规定：“新课租税及变更税率，以法律定之。”第十二章“地方制度”第129条规定：“省税与县税之划分，由省议会议决之。”这里第一次明确规定了法律与宪法的关系，国家、省、县三级税收的立法权和协调省际税收矛盾的原则。

1931年6月1日，经国民会议通过，国民政府公布施行具有临时宪法性质的《中华民国训政时期约法》。该法第二章“人民之权利义务”第25条规定：“人民依法律有纳税之义务。”第三章“训政纲领”第32条规定：“行政、立法、司法、考试、监察，五种治权由国民政府行使之。”第六章“中央与地方之权限”第59条规定：“中央与地方之权限，依建国大纲第十七条之规定，采均权制度。”① 第61条规定：“中央与地方课税之划分以法律定之。”第62条规定：“中央对于各地方之课税，为免除左列各款之弊害，以法律限制之：一、妨害社会公共利益；二、妨害中央收入之来源；三、复税；四、妨害交通；五、为一地方之利益对于他地方货物之输入为不公平之课税；六、各地方之物品通过税。”第七章“政府之组织”第70条规定：“国家之岁入、岁出，由国民政府编定预算、决算公布之。”

---

① 1924年（民国十三年）4月12日孙中山先生手书的《国民政府建国大纲》（简称建国大纲）第17条中的相关规定是：“中央与省之权限，采均权制度。凡事务有全国一致之性质者，划归中央；有因地制宜之性质者，划归地方；不偏于中央集权，或地方分权。”

第八章“附则”第84条规定：“凡法律与本约法抵触者无效。”第85条规定：“本约法之解释权由中国国民党中央执行委员会行使之。”由此可见国民党权力之大。

1947年1月1日，经国民大会通过，国民政府公布《中华民国宪法》，自当年12月25日起施行。该法第二章“人民之权利义务”第19条规定：“人民有依法律纳税之义务。”第三章“国民大会”第25条规定：“国民大会依本宪法之规定，代表全国国民行使政权。”第27条中规定：国民大会的职权包括修改宪法、复决立法院提出的宪法修正案等。第六章“立法”第62条、第63条分别规定：“立法院为国家最高立法机关，由人民选举之立法委员组织之，代表人民行使立法权。”“立法院有议决法律案、预算案、戒严案、大赦案、宣战案、媾和案、条约案及国家其他重要事项之权。”第十章“中央与地方之权限”第107条中规定：中央财政和国税，国税与省税、县税的划分，国营经济事业，涉外的财政经济事项，由中央立法并执行。第109条中规定：省财产的经营和处分、省公营事业、省财政和省税、省债，由省立法并执行，或者交由县执行。第110条中规定：县财产的经营和处分、县公营事业、县财政和县税、县债，由县立法并执行。第13章“基本国策”第三节“国民经济”第143条中规定：“私有土地应照价纳税，政府并得照价收买。”“土地价值非因施以劳力资本而增加者，应由国家征收土地增值税，归人民共享之。”第14章“宪法之施行及修改”第171条中规定：“法律与宪法抵触者无效。”由此可见，该法中有关税收的条款比较完整。

三、新中国宪法的探索

1949年中华人民共和国成立以前，在中国共产党领导的革命根据地，已经先后制定过一些具有宪法性质的文件，例如，1931年11月7日，中华苏维埃第一次全国代表大会通过《中华苏维埃共和国宪法大纲》，其中宣布取消一切反革命统治时代的苛捐杂税，征收统一的累进税。

再如，1946年10月28日制定的《中华民国陕甘宁边区自治宪法草案（修正稿）》第三章“陕甘宁边区政府”第一节“边区议会”第18条中规定：“陕甘宁边区议会，为陕甘宁边区之立法机关及监察机关”，其职权中包括议决边区财政预算、审核财政决算、议决税收和其他收入。该章第二节“边区行政委员会”第30条中规定：编制财政预算、决算和税收事项，“须依行政委员会决议行之”。第七章“经济与财政”第63条规定：“财政公开，厉行预算决算制、会计制、金库制、审计制，严惩贪污；实行合理税则，贫苦人民免税。”这里作出了税收由立法机关议决的规定。

1949 年 2 月 22 日，中共中央发布《关于废除国民党〈六法全书〉和确定解放区司法原则的指示》①。指示中提出：“在无产阶级领导的以工农联盟为主体的人民民主专政的政权下，国民党的‘六法全书’应该废除，人民的司法工作不能再以国民党的‘六法全书’作依据，而应该以人民的新的法律作依据，在人民的新的法律还没有系统地发布以前，则应该以共产党的政策以及人民政府与人民解放军所已发布的各种纲领、法律、条例、决议作依据。在目前，人民的法律还不完备的情况下，司法机关的办事原则，应该是：有纲领、法律、命令、条例、决议规定者，从纲领、法律、命令、条例、决议之规定；无纲领、法律、命令、条例、决议规定者，从新民主主义的政策。”一般来说，随着国家政权的变更，以新的宪法和法律替代旧的宪法和法律顺理成章，但是对于过去的宪法和法律是否需要全盘否定，似乎值得斟酌。本文认为古今中外一切反映人类法治文明的成果，都值得借鉴。

同年 9 月 29 日，中国人民政治协商会议第一届全体会议通过具有临时宪法作用的《中国人民政治协商会议共同纲领》。纲领第一章“总纲”第八条规定：“中华人民共和国国民均有保卫祖国、遵守法律、遵守劳动纪律、爱护公共财产、应征公役兵役和缴纳赋税的义务。”第二章“政权机关”第 12 条中规定：“中华人民共和国的国家政权属于人民。人民行使国家政权的机关为各级人民代表大会和各级人民政府。”第 13 条中规定：“在普选的全国人民代表大会召开以前，由中国人民政治协商会议的全体会议执行全国人民代表大会的职权，制定中华人民共和国中央人民政府组织法，选举中华人民共和国中央人民政府委员会，并付之以行使国家权力的职权。”第 17 条规定：“废除国民党反动政府一切压迫人民的法律、法令和司法制度，制定保护人民的法律、法令，建立人民司法制度。”第四章“经济政策”第 40 条中规定：“建立国家预算决算制度，划分中央和地方的财政范围，厉行精简节约，逐步平衡财政收支，积累国家生产资金。”“国家的税收政策，应以保障革命战争的供给、照顾生产的恢复和发展及国家建设的需要为原则，简化税制，实行合理负担。”这里规定了国民的纳税义务和国家的税收政策，但是没有直接规定税收与法律的关系。

同年 9 月 27 日，上述会议通过的《中华人民共和国中央人民政府组织法》第二章“中央人民政府委员会”第七条中规定，中央人民政府委员会

① 国民党“六法全书”，指国民党政府公布的宪法、民法、商法、刑法、民事诉讼法和刑事诉讼法六种法规的汇编。

的职权之一为“制定并解释国家的法律，颁布法令，并监督其执行”。第三章“政务院”第15条中规定：政务院的职权之一为根据并为执行《中国人民政治协商会议共同纲领》、国家的法律法令和中央人民政府委员会规定的施政方针，颁发决议和命令，并审查其执行。这里分别规定了中央人民政府委员会和政务院的立法权，但是没有税收法定的规定。

四、新中国宪法的制定和修改

1954年中华人民共和国全国人民代表大会制度建立以后，全国人民代表大会先后于1954年、1975年、1978年和1982年制定并公布了四部《中华人民共和国宪法》。其中，1982年宪法已经先后四次修正。

1954年9月20日，第一届全国人民代表大会第一次会议通过《中华人民共和国宪法》，当日会议主席团公布。该法第一章“总纲”第二条中规定：“中华人民共和国的一切权力属于人民。人民行使权力的机关是全国人民代表大会和地方各级人民代表大会。”第二章“国家机构”第一节“全国人民代表大会”第21条、第22条分别规定：“中华人民共和国全国人民代表大会是最高国家权力机关。”“全国人民代表大会是行使国家立法权的唯一机关。”第27条中规定，全国人民代表大会的职权包括修改宪法、制定法律、监督宪法的实施、审查和批准国家的预算和决算等。第31条中规定，全国人民代表大会常务委员会的职权包括解释法律、制定法令、撤销国务院的同宪法、法律和法令相抵触的决议和命令等。第二章第三节“国务院”第49条中规定，国务院的职权包括“根据宪法、法律和法令，规定行政措施，发布决议和命令，并且审查这些决议和命令的实施情况”；执行国家预算等。第三章“公民的基本权利和义务”第102条规定：“中华人民共和国公民有依照法律纳税的义务。”这里规定了全国人民代表大会的立法权，但是依然没有税收法定的规定；规定了依法纳税的义务，但是仅限于公民。

1975年1月17日，第四届全国人民代表大会第一次会议通过并公布第二部《中华人民共和国宪法》。与1954年宪法相比，该法中保留了国家的一切权力属于人民，人民行使权力的机关是各级人民代表大会；全国人民代表大会是最高国家权力机关，其职权包括修改宪法、制定法律、批准国家的预算和决算等；全国人民代表大会常务委员会的职权包括解释法律、制定法令等；国务院的职权包括根据宪法、法律和法令，规定行政措施，发布决议和命令，制定和执行国家预算等规定。但是，删除了关于公民纳税义务的条款。此次全国人民代表大会召开，正值“文化大革命”期间，当时税收的作用受到严重的忽视，出现上述情况不足为奇。

1978年3月5日，第五届全国人民代表大会第一次会议通过并公布第三部《中华人民共和国宪法》。与1975年宪法相比，该法中关于国家权力，全国人民代表大会及其常委会、国务院的职责，税收等方面的规定没有多少变化。此次全国人民代表大会召开，正值“文化大革命”结束不久，中国的改革开放尚未起步，税收的作用也没有受到应有的重视，出现上述情况并不令人意外。

1982年12月4日，第五届全国人民代表大会第五次会议通过《中华人民共和国宪法》，当日全国人民代表大会公布施行。这部宪法是根据中国共产党第十一届中央委员会第三次全体会议确立的路线、方针和政策，总结中国社会主义建设正反两方面的经验，深刻吸取“文化大革命”的沉痛教训，借鉴外国社会主义的成败得失，适应中国改革开放和社会主义现代化建设、加强社会主义民主法制建设的新要求制定的，具有新时代的特征。

该法第一章“总纲”第二条规定：“中华人民共和国的一切权力属于人民。人民行使国家权力的机关是全国人民代表大会和地方各级人民代表大会。”第五条中规定：“一切法律、行政法规和地方性法规都不得同宪法相抵触。一切国家机关和武装力量、各政党和各社会团体、各企业事业组织都必须遵守宪法和法律。一切违反宪法和法律的行为，必须予以追究。任何组织或者个人都不得有超越宪法和法律的特权。”

该法第二章“公民的基本权利和义务”第56条规定：“中华人民共和国公民有依照法律纳税的义务。”

该法第三章“国家机构”第一节“全国人民代表大会”第57条、第58条分别规定：“中华人民共和国全国人民代表大会是最高国家权力机关。它的常设机关是全国人民代表大会常务委员会。”“全国人民代表大会和全国人民代表大会常务委员会行使国家立法权。”第62条中规定，全国人民代表大会的职权包括修改宪法，监督宪法的实施，制定和修改刑事、民事、国家机构的和其他的基本法律，审查和批准国家的预算和预算执行情况的报告等。第67条中规定，全国人民代表大会常务委员会的职权包括解释宪法，监督宪法的实施；制定和修改除应当由全国人民代表大会制定的法律以外的其他法律；在全国人民代表大会闭会期间，对全国人民代表大会制定的法律进行部分补充和修改，但是不得同该法律的基本原则相抵触；解释法律；在全国人民代表大会闭会期间，审查和批准国家预算在执行过程中所必须作的部分调整方案；撤销国务院制定的同宪法、法律相抵触的行政法规、决定和命令；撤销省、自治区和直辖市国家权力机关制定的同宪法、法律和行政法规相抵触的地方性法规和决议等。第三节“国务院”第89条中规定，国务院的职权包括根据宪法和法律，规定行政措施，制定行政法规，发布决定和命令；编制和执行国家预算等。

此次全国人民代表大会召开正值中国改革开放初期，税收的作用开始受到重视，恢复1954年宪法关于税收的规定合情合理，但是暂时难以取得新的进展，也可以理解。

1988年4月12日、1993年3月29日、1999年3月15日和2004年3月14日，第七届全国人民代表大会第一次会议、第八届全国人民代表大会第一次会议、第九届全国人民代表大会第二次会议和第十届全国人民代表大会第二次会议先后四次通过《中华人民共和国宪法修正案》，其中都没有涉及上述国家权力，全国人民代表大会及其常委会、国务院的职责，税收等方面的规定。

由此可见，完善中国宪法中的税收条款和相关条款，依然任重道远，需要继续努力。中国改革开放30多年以来的实践，已经为这项工作奠定了一定的基础，挑战与机遇同在，加快步伐，推进改革，机不可失，时不我待。

五、关于完善中国宪法中税收条款的初步探讨

2011年3月14日，第十一届全国人民代表大会第四次会议批准《中华人民共和国国民经济和社会发展第十二个五年规划纲要》。纲要第11篇“改革攻坚完善社会主义市场经济体制”第47章“加快财税体制改革”第三节“改革和完善税收制度”中提出：“按照优化税制结构、公平税收负担、规范分配关系、完善税权配置的原则，健全税制体系，加强税收法制建设。”

2012年11月8日，中共中央总书记胡锦涛在中国共产党第十八次全国代表大会上作了题为《坚定不移沿着中国特色社会主义道路前进，为全面建成小康社会而奋斗》的报告。报告第五部分“坚持走中国特色社会主义政治发展道路和推进政治体制改革”中提出：全面推进依法治国，完善中国特色社会主义法律体系。

2013年11月12日，中国共产党第十八届中央委员会第三次全体会议通过《中共中央关于全面深化改革若干重大问题的决定》。决定第八部分“加强社会主义民主政治制度建设”中提出：推动人民代表大会制度与时俱进，完善中国特色社会主义法律体系，落实税收法定原则。

2014年10月23日，中国共产党第十八届中央委员会第四次全体会议通过《中共中央关于全面推进依法治国若干重大问题的决定》。决定第二部分“完善以宪法为核心的中国特色社会主义法律体系，加强宪法实施”中提出：“坚持依法治国首先要坚持依宪治国，坚持依法执政首先要坚持依宪执政”；“使每一项立法都符合宪法精神、反映人民意志、得到人民拥护”。

既然中国要全面推进依法治国，而中国特色社会主义法律体系的核心是宪法，根据中共中央、全国人民代表大会的上述要求，加强税收法制建设，落实税收法定原则，就应当首先完善宪法，即补充和完善宪法中的税收条款。然后，以此为基本准则，完善税收法律和相关法律。

总结中国宪法的历史经验和教训，并借鉴外国现行宪法的相关内容，中国宪法中税收条款的补充和完善，似乎可以先从下列四个主要方面加以考虑：第一，将税收法定原则直接写入宪法，《中华人民共和国立法法》第八条中关于税收的基本制度只能制定法律的规定似乎可以移植，并进一步完善。第二，根据中国实行分税制财政管理体制的需要，规定不同层级的税收立法权，理顺中央政府与地方政府之间和各级地方政府之间的税收分配关系。第三，全面规定自然人、法人和其他组织依法纳税的义务和可以依法享受的权利，增强纳税人依法纳税的意识，保障纳税人的合法权益。第四，规定相关的配套措施，如建立以税收为主体的完整的政府收入体系，合理、规范、公开的预算制度和科学、严密的审计制度等。

税收法定原则的具体落实，应当根据宪法规定的原则和完善税制、税收管理制度的需要与可能，区别不同情况，逐步推进，并尽量加快步伐：条件已经比较成熟的税收行政法规（如关税条例），可以先行升格为法律；条件暂时不太成熟的税收行政法规（如消费税暂行条例），应当先行完善行政法规，待其比较成熟以后升格为法律；正在改革中的税种（如增值税、营业税），应当加快改革步伐，在改革完成以后适时制定法律；已经制定的某些税收法律（如个人所得税法、税收征管法），也应当随着有关税制和税收管理制度的改革尽快完善。

至于涉及税收的其他法律（如刑法、民法、预算法和会计法等），可以采取“交互跟进”的方式：第一，在修改宪法中的税收条款和税收法律以后，应当及时修改相关法律中的有关条款。制定此类法律和修改此类法律中涉及的税收条款，都宜粗不宜细，以免出现税法规定零散、不规范和不统一，对于某些经济、社会事务产生不必要、不适当的干预，由于修法工作繁琐而影响执法工作效率等现象。第二，宪法修改、与税收相关的其他法律制定和修改以后，税收法律需要相应修改的，也应当及时修改。

参考文献：

[1] 夏新华，等. 近代中国宪政历程：史料荟萃 [M]. 北京：中国政法大学出版社，2004.
[2] 江西省税务局，福建省税务局，江西省档案馆，福建省档案馆. 中央革命根据地工商税收史料选编 [M]. 福州：福建人民出版社，1985.
[3] 陕西省档案局. 陕甘宁边区法律法规汇编 [M]. 西安：三秦出版社，2010.
[4] 中央档案馆. 中共中央文件选编：第十八册 [M]. 北京：中共中央党校出版社，1992.

2. 明代思想家邱濬的财政思想

【摘要】邱濬是明中叶在经济思想方面最有成就的人物，被经济思想史学界誉为“15世纪中国经济思想中的曙光”。本文将重点梳理其主要的财政思想，从五个方面介绍邱濬的财政思想。

【关键词】明代　邱濬　财政

【作者简介】曹琳，河北经贸大学

邱濬（1420—1495年）字仲深，广东琼山（今海南海口）人，年少时即有神童之名，官至礼部尚书、文渊阁大学士。他是明中叶在经济思想方面最有成就的人物，被经济思想史学界誉为“15世纪中国经济思想中的曙光”。

邱濬考中进士、开始登上政治舞台时，正是明王朝由盛转衰的时期。当时，土地兼并日益加剧，官僚贵族和豪强地主用各种方法隐匿田产以逃避赋税，而土地的高度集中又迫使大批失地农民成为流民，造成政府财政收入的不断缩减。政府为了保证财政收入，不断增加赋税，这就使得农民负担愈发沉重，纷纷陷于破产和流亡，如此恶性循环，导致国家财力严重不足，阶级矛盾也日趋尖锐。而与此同时，中国封建社会后期经济环境又发生了明显的变化，即城市工商业逐渐发展兴盛，商品经济呈现出空前繁荣的局面。

在这种特殊的社会背景下，邱濬虽然没有做过主管财政事务的官员，但他素“以经济自负”，针对缓解财政危机、增加国家收入提出了自己的理论和主张。他认为“古者藏富于民，民财既理，则人君之用度无不足者，是故善于富国者，必先理民之财，而为国理财者次之”①。也就是说，其“理财”理论的核心，是“理民之财”。他认为民是国家存在和君主统治的基础，“民财不足，国用不充”，而能够行善政以养民、富民，即当政者能够使民财丰裕，则社会秩序自然稳定，国家财政收入自然充足。

对于如何使民财丰裕进而增加国家收入，他主要是从农业生产、工商

① 邱濬，大学衍义补，文渊阁四库全书，卷二十《制国用·总论理财之道（上）》，上海古籍出版社，2003年版。

业活动、开放海外贸易及漕粮运输等几个方面提出了见解。

一、在农业生产方面

首先，他认为国家应当重视农业生产，“农者，王政之本”，农为邦本，必须始终放在首位。但是，这并不意味着拘泥古制，将农业生产者固定在土地上，只要不妨碍农业生产，农业生产者在“稼穑、树艺、畜牧”之外，也可以听其从事其他生计，以保证百姓有“衣食之资、用度之费、仰事俯育之不缺、礼节患难之有备”(卷十四《制民之产》)的正常生活。

其次，他强烈反对政府随意课征重税，认为财政收支的原则，应该是“视今岁之所入，以制来年之所出，而定国家一岁多少之用焉”(卷二十《制国用·总论理财之道(上)》)，也就是“量入为出，无过取、无泛用”(卷十五)，要吝惜民财，不能巧立名目、任意诛求；同时他认为，政府所采取的“摊税”之法，即在某地区出现农民大批流亡、户口严重减少的情况时，把该地区原有税额强制摊派给尚存农户的做法，非常不可取，因为这会导致逃亡者愈多，而居存者负担愈重，积压日甚，民不堪命，最终只能又相率逃亡，如此“民不可以为生，而国亦不可以为国矣”(卷二十二《贡赋之常》)。所以，“轻敛得财愈多”，只有轻赋薄取，“民之财恒自足，民之力恒有余，则得其心矣”(卷一三七《遏盗之机(中)》)，民财民力不竭才能安心生产，民安才能国安，民富才能国强。

再次，邱濬虽然并不反对一般地主和富裕农民保有和扩大土地占有，但是认为必须限制大地主大贵族疯狂的土地兼并，具体的办法是，以特定年度为起点，实行限田，对在此之前私人所有田产，无论多少，不咎既往允许保留，但从该年度开始一丁只许占田一顷，不许增买，如有违反，国家不仅要对其新买土地予以没收，且对其过去超额土地也要加以追夺。丁多田少的户，允许买田，但也只限于买足全家平均每丁一顷之数，不许更多。他认为这样的方法，既不夺民所有，又可起到限制兼并的作用，从而“民有常产”且“民产日均”。在此基础上，按占有土地的数量来课征赋税，那么国家收入自然稳定、充裕。

二、在工商业活动方面

邱濬非常重视工商业的发展，他的主要观点是反对官营工商业和食盐专卖，认为应该“民自为市”，放手让民众自由进行经营获利，民利丰厚，才能获得更多的商税收入。

首先，他极为反对封建国家直接经营商业的政策，如桑弘羊的“平准”、王安石的“市易”，认为追逐工商业利润就是私人之事，“为人君而争商贾之利，可丑之甚也”，不是国家应该做的。而对于以往官营商业可以打击商人投机以及稳定物价的观点，他反驳道：“民自为市，则物之良恶，钱之多少，易以通融，准折取舍”（卷二十五《市籴之令》），人们完全可以根据商品质量、价格自行做出选择，而且准许商人自由贸易竞争，市场上货畅其流，“其价自然不至甚贵”，根本不用官府来稳定物价。也就是说，他认为自由的商品交换和市场活动，可以使商品价格、质量和供求数量都能够得到合理调节，国家只要不干扰、妨碍民众自由从事获取财富的经济事业，社会经济就能够繁荣起来，经济繁荣百姓自然富足，百姓富足国家财源才有保障，这对改善国家财政收入状况是有积极作用的。

其次，邱濬认为对食盐等自然资源设官专营，不利于养民，违背了天地生物、众人“公共之”的本意，所以，盐政应该进行改革，任何私人都有权经营牟利，而不应该由少数人私擅其利。在“民用足而国用不亏”两相兼顾的原则下，他提出的具体措施是：废除榷盐制度，改为在国家监督管理下实行私人生产和运销的制度，从事食盐生产的“灶户”，即盐民事先要向官府申报，由官方发给生产工具“牢盆”和生产证明，缴纳一定数量的生产税“举火钱”，履行完这些法定手续后即可生产，“任民自煮”。而未经官府批准私自煮盐者则加以禁止、取缔。食盐运销也由商人自愿经营，商人向灶户买盐之后要向官府申报数量，由官府发给运销凭证“钞引”，即规定销售数量的执照，每引收取一百文“工墨钱”作为手续费，商人凭钞引就可在官府指定地区进行售卖。如此，政府对食盐的产销由直接参与转为征收税费，一方面可以保证财政收入，减少来自政府内部的阻力，另一方面中小商人和普通百姓有机会从事食盐经营，不仅能促进食盐的生产流通，而且还能保证其价格随市场供求波动，从而解决垄断经营下质次价高的问题。对于茶专卖邱濬也非常反对，除了榷茶也是夺民之利外，他认为对于茶这种非生活必需品进行垄断经营，价高质劣就会导致人们消费减少，官府从中取利的目的不易达到，倒不如予民经营，官府收取商税合适。

当然要说明的是，邱濬虽然认为工商业经营应当“民自为市”，但也不是对整个市场放任自流，国家也需要适当调控和管理。对市场上的绝大多数商品，准许人们自由经营和竞争，通过市场本身来调节价格，但是对于人民的某些生活必需品如粮食，就需要国家进行控制和管理，弥补市场不足以稳定市场和民心。对于粮食的管理，一则要设立有司，丰年市价收购、灾歉之年市价发售，因时制宜使米价常平；二要建立谷物价格汇报制度，由各地方向中央定期汇报，预先准备应对；此外，还要限制酒的消费，大幅提高酒价，避免粮食过耗于这些奢侈性需求。

三、在开放对外贸易方面

邱濬认为应当开放自明初实行的海禁，才能利国利民。因为虽有“片板不许下海”的禁令，但人们为厚利所驱，走私断不能绝，不如恢复宋元时期主管对外贸易和征收关税的市舶司，由打算出海经营贸易的民间商人，向市舶司事先申报出海贸易所使用船只情况、经营物品种类及数量，贸易路经的国家地区以及往返时间等，官方对商舶进行管理并征收商税，运回的货物也由有司检查征税再运入国内售卖，如此“不扰中国之民，而得外邦之助，是亦足国用之一端也”(卷二十五《市籴之令》)，从对外贸易征税中获取财政收入，官民两利，比增加种种苛捐杂税要有效得多。

四、在漕粮运输方面

当时明王朝每年通过运河水道南粮北运，邱濬便主张在运河之外，再开辟海运通道，运输东南沿海各地供应京师的米粮。海运漕粮元代便有实行，并非他的创见，但邱濬从广辟财源的角度，提出了改革漕运制度的主张，即海运粮船除为国家运粮外，还可余粮船载量的20%以供私人搭载货物。如果是运粮军伕附载的货物，前三年免税，之后只征收1/30的轻税。一般商人搭运货物，则按正常税率征税。这样一来，不仅可使“京城百货骈集”，促进京师市场的繁荣，而且能够极大促进南北商品流通，使“南货日集于北”，漕船南回者也要以北货实船，“北货亦日流于南”，从而扩大商品市场，在保证国家粮食供应之外，为南北贸易开辟通道，“今日富国用足之策，莫大于此”(卷三十四《漕挽之宜(下)》)。

在上述蓄积民财、涵养税本，为政府开辟财源之外，邱濬还重视节流对于财政收支平衡的作用。他认为节用是“万世理财之要”，如果国家在支出方面漫无限制，就必然会在用度不足时想尽办法搜刮民财，即使对赋税征收规定了“经常之法”，也会随时遭到破坏，成为空文。因此，他极为反对封建国家的冗官、冗兵、冗费，把兵冗、官滥视为国之大蠹。并且，他提出了限制皇室用费的办法，建议仿照汉朝内、外二府的制度，严格划分二者的权限，外府，即封建国家的财库，收存经常性的赋税收入，专供国家公共事务的开支，有余则专款存储，作为“水旱兵火不测之需”的储备；内府，即皇室专用的财库收存坑冶（矿税）、赃罚之类的特殊收入，专供皇室用费。外府不足，“可取之于内”，内府“虽有不足，亦不可取之于外”（卷二十四《经制之义（下）》），财政国库与皇室内库不可通融互用，以此限制皇室开支无限膨胀对国家财政的侵蚀。

应该说，在明中期后特殊的时代背景下，邱濬对于社会现实问题的分析是比较清醒和进步的，他对于国家理财应该先养民、富民的主张，无疑也是合乎实际的。他的理财思想继承了前人重视民生的传统，并加以丰富、发展，始终宣扬“民为邦本，本固邦宁”（《尚书·五子之歌》），主张通过促进国民经济的发展来增加国家财政收入，这些作为中国古代财政思想的珍贵遗产，值得今人重视并研究。

参考文献：

[1] 丘濬．大学衍义补：文渊阁四库全书本［M］．上海：上海古籍出版社，2003.
[2] 丘濬．大学衍义补［M］．郑州：中州古籍出版社，1985.
[3] 丘濬．大学衍义补［M］．北京：京华出版社，1999.
[4] 孙文学．论邱濬“立政养民”财政思想［J］．财经问题研究，2005（7）．
[5] 赵靖，邱濬．中国十五世纪经济思想的卓越代表人物［J］．北京大学学报：哲学社会科学版，1981（5）．
[6] 刘德成．略论邱濬：赋税思想［J］．税务研究，2007（10）．

3. 过分利得税的历史变迁及对当前财税改革的借鉴

【摘要】过分利得税征收历时十年，其历史作用和影响不可忽略。本文通过非常时期过分利得税的变迁路径，论述过分利得税制度的设计安排及改革调整，并结合特定的历史背景分析其社会经济作用。当前我国要进行财税体制改革，寻求更好地筹集财政收入途径，可以借鉴历史的经验教训。

【关键词】过分利得税　历史变迁　财税体制改革

【作者简介】付志宇，西南财经大学财政税务学院教授
刘飞扬，西南财经大学税收学硕士研究生

抗日战争爆发后，中国东南沿海逐渐沦陷，国民政府退居西南后方。面对财赋来源锐减的困境，国民政府为筹措日益庞大的军政开支，除增加发行通货之外，不断尝试各种财经措施，所得税和过分利得税作为税制改革的产物登上历史舞台。虽然过分利得税征收仅十年，但其税制变迁及利弊得失，却是值得总结和研究的。国民政府时期非常时期过分利得税的实践过程，为国民政府在财政建设方面积累了经验与教训，也可以在一定程度上为当前正在进行的财税改革提供一些历史借鉴。

一、过分利得税的历史变迁

过分利得税，又称战时利得税，在第一次世界大战时，由瑞典、丹麦等中立国 1915 年创行，其后交战各国也相继开征。第二次世界大战爆发后，各交战国多依前例征收，对于战时财政贡献非常大。在中国，抗日战争爆发后，主要港口被封锁，交通严重阻滞，工农业生产遭到破坏，物资供需失调，商人趁机抬价，从而获取暴利，是为过分利得。国民政府于 1939 年明令在全国实施过分利得税，从此过分利得税登上历史舞台。

过分利得税的历史变迁从抗战时期算起，大体分为非常时期过分利得税条例时期、法律时期及特种过分利得税时期三个阶段：

（一）非常时期过分利得税条例时期（1938—1943）

四川省先局部试点征收非常时期过分利得税，云南、江西、湖南等省

也自发举办战时利得税或征收类似性质的商业税捐。地方政府试点征收战时利得税的消息公布，引起社会各界的广泛热议。1938 年 3 月 29 日至 4 月 1 日国民党临时全国代表大会上提出推行战时税制一案，决议提高所得税的税率与扩大征收范围，筹备开征战时利得税。同年，国民参政会第一次会议在武汉举行，该次会议审议通过了财政部根据国民党临时全国代表大会的决议所拟具的推行战时税制案。1938 年 8 月 9 日，立法院经济委员会和财政委员会联合召开会议，讨论并通过了《非常时期过分利得税条例》。

1. 《非常时期过分利得税条例》及施行条例的主要内容

（1）纳税人：依《所得税暂行条例》第一条第一类经营应征所得税各营利事业且获得过分利得的人为纳税义务人；经营财产租赁且获得过分利得的人为纳税义务人。

（2）课税对象：营利事业的过分利得；财产租赁的过分利得。

（3）税率，采用超额累进制。营利事业利得超过其资本 15% 部分，财产租赁利得超过其财产价额 12% 部分。税率分为 6 级，从 10% 到 50%。

（4）征收时间：从 1938 年 7 月 1 日开始征收，每半年征收一次，但可以根据利得的性质，灵活采用按月或按次征收。

（5）减免范围：凡由战区迁入内地的工厂或者因战争遭受重大损失的，暂时予以免税。

（6）征收程序：非常时期过分利得额的计算、申报、调查、审查等程序，遵照《所得税暂行条例》的相关规定。

2. 《非常时期过分利得税条例》的修订

《条例》公布后，各地商会纷纷请求展缓施行。重庆市商会本着“慎始善终，推行尽利”的宗旨，收集各同业公会的意见，进行综合研究，而后向财政部陈述了 10 项意见，请求修正《非常时期过分利得税条例》。财政部综合各方面的意见，进行了一些检讨，查阅了营利事业盈利在 15% 以上及 20% 以上的统计表三份，供审议修正《条例》时参考。上述统计表根据湖北、湖南、陕西、江西、贵州、甘宁青新、福建、广西、川康等 9 个地区征课 1937 年度13 532户工商企业所得税资料，按纯利润与资本金额的百分比编制，当时各地物价尚无剧烈波动。于是立法院参照上述统计分析资料制定《修正非常时期过分利得税条例》，并完成立法程序，由国民政府于 1939 年 7 月 6 日明令公布施行。这次修订的主要内容如下：

（1）提高起征点。营利事业利得额超过资本额 20% 起征；财产租赁利得超过财产价格 15% 起征。

（2）变更起征日期。自1939年1月1日起征，依据其利得的性质，按年按月或次征收。

（3）不得扣除折旧。已纳或应纳之所得税财产之折旧，于计算过分利得额时，不予扣除。

（4）改订免税条文。凡由战区迁入内地之工厂及因战事受有重大损失之营业，经查明属实者，应暂予免税。将原条文中的“其”字，改为“及”字，则其免税范围扩大至内地工商业因战事受有重大损失等，经查明属实，亦应暂予免税。

（5）征管制度：1939年9月12日行政院公布《非常时期过分利得税条例施行细则》，又充实了一些具体内容，主要包括申报、利得额的计算、税款缴纳的时间、违章罚则。除此之外，针对不同的情况，国民政府还颁发了《一时营利事业计征利得税暂行办法》《征收非常时期过分利得税宽恤小商及救济战事损失办法》《修正计征利得税对于战事损失暨内迁工厂费用处理标准》等规章。

（二）非常时期过分利得税法时期（1943—1945）

随着抗战的持续，社会经济发生明显变化，物价不断上涨，需要对《条例》的内容做出一些修改。财政部在原《条例》的基础上制定了《非常时期过分利得税法》，表明过分利得税税制进入了完善阶段。与原《条例》相比，《非常时期过分利得税法》有以下几个方面的不同：

1. 课税范围缩小

其征税对象只有营利事业一项，原来的财产租赁过分利得，因财政部于1943年1月举办财产租赁所得税，税率最高达80%，税负过重，所以予以取消。

2. 税率提高

增加税率分级，变为11级税制。有些税级的税率高于原来的，有些保持不变。如利得额在资本额的20%以上至35%的部分，维持原来的税率；在35%—100%的部分，其中部分税级稍微提高税率；利得额超过资本额100%部分，都提高税率，最高税率为60%。

3. 规定一时营利事业利得计税方法

一时营利事业的利得，其营业期间不满一年的，应按其利得额及营业期间的比例换算其全年度利得额，以决定税率，再就其营业期间的利得额依决定税率计算其应纳税额。其营业期间超过一年以上的，均作为一年计算。

4. 确定抽查制度

各地征收机关的上级机关，应于每年7月至9月派员至各地抽查各征收机关办理税务及非常时期过分利得税征纳情形。前项抽查结果，其应纳税额与核定税额有所增减时，应交由当地主管征收机关填具抽查退税或补税通知书，通知纳税人领还或补缴。

除此以外，《非常时期过分利得税法》及其《施行细则》取消了原《条例》第14条的免税条文。

（三）特种过分利得税时期（1947—1948）

非常时期过分利得税创立的初衷是为了抗战，抗战胜利便没有了存在的理由，然而国民政府认为经济还没有稳定，物价继续上涨，商人囤积居奇，获暴利的人还很多，不能立即废止。于是，1946年3月财政部根据国民党六届二中全会《经济复员紧急措施办法案》的决议，拟具《特种过分利得税法草案》。国民政府于1947年1月1日明令公布实施《特种过分利得税法》，同时废止非常时期过分利得税。《特种过分利得税法施行细则》亦于同年2月8日由行政院颁布。该税的主要内容规定如下：

1. 课税范围

课税范围包括以下营利事业：买卖业、金融信托业、代理业、营造业、制造业。其中，属于教育文化、公益慈善事业，利得用于本事业的，予以免税。

2. 税率

税率采用超额累进税率，共分为13级，税率从10%到60%，按照利得额超过资本额的比率进行税率分级。

3. 处罚与奖励

纳税义务人没有在限定期间缴清税款时，主管征收机关得移请法院强制执行追缴，并处以所欠税额两倍以下罚金。其隐匿不报或为虚假报告的，除税务机关核定纳税额外，主管征收机关移请法院强制执行追缴，并处以应纳税额两倍以上五倍以下的罚金，其情节重大者，处以一年以下有期徒刑或拘役。纳税义务人或扣缴义务人如有隐匿不报的，经告发或者检举查明的，依法处罚，并用三成的罚金奖励告发人。扣缴负责人按照法定手续及期限完成扣缴义务的，当地税务主管机关应按照其扣缴税额的5‰给予奖金。

《特种过分利得税法》公布施行后，工商界人士及社会舆论纷纷反对。

非常时期过分利得税本为一时权益之计，因抗战而生，就该因战争结束而废止。然而，国民政府继续征收特种过分利得税，竭泽而渔，不但增加了人民的负担，而且也减缓了经济的复苏。纳税人知道特种过分利得税与所得税属重复征收，便千方百计地逃税。面对全国各地工商界纷纷抵制的局面，国民政府于1948年4月1日明令废止《特种过分利得税法》，历时十年的过分利得税退出了历史的舞台。

二、过分利得税的社会经济作用

（一）筹集财政收入

战时过分利得税，最先在西方各国实行。英国实行后，共收了6.5亿英镑，其他国家的征收成绩也非常良好，对于战费筹集有很大的助力。在中国抗战爆发后，沿海地区逐渐沦陷，国民政府丧失了大宗的关税、统税、盐税，而抗战需要的各种支出有增无减，国家财政难以为继。在这样的背景下，国民政府大力推动直接税改革，征收所得税、过分利得税、遗产税。过分利得税作为其中的一员扮演了十分重要的角色，及时填补了三大税种缺失所带来的财政收入短缺，开辟财源，筹集战争经费，为抗战的胜利贡献了力量。

（二）调节财富分配

随着战区扩大，沦陷区人民大量西迁，后方大中城市人口激增，房屋供不应求，房主趁机提高租金，获取巨额收益。前方战士浴血奋战，战区人民流离失所，而后方的房主却坐享战争带来的巨额利益，引起国民负担的不公平。其次，抗战以来，一般商人利用战时环境，操纵物资，垄断居奇，获取暴利，有时能够达到10倍以上的利润。开征过分利得税是一种寓禁于征的政策，引导广大商人不要操纵物资从而获取高额利润。这一税种的征收能平衡国民负担，抑制物价，打击投机倒把，消除社会不平现象，使全国人民有钱出钱，有力出力，共同担负起救亡图存的责任。从这一角度来说，过分利得税是一种很好的战时税制，既筹集了财政收入，又能节制资本，不让财富过度集中在少数人手中。

（三）完善直接税系

自清末民初以来，政府收入一向以间接税为主，而间接税因负担易转嫁饱受学者诟病。受到欧美税制改革思想的影响，社会上要求建立直接税的讨论一直没有停止过。由于直接税一般不能转嫁，由纳税人负担，税源普及，体现量能负担等优点备受西方各国所推崇。民国初年北洋政府就曾提出建立直接税的设想，但以失败告终。国民政府奠都南京后再度将建立直接税列入政府革新税制的方案。抗日战争爆发后，三大税收入的锐减迫使国民政府加速推进直接税的创立与实施，以此来弥补财政收入的短缺。伴随着国民政府1936年7月开征所得税，1939年建立过分得利税，1942年创办遗产税，直接推动了中国直接税体系的形成。

三、过分利得税对当前财税改革的借鉴意义

新中国成立后，1949年11月召开的首届全国税务会议通过了统一全国税收政策的基本方案，其中包括对所得征税的办法，拉开了新中国直接税征收的序幕。经过65年的不断摸索试验，目前基本形成了以流转税和所得税为双主体的税收体系。1994年分税制改革缓解了中央财政困难的局面，但同时也出现了一系列问题，比如“跑部钱进”、“突击花钱”、土地财政、地方债问题等。这些问题的根源均在于没有建立事权与支出责任相适应的制度，导致中央财力过大、地方事责过大的现象。要解决以上问题，必须诉诸财税体制的改革，而如今财税体制改革的方向之一正是逐步提高直接税比重，完善地方税体系。

通过前述过分利得税的历史变迁可知，直接税既能筹集财政收入，又可以缩小贫富分化。当前的财税体制改革想要逐步完善直接税制，必须“人为”地降低间接税收入的比重，正如抗战后期的税收收入结构变化一般。当前，社会财富分配不均，尤其是土地与房产带来的收益过分集中，基尼系数越来越大，一部分社会阶层和行业不是通过自己的努力，而是倚赖要素垄断获得暴利，已经严重侵蚀到国家的公平正义价值，甚至危及社会稳定，为此我们可以借鉴过分利得税的历史经验，对这些阶层与行业实行财政税收政策的调控。此前国家对“三桶油”征收的特别收益金被民间戏称为“暴利税”，就带有过分利得税的性质。因此，我们应该在总结该项收入的经验教训基础上通过完善税收立法程序，运用税收杠杆来规范收入分配，实现社会公平。

参考文献：

［1］金鑫，等．中华民国工商税收史——直接税卷［M］．北京：中国财政经济出版社，1996.

［2］中国第二历史档案馆．中华民国工商税收史料选编：第一辑［M］．南京：南京

大学出版社，1996.
[3] 林美莉．抗战时期国民政府实施战时利得税的政策与反应［M］．台北：中研院近史所，1999.

4. 关于财政史本科教学改革的几点思考

【摘要】财政史课程在财政学课程体系中非常重要，但是在多种因素的作用下，财政史教学正面临着学生流失的困境，教学改革迫在眉睫。财政史教学内容应以财政专题为线索进行整合，放宽研究视野，注重背景研究，加强比较研究；财政史教学方法应避免照本宣科，增加灵活性，提高学生参与程度；财政史考核方式应摒弃死记硬背，加强对知识综合运用能力的考核。

【关键词】财政史课程　本科教学　教学改革

【作者简介】郭雅娴，吉林财经大学税务学院财政系讲师

一、财政史课程的地位和作用

财政史是财政学专业本科课程体系的重要组成部分，对财政学专业知识的学习和研究具有不可忽视的作用。首先，今天是历史的反映，历史也是今天的一部分。其次，学习和研究历史有助于厘清事物的来龙去脉，追根溯源，从而对理论和政策有更深刻的认识和理解。最后，学习历史的目的是从历史的角度看政策，从时代的高度看理论，更容易看清经济规律，从而对当前的政策制定和执行起到借鉴作用。

二、财政史课程教学的困境

近年来，财政史在财政学科建设中的地位正在逐渐减弱，主要表现在：首先，财政史作为一个专业方向，其独立性正在消失，很多学校甚至取消了本科和研究生阶段该专业方向的招生计划；其次，在财政学专业本科课程体系中，财政史课程正在被挤出专业必修课的行列，变成选修课。这些现象都说明财政史在财政学科中地位的下降。

一般来说，学生必须在基本学完财政专业的其他专业课程之后，具有了足够的财政学专业知识储备，才能够进入财政史学的学习和研究，因此财政史课程多安排在大三下学期甚至大四上学期。而到了这个阶段，很多学生开始忙于准备考研和就业等“更有意义”的事情，对于财政史这样的

选修课基本上是“能不去就不去，能不听就不听”，把拿到学分的希望寄托在期末考试之前老师给的考试范围上，结果导致财政史的课堂成为混学分的课堂。诚然，学生的功利思想是造成这种状况的原因之一，但不可否认的是财政史教学中也存在诸多问题，因此进行财政史教学的改革迫在眉睫。

三、财政史教学改革思路

（一）整合财政史教学内容

1. 以财政专题为线索

财政史教材的编写一般都以朝代更迭为线索，按照朝代的顺序依次介绍各朝代的财政制度和财政政策。事实上，在中国几千年的历史中，从财政制度实践的角度而言，并不是每一个朝代都具有一个独特的特点，而是一些朝代之间有着相同或相似的财政思想和制度。例如，秦代的商鞅变法和宋代的王安石变法虽然在时空上相去甚远，但其中所蕴含的法家的思想以及财权集中的政策是相同的。

以朝代为线索的财政史内容编排使古代财政思想成为了缺乏连贯性的知识碎片，没有起到对财政思想追根溯源的作用，不利于学生的理解和应用。为了改变这种状况，笔者建议以财政专题为线索来整合财政史的教学内容。如前所述，财政史课程的教学对象是大三或大四的学生，这些学生已经对政府预算、国有资产管理、公债、社会保障等专业课程进行了系统的学习，对财政研究中诸如政府购买、财产税、预算、财政体制等专题知识有了比较充分的积累。因此，从历史的视角，分别研究这些专题的来龙去脉，挖掘现代财政思想和财政实践的历史由来，可使财政史的教学更具针对性。

2. 放宽研究视野

我国历史悠久，有文字记载的历史就长达几千年，因此在以朝代为线索进行财政史教学时，由于课时所限，每个朝代所涉及的篇幅非常有限。在有限的篇幅中，教学所能够涉及的内容基本上是跟财政直接相关的制度、政策和一些具体做法。而财政本身既是经济的一部分，又和政治关系密切，同时还深受文化和心理的影响，尤其是文化的影响极其深远。例如，在中国的财政收入构成中间接税的比例较大，这也许同中国人“含蓄”“客气”的文化特点不无关系。

而就财政论财政的教学内容比较刻板僵化，导致学生只能死记硬背，而无法将所学知识真正理解和应用。笔者认为，应该将财政史教学的视野放宽，站在更高的层面上，从经济社会整个大环境的角度看财政。只有将财政制度和政策放在具体的经济、政治、文化背景下，才能真正理解某种财政制度或某项财政政策存在的原因。

3. 注重古今对比研究

目前的财政史教学一般以历史事件为研究对象，易陷入就历史谈历史的误区。学生即使了解了历史上的各种财政制度和政策，往往也不知道如何与现实联系起来，更谈不上“以史为鉴”，这大大影响了学生的学习热情和财政史教学目的的实现。事实上，学习和研究财政史的目的，一方面是为了财政文化的传承，另一方面更是为了对今天的财政实践起到借鉴的作用。例如，我们研究周朝的财政史，也可以从中找到市场化的影子，从而为今天的市场化改革贡献力量。

作为财政学专业的学生，学习和研究财政历史的本身不是目的，是要更深入理解财政思想和财政理论。笔者认为，应该在财政史的教学内容中有意识地增加古今对比的元素，从而改变学生在学习过程中漫无目的的茫然状态，同时也使历史研究真正能够为现实服务。

4. 加入中外对比研究

目前本科阶段的财政史课程一般都是中国财政史，在讲述中少有涉及其他国家的内容。事实上，在史学的研究中也应该有一些中外对比，这样更有利于理解现代财政制度的中外差异。例如，中国和美国在财政体制上有很大差异，这种差异的形成其实可以追溯到“推恩令”和古罗马经济中心的形成，甚至可以进一步上溯到中国农耕文明和欧洲游牧文明的起源。

现在国际借鉴成为比较流行的研究方式，但如果在不了解历史渊源的情况下盲目借鉴，很难起到良好的效果。笔者认为，应该在财政史的教学中有意识地加入中外对比的元素，从而为比较财政学等后续课程奠定基础。

（二）改进财政史教学模式

多年来，财政史的课堂教学大都采用教师讲解、学生记笔记的传统方式进行，这种单向灌输的教学模式已经不适应现在的学生，尤其是在财政史课程本身作为选修课的情况下，课堂教学的乏味更加降低了学生的学习兴趣，从而影响学习效果。笔者建议可以采取一些灵活多样的教学方法，一方面吸引学生兴趣，另一方面提高学生学习效率。例如可以采取如下方式：

1. 今日书场

课堂教学中，教师的讲授是必不可少的，尤其在本科阶段，教师肯定是课堂教学的主导。财政史教学也不例外，诸如基本概念、政策背景、思想理念等内容往往离不开教师的讲解。但为了避免照本宣科的枯燥无味，教师可以借鉴《百家讲坛》的风格，采用说述评结合的方式进行讲解。这样一来，学生听课的兴趣将会大大提高。

2. 任务承包

学生的积极参与是提高教学效果的重要因素。为此，教师可以有选择性地抛出合适的任务，形成一个个小课题，让学生以小组的形式完成。比如查询某些历史事件的背景资料，搜集并对比某种类似的财政措施，对比分析两种财政制度或者分析《论语》中某句话中蕴含的财政思想等。

3. 情景再现

对于有些典型的历史事件，可以引导学生运用小品、话剧等形式进行情景再现。这样一方面可以调动学生的积极性，另一方面也可使学生通过角色扮演加深对史实的理解。

（三）创新财政史考核方式

传统的闭卷考试方式具有两大缺陷：第一，闭卷考试的考核内容一般都比较死板，很难全面考察学生对知识的融会贯通和综合运用能力；第二，财政史在很多高校财政专业中都是选修课，学生往往对笔记或老师划定的复习范围死记硬背，即使平时没有认真学习，一般也能混个及格，这使得学生在学习的时候更加没有动力。

笔者建议，可以采用平时成绩与期末成绩相结合的方式。平时成绩通过前面提到的教学环节中的学生参与部分给定；期末则可以采取比较灵活的考核方式，比如写一篇小论文，或者做一个小课题等。

当然，如果按照前文提出的建议进行财政史教学改革，那么面临挑战最大的可能不是学生而是专业教师。教师必须既要具有较高的财政学专业素养，又要对中国历史有较为全面的研究，同时善于灵活运用各种教学方法。但是，相信这种挑战对教师教学和科研能力的提高也会有很大帮助。

参考文献：

[1] 郑慧涵．谈谈研讨式教学在教改中的应用［J］．职业与教育，2004（3）．

[2] 周春英．关于高校中国财政史教学改革的几点思考［J］．历史教学：搞笑版，2007（7）．

［3］赵兴罗．中国财政史课堂应成为传承中华文明的重要阵地［J］．时代经贸，2007（5）．
［4］翁礼华．大道之行［M］．北京：经济科学出版社，2009.
［5］吴晓波．浩荡两千年［M］．北京：中信出版社，2010.

5. 论宗教的再分配及国家的干预

【摘要】宗教不仅具有精神和思想的调整与控制功能，同时它还和财政一样具有再分配的功能。宗教来到这个世界最原始的作用就是再分配，经济学上阐述的社会五大分配：财政分配、信贷分配、财务分配、工资分配和价格分配，没有提及宗教分配，原因在于宗教分配是最原始的分配，它甚至早于财政分配，但其随发展被逐渐融合到了财政分配中。

我国市场经济运行模式尚未完全成熟，尚处于经济转型时期，经济发展的浪潮汹涌澎湃，这就使宗教与商业互为渗透，精神的扩张力与经济的诱惑力找到了共同的切入点，宗教的再分配功能天然地与初级市场经济得以勾连。本文试图对这一宗教现象加以客观的探讨与分析，据此建议对与宗教有关的营利事业、营利经济实行征税制。并特别强调这不是宗教信仰问题，而是商业运作问题，这两者有着严格的区别，必须加以规范性界定。

【关键词】宗教　再分配　财政

【作者简介】黄天华，上海财经大学公共经济与管理学院教授

一、宗教的再分配理论分析

（一）宗教再分配的原理

1. 公共权力的形成

恩格斯认为："宗教是在最原始的时代从人们关于自己本身的自然和周围的外部自然的错误的、最原始的观念中产生的。"① 也就是说，原始宗教是早期人类在与大自然的斗争中对于种种神秘恐怖现象无法作出科学解释而自发产生的。

这个世界上所有的民族在经历人类社会发展的初始阶段时，对大自然的畏惧和无奈曾使他们执着地生活在原始宗教的幻想之中。因此，宗教的

① 《马克思恩格斯选集》第四卷，第250页。

产生和发展，既“是人类社会进步的一种标志，也是人类进入文明社会的必由之路”①。同时，原始宗教也成为“支配着人们日常生活的外部力量”，正如恩格斯所说：是“作为一种完全异己的、有无限威力的和不可制服的力量与人们对立的”②，“人间的力量采取了超人间的力量的形式”③。因此，它是非常自然地融入了公共权力的初级形态，宗教权力是通向公共权力的最简捷最快速的坦途。

任何世俗政权都得容忍神权和教权，只是底线不一，所谓的公共权力可以是现实的行政权力，更可以是精神的扩张力，这就是宗教的魅力，也是公共权力的难解之谜。

2. 再分配的需要

恩格斯认为：“在以前的一切宗教中，仪式是主要的事情。”④ 只有参加祭祀和巡礼，才能证明自己对信仰的虔诚。

只要存在宗教活动，就始终存在传教、布道、祭祀和膜拜，而宗教活动的主要形式就是公共祭祀，公共祭祀品是不可或缺的。这就涉及宗教经费，既然宗教活动是公共活动，公共经费必然由公共负担。所以，自宗教诞生以来，直至今天，宗教经费都是公共负担的。

最初，公共祭祀品或源于公共土地上的收获物，或源于氏族成员的捐献，或源于大家庭的分摊，这就是说公共祭祀品是由公众（共）提供的，也在宗教活动中由公共消费。

但是随着生产力的发展，人类逐渐摒弃了原始宗教，但代之而起的是人为宗教，人类自身的阶级压迫取代了大自然对人类的摧残。

公共祭祀活动在文明社会的门栏上也随之发生了质的变化，由大家提供的公共经费或者公共产品，除了一小部分用于宗教活动，绝大部分为酋长、头人、巫师等氏族上层所独占，并逐渐趋向公共摊派和宗教收费，特别是在公共权力的强制下，延伸为宗教税课，而且日趋制度化。

（二）宗教再分配的功能

1. 宗教再分配功能之一：获得他人财富支配权

宗教活动的特征决定了宗教费用和宗教义务的强制性，否则寺院经济

---

① “云南宗教文化研究丛书”序言，载《民族宗教经济透视》，云南人民出版社，1991 年 12 月。

② 《马克思恩格斯选集》第一卷，第 35 页。

③ 《马克思恩格斯选集》第三卷，第 354 页。

④ 恩格斯，《布鲁诺·鲍威尔和原始基督教》。

和宗教活动无法运行，宗教神职人员及其家属的生活消费也无法维持。于是，宗教就天然地运用神权统治社会，运用神权谋取财富，这就使一部分人的部分劳动产品所有权发生转移。

宗教活动首创了一部分人获得他人劳动产品的部分支配权，这既是经济剥削收入，又是超经济剥夺收入。宗教活动本身可以得到其他经济单位或个人的物质酬谢，所谓的“劳动”需要回报，需要报酬，这是劳动产品所有权转移带来的重大突破。宗教充分利用了佛祖和神灵的光环，无限地扩大对信徒的精神统治权，力所能及地占有或转移劳动者的部分劳动产品，以谋取他人财富。

2. 宗教再分配功能之二：改变产品所有权

宗教活动所需求的公共产品（经费），无论是信仰者的奉献，劳动者的捐赠，还是宗室豪门出资，宗教或是凭借了政治权力，或是凭借精神控制力，都在赤裸裸地改变了产品所有权，这个时候已经完全丧失了温情脉脉的宗教魅力。

这部分公共产品可能会形成个人特权收入，也有可能形成宗教（寺院或庄房）收入，更有可能形成政教合一国家的财政收入。这三者在理论上不能相提并论，但在本质上却是一致的，这就是公共权力或精神控制力的强制性。宗教的魅力掩盖了强制性剥夺，而“信仰守护人”又掩盖了“执行祭司的职能”，宗教收入的强制性完全被淹没在宗教的温情之中。正因为如此，宗教的震慑与威严，在佛祖和神灵的光环下，更在人们日常生活中日趋得以强化，宗教权力才是通向公共权力的最简洁的坦途。

3. 宗教再分配功能之三：牧师的分配功能

宗教活动的潜在经济意义，不仅表现在这是对人类支配劳动成果的行为之一，同时体现了社会再分配范畴的扩大和分配手段的延伸。而这个过程最充分最彻底地展示了温馨的“牧师的功能”。

牧师能够接受信仰者对祖上罪恶的忏悔，牧师能够满足顶礼膜拜者来世慰藉的愿望，牧师也能够逢凶化吉，祛病延年，牧师更能够把现实苦难的你送上虚幻的天堂，这就是宗教魅力的所在。这一切会使善良的百姓用消耗财富，奉献自己一切的方法，以表示自己感恩报德的情怀。

但是，牧师却会在宗教活动不断改变供奉在庄严祭坛上牺牲和祭祀品的性质，这就是强制剥夺，根本不是等价交换，牧师付出谎言，收入却是黄金。

4. 宗教再分配功能之四：直接的宗教税课

劳动者在宗教活动中的自愿奉献却转变为对佛寺和僧侣的供奉；信徒

共同承担祭祀费用却延伸为“合理”的宗教义务；劳动者所共同分摊的宗教份额转变为寺院的宗教费用；宗教上层因宗教活动而征收的贡物转变为寺院的有“戒”可依的税课；此外，寺院还在“神灵”的各种节日向劳动者收取各种贡物。这就是宗教税课的本质。

在政教合一制国家（政权）形态下，所有的宗教供奉、宗教税课、宗教费用、宗教义务、宗教贡物等都已转化为宗教税收。我国则有南传佛教和藏传佛教的宗教税课可以佐证。而世界三大宗教税课，即伊斯兰教的“天课”制度、基督教的大小“什一税”制度、佛教（喇嘛教）的宗教税课制度，无一不说明这个问题的本质。

（三）宗教分配与财政分配的区别

宗教收入源于宗教的公共服务，但宗教提供的公共服务，虽然是公共品，但信仰本身纯属私有品。宗教强调的是个人与神灵的交流。所以，宗教信仰的定价有惊人的弹性，而信徒的奉献也有足够的虔诚。但是，人们承担了巨额的宗教费用，得到的却是虚幻，是虚无缥缈的东西，谁都明白这是怎么回事。宗教是凭借神权、教权（即精神或信仰的控制力与扩张力）参与社会产品的分配，只有在政教合一的国家才能凭借公共权力参与分配。

财政源于国家运行的需要，人们承担了公共经费，得益于社会的正常运行。无论什么样的社会形态都有一定的法制，而国家与法制就是基于财政的公共性，或说公共财政。这就是财政的逻辑性，谁都明白一个没有法制和国家机器的社会是无法运行的。财政就是凭借公共权力参与分配。

故而，财政分配与宗教分配最大区别就在于，财政具有公共性，宗教更大程度上是私利性。

（四）宗教收入的经济性质

宗教收入除了正常的支出之外，就是扩大宗教影响，给寺院带来更多的财富。而这些财富最终落到上层僧人的口袋里，除此之外不会另有出路。这就是为什么宗教寺院（包括其财产和收入）至今说不清属于何种所有制，正如学界定义的，寺院名义上属于集体所有制，实质上是高级僧侣（住持）个人所有制。

正因为我国的市场经济还不是很完善，导致资本捆绑了宗教，故而就会出现“牧师”付出卑劣的谎言，收入却是真正的黄金。于是，异化的宗教活动带来了莫名其妙的收入，“信仰”为“暴利”所取代，庄严肃穆的场所掩盖了熠熠生辉的金钱，佛教的教义和精神在哪里？

正因为如此，宗教收入就是一个非常忌讳的话题，《凤凰周刊》曾以“富裕的‘菩萨’”为题报道，追问繁荣的寺院经济下，“佛菩萨一天到底有多少钱入账？”虔诚的佛教徒实在不该提出这样的问题，但即使提出也永远不可能得到答案。

华东师范大学宗教文化研究中心主任李向平说，近年来关于寺院经济收入，从来没有一个数据统计，“它目前还是一个黑箱”。“一碰及这个话题，原本关系很好的一些方丈、住持都不接待你了，搞不好还被赶出来。”但不管怎样，近年香火的鼎盛、寺院的富裕让人有目共睹。目前，被人们视为神秘之地的寺院正逐步改变千百年来“吃饭靠供养，修庙靠国家”的旧模式，向人们展示了搞活市场经济的一派生机盎然的景象。

我们不否认寺院需要正常开支，包括僧人的衣食住行，还有寺庙维修费、水电费、医疗费、赞助费等。近年来，佛教寺院在地震、海啸等灾难事件中纷纷踊跃捐款，而且数额不小，这是功德无量的大好事。较多的研究人员只是想间接地了解一下这些善款来源，就引起寺院内部的警惕，断然拒透露捐款的相关信息，但这仅仅是出于谨慎吗？

本文倒是应该非常谨慎地说明，在宗教收入与宗教活动商业化性质未定之前，经济专业工作者还是不便参与讨论。

（五）宗教分配的趋利性

宗教活动不是天马横空，独来独往，宗教就是社会生活在人们观念上的反映，无需询问为什么，信众就是愿意固执地生活在宗教的幻想之中，这就是宗教的魅力。因此，任何一个国家的宗教信仰都受到法律的保护。

但宗教信仰有没有经济成本，与金钱有何关系，这个问题的答案可谓五花八门。

著名学者方立天教授说，所谓的“信仰自由”，即先买门票，后去拜佛，买不起门票就没有信仰权利。中国国民党副主席蒋孝严曾批评大陆景点观光费用非常高，他举了一个例子：所有寺庙都收费，而台湾没有一个寺庙要收费。

中国人民大学魏德东教授一针见血地说：宪法规定中国公民有信仰自由，要落实这个宗教信仰的自由，最基本的就是保证公民能够自由地出入宗教场所，但高额的门票实际上就是剥夺了人们宗教信仰自由的权利。这个世界上还没有一个国家对信徒去一个佛寺和教堂设置如此高额的经济成本，这是非常不公平的。

这原本是一个信仰问题，如此就转变成经济问题，即刻又突显了政治问题。

我们不否认宗教在人类社会发展过程中作出的伟大的贡献，但是，宗教与商业的结合最终导致异化的宗教被资本充分利用，给虔诚的信徒和善良的百姓布下经济的陷阱和信仰的黑洞，这不仅误导了人们，同时也重置了经济分配格局，进一步说就是资本剥夺了人们正常的信仰权利，扭曲了宗教事业的发展方向。

二、宗教商业化运作下的信仰危机

我国宪法维护宗教信仰自由；宗教必须在宪法、法律和政策范围内活动；国家保护一切在宪法、法律和政策范围内的正常的宗教活动；宗教活动要服从、服务于国家的最高利益和民族的整体利益，宗教界人士要爱国、进步，要为祖国统一、民族团结和社会发展多作贡献。国家的宗教政策一如既往，而宗教商业化运作却在逆向行驶。

香火经济的高速发展，将宗教活动和商业模式捆绑在一起，将精神信仰与市场经济捆绑在一起，使宗教活动浸透了商业元素，特别是宗教人员职业化的商务活动和宗教衍生事业的纯粹金钱交易，在宗教和商业的结合点上充满了经济陷阱和信仰黑洞。这种被承包的“信仰”与默认的宗教商业化活动，直接导致了寺庙经济的混乱和宗教衍生性腐败。

市场经济的滔天浪潮，使红尘滚滚涌进寺院山门。宗教商业化活动是宗教无法抵御的经济诱惑，敞开山门，迎接红尘；把一个非营利的宗教场所变成一个以营利为目的的实体机构，这沾污了宗教信仰的纯洁性，又破坏了宗教信仰的神圣性。

红尘未破，寺院就失去了往日的宁静，喧嚣的世界与“六根清净”的僧人走到了一起，“四大皆空”“唯独缺钱”，静心修行已变成借佛敛财，故有“不怕僧人世俗化，就怕寺庙商业化”之说，这就是宗教商业化活动的巨大离心作用。

宗教是信仰活动，应与商业活动毫不相关，但是宗教活动既然和现实生活紧密地结合在一起，就不能否认社会生活对宗教活动的影响。在不成熟的市场经济条件下，所谓宗教活动商业化、宗教人员职业化和宗教衍生事业产业化是有目共睹、比比皆是的。

（一）宗教活动商业化

所谓宗教活动商业化，即寺院或僧人利用宗教活动，进行商业性运作，收取高额回报。例如，小型商业活动有占卜、抽签、解签、开光、测字、卖香、售烛、请佛等，大型商业活动有开光、法事、道场等。

（二）宗教人员职业化

所谓宗教人员职业化，即宗教活动商业化的巨额利润，使宗教僧人分离出职业经商者，或世俗人员经简单培训便以和尚、尼姑或道人之名，签了应聘合同，上班“礼”佛，“朝九晚五”，下班还俗，灯红酒绿，每月领工资，收入却异常惊人，职业化可谓谋取暴利的最便捷的途径。

（三）宗教衍生事业产业化

所谓宗教衍生事业产业化，即指香火旺盛的寺院或旅游风景区内寺庙之承包经营，经忏、法事、宗教殡葬、宗教祭祀等一条龙服务等。宗教商业性经营活动已呈产业化发展趋势。

市场经济的澎湃大潮，使宗教与商业互相渗透，精神的扩张力与经济的诱惑力找到了共同的切入点，宗教活动商业化、宗教人员职业化和宗教衍生事业产业化随之而生。

我国宪法维护宗教信仰自由；宗教必须在宪法、法律和政策范围内活动。我们不否认宗教在人类社会发展过程中作出的伟大贡献，但是，如果把宗教置于一个不成熟的市场经济环境中，将宗教信仰与市场经济捆绑在一起，将宗教活动与商业模式捆绑在一起，导致异化的宗教被资本利用，将剥夺人们正常的信仰权利，扭曲了宗教事业的发展方向。

三、宗教活动商业化的基本分析

人们渴望神灵保佑，这些都不难理解。而宗教活动的商业化，利用了人们的这种心理，竭力敛取高额的钱财，诸如：

占卜，即为官者甚想预知未来升官的前景；求职者急于预知未来职场的好坏；高考者想金榜题名；经商者渴望财源滚滚……，所有占卜者都心甘情愿地向“预言者”付出不菲的代价。

经签，即抽签和解签，这与占卜是一样的，只是表现方式不同，抽签付费，解签同样付费。倘若抽取上签，则为大吉大利，得到精神满足。倘若抽到下签，则还需支付香火费，以解救即将临头的灾难与不幸。所有抽签解签的为官者、经商者、求职者、高考者、患病者、不幸者、失恋者、求子者均需付出不菲的代价，无一不是如此。

经忏，即宗教佛事活动之一，有小型佛事，也有大型佛事，只看信徒出价而已。《凤凰周刊》引用宗教界人士（大法师）说法，近年来出现了专门从事经忏活动的经忏僧、经忏道场，经忏佛事也变为明码标价的商业活动。“这种经忏道场多半道风不好，僧人腐化现象也非常严重。”

法事与道场，即应个人或团体需求而施行的信仰活动（包括祭祀先父先母、家族祖辈或为著名产品开光），求道者获得巨大的精神满足和社会效应，主持者则要收取高昂的费用。当然，还有其他怀着各自目的的人群。

宗教殡葬，即宗教人员为逝者亲属选购墓位，提供安葬服务；为逝者提供布置灵堂及治丧服务及其他殡葬服务。逝者亲属愿意耗费巨额费用以换取心灵的慰藉，宗教人员得到了什么呢？

占卜者、经签者、经忏者、法事与道场者、宗教殡葬者，这些都是正儿八经的宗教人员，都是六根清净、清心寡欲的出家人，他们之所以出家，不正是为了逃离这种繁闹喧嚣的俗世吗？所谓“苦海无边，回头是岸”、“人人皆可成佛”、“佛性在心中”。

那么佛祖在哪里呢？宗教人员如此职业化，这不是一种对他们自己和佛教莫大的嘲讽吗？在自己整天修行的地方，在自己膜拜的偶像前，与人们进行着金钱的交易。这是宣扬佛教，还是亵渎神灵。据《中国新闻周刊》报道，更令人难以置信的是，寺庙中那些从事商业活动的出家人几乎全是“冒牌货”。

佛教要求入门者要静心修行，故而寺庙绝不是歌剧院，不是商场，不是工厂，也不是风景区，寺庙就是僧人组织活动、宣扬佛教教义和宗旨的肃穆的场所。它与金钱无关，它与穷富无关，它与暴敛财富更不沾边。

寺庙本来是佛菩萨神仙在人间的驻地，是和尚尼姑道士晨钟暮鼓、青灯黄卷为信仰修持，不染红尘的清静地方，也是善男信女求佛神保平安、寄希望的场所。然而，寺庙搞承包，宗教场所变身经营场所，这真是开历史之“先河”，创世界之“奇迹”，实在是史无前例的“创举”！它使中国的佛、神文化商业化、产业化、市场化，变成了庸俗的拜金文化，寺庙当成摇钱树，信仰也能搞承包，铜臭味熏染了一尘不染的禅院，芸芸众生会不会怀疑佛祖普度众生的慈悲心肠，救苦救难的博大胸怀？

寺庙原本为宗教朝拜彰显人类信仰和寄托的圣地，已经异化为重点收费旅游景区，而且收费一路上涨。所谓收取门票是为了修缮寺庙，早已异化为整体承包、假和尚逼捐、抽签解签为手段的吸金黑店，这里已经没有了宗教的本义，赤裸裸地出售人类信仰和灵魂。

因此，社会转型时期，“市场经济”“利益至上”的观念已侵入了正常的宗教生活。如今宗教活动商业化、宗教人员职业化和宗教衍生事业产业化反而成了寺院和出家人的基本职责，而信众的信仰却迷失在商业承包的汪洋大海之中，“四大皆空，唯缺金钱”。

四、适时调整财税政策以适应宗教事业的健康发展

宗教形态和宗教活动的发展，始终应该与社会经济运行保持良性互动状态，宗教权力必须限于国家公共权力许可范围之内，宗教布道和僧侣传教必须服从国家的最高利益。因此，在社会转型及市场经济高速发展时期，国家与宗教的协调是必需的，国家的宗教政策调整与变更更是不可避免的。

我国市场经济的运行模式尚未完全成熟，宗教的再分配功能天然地与初级市场经济得以勾连，宗教事业缺乏制度性约束，不仅有害于整个国家的发展，有害于社会的健康稳定，有害于百姓的信仰自由，而且有害于广大宗教人员的修行，更助长了迷信的泛滥。

我国宪法维护宗教信仰自由，宗教必须在宪法、法律和政策范围内活动。国家税收政策也必须适应宗教活动商业化的发展，逐步加以调整，这不仅利于维护市场经济的正常发展，同时可展示财政政策的公平与正义。

我国宗教政策是开放的、透明的，对宗教及其活动实行扶持政策，宗教性机构享受政府的免税优惠，但这不等于眼下所有的涉税宗教商业化活动均可免税。宗教商业性活动必须透明，基本财务收支必须明确，经营性宗教收入必须提供国家规定的明细报表，财税部门负有审查的责任。这是规范宗教商业性经营活动的起点。

宗教商业化活动加重了信仰者的经济负担，包括寺庙道观中的香烛钱、捐赠、奉献、供奉、祭祀、法事、道场，等等。

因此，本文建议对寺院商业性经营和宗教人员职业化收入实行一视同仁的课税制度，这基于以下理由：

第一，市场经济首先是法制经济，任何上层建筑包括意识形态都必须纳入法制的轨道。在法律的约束下，任何团体与个人不得例外。因此，对宗教商业性活动征税符合最基本的市场经济法则。

第二，从经济理论上分析，既然宗教活动对劳动产品所有权的有效转移实现了重大突破，并且首创了对他人劳动产品的支配权。那么，宗教暴利收入本质上既属于经济剥削的潜词，又属于超经济剥夺的滥觞，似税非税，似费非费。政府对宗教商业性活动征税不仅名正言顺，而且有更为重要的政治及意识形态的功能。

第三，宗教活动的经济意义，不仅表现在这是人类支配劳动成果的行为之一，同时也体现了社会再分配范畴的扩大。宗教活动会发生裂变和延伸，会不断地改变供奉在寺庙庄严祭坛上“牺牲”和“奉献”的性质，因为利用宗教魅力转移产品所有权，使劳动可以在不同的经济单位之间进行交换，这是宗教活动的经济本质。宗教历史的发展轨迹本身就说明了这个问题，国家以税收形式加以适当调节，如同世俗社会平衡贫富差别一样，这有利于社会的发展，有利于共同富裕，有利于构筑温馨和谐的社会。

第四，依据我国宪法，公民有信仰宗教的自由，信教的公民与不信教的公民享有同等的权利和义务，各宗教无论影响大小，在法律面前一律平等。宗教必须在宪法、法律和政策范围内活动。宗教界人士和信教群众首先是中华人民共和国的公民，要把国家和人民的根本利益放在首位，承担遵守宪法、法律、法规和政策的义务。但是，当宗教活动浸透了商业元素，宗教活动完全商业化运作，宗教活动已经异化为纯粹的金钱聚敛，成为经济黑洞的时候，国家以税收政策积极干预，实际上已是可取的答案。

税收干预，首先，维护了宗教信仰的自由；其次，确保了宗教人员的切身利益；第三，维护了信徒行善的权力；第四，尊重了税法面前人人平等的准则；第五，不使宗教无本之利汇集于寺庙，繁荣的寺院经济该由税收政策加以调控。

历史已经启示：宗教的发展有其必然的规律，在市场经济的条件下，宗教活动与商业活动的发展必将融合交叉，并发生巨大的经济与精神作用。现在已经可以看到现代化寺院道观不断涌现，这究竟是经济转型时期跌宕起伏的变革，还是民族文化与现代价值观的碰撞，其经济杠杆在何处?

宗教发展和国家宗教政策密切相关，而国家宗教政策与宗教商业性活动、宗教衍生事业政策又是有重大区别的。公民有宗教信仰的自由，寺院有宣传宗教的自由，但这不等于国家可以放任宗教与商业的结合，以谋取巨大的经济利益。国家以税收形式加以干预，这仅仅是一个切入点。

6. 国库制度演进中的权力制衡问题

【摘要】预算法修改，“批阅十载”，四次审议，破我国修法史记录，融社会各界的智慧和努力，创造了人大、政府、学界及社会合作共治一部法律的经典案例，是我国社会转型和制度进步发展到关键之点的必然经历和产物。其中，有关国家金库（以下简称国库）管理条款的规定是这部新法最显著的亮点，说明我国国库体制的核心价值，除了传统的职责分工、强化控制之外，还融进了现代国家治理的权力制衡理念。

【关键词】国库　权利制衡　预算法

【作者简介】李炜光，天津财经大学经济学院教授

一、国库制度演进及制衡理念的代入

国库（national treasury），依教科书上的讲解，是管理预算收入的收纳、划分、留解和库款支拨，以及报告财政预算执行情况的专门机构，一般由一国的中央银行经管。但国库却远不只是一个财务出纳式的办事机构。财政部门与国库，是一种相互监督、相互制约的制衡关系，是政府资产负债受到严格和严密的管理的体现，是政府履行综合管理职能的一个不可或缺的环节，是现代国家治理的一个不可或缺的环节，同时也是人类文明演化的一个重要成果——用严密的“预算之网”把统治者关进制度的“笼子”里。

历史上，预算和国库的思想萌芽于1215年《大宪章》确立的“未经本王国一致同意不得征税”的原则之中。这以后的400年英国历史中，尽管骑士和市民代表在14世纪末就进入议会并组建了下院，尽管几经较量征税的权力已经逐步向下院转移，王室在征税问题上已经不能为所欲为，但由于下院对一个时期内政府征税和支出的总量缺乏了解，对王室和政府的控制监督依然是软弱无力和不够规范的。

为了纠正这个问题，两度担任首相的小威廉·皮特于1786年主持改革，整理国债，改革税制。1787年，英国议会通过《统一基金法》，实现了财政资金的“数目字”管理，即政府在英格兰银行设立公共账户，自该

年起，政府的所有收入均入统一基金，所有支出均自统一基金支付。自此，下议院对政府财政的监控具有了实质上的意义。这应该算是英国历史上最早的国库，如丘吉尔在《英语民族史》中指出的："我们现在有'预算'一说，这完全是皮特的功劳。"丘吉尔的意思是，国库出现构成了现代国家预算的基本要素之一，没有国库，现代国家建构就是空的，没有落地。在詹姆斯·吉尔雷的一幅讽刺漫画"偿还国债的新方法"里面，乔治三世和夏洛特皇后用国库的钱偿还王室债务，而小皮特还递上一个钱袋，就生动地反映了国库形成初期政府财政与王室之间在"钱"的问题上微妙的关系。

这以后，1854年，议会通过《国家收入及国库支出法》，规定政府所有的财政活动一律入国库管理，下院对收支两个方面的各个环节都给予法定程序上的监督和控制。1861年，议会通过"格莱斯顿议案"，正式建立公共账户委员会，并一直留存至今。1866年，又通过《国库与审计部法》，成立由议员、总审计长和职业审计员组成的专职专家委员会，要求所有的行政部门及时向议会提交审计后的财务报告，以说明由国库拨付的各款项是否按照议会的要求而使用，这一举措使得原先的议会专门委员会财政资金管理"不够专业"的技术问题得以解决。这样，英国的现代预算制度体系在19世纪基本形成，其主要特征是建立了一个并行不悖的控制程序和制衡机制。①

在美国，国库的建立也是预算制度形成的核心环节。美国创始人之一亚历山大·汉密尔顿曾在《联邦党人文集》中指出："众议院不能单独拒绝，但是能单独提出维持政府所需的拨款，简言之，他们掌握了国库，而国库是一个强大有力的工具。在不列颠的宪法史上，借助于这个工具，一个地位低下、处于襁褓之中的人民代议制逐步扩大了活动范围和作用，削弱了政府部门的特权。这种掌握国库的权力被认为是完善和有效的武器，宪法通过这种武器，能把人民的代表武装起来，纠正偏差，实行一切正当有益的措施。"

在美国历史上，国库局的建立要早于美国国家的建立。1775年7月，费城的大陆议会决定成立司库办公室，任命乔治·克莱墨和米切尔·海勒格斯两人为国库员，其主要职责是为正在进行中的独立战争筹措经费和保管资金，这被认为是美国国库局的雏形和财政部的前身。1777年9月6日，美国国库局建立。建国初期，国库局的主要职责是打击伪币、维护市

---

① 彭健．政府预算理论演进与制度创新［M］．北京：中国财政经济出版社，2006：101－106，108－115，133－150，166－172.

场秩序。1789 年 9 月 2 日，美国财政部（United States Department of the Treasury）建立，国库局成为美国财政部的组成部分，首任财政部长就是汉密尔顿。今天我们看到的美元，除了印有“IN GOD WE TRUST”（“以上帝的名义，我们信任这张纸币”），还在每一张美元的正面印着两个人的签名：一个是美国财政部长（U. S. Secretray of the Treasury），另一个就是美国国库局局长——司库官（U. S. Treasurer），可见司库的地位有多重要。1861 年，国会通过法律，正式授权联邦政府印制和发行纸币，这以后，美国财政部司库官的职责被定位于纸币印刷和硬币铸造和发行，政府黄金储备和联邦政府国债的管理，以及收缴和发放联邦政府的各种专款等。①

美国国会被认为是国库的守护者，因为依据美国宪法，国会拥有掌管“钱袋子”的权力，其中参众两院，特别是众议院的拨款委员会承担着削减预算申请的责任，被认为是最直接的国库守护人。这个过程起自白宫向国会提交总统年度预算，国会审议通过后分别被送至两院的授权委员会和拨款委员会，经严格审议后形成拨款法案，最后，该拨款法案经总统签署方可生效。美国学者芬诺（Fenno）曾调查了 1947—1959 年间 37 个行政部门的数据，证明有 77.2% 的申请被削减。不过，拨款委员会并不是唯一的支出决策机构，它仅控制着约 45% 的支出额度，另一半多的支出仍是通过“国库预算”予以安排的，如开放性的公民权利性支出、贷款担保及税式支出等，仍然可以从国库直接获得拨款，只是拨款委员会控制的这部分不到 50% 的预算是所有财政资金中最灵活的部分而已。②

英美预算和国库的发展史可以认为是世界文明演化的代表，反映着这一事物的基本原则和精神，即控制和制衡的思维。我们在引进西方现代预算制度的控制机制的同时，由于“国情”所限而排斥掉了制衡的取向，这是目前我国预算管理难以实施到位和漏洞百出的主要原因，也是目前我国构建现代国家治理机制的主要障碍。其中的道理，就是孟德斯鸠在《法的精神》中早就揭示过的，仅有权力的分立是不够的，还须有权力的制衡，制衡才能确保自由的存在。

与财政的其他事务较为单一的特性不同，预算属于综合多元的事物，其核心是制度和责任的确认问题，又因连接着政治、经济、社会三大社会子系统而与整个国家治理有着十分紧密的联系和综合性极强的特征。如威

① 王淑杰．政府预算的立法监督模式研究［M］．北京：中国财政经济出版社，2008：127－130，134－138.

② 阿伦·威尔达夫斯基，布莱登·斯瓦德洛．预算与治理［M］．苟燕南，译．上海：上海财经大学出版社，2010：116，编者前言．

尔达夫斯基（Aaron Wildavsky）所说：“如果你不能预算，你如何治理?”① 另一位预算学专家希克（Allen Schick）也说：“毫不夸张地说，一个国家的治理能力在很大程度上取决于它的预算能力。”②

二、现代国库的特性和基本职能

世界各国普遍从20世纪50年代和60年代初期开始关注预算的计划、规划、体制和其他一些技术问题，因为它们可以提高公共支出的效率（Vito Tanzi），而在此之前，预算一直被认为是政治的演变与发展问题。古今中外，没有“纯”经济或“纯”技术的预算，所有的预算改革都具有政治含义。当然，这种政治与其他政治也有不同之处，即它更注重政治结构与技术处理的结合。但无论如何，预算都不是我们通常所认为的经济问题。当代国家的预算治理，政治与技术相对应，两者的关系：前者是主导的、决定性的，后者是为前者所用、为其服务的，是体现财政权力控制与制衡以及技术管理完美结合的产物。

在美国学者弗里德里克·克里夫兰看来，民主制度不能仅仅发展到选举民主就停步不前，还必须实现预算民主，否则，预算控制的缺失会让选举产生的官员同样滥用权力。③ 借用克里夫兰的比喻，如果把政府看成国家这条船的船长，让船长对船上的人负责的最好办法就是控制开船所需的燃料，所以严格控制国库资金的进出便十分重要。同时，通过建立可以“告知过去的运作、目前的条件和将来的提议”的、包括政府资产负债表和主要由国库编制的现金流量表在内的一系列财务报告制度，公众及其代表们就可以让政府成为一个看得见的政府、一个有可能被监督的政府。阿伦·威尔达夫斯基则是个限制政府开支论者，他在《支出的力量和限制支出的改革》（Forces for Spending and Reforms to Limit）中，所强调的不是如何强化执行法令的行政裁量权，而是如何限制立法机关的立法裁量权问题，所以他的很多预算思想都表现在财政支出管理的著作中，尤其对国家金库的职权范围问题非常关注。当然，他也指出，限制政府预算权力的目的是提高财政资源的配置效率，并制止腐败，而并不希望这种限制使得政府无法正常合理地履行其职能。

依亚洲开发银行的归纳，现代国家国库的基本职能被确认如下：

---

① 阿伦·威尔达夫斯基，布莱登·斯瓦德洛．预算与治理［M］．苟燕南，译．上海：上海财经大学出版社，2010：116，编者前言．

② SCHICK A. Capacity to Budget. Washington：The Urban Institute Press，1990：1.

③ 马骏．实现政治问责的三条道路［J］．中国社会科学，2010（5）．

• 现金管理，目的是控制支出总额、实施预算计划、促成政府借款成本最小化，以及政府投资回报的最大化等；

• 政府的银行账户管理，即负责监督所有中央政府机构的银行账户，包括各种预算外资金；

• 财务计划和现金流量预测，其中财务计划包括编制年度现金计划、年度预算执行计划、月度现金计划和当月财务预测等；

• 公共债务管理，即控制政府债务的发行与实施管理，例如在英国，国库部门须在每个财政年度提交有关筹资需求、政府债务拍卖计划以及已发行债务的到期情况的报告；

• 国外赠款和国际援助对等基金管理，这是根据国际货币基金组织的建议而确定的功能，外援资金的集中登记应由国库负责；

• 金融资产管理，包括政府在企业中持有的股份、由政府提供的贷款、债权人没有承兑的担保支出等。①

这个版本的归纳大体反映了学界的共识和国库管理实践的一般经验。其中，是否坚持央行国库制和单一账户制，以及在此基础上实施严格的国库现金管理并提供完整准确的预算执行报告，是评价一国国库管理机制的基本考量和国库管理水平的关键指标。需指出的是，现金管理经常是发展中国家国库制度的薄弱环节，我国也不例外，表现在对现金管理问题缺乏足够的关注，预算执行过程和现金流量管理主要集中在程序遵从方面，公共资金的安全维护和使用过程的监督制约等问题常常被忽视。

央行国库制和单一国库账户制是世界上大多数国家的选择，被写进宪法或法律，不得违背。所谓国库单一账户，是政府所有财政性资金均应存在国库和国库指定的代理银行，归口在国库及其代理行设置存款账户，所有政府财政支出均通过这一账户拨付。制度设计的关键环节是一定要保持央行的独立性，这是单一账户与多元账户管理的重要区别，这个观点也为许多经济学家所注意，如韦托·坦奇和卢德格尔·舒克内希特在《20 世纪的公共支出》一书中指出的："需要有一个强有力的财政政策监督机构，这也得到了人们的广泛认同。鉴于许多独立的中央银行在控制货币扩张上取得成效，而许多国家部委在监督支出和总体财政状况上遭到失败，最近人们提出了监督财政政策的机构应该具有独立性的问题，以摆脱政治家随

① 萨尔瓦托雷·斯基亚沃－坎波，丹尼尔·托马西．公共支出管理——亚洲开发银行［M］．北京：中国财政经济出版社，2001：165.

意干预的思路。”[①] 如果央行国库缺乏独立性，立法机构通过的预算书（法律或法律文件）就有可能在预算执行过程中被扭曲以致破坏。因此，国库必须按照预算的要求分配资金，并把各部委和其他预算单位的支出限制在预算允许的额度之内，这个任务，只能由央行国库来完成，财政部门自己是承担不了的。

关于国库“经理”还有许多问题需要进一步探讨，我国虽有这方面的法律规定，却对其内涵缺乏了解。例如公共筹资成本和国库资金的增值问题，就可借鉴现代银行现金交易的规则处理国库与财政的关系，在这方面，新西兰、瑞典、澳大利亚等国家提供了较为先进的经验。在新西兰，各行政部门的年度现金计划须事先与国库协商确定，之后如果这些部门超支了，就要支付给国库一笔利息作为惩罚；如有结余，则可以获得一笔利息收益。同时国库部门在每个工作日结束时要对各行政部门的银行账户进行平仓，将其余额投资于隔夜拆借市场。与过去行政部门将剩余资金留存于其银行账户相比，这个办法每年可以节省大约2 000万美元。[②]

我们一直困惑于央行和财政部在国库问题上应当建立一种什么样的关系，或许新西兰等国的经验可以提供某种启示。为了鼓励政府优化现金管理并限制非透明性的准财政支出，对于由中央银行向政府提供的透支服务，应当按照商业规则进行管理。为了保证透明性，中央银行的利润或亏损应当以收入或支出的形式列入预算，同时还需注意到，采用这种方式要求中央银行以商业方式对国库储蓄提供补偿。这就属于我们难于理解的国库“经理”问题，而非国库“代理”的概念所能涵盖的了。

三、预算法修改中的“经理”“代理”之争

央行国库是“经理”还是“代理”，是这次预算法修改中争议的焦点之一。这并非只是一字之差那么简单，而是应当在理论和实践两方面必须廓清以下几个问题：

- 国库究竟应该对谁负责，是对财政部门，还是对法律和人民代表大会？
- 国库管理应当实行某个部门的集权统制，还是保持相对独立的地位，建立一种部门之间的分权制衡关系？
- 是不是坚持国库单一账户制度？是不是所有的财政收入或支出都须

① 韦托·坦奇，卢德格尔·舒克内希特．20世纪的公共支出［M］．胡家勇，译．北京：商务印书馆，2005：167，188.

② 亚洲开发银行．政府支出管理［M］．北京：人民出版社，2001：201.

经由国库办理?

●一旦接受了国库单一账户制度，财政专户是不是就不应该继续存在?

很长时间以来，我国预算管理一直存在“前预算时代”的特征：来自于人民代表大会和和公民参与的外部政治控制较为虚弱，政府内部的行政控制不够有力，如果再缺了央行国库监督这一条，国库库款的支配权便全归财政部门了：自己在商业银行开设账户，自己征收税费入库，库款支出也归自己支配，将来的预算执行结果也是由自己监督，国家预算的整个外部控制监督机制就基本被取消了——拨款权归于财政部门的制度设计和财政“以拨定支”、拨款后就不再监督国库资金的使用等就是显明的例证。[①]由于实行央行国库之外在商业银行自行开立账户的分散式管理，财政资源的配置效率和管理效率都难以得到改进，也未能实现现金的高质量管理，巨大的腐败和浪费现象便十分普遍，难以抑制。

从法理上说，任何国家行政机关如果有能力排斥其他权力的监督自我行事，一权独大的格局就将形成，该部门所拥有的权力就会超过其他部门，这会给中国未来的政治经济走向带来较大的负面影响。所以部门之间的制衡是必要的，应逐步提高央行作为政策性银行的独立性，保持央行经理国库的条款而非削弱它。

纳税人的“钱”一旦进入公共领域，首要的问题就是要确保它的安全，不被错配，不被浪费，不被盗窃。这就要求在预算法中确立公款的安全保障机制。央行经理国库是我国半个多世纪以来国库管理的经验总结，同时也反映了国家治理的一个过去比较忽视但现在变得十分重要的环节，即行政权力之间要保持一定的制衡关系。现代国家治理，讲究的不是“上对下”的统治，不是单纯的“控制”和“被控制”的关系，而是更加崇尚协商、合作、妥协、共容的精神。央行国库和财政部协调配合，两家共管一事，总比一家大权独揽要牢靠得多。

目前各级政府，包括政府的财政机构和政府下属的企业，都成为热情的市场参与者，属于利益相关方。而央行则偏重技术管理，地位则相对超脱，所以由央行及其代理机构经管国库更为适宜。有人把国库与财政的关系比作会计和出纳的关系，应该是比较恰当的，但这里所说的“出纳”，不是“会计”的“出纳”，而是“董事会”的出纳，是“公司章程”的出纳。财、银两家，分工不同，职责不同，当然需要彼此负责，增强政府内

① 上海财经大学公共政策研究中心.2010：中国财政发展报告——国家预算的管理及法制化进程［M］.上海：上海财经大学出版社，2010：244.

部的纠错能力，但更重要的是联手对人民代表大会和法律负责。所谓“央行受财政部委托”，其实更准确的说法应当是“央行受人民代表大会和法律的委托”。

2016年六七月间，一些经济学家、法学家和财税学家在全国人大法工委于“三审”过程中并没有明确征求社会意见的情况下，“不把自己当外人”地积极参与到在三审稿的讨论修改中去，笔者直接主持的全国性的学术研讨会就有三次。其中具有代表性的是韦森、蒋洪、刘剑文、王雍君、施政文、叶青、熊伟和本人共八位学者，分别来自于复旦大学、北京大学、中国政法大学、上海财经大学、中央财经大学、中南财经政法大学和天津财经大学。我们认为，国库是财政收支的平台，是国家的金库，应当和财政部门保持相对独立性，以便实现政府内部的相互监督、审核和制约。我们认为，要想保证公款的安全，必须坚持1994年《预算法》第48条第二款和《中国人民银行法》第四条第八款和第24条所确认的模式，即“央行经理国库”。我们把这个意见写进我们向全国人大常委会提交的五条修改建议中，也唯有这一条被重视和采纳。

我国新预算法已将单一国库账户制度（TSA）纳入，这一制度下国库资金的清算流程可简单归纳如下：纳税人向税务机关缴纳税款，然后通过银行全行业电子清算系统划归国库单一账户，支出则需要通过承付款项、核实、签发支付命令和办理支付结算的程序，将资金从国库账户中直接支付给商品或劳务的提供者。建立国库单一账户制度而非一度盛行的“国库单一账户体系”，目的在于进一步强化预算的控制功能，避免财政资金多环节拨付和多户头存放所导致的效率损失，在此基础上建立统一、高效、规范的预算资金申请与拨付体系，从宏观上加强对预算资金的控制与管理。

这项改革的意义在于建立制度化的约束规范，强化预算编制与预算监督，增强预算的法治性，促使我国预算制度进入规范化、法治化和民主化的轨道。在笔者看来，在国库经管权归属这样一个看似具体技术问题的“拉锯战”上，所反映出的恰恰是一次精彩的政治博弈过程，属于现代国家治理体系形成中必然遇到的问题。央行经理国库还是代理国库，本质上不是国库管理本身的问题，而是能否尊重和接受权力制衡这个人类文明发展的共同成果的问题。在这个过去十分罕见的政治博弈过程中，我们进一步认识到建立和遵守法律规则的重要性，而这也正是我们处理“财银关系”中的薄弱环节。

既然实行TSA体制，就不应在国库之外的商业银行继续留存财政专户。有关部门为目前留存的十几万个财政专户找出了不少理由，但基本都站不住脚。以国库现有的技术能力，完全可以应对各种资金的特殊需要，没有必要在国库之外的商业银行另外开设财政专户，即所谓“第二国库”。退一步说，即使确实需要在国库之外设立财政专户，也应该严格履行法律程序，经人民代表大会审议批准，而不是授权于国务院。遗憾的是，我们的这一建议没有被完全采纳，财政专户并未被取消，强调的恰恰是国务院的审批权，人民代表大会再次被撇在一边。这是新预算法留下的一个尾巴，早晚得把它割掉，不过现在看，只能留待将来再做处理了。

应当特别指出的是，在新预算法的约束下，人民代表大会批准的不是“钱”或“财政经费”，而是政府下属各行政机构和政策项目的支出要求，即“预算授权”（budget authority）。得到预算授权并不意味着就可以直接从国库得到供行政部门花销的资金，而是意味着该行政部门从这天起必须承担起法律所确定的某种公共服务责任（obligation）。行政部门或政策项目只能依法在相应的财政年度或授权额度范围内使用财政资源；财政支出款项是由国库直接拨付到资金的使用单位，行政部门不并直接接触财政资金。这样做，行政长官随意支配和变更该笔资金用途的可能性便可降到最低点。

11 世纪中国的改革家王安石曾把国家理财置于治国的核心，认为治国即理财，即通过改进国家理财方式来改善国家治理的制度架构。一个国家，只要改变了它收钱、分钱、花钱和检验花钱效果的方式，这个国家的体制、公共生活和文化建构就会随之发生质的变化，这就是当前我们极其重视预算法建设和国库体制改革的原因之所在。我们正在完成财政体制的转型，争取在尽可能短的时间里将其改造成为国家治理的基础和支柱，而现代预算体制的构建和预算法的修订，在这个过程中处于先行的和核心的地位，其作用无可替代，应该说，在这方面我们取得了一些进展，但还有很长的路要走。

参考文献：

[1] 刘贵生．现代国库论［M］．北京：中国金融出版社，2014.
[2] 马骏．中国公共预算改革：理性化与民主化［M］．北京：中央编译出版社，2005：序言，1－2.

7. 西汉武帝时期的财产税及其启示

【摘要】本文概述了西汉武帝时期财产税——算缗、告缗实施的背景，存续的时间、内容，实施效果和启示。认为汉代财产税的主要目的是增加财政收入和打击豪强以加强统治，其实际税率奇高，虽然取得了大量收入，但也对商业造成了相当严重的打击，迟滞了经济的正常发展。最后本文建议在当今财产税设计中应充分考虑税收中性，从保持国内税源角度出发，可考虑设计开征“退籍税”。

【关键词】汉代财产税　税收中性　退籍税

【作者简介】刘翠微，财政部财政科学研究院

财产税并不是近代资本主义兴起以后才产生的事物，早在2 000多年前的西汉武帝时期，我们的祖先就发挥自己的聪明才智，实施了一项法令，对富有者征收财产税，来达到平抑社会贫富差距和扩大政府财政收入的目的，这项法令，当时称作算缗令。

一、汉武帝实施算缗、告缗令的背景

算缗是西汉武帝时国家向商人征收的一种财产税。把大工商业主和高利贷者从农民身上剥削来的财物收归国有，是历史上空前的抑商运动。告缗是当时反商人瞒产漏税的一种强制办法。为汉武帝的内外功业提供了物质保证，起到了加强专制主义中央集权制度的作用。

（一）重农抑商思想的体现

我国历代封建统治者都存在着有重农轻商的思想，在汉武帝时期所实施的算缗政策便是这一思想的体现和延续。武帝选择拿商人阶级开刀不是没有缘由的。中国古代是以农立国，一向就有重农轻商的传统，把农看作是本业，把商看成是末业。到秦汉大一统的时代，建立在农业经济基础上的封建地主阶级政权，更是不能容许商业的畸形发展。因为商人剥削的主要对象是农民，尤其是富商大贾，肆意兼并农地，使农民贫困化，这样就破坏了封建国家赖以存在的经济基础。因此，先秦以来的一些地主阶级思

想家、政治家，大都主张重农抑商，进一步形成了秦汉两代的重农抑商政策。

而汉代商人、高利贷者对社会造成了严重的经济影响；《汉书·食货志》曾举农人例进行分析，说一个五口之家，需要承担服役的不下两人，其耕种所得，除去赋役及“送往迎来，吊死问疾，养孤长幼”已所剩无几，再一遇天灾人祸就得卖田卖地卖儿卖女，而商人和高利贷者，却乘机囤积货物、抬高物价，大放高利贷，牟取暴利，在农人摇摇欲坠的生活上又压上一根稻草，将农人逼上绝路，所以汉代法律对高利贷是有限制的。

（二）打击豪强，加强中央集权的需要

汉武帝时期豪强地主势力逐渐坐大，对中央集权统治造成威胁；豪强地主自高祖时就受到保护，刘邦是以起义者的身份夺取政权的，他想要得到大小贵族和封建地主的支持和认可，所以必须要给他们足够的地位和利益，虽然西汉建立后逐渐通过分封子孙为王的方式加强刘姓统治，但对那些势力贵族和封建大地主一直不敢过于打压，到武帝时已经历六朝，他们的经济及政治势力越发强大，已经成为社会的不稳定因素，所以必须要加以致命打击。商人与豪强地主的关系十分密切，有些地主积累一定的资本后经营货物成为商人，有些商人获取利润后购买土地成为地主，二者之间有千丝万缕的联系，其身份也往往难以明确区分。虽然商人的地位十分低下，但商人往往有雄厚的经济实力，这些商人一旦拥有了财富，就不满足于自己的地位，他们就会利用各种方法提高自己的社会地位，或者捐买官爵，或者结交、扶植权贵，这一切都对汉家刘姓统治者造成威胁，同时由于他们占有大量财物、土地和人口，更为统治者所难以容忍。

（三）筹措战争经费

汉武帝时期，由于连年战争、灾荒以及加强边疆治理造成财政匮乏；对胡人和匈奴发动连年战争，“数万骑击匈奴”；“伐胡，盛养马，马之往来食长安者数万匹”；并且对“胡降者数万人皆得厚赏，衣食仰给县官”；加上对有战功者的赏赐，都不是一笔小数目。由于财政紧张，还出现拖欠军饷的现象，这在当时军事不断的形势下，绝对是严重甚至是危险的事情。又动辄以数万人之力治理黄河，还往往“历二三期而功未就，费亦各以巨万十数”；为加强对两粤和巴蜀等周边地区的统治，还常召数万人修筑开往这些地区的道路。以上这些严酷的现实，加剧了汉王朝经济危机，统治者急需大量钱物予以解决。当时国家缺钱到什么程度了呢，《汉书·

食货志》说连皇帝都“损膳，解乘舆驷，出御府禁藏以澹之”。甚至到了卖官鬻爵以及交钱赎罪的地步。国家财政到了需要皇帝节衣缩食的地步，而面对如此天灾人祸，富商巨贾们却“或墆财役贫，转毂百数，废居居邑，封君皆氐首仰给焉，冶铸煮盐，财或累万金，而不佐公家之急，黎民重困”。正是这些急迫的现实原因，促使在高帝时曾实行过、惠帝时废除的商税政策得以被最广泛、最严厉地推行。

汉武帝北征匈奴，西通西域，东伐朝鲜，南抚夷越，国家发动了一系列历时长久、规模巨大的战争。其中，武帝一朝对匈奴作战持续时间之长，战争规模之大，可谓空前绝后。据《汉书·食货志》记载，元朔四年后七年时间里，仅筑卫朔方、赏赐将士等军费开支，就达到了二三百亿，还不包括所谓的“兵甲转漕之费”。要支持如此庞大的军费开支，单凭政府的一般财政收入是不可能的。为此汉武帝在经济领域实行了一系列的改革措施，主要包括盐铁官卖、均输平准、改革币制、算缗告缗、增加算赋甚至卖官鬻爵。其中最严厉的当属算缗、告缗，《史记·平准书正义》有记载：“武帝伐四夷，国用不足，故税民田宅、船乘、畜产、奴婢等，皆平作钱算。”也就是相当于今天把房子、汽车、宠物和保姆统统估价，然后按比例收税。

二、西汉武帝时期算缗、告缗的具体内容

（一）算缗、告缗存续的时间

汉高祖刘邦时采取抑商政策，其内容之一即为“重税租以困辱之”；武帝时公卿也奏言：“异时算轺车贾人缗钱皆有差。”可见，算缗应该是汉初抑商政策的一项重要内容，汉初如何征收，不知其详。孝惠、吕后时有“复弛商贾之律”，可能曾一度废止过。

算缗在汉武帝时期的具体推行步骤可以分为六个阶段：

• 初算商车。从公元前 129 年开始算缗，但是仅对商人的车船进行征税，“始算商贾车船，令出算”。

• 初算缗钱。公元前 119 年，因为多次出击匈奴，军费大增，汉武帝根据御史大夫张汤的意见开始全面实施算缗，但是效果并不理想。

• 告缗令。公元前 118 至公元前 117 年，在汉武帝的主持下，发布告缗令，杨可告缗遍天下。

• 重申告缗令。两年后，张骞再次出使西域，财政支出巨大，于公元前 114 年又重申告缗令。这以后，“中家以上大抵皆遇告”。

•除告缗令。公元前 113 年发布除告缗令，武帝视察郡国边防到了新秦中，下令“官假母马，三岁而归，及息什一，以除告缗，用充仞新秦中”，大意是向边疆输送马匹，可以除去告缗。

•不告缗令。前 110 年又出台了不告缗令：“令民能入粟甘泉各有差，以复终身，不复告缗。”这就是说，凡是能向边境入粟的，不仅可以本人终身免役，全家更可以享受不被告缗的特权。

算缗是否得以延续，国内外的学者对此争议很大。有学者认为算缗在元封元年终止了，其依据是因为不告缗令；但也有学者认为，除告缗令和不告缗令实质是一种特权，对特定情况、特定对象的规定，相当于现在的减免税规定，如果仅依照“以复终身，不复告缗”就得出取消算缗的结论未免过于简单。据武帝后昭帝时桑弘羊与贤良文学的大辩论看，仅仅取消了酒类专卖，而没有提及算缗，也许是在汉朝结束后才终止，算缗是否延续需要进一步考证。

但是，不管算缗存续了多长时间，可以肯定的是，它在汉武帝时得到最广泛、最严厉的推行。公元前 119 年—公元前 110 年的十年间，即汉朝建立后的第 88—98 年间，以西汉（公元前 207 年—公元 25 年）存续的 232 年来看，是发生在中期的开端阶段，以汉武帝[①]在位 54 年（前 141 年—前 87 年）来看，发生在他即位的第 22—32 年之间，也是中期。

（二）算缗、告缗的内容

缗，是旧时串铜钱的绳子，由此成了量词，1 缗为 1 贯，1 贯为1 000 钱，一算为 120 钱。算缗、告缗的内容载于《史记·平准书》：

“商贾以币之变，多积货逐利。于是公卿言：‘郡国颇被灾害，贫民无产业者，募徙广饶之地。陛下损膳省用，出禁钱以振元元，宽贷赋，而民不齐出于南亩，商贾滋众。贫者畜积无有，皆仰县官。异时算轺车贾人之缗钱皆有差，请算如故。诸贾人末作贳贷卖买，居邑稽诸物，及商以取利者，虽无市籍，各以其物自占，率缗钱二千而一算。诸作有租及铸，率缗钱四千一算。非吏比者三老、北边骑士，轺车一算；商贾人轺车二算；船五丈以上一算。匿不自占，占不悉，戍边一岁，没入缗钱。有能告者，以其半畀之。贾人有市籍，及家属，皆无得名田，以便农。敢犯令，没入田货。’”

---

① 汉武帝（刘彻）（前 156 年—前 87 年）。

翻译过来主要内容如下：

- 对商人及高利贷者买卖物品，出贷金钱，按其交易额或贷款额征税，每2 000钱一算，征取120钱。
- 积储手工业制品或加以贩运者，依产品价值4 000钱一算，征取120钱。
- 非官吏三老或北边骑士，而有轺车（小车）者一算，征120钱，但车主为商人时二算，征240钱。
- 有船长逾五丈，一算，即120钱。
- 隐匿财产不申报或申报不实的罚戍边一年，没收全部家产。揭发申报不实者，以没收钱财的一半给之。
- 有市籍的商人及其家属不准占田，有违令的没收其土地、奴婢在内的所有家产。

（三）算缗、告缗的税率和优惠分析

算缗是对商人、高利贷者、手工业者和车、船征收赋税，由经营者自行申报财产。汉武帝时的缗钱税，初限于工商业，其后推广到一般人民的财产。缗钱税的对象起初是各种商品，后来是各人所有的财产，以钱计算，征之以税，或对铜钱的放款额课之以税，故称算缗钱。

1. 税率

（1）汉代赀算通常是以一万钱为计算单位，每万钱抽取一算，而这次新税法规定商人2 000钱就要出一算，税率一下子提高了5倍。

（2）缗钱税原为收益税，课贩卖价格（毛利）的6%。如以纯利计，那就是400钱课120钱，即30%。轺车等倍算（240钱）。这比之于田租的三十税一要高得多。税重，富豪隐匿财物以逃税，或避免献金。

（3）一旦发现有商家把货物隐匿不报，或者所报不实，就要被发配边疆，戍边一年，而且所有财产全部没收充公。对于有勇于告发的人，收上来的财产分给他一半。此为“告缗令”。如果是这种情况，税率对商人来说就是100%，对国家来说就是50%！这对整个国家的商业发展造成了毁灭性的打击，很长一段时间，全国上下“商者少，物贵”，历代抑商之举，以此为甚。

2. 优惠

（1）农民免征此税。

（2）手工业者和从事冶炼的人减半征收。

（3）官吏、三老、北边骑士的轺车，也可以说公车和军车免征此税。

（4）一般车主减半征收。

从上可以看出算缗几乎是专门针对商人设计的，充分体现了重农抑商的思想。

三、算缗、告缗的实施

（一）杨可主持告缗

谁愿意将自己的财产白白上交给国家呢，算缗令一出台就遭到大工商业主的激烈反对。《史记·平准书》记载，算缗令公布之后，“富豪皆争匿财”，与政府相对抗。因此缗钱令开始时的征收情况很不好，远未达到预期效果。正好这时有个叫杨可的官员奏报缗钱征收不力的弊病，于是，汉武帝就委任他负责督促缗钱征收，专门主持揭发检举，打击违法隐瞒分子，对富商巨贾进行残酷打击。

杨可和杜周是当时负责告缗的最为著名的两个酷吏，皇帝布置的以杨可为首的官吏遍布全国，大搞检举揭发。历史记载说，“杨可告缗遍天下，中家以上大氐皆遇告”。可见，杨可主管告缗事物时，告缗之风，在全国盛行。告缗运动使缗钱税的性质发生了变化，一是课税范围由原先以现钱和车船为主扩大到包括田宅、畜产、奴婢在内的一切财产，将全部财产均按一定价格折合成现钱以充作纳税基数；二是课税对象由初时“只为商贾居货者设”，扩大到“凡民有蓄积者，皆为有司所隐度矣，不但商贾末作也”。将课税对象扩大化，直指占有大量财物和土地的豪强地主。因为有没收财产一半的奖励政策，使得告缗成风，不但相互间进行告发，甚至出现诬告现象，社会出现混乱，而统治者乐见其成，成为真正的获益者。

（二）义纵阻拦告缗被处决

为了落实皇帝的旨意，杨可组织了一批官吏到处暗访检查富商大贾的财产状况，发现有隐瞒的，即行没收，这一来，百姓，尤其是有钱人家都心怀惶惶。身为右内史的义纵也是当时赫赫有名的一个官员，敢说敢干，此前得到汉武帝的赏识成了京师长安的行政长官，相当于首都市长，他认为杨可那些负责纠察缗钱的官吏扰乱了京师的治安，守土有责，就派手下人抓捕杨可派出的纠察员吏，两股力量，几乎就差火并了，但强龙难压地头蛇。于是，告缗的事情在义纵管辖的地方没办法进行下去，杨可如实汇报了汉武帝。国库匮乏，汉武帝决定要杀一儆百，以阻拦执行公务坏事罪把右内史斩首示众——为了征收财产税，皇上连自己的亲信高官都说杀就杀了，谁有几个脑袋还敢隐瞒财产、阻挠告缗呢?

（三）商人卜式主动捐赠

但是正在这时，却有一个商人表现出与众不同的态度，这个人的名字叫卜式。卜式是一个经营畜牧业发家的洛阳商人。最初他只有羊百余头，十几年间，增殖十倍，置买田宅，成为豪富。早在汉与匈奴开战之初，卜式即慨然上书，自愿捐出家财的一半，输作边用。武帝颇为惊异，派遣使者问卜式："你是想当官吗?"卜式回答道："我从小就是一个放羊的，不懂当官，不愿意。"使者又问："那么你是有什么冤情，需要朝廷来替你洗清吗?"卜式答："我平生与人没有什么争执，乡里关系和谐，没有冤情。"使者又问："那么既然这样，你到底想要得到什么?"卜式说："天子讨伐匈奴，国民自当有力的出力，有钱的出钱，只有这样，匈奴才可被灭。"

后来，卜式几次要求把自己的财产捐给国家。到了"算缗令"公布的这一年，卜式又向朝廷捐出20万钱，以济国家之急。武帝听到后，当即对他特别嘉许，拜为中郎，赐爵左庶长，田十顷，同时布告天下，以示百姓，后来还让他当上了仅次于丞相之位的御史大夫。相比商人富豪争相逃税，汉武帝希望通过树立卜式这样的正面典型的方式来鼓励富豪缴纳财产税。

从以上可以看出算缗、告缗的实施过程中斗争是相当激烈的，情节也是跌宕起伏。

四、算缗、告缗的效果

上述各项措施的实行，限制和打击了富商大贾、豪强贵族的经济势力，增加了西汉政府的财政收入，暂时解决了由于战争和奢侈浪费所造成的困难，加强了中央集权的经济力量。但却对商品经济产生了相当大的消极影响。

（一）直接增加了国家的财政收入

"告缗令"一出，几乎所有中产以上的家庭全数被举报，社会秩序顿时大乱。朝廷内部对这一法令颇多非议，武帝不惜用杀戮的办法来对付反对者。这场举报运动持续推行三年之后，"告缗遍天下"，中等以上的商贾之家大都被告发抄产，《汉书·食货志》载"得民财物以亿计，奴婢以千万数，田大县数百顷，小县百余顷；宅亦如之。于是商贾中家以上大抵破"。政府没收了难以计数的民间财产以及成千上万的奴婢，是一笔不小的收入，不少中等以上的商贾因而倾家荡产，而政府的收入却大大增加了，国库也稍稍充实起来，《汉书》记载："及杨可告缗，上林财物众，乃令水衡主上林。上林既充满，益广。是时粤欲与汉用船战逐，乃大修昆明池，列馆环之。治楼船，高十余丈，旗帜加其上，甚壮。于是天子感之，乃做柏梁台，高数十丈。宫室之修，由此日丽。"大意是，皇家上林苑里充满了没收的财物，并专设水衡官来管理其事。

算缗为汉武帝的施政奠定了坚实基础，缓解了财政危机，发挥了调节经济的作用。司马迁在《史记·平准书》中写道，当时不仅国家和政府得到大量钱财，财力大增，"县官有盐铁缗钱之故，用益饶"。

（二）解放大量奴婢和依附人口，使之成为国家税户

《汉书·食货志》载得"奴婢以千万数"，而这些数以千万的人口重新成为国家的劳动人口，其意义不言而喻。一个以农业生产为主的封建国家，劳动人口对经济的重要作用是毋庸置疑的，数以千万计的人口加入到农业生产当中去，既解决了这些人的土地问题，缓和了社会矛盾，又增加了国家税户。换句话说，因为破产，沦为私家佃户，遭受商人及大地主盘剥的农民们，又直接回到了国家的掌控之中。

但没收了大量的奴婢伊始，却也成为一项沉重的负担。《汉书》说："其没入奴婢，分诸苑养狗马禽兽，及与诸官，徒奴婢众，而下河漕渡四百万石，及官自籴乃足。"显然，这么多的奴婢的吃饭就是一个大问题。

（三）起到了打击豪强的作用

随着大量商人的破产，与之有千丝万缕联系的政治势力也大大削弱了。由于国家鼓励人们相互之间检举揭发，并且给告发者被没收财产一半的奖励，此法一行，告缗成风。《汉书·食货志》记载"中家以上大抵遇告。……于是商贾中家以上大抵破。"拥有中等财产以上的商贾大多被罚没至破产，而这也正是汉武帝的本意。算缗、告缗政策与均输平准、盐铁酒官营等一样，是汉武帝所实施的一系列针对商人的经济政策中的一项，都是为了防止商人囤积居奇、操纵物价、垄断市场。但它更具明显的政治目的，它对商人的打击几乎是致命的，这项政策本就是针对商人和与商人有密切关系的豪强地主的，汉武帝希望通过这个严厉的经济手段，增加国家的财政收入，缓解当时国内的经济困境，更主要的是借此打击豪强地主，加强中央集权统治，为江山长久考虑，而这的确得到了较好的实现。

（四）对商业造成比较严重的破坏

“言其得失，则算缗一事，厉民最甚”，这是后世对汉武帝财产税立法的评价，汉武帝的财产税使得皇帝的钱多得花不完了，但是，算缗对社会经济的消极作用也非常显著。当拥有财富会被迫交纳重税，面临被没收，被打击，被坐牢的命运时，没有人再会想到创造财富，拥有财富。《汉书》说“民偷甘食好衣，不事畜藏之业”。就是说，老百姓苟且偷安，有了财富就赶紧好吃好穿地消耗掉，没有人再去积蓄财物。百姓只贪图享乐，不思生产和经济发展，对经济发展是极大的阻碍，造成严重的社会后果。后来卜式也对算缗有所不满：“船有算，商者少，物贵，伏其焉者矣”，车船加税，商人少了，车船少了，商品交易萎缩了，物价也贵了。

告缗的收效是巨大的，但是，“商贾中家以上大抵破”，迟滞了商品经济的发展。与此同时，国库为之一饱，汉武帝满足了他的战争预算。告缗使民风败恶，倡导诚信反而使诚信沦丧，百姓风行给政府打小报告，做政府的密探。

算缗被古代或现代的许多历史学家如司马迁、吕思勉、钱穆等列为汉武帝的苛政之一。推行财产税的后果，造成百姓只顾贪图享乐，不思生产和经济发展的局面。加上后来的“盐铁、平准和均输”等政策实施的不利后果，导致“武帝末年，海内虚耗、户口减半”。俗话说：上有政策、下有对策，2 000 年前的中国亦然。虽然，算缗禁止商人拥有土地，但是由于最可靠的财富仍然是土地，算缗也不对土地征税，“以末致财，用本守之”，即经商致富，投资土地来保存它。所以，对工商业的抑止，不仅降低了非农业活动吸收剩余劳动力的能力，而且促使人们将更多的财富投入到土地，进一步加剧了土地兼并和贫富分化。由此，商人们不得不加强了与权贵的联系，使得官僚、地主和工商业者加快了融合，反而培植出了商人、地主、官僚三位一体的统治集团及社会阶层，这一结果恐怕是汉武帝等决策者所始料未及的。汉朝终究还是因为这些三位一体的富豪权贵阶层的膨胀导致覆灭。

总之，算缗、告缗是西汉政府凭借政权的力量，把大工商业主和高利贷者从农民身上剥削来的财物收归国有，是历史上一次空前的抑商运动。这次告缗运动，增加了国家收入，打击了奴隶制的残余，缓和了土地兼并，有利于封建经济基础的巩固，但由于措施过于剧烈，破坏了商业的正常发展，以致于有学者评价汉朝的衰落由此发端。

五、西汉武帝时期财产税的启示

（一）从组织财政收入的角度看，汉代财产税中体现的“计天下利、理天下财”的思想值得借鉴

算缗是中国历史上农业税之外的首项财产税，功益处在于不加重农民负担，“富国非一道”，“富国何必用本农”，“无末业则本业何出”。强大的国家需要强大的财政为依托，强大的财政需要厚实的税源作保证。汉武帝开疆扩土，疆域在此时初具规模。国家的强大不仅仅是兵强马壮，更依靠经济的发展和财力的强大，汉武帝能够在不增加农民负担的情况下开辟新税源，开征以商人为主要对象的财产税，在一个当时以农业为主的国家，在财政困难的情况下，对最富有的阶层多征税，虽然设计理念和征收方法过于严苛，未考虑长期后果，但在大的方面还是体现了公平的原则，达到了基本的目的。

（二）财产税设计时应充分注意中性和柔性

1. 从税率的角度来看

西汉初年没有抑制住商人势力的发展，造成了当时社会的贫富差距加大，通过算缗制度来调节收入是必要的。但是由于告缗制度的过于严苛，造成了商人承担的实际税负过于沉重，最终导致商贾中产以上都因此破产，严重阻碍了商品经济的发展。

2. 从征税对象看

汉武帝仅将商人的财产纳入到征收的范围，据史书记载，商人的势力在经受严重打击后并没有销声匿迹，而是与官僚、地主逐渐合流，加剧了土地的兼并。这充分说明了只对一个阶层征收财产税会导致该阶层通过隐匿的方式逃避税负，而这容易造成社会混乱，税收征管的成本增加。

从当前的财产税设计来看，应充分考虑对中小微企业运行以及就业的影响，并且考虑可能发生的财产和身份的隐匿和转移，要在缩小贫富差距、维护社会稳定和不影响企业家经营的积极性之间找到一个平衡点。同时，也应注重税制设计的柔性，就如英国经济学家哥尔柏说过的：“税收这种技术，就是拔最多的鹅毛，听最少的鹅叫。”

（三）依靠现代高科技手段对财产进行统计和监管

汉代财产税的有两个亮点：一是自行申报制度——“自占”，二是重奖举报制度——告缗。推行算缗之所以实行“自占”和告缗，主要是因为

条件所限而不能取得相对准确的数据。当今的资产评估工作中，自行申报仍然存在，但已经和政府评估、第三方评估结合形成了更加科学的现代评估制度。告缗在当时十分有效，但易破坏民风，一般不宜轻易使用，在信息发达的今天，我们更应依靠高科技手段对各类财产进行统计和监控，《不动产登记暂行条例（征求意见稿）》的出台就是很好的开端。

（四）财产税设计时应对捐赠给予优惠政策

从商人卜式主动捐赠而获官的情节可以看出，汉代也是鼓励这种积极的行为的，只不过是发生在事后。目前，我国个人所得税和企业所得税的设计中都有对捐赠款项的减免规定，将来在财产税的设计中，也应积极鼓励捐赠，或是制定优惠政策引导其投向政府鼓励的行业，充分发挥税收的调节作用，将财产直接转化为税式支出，并有利于产业结构调整，从这个意义上说，虽然财产税在很多国家所取得的收入占比并不高，但其调节作用不容忽视。

（五）可考虑开征“退籍税”

美国自1996年起征收退籍税，是世界上最早开征该税的国家之一。如果退籍者资产净值在200万美元或以上，或过去5年的年均收入所得税超过15.5万美元，那就需要缴纳退籍税。脱离美籍还会带来严重的遗产税问题。支付退籍税者的美国继承人从脱离国籍者那里继承的资产需要缴纳40%的税款，无论这些资产在不在美国都要缴纳。与一般的遗产税不同，这种遗产税通常没有525万美元的免征额规定。

我国如果需对居民的存量财产或财产转移课税，可参照美国的设计从“退籍税”开始，以防止财产和税源过度转移海外。

8. 1927—1937 年南京国民政府的地方税收制度建设

【摘要】面对晚清以来地方税收制度的混乱状况，在抗战前的 1927—1937 年间，南京国民政府进行了地方税收制度的建设。这是当时整个税收制度建设的重要内容之一，也是中国税制迈向近代化的重要一步。本文认为，尽管南京国民政府作出很大努力，但受一些客观障碍的制约，其地方税收制度并未能真正有效地建立起来。回顾这段历史，我们可以从中得到某些启示。

【关键词】国民政府　地方税收　制度建设

【作者简介】刘德成，河北经贸大学财税学院

抗战前的 1927—1937 年间，南京国民政府的地方税收制度建设是其整个税收制度建设的重要内容之一。研究该时期的地方税收制度建设，不仅有助于深刻了解这一时期的地方税状况，而且对于当今我国的地方税收制度建设也有某种启发意义。

一、南京国民政府成立前地方税收的混乱状况

在中国古代以自给自足小农经济为基础的高度中央集权财政体制下，一切财权统归中央，没有地方财政，故而也没有地方税收。那时，中央政府虽不可能直接经管全部税收，但却通过制定统一的、具体的、固定的税目、税额或税率，来保证一切税收均作为国家税收而由中央控制。除中央规定的税收之外，地方不得另立名目征收地方税或在国家税基础上征收地方附加税。

进入近代社会以后，自给自足小农经济的不断解体，使高度中央集权财政体制失去了赖以存在的基础。这样，以 1853 年清政府变通京饷拨解制度为起点，原来高度中央集权的财政体制开始瓦解了。在这一过程中，地方逐渐取得了财权，地方税收随之开始出现（尽管它没有作为一项国家制度正式见诸中央政府的典章）。由于国家没有适时确立新的财政体制并建立起地方税收制度，致使事实上出现的地方税收长期处于严重的混乱状态，主要表现有三：

（一）地方任意分割国家税收留为自用

早在晚清，即有各省肆意分割国家税收的现象，如1893年海关税银中约有28%被分割而“解归省库”[①]。至北洋政府时，由于军阀割据局面的形成，这种现象更趋严重，除田赋及作为中央专款的烟酒税、烟酒增加税、烟酒牌照税、契税、牙税、矿税等项税收全部被地方分割外，盐税、关税也不同程度地被地方所分割。如盐税，1926年全国的盐税收入6 430万元。被地方分割者达3 740万元，占全部盐税收入的58%[②]。

（二）地方政府滥增税捐

近代地方政府滥增税捐的方式有三：一是在旧有税种上加征所谓的“附加税”。如在晚清，四川的“按粮津贴”规定农民凡田赋征税银一两，带征津贴银一两。北洋政府时期，山东的田赋附加曾多达四种，即“军事特别捐”“军鞋捐”“军械捐”“建筑军营捐”，四项合计为大洋五元三角，大大超过了正税。如田赋附加，江苏有105种，“而浙江科目尤繁，竟达739种”[③]。二是开征新的杂税。在晚清各省除纷纷开征厘金外，还举办了烟酒酱缸捐、铺户房捐等杂税。至北洋政府时，各地杂税名目更为惊人，山东省曾有按人征收的“人捐”，按狗征收的“狗捐”，按牛征收的“牛捐”等。三是预征正税。如湖北于1924年通令各县，限期征缴1925年和1926年两年的田赋；四川梓桐县1926年底预征田赋到1957年，等于预征田赋31年[④]。

（三）地方各级税吏的贪污现象严重

税吏通过各种手段刁难百姓，隐瞒课征实情，以达到侵吞税款之目的，以致出现了“十分之中，耗于隶仆者三，耗于官绅者三，此外四分之中又去其正费若干，国家所得几何”[⑤] 的现象。

地方税收的混乱，给近代社会造成了十分严重的恶果。第一，严重削弱了中央政府的财力。据统计，1908年清政府的全部财政收入已超过2亿两，中央政府的收入却只有0.24亿两，仅占全部财政收入的12%[⑥]。北洋

① 魏光奇．清代后期中央集权财政体制的瓦解［J］．近代史研究，1986（1）：215.

② 杨荫溥．民国财政史［M］．北京：中国财政经济出版社，1985：8.

③ 陈登原．中国田赋史［M］．上海：商务印书馆，1938：239.

④ 孙翊刚，董庆铮．中国赋税史［M］．北京：中国财政经济出版社，1987：319.

⑤ 《皇朝道咸同光奏议》卷三十七。

⑥ 魏光奇．清代后期中央集权财政体制的瓦解［J］．近代史研究，1986（1）：224.

政府时期，中央政府更是几无税收可言，而只能靠借债度日。第二，弱化了中央政府的政治控制能力。财力是中央政府赖以对地方实施有效政治控制的物质基础，中央政府的财力一旦被削弱，则往往会形成地方与中央分庭抗礼的局面。八国联军侵华时，北方战事正酣，东南数省却与英国订立“东南互保”，坐视清廷与八国联军的战争；甲午战争爆发后，清廷令东南封疆大吏北上抗战，但这些封疆大吏则以种种借口拒不听命。北洋政府时期，各派军阀更是各自为政，下欺百姓，上抗中央，致使中央政权朝不保夕。1916—1928 年的 12 年中，中央政府就有 38 届，最短的仅六天，中央政权出现了走马灯式的更替。第三，加重了百姓的负担，破坏了社会经济。在农村，繁多的税捐使农民不堪重负，“纷纷弃田地家宅”①，土地大量荒芜。在城市，过滥的工商杂税使新兴的资本主义工商业举步维艰。江西景德镇瓷器具有悠久的历史，原本行销极广，而厘金开征后，销量“愈趋愈下，岁不及半”②。第四，激化了社会矛盾。1864 年，四川即发生了大规模抗厘斗争，并一度蔓延数省。由于滥增税捐而引发的社会矛盾进一步加剧了近代社会的动荡。

二、南京国民政府加强地方税收制度建设的措施

为扭转长期以来地方税收的混乱局面，巩固新建政权，南京国民政府下决心进行地方税收制度的建设，并作出了很大努力。

（一）确立地方税种体系

为改变多年来地方税收范围不清，地方税收混乱的状况，1928 年 7 月南京国民政府召开了第一次全国财政会议。会议通过了划分国家收入地方收入标准案及划分国家支出地方支出标准案，同年 11 月正式公布实施。这次会议规定的地方税收共有五项，即田赋、契税、营业税、房捐和船捐。其中，田赋是地方的主体税种，在各地方的税收收入中，田赋收入一般均列为第一位，占各地方税收收入的半数乃至六、七成以上③。这样，以田赋为主体的地方税种体系正式确立，多年来地方税收范围不清的问题得到了初步解决。

由于 1928 年第一次全国财政会议确定的是中央、省两级财政体制，故

---

① 章有义．中国近代农业史资料：第二辑［M］．北京：三联书店，1957：613.

② 孙翊刚，李渭清．中国财政史参考资料［M］．北京：中国广播电视大学出版社，1984：533.

③ 董长芝．宋子文、孔祥熙与国民政府的税制改革［J］．民国档案，1999（3）：84.

上述“二案”中的“地方”是指省级政府。地方税收入在省、县之间如何分配均由各省自定，这样县级财政就不可避免地出现虚悬问题。实际上，早在1928年作为全国财政会议筹备会的全国经济会议上，就有人提交议案，认为“地方税中省地方与县市地方未经明订范围，则所列税项何者归省何者归诸县市，在原定标准中既未规定其权限若何，更无一语道及”①。但这一意见当时并未受到重视。在实践中，县级财政虚悬的问题日益暴露出来。如在江苏，“过去各县，大都虚收实支，难以抵补”②。于是有关者纷纷呼吁给县级财政以税源。1934年南京国民政府第二次全国财政会议对1928年税法进行修正，1935年颁布财政收支系统法，对县级财政的税源作出了规定。根据此法，省、县两级地方政府的税源分配如下：

省税有营业税、土地税（由县市分给15%—45%）、房屋税（由县分给15%—30%）、遗产税（由中央分给15%）、所得税（由中央分给10%—30%）；县税有土地税、房屋税、营业牌照税、使用牌照税、行为取缔税、所得税（由中央分给20%—30%）、遗产税（由中央分给25%）、营业税（由省分给30%）③。

（二）整顿田赋及其附加税

田赋划归地方后，各省基本上按土地肥瘠划等定率，按亩征收。田赋在征收上积弊很深。当时，税吏营私舞弊、敲诈勒索、税不入官的现象十分严重。这不仅加重了农民负担，也影响了田赋收入。于是，1934年5月南京国民政府第二次全国财政会议作出了改革田赋征收制度的决议，其主要内容是：①经征机关与经收机关分立，收款机关为当地银行、农业仓库或合作社，若无此类机关，则由县政府财政局派员在柜征收；②串票须注明正、附税额及合计数，并预发通知单；③不得携串票游征、预征；④确定征收费由正税下开支，不得另征。④ 这些新办法在当时虽不能彻底贯彻，但它切中时弊，尤其经征机关与经收机关分立，对于抑制税吏的中饱私囊起到了制度上的防范作用。

田赋附加自清末以来即呈现增加趋势，南京国民政府担心这种情况会“养成民间厌恶田地之危险心理”。“为防患未然计”⑤，南京国民政府财政

---

① 全国经济会议专刊，1928年9月，第261页。

② 中央银行月刊，1935年第4卷第12号，第2790页。

③ 匡球．中国抗战时期税制概要［M］．北京：中国财政经济出版社，1988：9－10.

④ 吴兆莘．中国税制史：下册［M］．上海：商务印书馆，1937：166.

⑤ 吴兆莘．中国税制史：下册［M］．上海：商务印书馆，1937：156.

部曾于1928年10月颁布限制田赋附加办法八条，主要内容是：①田赋正税、附加税合计总额不得超过当时地价的1%，已超过者，不得再增，并须陆续设法核减；②田赋附加的总额不得超过旧有正税之数，已超过者须陆续设法核减。同时严申各县不照此规定执行，对擅自增加田赋附加者撤职查办。但各县或借口田赋未达地价的1%而增加田赋，或借口附加未达正赋相同之数而增加附加税，"田赋附加非仅未有核减，且反日趋高翔"①。据统计，到1933年全国各式各样的附加税达637种之多，其中山西有30种，河北有48种，浙江有73种，江苏则多达147种。各省的附加税税额比田赋正税税额还多出81%至137%，其中，江苏如皋县的田赋附加税额超过正税16倍，海门县超过25倍②。过分猛烈的田赋附加，严重损害了农业经济。在这种情况下，1933年5月南京国民政府财政部又颁布重订整理田赋附加办法11条，除重申前颁八条内容外，规定：①超额的附加分别裁减，裁减的顺序以行政费为先，事业费为次；②地价的计算按最近三年之地价分等估计；③各地田赋附加一律在1934年内整理完毕，财政部在必要时派员会同整理③。此法虽较前法完整、具体，但各地地价多未经查报，实际上亦未兑现。

1934年5月南京国民政府财政部召集的第二次全国财政会议又讨论了减轻田赋附加问题。会议通过六条决议，由财政部报行政院，通令各省遵照实施。决议的主要内容：①现有田赋附加，无论是否已超过正税，自该会闭幕之日起，不得以任何急需、任何名目再行增加；②田赋附加已超过正税者，须分期裁减；③在各县土地办理陈报以后，田赋附加名目一律取消。鉴于前两次减轻田赋附加失败的教训，南京国民政府同时决定：地方因减轻田赋附加而减少的收入，由中央政府的印花税、烟酒税收入给予抵补。由于考虑到了地方的收入损失问题，此次决议得到了一定程度的执行。据南京国民政府官方统计，1934年7—12月，全国田赋附加共减轻720余万元④。

（三）裁撤厘金，废除苛杂

厘金是晚清开征的一种具有通行税性质的工商税，一向为地方所把持，是地方财政收入的重要来源。由于厘金物物课税、重复课税，严重阻

① 吴兆莘．中国税制史：下册［M］．上海：商务印书馆，1937：158.
② 邹枋．中国田赋附加的种类［J］．东方杂志，1934，31（14）．
③ 吴兆莘．中国税制史：下册［M］．上海：商务印书馆，1937：159.
④ 吴兆莘．中国税制史：下册［M］．上海：商务印书馆，1937：161－162.

碍了近代民族资本主义工商业的发展，因此，自清末以来，裁厘也一直是民族资产阶级的强烈愿望。1930 年 11 月，国民党第三届中央执行委员会第四次会议决定：从 1931 年 1 月 1 日起，在全国范围内的厘金及类似厘金的各类通过税尽行裁撤，“一律永远废除”；厘金及类似厘金的各类通过税的经征机关亦“绝对不得再行存在”①。据南京政府派往各省的财政特派员调查和统计，到 1931 年底，以前由各省厘税机关征收的厘金以及类似厘金的正杂捐税大体上被裁撤②。

南京国民政府初期的苛捐杂税，五花八门、种类繁多，可谓“无货不税，无物不捐”。活人抽捐，死人也抽白骨捐；过河过路要纳“过路捐”“过河捐”；结婚要交“新婚捐”；甚至有的地方还征收军民“感情捐”。当时全国究竟有多少种苛捐杂税，无法知道。曾有人估计全国的苛捐杂税不下万种。③ 1934 年 5 月第二次全国财政会议通过《整理田赋减轻附加废除苛捐杂税计划案》，决定从 1934 年起分批废除苛捐杂税。据当时财政部长孔祥熙在“国民党六中全会”的报告中透露，自 1934 年 7 月 1 日到 1935 年 8 月底，全国各省已废除苛捐杂税5 000余种，税额计达5 000万元④。

南京国民政府的地方税收制度建设，对于近代社会的发展也起到了一定的积极作用。首先，它明确界定了地方的税收范围，基本改变了晚清以来中央与地方税收分配关系的混乱状况，从而增强了中央政府的财力。资料显示，从 1931—1936 年，南京政府的预算收入占全国预算总收入的比重平均为 68. 2% 左右⑤，根本上扭转了原先那种“枝强干弱”的财力分配格局。其次，随着财力的增强，南京政府的统治地位得到了巩固。到 1936 年国民党内部的战争基本沉寂，国民党内部趋向统一，社会亦趋向稳定。再次，苛捐杂税的废除，一定程度上减轻了百姓负担，为经济发展创造了较为有力的环境，并一度促进了经济的发展。以农业为例，1934 年全国农业产品总值为 17. 11 亿元，到 1936 年增加到 18. 89 亿元，后者比前者增加了 1. 78 亿元⑥。

---

① 国闻周报，第 8 卷第 1 期，第 7 页。

② 袁成毅．南京国民政府三次“裁厘”述评［J］．民国档案，1998（2）：74.

③ 杨荫溥．民国财政史［M］．北京：中国财政经济出版社，1985：95.

④ 董长芝．宋子文、孔祥熙与国民政府的税制改革［J］．民国档案，1999（3）：86.

⑤ 根据中国财政史编写组．中国财政史［M］．北京：中国财政经济出版社，1987：592. “1931—1936 年度国、地收入预算的比较”计算得出。

⑥ 杨格．1927—1937 年的中国财政经济情况［M］．北京：中国社会科学出版社，1981：451.

三、南京国民政府地方税收制度建设中的障碍

南京国民政府的地方税收制度建设固然根源于近代经济结构的变化，顺应了近代经济结构的变化趋势，但也遇到了一些客观障碍。

（一）割据的政治局面

南京国民政府成立后，特别是张学良东北易帜后，国民党内部表面上实现了统一，但国民党内部的矛盾并未消除，各地方实力派拥兵自重、割据一方的政治局面依然存在。政治上的割据，使中央政府的决议和政令难以得到彻底贯彻，这些决议和政令“往往传到省政府时打了一个折扣，传到县政府时再打一个折扣，落到区乡长手里的时候已所剩无几”①。以裁厘为例，厘金虽已明令废除，但有些省却又开征了各种类似厘金的苛捐杂税。比如甘肃省在1931年1月名义上宣布裁厘后，就开征了所谓“裁厘抵补税”。南京政府几次电令其裁撤，而该省则以此税“似属营业税性质，决非厘金及类似厘金节节重征可比”② 为借口，拒不听命。湖南省在宣布裁厘后仍于货物产地或销地抽捐抵补。广东裁厘后则改变花样，于烟酒税下继续征收通过税和过境税等。这样，厘金这一地方税名目虽被废止，但经改头换面以后仍在地方上不同程度地存在，阻碍着经济的发展。再以减轻田赋附加为例，尽管1934年南京政府制定了较为具体和切实可行的办法，但实际实行减轻田赋附加的只有浙江、江苏、安徽和北平等三省一市，而其中完全按照南京政府的规定减轻田赋附加的，只有浙江一省③。除上述三省一市外，其他地方田赋附加非但没有减轻，甚至又有所加重。如广东，在1934年第二次全国财政会议后，田赋附加就比以前增加了一倍。

（二）衰败的社会经济

南京国民政府成立前，中国的社会经济已是一片衰败。南京国民政府成立后，受连年内战和20世纪30年代世界经济危机的双重打击，国内的社会经济更趋衰败。在工业方面，工厂大量停工和倒闭。20世纪30年代的上海集中了全国工业的2/3，1934年倒闭者70家，1936年倒闭者则上升到133家。能勉强维持生产的厂家，也经常处于停工减产状态，开工率

---

① 许纪霖，陈达凯．中国现代化史：1840—1949［M］．上海：三联书店，1995：454.

② 中国第二历史档案馆馆藏国民政府财政部档案，卷号2918。

③ 孙翊刚，董庆铮．中国赋税史［M］．北京：中国财政经济出版社，1987：353.

不断下降。纺纱业是当时全国最主要的工业部门，开工率指数以1931年为100，1932年下降到91，1935年下降到89.4，1936年下降到87.6。缫丝业，1930年上海的97家缫丝厂有65家停工；到1934年12月，还能维持开工的缫丝厂仅剩13家，停工率达80%①。在农业方面，耕地面积减少，农作物产量下降，农民陷于贫困。耕地面积指数以1873年为100，1933年湖南降为88，浙江降为78，福建降为81②。耕地面积的减少，便意味着农业总收获量的下降。1935年全国主要农作物产量占其最大年产量的比例，稻米为70%，小麦为57%，谷子和高粱为64%，玉米为66%，大豆为51%，棉花为54%。③ 农业收获量的下降又导致农民的贫困化。据统计，1933年全国农村总户数中，靠借款、借粮度日者平均分别达56%和48%。④ 在对外贸易方面，对外贸易量大幅减少。与1931年相比，1932年对外贸易量减少33%，其中出口减少一半，进口减少1/4。1935年略有好转，也只不过是1931年的40%，1936年仍不及1931年的半数⑤。

经济是财力的基础。处于衰败状态的社会经济，显然不可能给南京国民政府的地方税收制度建设提供相应的财力支持，这必然会阻碍地方税收制度建设的进程。以整顿田赋及其附加为例，南京国民政府确定的田赋正、附税总额以不超过地价的1%为限，而执行这一标准，必须先清丈土地、核定地价。为此，南京国民政府曾要求各省成立清丈土地委员会，具体负责这项工作。但许多省"视清丈为畏途"⑥，清丈土地工作或进展迟缓，或半途而废。其原因当然是多方面的，而其中之一就是在当时的经济状况下难以筹集清丈土地所需费用。当时担任山西整理赋税委员会主任的孙群就曾对新闻界谈到了这一情况："财政家于整理田赋，均主清丈，未敢为然也。以山西论之，县凡百五，县需清丈员十人，共需人员一千五十。有其人矣，而事前不可不予以训练也。期以三年，需二百万。以山西之财政论之，何以措办？各省清丈，多半途而废者，良以此也。"⑦ 这样，把田赋正、附税总额控制在地价1%的目标，一直到抗战爆发仍未实现。

---

① 于素云，张俊华，周品威．中国近代经济史［M］．沈阳：辽宁人民出版社，1983：107－108.

② 吴存浩．中国近代农业危机表现及特点试论［J］．中国农史，1994（3）：49.

③ 吴存浩．中国近代农业危机表现及特点试论［J］．中国农史，1994（3）：50.

④ 刘建中．关于中国近代农村商品经济发展的几个问题［J］．天津社会科学，1994（4）：95.

⑤ 孙翊刚，李渭清．中国财政史参考资料［M］．北京：中国广播电视大学出版社，1984：571.

⑥ 陈登原．中国田赋史［M］．上海：商务印书馆，1938：257.

⑦ 陈登原．中国田赋史［M］．上海：商务印书馆，1938：251.

（三）严重的财政赤字

由于经济的衰败，加之军费开支的膨胀，从1927—1937年，整个国家财政一直处于严重收不抵支状态，并呈恶化之势。据统计，南京政府的财政赤字占其总支出数的比例，1927年为48.7%，1935年为61.6%，到1937年则上升到73.3。[①] 中央财政如此，各省财政亦是“收不敷支，亏短日甚”。从1935年度江苏等14省的预算看，14个省均有预算赤字，预算赤字占预算收入的比重达40%。[②] 这还只是预算中所表现的赤字，在预算执行后的实际赤字可能要大得多，严重的财政赤字，成了南京国民政府地方税收制度建设的一大障碍。首先，严重的财政赤字阻碍了地方税收制度的完善。1935年颁布的财政收支系统法明确了县级财政的税源，制度上解决了县级财政的虚悬问题，地方税收制度趋向完善，但这是以减少一部分原为省级所有的税源为代价的。省级财政本已不足，按该法再把一部分税源转移到县级，省级财政就更感紧张了。同时，县级财政虽有了来源，由于数额有限，仍不敷支出。在当时地方财政支出刚性较强的情况下，要解决省、县财政“两不足”的问题，办法只有两个：或扩大地方的税源，或通过转移支付的方式，增加中央对地方的财政补贴。但无论前者还是后者，都将减少中央政府的可支配收入。而处于捉襟见肘状态的中央财政，使得南京政府根本不可能采取上述办法。所以，在财政收支系统法颁布以后，有关者围绕该法争论不休，最终该法未能付诸实施。其次，严重的财政赤字干扰了地方税收制度的运行。南京国民政府建立地方税收制度的目的之一，就是规范地方的税收范围，但在地方财政严重不平衡的情况下，地方为求得财政平衡，往往把手伸向中央税，致使地方税收制度形同虚设。例如在广西，“国地两税，仍复混合，收支系统不明，以致财政混乱不堪”。该省中央税收入中最重要的是“禁烟罚金”，即鸦片税，每年公开收入国库的近600万元，而“私入省库者，恐亦有此数”[③]。显然，在中央与地方均存在严重财政赤字的情况下，地方税收制度难以落到实处。

由上可见，三大障碍如同套在南京国民政府身上的桎梏，使它的努力大多付诸东流，其地方税收制度最终未能真正有效地建立起来。

---

① 杨荫溥．民国财政史［M］．北京：中国财政经济出版社，1985：43.
② 杨荫溥．民国财政史［M］．北京：中国财政经济出版社，1985：88.
③ 中行月刊，1933年第6卷第4期，第61页。

四、南京国民政府地方税收制度建设的几点启示

通过对1927—1937年南京国民政府地方税收制度建设的研究，从中可以得到以下几点启示：

（一）地方税收制度建设是影响经济发展、社会稳定的一个重要因素

南京国民政府成立以前，之所以出现经济衰败、社会动荡的局面，其中一个重要原因就在于地方税收缺乏制度约束；而南京国民政府成立后，通过积极进行地方税收制度建设，则一度促进了经济的发展，社会亦总体上趋向稳定。因此，应从经济发展、社会稳定这一大局来认识地方税收制度建设这一问题。

（二）地方税收制度建设，必须以政令的畅通作保障

南京国民政府地方税收制度建设的历史明确告诉我们：在政令不畅的条件下，地方税收制度不可能真正建立和完善起来。今非昔比，政治上的统一局面已为当今地方税收制度建设提供了良好条件。但也应该看到，“有令不行”“有禁不止”的问题在不同地区仍不同程度地存在。反映在税收领域，就是有些地方为达到更多吸引内外资的目的，不顾中央的三令五申，突破现行税法规定，擅自扩大减免税优惠范围，自行制定各种优惠政策。[①] 这不仅严重扰乱了正常的税收秩序，使国家制定的地方税收法律政策得不到准确、规范的落实，破坏了税收法规的严肃性，而且也弱化了国家税收优惠政策的宏观调控效果，并进一步影响我国产业结构的调整和区域间的统筹协调发展。因此，从完善当今地方税收制度的角度看，如何做到“令行禁止”，严格按照税法办事，仍需进一步研究探讨。

（三）地方税收制度建设，必须以良好的经济状况为基础

只有经济状况良好，国家财政收支才有可能大体平衡，地方税收制度建设所需的财力才可能得到保证。改革开放以来，我国社会经济从总体上保持着良好的发展态势，这也就在总体上为当今地方税收制度建设打下了良好的基础。同时也应看到，我国地区间经济发展是不平衡的。在经济贫困落后地区，一方面地方财政仍存在很大缺口，另一方面经济对财政的支持能力还相当有限。这在很大程度上依然会制约当今地方税收制度的建

---

① 熊冬洋．对税收竞争中地方政府行政权力滥用的思考［J］．税务与经济，2009（3）：76.

设。因此，在地方税收制度的建设过程中，应充分考虑到经济落后地区的实际，采取适当措施诸如加大扶贫开发力度、建立完善的财政转移支付制度等，推动地方税收制度的建设。

（四）在地方税收制度的建设过程中应适当考虑地方收入

地方税收制度的建设，涉及地方收入结构和收入规模的调整，因此可能导致地方收支矛盾，也会制约地方税收制度建设的进程。而适当考虑地方收入，将有助于解决这种矛盾，有助于地方税收制度建设的顺利进行。南京国民政府在减轻田赋附加税方面前后出现的两种不同结果明确说明了这一点。1934 年以前，南京国民政府只着眼于“堵”，没有考虑到地方因减轻田赋附加税而造成的收入损失，结果田赋附加税并未减轻；1934 年以后，南京国民政府则考虑到了地方因减轻田赋附加税而造成的收入损失问题，于是在“堵”的同时，辅之以“疏”，即采取了以中央税收入抵补地方收入损失的措施，结果取得了一定的成效。1994 年分税制改革后，我国财力不断向中央集中，这对于增强中央政府的宏观调控能力，乃至保证国家的统一稳定当然是必要的，但也导致了地方税收入规模偏小的问题，进而造成一些地方非税收入、预算外收入膨胀，乱收费、乱摊派、乱罚款现象屡禁不止。① 这在相当程度上侵蚀了地方税税基，架空了地方税制度。因此，当今地方税收制度的建设，必须认真考虑地方的收入问题。

参考文献：

[1] 陈必福．完善我国地方税体系研究［J］．发展研究，2009（12）：67.

[2] 陈登原．中国田赋史［M］．上海：商务印书馆，1938.

[3] 董长芝．宋子文、孔祥熙与国民政府的税制改革［J］．民国档案，1999（3）．

[4] 刘建中．关于中国近代农村商品经济发展的几个问题［J］．天津社会科学，1994（4）．

[5] 匡球．中国抗战时期税制概要［M］．北京：中国财政经济出版社，1988.

[6] 孙翊刚，董庆铮．中国赋税史［M］．北京：中国财政经济出版社，1987.

[7] 孙翊刚，李渭清．中国财政史参考资料［M］．北京：中国广播电视大学出版社，1984.

[8] 魏光奇．清代后期中央集权财政体制的瓦解［J］．近代史研究，1986（1）．

[9] 熊冬洋．对税收竞争中地方政府行政权力滥用的思考［J］．税务与经济，2009（3）．

① 陈必福．完善我国地方税体系研究［J］．发展研究，2009（12）：67.

［10］吴存浩．中国近代农业危机表现及特点试论［J］．中国农史，1994（3）．
［11］吴兆莘．中国税制史：下册［M］．上海：商务印书馆，1937.
［12］孙翊刚，董庆铮．中国赋税史［M］．北京：中国财政经济出版社，1987.
［13］许纪霖，陈达凯．中国现代化史：1840—1949［M］．上海：三联书店，1995.
［14］袁成毅．南京国民政府三次“裁厘”述评［J］．民国档案，1998（2）．
［15］于素云，张俊华，周品威．中国近代经济史［M］．沈阳：辽宁人民出版社，1983.
［16］杨格．1927—1937 年的中国财政经济情况［M］．北京：中国社会科学出版社，1981.
［17］杨荫溥．民国财政史［M］．北京：中国财政经济出版社，1985.
［18］邹枋．中国田赋附加的种类［J］．东方杂志，1934，31（14）
［19］章有义．中国近代农业史资料：第二辑［M］．北京：三联书店，1957.
［20］中国财政史编写组．中国财政史［M］．北京：中国财政经济出版社，1987.

9. 中国税收史课程教学创新的几点尝试

【摘要】本文针对培养目标的要求和培养对象的特点，结合中国税收史的教学内容，准确定位课程开设的目的，突出课程教学内容的现实性；把握教学方法，推动学生学习的主动性；做好教学安排，尝试教学组织上的协同性，中国税收史课程教学创新实现了较好的效果。

【关键词】税收史　教学　创新

【作者简介】刘颖，首都经济贸易大学财政税务学院教授

任何一门课程的开设以及任何一种教学方法的运用，都离不开对培养目标和培养对象特点的要求。

从培养目标看，首都经济贸易大学财税学院税务系在2004年初建时就提出了“夯实宏观基础以把握大局、熟悉微观应用以提高技能，专业氛围浓、人文底蕴厚”的专业培养理念，旨在培养兼具税务、会计、资产评估知识能力的通晓税务、管理交叉学科的高层次应用型专门人才。针对上述培养理念和培养目标设计了课程体系，并有针对性地开展教学方法的适用性研究和尝试。

从培养对象看，首都经贸大学财政税务学院招生是文理兼收，学生基本素质好，入学分数较高，一般高于北京市一本录取线30分到50分，具有一定的知识基础和学习能力。大学二年级第一学期，学生刚刚接触专业基础课和专业理论课，我校基于专业建设方针中“专业氛围浓、人文底蕴厚”的培养理念，参考211、985院校的税务专业大多设置中国税收史课程的现状，为学生开设了中国税收史课程。

一、在我校开设中国税收史课程的目的及面临的困境

我校把中国税收史课程定位为专业理论的选修课，设置这门课程的主要目的，是让学生从税收发展历程把握税收发展的规律，从重大历史事件了解税收思想与现实的碰撞，追求以史明鉴、把握当下、展望未来。

课程开设伊始，我们就面对着的困境：一是一些北京考入我校的理科学生，他们在高考时规避开了文史，而一上大学就面临与历史相关的课

程，有一定程度的抵触情绪；二是现在的学生比较务实，觉得税收史课程与自己的就业无直接关系，感到没有学习动力和兴趣。

为此，我们尝试突出中国税收史教学内容的现实性和学生学习的主动性，在教学方法上进行了新的突破。在大学二年级，依托专业课的教学，强化历史事件、任务的现实影响，以突出该课程的现实性；组织学生按照朝代分组拍摄古代税制改革短片，要求学生全员参与，以提高学生的学习兴趣和学习主动性。拓展了课堂教学的空间，并尝试将课堂模拟与专业竞赛结合，对课堂教学对接学生管理、院系之间协同培养、校内外协同培养等方面进行了有益而成功的尝试，取得了很好的效果。

二、中国税收史课程教学的几点创新

基于构建完整的专业教学体系的整体设计，我们精心设计安排了中国税收史课程的教学环节、组织形式，并打造了一个理论研讨与实践教学相结合的颇具特色的课程雏形。

（一）突出课程教学内容的现实性

中国税收史的教学内容不再停留在史实描述和背景分析上，而是在教学中强调以史明鉴的现实影响，从“官山海”到古代及现实的食盐专卖制度；从王莽改制看税制改革应注意的问题；从屯田制度看其政治经济的现实意义……引发学生对中国税收史的关注点，让学生感到税收史的学习不是枯燥乏味的，而是一幅色彩斑斓的画卷。

（二）推动学生学习的主动性

强调以学生为主体，让学生拥有学习过程的主动权，激励学生挖掘验证不同的观点和问题。尝试采用学生拍摄短片的方式模拟表现古代税制改革事件及其影响。在大学二年级税收史课程上安排学生分组，10 人一组、全员参与，在税史短片拍摄过程中，全程由学生进行史实挖掘并自编自导自演，拍摄成短片，作为学生的平时成绩，充分调动学生专业学习的积极性和主动性，创新教学过程以提高学生对专业知识的分析、思考能力。

中国税收史短片教学实施方案（已实施四年）为：

（1）开学后第一课进行课程介绍时，提示学生有短片拍摄的实践环节，每个短片时长不超过 20 分钟。学生按照兴趣分组，每 6 ~ 10 人为一组，每组研究一个朝代的税收史实。

（2）由学生自主创作脚本，在教学过程中指导学生的脚本创作。脚本可以描述古代税收状况、税制改革、重要涉税历史人物等。要求脚本上要体现出三方面内容：史实、历史作用、现代的影响与思考。

（3）用四个课时的时间给学生实施拍摄活动，为学生提供拍摄的服装（学院提供资金购置），联系文传学院的学生参与摄像工作。

（4）结课前播放短片并点评，并将短片拍摄内容及综合水平确定为学生的平时成绩。

（三）尝试教学组织上的协同性

在完成课堂历史与现实对接的同时，追求教学活动与学生活动的对接、不同院系学生之间的协同学习、院校与实际部门的协同培养，充分调动学生主动学习的积极性，激发学生对学习的热爱和对专业的热爱。

首先，教学活动与学生活动的协同、结合。在情景模拟的组织上打破教学与行政的界限，让团委和学生会参与模拟教学的组织过程，体现教学活动与学生活动相结合。实现行政促教学、教学促行政的相互促进。

其次，在院系之间协同开展学习活动。由于中国税收史需要做短片拍摄，税务代理实务的情景模拟也需要现场拍摄留存资料，我院与文化与传播学院联系，邀请其学生参与拍摄制作，协同开展实践活动，展现出模拟教学法运用的辐射力，院系协同开展教学实践活动，共同学习、共同提高。

再次，逐步将中国税收史短片设计成比赛的形式。拍摄短片原本是作为学生平时学习的大作业，经过四年的探索、尝试，我们逐步推进该项活动成为一项比赛。目前与某税务师事务所已做初步洽谈，由该所冠名比赛，税收史专家进行评审，对于表现优秀的班级和个人进行奖励，进行院校与实务部门协同育人的有益尝试。

（四）力求教学效用最大化

对于学生拍摄的中国税收史短片，不仅仅在本年级点评，还可以精选出优秀短片在下一个年级的课堂教学中播放和点评，成为下一年级视频教学或翻转课堂的素材，让教学成果得以充分利用。

三、中国税收史课程创新的重要意义

（一）启发学生对现实的思考，训练学生分析问题的能力

在财经类院校开设的中国税收史不应该是一门历史课，而应该是专业

理论课，只有明确了课程定位，才能将税收理论与实践融入课堂教学中，才能让学生在历史与现实之间分析税收制度发展的轨迹、税制设计的红线；才能启发其从厚重的历史中看到现实政策的根基和源泉。实现历史与现实的对接，对于引导学生思考、训练学生分析问题的能力是有着重要意义的。

（二）倡导研究性学习，有助于提升学生综合素质

2010 年至今，学生拍摄的中国古代税制短片达到了 23 部，其中包括《历史上第一个抗税者》《王安石变法》《茶税》《民国税制》《捕蛇者说》等。学生们面对镜头展示历史也展示自我，回顾历史也展望未来，体现出学生对中国税收史的思考和理解。税史短片的拍摄增强了财税学院的人文氛围，提升了学生的综合素质。23 部短片既反映出学生的学习收获，又可有选择地用于之后中国税收史的课堂教学，成为视频教学资料，一举两得。

（三）体现协同创新的精神

税收史课程与团委和学生会共同组织学生自行设计情景、自编自演，体现出专业教学与学生群团活动的协同创新；打造学习成果的比赛项目，进行了院校与实务部门协同育人的有益尝试；邀请文化与传播学院共同参与实践活动的拍摄，是各院系协同创新的体现。

10. 集权与分权：近代中央与地方财政关系的变迁

【摘要】本文以集权分权这一矛盾主线，缕析了近代中央与地方财政关系的博弈过程。清代中央与地方财政关系从中央高度集权一步步迈向地方独立分权，北洋时期中央与地方财政关系表现为中央财政严重削弱，地方财权恶性膨胀；国民政府时期，通过变化频繁的财政体制改革以强化中央集权，收回地方财权。最后，从保持一定的中央权威、界定政府财权与事权、赋予地方独立税源以及完善财规、建立激励约束监督机制等方面揭示了当今如何正确处理中央地方财政的关系。

【关键词】集权与分权　近代　中央与地方财政关系

【作者简介】马金华，中央财经大学财政学院
赵丹，中央财经大学财政学院

中央与地方财政关系是指中央政府与地方政府的财政收支划分及其引起的财力财权的划分，是财政体制研究的核心问题。中央与地方间财政关系的本质是一国财权财力在中央与地方间如何配置的问题，也就是集权与分权的问题。近代以来，伴随着中央财权的式微和地方财权的坐大，中央和地方财政关系充满着矛盾和博弈，央地财政关系的变化随着中央和地方总体实力而变化，反过来又对经济发展与国家财政机能的发挥产生重要影响。

一、从高度集权走向独立分权：清代央地财政关系

鸦片战争之前，清代中央政府在财政关系中占据主导地位，不仅掌握大量的财政收入，而且承担了几乎所有的支出，集财权事权于一身。中央与地方的财政关系就是中央在财政上高度集权，清政府对国家财政的监督和控制达到了封建历史上的一个新高度。

（一）财政的管理机构

户部是中央一级的管理全国财政的中枢机关，负责管理全国的户口、赋税、饷银等财政收支事宜并颁布国家的财政收支政令；地方没有财政机

构，虽然在省一级设立布政司，但其只是户部的派出机构和代理机构①，“一省所入之款，报明听候部拨，疆吏不得专擅”②。

（二）中央的财政管理制度

中央政府设立了解协饷制度、奏销制度、考成制度和交代制度等一系列的财政管理制度，加强中央对地方的财政控制。解协饷制度是其中最重要的制度之一。解，是指地方政府将上行款项上交中央；协是指地方政府之间款项的平行划拨。各省收缴税负后除了留存本省必需开支以外，其余的都要上解中央或者协济财政贫困的邻省。通过此制度的运行，中央政府能对全国的财政资源进行统一的控制和分配，发挥中央政府在财政方面的中枢作用。

（三）财政收支的分配

全国的财政收入基本都归为中央政府，相对应的，所有的财政支出也都由中央政府承担，中央政府掌握了几乎全部的财权和事权。

鸦片战争后，高度集中的中央集权的财政体制发生重大变化，中央政府掌握的财权和事权逐步分散，财权开始下移，财政监管日趋失控，地方独立的财政体系开始建立，中央集权的财政体制逐渐崩溃。主要原因有四：一是由于内忧外患和对外赔款，清廷财政状况日益恶化，财政收支结构发生重大变化，各主要财政收入来源均有亏空。与财政收入减少相反的是财政支出的逐年增加，尤其是非经常性的财政支出，如战争经费。在鸦片战争中清政府开支共有4 500万两白银，相当于清政府一年的财政收入。财政收不抵支，赤字严重，中央筹款无门，只得将筹款的任务下放给地方。二是在镇压天平天国运动期间，清政府耗费了大量的军费，国库亏空，因八旗兵战斗力不足，中央只好依靠地方的湘淮军来镇压农民起义，军费自然是一大问题，中央遂谕令地方“就地筹饷”。这意味着清政府将财政资金的筹集权力部分下放给地方，给予地方一定的财权，打破了中央集权的财政体制，开了财权下移的先例。太平天国起义被镇压后，地方筹措财政资金的权力并没有回归中央，“就地筹饷”演变为“就地筹款”，名正言顺成为扩大地方收入的途径，地方财权继续扩大。三是外债和厘金成为地方拥兵自重的物质基础。中国的外债始于地方政府镇压太平天国运动

① 魏光奇．清代后期中央集权财政体制的瓦解［J］．近代史研究，1986（1）．

② 曾国藩：《江西牙厘请照旧经收折》，《曾文正公全集·奏稿》卷三，世界书局，第634～636页。

的需要，并且是采取先斩后奏的形式。开始时，清政府采取默许的态度，后来历届政府均想收回这个权力，都以失败告终。外债借款成为地方性的临时收入，各省自借的外债完全脱离中央财政的控制。厘金是晚清政府在中央财政日益恶化的背景下，为急于镇压太平天国运动筹措军饷而开征的一种新商品税。中央允许地方征收厘金，即给予地方获得财政收入的合法性，使地方政府有了独立的税源，各地方政府的随意征收，病商病民，成为地方军阀占山为王、设卡征厘、封建武装割据的经济基础，从经济上增加了地方的独立性。同时，封建中央集权的财政体制的核心在于解协饷制度和奏销制度，而厘金的产生使这两个制度趋于废弛。四是甲午战争以后，由于巨额的赔款，清政府背上了沉重的外债包袱，清政府每年外债本息偿还数额达5 000万两之多。中央财政无力承担，只能采取将外债偿付向各省硬性摊派的办法。这种筹款重心由中央移向地方，进一步加剧了中央与地方财政收支上的矛盾，加速了中央财权的下移，带来了整个财政体制的变迁。

清末最后几年，中央财政失控，地方财政的独立性日趋明显。地方将大部分的财政收入截留，只向户部上缴一小部分，中央筹集不到足够的财政收入，只得将解协款制度改为摊派制。即使如此，每次摊派筹款仍有一些省份不上缴，中央发行的政策指令，有的重申数次历时好几年但地方仍然不予执行。中央对地方的财政管理基本失控，中央集权的财政体制濒临崩溃。虽然晚清最后几年进行了清理财政、划分国地税、试办预决算的财政体制改革，但最终无法改变中央财权旁落、地方财政坐大的危机，直至1911 年 10 月 10 日，辛亥革命爆发，推翻了清王朝的统治。自武昌起义至清帝退位期间，清政府曾致电各省督抚，“现在时局危破迫，库款告罄；筹措外债，又称画饼；累蒙慈圣颁发内帑，藉资挹注，刻已无可再发”，“倘不速筹的款，则哗溃即在目前”[①]，被迫承认财政已经完全破产。清帝退位以后，各省停止向中央缴解款项，标志着中央集权的财政制度的彻底崩溃。独立的地方财政体系促使清末军队的地方化，人事权力的地方化，地方割据势力形成，对民国时期中央与财政地方关系的变化产生重大的影响。

① 中国第一历史档案馆藏：《外交部，综合电报类》，4596 号，《宣统三年十一月初十日内阁、度支部致东三省总督赵尔巽电》。

二、中央财权严重削弱与地方财权恶性膨胀：北洋时期的央地财政关系

北洋政府统治期间，中国主权进一步丧失，在列强操纵下的军阀混战不断，在此背景下，中央与地方的财政关系主要表现为中央财权的不断削弱和地方财权的恶性膨胀。当然，在袁世凯执政期间，采取中央集权的财政措施，中央对地方的财政控制力有所加强，而在袁世凯被推翻之后，中央与地方的财政关系陷入了更加混乱的状态。但是值得肯定的是，晚清政府构想的分税制在北洋政府时期第一次真正以法律文件的形式提出，这是我国迈向央地财政关系现代化的重要一步。北洋政府时期中央和地方的财政关系可以分为三个阶段：第一阶段为北洋政府成立到“民二税法”法案颁布；第二阶段是袁世凯废除国地税划分，实行中央集权的财政体制；第三阶段是袁世凯被推翻，国地财政划分再次被提出，地方财权膨胀。

（一）划分国地税与颁布“民二税法”

北洋政府成立之初，面临的是经济残破，财政极度困难局面，“彼时维持之道，全持外债”①。由于外债是以关税、盐税和官方固定财产等为抵押，这使北洋政府的财政主权进一步丧失。所以北洋政府急需统一财权，增加中央财政收入。同时，北洋政府初期标榜实行“立宪政治”，为了编制国家预算和地方预算，北洋政府决定实行国地财政的划分。1913 年财政部起草了《国家税与地方税法案》和《国家费目与地方费目标准案》，即历史上著名的“民二税法”，并于 1914 年加以修正，公布实施。为了配合国地税的划分，中央政府在税收征管机构上做了调整。各省在财政司的基础上另设国税厅，接管国家税的征收，地方税仍归财政司管辖。此国地税划分方案带有明显的中央集权色彩。它将国家的大宗税收比如田赋、盐课、关税划分给中央，至于列作地方的税目则全系清末各省、县开征的苛捐杂税。使中央和地方的税收收入极其不平衡，财力与事权极其不匹配。这种偏向于中央的划分制度不可避免地遭到了地方割据势力的反对。当时各派军阀本来就拥兵自重，割据一方，中央式微无力控制，而地方税又划拨得如此之少，必然遭到军阀的抵制，地方公然截留中央税款。此外，对于地方税的划分只涉及到省，没有具体提出省与县的税收划分，使地方的税制紊乱，重现过去弊端。此国地划分制度虽经修订，但因地方阻挠最终

① 杨汝梅．民国财政论［M］．商务印书馆，1927：12.

未施行。中央集权的财政体制依然没有建立起来，财权依然旁落地方。但这是中国历史上第一次正式提出划分中央税和地方税，对日后合理处理中央和地方的财权、事权关系起了重要的影响。

（二）袁世凯时期统一中央财政的努力

因为地方处于割据状态，国地税划分制度并没有真正实行，地方任意截留国税税款，中央财政困难的局面依然没有得到解决。更重要的是袁世凯企图称帝，建立独裁统治，需要建立财政上的中央集权来为政治上的中央集权做准备。1914 年 6 月 1 日，由财政总长周自齐呈请，将国家税、地方税名目取消，所有收入均“解交各省主管财政官署审度缓急，酌量支配”①。1914 年 6 月 11 日，袁世凯以大总统命令的形式颁布了《财政厅办事权限细则》，规定各省财政厅“直隶于财政部，凡支配款项及关于一切财政事务均受财政部之指挥，遇有重要事件得迳呈大总统”。财政厅脱离地方政府管辖，直属于中央的财政部，从机构上保证了地方解款的顺利上缴。财政厅长由大总统直接任命。“奉特别命令，受巡按使之监督”②，在规定范围内，“一切当受成于本部（财政部）”③。财政厅的设立，标志着北洋政府完全建立起中央集权的财政体制。北洋政府还通过各种其他的财政制度来保证解款制度的顺利实施。袁世凯于 1915 年颁布《各省解款考成条例》，规定各省每年向中央解款的额度由大总统命令，并实行奖惩。同时，为了保障中央收入，防止地方截留，1915 年还推行中央专款制度。将印花税、烟酒牌照税、烟酒税增收、验契费、契税增收五项税收作为专款，亦称“五项专款”，责令各省财政厅将税款解缴中央。后来又增加六项收入，共为 11 项。解款考成办法和专款制度效果明显，1915 年各省共认解款2 178万元，专款1 898万元。袁世凯实行中央集权的财政体制，在收回地方财权，加强对地方财政控制方面起到了一定的作用。根据 1915 年收支情况来看，财政收入为10 678 127元，财政支出为139 036 454元。④ 总体上来说，各省对中央是服从的，地方财权得到控制，中央财力得到加强。

---

① 《财政总长呈请取消国税地方税名目文并批令》，《政府公报分类汇编》，第 23 页。

② 《财政厅办事权限细则》，《政府公报分类汇编・财政》，第 3 页。

③ 《财政总长周自齐呈各省巡按使应否监督财政拟随时呈请亲裁以重特权请核示文》，《政府公报》，1914 年 6 月 10 日。

④ 北洋财税制度研究课题组．北洋时期中央与地方财政关系研究［J］．财政研究，1996（8）：61.

（三）重新划分国地税与地方财权膨胀

随着袁世凯的覆灭，政治再一次陷入混乱。皖系、直系、奉系，各系军阀轮流坐庄，政令不出都门，政治上的混乱导致国地财政关系又陷入混乱，中央财政的主导地位彻底崩溃，地方财政恶性膨胀，地方私自举债成风，地方势力坐大。

1916 年 8 月，参议院建议，重新恢复 1914 年厘定修正的国家税地方税划分草案，但中央与实力相当的地方就国地财政划分问题一直达不成共识。直到 1923 年，曹锟政府上台，颁布“天坛宪法”，其将所得税、营业税、关税、盐税、茶税等共 15 种税收划归中央；将田赋、屠宰税、契税等共八种税收划归地方。“天坛宪法”将财政划分为中央和省两级，较为详细地限制了省地方财政收支权限。值得肯定的是，此次划分制度不再完全偏重于中央，对地方做出重大让步，将田赋这一重大税源划归地方，给予了地方一定财权。中央政府的目的是通过扩大地方财权明确国地收支界限，避免地方任意截留税款，进而保证中央政府的财政收入。但是随着曹锟政府的迅速倒台，此划分制度依然没有实施。北洋政府只得继续沿用地方向中央的解款制度。但是实际上中央与地方相互分立，各自为政，1917 年仅有三个省份向中央上缴税款，中央在财政上又一次对地方失去控制。中央财力弱化，地方财权恶性膨胀，财政集权又一次向财政分权演进。与第一次国地税划分制度失败原因相似，第二次国地税划分未能进行也是因为地方军阀割据，政治不稳定，中央政府缺乏权力。可见，中央与地方在财权上的博弈，其背后实际上是军事、政治力量的博弈。

三、中央财权强化与财政体制改革频繁：国民政府时期央地财政关系

吸取晚清和北洋政府的经验教训，1927 年成立的南京国民政府实行中央集权的财政体制，进行经济财政的多项改革，加强中央的财政控制，削弱地方的财权财力，最终形成了“黄金十年”局面。国民政府后期因为抗日战争等因素，财政划分变化较大。另由于央地财政划分牵扯到中央与各级地方的利益，所以从 1927 年南京国民政府成立到 1949 年财政体制改革，一直在中央、省、县三级关系上摇摆不定，这也致使中央与地方财政体制的改革经历了两级制－三级制－两级制－三级制的频繁变革的过程。

（一）“实省虚县”与中央、省两级财政体制

1927年南京国民政府成立，在财政上面对的是北洋政府遗留下来的支离破碎的局面；而为巩固自身统治，抗衡各地军阀和共产党势力，其自身的军费支出需求庞大。而新成立的南京国民政府在组织财政收入方面的能力较差，财政收入分散于地方，集中度较低；财政支出的主要部分为军事支出和债务支出，二者之和约占财政支出总量的70%，财政入不敷出。于是在南京国民政府进行北伐战争的同时，以国地收支划分为突破口，继续进行财政整顿工作的探索。1927年又颁布了《划分国家收入地方收入暂行标准案》和《划分国家支出地方支出暂行标准案》，将财政制度划为中央与地方两级体制，地方财政以省为主体，省控制着全部地方税源；县附属于省，没有独立的税收收入。同民国初年国地划分案比较，这次划分案最大的特点是将田赋划给省地方，省地方财政因此在国家财政中的地位有所提高。另外，国地税源的划分采取的是税目独立主义，区别于民初实施的税目附加主义，以此避免国地之间的纠纷，但在推行过程中遇到许多问题，最大的问题就是各省“不能尊重法令一致奉行”①。为解决实践中面临的问题，1928年召开的第一次全国财政会议上通过了《划分国家收支地方收支标准案》。标准案的颁布一定程度上缓解了国地财政的矛盾，改善了国地财政收支的混乱局面。但新的标准案在制定过程中依然将大部分税源划归中央，同时由于提高了省级地方的财政地位，将县级财政虚悬起来。县级财政既要维持自身的开支，又要筹措上级委办事宜，而自己又没有独立税源，其筹款的办法不外乎是：附加，即随正税加征正额外的税捐；杂课，即横征暴敛；摊派，即把无着落的经费按户口或田亩分摊下去。这必然造成百姓负担加重，民怨沸腾。

（二）“虚省实县”与中央、省、县三级财政体制

鉴于1928年分税制实施的“实省虚县”的政策导致县级财政混乱的局面，1934年南京国民政府召开的第二次全国财政会议上，立法院通过了时任财政部长孔祥熙提交的《财政收支系统法》《划分省县收支五项原则》草案，开始实行中央、省、县三级的财政税收体制，对国地财政收支划分标准作了较大调整，把土地税、田赋附加、印花税的三成，营业税的三成全部划给了县级财政，使得县级收入大为增强。与此同时，省级的财权得

① 中国第二历史档案馆．《中华民国史档案资料汇编》第五辑第一编［M］．南京：江苏古籍出版社，1995：174，175.

以一定程度的限制，以省为界各自为政的军事实力派势力削弱。中央和地方二级财政体制演变为中央、省（市）、县（市）三级财政体制，无疑对于建立以县为基础的全国统一的财政收支系统，抑制苛捐杂税的泛滥大为有利。但此次收支系统法案公布时，并未规定实施日期。1937 年 3 月，国民政府又公布《财政收支系统法施行条例》，还没来得及准备实行就爆发了全面抗日战争，此一收支系统法被迫搁置。但南京国民政府时期国地收支结构的划分与实施，无疑仍是中国财税体制现代化进程中最为重要的一步。

（三）战时财政体制转型：国家财政与自治财政

抗战爆发之后，国民政府丧失了重要的经济区，财政收入锐减，而战时财政支出剧增，赤字严重。各省财政也亏空严重，入不敷出现象相当普遍。为弥补巨额赤字，各省举借债款、苛捐杂税、恢复厘金乃至截流中央税款已屡见不鲜。地方财政糜烂，危及自身乃至中央。针对地方财政的混乱局面，中央政府三令五申加以限制，但地方政府常以财源亏短为由阳奉阴违。大敌当前，国民政府必须设法限制各省财政割据的局面，以此来集中权力一致抗战。其办法主要有两个：一个是“虚省实县”。即“凡省内之国家行政悉受中央指挥，凡地方自治与建设悉归各县办理；省只为自治之监督，立于中央于县之间，以收联络之效”①。另一个办法，则是缩小省区。但战前国民政府削弱省权的措施推行起来困难重重，远未达到目的。为此，1941 年第三次全国财政会议召开，为战时财政需要，将全国财政划分为国家财政和自治财政两级财政系统。前者包括中央、省和院辖市的一切收支，后者则以县为单位。这种体制的最大特点是省级财政是虚悬的，县级是地方财政主体，各县财力得以充裕，其目的用以推进地方自治，最终是中央掌握了对财政的绝对控制能力，促进了中央与省行政上的密切联系，达到了中央集权的最高形式，这对于抗战取得胜利功不可没。但也有严重的弊端：一是改订后的财政收支系统取消了省级财政的地位，省没有独立税源，不能适应各省实际情况和需要，施政方面也难有作为。二是虽然确立以县为单位的自治财政系统，但县仍然收不抵支，因军需供给、民兵团、工役运输等支出全靠县级财政自行筹办，保安、行政经费在县财政支出中为数很多，教育文化经费则很少，人民得到的利益很少。第三，此次财政改制也造成了田赋征实对农民的过分搜刮、财政官员的贪污腐败等

---

① 荣孟源主编：《中国国民党历次代表大会及中央全会资料》上册，第 639 页。

问题。地方财政“税收多集中于中央，财源枯乏，……而中央补助之税源，每有缓不济急之苦。各种支出，因大军过境，供应浩繁而剧增，舍非法摊派以外，别无它图。因此，造成民国以来人民负担摊派之最高纪录，中央地方与人民交受财政之痛苦，此为实行两级制财政系统所发生之困难。”[①] 抗战胜利以后，战时国家、地方的财政关系再也不能维持下去了，国地收支划分又提上重议日程。

（四）国民政府后期三级财政体制最终确立

抗战结束后，国民政府后期中央税收主要依靠货物税、关税、盐税、直接税。但是税收占支出的百分比却一直在低位徘徊。在财政收支严重不平衡时，地方政府一般用摊派、处分公产和举债等办法来寻求平衡。摊派无异于田赋附加和苛捐杂税；而处分公产则主要是变卖地方政府所有的公产，如地产和企事业。中央政府因国内财力入不敷出，连政府公债都无法继续发行。在这种走投无路的情况下，国民政府只能通过对内通货膨胀，对外乞求美援的下下策勉强度日。但依靠外援和通货膨胀毕竟不是长久之计，归根到底还是要从恢复国内经济上找出路。面对国民经济重创的局面，亟需恢复地方经济活力。而要恢复地方经济，就不能不恢复三级分税制财税体制，发挥省级财政的作用。1946 年 6 月，国民政府召开第四次全国财政会议，对 1935 年公布的《财政收支系统法》作了修改。1946 年 7 月 1 日，国民政府正式颁行修改后的财政收支系统法及施行条列。该法将财政系统分为三级：中央、省及院辖市县、县市及相当于县市之局，这次会议的召开，标志着国民政府的财税体制由两级变为三级，省一级财政重新得到了确立。此次重新划定的三级财税体制，既没有“虚省”也没有“虚县”，逐步向更加合理的财税体制靠拢，但是受制于当时落后的社会生产力和混乱的时局导致财政收支严重赤字，国民政府走向先进的财政政策及制度的道路也是异常艰难。

从近代国地财政关系的变化可以看出，财政关系博弈的背后反映着中央与地方政治经济军事实力的博弈，中央实力上升的时候，多实行中央集权的财政体制，地方实力较强时，财政体制则相对涣散。同时，财政体制对于政治体制具有重要影响，中央集权的财政体制有利于保证国家的统一，中央政权的巩固。

---

① 赵既昌．论重划国地财政收支系统［N］．中央日报，1946－06－07.

四、近代中央与地方财政关系变迁启示

近代中央与地方财政关系的改革，实践经验与教训启示并存，这为解决我国当前分税制改革中所存在的问题提供了一定的借鉴和指导。

（一）集权与分权是中央与地方财政关系的主线，央地财政关系构建应以保持一定的中央权威为前提

中央与地方间财政关系的本质是一国财权财力在中央与地方间如何配置的问题，也就是集权与分权的问题，这一问题对像中国这样的大国尤其重要。中央和地方关系的本质是利益关系，即国家的整体利益和地方（局部）利益的关系，必须从政治大局的高度来认识和处理这一关系。近代中央和地方财权的消长变化表明：财权是最为重要的权力之一。中央政府如果失去对地方财权的支配，就不可能有效地行使其控制权。而地方一旦财权过分膨胀，则往往会形成与中央分庭抗礼的局面，至少使中央政府的号令在地方得不到切实贯彻，从而形成政治上的分裂。政治分裂又导致经济崩溃，经济崩溃又反过来妨碍政治统一。所以，要正确处理好中央和地方财政的关系，就必须始终保持中央财权具有一定权威为前提。

（二）合理界定各级政府的财权和事权，事权与支出责任相适应

民国时期的分税制改革在把大部分主要税收都划归国家的同时，中央政府却把地方琐碎的事务责任都划归地方，而并未完善配备给地方与事权相配套的财力。在中央政府势力不敌地方割据势力时，法案直接得不到实施；在中央政府权力稍大时，又滋生了地方政府摊派，另辟名目的问题，直接制约了民国时期地方经济的健康发展，中央财政也没有取得预期的改革效果。当前，我国地方政府由于财、事权之间的矛盾，大搞土地财政以及举借地方债务来完成分内职责，这种现象的存在一方面不利于地方经济的长期稳定发展，另一方面也与政府的形象不符，不利于增强人民对于政府的信任。所以在建立健全新时期的分税制改革过程中，应明确事权，建立事权与支出责任相适应的制度。

（三）赋予地方政府独立税源，重视基层行政规范，关注农民负担

在处理中央与地方财政关系的问题上，我们既要反对财权过分集中，一统就死的倾向；又要反对财权过分分散，一放就乱的倾向。历史和现实都表明，地方政府横征暴敛一方面与地方财权、事权不配套有关，另一方面也与没有完善的监督制约体系相关。所以，在我国当下的分税制改革

中，一方面要注重财权、事权的划分，为了应对目前地方政府特别是地方基层政府依赖出让土地、举借债务维持财政收入的局面，可以适当赋予地方政府独立税源，保证地方政府财政收入，例如现今正试点中的房产税、城建税等税种就是很好的尝试。还要尽快建立起“一级政权，一级事权，一级财权，一级监督权”的完善的监督制衡体系。其中，特别要重视基层行政规范，密切关注分税制改革中的农民负担问题，确保税制改革的成果惠及广大人民群众。

（四）完善国地财政划分的相关法规，确立激励相容与监督机制系统

近代中央地方财政关系变迁，似乎表明中国难以走出集权与分权的恶性循环，究其原因还在于缺乏一套约束中央地方财政关系的机制。联系当前的分税制改革，当前中国在满足财政行政效率与社会经济效率之间往往还会顾此失彼。建立弹性、透明的政府间财政关系，以更好地实现政府资源配置、收入分配和稳定经济的职能是分税制财政体制改革的最终目标。但目标的实现需要国地财政关系上一系列法律法规的完善，我国目前在分税制的实践过程中，关于税收征管的相关立法权几乎尽数集中在中央，地方只是作为法规的实施方，并没有参与到政策的制定中来，这使得中央和地方财政收支的划分缺乏必要的法律依据，有较大的随意性，地方作为国地划分中的一个主体拥有的也只是较低层次的制定地方性规章的权力。在下一阶段的分税制改革中，我国应建立完善国地划分的法律依据，使国地划分有法可依，有章可循，同时适度赋予地方在税收方面的立法权，使各地方能根据自身特色灵活处理本地发展问题。历史向现实表明：一个合理的中央与地方间财政关系的建立有待于一个完善的分税制的确立，而一个完善的分税制有待于一套法规完善、激励相容与监督机制系统的确立；而这一确立过程对于转型的中国来说才是最重要的，它有可能解决几千年来中国无法解决的中央与地方、财政行政效率与社会经济效率之间不可调和的矛盾，从而建立一个和谐、弹性的中央与地方财政关系，取得财政汲取能力与经济效率的统一。

参考文献：

［1］马金华．晚清中央与地方的财政关系：以外债研究为中心［J］．清史研究，2004（1）：94－101.

［2］北洋财政制度研究课题组．北洋时期中央与地方财政关系研究［J］．财政研究，1996（8）：59－63.

［3］尹红群．财权与庶权：抗战后期国民政府自治财政的困局（1941—1945）［J］．云梦学刊，2006（6）：62－65.
［4］魏光奇．国民政府时期县国家财政和自治财政的整合［J］．首都师范大学学报，2005（3）：10－17.
［5］刘慧宇．论中国近代国地财政划分制度的演变［J］．东南大学学报，2001（3）：14－18.
［6］龚汝富．近代中国国家税和地方税划分之检讨［J］．当代财经，1998（1）：54－57.
［7］李碧如．论近代国地收支改革［J］．财经科学，1995（3）：50－52.
［8］张殿清．北京国民政府时期地方截留中央盐税浅析［J］．河北大学学报，2005（1）：14－16.
［9］叶凤刚．论南京国民政府财政体系的历史演变［J］．内蒙古农业大学学报，2006（3）：317－319.
［10］刘慧宇．论南京国民政府时期国地财政划分制度［J］．中国经济史研究，2001（4）：42－48.
［11］张连红．论南京政府时期的中央与地方财政收支结构［J］．史学月刊，2000（2）：55－61.
［12］李国忠．民国初期中央与地方发展关系述评［J］．天津师范大学学报，2002（5）：34－39.

11. 中国古代财政在国家治理中的作用

【摘要】本文从我国古代历史出发，阐述了古代国家治理的特点，分析了财政在古代国家治理中的地位和作用，分析了为发挥这些作用所采取的财政措施。

【关键词】中国古代　国家治理　财政作用

【作者简介】齐海鹏，东北财经大学财税学院

党的十八届三中全会公报要求："完善和发展中国特色社会主义制度，推进国家治理体系和治理能力现代化。"并且指出："财政是国家治理的基础和重要支柱。"这不仅从治国理政的高度提出了"国家治理"的概念，而且，对财政的地位和职能作用进行了重新的定位。那么，在中国历史上财政在国家治理上发挥了哪些作用、采取了哪些措施、有什么启示，本文将对此加以分析。

一、中国历史上的国家治理

如何解读国家治理，目前是学术探讨的一个重要课题，仁者见仁，智者见智。徐湘林（2014）认为，从学术理论的渊源来看，治理理论是从社会中心论出发，从社会的诉求来规制国家和政府的职责和作为。国家治理概念则强调了转型社会国家发挥主导作用的重要性，同时也考虑了治理理念所强调的社会诉求。并且，认为国家治理的价值目标是与现代国家的责任和职能相一致的，一是要维护国家的基本秩序和稳定，二是发展国民经济和提供公共服务。进而，认为国家治理是一个结构性的动态均衡调试过程，可以将国家治理结构分为六个相互依存的部分，即核心价值体系、权威决策体系、行政执行系统、经济发展体系、社会保证体系和政治互动机制[①]。许耀桐（2014）认为，治理，是人类社会处置自身集体事务的一种组织活动。国家治理，是以国家为中心对公共事务进行安排和处置，概括地说即治国理政。国家治理与现代化有着密切的内在关系，国家治理要走

① 徐湘林．国家治理的内涵［N/OL］．人民网，http://theory.people.com.cn/n/2014/0401/c40531-24796875.html.

向现代化，就要求国家的公共事务治理必须达到民主化、法治化、制度化、多元化。国家治理，表现为宏大的治理体系：一是经济领域的市场治理，二是政治行政领域的政府治理，三是文化领域的文化和思想道德治理，四是社会领域的社会治理和实行基层群众自治，五是生态文明领域的生态治理，六是国防建设领域的军队治理，七是党的建设领域的执政党治理。[①] 杨维明（2014）认为与治理理论以社会为中心和出发点来探讨国家和政府职能不同，国家治理将治理纳入并提升到整个国家转型、改革、发展的视野高度，强调国家在社会转型中发挥主导作用的重要性。并认为，应从国家治理的政治性、历史性、阶段性、系统性及合法性五方面来理解和把握。从政治性看，要注意从政治的高度、用政治的眼光来看待国家治理，明确国家治理具有阶级性，具有疆域和国界，涉及制度模式的选择。从历史性看，不管哪个国家的治理，都不仅仅是现实性的问题，还应考虑到历史渊源和历史延续性。这就要求有历史的眼光、历史的纵深，用历史唯物主义的观点来指导国家治理的理论与实践。从阶段性看，任何国家的治理，既是处在历史长河中，又有一个既定的阶段，都应当与既定阶段的经济社会发展水平相符合、相适应。推进国家治理，既不能超前，也不应滞后，特别是要防止超前。从系统性看，国家治理更强调治理领域、治理主体、治理方式、治理过程的全面性、综合性、协同性及系统性，更注重统筹推进、协调发展，需要用系统论的方法来推进。从合法性看，还需要治理的法制化、程序化和民主化[②]。何增科（2014）通过对“治理、公司治理、国家治理”、“国家统治、国家管理、国家治理”、“国家政体与国家治理”三组概念的辨析，认为国家治理是国家政权的所有者、管理者和利益相关者等多元行动者在一个国家的范围内，对社会公共事务的合作管理，它的目的是增进公共利益，维护公共秩序。“国家治理”的概念，在国家理论中间增加了新的内容：第一，它凸显了国家政权的所有者或者叫主权的拥有者与受委托的职业管理者的授权和问责关系；第二，它强调的是多元行动者之间的合作管理，所有者、管理者与利益相关者都要出场而不能缺位；第三，国家治理本身把增进公共利益与维护公共秩序这两个目标并重。国家治理的目标有三个：第一是实现这个社会可持续发展，第二是实现人民生活质量的普遍改善，第三个是实现可持续的稳定，或者叫长

---

① 许耀桐．从五个角度理解“国家治理”［N/OL］. http：//theory. people. com. cn/n/2014/0911/c388581 –25643097. html.

② 杨文明．研究国家治理要关注的五大维度［N/OL］. http：//theory. people. com. cn/n/2014/0911/c388581 –25643165. html.

治久安。[①] 王浦劬（2014）则认为对于“国家治理”应放在中国语境中历史地、全面地、准确地进行理解，需要防止两种错误的倾向：一是简单按照西方“治理”概念的含义，来套我国全面深化改革的总目标。这其中，简单片面地按照西方“治理”概念的含义解释我国全面深化改革的目标中“国家治理”的含义，认为“治理”不同于“管理”，是多主体、多中心的治理或者社会自治，如此等等。二是简单认为“治理”的概念只是西方政治理论和管理理论的专利[②]。

综上所述，我们看到国家治理的概念是在新形势下，为了完善和发展中国特色社会主义制度，推进国家治理体系和治理能力现代化所提出来的一种新的治国理政理念。尽管大家在理解上各有侧重，但我们理解国家治理的概念，起码包含了这几个方面的涵义：①强调了国家在国家治理中的主导地位，无论是强调多主体的，还是反对多主体的，但国家的主导地位应当是基本共识。②国家治理的目标尽管有不同的表述，但基本上涵盖两个方面，一是维护国家的基本秩序和稳定，二是发展国民经济，提供公共服务，提高人民生活质量。③国家治理是一个体系，它包括治理领域、治理主体、治理方式、治理过程的全面性、综合性、协同性及系统性。④阶级性和社会性是国家治理的根本属性，在阶级社会，主要体现为阶级性。在社会主义社会中，国家治理既强调其阶级性也突出其社会性，社会性主要通过政治、经济、文化以及社会职能的发挥来实现治理。⑤国家治理面向的是现代化，但都认为它具有历史的继承性，从历史来理解是它的一个维度。

在我国，“治理”这个词古已有之，《荀子·君道》：“明分职，序事业，材技官能，莫不治理，则公道达而私门塞矣，公义明而私事息矣。”从历史上看，治理源于人类社会的生产和生活等各种社会活动，而国家治理起源于有阶级社会。在父系氏族社会中前期之前，治理作为人类社会处置自身集体事务的一种组织活动，已经出现。那时，由于生产力低下，人们共同劳动、贫富与共、平等相待，既没有强制性的政治权力，也没有不合理的特权存在。人们在共同生活中，面对着要解决的公共事务，采取了全民议论、大家参与、集体决定的方式。父系氏族社会后期，由于生产力的发展，剩余产品的出现，私有制的产生，人类社会分化为阶级，出现了

---

① 何增科．国家治理及其现代化探微［N/OL］．http：//theory. people. com. cn/n/2014/0901/c217905 –25580862. html.

② 王浦劬．理解国家治理须防止两种倾向［N/OL］．http：//theory. people. com. cn/n/2014/0918/c388581 –25686133. html.

以调和阶级矛盾和处理公共事务为目的的部落联盟这一国家雏形，至夏朝建立，国家确立，人类早期的社会治理遂转变为国家治理，即以国家为中心对公共事务进行安排和处置。在中国漫长的奴隶社会和封建社会里，国家治理主要表现出以下几个主要特征：①在目标上，古代国家治理是以维护统治阶级的统治和巩固国家政权为主要目的，虽然也会向民众提供一定的公共产品和服务，但居于次要地位。②在方式上，古代的国家治理是以国家为治理的核心，以有限的社会自治为辅助。就是说，国家治理，首先表现为由国家依据君主的意志和法令，对整个国家进行统治和管理，而基层乡村由胥吏和乡绅进行自治管理。③在效果上，古代的国家治理是治与乱交替存在。当统治者政治清明，政策措施符合客观要求时，能够实现政通人和、国泰民安；反之，则国将不国，生灵涂炭。④在本质上，古代国家治理主要体现为君主专制，君主是为治理主体，民众是治理客体，客体是基础，搞得不好客体就要颠覆主体，因而在一定程度上也反映民众的诉求。这样的治理，虽不合于现代国家治理的理念，但也与当时的历史条件相适应。

二、中国古代财政在国家治理中的地位和作用

党的十八届三中全会决定中指出“财政是国家治理的基础和重要支柱”，这是对当代财政的地位和职能的一种重新定位。那么这一结论在中国古代财政中是不是适用呢？从史实来观察，财政从来都属于治国安邦的重大问题，因此，这一结论也是适用的。

从中国古代的历史实践来看，财政从来都是国家治理的基础和重要支柱。这是因为中国自进入有阶级社会以来，国家治理的主体都是国家（或政府），国家（或政府）履行治理职能时必然离不开财政。正如马克思在《哥达纲领批判》中所说：“赋税是国家的经济基础，而不是其他任何东西。”列宁也说：“任何社会制度，只有在一定阶级的财政支持下才会产生。”对此，我国古代的知识分子也早有类似的认识。班固在他所著的《汉书·食货志》中说：“财者，帝王之所以聚人守位，奉天顺德，治国安民之本也。”唐代理财家杨炎说：“财赋者，邦国之本，如生人之喉命，天下治乱轻重系焉。”① 北宋文学家苏辙说：“财者，为国之命而万事之本，国之所以存亡，事之所以成败，常必由之。”② 南宋史学家郑樵说：“古之

---

① 《旧唐书·杨炎传》。

② 苏辙：《栾城集》卷二十一，《上皇帝书》。

有天下者，必有赋税之用。”①《金史·食货志》说：“国非食货不立。”明朝宋濂在他所著的《元史·食货志》中指出：“国非食货则无以为国。”此类论述，不绝于史。这说明在中国历史上，财政在国家治理中同样具有重要的地位。

财政的基础性和支柱性在于财政通过收支活动为国家履行治理职能提供必要的财力保证。从中国古代的财政实践来看，财政首先通过各项收入形式，诸如田赋、人头税、徭役、财产税和其他工商杂税以及非税收入等来筹集财政资金，形成集中性的人力、物力和财力。然后，把集中的财政资金进行安排和使用，形成诸如皇室支出、军事支出、官俸支出、公共工程支出、文化教育支出、社会保障支出和其他支出等各项支出，用于国家治理的政治、军事、经济和文化教育等方面的需要，国家集中物力、人力和财力从而保障了政权的巩固、社会的稳定和经济的发展。显然，没有财政支出的拨付，没有财政收入的筹措，就不可能有国家职能的履行，也就不可能有国家治理的实现。

不仅如此，财政的基础性和支柱性地位还在于财政为国家治理提供制度保证和政策支撑。国家治理中的诸多方面，诸如政治、经济、军事、文化发展中的矛盾，也必然会通过对物力、人力和财力的供需集中反映到国家财政上来，反映着国家在集中和分配物力、人力和财力过程中与各个领域、各个行业、各个阶级、各个阶层之间的利益关系。所以，财税问题历来都是政治、经济和社会生活中的热点和焦点，是全社会各种利益和矛盾的集中体现，牵一发而动全身。因此，政府的财政收支活动要遵从一定的制度规范来进行。在中国古代财政发展历史上，逐步形成了包括赋税制度、盐铁官营制度、仓储制度、会计制度、预决算制度、漕运制度等在内的财政制度体系，当这些制度合理、执行得力时，财政职能的履行状况就好，政府职能的履行状况就好，国家治理体系的运行状况和国家治理的实现水平就好。而且，财政分配活动是动态的，根据不同客观环境所制定和执行的财政政策，必然波及政府职能的履行、国家治理的实现以及整个经济社会的运转。我国古代历史上中，国家往往会根据不同的客观环境，采取不同的财政政策，诸如重农抑商、轻徭薄赋、均输平准、去奢省费等等，这些措施有的调节微观经济主体的行为，有的则影响整个社会经济的运行。从实际效果上看，财政政策得当，比如，赋税公平和轻徭薄赋则使全社会休养生息、人民安居乐业，整个国家出现繁荣发展的太平盛世，比

① 《通志》卷六十一，《食货》。

如汉初的“文景之治”、唐初的“贞观之治”。由此可见政权的巩固、经济的发展和社会的安定，与财政制度的合理确定、财政政策科学制定与执行是密切相关的。

并且，财政管理和监督既是对财政收支活动的组织和协调，同时，它本身也是国家治理的一个重要方面。中国古代历史中，随着行政管理体制的不断完善，从中央到地方已经形成了一整套包括组织收入、保管收入、安排支出、组织运输等在内的管理机构和财政管理体制，以及相应的监督机制。这些管理活动触及社会经济生活的方方面面，自然影响到国家治理的能力和状况。

综合中国古代财政发展的历史，财政在国家治理中的作用可以概括为以下几个方面：

首先，财政通过分配社会财富，保障国家的长治久安。古代的劳动人民运用他们的智慧和劳动，创造出了社会所需要的物质财富，这些物质财富又通过地租、价格、利息、财政等不同渠道，进行再分配。其中财政是社会财富再分配的主要渠道。它从每一项赋役收入开始，到每一项财政支出结束，从而完成一次财政对社会财富的分配活动，其中又伴随着财政管理和财政监督，使财政分配活动规范、有序、合理。这一分配活动，首先用于维持国家机器诸如皇室、行政机构、军队及司法机关等运转，从而保证了国家政权的存在和巩固，保证了民族的团结和国家的统一。

其次，财政起着调控经济的作用，从而优化资源配置和维护市场秩序。古代的理财者已经懂得在财政分配活动中运用财政手段调控国民经济，这种调控包括调节国家与民众之间的经济利益关系，调控农民与工商业者之间的利益关系和产业之间的比例关系，调节贫富之间的差距，等等。而最早阐述财政调控理论的著述，当属《管子》，其具体阐述了财政调控的手段、方法、方向、力度。而且，在实践中，例如李悝的“平籴之法”、桑弘羊的“均输平准”、刘晏的“常平盐”、王安石的“市易法”，汉初的“轻徭薄赋”、汉武帝时的“算缗”、“告缗”和盐铁官营，凡此种种，无不体现着财政对经济运行的调控，以优化资源配置、维护市场秩序。

第三，财政在一定程度上可促进社会稳定和公平。一个国家的财政收支结构，同样也会影响一个国家的社会发展状况，是否公平正义。从古代的财政支出结构看，军事支出、官俸支出、皇室支出虽然是主体，但国家政权的巩固本身也有利于社会的稳定，同时财政支出中也有一定规模的公共工程支出和社会保障支出，这本身有利于经济发展和保障穷苦百姓的基本生存需要，有利于缓和社会矛盾、促进社会稳定。在税收上，如夏朝贡法所采取的“九州制”“五服制”、齐桓公时期的“相地而衰征”、北魏在均田制基础上的“租调制”、唐中期的“两税法”等在一定程度上体现了税收的公平，进而在一定程度上有利于促进社会公平。而且，财政管理和监督，本身有利于抑制违反财经纪律行为的泛滥，从而保证财政支出结构和赋税制度的合理与公平。

当然，我们也必须看到，在中国古代历史上，由于财政制度不合理、财政政策不得当也给国家治理带来极大的负面影响，教训也是深刻的。比如，秦朝“收泰半之赋，发闾佐之戍”，“田租、口赋二十倍于古，力役三十倍于古”（颜师古注），“男子力耕不足粮饷，女子纺织不足衣裳”①。秦朝过度征发人力、财力和物力，主要是用于维护秦王朝的阶级统治的需要，诸如宫殿陵墓、亭台楼阁、长城驰道等，而绝少用于发展经济和公共事业上，财力分配上的国家与民众之间的失衡，必然带来对社会生产力的极大破坏，激化社会矛盾，形成全社会的政治、经济和财政危机，酿成农民起义的风暴，最终导致秦王朝仅历二世而亡，而百姓也身遭战乱之苦。所以，财政在国家治理中的作用，既要看到它正效应，也要看到它的负作用。

三、中国古代国家治理中的主要财政措施

财政在中国古代国家治理中的作用，主要通过以下制度和政策措施来实现。

（一）赋税

在中国古代历史上，赋税是国家依据政治权力取得财政收入的重要形式，同时，也是国家治理的调控手段。国家通过征收赋税与纳税人形成了征纳关系，它一方面关系到国家职能的行使，事关国家兴衰，另一方面关系到百姓承受能力，事关经济发展和社会安定。古代赋税虽然不同朝代的内容有所不同，但大体上可以分为赋役和工商杂税这两大类。赋役包括田赋、人头税和徭役；工商杂税主要包括关税、市税、盐税、茶税、酒税、矿税及各种杂税。

就田赋来说，它是对土地所征收的税，向来是国家财政收入的正供，而且田赋制度也不断变革，而每一次变革，不仅是客观经济环境变化和财

① 《汉书·食货志上》。

政收支的内在要求所致，而且也是国家治理根本需要。田赋最早的形式就是夏商周时期的贡、助、彻，这是在土地国王所有制和井田制基本管理形式下对农夫所征收的什一之税，这一税制将赋税的征收与授田和耕作制度结合起来，实现了有序的管理，促使农业兴盛、社会安定、国用充足。公元594年鲁国实行的“初税亩”，是田赋制度一次重大变革，它将以往的按人的劳动收益征税改直接对人拥有的资产——土地征税，它打破了“井田制”的束缚，承认了土地私有，催生了新兴地主阶级，并为后续各国在赋税改革中提供了经验。所以当商鞅在秦国进行变革时，废井田、开阡陌，确立土地私有制，履亩而税，从而促进了封建生产关系的发展，为秦国富国强兵、一统天下奠定了基础。秦汉时期，实行租赋制，对田租按劳动收益征税，另征口赋、算赋等人头税。唯秦实行暴政，急功近利，收泰半之赋，超出了社会经济和人民的负担能力，历二世而亡，教训深刻。汉承秦制，但鉴于秦亡的历史教训，采取了先十五税一、后三十税一的轻税率，并用“量吏禄、度官用，以赋于民”的预算原则以保证之，收到了良好的社会效果，出现了“文景之治”。魏晋南北朝时期，战乱不断，人口流亡、土地荒芜、粮价上涨，门阀士族地主势力猖獗、土地兼并问题日益严重，田赋制度改行租调制，即按田征租，按户征调（实行均田制后则是按丁征租调），这一变革往往与田制的变革结合在一起，如西晋的占田制、北魏的均田制等，北魏还辅之以三长制即地方基础组织与之配合。这些措施不仅保证了国家财政收入，而且在一定程度上抑制了土地兼并，缓和了阶级矛盾和民族矛盾，稳定了社会秩序。这一办法一直延续到唐初。唐朝初年，统治者鉴于隋朝灭亡的历史教训，采取了“去奢省费，轻徭薄赋”的政策，在租调制的基础上实行了租庸调制，按田征租、按户征调、按身收庸。正是由于这一税制能基本满足财政需要，使隋唐大约130年的时间，没有盐税等工商杂税，出现了“贞观之治”“开元之治”。唐德宗建中元年（780年）杨炎推行的两税法是田赋制度又一次重要变革。这次变革不仅明确提出量出为入的财政原则，而且将以丁身为本征税向以资产为宗的税制转化，开创了以货币计税的先例。此后，从北宋王安石的方田均税法、明朝后期张居正的一条鞭法，再到清朝康雍乾时期摊丁入亩制度，都是对这一制度的进一步完善，从而完成了对人税向对物税的转变，实物、力役之征向货币之征的转变，赋役并行向赋役合一的转变。每一次变革不仅在一定时期内挽救了财政危局，而且在一定程度上抑制了豪强势力、土地兼并，缓和了阶级矛盾，维护了国家政权的巩固，促进了社会的稳定和经济的发展。

不仅田赋，一些工商税在特定的历史时期不但是取得财政收入的形式，也是国家治理的手段。比如，在汉武帝时期实行的算商车、算缗和告缗，即人们拥有的车船和积存的缗钱和货物所征的税，对商人都是加倍征收，并鼓励百姓检举偷漏税之人。此举虽有阻碍商业发展之弊，但它充实了国家财政，缓解了财政危机，支持了汉武帝的对外政策，同时，削弱了分裂和守旧势力，巩固了中央政权，维护了国家统一。再比如汉武帝时期所征收的贳贷税，是对放贷人的行为及财产征收的税，规定每2 000钱征收一算即120钱，其目的就是对所存在的高利贷现象进行限制，以抑制富豪通过高利贷对小民的盘剥，从而稳定社会秩序。当然，历史上当国势处于衰微之时，工商杂税也层出不穷，往往也成为政权消亡的重要因素之一。

（二）官营收入

历史上官府举办的官营事业很多，比如官作坊、盐铁专卖、酒专卖、均输平准、市易、和籴等，这些都是官府利用特权占有资源，直接管理和经营工商业取得专卖利益，成为财政收入的重要来源之一。同时，它们对于国家治理也有一定的作用。以下举例说明。

就盐铁专卖来说，最早是管仲在齐国实行的，当时为了达到富国强兵的目的，齐桓公问："吾何以为国?"管子答："唯官山海为可耳。"即实行盐铁专卖。这一办法的好处就是国家首先垄断自然资源，直接进行管理和经营，取得专卖利益，实现寓税于价，体现了管子的"见予之形，不见夺之理"的理财主张，避免百姓因赋税负担繁重而激化社会矛盾。从历史上看，盐铁专卖这种形式，往往是在国家不仅财政处于困难而且政治经济也处于某种危机状态时被采用。比如，汉武帝时期，由于北伐匈奴等对外战争，致使国库空虚，而因汉初自由放任政策通过铸钱、煮盐等而暴富的商人不佐国家之急，而且大放高利货、敛财役贫，使国家财政危机更为严重。正是在这样的背景下，汉武帝采取桑弘羊的建议，将盐铁收归官府经营，实行专卖政策，禁止民间私自煮盐冶铁，生产必须经官府许可，否则予以重罚。唐初本无盐税，在安史之乱后，军费剧增，财政困窘，于是在肃宗乾元元年（758 年），开始实行官专卖办法。但第五琦设置盐官过多，开支过大；盐价提高十倍，以致物价上涨，民怨沸腾。次年，刘晏为盐铁铸钱使对第五琦的办法进行了改善，主要是实行不完全官专卖，即民制、官收、商运、商销。同时，减少盐官，在边远地区建立常平盐制度，还建立巡院，缉查私盐。通过上述措施，增加了盐的运销数量，盐利大增。史载，经过刘晏改革之后，"天下之赋，盐利居半，宫闱服御、军饷、百官禄俸皆仰给焉。"① 宋代统治区域缩小，财政支出浩繁，而田赋收入有限，所以对盐利特别重视，也经常研究盐法。其盐专卖办法，主要是两大类型，即禁榷法（即完全官专卖）和通商法（即不完全官专卖），具体办法不下十余种，其中如计口授盐、折中法、盐钞法和盐引法等多为后世所效仿。而且，盐利收入也由宋初的不足1 000万贯，到宋京当政时（1106 年前后）达4 000万贯②。

再比如均输、平准，它是汉武帝时期实行的官营商业。西汉初年的商业经营的自由化，给商人兼并社会财富、危害国家财政造成了便利。为了扭转这种局面，汉武帝通过桑弘羊实行了均输和平准业务。均输，就是在各郡国设立均输官，进行官营运输业的经营，改进以全国为规模的运输调度，避免重复运输、过远运输、对流运输等不合理现象，节省运费，减轻劳役，增加财政收入。平准，就是京师设立平准官，进行官营商业的管理，平抑物价，调剂供需，节制市场。这些官营商业措施，实际上是与大商人势力争夺商业的控制和经营权利，抑制大商人势力对市场的垄断，同时，维护国家经济权益，充实国家财政，限制富商巨贾的兼并和盘剥。

（三）财政支出

财政支出是国家对集中的财政资金进行安排和使用，对国家履行职能，实现治国理政的目标具有直接的作用。夏商西周时期的财政支出主要包括祭祀支出、军事支出、王室支出、公共工程支出、其他支出等，以祭祀支出和军事支出为主，所谓"国之大事，在祀与戎"③，反映了这一时期的财政支出主要用来维护奴隶制国家的统治，当然也有少量用于兴修水利、文化教育和社会救济方面的支出，用以满足社会公共需要。并且提出"以九式均节财用"、"凡颁财，以式法授之"的原则，即节约开支和收支对口的原则。

在漫长的封建社会，财政支出主要包括皇室支出、军费支出、官俸支出、公共工程支出、文化教育支出、社会保障支出和其他支出等。其中，军费支出和官俸支出是主要支出项目。军费支出，一般包括养兵费、军事装备费、边防费和战争经费等。军费的多少一般取决于军队的人数、兵种和装备以及养兵之制。从秦至清代2000 多年里，虽然各朝代养兵的人数、兵种和装备以及养兵之制处于变化之中，各朝代所面临的国内和国际形势

---

① 《新唐书》卷五十四，《食货》。

② 《宋史·食货志下》六。

③ 《左传》之"成公十三年三月"条。

也有所不同，军费支出的多少也有所不同，但军费支出在国家财政支出中始终占有很大的比重。官俸支出，是用于满足政权机构官员生活需要的经费。由于官府机构设置和人员的配备以及俸禄等级标准不同，各朝代官俸支出规模高低不一，但都在财政支出中占有重要的比重。比如，西汉初设官不多，官俸支出较少。宋朝对官员采取“养”的政策，不仅官员人数多，而且俸禄待遇也优厚，所以俸禄支出之浩繁也是史无前例的。这两项支出，对于维持国家机构的运转、政府职能的履行和保证国家的安全，是有重要作用的。除上述主要财政支出外，历朝历代都有用于道路、桥梁、水利灌溉等公共工程建设的支出，也有用于培养和选拔人才的教育支出，和用于对贫民和灾民的救济赈恤的社会保障支出，尽管这些支出在整个财政支出占有比重不大，但对社会安定、推动社会发展还是起了一定的作用。特别是我国古代的统治者为维护国家长治久安，比较重视社会保障的，早在西周时期就已经提出了“荒政”和“养民”措施，以后历朝历代赈恤、救荒的措施和体系不断完善，比如建立义仓、常平仓，实行赈济、移民就食、赋役蠲免，建立养老和慈幼机构，推行以工代赈等。凡此种种，对于保证贫民的最低生活需要，防范社会风险，维护社会稳定都发挥了一定的作用。

（四）漕运制度

漕运制度是中国古代财政管理制度的一项重要内容，是保证财政供给的重要环节。在古代，国家向农民征收的赋税，在相当长的历史时期，采取征粮米等收实物的办法。而把这些实物集中起来利用船只通过水路（两河之间辅之以陆路运输）运送到指定的地点，以满足需要，并藉以实现国家的职能，就成为一项重要的政治措施，为历代封建统治者所重视。在春秋战国时期，我国已有转粟之事，秦朝则有“飞刍挽粟”的记载，汉代漕运已有一定规模，隋唐时期漕运制度基本完备，两宋对漕运制度作了进一步发展，经过元代和明代的调整与建设，到了清代，漕运制度不管是从机构组织、法规制度、人事安排等各个方面，都趋于完备。

在历史演进过程中，漕运形成了一套较完整的制度，并有相应的一套管理系统。漕运用的船，叫作漕船。漕船载运的粮、米，叫作漕粮、漕米。驾驶漕船的军队和民工，叫做漕军、漕丁和漕夫。许多朝代都设专管漕运的官员，例如唐朝设置了转运使，宋朝设置了发运使，元朝设置了都漕司二使，明清两代都设置了漕运总督。从事漕运的漕丁、漕夫，有时多达十余万人。漕运在运输方式有多种。从运输线路上看，有河运、海运、陆运、海陆兼运；从运输方法上看，有直运和转运；从运输使用的人力看，有民运和军运；从使用民力的方式上看，有征役和雇佣；从运输组织形式上看，有官府自运、官征民运和官督商运。

漕粮的用途，主要有两种：一是供应朝廷和京城人口的用粮；二是供应驻军和作战需要。除此之外，一部分漕粮还用于救灾和治理黄河、运河的河工需要。

漕运的顺利进行还需要一系列的基础工作，包括河道的开发、船只车辆的修造、船工的征发或雇佣、押运漕船兵丁的征派、管理漕运官吏的设置、储备漕粮仓库的建造以及对漕运的监督等，所有这一切都要付出费用。所以漕运既是财政供给过程，也是财政耗费过程。漕运能否有效率，就在于所得与所费的对比中，是所得大于所费，还是所费大于所得。因此，漕运制度的好坏，不仅关系到财政供给的效率，而且也影响着社会经济的发展。一个历史时期，漕运制度能够做到与当时的经济条件有机结合，就能推动社会经济向前发展；相反，如果违背了客观经济条件，就会阻碍社会经济的发展。

（五）国家预算

在古代，预算只能从国家对财政收支进行有计划的安排这个方面来理解。相传我国的预算在夏禹时即已出现，到西周时期逐步成形，不仅设立有司会、司书之职，而且提出了量入为出的收支对比原则，不仅以收入的多少为依据来安排支出，还要留有后备。春秋战国时期发展成比较完备的“上计”制度，而这一制度到秦汉时期发展到很高的水平，上计吏的配备、编报的程序、收支科目的范围、官员的考核等都有明确的规定，甚至汉武帝亲自出席听取上计吏的汇报。唐代的预算制度更为严密，预算（计账）一年一编，编制的程序自下而上，逐级汇总。开元二十四年，李林甫秉政，发现财政收支有经常性和非经常性两类，于是编制了《长行旨符》，将经常性的收支固定下来，而临时性的收支再每年一编，这是很了不起的创建，长行旨符相当于经常性预算。唐中后期杨炎在实施两税法时，明确提出了量出为入的原则，这是对预算安排中收支对比依据的一次重大变革。宋、明都编有会计录，汇总全国财政收支情况，向皇帝报告。清代在年度前编清单或估册，年度后有奏销册，这相当于预决算。目的是为了做到“量入为出，国计不亏”。

虽然，我国古代的国家预算还不能等同于现代意义的国家预算，但统治者为了实现政权的长治久安，自觉地通过预算这种形式，一是对天下钱粮做到心中有数，二是对财政收支进行控制和约束，三是对政府官员进行监督。因此，在古代国家预算也是国家治理的重要载体。

（六）审计与监察

审计和监察是对财政收支活动所进行的监督。审计主要是对财政收支活动的合法性进行经济监督，监察则是经济监督的基础上对官员进行约束。在我国，夏朝已经孕育了审计监督的雏形。西周时期，根据《周礼》的记载，在天官冢宰系统设有宰夫一职，宰夫“掌治朝治法”，监督“群吏”，已负有审计和监察的职责。春秋时期已经成形并在秦汉时期完备的上计制度，事实上也包含着审计内容。秦汉时期还设有御史制度，负有财政监察职责，对违纪的官员进行弹劾。唐代在刑部下设比部，负责“勾覆”即审计，同时唐朝御史台中的察院设有监察御史，监督从中央到地方各部门的财政收支状况。两宋时期，审计制度更为完备，一是在三司内部设立审计机构，如勾院、磨堪院、理欠司等；二是设独立的审计机构，即太府寺的审计司和刑部下的比部，对天下的财政收支进行普遍稽核。元代设有御史台，并将全国分为22个监察区，设肃政廉访使常驻地方，他们负有审计与监察职责。明清时期设有都察院，下设监察御史负责财政监察和审计。

我国古代财政审计和监察，对于保证财政收支活动合理、合法，对于澄清吏治，调节统治阶级的内部关系，保障国家机器的正常运转，缓和社会矛盾，进而实现国家的长治久安，起到了一定的作用。

（七）财政管理体制

财政管理体制是处理政府间财政关系的制度，同时它对于调动各方理财的积极性，科学合理地安排事权与财力的关系，具有重要作用，对于国家治理也具有重要影响。中国古代历史上，财政管理体制可以分为两个层次，一是横向的顶层的皇室财政与国家财政，实际上也就是皇权和相权在国家财政上的关系；二是纵向的中央财政与地方财政的关系。在夏商西周时期，从横向上看，王室财政与国家财政是合而为一的，这个特点由土地的国王所有制决定，所谓“溥天之下，莫非王土”，“朕即天下”。而从纵向上看，在诸侯分封制下，各个诸侯国及其所属的卿大夫，又各有相应的财政，彼此相对独立，互不依属，实行的是分权型的财政管理体制。这种体制最终导致春秋战国时期的王室衰微，诸侯争霸局面。

秦始皇统一中国后，按照“大一统”的观念，建立了中央集权的君主专制国家，此后，虽然有过三国两晋南北朝和五代十国的分裂时期，但其他各朝代基本都属于这一类型。在财政管理体制上，从横向上看，基本上是国家财政和皇室财政分开管理（虽然有些时期是合一的）。在纵向上，则实行中央集权型的财政管理体制，财权高度集中于中央。在这种体制下，财政管理权限主要集中于中央，地方实际上不是一级独立的财政，所有财政收入和支出也主要听命于中央的调度和安排。当然，不同的时期，由于地方行政体制的不同，财权和财力集中的程度也所差异，比如北宋初年实行的上供、送使、留州的体制，地方就有一定的财权。这种中央集权的财政体制，避免了春秋战国时期国家分裂的出现，这对于政权的巩固和国家的统一是有利的。然而，历史上也出现过这样的情形，为了实现中央集权，过分依托地方高一级政府，如东汉扩大州的权力，唐末扩大节度使的权力，结果使地方财权势力膨胀，最终导致三国鼎立和五代十国的分裂局面。当然，中央过分集权，地方没有什么财权，什么事情也干不成，对于地方经济和公共事业的发展也是不利的。

四、几点启示

经过上述的分析，我们看到，在中国古代，财政通过运用一系列制度和政策措施，在国家治理上一定程度地发挥了巩固国家政权、调控经济发展和促进社会稳定与公平的作用，同样是国家治理的基础和重要支柱。历史是现实的一面镜子。当今，国家为了“完善和发展中国特色社会主义制度”，正在“推进国家治理体系和治理能力现代化”，财政作为国家治理的基础和重要支柱，要发挥好应有作用。从古代财政的历史看，可以给我们如下启示：

——预算是财政分配的中枢，牵一发而动全身。古代重视预算管理，并且提出了量入为出和量出为入的管理原则，这些都可以为当今完善预算制度所借鉴。

——古代财政中，税收不仅可以集中财政收入，而且也被用于调节社会经济生活。因此，当今要完善税收体系也应对此有所借鉴。

——古代财政显示，在紧要的历史关头，采取国营经济形式，如盐铁官营等，对于解决财政问题不仅有效及时，也是减轻百姓赋税负担的前提，并能成为巩固国家政权的支柱力量。这也是今天建立现代财政制度所应当借鉴的。

——古代财政中，财政支出主体主要用于维护政权巩固，次之是用于促进经济发展和社会稳定。因此，应借鉴古代财政支出结构中合理的部分，以利于当今财政支出结构的完善。

——古代的财政管理体制有过分权型的体制，也有过集权型的体制。这两种体制都与当时的经济条件和政治条件相适应，发挥过应有的作用，但也有其局限。分权型财政导致了分裂割据的局面，而集权型财政统得过死，影响了地方理财的积极性。因此，建立当代的财政管理体制，对古代的经验与教训都值得借鉴与汲取。

——审计和财政监察在古代财政管理活动发挥了监督作用，不仅可保证财政分配的合理，而且能澄清吏治。所以，当今财政要当好国家治理的基础和支柱，就要重视审计和财政监察工作。

参考文献：

[1] 孙文学．中国财政思想史［M］．上海：上海交通大学，2008.
[2] 齐海鹏．中国财政史［M］．大连：东北财经大学，2012.
[3] 柯美成．理财通鉴——历代食货志全译［M］．北京：中国财政经济出版社，2007.
[4] 刘孝诚．中国财税史［M］．北京：中国财政经济出版社，2007.
[5] 孙文学，齐海鹏．风云际会财政史［M］．大连：东北财经大学出版社，2009.

12. 汉唐之间政府间财政关系的演变

【摘要】汉唐之间政府间财政关系的变迁不仅对当时的社会经济产生重大影响，而且对今天财政体制改革的深化也具有借鉴意义。本文对汉唐之间政府间财政关系的演变进行了梳理。

【关键词】财政　集权　分税

【作者简介】史卫，财政部财政科学研究所

一、秦汉：皇室财政与国家财政的分税

如果探索西方现代分税制的源头，可以追溯到中世纪。当时欧洲列国处于封建时代，国王之下还有各级领主，他们经过各种博弈，形成按照税种将国家财源在各级政府间划分的体制，并用法律的形式规范各自的权利、义务与责任，此后在封建体制解体之后，又经过近代文明的冲击，逐步和市场经济体制结合而形成现代分税制。

同样，中国最早的分税制也可以追溯到西周时代的封建制度。在封建体制下，财政必然表现为某种分税形式。当时周王的治权只及于直属领地的王畿地区，而对广大的封国并不直接管理。周天子设太府管理财政，表现出家计财政的特点，支出主要限于王室穿用、周王宴请宾客、制造宫室车辇器具、赏赐臣工、祭祀天地祖先山川、饲养牲畜、王室玩好等王室费用，其收入主要包括王室拥有土地的田租、关税、商业税、产业税、山林川泽收入，各封国的贡品等。对于国家财政支出最大项的官俸和军费，是通过封建的方式来解决，也就是分封各官员一定量的土地，以其田租为俸禄，而受封者也要承担一定的军事义务，用当时的话说就是“分田制禄”和“军赋出井田”。

到了战国时代，各国内部逐步形成专制集权制度，土地不再分封，而由君主直接管理，征收田租来支付官员薪水和军费，也就是“赋禄以粟，案田而税”。这也就出现了一个新的国家财政管理机构，由原来负责记录和保管分封文书的“内史”管理，成为“治粟内史”。原来的财政机构太

府，逐步演化为王室财政的管理机构“少府”。

秦汉一统，整理制度，形成了国家财政与皇室财政的双元架构，将国家的全部税收按照税种在国家和皇室之间进行划分，各自承担一定的支出责任，即“量吏禄，度官用，以赋于民。而山川园池市井租税之入，自天子以至于封君汤沐邑，皆各为私奉养焉，不领于天下之经费”。划给国家财政的税收主要有农业税和人头税，划分给皇室财政和各级封君的主要包括王室和封君土地的地租和各类工商杂税。其划分标准是对此前封建体制的延续，并不科学，所以皇室财政的收入远远高于国家财政的收入，还要经常补贴国家财政使用。东汉时进行改革，统一了国家财政，少府收入除部分皇室产业收入外，由国家财政划拨，支出仅限于皇室自身生活所需。

国家财政由治粟内史管理，治粟内史后改称大司农。其收入主要包括：①田租；②算赋，就是人头税，凡 15 岁至 56 岁的人口每年每人 120 钱；③更赋，就是为了免除国家的派役而交的钱；④算訾及算缗，是一种财产税，每訾万钱收算 127 钱为算訾，每2 000钱出算 20 钱为算缗；⑤算车船，商人的车征税二算，非商人的车征税一算；⑥算马牛羊，按其价值，每1 000钱课税 20 钱；⑦榷酤收入，即酒专卖；⑧均输收入，即均输官将各地贡赋按照品种和市场情况，或就地销售，或移地销售，或运京师使用，在市场运作中所获利润；⑨卖爵收入。

皇室财政由少府管理，其收入主要包括：①山泽之税，就是对使用山泽资源所征收的资源税，如砍伐山林、开采矿物、煮水制盐等，后来盐铁专营，其收入还是归属少府；②江海陂湖之税，主要是渔业税；③园池之税，主要是对栽培果树、种植蔬菜征的税；④市井之税，就是各种商税；⑤口赋，就是在算赋之外，对 14 岁以下幼儿征收的人头税，亦称口钱，每人每年 23 钱，其中 20 钱供养天子，三钱补贴车骑马；⑥苑囿池籞收入，就是皇家的离宫、游园、狩猎场等通过经营，如种植果树、出租等取得的收入；⑦公田收入，就是少府等皇室机构所属的公田出租所得；⑧献物及酎金，献物就是地方郡县和封国每年向天子的贡献，以郡国之民以其人口数，每人 63 钱。酎金就是天子祭祀时，地方诸侯敬献的助祭贡金，按照各诸侯国的人口数，每千人供奉黄金四两；⑨铸钱收入，汉初曾准许民间铸钱，后来将铸币权收归国家，因使用原料为矿产品，所以归少府管理。

划归国家财政的主要是国家正税，如田租、人头税等；划归皇室财政的主要是各种杂税。但是随着经济的发展，这些市井之税规模越来越大，盐铁专营所得更是巨大。皇室财政收入是越来越大，而其支出事项主要是皇室自身所需、皇室属官的俸禄和福利、赏赐收入等。其收入是大大地大于支出。而国家正税的田税、人头税增长有限，各种财产税多为汉武帝时为解决财政危机而设，虽有增长，但国家财政支出的官俸、办公费、军费、公共建设费等，其支出是大大地高于收入。皇帝不得不经常拿自己的钱补贴国家财政，汉武帝时军费大增，经常要用皇室财政补贴，干脆把盐铁专卖收入划给国家财政。东汉光武帝时，为统一管理国家财政，对皇室财政和国家财政的财权和事权重新进行了调整，少府所管仅仅皇室自有产业的收入，支出仅仅皇室自身生活所需。少府支出中原来属于国家事务的，如兵器制造与保管、赏赐等支出，都统统由国家财政统一管理。国家财政也适当拨款补贴皇室支用。

二、秦汉集权财政体制的建立和解体

秦汉在皇室财政和国家财政之间建构了分税体制，在中央和地方政府间却建构起集权的财政体制，但是这个体制在秦汉间也多有变化。秦始皇统一中国，第一次在中国建立了统一的专制集权财政体制。但是，秦很快就灭亡了，真正再次在中国建立起统一的专制集权财政体制的是汉武帝。秦灭亡的原因很多人都归罪为其繁重的赋役负担。秦赋役负担固重，但与列国相比，并非最重的，而秦律天下同一，六国故地人民负担并不重于秦地。但集权财政体制却使这个负担迅速加剧放大。古代交通不便，无论税收的集中，还是人民服劳役，成本都很大。据孙子估计，战国时期，运输成本约有20倍（《孙子兵法·作战篇》）。秦代统一后，运输的距离突然加大，主父偃估算从山东沿海运输粮食到河套地区，运输损失将近200倍（《史记·平津侯主父偃列传》）。另一个是秦统一前各国税制基本因地制宜，而秦制的一统，也给各地人民带来了很大不便。

转运之苦，税制划一对地方的制约，几乎贯穿整个帝国时代，成为2 000多年财政体制的“集权－分权”怪圈中一股重要的理性行政考量因素。在古代中国，集权体制为常态模式，分权为变态模式。集权体制内总存在分权的诉求，分权总是不断向集权过渡。

汉统一之初，惩秦之弊，并没有马上重建集权体制，而是在一定程度上实行了分权体制。如在吴地，“益铸钱，煮海水为盐。以故无赋，国用富饶”。（《史记·吴王濞列传》）齐地“因齐故俗”（《史记·曹相国世家》），采用齐国旧制，通工商之业，便鱼盐之利。汉初经过70年休养生息，郡国“自拊循其民”的磨合，到汉武帝时，才重新建立起统一的集权财政体制，也可以说中国传统财政体制的常态模式基本定型于此时。

主管国家财政的大司农在全国各郡县分建仓库，设仓长管理。由大司农负责转输调拨，一部分转运边地备战，一部分入上林，供中央使用，一部分留在地方以备凶灾。调度有严格的程式，大司农的调度要以皇帝的命令行事。这种蓄积型的集权模式，中央是通过严格控制地方仓库来实现集权的目的。在地方的仓库，所属权和调拨权都属于中央财政，不能认为是地方财政。

东汉末年，黄巾起义，在镇压起义的过程中，豪强并起，州郡纷纷扩张势力，同东汉王朝保持若即若离的关系。集权财政体制在一次次动荡中，渐次瓦解。在新体系建立的过程中，国家必须要面对的是地方财政扩张的现实，一方面是重新建立集权，一方面在集权的同时，给予适度的分权。由于政治环境、经济环境的不同，在当时的中国南北分别实行了不同形式的财政分权。

三、南朝的分税制尝试

东汉末年，天下三分，孙坚孙权兄弟割据江东，西晋短期统一，南北再度分裂，东晋、宋、齐、梁、陈先后划江而治，史称“六朝”。

孙策于兴平二年（195 年）率淮泗兵南渡，进取江东，先后攻占会稽、吴郡、丹阳、豫章、庐陵、庐江六郡，砥定业基。孙策诛江东英豪，转攻山寇，以霹雳手段从事新政权的初建工作，但激起反抗，转瞬被刺身亡。于是继承者孙权改弦更张，有了包容有了妥协有了让步。于是有“赐田复客”、“食奉邑”、“世袭领兵”制，多方面分割共享财源。西晋短期统一，还没有完全整合江南，就北方沦陷，东晋王朝等于是依附江南以求生存，于是有了更多的让步。在政府间财政关系方面，就表现为某种形式的分税制，也就是中央在保障原有正税之外，赋予地方自行征收其他地方税的权利。具体而言就是分税、分机构、分权。

（一）分税

中央税主要是田租、户调，以及市税等。地方税除了供应地方官员俸禄的“禄米”、“禄绢”之征外，还有各种工商杂税和传屯邸冶专利收入等。边境州郡还有互市获利。虽然在中央税和地方税中都有商税，但是商税不是共享税，中央是统一征收市税的，地方在此外征收其他名目的商税或附加税，有所谓“市税繁苦”（《宋书·武帝纪》）、“市税重滥”（《南齐书·豫章文献王传》）。

中央税有统一的制度和固定的数额。地方税由地方自行开征，并无一定之规。其约束机制有二：一是中央政府的监督约束；二是地方长官个人道德的约束。中央政府的约束力主要看当时中央力量的强弱，六朝朝代更迭频繁，一般每个朝代初建时比较强势，然后逐步转弱。如刘宋初建，就曾诏："州郡县屯池塞，诸非军国所资，利入守宰者，令一切除之。"（《宋书·武帝纪》）南齐时也曾经下诏："守宰相承，有何供调，尚书精加洗核，务令优衷。事在可通，随宜开许，损公侵民，一皆止却，明立定格，班下四方，永为恒制。"（《南齐书·豫章文献王传》）梁建立后，也曾经想进行清理，曾经下诏"凡远近分置，内外条流，四方所立屯、传、邸、冶，市埭、桁渡，津税、田园，新旧守宰，游军戍逻，有不便于民者，尚书州郡各速条上，当随言除省，以舒民患。"（《梁书·武帝纪下》）这种约束力在当时实在很有限，以致诏书频下，有令难止。二是地方长官的自我道德约束，遇到几个好官，会采取一些减免地方税的措施，减轻人民负担。如南齐萧嶷出任荆州刺史，"以市税重滥，更定樢格，以税还民。禁诸市调及苗籍"。（《南齐书·豫章文献王传》）零陵郡，除中央税之外，地方杂税有四千石，范云到任后，"止其半"。（《南史·范云传》）史载梁武帝选官"务选廉平，皆召见御前，亲勖政道。"（《资治通鉴·梁纪》）但因为约束监督力量有限，遇到贪官也会无限加税，于是各种名目的税层出不穷。梁竟陵太守鱼弘曾宣称："我为郡，所谓四尽：水中鱼鳖尽，山中麋鹿尽，田中米谷尽，村里百姓尽。"（《梁书·鱼弘传》）埭税，又叫牛埭税，原是为了借牛力牵船，都是为了方便商旅，收取一定维持费用，后来竟演变为税。为了征收更多的税，地方更是广设桁渡，仅建康就有24处（《建康实录·晋烈宗孝武皇帝》）。繁重的地方税不仅加重了人民的负担，也严重影响了人民的生活。

地方长官在深挖地方税源的时候，也有地方间互相争夺边界地带税源和侵占中央税的情况出现。梁武帝曾经多次下诏赦免，"凡失散官物，不问多少，并从原宥"，"侵割耗散官物，无问多少，亦悉原除"，"凡主守割盗，耗散官物，……皆悉从恩"。（《梁书·武帝纪下》）从这也可知道地方长官侵占中央税收入的情形在当时的严重程度。

（二）分机构

为了保证中央税收，刘宋政府开始在各地方设台传，派出台传御史控制。州郡台传各有仓库，储备国家税收收入部分，并设豫章仓、钓矶仓、钱塘仓等大贮备处，以供储备和在州郡间调度平衡。（《隋书·食货志》）

（三）分权

在实行分税制后，对地方事权进行了划分，在分税制实行后，地方建设费用，如教育办学、水利兴修、救济流民基本都由地方负责支出。有些时候，地方长官可向中央政府提请资助，也可以由国库调拨一部分，然后地方再配套一部分经费。

支出内容和数额并无具体制度规定，多由地方长官自行决定。如东晋时荆州水灾，刺史殷仲堪动用地方财力救助，以致本州仓廪空竭。（《晋书·桓玄传》）梁时有北徐州刺史萧暎“常载粟帛游于境内，遇有贫者，即以振焉。”（《南史·梁宗室下》）再如东晋时规定，地方每千户就得建一小学。庾亮任职武昌，从地方经费中拨付兴办了，但由于缺乏制度约束，在庾亮离职后，继任者不再拨款，学校也就只能废弃。（《宋书·礼志一》）

在分税制下，中央地方间还存在大量的转移支付。地方官吏的俸禄由中央财政支付，在地方征收的中央收入中折留。《梁书·刘秀之传》记载刘宋孝建初年，益州折留俸禄280万。除了俸禄外地方政府还有其他一些折留项，但这些折留缺乏一定的标准。《南齐书·豫章文献王传》记载南齐时萧嶷提出：“明立定格，班下四方，永为恒制。”地方官的俸禄除了折留外，中央还常以禄田的形式拨给地方，使其通过耕种收获充作俸禄的一部分。除了地方各项折留，中央也根据地方需要从他地调拨。中央政府于是采取让地方长官“献奉”的方式来分享地方财源。一般节庆或有大事，则要求地方“各献金帛等物，以助国用”。在当时，地方长官离任还有所谓“送故费”，这个费用特别巨大，一般都是数百万，几至地方“府库为之空虚”（《宋书·长沙景王刘道怜传》）。中央也采用“贡献”的方式，让他们吐出一些。崔慧景每次离任，“辄倾资献奉，动数百万”。（《南齐书·崔慧景传》）这种“献奉”是强制性的，宋孝武帝时，“刺史二千石罢任还都，必限使献奉”。（《南史·垣护之传》）“（献奉）多者便云称职，所供微少，言为弱惰。”（《魏书·岛夷萧衍传》）有些官员吝于“献奉”的，竟遭诛杀。（《南齐书·曹流传》）

在没有良好的监督机制和健全的地方治理的条件下，地方财权过大容易造成地方政府滥用职权，进而产生大量腐败。江南地方“会土带海傍湖，良畴亦数十万顷，膏腴上地，亩直一金，鄠、杜之间，不能比也。荆城跨南楚之富，扬部有全吴之沃，鱼盐杞梓之利，充仞八方，丝绵布帛之饶，覆衣天下”。（《宋书·孔季恭等传》）最后各朝各代都只能弄得财力虚竭而亡，其财政制度也只能备受后人批评。

四、北朝的三分制

当时战乱主要集中在北方，经济破坏特别严重，史称“百姓流亡，中原萧条，千里无烟”。（《晋书·慕容皝载记》）中间虽有所恢复，但马上又为新的战乱所破坏，到北魏统一北方时，政府所能依靠的还主要是田赋，主要征收粮食绢帛等实物，北魏人甄琛曾言：“今伪弊相承，仍崇关廛之税；大魏恢博，唯受谷帛之输。”（《魏书·甄琛传》）北朝虽然对南朝制度多所模仿，但在政府间财政关系上却根据自身的特点有新的尝试。北朝在中央地方间实行的是一种统收分成制，就是统一征收田赋后，再在中央和地方间按照一定比率进行分配。

《魏书·食货志》记载献文帝时：

遂因民贫富，为租输三等九品之制。千里内纳粟，千里外纳米。上三品户入京师，中三品入他州要仓，下三品入本州。

其分配不是按特定比例进行分配，而是按照户等进行分配。当时人民按照财产的多少分为三等九品。用户等作为分配比率，主要是从运输角度考虑，让不同户等承担不同距离的运费，也是利用税收杠杆调剂贫富的措施。这个分配比率因各地情况不同，可能各有差异。《张丘建算经》中有二则算题反映了当时的户等纳绢的差别，应该是中央拿大头，地方拿小头（表1）。

表1　《张丘建算经》所反映的北魏户等比率

户等	户数	每户纳绢（匹）	每品总计（匹）	每等总计（匹）	每等所占比率
上上	39	5	195	523.8	47%
上中	24	4.2	100.8		
上下	57	4	228		
中上	31	3.2	99.2	427.8	39%
中中	78	3	234		
中下	43	2.2	94.6		
下上	25	2	50	154.2	14%
下中	76	1.2	91.2		
下下	13	1	13		

这一分配计划在后来的赋税改革中还能得到体现，孝文帝班禄诏规定在正调之外“又入帛一匹二丈，委之州库，以供调外之费用”（《魏书·食货志》），后来调外之费又增至三匹。在太和八年（484 年）形成中央经费、地方调外及百官俸禄。日本学者渡边信一郎曾经对北魏后期中央地方经费的划分作了测算，见表 2：

表 2　北魏时期的经费结构与分配率

费目 时期	中央公调费	地方调外费	百官俸禄费	保险经费
太和 8 年（484 年）以前	2	1	—	—
太和 8 年（484 年）以后	3	2	3	—
太和 10 年（486 年）以后	5	2	3	—
太和 12 年（488 年）以后	39	20	30	11

北魏虽然有了地方财政的划分，但是使用却还在中央控制下，有着严格的使用程序。具体的程序是地方官员提出建议，由度支郎中首先作可行性分析及补充意见，再由度支尚书提出意见和执行方案，接下来是由录尚书事和尚书仆射研究通过，上报皇帝批准执行。执行的效果最后由御史来审核。“一年之后，须知赢费，岁遣御史校其虚实，脱有乖越，别更裁量。”（《魏书·食货志》）一项财政政策从提议，到审议，到计划执行细节，到审批下达执行命令，最后审核效果的全过程都有一定程序。我们试着将财务行政程序作图 1、图 2、图 3 表达如下：

地方申报程序：

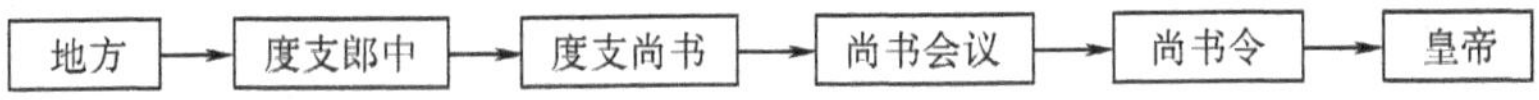

图 1

政令下达执行程序：

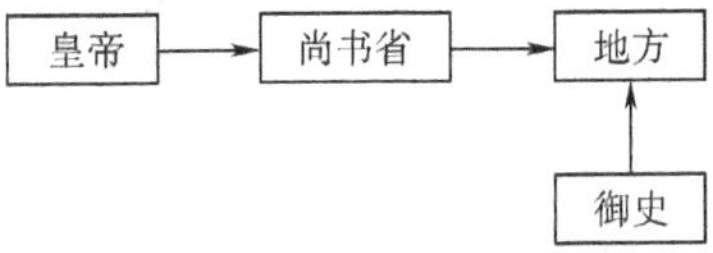

图 2

诸卿运行程序：

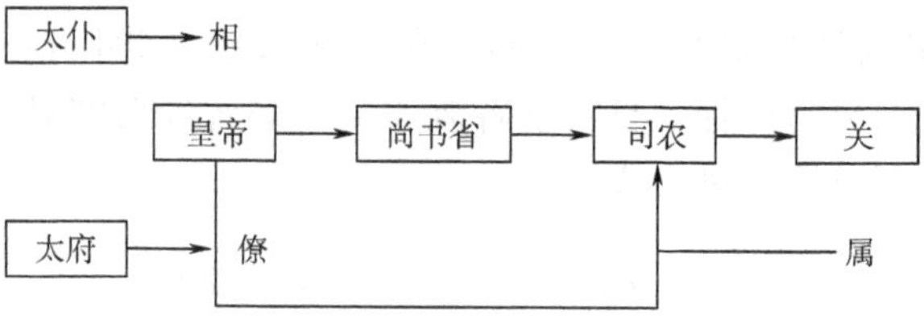

图3

北齐时对北魏的三分制又有了继承和发展。《隋书·食货志》记载：“垦租皆依贫富为三枭。其赋税常调，则少者直出上户，中者及中户，多者及下户。上枭输远处，中枭输次远，下枭输当州仓。三年一校焉。租入台者，五百里内输粟，五百里外输米。入州镇者，输粟。人欲输钱者，准上绢收钱。诸州郡皆别置富人仓。初立之日，准所领中下户口数，得支一年之粮，逐当州谷价贱时，斟量割当年义租充入。谷贵，下价粜之；贱则还用所粜之物，依价粜贮。”这里的“富人仓”之置犹表2所列的保险经费的设置，是为了预防灾害而特别设置，这在小农社会意义特别重大。

五、唐朝：“分天下之赋以为三”

自汉末动乱开始，历经分裂和动荡，传统的常态财政体制不断发生扭曲、变形。但是，另一方面，集权财政体制的传统一缕不绝，依然悄悄积累着进步。各种制度在冲突中进行着新的整合，北朝军功贵族支持的强大皇权，逐渐扭转了财政分权的颓势，以更强大的集权模式重新出现在隋代中国。孕生于关中的税收制度，再一次向东方、向南国推广。各地的税赋再一次日夜不息地向关中运输（《隋书·食货志》），动员全国的巨大工程再一次全面启动。于是有了隋暴富之谜，秦帝国速亡的命运也再一次降临到短命的隋王朝身上。如汉一样，唐帝国接起重建统一集权财政体制的历史重担。

唐朝建立后，又继承北朝税收三分之法，给予地方一定分权。唐前期史料有限，幸有许福谦先生在吐鲁番文书中找到的两件收支法律文书，进行了阙字填补、考证的工作，日本学者大津透等又结合大谷文书，恢复了《仪凤三年度支奏抄、四年金部旨符》，把当时租庸调三分制清晰地展示在我们面前。我们来看一下留支部分：

诸州庸调，折纳粟米者，若当州官须官物给用。约准一年须数，先以庸物支留，然后折米粟。无米粟处，任取部〔内〕所堪久贮之物。……若府杂用不足，请府司准一年应须用数，量留诸州折租［布］充，讫申所司……各依常限，贮……

《唐处分庸调及折估等事残文书》也有“量留庸调……”字样。当时的支留都是按照预算“量留”的。在遇到特殊情况，如唐玄宗时，河北诸州“历年不稔……今者风雨咸若”，于是唐玄宗命令：“宜委州县长官勘责，灼然不能支济者，税租且于本州纳。”（《册府元龟·帝王部·恤下》）

《通典·赋税下》存录了天宝中度支的税物调度计划，陈明光先生整理列表，见表3：

表3　天宝中度支调度计划示意表

岁入		调度计划	
项目	总量	数量（与折纳）	贮运地点与用途
粟	2 500余万（石）	300万（折充绢布）	添入两京库
		300万（回充米豆）	并入京仓，供尚食、官厨等料
		400万（江淮回造米）	转入京，充官禄及诸司粮料
		500万	留当州，充官禄、递粮
		1 000万	诸道军粮及贮备当州仓
布绢绵	2 700余万（端、匹、屯）	1 300万	入西京
		100万	入东京
		1 300万	诸道兵赐及和籴，并远小州便充官料、邮驿等费

租庸调制瓦解后，在实行两税法后，三分财政体制还继续延续。《全唐文》载元稹《钱货议状》：“自国家制两税以来，天下之财限为三品，一曰上供，二曰留使，三曰留州。”前后的继承性也是很明显的，唐宪宗时的宰相裴洎在议论建中初年两税三分制时，说：“先是，天下百姓输赋于州府：一曰上供，二曰送使，三曰留州……。”

唐代三分比率和北朝不同，是按照对中央地方支出所需进行分配。户部司根据计账折算来年收入，金部司根据各地上报都账核实所需支出，度支司综合收支数据编制预算。地方所需支出包括官员工资（官禄、料钱、衣、粮食等)、行政费用、公共建设费用、交通运输费用、宗教费用、礼仪费用等。从上列天宝中度支税务调度计划表可知粟岁入2 500余万石，上供1 000万，占40%，留州500万，占20%，送使及留州储备1 000万，占40%；布绢绵2 700余万，上供1 400余万，占52%，送使留州合计1 300余万，占48%。《通典·赋税下》记载建中初年两税，收钱3 000余万贯，上供950余万贯，占32%，送使留州2 050万贯，占68%；收米麦1 600万石，上供200万石，占13%，送使留州1 400万石，占87%。

由于后期改制，经费定额使用，地方财政常有结余，中央政府一方面以进奉、宣索等名目要求上缴，一方面加强对地方支出项目的管理。在管理上，一方面将原来由国家财政支出的部分，如赈贷等下放地方财政，一方面严格对结余部分使用的控制并引导其使用方向，如要求代贫穷户纳税、防备水旱以利培养民力，发展地方经济。对酒宴馈赠等支出严格限制，规定使用条件。

六、启示

以上就汉唐之间政府间财政关系的演变进行了初步梳理。秦帝国建立了第一个专制集权体制，以500万人口，不仅成功动员起100多万的军队，而且能自如地提供后勤保障。1975年在湖北省云梦县一段铁路旁的一个古墓里出土了秦的大量行政法律文书，我们知道这不是侥幸，而是制度创造的奇迹。但是当秦始皇消灭六国，把这一体制向全国推广时，他却失败了。汉帝国经过70年的休养生息和磨合，再次在中国建立起集权财政体制，但让人惊异的是，生气活泼的帝国却失去了应有活力，国家所有的经济活力都收缩到几个中心城市，节流成了以后财政工作的主要话题，开源无力的无奈一直伴随到帝国体制崩解。随之而来的战乱和分裂，财权不得不下移，却意外带来了西北边陲的振兴、江南的第一次开发……各个地方政府都在自己的领地内努力重建集权财政的体制，对以前放开的财权渐次收拢，但是也不得不在现实的情况下对地方作出若干分权，于是有了北朝的三分制和南朝的分税制。无论三分制还是分税制，都是皇权振兴的结果，其主要目的是向地方收财权，保障中央的财权。我们看到南朝分税制失控的种种乱相，看到地方拥有税收开征权后空前膨胀的贪欲的同时，更应该看到这些地方官的任免权还是在皇帝手上，当他们不愿意把搜刮来的钱财以献奉的名义与皇帝分享的时候，诛杀族灭只在转瞬之间。更可怕的是出现了这样一个利益共同体，忘乎所以地一起搜刮百姓。皇帝还直接任命自己的亲戚为地方官，以更好地保障对地方财政的控制和分享。北朝出现的三分财政体制，在集权体制下适度分权，虽然中央与地方之间争利、地方与地方之间争利的斗争伴随始终，但竟能前后维持近450年。其实，当中唐把地方财权赋予节度使的时候，新的一轮“分权－集权”的斗争已经开始。

汉唐之间政府间财政关系的变迁不仅对当时的社会经济产生重大影响，而且对今天财政体制改革的深化也具有借鉴意义：

一是不同时期的分税制虽然背景、目标都不相同，但都在历史上产生了积极作用，促进了地方经济的发展，在传统中国高度集权的财政体制中做出了可贵的尝试。

二是分税制不仅是各级政府之间的分税，应和相应的责、权、利相结合。由于古代事权缺乏明确的划分和问责，常出现缺位和越位现象。很多公共事务都得依靠地方官的自我道德约束。

三是面对未来进一步的分权改革，一定要建立强有力的监督约束机制。南朝给予了地方较大的财权，但是由于约束监督力量有限，一些地方政府滥用职权，产生不少腐败案件。由于有了一定征税权，一些贪官更是无限加税，各种名目的税层出不穷。

四是唐代将分税比率纳入国家预算，根据科学测算进行调整，也是一个可供借鉴的地方。

13. 以“知行合一”培养学生的理财观

【摘要】党和国家领导人极其重视对传统文化的继承与弘扬，其中尤其重视对王阳明“知行合一”学说的传播。

【关键词】王阳明　知行合一

【作者简介】叶青，湖北省统计局副局长

近年来，党和国家领导人极其重视对传统文化的继承与弘扬，其中尤其重视对王阳明“知行合一”学说的传播。2014 年尤其突出。

5 月 15 日，习近平在中国人民对外友好协会成立 60 周年纪念活动上发表讲话指出：中华文化崇尚和谐，中国“和”文化源远流长，蕴涵着天人合一的宇宙观、协和万邦的国际观、和而不同的社会观、人心和善的道德观。这是习近平第一次提出“四观”，从民族传统文化意识的视角阐释了中国坚持和平发展的民族基因。

10 月 13 日，习近平在主持中央政治局第十八次集体学习时强调，我国古代主张民惟邦本、政得其民，礼法合治、德主刑辅，为政之要莫先于得人、治国先治吏，为政以德、正己修身，居安思危、改易更化，这些都能给人们以重要启示。一个国家的治理体系和治理能力是与这个国家的历史传承和文化传统密切相关的。

在 2014 年，习近平也多次提到王阳明的“知行合一”的学说。

3 月 7 日上午，习近平在贵州代表团审议《政府工作报告》，当贵州省委书记赵克志谈到贵阳孔学堂相关情况时，引起了习近平的关注。他说，一个国家综合实力最核心的还是文化软实力，这事关精气神的凝聚，我们要坚定理论自信、道路自信、制度自信，最根本的还要加一个文化自信。中华民族历来有很强的文化自豪感，只是到了鸦片战争时期，在西方的坚船利炮下，中国沦为殖民地半殖民地，文化自信被严重损害。中国共产党领导中国人民开创了中国特色社会主义，今天，我们不仅要坚定“三个自信”，也要大力弘扬优秀传统文化，去其糟粕、留其精华，增强文化自信。明朝时，王守仁（王阳明）曾经在贵州参学悟道，贵州在这方面还是很有优势，希望在这方面继续深入探索。

3月25日，习近平在法国《费加罗报》发表题为《特殊的朋友、共赢的伙伴》。习近平提到，“中国人讲‘知行合一’，法国人讲‘打铁方能成铁匠’，都强调要把思想转化成为行动”。

亚信（亚洲相互协作与信任措施会议）第四次峰会5月20日至21日在上海举行后，习近平考察上海，对上海的工作提出更高的要求，其中，对培育和践行社会主义核心价值观，提出“贵在知行合一、坚持行胜于言，在落细、落小、落实上下功夫”。

“知行合一”的提出者是王守仁（1472年10月31日至1529年1月9日），明代著名的思想家、文学家、哲学家和军事家，陆王心学之集大成者，别号阳明。王阳明思想体系的核心是“致良知”。它包括心即理、知行合一致良知，以及万物一体之仁等几个方面。而其思想体系的基点和出发点则建立在对朱熹格物致知说的批判上面。

知行问题是中国哲学中一个相当古老的问题。但知与行的先后及难易问题则是中国哲学家一直未能很好解决的问题。对于这个问题，王阳明的基本立场是主张知行合一。其意思是，知行同一于心之本体，知行合一并进不可分离……。具体说来，他认为，知则必行，不行不足谓之知；真知则必行，不行终非真知；知不限于思想，行不限于行动，知行同是心的两个方面，即知即行。至于其知行合一的目的，据王阳明自己说，一是为吃紧救弊而发，一是为了论证知行本体本来如此。也就是说，知行合一说的核心内容是知行本体合一，重点在于强调行。知是行的主意，行是知的功夫；知是行之始，行是知之成。至于这里的行，虽然含有社会实践的意义，但说到底只是中国传统社会的道德践履，是专指一种所谓克己功夫。

良知的说法来源于《孟子》，其含义是指一种“不虑而知”的天赋道德观念。王阳明对此加以发挥，并引进《大学》中的“致”字，《大学》说：“致知在格物……格物而后知至”。据此，王阳明提出致良知的主张，以为良知即是天理，从而进一步要求人们首先认识和恢复内心所固有的天理，并由此推及自己的良知于事事物物，那么事事物物皆得其天理矣。即把自己的一切行为和活动都纳入中国传统社会道德规范的轨道。其要点包括：第一，良知即是天理。在孟子那里，良知本是一种先验的道德观念，是指恻隐之心、羞恶之心、辞让之心、是非之心，而王阳明对此则作了本体方面的发挥，以为吾心之良知，即所谓天理。第二，良知是心之本体。在王阳明看来，良知天理在人们的心中，天理的昭明灵觉就是人心之虚明灵觉。通过它，人们便能很自然地感觉或判断出人的行为的善恶是非，从而推动良知，并使它充分发挥自己的机能，以善念支配人的道德行为的过程，此即致良知的功夫。由此可见，王阳明的致良知的学说，充分强调了良知在道德修养中去恶为善的主观能动作用，并使之成为支配人的道德行为的精神本体。第三，对朱熹格物致知说的改造。朱熹的格物致知说强调知识在人的道德修养过程中的作用，忽视了人心在此一过程中的能动功能。因此，王阳明的致知格物其实就是穷究吾心之良知，从而把《大学》的实践道德思想转变成自己的“格物致良知”的道德修养论。

在财税思想方面，王阳明对农民负担也十分关注，这继承了儒家的一贯思想：体恤民情，不苛重赋。王阳明认为，人民是国家的根本，作为统治者，应体恤人民生活的艰难，解民倒悬。在此略举一例。

明正德十四年（1519）三至七月，江西大旱，又遇宸濠叛乱，民困极度，王阳明向皇帝疏请放宽租税，未获批准。十五年自春入夏，又遭水灾。三月王阳明上奏折《乞宽免税粮急救民困以弭灾变疏》云：“今岁额之催，交兑之促，皆其职之使然。但民者邦之本，邦本一摇，虽有粟，吾得而食诸?”他要求武宗念地方涂炭之余，人民困苦已极，思邦本之当固，虑祸变之可忧，下令户部将正德十四、十五年江西省的税粮悉行宽免，以使人民渐回喘息，修复生理。在同年五月的《计处地方疏》又云：“臣惟财者民之心也；财散则民聚。民者邦之本也；本固则邦宁。故文帝以赐租致富乐之效，太宗以裕民成给足之风。君民一体，古今同符。”王阳明先后三上奏疏，请宽租税，均未获准。于是，他便把朱宸濠侵占百姓的田地房屋归还本主，变卖余下土地财产救助饥民和替代灾民交税。王阳明到各地平乱时，坚持反对朝廷调用大批军队进剿，以免杀伐过重，又因各地穷困极重，大兵一来，各种费用又要摊派到老百姓头上，给各地区带来新的灾难。奏请从实际出发，“一寨可攻则攻一寨，一巢可扑则扑一巢”，“量其罪恶之深浅而为抚剿，度其事势之缓、急以为先后”，向上直言“若复加以大兵，民将何以堪命”。另外，在筹措军资方面，认为“贫民则穷困已极，势难复征”，建议请发内帑。在福建上杭时，并将上缴分派到州与各县衙的上杭河税作为用军之费。屯兵上杭，不劳民力，不取民财，不重累商人。

对王阳明的评价，不仅现在比较高，可以说是历来如此。专家有多种说法，一是说中国传统士人之三不朽者——立德、立功、立言。历史上能做到这“三不朽”的只有两个半人：一个是孔子，另一个是王阳明，曾国藩只做到了半个“三不朽”。一是说明清两代的500多年中，有两位人格典范：一是曾国藩，一是王阳明。而这500年，恰好处于古代中国向近世中国的转型中。阳明心学还曾远播域外，明末大儒朱舜水东渡日本，传授心学，备受日本朝野推崇，在日后的明治维新中，日本人深深理解改变一切都是改变人，改变人首先应改变心，于是日本大办教育，让一个四分五裂的封建国家在几十年间崛起为世界强权。

在现代社会中，“知行合一”同样是做人做事的准则。由于笔者是民主党派成员，在政界有一定的实践，深感各级党校应开财政学与传统文化的课程，同时作为财经专业的学生，将来也免不了与金钱打交道，应学会如何为民理财、为国分忧、清正廉洁，这是财经类院校学生的基本理财道德观。笔者在机关工作中，始终把财政学说与工作实践结合起来，得到一些基本的体会，在此与大家交流。

——当今中国社会需要三种力量：改革的力量、投资的力量、思想的力量，作为财政与财政史的研究者，愿意为思想的力量贡献智慧。

——笔者的三个梦想（3 000 亿）：呼吁车改，节约 1 000 亿；呼吁控制“公馆”，节约1 000亿；培训企业家，创富1 000亿。

——主张三做：做自己、做今天、做国学。国学要落实在一言一行之中，而不是仅处于“知”的层面，这也是王阳明的“知行合一”说的基本要求。

——主张“三力”：力言、力行、力德。自主推动“叶氏车改”而深切地体会到：捐出私物是行善，节约公物是积德。笔者在机关建议“行政如治家”。

——关注中国历史上的“三政”：孔子的“政在节财”，孟子的“政在得民”，傅子的“政在去私”。

《孔子家语·辩政第十四》记载：“子贡问于孔子曰：昔者齐君问政于夫子，夫子曰：政在节财。鲁君问政于夫子，子曰：政在谕臣。叶公问政于夫子，夫子曰：政在悦近而来远。三者之问一也，而夫子应之不同然，政在异端乎？孔子曰：各因其事也。齐君为国，奢乎台榭，淫于苑囿，五官伎乐，不解于时。一旦而赐人以千乘之家者三，故曰政在节财……。察此三者，政之所欲，岂同乎哉？”

子贡问孔子说：从前齐景公请教您如何才能使政治清明，先生说：政治清明在于节省财用。鲁哀公请教您如何使政治清明，您说：政治清明在于教育臣下。楚大夫叶公请教您如何使政治清明，先生说：政治清明在于使近者高兴，远者来归。三个人问的是同一个问题，而您的回答却不同，难道是有不同的解释吗？孔子回答说：因为各人有不同的情况啊。齐景公治理国家，亭台楼阁建筑得太奢侈了。打猎时所圈的土地太大，声色之好，没有一刻停止过。一个早上就赏赐了三个能够提供一千辆战车的采邑，所以我说：处理政务在于节省财用……仔细考察这三个方面的问题，难道政务上所要解决的困难，可以用同一个方法吗？

《孟子·尽心上》记载，孟子曰："仁言不如仁声之入人深也，善政不如善教之得民也。善政，民畏之；善教，民爱之。善政得民财，善教得民心。"

孟子说：仁德的言语不如仁德的声望那样深入人心，好的政令不如好的教育那样赢得民众。好的政令，百姓畏服；好的教育，百姓喜爱。好的政令得到百姓的财富，好的教育得到百姓的民心。孟子在这里强调，民心比民财更为重要，因此，"得民"可以演绎为"为民"。有一条"儒家定律"很重要，即《大学》中说"财聚则民散财散则民聚"。孟子是主张得民财要适可而止，得民心则是多多益善。

西晋的傅玄在《傅子》中说："政在去私，私不去，则公道亡。"主持政务关键在于去掉私心，否则就没有公道可言了。官员不论大小，私利不可图。

14. 财政学科之辩

——兼论财政在国家治理中的“基础和支柱”地位

【摘要】财政不是经济学的一部分，而是与国家政权密不可分的范畴。本文旨在从历史的角度探讨财政的属性——它具有“政治”的实质，“经济”的外壳。政治性是它的“道”，经济性只是它的“术”。当不好政治家，就不能成为财政学家。因为只有拥有政治家的头脑、谋略和眼光，才能够处理好政权和国民的关系。只有认清了财政的本质，才能够把财政作为国家治理的基础和支柱；进而才能够在治理国家的过程中把财政视为最有效的治理手段。

【关键词】政权　财政　治理

【作者简介】叶振鹏，财政部科研所原副所长，教授、博士生导师
王文素，中央财经大学教授、博士生导师

近代以来，西方财政理论不断引入中国；近年来，更有不少人学习西方学者利用数学的方法将财政收支及效益进行量化，使财政理论和实务的研究更加精细和量化，使得财政分配和管理减少随意性，更加规范化。故而，人们越来越把财政归入经济学范畴。但财政发展的实践却不断反馈，越来越多地向我们提出这样的疑问：财政学是属于经济学范畴吗？因为当把财政学归入经济学科之后，我们会感到迷茫：财政理论研究是仅依靠数学的精细和准确计量就可以达到科学化吗？财政的“收”与“支”能够仅考察经济效益吗？收与不收？即：在设计和制定收入政策、制度时，应该以政治的视角还是经济的视角做出判断？支与不支？即：能不能仅以取得经济效益为标准？我们认为，财政的一些深层次矛盾根本无法依靠经济学的方法给予彻底解决。本文旨在从历史的角度探讨财政的属性——它具有“政治”的实质，“经济”的外壳。作为财政分配者，一定要站在维护“团体”最大利益的高度，以政治家的眼光和谋略进行财政分配，使“团体所有成员”提供的资金实现为“团体所有成员”服务的目标；以经济学家、管理学家的身份和手段管理财政资金，最大限度避免财政资金的浪费，使其达到最大效用。

一、财政起源证明其非“经济”特质

在人类出现之后到财政产生之前的漫长岁月里，人类一直为生存努力利用物质资源，并通过从事简单生产劳动创造产品。由于以血缘为纽带形成的“团体（家庭）”规模过小，内部的需要由家庭成员在自然分工状态下的劳动力负担，并不需要额外分担，因而不需要财政分配。但从以血缘关系为纽带形成的“团体（家庭）”，发展到以种族加地缘为纽带等形成的“联盟（氏族部落）”，“团体”范围逐步扩大，“超血缘”关系“团体”中的公共事务成本就需要有“超血缘”团体成员分担，财政分配由此产生。当社会最终形成多种族的“团体（国家）”后，其成员既不是以血缘为纽带形成“团体”，也不是以经济的契约构建他们之间的关系，而是越来越迫切地以社会的、政治的契约构建他们之间的关系。此时，财政分配成为必然的选择——财政从产生之日起，就以满足“团体共同的需要”为目的，这些“团体共同的需要”虽然是人类生存的需要，但却不是人们从事经济活动就能够满足的需要，如：保障内部稳定秩序的管理机制，建立和运行处理、协调社会成员之间关系的准则和机制（包括行政管理、道德教化、司法和监狱）；强力对其他“团体”侵犯的防御和对其他“团体”的攻击（军队）；抵御大型天灾人祸带来的风险（对弱势群体的保障）。这种“团体共同的需要”，不可能由某个人或者某几个人承担成本，势必由所有“团体成员”分担。如何分担？在理论上，应该由全体成员决定，即：以“团体”意志的决策进行总量数额和各成员分担比例的确定；但在实践中，所有成员不可能都参与决策和管理各项共同事务。其结果是：所有成员自愿或者被强制将自己的一部分劳动成果贡献（分配——形成财政收入）出来，用于共同事务的开支（分配——形成财政支出）——用于被他们推举（或者默许）的领袖组成管理机构（公共①权力机构）及对“团体”共同事务进行决策和管理所必需的各项费用。从人类发展的历史考察，这种“分配”的发展过程是：原始部落联盟阶段（公共权力机构的形式之一），“团体”成员自愿贡献一部分劳动成果，心甘情愿拥护领袖层的决策和管理；国家政权建立之后（公共权力机构的形式之一），“团体”成员被强制分配一部分劳动成果，被迫服从领袖层的决策和管理，只能通过暴力“改朝换代”参与分配机制的制定；在现代社会中，“团体”成员仍然被强制

---

① “公共权力机构”和“公共需要”中的“公共”一词，虽然与“共同”的涵义不完全一致，但为了方便阐述我们的观点，这里不做仔细区分，姑且都看作“团体”中非个人能够通过努力满足的需要和为满足这些需要建立的权力机构。

分配一部分劳动成果，但他们不仅通过暴力形式，也开始通过法律赋予的权利参与分配机制的制定，并监督分配过程及结果。即：从财政产生之后，在任何阶段，都存在一个“公共权力机构”，它以代表“团体”成员利益的名义，做出向“团体”成员筹集公共收入（分摊公共费用）的“决策”，并“决策”如何花费这些资金。这些资金并不像公共财政理论所说：完全用于向“团体”成员提供“公共产品或者服务”，而是用于供养从事国家内管理公共事务人员的费用和提供“公共产品或者服务”。很显然：财政的一收一支都是“公共权力机构”生存及履行职能的物质基础。但当“生存”的成本和“履职”的成本形成“此消彼长”的关系时，“团体成员”付出的成本与得到的“公共产品和服务”量之间的关系，虽然受到资金利用效率的影响（经济学可以量化和解释），但更取决于“公共权力机构”生存成本的高低。而“公共权力机构”生存成本的高低不仅取决于经济因素，更重要的是政治因素。特别是由于公共产品和服务的种类繁多，当“公共权力机构”有权决定如何分配所掌握资源的情况下，经济学的原理失效（投资收益率），而政治学在此处发挥决定作用（包括现代财政理论所阐述的财政分配目标是达到社会公平）。

因此，“公共权力机构”依靠其权力（公共权力——政治权利）获取社会资源——包括依据公共权力占有的自然资源（土地、矿产、河流、湖泊、海洋等及一切附属自然产出品）、人力资源（在一定时间内无偿占有劳动力）、信誉资源（发行国债）及本年度社会创造的一部分产品或者收入，并支配该资源，藉此履行提供公共产品和服务的职能，是社会发展的必然产物。“团体成员”必须分担各项公共费用，但这种费用之所以被分摊的原因，并不像一些经济学理论所阐述的那样，是公共部门和私人部门通过签订“经济契约”而“交换”产品。因为，无论是古代，还是近现代，都难以使公共权力机构和公民之间真正完全平等地签订“契约”，更不可能自愿签订互相提供产品的“经济契约”。特别是公民需要什么公共产品，需要多少，不完全取决于公民的意志，从财政产生之日起，经济学的原理在这个市场上就完全失效，财政怎么能够划入经济学科呢?

二、我国先贤们论证财政与政权密不可分

虽然我国早期史籍中没有“财政”一词，但我们的先贤却深谙财政的实质，但凡论及财政，无不将财政与国家命运联系在一起。他们所阐述的“理财”理论，正是今天我们所研究的财政理论。

什么是“理财”？在《易、系辞》中，史籍第一次提出了“理财”的

思想——“天地之大德曰生，圣人之大宝曰位。何以守位？曰仁。何以聚人？曰财。理财正辞，禁民为非曰义。”① 从此段话中可以看到，此“理财”，非现代所讲私人部门的经营，而是与“圣人”和“大宝位”紧密联系在一起，与对“民”的管理联系在一起。在天地之间最重要的事情（所谓大德）莫过于使万物（包括生物和动物）生存、生长；作为社会最高统治者（管理者）的“圣人”，最看重的是其统治者（管理者）的地位，“圣人”要稳固其地位必须秉承“仁爱”的理念进行统治（管理），使万民拥有财富，他们才能够生活在你统治（管理）的地方——古代以人口多寡为国家盛衰的标志，只有人口多，劳动力多，才能够生产更多的财富，缴纳更多的赋税，供养更多的兵员。所以，圣人既要“理财”以顺应“天地大德”的规律，又要以“义”教化万民，防止他们做出“非义”之事。随后该文追述了从包牺氏到舜带领民众开创百业和创造各种器具的伟迹——作为“圣人”“理财”的具体内容。在古代，“圣人”必须把带领万民进行财富的创造和生产作为重要任务，否则他们就无法生存；而当社会的财富积累到一定程度时，臣民才能够在满足生存之后提供一定的财富（财政收入）给“圣人”，“圣人”才能够脱离直接参与生产过程而由臣民供养，“大宝位”才能够得以确立和稳固。这个“大宝位”即是“公共权力机构”，“理财”成为处理“公共权力机构”与“民生”关系的契合点。

怎样“理财”？关键是要把握“量度”——它关乎国家命运！我国历史上的春秋战国时期，正是百家争鸣的言论自由盛世，诸子百家著书立说，其中阐述国家（君主）与民的关系、国家命运与财政的关系最为精辟！《管子》指出：“地之生财有时，民之用力有倦，而人君之欲无穷。以有时与有倦养无穷之君，而量度不生于其间，则上下相疾也。……故取于民有度，用之有止，国虽小必安；取于民无度，用之不止，国虽大必危。”② 此时，《管子》已严格区分了“国家”和“人君”。“国家”是管理的地域范围，而“人君”是权力的掌控者——他们完全脱离了生产领域，需要“民众”缴纳的财政收入供养。国家的强弱、存亡与国家管理的范围大小无关，而取决于“人君”对“民众”的索取是否“有度”。此时，“人君”和“民众”虽然都同处于“国”的范围内，但“人君”和“民众”的关系与尧、舜时期又有很大区别——此时生产资料私有制逐步

---

① 十三经注疏，中华书局影印，1983 年版。本文引用“十三经”各篇均采用该版本，后文不再注明。

② 赵守正．管子注释［M］．上．南宁：广西人民出版社，1987. 本文引用《管子》各篇均采用该版本，后文不再注明。

确立，“人君”与“民众”之间逐步走向互相对立、彼此依存的关系。尤其是春秋战国时期，在各诸侯国为生存的竞争显得异常惨烈的情况下，人民的自由迁徙更凸显“民众”对“人君”的重要性，因为没有“民众”哪有“人君”？而从表面上看来，“人君”和“民众”的关系包括政治和经济两个方面：从政治的角度考察，他们是统治者（管理者）和被统治者（被管理者）；从经济的角度考察，他们分为公共部门（赋税征收者及公共资源支配者）和私人部门（赋税缴纳者及私有资源支配者）。但从深层次考察，政治利益和经济利益的博弈最终都归结到“政权稳固”这个有益于双方的平衡点。古人把这种关系形象地比喻为：“君者，舟也；庶人者，水也。水则载舟，水则覆舟。”① 为“人君”者必须清醒地认识到，君权即使是“上天所赐”，如果不能够得到百姓的拥戴，同样会被推翻。② 这段话也成为历代统治者引以为鉴的治国圣典。君主们同样需要认清的是：君主调整这种关系的良策不是把“舟”建造得巨大而坚固即可保住自己的地位，而是要尽全力使“水”平缓流畅才有可能保住自己的地位。因为就如同再大的船在大海中也是孤舟一样，君主的力量再大也不可能胜过万民！君主与民对抗的结果只能是：覆舟——某个君主的失权；大海不可能消失——它永远是或平静、或翻腾地存在于地球上。这是铁的定律——是自然规律，也是社会发展规律——统治者遵循它，则政权稳固；违背它，则政权倾覆。“人君”与“民众”的关系能否和谐，是国家盛衰、兴亡的关键。怎样才能促使“君”和“民”的关系和谐？主动权在君主手中，不在民众的手中。在阶级社会中，如果君主不主动调整君主与民众的关系，就只能被动地等待民众采取暴力手段调整君主与民众的关系。所以《墨子》指出：“圣人以治天下为事者也，必知乱之所自起，焉能治之。不知乱之所自起，则不能治。譬之如医之攻人之疾者，然必知疾之所自起，焉能攻之；不知疾之所自起，则弗能攻。治乱者何独不然？必知乱之所自起，焉能治之。不知乱之斯自起，则弗能治？”③ 什么是乱之始？没有哪个“人君”不想拥有更多的财富，但当“人君”为满足私欲，大肆征调赋税徭役致使民不聊生时，必将尽失民心，“人君”的根本利益“政权”就会失去。因此，“人君”不是从经济的层面考虑财政负担的轻重，而是从政权稳固与否的角度考虑财政负担。

---

① 荀子·王制，二十二子，上海古籍出版社，1986 年版。

② 类似的阐述还有清朝陆曾禹在《康济录》卷一《前代救援之典》中的比喻：“国之赖民，犹鱼之藉水。鱼无水则不生；国无民则难与治。”

③ 墨子·兼爱上。

纵观历史，财政负担沉重是导致百姓推翻统治者的最重要原因。所以，孟子有："桀纣之失天下也，失其民也；失其民者，失其心也。得天下有道：得其民，斯得天下矣。得其民有道：得其心，斯得民矣。得其心有道：所欲与之聚之，所恶勿施尔也。"① 不失民心，国家就不会动乱；国家动乱，在于君主失去了民心。因此，他的论断是："财聚则民散，财散则民聚。"② "财富"聚集在君主手中越多，"民心"就与君主背离越远！这体现了"财"与"政"的辩证关系，财政与国家政权的关系就是这么简单。

《论语·颜渊》更是直接将"君"和"民"的财政供养关系概括成"百姓足，君孰与不足？百姓不足，君孰与足？"③ 以此来告诫"人君"：要处理好"百姓"与"人君"的政治关系，就要处理好"人君"对"百姓"的财政征纳关系。"人君"让"百姓"富足，自己才能够获得充足的财政收入。否则，"百姓"生活尚且不足，"人君"却强索以满足自己的奢求和欲望，"人君"的地位还能够保全吗？国家政权还能够安稳吗？《富国》也有相同思想的阐述："田野县鄙者财之本也，垣窖仓廪者财之末也；百姓时和、事业得叙者货之源也，等赋府库者货之流也。故明主必谨养其和，节其流，开其源而时斟酌焉。潢然使天下必有余，而上不忧不足。"④ 这里明确指出什么是"本"，什么是"末"，什么是"源"，什么是"流"，意在使君主真正认识到：只有做到实"本"，虚"末"；开"源"，节"流"，自己的地位才能够稳固！"天下"就是所有的"民"，"上"就是国家的统治者——君主。没有"天下"，"上"也就不能存在了。所以富国的根本是先富民，当天下百姓都拥有余财之时，"君"还需担心财政收入不足吗？还担心国家不富强吗？所以，国家理财就是要按照实"本"，虚"末"；开"源"，节"流"的路径"富国"，处理好"上"和"天下"的关系。可见"富国"的过程也就是"治国"的过程。

特别是我国先贤们在公元前撰写的《周礼》一书⑤，是国家治理的经典著作。它已经完整地构建了国家机构，阐述了国家的各项职能；设立了各机构的所有职官和属员，并阐述了各职官的责任范围。即：在此书中，著者把国家职能划分为：天官冢宰（国政）、地官司徒（民政）、春官宗伯

① 孟子·离娄章句上。

② 礼记·大学。

③ 论语·颜渊。

④ 荀子·富国。

⑤《周礼》是儒家经典著作，相传由西周时期的著名政治家、思想家、文学家、军事家周公旦所著，经春秋战国及秦汉时期补充整理，成书最晚也在汉代刘向、刘歆父子校书时。

（礼仪祭祀）、夏官司马（军政）、秋官司寇（司法）、冬官考工记（经济建设）。在“国政”中颁布了筹集财政收入的渠道（九赋、九贡），财政支出的用途（九式）。并在“民政”大司徒职责中解释了“掌邦之土地之图与其人民之数”，是为了“以佐王安扰邦国。”如何“佐王安扰邦国”？他们除了教化百姓，保障百姓能够服从管理、努力生产、和谐生活外，就是要征收财政收入，保障国家政事实施——“辩十有二壤之物而知其种，以教稼穑树艺，以土均之法辩五物九等，制天下之地征，以作民职，以令地贡，以敛财赋，以均齐天下之政。”① 可见，《周礼》是把财政作为治理国家不可或缺的一部分纳入“国政”之中。

三、国外财政学发展史的论证

从世界范围内考察，希腊是与中国齐名的古国，由柏拉图记述、整理的苏格拉底谈话形成的《理想国》一书中，也阐述了建立国家的理念，其中指出：理想国家需要守卫者，全体公民必须承担理想国“守卫者”的一切费用：“因为守卫者是不允许有私人的房屋、土地以及私人财产的。他们的报酬是从公民那里得来的，然后大家一起消费；真正的守卫者就是这个样子。比起奥林匹克胜利者他们得到的更多。他们的胜利更光荣，他们受到的公众奉养更全面。他们赢得来自全国的资助的胜利……他们活着为全体公民所尊重，死后还可以有哀荣备至的葬礼。”因为“守卫者”是理想国能够存在的不可或缺的构成部分，所以他们及家属都需要公民供养。书中也阐述：在理想国中也需要管理者，公民也需要教育，文艺、体育的训练等，这无疑也都需要公民们承担费用。亚里士多德的《政治学》等著作中也有涉及财政问题的论述，但未能形成系统的财政理论。一直到1576年，法国学者波丹（Fean Bodin），撰写了《共和国》一书，作为一本政治学书籍，分“六讲”阐述了建立共和国的政治理论。其中第六讲中阐述了财政理论。他在强调财政与国家的关系时，形象地把财政称为“国家的神经”。人无神经就会瘫痪，国家无财政也将无法运行。财政对国家的重要性和财政与国家的密切程度都不言而喻。

大约到中古末期，欧洲工商业逐步发达，城市经济渐趋繁盛，人们才对税收进行研究。1662年，威廉·配第（William Petty，1623—1687年）出版《赋税论》②。虽然后人把他作为英国古典政治经济学创始人，但我们认为他可以称得上是财政学的创始人。因为该书虽名为《赋税论》，但他

① 《周礼》地官司徒。

② 配第．赋税论［M］．薛东阳，译．武汉：武汉大学出版社，2011.

在第一章首先阐述了“公共费用的内容”，第二章探讨的是“公共经费增加和加重的原因”，第三章探讨的是“国民不甘心承担赋税的原因”，提出：只有减少行政、司法、牧师、医生等职业的人数，降低给予他们的薪俸就能减少财政支出，并使公共费用的征收变得容易。他在第四章探讨的是“赋税征收的方法”，并于后面的章节分别指出财政收入的主要来源是关税、人头税、捐献、彩票、消费税、刑罚收入等。我们认为，在此书中，他是从公共开支的需要探讨赋税的征收，没有把财政看作经济学的一部分，而是为了满足国家公共需要。

学术界普遍认为：从亚当·斯密（1723—1790 年）的《An Inquiry into The Nature and Causes of The Wealth of Nations》① 出版后，由于亚当·斯密把“论君主和国家的收入”作为其“国民财富”的组成部分在第五篇进行了探讨，后人即认为：财政自此成为经济学的一部分，似乎“财政”找到了“经济学”这个归宿。但我们如果认真研读他的著作，就应该看到这样一条逻辑线：其一，一国财富用来满足一国国民的消费；其二，创造财富的多少，不仅仅取决于劳动力的素质，也取决于从事有用劳动人数和从事无用劳动人数的比例；其三，国防费用和维护君主尊严的费用应该由国民缴纳的一般性税收承担，司法、教育、公共工程等由使用者承担之外的不足费用则应该由国民的一般性税收承担；其四，由于君主和国家的收入来源于他们对自己财产的经营收入和人民的收入。因此，为了增加国家的财富，减轻人民的负担，有必要尽可能压缩国家的开支（廉价政府）。故此，我们认为，亚当·斯密之所以在经济学书中探讨君主和国家收入及支出，只是因为：它是增加国民财富的“减因素”，即：它的存在不是增加国民财富的数量，而是消耗国民财富的数量。那么，这个“因素”应该是属于“经济学”的，还是“非经济学”的。显而易见，在创造国民财富的经济因素中，财政是个“异类”，它只能起到“负增长”的作用！长期以来，人们把财政纳入经济学，也只是一种误读！更何况亚当·斯密在第四篇的序论中，是把财政学划入政治经济学的。②

四、结论

我们认为：只有认清财政与国家政权密不可分的关系，才能真正认清

① 亚当·斯密．国民财富的性质和原因的研究［M］．郭大力，王亚南，译．北京：商务印书馆出版，1974.

② 亚当·斯密．国民财富的性质和原因的研究［M］．郭大力，王亚南，译．北京：商务印书馆出版，1974.

财政在国家治理中占据什么地位，具有什么作用。

综上所述，走过历史的长河，我们的先贤已经非常透彻地阐述了财政的实质——财政与国家政权密不可分。财政和国家政权的依存及辩证关系是：财政为国家政权的存在和履行职能提供物质基础；国家过度攫取财政收入，会导致政权倾覆。所以，在人类社会发展过程中，财政必然带有政治属性。国家的管理者必须从政治的高度去审视和进行财政分配，确定适当的财政负担，保障国家履行职能的基本需要，保障国民得到公共物品的基本需求。这些需求的满足不仅是从经济学的角度考量其是否满足经济学的原理，而更重要的是要从政治学的角度考量其是否有益于国家的长治久安。因此，我国古代先贤提出财政关系着国家命运；布丹把财政比喻成国家的神经；我国近现代也有学者称“财政为国家庶政之胚胎”①。其在国家治理中的地位不言而喻！

正是因为财政在国家治理中如此重要，财政才成为国家治理的基础和支柱。我们认为它至少应该包含两个方面的含义：一方面，财政是国家履行职能的物质基础，没有财政做支柱，国家难以施政；另一方面，国家花费的每一分钱都来自纳税人，是“公费”，任何人都不能将其变为“私费”，或者浪费。而是否征税，征收多少，是否发行公债，发行多少，应该如何分配财政资金，都应该受到纳税人的监督，这是治理国家不可或缺的重要环节。

参考文献：

[1] 赵守正．管子注释［M］．上．南宁：广西人民出版社出版，1987.
[2] 配第．赋税论［M］．薛东阳，译．武汉：武汉大学出版社，2011.
[3] 亚当·斯密．国民财富的性质和原因的研究［M］．郭大力，王亚南，译．北京：商务印书馆，1974.

① 魏颂唐，财政学，1928 年版。

15. 从历史的视角看财政在国家兴衰中的地位与作用

【摘要】一个国家的兴衰，原因是多方面的，总的来说是各种因素综合作用的结果，既有内部因素，也有外部因素，包括经济、政治、文化、军事等。也有的因突发事件而导致国家的衰亡，如大的天灾人祸、外部侵略等。但更多还是国家自身的原因所造成。值得关注的是，在影响国家兴衰的诸多因素中，财税的地位与作用是不可忽视的。可以说，财税是影响国家兴衰的极为重要的宏观因素，具有不可替代的影响力。

【关键词】历史视角　国家兴衰　财政作用

【作者简介】赵梦涵，山东大学经济学院教授

从总体上讲，财税政策和财税状况是影响国家兴衰的极为重要的宏观因素，具有举足轻重的地位。这是因为，财政政策和财政状况的好坏，对国家的各个方面会产生深刻影响，是国家兴衰的重要信号。在正常情况下，经济的发展与财政的充实是同步的。经济衰退而财政反而充实，那除了说明财税压榨的沉重，似乎没有更好的解释。历史上，常常把财政储备的大小看作是一个国家兴衰强弱的重要标志。“国无九年之蓄，曰不足；无六年之蓄，曰急；无三年之蓄，曰国非其国也。”（《礼记·王制》）《管子》一书中也强调财政性的货币储备，对国家存亡的重要意义，并认为，大小不等的国家，都应有与之相适应的黄金储备，否则，就会在各国竞争中处于不利地位。

一、财政在国家衰亡中的地位与作用

从影响国家衰亡因素的角度讲，财政腐败同时也是政治腐败的体现，是政治腐败利用的杠杆。腐败的财政既是国家衰亡的标志，也是国家衰亡的因素与动力。财政腐败基本从两方面表现出来：在财政收入上，腐朽的统治者，为满足一己之私欲，往往利用财政功能，大肆敛财，搜刮民脂民膏。超出社会的承受能力，实行高税负、高征役，横征暴敛，推行沉重的财税压榨政策。在财政支出上，为满足统治者的私欲，乱用财政资金，挥霍无度，搞得民穷财尽，民不聊生。这就使财政运行的健康功能受到严重

损害，从而对国家的许多重要领域产生负面效应。首先，从对经济的影响上看，腐败的财税政策，在收入上横征暴敛，实行沉重的财税压榨，在支出上挥霍无度，激化社会矛盾，会导致生产力的严重破坏，从而动摇社会发展的经济基础，引发社会的动荡。历史实践经验反复证明了这一点，秦朝的衰亡就是典型的一例。与奴隶制相比，秦朝建立的封建的经济政治制度是进步的，处于上升时期。秦朝的短命，主要不在于他所开创的制度本身，而在于财税压榨的深重。它所实行的极为沉重的赋役制度，造成了社会生产力的严重破坏，激化了社会矛盾，加速了自身的灭亡。

秦朝的财税榨取有田租、户赋、口赋、盐铁、徭役、兵役等。其榨取之沉重超过了以往任何一个朝代。史载，秦“收泰半之赋，伐闾左之戍”。（《汉书·食货志》）颜师古注：“三分取其二，即过半。闾左即闾里左边之民。”应劭注：“秦时以適发之，名適戍。先发吏有过及赘婿、贾人。后以尝有市籍者发，又后以大父母，父母尝有市籍者，戍者曹辈尽、复入闾，取其左而发之，未及取右而秦亡。”（《汉书·食货志》）汉代儒学大师董仲舒说：秦代“田租、口赋、盐铁之利二十倍于古，屯戍、力役三十倍于古”。（《汉书·食货志》）造成“男子力耕不足粮饷，女子纺织不足衣裳”。（《汉书·食货志》）秦始皇虽然口头上宣称重农抑商“皇帝之功，勤劳本事，上农除末，黔首是富”。（《史记·秦始皇本纪》）但事实上则完全抛弃了商鞅以财税杠杆和各种法制手段强化农业的措施，而是以沉重的榨取，极大地破坏了农业生产力。除沉重的租赋压榨外，秦朝无休止的力役之征，在中国古代史上开创了极为恶劣的先例。造阿房宫、骊山墓，征民工七十万，修长城、北击匈奴三十万，南戍五岭征兵役五十万，凡此种种，不一而足。造成“丁男披甲，丁女转输”。（《汉书·严安传》）“使天下飞刍挽粟，起于黄垂，琅邪负海之郡转输北河，率三十钟而致一石……百姓靡敝，孤寡老幼不能相养，道死者相望”。（《汉书·主父偃传》）从而严重危及全社会的生存，是导致秦末农民大起义的重要原因。隋炀帝重蹈秦朝覆辙，同样走向覆灭的命运。隋朝末年，过度征发民力、物力与财力，使社会苦不堪言，民不聊生，也是隋朝最终走向衰亡的重要原因。隋炀帝为满足一己之私利，大兴土木，征发无度。建东都洛阳“每月役丁二百万人”又营造显仁宫“苑囿连接……周围数百里，课天下诸州各贡草、木、花、果、奇禽、异兽于其中”。又巡江都，开运河，男丁服役不足，征妇女服役。三征高丽，服役者前后达数百万人，财力耗费以亿万计。在这种情况下，疾风暴雨式的农民大起义，已属势不可挡的历史必然。由此我们可以看出，腐败的财政，是危及社会生存，导致社会生产力及其所依赖的经济基础遭受严重破坏的重大根源之一。纵观古今中外所有的劳动者大起义和革命运动，虽然原因是多方面的，但几乎无不与财政的腐败有关。所以，财政对国家的衰亡，虽然不是唯一的原因，但在通常情况下，具有举足轻重的作用，这是不可否认的历史事实，已为历史实践所反复证明。

二、财政在国家振兴中的地位与作用

与腐败财政相反，廉明充实的财政，可以有效地发挥财政的功能，对国家和社会各项事业的振兴与发展起到不可替代的重大作用。因为，健康发展的财政，能够通过不断优化的收支结构，积极正确地处理财政与经济、政治、军事、文化等各方面的关系，保证和促进国家各项事业的健康发展。财政的积极作用和影响力，在于它与国家和社会发展有密不可分的关联，是国家和社会发展的有力杠杆。首先，从财政与经济的关系上看，二者是辩证统一的关系。财政的充实发展需要以经济的发展为基础，但财政对经济有积极的反作用。早在新民主主义革命时期，毛泽东就根据实践经验，对经济与财政的关系作了精辟的论述。他指出："财政政策的好坏固然足以影响经济，但决定财政的却是经济。未有经济无基础而可以解决财政困难的，未有经济不发展而可以使财政充裕的。"[①] 这里，毛泽东一方面强调了经济对财政的决定作用，同时也肯定了财政对经济的反作用。也就是说，毛泽东在强调经济是财政发展基础的同时，也明确指出了"财政足以影响经济"的观点。经济决定财政主要表现在：①经济发展的总体水平决定财政收支的总体水平，财政发展必须以经济发展为基础；②经济体制决定财政体制，经济体制的变化与调整，同时也要求财政体制有相应的变化与调整；③经济工作的指导思想同时也决定财政工作的指导思想，前者的正确与否在很大程度上决定着后者的正确与失误。经济发展的方向、目标和任务同时也决定着财政发展的目标、方向和任务。所以从事物发展的总体上讲，经济决定财政，想让经济从整体上适应财政的要求是不可能的，财政不可能离开经济的发展而发展。但是，我们肯定经济对财政的决定作用并不意味着否定财政对经济的反作用，或者说财政对经济完全无能为力，不起作用，这显然是片面性的认识。事实上，财政有自己的独立性和相对稳定性，它对经济发展有重要影响力。事实上，财政状况，也常常是国力大小、经济发展水平和政治状况的一种体现。充实的财政，是经济

---

① 毛泽东选集合订本，人民出版社，1964 年版，第 846 页。

发展、国力增强的重要标志。财政状况的恶化常常也是经济衰退、政治腐败的表现，会加重经济困难，对经济发展造成负面影响。

财政反作用力和影响力主要表现在：

（一）财政对经济建设目标的完成有积极的促进和保证作用

国家投资的大型经济建设所需要的资金，国防、文教卫生、科技研究和创新所需经费等都离不开财政的支持与帮助。国民经济的协调发展，也需要发挥财税杠杆的调节作用。改革开放以来，财政为支持改革开放和以经济建设为中心的现代化建设更是发挥了重大的积极作用。上海宝山钢铁工业等一个个现代化工业基地的兴建，三峡工程、小浪底等具有综合效益的水利工程的完成，电力、煤炭、天然气、煤气等能源的开发与利用，计算机、家用电器的发展，航天、船舶、高铁、汽车、高速公路等的快速发展，科技、国防、文教卫生的改革与发展，这些以国家投资为主体的国有大型建设领域和项目，无不伴随着财政资金的大力支持与帮助，这些工程项目的建成和投入运行，极大地振兴了中国的经济，成为经济大国，这已是不争的事实。这些目标的完成，虽然不能说完全是财政的作用，但财政作为国家投资的体现者，是这些项目得以完成的必不可少的必备条件。这充分体现了财政对经济发展的巨大保证作用。

（二）财政对经济有监督和调节作用

经济往往在财政的支持下发展，财政除了对经济的发展起重要的保证作用外，同时也起重要的监督和调节作用。财政可以通过实行积极的财政政策，扩大需求，拉动经济增长，如农业遭受自然灾害出现减产，财政可以通过增加农业投资，促进农业的恢复与发展。20 世纪 60 年代国民经济调整时期，为了纠正大跃进对农业造成的严重干扰与破坏，国家采取了一系列的促进农业恢复发展的财税政策，如大幅度减轻农业税，减小对粮食的财政性征购；增加对农业的投资，加强农田水利建设；从种子、化肥、农药、小型农用机械等方面，加大对农业集体经济扶持的力度；增加农业补贴资金，落实对农民的退赔政策，纠正大跃进对农民利益造成的损害。这些财税优惠政策，对促进农业恢复和发展，发挥了重大的积极作用。所以，虽然从总的发展过程上说，经济决定财政，但财政对经济有反作用，不仅在一般情况下对经济有保证作用和调节作用，在特殊情况下，财政能够通过正确的财税政策，有效地促进经济的恢复和发展。

三、简要的结论

国家的兴衰，归根结底是由生产力和生产关系，经济基础和上层建筑的运行规律决定的。当生产力与生产关系，经济基础与上层建筑基本是互相适应地运行的时候，国家的各项事业会处于稳定协调的发展状态，甚至会出现兴旺发达的繁荣景象。反之，如果生产力与生产关系，经济基础与上层建筑处于互不适应、矛盾不断上升的时期，国家的经济、政治、财政等诸多方面，便会出现衰败的景象。这是历史规律所决定的，也是马克思主义的基本原理所早已阐明的。这一深刻揭示了历史发展本质的规律，并没有过时，仍然是我们科学分析认识历史和现实问题的重要指导思想。笔者的理解是，马克思主义所开创的历史唯物论的基本原理，既有它的理论性，也有它的实践性。其理论性在于，从规律上揭示了历史运行的本质；其实践性在于，可以指导人们科学认识总结有关国家兴衰的历史经验，认清国家兴衰的的根本动因、决定因素，更好的自觉地尊重、顺应历史发展规律，发挥各种因素的正能量，预防负面因素的影响，走国家振兴之路。

财政是国家机器的重要组成部分，是国家理财的职能部门，也是国家宏观调控的重要工具和有力杠杆。财政这种特有的功能，肩负着处理国家与社会的分配关系，保证国家和社会生活正常运转和健康发展的重任。因此，财政在国家和社会各项事业的运作过程中，不是旁观者，而是置身其中的运动员与裁判员。财政具有的特殊职能，使其与国家和全社会的各项事业具有密不可分的关联性。从这个意义上说，虽然不能说财政对国家的兴衰具有根本性的决定作用，但它可以加速和延缓国家兴衰的进程，是影响国家兴衰的一个极为重要的决定因素。西汉前期，吸取了秦亡的教训，通过放宽政策，恢复和发展农业生产力，出现“文景之治”。其中大幅度减轻农税所起的作用是很大的。唐前期，因实行均田制和租庸调，大幅度减轻社会的财税负担，而有了“贞观之治”。这当中，租庸调所起的作用是至为重要的。唐后期，随着均田制的破坏和租庸调的瓦解，各种社会矛盾加深，唐朝进入了衰亡的时期，后来甚至已接近崩溃的边缘。刘晏的理财方略和杨炎两税法的推行，使这个行将灭亡的封建王朝重新控制了税源，从而又延续了很长时间。历史实践经验证明，无论是治世还是乱世都有财政的因素在发挥作用，财政虽然不是国家兴衰的根本原因，但却对国家兴衰具有举足轻重的影响力，是影响国家兴衰进程的一个重要的决定因素，这一重要的历史经验，是任何时候都应当引以为鉴的。

16. 中国古代财产税考辨

【摘要】为了调节社会收入分配，我国税制改革又进入了一个新阶段，房产税正在进行试点，遗产税和继承税在学术界呼声越来越高，财产税成为社会各界密切关注的对象。而中国古代的财产税状况如何，能否对现实税制改革提供有益的经验，这是一个值得研究的重要课题，本文试图在这方面进行尝试和探索。

【关键词】财产税　中国古代

【作者简介】赵云旗，财政部财政科学研究院研究员

财产税是以纳税人所有或属其支配的财产为课税对象的一类税收，按此定义，来自纳税人财产的税都应该视为财产税，包括与纳税人财产发生直接关系或间接关系的税收。财产税是我国当前社会关注的焦点，也是今后税制改革的一个方向，而中国古代对私有财产是否征收财产税，对这个问题的研究至今较少。同时，古代的税不像现代这样标准和规范，加之朝代不同、情况复杂，不少税难以判断①，长期处于模糊的状态，需要以现代财产税的基本要求进行考辨。这种研究不仅有利于我国古代税制的研究，而且对目前我国财产税的开征也具有借鉴意义。

一、先秦时期的财产税

财产税是与私有制联系在一起的，社会成员拥有的私有财产是征收财产税的前提。我国的私有制起源于奴隶制社会，这主要是由于劳动工具的进步、生产力的提高、剩余产品的增加，促使奴隶向个体自由民转化，在私有土地的基础上个人财产逐渐形成并不断增加。特别是西周成王、康王时代，社会经济渐趋繁荣，物质和文化都呈现出繁荣的局面，进一步促进了私有财产的积累和发展。在公田制崩溃之后，国家的税收来源随之转移到了私有土地和私有财产方面，于是出现了我国古代较早的财产税。

据《周礼·地官·司徒》记载：西周时期的职官廛人，主要负责“絘

① 中国古代田赋的概念宽泛，内容复杂，需要专门的研究，本文只研究田赋之外的财产税。

布、总布、质布、罚布、廛布而入于泉府”。其中，“质布”是指市场中的百物、奴婢、牛马之类，凡是买卖都要填写契据并征税，类似于之后历代的契税。“絘布”指向店肆商铺征税；“廛布”是对邸舍征税，此时市内有邸店，以供商人存放货物，故而征税。由于征税对象是商铺、邸店此类不动产，类似于房产税。

这一时期是我国古代私有制的开端，特别是春秋战国时期废井田、开阡陌，私有制正式得到国家法律的承认。由于史书记载简略，难以详论，只能勾勒出一些鸿爪狐迹。

二、秦汉魏晋南北朝的财产税

我国自秦代进入封建社会后，私有制有了明显的发展。秦代“令黔首自实田”，西汉的“无为而治”，东汉放任土地兼并，不论地主还是自耕农都成为土地的所有者。同时随着经济发展，自耕农成为封建经济的基础，城市富商大贾形成实力雄厚的阶层，私有财产急剧增加。封建国家为了应对官俸、军费、战费等巨大开支，属于财产税性质的税收得到迅速发展。

（一）秦汉时期的财产税

1. 田宅税

房产属不动产，是私有财产的主要构成部分。汉武帝时因伐匈奴国有不足，税民田宅，“皆平作钱数，每千钱一算，出一等，贾人倍之；若隐不税，有告之，半与告人，余半入官”①。这可以说是汉代房产税的开始，一般平民都是纳税人，但主要针对是富商大贾和地主豪强，所以一般平民每1 000钱纳一算（120钱），而富商大贾是两算（240钱）。

2. 算缗钱

算缗钱即向商贾、手工业者和高利贷者的流动资金征收高额财产税。汉武帝时大规模反击匈奴的战争，使国家财政匮乏，但财累万金的富商大贾乘坚策肥，丝毫不佐国家之急。为了解决财政困难，汉武帝于元狩四年（前119年）实行算缗，规定：“诸贾人末作贳贷买卖，居邑稽诸物，及商以取利者，虽无市籍，各以其物自占，率缗钱二千而一算，诸作有租及铸，率缗钱四千一算。”②即商贾囤积货物乘时求利者，高利贷借贷金钱者，不论有无市籍，按其交易额和贷款额征税，2 000钱一算，征税120钱，税率为6%；铸造、出租、贩卖手工制品者，以产品价值4 000钱一

---

① 《史记》卷122《酷吏张汤传，正义注》。

② 《史记》卷30《平准书》。

算，税率为3%。元狩六年（前117年），由于商人匿财不报或报而不实，汉武帝颁发“告缗令”，规定“匿不自占，占不悉，戍边一岁，没入缗钱”，“有能告者，以其半畀之”。在杨可主持下，“中家以上大抵皆遇告”，“得民财物以亿计，奴婢以千万数，田大县数百顷，小县百余顷，宅亦如之”①。元鼎五年（前112年），桑弘羊考虑告缗令扩大化的后果建议停止，到元封元年（前110年）正式下令“不告缗”，共实行了六年。算缗钱有的认为是受益税，依据是“缗”一般而言是指钱币，但钱币也属于流动性财产，对流动财产征税应该是财产税。而且，所算之缗钱不仅包括利息，也包括货币的存量。至于没收的田亩奴婢虽属于财产，但由于是罚没的性质，不应视为财产税。

3. 车船税

车船是主要的生产资料，属于财产中的有形资产，对生产资料征收的税显然属财产税。武帝元光六年（前129年），开始对商贾车船征税，连续实行了十年。元狩四年（前119年）在实行“缗钱”中又对商贾车船提高了税率，而且征税范围扩大到一般民众的车船。规定“非吏比者三老、北边骑士，轺车以一算，商贾人轺车二算，船五丈以上一算”②。即除官吏、三老和北边骑士之外，一般百姓有轺车（指一马驾的轻便车）者每乘抽税一算（120钱），商人车每乘抽税二算（240钱），船只五丈以上者抽税120钱。汉代对商人征收车船税是一个长期性的税，而且扩大到一般百姓，又成为一种普遍性的税。

4. 赊贷税

出贷金钱和货物收取利息者，政府对增值部分征税，类似现在的利息税，在资产类中属于无形资产，对无形资产征税也属财产税。此税开始于西汉景帝末年，汉武帝时税率提高到6%。缗钱令实行后，赊贷税成为缗钱令的一部分，但缗钱令废止后赊贷税一直实行到西汉末年，成为一种经常性税收。

5. 马口钱

马口钱即对牲畜征税，牲畜不仅是秦汉时期富人财产的组成部分，而且是从事畜牧业致富者的主要财产，对于一般农民来说属于重要的生产资料，当然也是主要的财产。汉武帝时期畜牧业有了显著的发展，“众庶街巷有马，阡陌之间成群”，为政府征税创造了条件。《汉书》中有“征及六畜”、“赀即六畜”的记载，看来马口钱课税对象不仅仅指马，而且包括所

① 《汉书》卷24下《食货志》。
② 《史记》卷30《平准书》。

有的牲畜。汉武帝时“算马牛羊”，按头计算，“牛马羊头数出税，算千输二十”[①]，税率是2%。

6. 土地税

东汉末年，在田租之外还有土地税。汉桓帝延熹八年（公元165年），“令郡国有田者，亩税敛钱，亩十钱也”。汉灵帝中平二年（公元185年），令“税天下田，亩十钱”[②]，20年间保持一致的税额。

与先秦时期相比，秦汉的财产税明显增多，大部分属于临时性的，主要发生在汉武帝时期。这与战争频繁有直接关系，战争引起财政支出加大，而此时的田赋税率长期较轻，而且又大量地减免，增加收入只好转向私有财产。

（二）魏晋南北朝的财产税

1. 户税

曹魏和西晋时期的户税是针对每户财产征收的，主要以土地为依据。曹魏时每户“绢二匹绵二斤”。西晋“丁男之户，岁输绢三匹，绵三斤”。户税表面上按户征收，实际上是按资产即土地征税的，正如马端临说“户赋者，亦皆有田之人，非凿空而税之”[③]。南朝开始根据资产征收，宋孝武帝时，“制天下民户岁输布四匹”[④]，征收方法按各户的资产多寡分为九等，征收不等的户调，资产包括土地、房屋、桑树等，这就是所谓的“九品混通”制。由于评定户等依据资产影响了生产力的发展，因而至梁时开始改变，将户调按资产征收改为按丁征收，“始去赀，计丁为布”[⑤]。“调”起于东汉后期，政府在常税之外征收各种物品，这本身就是征税于民众的资产。曹魏时将其固化，按户征税，成为户调制的组成部分。由此经两晋至宋、齐长期按资产征户调，财产税性质越来越突出。

2. 估税

东晋时期出现了估税，类似现在的契税。《隋书》卷24《食货志》载：“晋自过江，凡货卖奴婢马牛田宅，有文券，率钱一万，输估四百入官，卖者三百，买者一百。无文券者，随物所堪，亦百分收四，名为散估。历宋、齐、梁、陈，如此以为常。”估税是在财产交易环节征税，由

---

① 《汉书》卷84《翟方进传》。

② 《文献统考》卷2《历代田赋之制》。

③ 《文献通考》卷3《历代田赋之制》。

④ 《宋书》卷6《孝武帝纪》。

⑤ 《梁书》卷53《良吏传序》。

买卖者双方承担，但不应该视为交易税，因为契税是对财产征税，是名正言顺的财产税。“估税”不仅在建康及淮北诸市征收，在其他地方也有，如东晋时曾为会稽内史的王彪之在其《整市教》中说：“近检校山阴市，多不如法，或店肆错乱，或商估没漏。”[①]所言“商估”非“商贾”，而是指财产交易中的估税，由此判断南朝估税是较普遍的。

3. 店肆税

店肆税也称邸店税，即对集市中的不动产商铺邸店征税，类似现在的房产税。《魏书》卷110《食货志》载：北魏孝昌时，“其店舍又为五等，收税有差”，即按照邸店等级征收不同的税额。北齐武平之后，征“邸店之税”，“轻重各有差”[②]。南朝也征收店肆税，《隋书·百官志》记载南朝税务官掌管有“邸税库”，既然设立邸税的专门管理机构，就说明邸店税是当时的税种之一。店肆税不能视作营业执照税，因为按照等级征收不同的税，而且又是经常性的，由此可知南北朝时期普遍对经营性的房产开征房产税。

4. 赀税

“赀”即“资”，指资产、财产之类。南朝宋文帝元嘉二十七年（公元450年），在扬、南徐、兖、江四州对资产征税，“富有之民，家赀满五十万，僧尼满二十万者，并四分换一”[③]，税率为25%。此税开始以借款为名义，但官府有借无还，逐渐成为赀税。《隋书》卷24《食货志》载：北齐文宣帝即位后也开始对资产征税，“始立九等之户，富者税其钱”。武平之后，制“境内六等富人，调令出钱”[④]，即户分六等，六等以上的户按资产多少出钱。从南朝、北朝都有赀税来看，南北朝时期赀税还是比较普遍的。但征税的范围不大，主要是针对富人及僧尼的存量资产，不包括一般百姓。而且起征点较高，富人资产在50万以上，僧尼是20万以上，在此标准以下者不征税。

5. 牲畜税

对牲畜征税，是对财产中的生产资料征税。十六国中的西秦，“税其部中戎马六万匹”。北魏永兴五年（公元413年），“诏诸州六十户出戎马一匹”；泰常六年（公元421年），“诏天下户二十户输戎马一匹，大牛一

---

① 《初学记·都邑部·市第十五》。

② 《北史》卷8《齐本纪》，武平六年。

③ 《宋书》卷95《索虏传》。

④ 《魏书》卷110《食货志》。

头”；制六部民，“羊满百口者，调戎马一匹”①。在北魏，牲畜对游牧民族来说是其重要的财产，即使在南朝也是主要的生产资料，是民众财产的组成部分。此税征收的是实物即马匹，是根据国家的需要规定的。

6. 舟车税

舟车为民众之财产，对舟车征税也在财产税之内。《北史》卷8《齐后主纪》载，武平六年（公元575年），“税……舟车……轻重各有差”。

7. 田税

对土地征税，北魏孝昌二年（公元526年），“税京师田租亩五升”②。从《魏书·食货志》的记载来看，这是在均田制下一夫一妇纳粟二石之外，另外征收的一种税。这里的“田租”是公田出租所收取的地租还是对私有民田征收的税赋，是需要辨析的。北魏实行均田制，国家将掌握的国有土地都授给农民耕种，但并不是绝对没有私有土地，也不意味着没有土地兼并，私有土地还是存在的，如官僚地主、世家大族仍然占有的土地，对私有土地征税是理所当然的。而且规定每亩五升，是履亩而税，均田农民规定“纳粟二石”，又是按“一夫一妇”为单位缴纳的，二者完全是两回事。每亩纳五升“田租”，很容易引起异议，被视为地租。其实这一时期田租也指田赋，如曹魏的田赋称田租，西晋时期占田制下丁男课田50亩，按一户为单位缴纳的田赋也称田租，可知田租往往成为田赋的代称。南朝梁、陈时期，在丁租户调外也对土地征税。“其田，亩税米二斗”③。这种税不是田租的附加税，因为这一时期田租是以丁征收的，这是按田亩所征的税，是一种地道的土地税。

8. 鱼塘税

江南号称水乡，鱼塘非常普遍，成为封建国家重要的税源。东晋初年，襄阳“州境内有鱼池，先恒责税”，后停止征税，民间称为惠政。不过这只是一地的情况，并不能代表鱼塘税全部取消，东晋南朝对鱼塘征税很普遍。鱼塘属于财产类中的不动产，对其的征收有别于渔税，鱼塘税属于财产税，渔税是对渔民征收。

魏晋南北朝时期的财产税数量上稍多于秦汉，种类上有新发展，如估税就是一种新的财产税，是我国契税的起源。与秦汉时期不同，魏晋南北朝时期政治上政权更替、分裂割据、战乱不休，经济上总体看是衰退下行。为了满足巨大的军费支出，统治者把税收重点转移到民众的财产上。

---

① 《隋书》卷24《食货志》。
② 《魏书》卷110《食货志》。
③ 《隋书》卷24《食货志》。

战争频繁与财政空竭是这时期财产税进一步发展的双重原因。

三、隋唐五代的财产税

隋唐五代时期，社会经济得到空前发展，是中国封建社会第二个盛世，特别是大唐帝国成为当时世界上的强国，为财产税的再度发展创造了条件。另一方面，从唐代中期开始，均田制崩溃，土地兼并加剧，国有土地制度变为私有土地制度，产业结构变为以工商业为主。加之政治动荡、藩镇割据、财政紧张，封建政府的税收重点只能向财产税转移。

（一）隋代的财产税

1. 义仓税

隋代开始设立义仓，开皇三年（公元583年），长孙平拜为度支尚书，见天下州县多有水旱，百姓不给。于是上奏："令民间每秋家出粟麦一石以下，贫富等差，储之街巷，以备凶年，名曰义仓。"①隋文帝接受此议，开皇五年（公元585年）诏"诸州百姓及军人，劝课当社，共立义仓"。义仓的本意是为了备荒，但征粮却是按照贫富户等缴纳。如开皇十六年（公元596年），"准上中下三等税，上户不过一石，中户不过七斗，下户不过四斗"②。户等是按照资产划分的，资产多户等高纳税重，资产少户等低纳税轻。而且，从开皇十五年（公元595年）开始，义仓由民间管理上收到州县，每年按户等缴纳，变成了按资产征收的财产税。

2. 户税

户税是南北朝时期的一种税，隋代继续实行。开皇八年（公元588年），高熲上奏："诸州无课调处，及课州管户数少者，官人禄力，乘前已来，恒出随近之州。但判官本为牧人，役力理出所部。请于所管户内，计户征税。"③由此可知，户税是在没有课调的州县和虽有课调但因人户稀少而财力不足的州县实行的，这些州县的官人俸禄以往都出自附近州县，高熲认为这样不公平，应该由这些州县自己提供，解决的办法是征收户税，以给官禄。户税如何征收，《隋书·食货志》没有记载，按照义仓缴纳的制度，也应以各户的资产为多寡计算依据的，所以属于财产税性质。

3. 课富户

大业六年（公元605年）征高丽，为补充兵马，诏"课天下富人，量

---

① 《隋书》卷46《长孙平传》。
② 《隋书》卷24《食货志》。
③ 《隋书》卷24《食货志》。

其资产，出钱市武马”，买到“马匹至十万”。大业九年（公元613年），又“课关中富人，计其资产出驴，往伊吾、河源、且末运粮，多者至数百头，每头价至万余”①。这是对富人的存量资产征税，税收的形态为钱币，以马驴交易价格来计算。

（二）唐代的财产税

1. 户税

唐承隋制，但唐代户税不是局部的，而是普遍地征税。唐代户税按资产划分户等征收，武德六年（公元623年）“令天下户量其资产定为三等”，至九年（公元626年）认为”天下户三等，未尽升降，依为九等”②。从此天下户按资产分九等征税，唐初每户资产状况的变化两年评估一次，如高宗永徽二年（公元651年）规定“天下二年一定户”。为了避免下等户的增加减少户税，武则天万岁通天元年（公元696年）规定，天下百姓，所析之户等第并须与本户同，不得降下。唐玄宗开元二十九年（公元741年），为了消除户税对百姓增加资产的影响，延长了资产评估时限。制：“…州县造籍之年，因团定户，皆据资产以为升降。其有小葺围庐，粗致储蓄，多相纠讦，便被加等。……自今以后，且三五年间，未须定户。其中或有家资破散，检覆非虚，不可循旧差料，须重与降”③。资产评定由地方政府主持，民众参与，严禁弄虚作假。天宝四载（公元745年）敕：“自今已后，每至定户之时，宜委县令与村乡对定，审于众议，察以资财。不得容有爱憎，以为高下，徇其虚妄，令不均平，使每等之中，皆称允当。仍委太守详覆定后，明立簿书。”④ 户税征收按户等高低依次为序，先高户后下户，即“每有差料，先从高等”。

每户征收标准，较完整和典型的是代宗大历四年（公元769年）的规定：“天下及王公已下，自今已后，宜准度支长行旨条，每年税钱。上上户四千文，上中户三千五百文，上下户三千文；中上户二千五百文，中中户二千文，中下户一千五百文；下上户一千文，下中户七百文，下下户五百文。”⑤ 上上户、中上户、下上户之间分别相差1 500文和3 000

---

① 《隋书》卷24《食货志》。

② 《唐会要》卷85《定户等第》。

③ 《唐大诏令》卷113。

④ 《唐会要》卷85《定户等第》。

⑤ 《唐会要》卷83《定户等第》。

文，至于上上户与下下户相差竟达到3500文，户税对数量居多的中下户有利，贯彻了资产多多缴税、资产少少缴税的原则，是合理的。户税的范围包括所有的户，官吏也在其内，“其现任官一品准上上户税，九品准下下户税，余品并准依此户等税”。国家官员按照级别套用户等，一品官划归到最高的上上户，其他级别按照与其相当的户等征税，至九品官员划归最低的户等下下户。“其百姓有邸店行铺及炉冶，应准式合加本户二等税者，依此税数勘责征纳。其寄庄户，准旧例从八等户税，寄住户从九等户税，比类百姓，事恐不均，宜各递加一等税。其诸色浮客及权时寄住户等，无问有官无官，亦所在为两等收税；稍殷有者，准等户税，余准九等户税；如数处有庄田，亦每处纳税”①。不仅官吏依照相应的户等纳税，而且百姓从事工商业的要提高二等纳税。寄庄户和寄住户从九等户上升到八等户纳税，诸色浮客及权时寄住户也在纳税之列。

由此可知唐代的户税，一是户等按资产评估，“据资产以为升降”，并根据资产变化定时进行评估，家资破散者可降低户等，产业有成者可提高户等，特别是有邸店行铺及炉冶的商贾要加二等户税。资产大约三年评估一次，首先由县令与村长察以资财对定，其次由民众审议，最后由太守覆察批准，户等是资产的象征，资产是户税的依据。二是实行累进税制，资产多者户等高纳税多，少则户等低纳税少，上等户比中等户多1 500文，中等户比下等户多1 500文，大致每1 500文累进一次，符合现代税收理论中的能力原则。三是所有的户都要纳税，包括官僚地主、富商大贾、一般平民、诸色浮客及权时寄住户等。安史之乱中流亡到江南的侨民客户，对他们的户税国家起初有照顾，如宝应二年（公元763年）规定，凡客户若住满一年以上，自贴买得田地，并已开垦种植的，不问于庄荫家住，或自造屋舍，一律纳赋税差科，比照当地居民赋役比例，减低一半。至大历四年（公元769年），下令“寄田、寄庄及前资勋荫寄住家，一切并税”②。寄庄户准旧例从八等户纳税，寄住户从九等户税，代宗时各递加一等，分别按七等户和八等户纳税。四是所有的资产都要纳税，包括邸店、行铺、炉冶等，特别是土地。强调“如数处有庄田，亦每处纳税，诸道将士庄田，既缘防御勤劳，不可同百姓例，并一切从九等输税”③。户税涉及民户方方面面的资产，是完全的财产税。户税是唐代财政收入的一大来源，唐玄宗时期每年收入计约200余万贯。

① 《唐会要》卷83《定户等第》。

② 《通典》卷6《食货六，赋税下》。

③ 《唐会要》卷83《定户等第》。

2. 地税

将地税视为财产税是因为此税出自私有土地——百姓最大的财产。唐代的地税源自于隋代的义仓税，在租庸调外按田亩征税。贞观二年（公元682年）的纳税范围和征税方法是，“自王公已下，爰及众庶，计所垦田，稼穑顷亩，每至秋熟，准其见苗，以理劝课，尽令出粟，稻麦之乡，亦同此税”①。税额是“亩税二升，……商贾无田者，以其户为九等，出粟自五石至于五斗为差”②。即有土地者按亩缴纳，没有土地的商人按九等户等缴纳，最高缴五石最少五斗，远远高于按亩缴纳的税额。高宗永徽二年（公元651年），地税完全改为按户征收，“宜令率户出粟，上上户五石，余各有差”③。按户等征税落到了资产上，仍然包括土地，唐玄宗时期又恢复到按地亩和户等分别征收。唐代宗广德元年（公元763年），规定完全以土地为依据，“地税依旧每亩税二升”。大历四年（公元769年），规定按土地肥瘠分为两等征收，并提高了税额，上等每亩税一斗，下等每亩税六升，其荒田如能佃者，一切每亩税二升。五年（公元770年），京兆府百姓，“夏税，上田亩税六升，下田亩税四升；秋税，上田亩税五升，下田亩税三升”④。唐朝地税收入每年约为1 240余万石⑤，在国家财政收入中具有重要地位。

3. 青苗钱

代宗广德二年（公元764年），为了弥补官吏俸禄，按垦地面积征税，由于等不到秋收只好苗青时征收，故称青苗钱。征税额大历初“每亩十文”，以后不断增加，大历三年（公元768年）每亩另加五文，合计15文。至大历八年（公元768年），京师每亩增加到30文⑥，增长了一倍。贞元八年（公元792年），京师每亩又加征三文，增加到33文。在此之外，又有一种“地头钱”，每亩征收20文，统称青苗地头钱。此税与唐初就开征的地税不是一种税，虽然都以土地为征税对象，但地税来自隋代的义仓税，此税是安史之乱后新开征的，有的专家认为是地税上的附加税⑦。从土地的角度看也可以这样定位，从立税的用意和用途看是有区别的，但属财产税却是无疑的。

---

① 《唐会要》卷88《仓及常平仓》。

② 《新唐书》卷51《食货一》。

③ 《旧唐书》卷49《食货下》。

④ 《旧唐书》卷48《食货上》。

⑤ 《通典》卷6《赋税下》。

⑥ 《古今图书集成·食货典》218卷《杂税部》。

⑦ 周伯棣．中国财政史［M］．上海：上海人民出版社，1981：220.

4. 间架税

间架税是对房屋征税，属于财产税中的房产税。此税始于唐德宗建中四年（公元783年），由判度支赵赞建议开征间架税。规定“凡屋两架为一间，屋有贵贱，约价三等，上价间出钱二千，中价一千，下价五百”。如有隐匿，给予惩罚，“凡没一间者，杖六十，告者赏钱五十贯，取于犯家”①。由于民众反对，德宗兴元元年（公元784年）停止征收，只实行了一年，是对房产临时性征税。

5. 僦匮纳质钱

僦柜也即柜坊，是经营典当业的，纳质包括质库、质举、举贷，是经营高利贷的。胡三省释：“民间以物质钱，异时赎出，于母钱之外，复还子钱，谓之僦柜。”②僦匮纳质钱，是经营典当业和高利贷的资金。德宗建中四年（公元783年），“取僦匮纳质钱……四取其一”③，税率高达25%。由于引起长安罢市，规定“钱不及百缗，粟麦不及五十斛者免”④，纳质钱和僦匮钱合计获200万缗。

6. 率贷

率贷是指向富户强制举债，按富商大贾的存量资产课征一定的比例税。天宝末年（公元755年）遣御史康云出江淮，陶锐往蜀汉，“豪商富户皆籍其家资，所有财货畜产，或五分纳一，谓之率贷，所收巨万计”⑤，税率高达20%。唐肃宗即位（公元756年），遣御史郑叔清等“籍江淮蜀汉富商右族訾富，十收其二”⑥。中央政府的率贷，引起各地节度使、观察使纷纷效仿，如河北节度使李师道，“率贾人钱为助”⑦。率贷从名义来看是政府向商贾借贷，但实际上却变成对富商大贾强制性的征课，成为一种临时性财产税。

7. 借商钱

借商钱顾名思义是政府向商人借钱，但实际上变成一种强制性财产税。德宗建中初年，因平藩军费浩繁，太常博士韦都宾上奏：“货利所聚，皆在富商，请括富商钱，出万缗者，借其余以供军计，天下不过借一二千商，则数年之用足矣。”建议借款500万贯，以供军用。德宗准奏，首先

① 《唐会要》卷84《杂税》。

② 《资治通鉴》卷227，德宗皇帝二。

③ 《文献通考》卷19《征榷考六，杂征敛》。

④ 《古今图书集成·食货·杂税》。

⑤ 《通典》卷11《杂税》。

⑥ 胡钧．中国财政史［M］．商务印书馆，1920：165.

⑦ 《新唐书》卷214《刘悟传》。

在京师“行借钱令，搜督甚峻，民有自经者家若被盗，然总京师豪人田宅奴婢之估，才得八十万缗”①。唐僖宗乾符五年（公元878年），“贷商旅富人钱谷以供数月之费”。广明元年（公元880年），又“借富商及胡商货财，敕借其半”②。上行下效，各地节度使和观察使纷纷向商贾借钱，如“河东节度使窦干借商人钱五万缗以助军”。向商人借钱起初应允“罢兵乃偿之”，但实际上有借无还，反而变为长期性的财产税。

（三）五代十国的财产税

1. 房屋税

房屋税是对城镇居民不动产征收的一种财产税。后唐清泰元年（公元934年），因军士赏钱不够，开征房屋税。“据屋为率，无问士庶自居及僦者，预借五月僦置”③。即所有的人、所有的房屋都要征税，“僦置”指出租及用于典当业的房屋。房屋税按月征收，但往往实行“预借”，一次收取僦柜五个月利润，税负是非常重的。后汉时屋税也很普遍，如天福十二年（公元947年）大赦天下，令东西京“一百里内及京城，今年屋税并放一半”④。百里之内的屋税减半征收，就意味着百里之外的屋税不在减免范围之列，说明房屋税是全国性的。后周太祖广顺二年（公元952年）诏曰“州城县镇郭下人户，系屋税合请盐者”⑤，可知此时继续实行屋税。当时的后蜀国也有房屋税，如宋太祖乾德三年（公元965年）灭后蜀，宣布“居坊郭者，勿输半年屋税”。屋税是地道的财产税性质，以往归属于工商税不妥。

2. 地税

地税是对百姓不动产——土地征收的一种财产税。如楚国州人每年出绢，称为“地税”⑥。这时期向土地征税各国名称不一，但性质皆属地税一类。

3. 栽桑税

栽桑税是对百姓拥有的经济林征收的一种税。如蜀地是丝织品产地，栽植桑树非常普遍，前蜀王建时征收“栽桑税”，征收方法是按桑树的数量征税。当时的吴越地区，丝绸业发达，桑林很多，吴越国也对民众的桑

---

① 《文献通考》卷19《征榷考六，杂征敛》。

② 《资治通鉴》卷253，广明元年条。

③ 《资治通鉴》卷279，后唐纪八。

④ 《旧五代史》卷100《高祖纪下》。

⑤ 《册府元龟》卷494《邦计部·山泽二》。

⑥ 《续资治通鉴长编》卷47。

地征税，十亩虚增八亩，每亩纳绢四尺八寸二分。吴越国不仅对桑树征税，而且对其他林木也征税，“悉加故额数倍”。经济林属于民众财产的重要组成部分，南北方皆是如此，属于不动产，此税为财产税，不同于茶、竹、漆等特产品在流通和交易中的税收。

4. 农器钱

农器钱是对百姓生产资料征税。后唐初期农器采取官铸民购的制度，因质劣价高难以推行，明宗长兴二年（公元931年），实行民间自造，官府征税的政策，开征农器钱。规定“乡村百姓祗于系省夏秋苗亩上纳农器钱一文五分足，随夏秋二时送纳”①。农器钱不是单独征收，而是随夏秋两税按亩征收，每亩一文五分。农器钱后晋、后周和宋初继续沿用，至大中祥符三年（公元1012年）免除。农器钱因按亩征收往往被视为土地附加税，按亩缴纳只是征收的一种方式，是为征收方便而已，农器钱计税对象是农具不是土地，总之都在财产税范围之内。

5. 牛皮税

五代战争频繁，牛皮成为制作战甲的主要材料，开始时官府统一收购，之后逐渐变成征税。后唐天成二年（公元926年）规定，牛死“准例输皮入官”②。后周时牛皮税改为按亩计征，广顺二年（公元952年）规定：“每岁民间所输牛皮，三分减二，计亩十顷，税取一皮”③，按亩计征，是十顷收取一张牛皮的价钱，每年分秋夏两次缴纳。后蜀规定，“牛驴死者，革尽输官”④，与后唐制度一样。楚国也征收“牛皮税”。牛皮不仅是军事物资，也是百姓需要的生产资料和财产，此税应为财产税。由于征税时往往按亩缴纳，常被视为田赋附加。其实与田赋有区别，二者计税对象不同，牛皮税计税对象是牛马驴，由于难以统计，按亩便于征收。这只是征收方法的变通，税收的性质没变。

6. 绢帛钱

中国封建社会经济的典型是男耕女织，农产品和丝织品是百姓主要的生活资料，也是封建国家所需要的，因而对其征税。前蜀有绢帛钱，如王建统治时对绫、绢、布征税，每匹分别为100文、70文、40文。丝织品是百姓财产的象征，绢帛钱应该是财产税之列，而且是主要的财产税。

---

① 《五代会要》卷26。

② 《旧五代史》卷38《明宗纪》。

③ 《资治通鉴》卷291，后周纪二。

④ 《文献通考》卷4《历代田赋之制》。

7. 湖塘税

古代江南被称为水乡、鱼米之乡，湖泊、池塘大都为官僚地主、世家豪族占为己有，迫使官府对湖塘之类征税。闽国规定“江湖及池潭陂塘聚鱼之处，皆纳官钱”，与之成为一体的水利设施如水硙、水磨也对其征税。这些税原来多以苛捐杂税统称之，但仔细分析有不少税与民众资产相关，可视为财产税。

与秦汉魏晋时期相比，隋唐五代时期的财产税在数量上又有增加。主要产生在唐后期和五代十国时期，唐代属于财产税的有七种，产生在唐后期就有五种，占总数的71%。五代十国53年间财产税就有七种，占隋唐五代总数的41%。之所以如此，与战争频繁、政治分裂有关，但主要还是国有土地制度崩溃和私有土地及私有财产发展的必然。

四、宋辽金元的财产税

宋辽金元时期是中国古代私有制进一步发展的时期，虽然辽金元三代都是少数民族入主中原，不免带来部落制和原始公有制的因素，但中原地区私有制发展的趋势没有因此而停滞或改变。非但如此，统治者往往被中原政治、经济、文化所陶冶甚至汉化，自觉和不自觉地吸取汉族制度和文化加强其统治。随着私有制的发展，这一时期的政府仍然将财产税作为增加财政收入的主要来源。

（一）宋代的财产税

1. 印契钱

印契钱即宋代的契税。东晋估税是契税的发源阶段，宋代进一步趋于成熟，凡典卖田宅、牛马、舟车、店肆等财产必须缴纳契税。宋太祖开宝二年（公元969年），“始收民印契钱，令民典卖田宅，输钱印契税契，限两月”①。从这一记载看，宋太祖、太宗时期买卖田宅只收取契费，似乎对田宅的价值不征税。宋仁宗时期对田宅价值征税，庆历四年（公元1044年），以典卖钱额为计税对象，每贯征40文，税率为4%，期限两个月，逾期者加倍。宋徽宗崇宁三年（公元1104年）规定，典卖田宅牛畜在征收契税的同时另收息钱，息钱即官府制作契纸的工本费及附加，收息不得超过契税的一倍，也就是80文，比契税本身还要重。宣和四年（公元1122年），浙江及福建等七路，契税每贯增收20文，即60文，税率提高

① 《文献通考》卷19《征榷考》。

到6%[①]。南宋继续征收契税，宋高宗绍兴五年（公元1135年），契税每贯征收额从北宋宣和时的60文增加到100文，税率由6%增长到10%，再加上勘合钱等，契税高达百分之十六七[②]。而且契税征收范围进一步扩大，绍兴三十一年（公元1161年），规定凡嫁资、遗嘱、墓地都要缴纳契税，岁入钱467万引。契税缴纳期限是两个月，逾期不缴者、违期不首者，许人告发，论如律。期间还有名目繁多的附加、滞纳、预借，使契税变得更加繁重。由此可知，宋代契税开征于北宋太祖建国伊始，税额和税率不断增长，税额从40文增加到100文，增长了150%，税率由4%提高到10%，增长两倍半。再加上息钱、附加等税率最高达到16%—17%，说明财产税中的契税在宋代税收中占有重要地位。

2. 房屋税

房屋税即对各种房产征税。北宋时期有“城廓之赋”，对都市居民的住宅、店肆、园地征税。大中祥符二年（公元1009年），昇州因火灾，蠲免房屋税。大观四年（公元1110年），河北东路州县城廓屋税，以要冲、闲慢分十等定税[③]。南宋时期的房屋税，规定“计屋每间输绢丈三尺，谓之屋税”。此时房屋税还有各种附加税，如建炎时增添田宅牙税钱，在典卖房产的契税中每贯增收20文。还有“楼店务房钱”，增添三分。经制钱中也包括向房产收税。

3. 义仓税

宋代继续征收义仓税，乾德初年，“诏诸州于各县置义仓，岁输二税，石别收一斗”。后废之，明道二年（公元1033年）诏复义仓，集贤校理王琪奏：“令五等以上户，随夏秋二税，二斗别输一升。”仁宗纳之，庆历元年（公元1041年）“命天下立义仓，诏上三等户输粟”[④]。但立而复罢。宋代义仓税看来是按每户的收获量缴纳，其实只是一种征税方式，仍然按每户的资产高低征收，这里记载的是“上三等户”的纳税额，中下等户因资产不够国家制定的标准而不缴税，应属财产税。至宋哲宗绍圣时（公元1094—1098年）义仓税改送到郡仓充军用，不再是备荒的性质了，仍然按民户资产征税不变，完全具备了财产税的性质。

4. 农器税

此税沿袭后唐制度，继续对百姓铸造农具征收。征收方式是按亩计

① 黄天华. 中国税收制度史［M］. 上海：华东师范大学出版社，2007：413.

② 《建炎以来朝野杂记》甲集十五，田契钱。

③ 中国财政史编写组. 中国财政史［M］. 北京：中国财政经济出版社，1988：270.

④ 《宋史》卷176《食货志四》。

算，亩纳一文五分，与夏税一并缴纳。由于此税不利于劝民务本，至大中祥符三年（公元1010年）下诏废除，但实际上仍在执行，如大中祥符六年（公元1013年）诏天下勿税农器，至南宋绍兴八年（公元1138年）仍然下诏“蠲农器及牛税”①，说明一直存在，或者时征时停而已。农具是农业生产的重要资料，对农户而言是不可缺少的财产，农器税不论按亩还是按具皆为财产税，不应视为田赋附加。

5. 牛革钱

牛革钱是宋代沿袭五代时期的牛皮税。北宋初年，“令民田七十顷纳牛皮一张，……建隆中令供给价钱一贯五百文，税额中牛皮钱是也”②。可知开国初牛皮钱按田亩缴纳，每70亩缴纳牛皮一张，建隆改为收钱，即1 500文。一说是无牛皮者交钱，一张牛皮折钱一贯五百文。之后牛皮钱逐渐减少，《宋书·食货志》记载：“租二十石输牛革一，准千钱”，即一张牛皮估价1 000钱，但也有不减的地方，如川蜀准钱千五百文。牛皮在古代是重要物资，也是农民的财产之一，不论按亩缴纳还是折合为钱币都在财产税范围。

（二）辽、金、西夏时期的财产税

1. 农器税

辽代统和十二年（公元994年），以南京、平州禾稼不登，“免百姓农器钱”③。由此可知辽代百姓普遍要交纳农器税，农器税是对生产资料的征税，应属财产税。

2. 畜牧税

辽代是游牧民族，牲畜成为民众财产的重要标志，对畜牧业征收财产税应运而生。如天庆时规定：“民有群马者，十取其一。”④

3. 牛具税

金代的牛具税也称牛头税，是猛安谋克部女真户所输之税。《金史》卷47《食货志二》载：“其制每耒牛三头为一具，……官民占田无过四十具。”征税以牛具为准，天会三年（公元1125年）“诏令一耒输粟一石”。天会四年（公元1126年）“诏内地诸路，每牛一具赋粟五斗，为定制”。此年将牛具税扩大到中原汉民，成为全国性的制度。金代牛头税不可小

---

① 《宋史》卷29《高宗纪六》

② 王闢之：《渑水燕谈录》。

③ 《辽史》卷82《耶律隆运传》。

④ 《辽史》卷28《天祚帝纪二》。

视，大定二十三年（公元1183年），猛安谋克牛具数为384 770具，以一耒输粟一石计，合计每年征粟384 770石。对于牛头税，以往认为是对猛安谋克征收的田赋，其实征税不以土地为准，而以牛具计税，应该是田赋以外财产税性质的一种税。

4. 物力钱

物力钱是金代政府对汉人、契丹人和女真人按照财力征收的财产税。《金史》卷46《食货志一》记载："租税之外算其田园屋舍车马牛羊树艺之数，及其藏镪多寡，征钱曰物力。"《金史》卷47《食货志二》补充曰："计民田园、邸舍、车乘、牧畜、种植之资，藏镪之数，征钱有差，谓之物力钱。"可知物力钱按照资产多少征收，计税的范围可以说包括了民户所有的资产，大到田园屋舍，小到牲畜树艺，除显性的资产还有储存的资产，无所不包，完全是建立在财产之上的。

物力钱征收原则：一是在全国普遍实施，除了特殊户所居之外，"上自公卿大夫，下逮民庶，无苟免者"。实在是应收尽收，不分巨细。二是"征钱有差"，根据资产的多少制定不同税额，资产多者多征，少者少征。三是巨细无遗，甚至"近臣出使外国，归必增物力钱，以其受馈遗也"。四是现住的房屋不在纳税范围，"凡民之物力，所居之宅不预"，包括"猛安谋克户、监户、官户所居，计税屋舍主要是多余的宅邸"。五是墓田、学田不包括在缴纳物力钱的资产范围，"物力皆免"①。

由于物力钱是建立在民户资产之上的，所以政府对资产不断进行登记、核实和评级，即"通检推排"。金代从正隆时开始，"分路通检天下物力而差定之"。至世宗大定四年（公元1164年），承正隆师旅之余，"民之贫富变更"，"富者今贫不能自存，版籍所无者今为富室而犹幸免"，于是"分路通检天下物力"②。这次通检，"规措条理，命尚书省画一以行"。大定五年（公元1165年），又以"户口多寡、贫富轻重，适中定之。既而，又定通检地土等第税法"。大定十五年（公元1175年），因"天下物力，自通检以来十余年，贫富变易，赋调轻重不均"，遣济南尹梁肃等人"分路推排"。"推排"主要是核查资产，"推贫富，验土地牛具奴婢之数，分为上、中、下三等"，作为征税的依据。

从金章宗开始，对物力钱的征收进行了较大改革。一是实行随时推收法。泰和二年（公元1202年），章宗认为推排时，"既问人户浮财物力，而又勘当比次，期迫事繁，难得其实"。勅尚书省，"定人户物力随时推收

① 《金史》卷47《食货志二》。

② 《金史》卷46《食货志二》。

法，令自今典卖事产者随业推收，别置标簿，临时止拘浮财物力以增减之”。泰和四年（公元1204年），又“以职官仕于远方，其家物力有应除而不除者，遂定典卖实业逐时推收，若无浮财营运，应除免者，令本家陈告，集坊村人户推唱，验实免之”。可见随时推收法是扎实、细致、公开、公平的。但为了杜绝弄虚作假，从泰和五年（公元1205年）开始，“令人户告诣推收标附，至次年二月一日毕，违期不言者坐罪。且令诸处税务，具税讫房地，每半月具数申报所属，违者坐以怠慢轻事之罪”。在此基础上，泰和六年（公元1206年）制定了新的“诸州府物力差役式”。二是实行动态管理。主要体现在“增新强、销旧弱”，即增补富户新增资产，取消缺乏物力之户，即“消乏户”。相比之下，随时推收法的特点是根据资产的变化及时评估等级，动态管理的核心是增加强户新的资产，除去乏户消失的资产。三是采取涵养税源的措施，不竭泽而渔。泰和八年（公元1208年），吏部尚书贾守谦等推排诸路，章宗亲谕之：“朕选卿等随路推排，除推收外，其新强消乏户，虽集众推唱，然消乏者勿销不尽，如一户物力元三百贯，今蠲免二百五十贯犹有未当者。新强勿添尽，量存其力，如一户可添三百贯，而止添二百贯之类。卿等各宜尽心，一推之后十年利害所关，苟不副所任，罪当不轻也。”① 让民间的财力留有余地，可以增强税收的弹性，保持可持续发展。通过金代政府对“通检推排”的重视态度和改革措施，也证明了物力钱的财产税性质。

金代物力钱收入总额可观，大定二十七年（公元1187年），“天下物力钱三百五万余贯”。明昌元年（公元1190年），全国“物力钱二百六十万四千七百四十二贯”；承安三年（公元1198年），“十三路籍定推排物力钱二百五十八万六千七百二贯四百九十文，旧额三百二万二千七百十八贯九百二十二文”②。这样的收入对金代政府财政来说举足轻重。

5. 军须钱

金代为了赡军，于世宗大定三年（公元1163年），在物力钱上按比例开征军须钱，“验物力科之”，所以属财产税之列。大定十年（公元1170年），规定人户物力至五十石者输官八十缗，不足五十石者数户凑齐。章宗承安三年（公元1198年）由于军需所费甚大，“验天下物力均征，拟依黄河夫钱例，征军需钱，验各路新籍物力”③。具体办法是每征黄河夫钱一贯者征军须钱四贯，西京、北京、辽东路每征黄河夫钱一贯者征军须钱二

---

① 以上所引《金史》卷46《食货志一》。

② 《金史》卷46《食货志一》。

③ 《金史》卷44《兵志》。

贯，军须钱征收额是黄河夫钱的2—4倍。军须钱全部征银，每年分三限送纳。至泰和元年（公元1201年）放宽了限制，准许军须钱“折纳银一半，愿纳钱钞者听”[①]。宣宗时期，根据情况实行减免政策，兴定三年（公元1219年），“免单丁民户月输军需钱”。四年（公元1220年），令行部官阅实免之，已代纳者给以恩例，或除它役[②]。正大八年（公元1231年）免京西路军需钱一年，但始终没有彻底取消。

6. 括马

金代统治者为了军事需要从太祖时就开始向民众征马。时“军中往往阙马，而官马多匿于私家，遂检括之”。太宗时，诏南京括官豪牧马，以等取之，分给诸军。这次主要针对“官豪”之家，他们不仅拥有大量的私马，而且侵占官马为私有，“以等取之”是按照私有马匹的数量划分等级。正隆四年（公元1159年），遣使诸道括壮丁民马，此次是全国性的。正隆六年（公元1161年），“大括天下赢马，官至七品听留一马，等而上之。……调诸路马以户口为率，富室有至六十匹者，凡调马五十六万余匹”[③]。以户口为率是按户口多少出马，由于富豪家人口多，出马有60匹者。官僚之家出马不少，七品官只能留一匹，六品留二匹，一品官也不过十几匹，他们的私有马匹不是少数。章宗明昌六年（公元1195年），括西京、太原等地官民驼5 000[④]。官僚与民户都在括马之列，从括马扩大到骆驼。大安三年（公元1211年），“括民间马，令职官出马有差”。贞祐三年（公元1216年），天下马括尽，又“括民间骡付诸军，与马参用”。宣宗兴定元年（公元1217年），遣官括市民马，立赏格以示功，500匹以上钞千贯，1 000匹以上一官，2 000匹以上两官。可知金代括马不遗余力，是一种普遍而长期的税收政策。对于游牧民族，马匹是重要的财产，括马的财产税性质不言而喻。

（三）元代的财产税

1. 包银

包银又称包垛银，其征税范围和对象，据《元典章》卷21载，“开张解库、铺席，行船、做买卖、有营运殷实户计”，“与人作细、庸作、赁房居住、日趁生理单丁贫下小户不科”。征税对象不是所有的人，主要是开

---

① 《金史》卷11《章宗纪三》。
② 《金史》卷47《食货志二》。
③ 《金史》卷129《李通传》。
④ 《金史》卷10《章宗纪二》。

当铺、经营店肆、从事贩运、做买卖的殷富之家。随着时间的推移，征税范围不断从殷实户扩大到普通民众，从汉民族延伸到少数民族，如自仁宗延祐七年（公元1320年）开始对散居郡县的回回户课征。包银有北方和江南之别，北方太宗时初行于真定一路，后推行于中原各地。包银初行时中原汉民户出银六两，宪宗五年（公元1255年）减为四两，其中二两征银，二两折收丝绢颜色等物[①]。至中统四年（公元1263年）改征银为征钞，钞二两折银一两，比原征又减一半。世祖平江南后包银在南方推行，延祐七年（公元1320年）英宗规定："依腹里百姓在前科差包银例：每一户纳包银二两，折至元钞一十贯，本处官司验各家物力高下，品搭均科"[②]，郡县回回户科二两。包银在征收中不断增加，《元史》卷184《王都中传》记载："包银之法，户不过二两，而州县征之加十倍"。"多或征其十倍，少亦倍于元科"，不管有无田地，"一切应命"。由于遭到民众的反抗，泰定帝即位后只好豁免"江淮创科包银三年"，泰定二年（公元1325年）又下诏"除江南创科包银"。由上可知，此税建立在资产之上，不管有无田地一切应命的做法是不对的，应该属于财产税。

2. 契税

元代契税，据《元典章》卷22记载："契钞官给契本，如诸人典卖旧宅、人口、头匹、舟舡、物业，应立契据者，验立契上实值价钱，依例收办正税外，将本用印关防（印信之一种），每本钞一钱，无契本者，便用偷税究治。"由此可知，一是根据契约上买卖的田宅、人口、头匹的价值征收，这部分是正税，也是纳税的重点。二是征收契本税，即官府印契的工本费，开始每本收钞一钱，之后逐渐增加。至元二十二年（公元1285年），规定今后应报诸人典卖田宅、人口、头匹所立文契，赴务投税，随即粘连契本给付买主，每本收宝钞三钱。至皇庆时，契本所用纸张颜料之物，"改收至元钞三钱"。之前收中统钞三钱，现在收至元钞三钱，但至元钞每贯折中统钞五贯，契税再次增加。三是契税征收范围在扩大。原来规定的范围是典卖旧宅、人口、头匹、舟舡、物业，至元二十五年（公元1288年），规定"若有商税文契，依例收税，随用省部契本印押讫，分付各主收执"，说明商业文契也要征收契税。

3. 畜牧税

元人来自游牧民族，"其富以马"，牲畜是主要的财产，故在财产税范围之内。太宗元年（公元1229年），首先建立值百抽一的畜牧税制度，

① 《元史》卷93《食货志一》。

② 《元典章》21《户部》卷7，"钱粮收征课包银"条。

"蒙古民，有马百者输牝牸马一，牛百者输牛一，羊百者输羖羊一，为永制"①。元发自蒙古族，主要的财产是牲畜，所以牲畜税属于财产税性质。

4. 船税

顺帝至元三年（公元1337年）制定船户科差，船1 000料（每重一石为一料）以上者，岁纳钞六锭，以下递减。并建立船户提举司10处、提领20处负责征收船税。船税不同于运输税，征税的对象是船户拥有的船只，按大小长短计税，应该是财产税。

5. 聘礼税

聘礼税是指对婚嫁中获取男方财礼的女方征税，即"聘财以例纳税"。中国封建社会彩礼非常普遍，成为官府税收来源之一，不过对聘礼征税还是不多见的，可能还涉及其他方面的聘礼。

宋辽金元时期属于财产性质范围的税与隋唐五代时期不分上下，大到丁税、地税，小到聘礼税，无所不包。重点在辽金西夏元代，辽金西夏有6种，占总数的37%；元代有5种，占总数的31%。这一时期财产性质的税之所以这样多，一方面是私有制发展的结果，另一方面是财政困难所致，特别是北宋外患内忧，积贫积弱；而元代财政状况始终恶劣，收不抵支。统治者要扩大征税范围，增加财产税成为必然。

五、明清时期的财产税

明代和清前期（1840年鸦片战争前）是中国封建社会的后期，也是私有制发展成熟的时期，社会经济仍然按照以往的轨迹发展。特别是土地私有制发展更加强劲，致使官田进一步减少，私有土地迅速增加，此时租佃制的普遍就是一个显著的标志。与此同时，由于工商业、金融业日趋繁荣，私有财产发展迅速，为财产征税扩展了基础。

（一）明代的财产税

1. 契税

明代契税仍然是针对买卖田地、房屋等不动产及买卖牲畜的行为所课的税。明初土地兼并更加激烈，"田产转卖甚亟"，交易频繁发生，因此明朝一建立就对契税进行了明确规定。洪武二年（公元1369年），"凡买卖田宅等项，除正课外，每契一纸纳工本铜钱40文，后议无分典买房地，每价一两纳税银二分三厘一毫五丝"②。明代的契税分两部分，首先是正科，

① 《元史》卷2《太宗本纪》。

② 顾炎武《天下郡国利病书》卷27。

即对土地交易价征税，税率大致2%。万历时规定每银一两征银三分，税率提高到3%。其次是契本工费，每契一纸纳工本铜钱40文。明代万历以后，契税日渐完善，凡买田宅者首先到县纳税，然后执契尾赴城挂号，官府办理登记手续。明代契税始终实行，长达224年之久。

2. 船税

明代的船税始于天顺八年（公元1464年），开始是对商船征税，后来扩大到所有民船。《天下郡国利病书》卷27《江南十五》载："后因额课不敷支用，遂税及于民船，报其梁头，估定价银，亦系三十税一，自是无遗税矣。"凡是有船只的都要申报梁头，按船的长短大小征税，计船征税，已不再是通行税了，即财产税。明代船税开始对船上的桅、蓬、锚、橹等逐项计算，由于数目繁琐，不便稽查，改为以梁头计税。隆庆六年（公元1572年）规定："梁头一丈六尺以上者，税银五两；一丈四尺以上者，税银三两；一丈以上者，税银一两。"① 在此之外，又按照船只的价值征税，"凡民座民船俱报梁头，或报价银，纳抽其中"。"价银"即价值，是根据船只评估的，"民船不拘大小，楠杂各色止报梁头，估定价银，俱三十税一"。明代船税长期保持三十税一的税率。

（二）清代的财产税

1. 房屋税

清初的房产税分为多种，在大兴、宛平两县对铺面征收房捐，在仁和、钱塘征收间架房税，在江宁有室廛输纱等。到乾隆年间渐行废止，期间延续150余年。光绪二十四年（公元1898年），准备恢复此税，户部通令各省对城乡市镇的铺户行店数目进行调查，并拟订房捐章程。规定租赁房屋按其账簿每月交纳房租的一成，由房东、房客各负担一半。为了征收便利，房客交纳全部税金，然后再在房租中抵扣，自住房屋比照其近邻的房租征收一成。但由于各种原因却未能施行。光绪二十七年（公元1901年），各省因负担庚子赔款，经户部与各省协议开始征收。浙江率先实行，仅征收店铺，每月房税三吊、银三元以下的免税②，不久各省相继开办。

2. 契税

清代契税是对买卖典押土地房屋等不动产所课的税，故也称田房契税。清初只课买契而不课典契，后来渐及典契。顺治四年（公元1647年）规定，民间买卖土地房屋者，由买主依卖价每一两课税银三分。雍正七年

---

① 顾炎武：《天下郡国利病书》卷29。

② 吴兆莘．中国税制史［M］．下册．商务印书馆，1937：118.

（公元1729年）规定，契税每两纳三分以外，加征一分，作为科场经费①。乾隆十四年（公元1749年），再次厘定税契之法，税率买契为9%，典契为4．5%。宣统三年（公元1911年），买契仍然保持9%的税率，典契增为六分，6%的税率②。清代前期契税除正科外，同时征收契本费。对不纳税、无契尾者按漏税处理。

3. 房号税

房号税明代已有，清代延续，对居民临街的铺面征税。明代“京城内外房屋，门面房一间，每月分别征银两四五分。其行户照买卖大小，分别上中下九则编册，每年征收一次”③。清代顺治四年（公元1647年），户部提请“查征房号行户银两，以足国用事”。清代推行此税，国家没有统一规定，大部分州县实行定额税，新疆铺面分为上中下三等，上等三钱，中等二钱，下等一钱。淮安府门面一间“岁纳号银一钱”，江都县每间“派银六分”。税收总的来看数量不大，顺治十五年（公元1658年），扬州地区一年征收1 003两，山海关等州县征收767两，泰兴县113两，砀山县岁征银60两④。由于是对商业用房征收，以往认为房号税属于营业税，但营业税是按照营业额计算的。还有的认为是营业牌照税，但营业牌照税是一次性的，而此税按月征收。所以，对商业用房征税也应该是房产税的一种。

明清时期税收中的财产税种类，相比其他朝代较少，其原因可能是“一条鞭法”和“摊丁入亩”的实施，税源都集中到田亩上，其他方面的财产税减少了。

六、结论

经过考辨，中国古代属于财产税性质的税种，先秦有3种，秦汉魏晋南北朝有14种（秦汉6种、南北朝8种），隋唐五代17种（隋代3种、唐代7种、五代十国7种），宋辽金元16种（宋5种、辽金西夏6种、元5种），明清5种（明代2种、清代3种）。各时期加总共有55个属于财产税性质的税种，合并内容重复的还有26个税种，即质布（即契税）、廛布（即房产税）、户税、田宅税、地税、义仓税、物力钱、军须钱、包银、舟车税、牲畜税、农器钱、牛皮税、马口钱、鱼塘税、栽桑税、算缗钱、赊

① 《清通志》卷90《食货略》10《契税》。

② 贾士毅：《民国财政史》上册，第二编，商务印书馆1934年，第183页。

③ 《顺治年间征收杂税史料》，《历史档案》1983年第2期。

④ 《顺治年间征收杂税史料》，《历史档案》1983年第3期。

贷税、赀税、僦匮纳质钱、率贷、借商钱、课富户、青苗钱、括马、聘礼税。

中国古代属于财产税性质的税种如此之多是很多人没有预料到的，以往认为我国古代是农业大国，国家税收主要来自农民缴纳的田赋，财政收入是建立在农业基础上的。唐宋以后由于工商业的发展，国家逐渐走向以商富国的理财之道，工商税随之增加。但事实说明，财产税在中国古代也是一种常态，从先秦到明清各代都有之，特别是秦汉魏晋南北朝、隋唐五代、宋辽金元多达十几种。这是土地私有化发展的结果，也是私有财产发展的结果。由此来看，对于中国古代的经济、财政、税收等方面还需要重新认识和研究。

17. 民国时期财政监督制度的近代转型

【摘要】民国时期，各届政府对孙中山的“民主共和”和“宪政”思想进行了具体实践，建立了具有资本主义性质的政治制度。财政监督制度作为政治制度的重要组成部分，无论从财政监督的理论到组织架构体系的建立，还是从监督方法措施、法制建设等比较成型的财政监督规范体系的构建到财政监督体制的创建和渐趋完善，无不表明财政监督制度实现了向近代的转型，制度设计具有一定的科学创见性，为政府推行财经改革、促进经济发展起了重要作用。

【关键词】民国时期　财政财务　审计监督　近代化转型

【作者简介】周春英，中南财经政法大学财税学院副教授
路保萍，中南财经政法大学财税学院2013级硕士研究生

中华民国时期，是中国文明在几千年的历史中，扬弃传统走向近代化的重要转型期，其中包括财政监督制度的转型。中国财政近代化转型肇始于清末，开拓于民国。财政近代化是指国家（政府）通过运用财政分权、编制预决算、改革出纳保管方法、构建监督体制等手段而对经济和社会提供公共服务，实现由封建社会的家计财政向公共财政，由统治阶级的消费型财政向生产型财政、服务型财政的转型。从某种意义上来说，我国现代比较规范的财政体制正是初步建立在民国这个转型时期。因此，财政近代化是从传统财政过渡到现代公共财政的必经之路。“公共性”是公共财政最典型的本质特征①，要保障财政的“公共性”，必须构建科学的财政监督体制。民国时期具有资本主义性质的、与共和宪政体制相适应的财政监督体制的确立，为今天我国财政监督制度的构建与完善提供了宝贵的经验与教训。

一、孙中山的权力监督思想

中国民主革命的伟大先行者孙中山先生的权力监督思想为民国时期财

① 闫坤，刘新波．中国公共财政理论发展研究综述与评析［J］．首都经济贸易大学学报，2011（3）．

政监督体制的构建奠定了理论基础和依据。在20世纪初期，关于中国选择什么样的发展道路问题，出现了君主立宪制的改良派和民主共和制的革命派的论战。孙中山则主张推翻清政府，建立民主共和国。孙中山民主共和的思想是随着三民主义中的民权主义思想的形成而最终确立的。在孙中山的影响下，辛亥革命胜利后于1912年建立了当时亚洲第一个共和国，其意义不仅仅在于推翻清政府的君主专制统治，而且使民主共和的理念真正付诸实施。孙中山指出："现在民国的天下，是人民公有的天下，国家是人民公有的国家。帝国是皇帝一个人作主的，民国是人民当家作主的。"①

与"民主共和"相伴随的便是"立宪"政体。共和国的根基在于以宪法为核心的法律体系的保障，此乃宪政。孙中山早在1897年就提出："要在革命之后约法三章"，特别强调在民主宪政的共和国社会中宪法的重要性，"宪法者，国家之构成法，亦即人民权利之保障书也"②，"……最良之宪法，为立国之根本"③。为此，孙中山提出了五权宪法思想和权能区分理论。

孙中山第一次提出五权宪法思想是1906年11月15日，在同俄国人该鲁学尼交谈中指出，西方的"三权分立"模式和代议民主制也有缺陷，认为一切官员由选举和任命产生，在政党控制议会的情况下，难以产生称职的"公仆"，故考选权应独立出来；监督权归属议会，则容易造成议会独裁，以此要挟政府，导致政府效率低下；要么议会太弱小，无法行使监督权，故纠察权应独立出来。孙中山希望在中国实施"除立法、司法、行政三权外还有考选权和纠察权的五权分立的共和政治"。④ 后来，他将"考选权"和"纠察权"改为"考试权"和"监察权"。

1924年，孙中山在三民主义演讲中明确指出，"政就是众人的事，治就是管理，管理众人的事便是政治"⑤。他把国家"政治权力"分为"政权"和"治权"，"政权"由人民行使，而"治权"则由政府行使，实行"权"与"能"的分开。孙中山认为，人民掌握"政权"主要通过国民大

① 广东社会科学院历史研究所，等．孙中山全集［M］.6卷．北京：中华书局，1986：2.

② 广东社会科学院历史研究所，等．孙中山全集［M］.5卷．北京：中华书局，1985：319.

③ 广东社会科学院历史研究所，等．孙中山全集［M］.3卷．北京：中华书局，1985：2.

④ 广东社会科学院历史研究所，等．孙中山全集［M］.1卷．北京：中华书局，1985：319.

⑤ 广东社会科学院历史研究所，等．孙中山全集［M］.9卷．北京：中华书局，1986：254.

会和地方自治来行使直接民权，包括创制权、复决权、选举权和罢免权，以此来控制政府的“权”；“治权”可分为五权，即立法权、司法权、行政权、考试权和监察权，五权是一种分工、相互独立以及相互合作的关系①。孙中山认为，“权能区分”既能够保障政府的“能”，又能够确保人民通过四项直接民权控制政府的“权”。至此，孙中山的五权宪法思想最终得以完备。

孙中山的五权宪法思想及理论应当说是在借鉴西方国家“三权分立”政治经验的基础上，结合中国当时国情的一大创举，这是孙中山民主宪政思想的核心所在。尽管存在某些不足，但其对政府权力进行监督的思想对于民国时期包括财政监督在内的监督制度的构建产生了十分重要的影响，甚至在某些时候是决定性的影响，即使在今天我国社会转型时期，对完善财政监督体制也具有重要的启迪意义。

二、民国时期的财政监督机构

1912 年 1 月 3 日，依《中华民国临时政府组织大纲》成立中华民国临时政府内阁。在政府组织机构建设上规定：参政院有“议决临时政府之预算，检查临时政府之出纳，议决全国统一之税法、币制及发行公债事件”等立法权；将清末总管全国财政事务的“度支部”改为“财政部”，“管理会计、库币、赋税、公债、钱币、官产事务，监督所辖各官署及府县与公共团体之财产”等事务，首长称为总长，隶属于内阁。3 月 12 日，依《中华民国临时约法》成立北京政府内阁，国务院下依旧设置“财政部”，有全国财务行政最高管理权，并直接或间接监督地方财政机构与公共团体的财务活动。这些规定都体现了财政统一监督的原则，然而由于南京临时政府存在时间较短，财政统一监督未能真正实现。

财政部作为管理全国财政的最高机关，只有谋求自身组织架构的健全、规范和完善，才能有效地发挥其监督、管理的职能。袁世凯窃夺政权后，由于政争激烈，内阁处于不断变动之中，财政部建制缓慢，组织较简单。1912 年 7 月，北京政府修改财政部官制，经参议院通过于 11 月 2 日公布，正式在财政部内部确立了五司的格局，即赋税司、会计司、泉币司、公债司、库藏司。其职能大致如下：财政部最高办事人员为财政总长，设总长一人，下辖五司；总辖国家之财务，管理出纳、租税、公债、货币、政府专卖、储金保管及银行事务，监督所辖各官署及公共团体之财

---

① 广东社会科学院历史研究所，等．孙中山全集［M］．5 卷．北京：中华书局，1985：509－510.

务。赋税司主要职掌国税之赋课、征收、监督及管理，主管编造田土清册、赋税之调查、稽核与计算，以及财政部所管之税外一切收入事项。会计司主管决算、总决算事项，编制岁出岁入会计书，支付预算等。泉币司主管货币的制造、发行，对货币的使用进行控制，并负责整理币制、调查货币、内外金融等。公债司主管公债的募集发行、出纳管理、偿付本息、整理稽核及簿籍登记等事项。库藏司掌理国家资金之运用及出纳，稽核支付命令，全面管理国库出纳，经管国库各种账簿的正确记录，组织国库出纳报告的定期编制，管理监督金库和出纳官员，以及其他有关出纳的事项。

其后，财政部内部的组织构成和权限发生了几次变化。1914 年 7 月，北京政府对财政部官制进行修正，改隶大总统，另设总务厅，主管本厅所辖和经营之官产官物，管理本部财物和经费，以及各项收入预决算及日常会计撰辑，保存收发文件，财政部长对各省巡按使及地方级最高行政长官之执行本部事务有监察指示之责，稽核直辖各官署之会计等。至此，财政部五司一厅的官制大致固定下来，并被南京国民政府所承袭。

1914 年，因善后大借款中盐税、关税被用来作外债抵押，北京政府被迫成立了盐务署和盐务稽核所，隶属于财政部，总管全国盐政；设海关税务处，与财政部平行。此外，还有烟酒事务署、官产处、印花处、驻外财政员、编纂处、币制委员会等附属机构。

北京政府通过财政部及其附属机构，使国家财政事务按部门职能明确分工，各司其责，加强了对财政的全面监督，有效克服了晚清时期财务行政机构臃肿、权限不明的弊端，有利于提高工作效率和管理效能。

国民政府执政初期，沿袭北京政府旧制。1928 年，按照孙中山“五权宪政”的理论实行五权分治，国民政府由行政院、立法院、司法院、考试院和监察院组成。财政管理制度的基本框架是在国民政府下，把财政管理的组织机构分为联立综合、互相制约的四大系统：财务行政系统、主计系统、出纳系统和审计系统，构成一套相互分权制衡的“联综组织”结构（图 1）。

财政系统隶属行政院。1925 年 7 月，国民政府公布《财政部组织法》，财政部负责管理全国财政事务，包括总揽全国财政收支、赋税课征、收支制度的制定推行、公库的监督、支付命令的签发等，并负责处理政府预算决算及监督所辖各机关。1927 年 5 月，财政部成立，隶属国民政府。1928 年 5 月，国民政府修正《财政部组织法》，增设总务处，分设秘书、参事两厅和赋税司、钱币司（曾一度改为金融监理局）、公债司、会计司、国库司、关税处、盐务处、禁烟处及土地处。同年 10 月，国民政府实行“五权制度”，财政部便改隶行政院。12 月，《国民政府财政部组织法》修正，再次强调财政部是全国财务行政的最高管理机关；财政部设关务署、盐务署、总务司、赋税司、公债司、钱币司、国库司、会计司、烟酒税处、印花税处及卷烟煤油税处，裁撤禁烟处。1929 年 5 月，因应煤油税改归海关征收，卷烟煤油税处改名为卷烟统税处。1933 年 10 月，孔祥熙继任财政部长后，财政部内部改组，分设参事厅、秘书处、关务署、盐务署、税务署、总务司、税务司、赋税司、公债司、钱币司、国库司和会计司[①]。至此，财政部官制组织形式渐趋完备（图 1）。

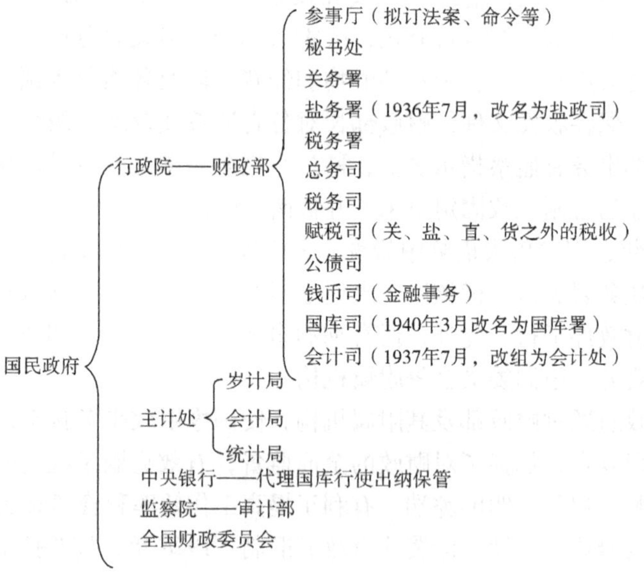

图 1　国民政府财政部机构设置

抗战时期，为保证战争对财政资金的需要，国民政府加强了财政部的职权，并对其内部机构设置进行了调整。1943 年的《财政部组织法》规定：财政部下设国库署、直接税署、关务署、税务署、缉私署、钱币司、公债司、盐政司、专卖事业司、地方财政司、总务司、人事处、会计处及统计处。此外，根据战时特殊需要，还设立了贸易委员会、田赋管理委员

① 国民政府财政部官制组织机构设置参见李新总主编，中国社会科学院近代史研究所中华民国史研究室编，周天度、郑则民、齐福霖、李义彬等著：《中华民国史》第八卷，北京：中华书局 2011 年版，第 703－704 页。

会、货运管理局、公债筹募委员会、花纱布管制局、财政研究委员会、金融研究委员会等机构。这些机构多属临时性质，抗战后期及抗战胜利后，大多陆续撤消或合并于其他部门。

主计系统直接隶属于总揽全国政权的国民政府。1930 年 11 月公布的《国民政府主计处组织法》规定，主计处为主管政府机关财务监督的专门性机构，处于同五院对等的地位；负责各年度国民政府下属部院的财政总、分预决算的编审、统计，会计制度的统一，机关会计人员的任免等事项；内设岁计、会计、统计三局，以统计资料作为编制施政计划与预算的依据，并为事后的考核做准备工作。包括五院在内的各级政府机关所需经费，首先各自按照日期编造年度预算，然后由主管部门汇齐送交国民政府主计处审核，由主计处签注意见拟定成总概算书和审查意见书报送国民党中央政治委员会审查，然后再由主计处根据中政会的审查整理意见编成总预算案，送交国民政府转交行政院提交立法院核议。经立法院审查后，由国民政府公布执行。可见，国民政府推行的是超然主计制度，目的在于“希望于超然范围之内，行使其职权，不致受行政上之干预”。

公库出纳保管由代理公库的中央银行经理。1923 年孙中山于广州就任陆海军大元帅后，便筹设广州政府自有的国家银行。1924 年 8 月 15 日，中央银行在广州正式开幕，为中华民国有“中央银行”名称之始。南京国民政府成立后，根据财政部经济财政会议的决议，决定另行在上海筹建中央银行。1927 年 10 月国民政府颁布了《中央银行条例》，1928 年 3 月，中央银行成立。10 月，国民政府公布了《中央银行章程》，授予中央银行代理国库和募集或经理国内外债务的特权，内设国库司，凡是现金、票据、证券出纳、保管及转移，以及财产契据的保管，均受其控制；中央政府的所有财政收支都必须通过国库进行收付；在没有中央银行机构的地方，中央银行的国库业务便委托其他专业银行和地方银行办理，使国库在财政收支过程中的管理作用大大加强，国库制度初步确立。

审计系统隶属于监察院。国民政府内最初行使审计权的机关为审计院，同监察院并列。国民政府实行“五院制”后，便将审计权归监察院行使，审计院降级为审计部，是唯一隶属于监察院的中央政府部门。1931 年 3 月 9 日，审计部正式成立，其职责为审计、稽查政府所属全国各机关的收支命令、每月收支预算及岁入、岁出等总预算、总决算的执行等事务，纠正或删除收支与预算不相符合部分；稽查全国各机关财政上的不法或不忠于职务的行为。各院及其所属机关必须接受监察院的监督、稽查，并在中央机关及各省市设立审计处，办理各省市内中央及地方机关之审计及稽查事务。审计部在审定各机关之财务和各项决算时，应编制审计报告书呈送国民政府。1933年，国民政府在审计部下分设三厅，分别负责事前审计、事后审计和稽查事宜，而且审计方式呈多样化趋势，把事前审计与事后审计、送达审计与就地审计、巡加审计以及书面审核与实地稽查等有机结合起来。国民政府时期建立的审计机构较之以往任何时期都较健全，形成了一个从上到下、组织严密、分工细致的完整体系。这种置审计部于监察院之下，审计机构独立性的加强与监审合一体制的发展是中国历史上的御史监察制度与西方超然独立的现代审计制度的结合，强化了审计的财政监督作用。

三、民国时期的财政监督制度

民国时期的政府不断制定和完善财政管理法规、厘定实施细则，以确保财政部本身的有效运行和对全国财政的有效监督和管理。

（一）近代审计制度的建立和完善

民国时期的审计制度发生了巨大变革，主要表现在三个方面：

1. 将审计载入国家根本大法

北京政府时期宪法中的审计规定，包括1913年的《天坛宪法草案》、1914年5月1日颁发的《中华民国约法》、1923年10月10日的《中华民国宪法》和1925年的《中华民国宪法案》，均将监督财政的职权界定于代表民意的国会，规定“国家岁出之支付命令，须先经审计院之核准”，“国家岁出岁入之决算案，每年经审计院审定后，由政府报告于国会。众议院对于决算否认时，国务员应负其责”，审计院报告书须“于立法院请求承诺”。

国民政府时期，基本法中也有对审计的规定。1928年2月公布的具有临时宪法性质的《国民政府组织法》规定，隶属于国民政府的审计院同内政、外交、财政等其他各部委员会处于并列地位。3月颁布的《国民政府审计院组织法》规定，审计院负责监督预算执行和审核国家岁出岁入之决算。同年10月重新修订的《国民政府组织法》也赋予了监察院依法行使弹劾、审计之职权。1929年7月20日颁布的《训政时期国民政府施政纲领草案》，规定了审计院的施政纲领：一是监督预算的执行，包括对支付命令的核准，设立审计分院，监督地方政府预算的执行；二是审核决算，包括审核中央和地方政府计算、决算书类，调查计算、决算书类的疑问；三是审核国债，包括审核募集国债的目的、过程、用途、付息及还本情况；四是统一会计制度，包括统一各机关簿记，统一各种营业会计的工作程序。1931 年 6 月 1 日国民政府公布施行的《中华民国训政时期约法》，将审计院改为审计部，隶属于监察院。1936 年 5 月 5 日公布的《中华民国宪法草案》，规定监察院为中央行使监察权的最高机关，行使弹劾、惩戒、审计各项职权，对国民大会负责。1947 年 1 月，国民政府公布《中华民国宪法》，对审计职权的行使、审计长的任命、审计长的职责等都有着原则规定。将审计机构设置和审计职权行使方面的具体事宜载入国家的根本大法，彰显了审计工作受到的高度重视，审计的权威性得到提高，有利于审计实务的开展。

2. 从立法高度规范审计工作

民国时期，政府在审计立法方面的举动相当频繁，先后于 1914 年、1925 年、1928 年和 1938 年通过立法程序公布了四部《审计法》。在首部《审计法》中，第一次明确规定了审计主体、审计对象、审计权以及审计的范围、程序、方法、内容和要求等，并从立法视角界定了会计监督与审计监督，还提出了通过预算来衡量决算的审计标准。作为中国近代史上第一部经由国家立法程序确定的审计法律，确立了审计在监督国家财政方面的法律地位。1925 年和 1928 年的《审计法》与 1914 年的内容大致相同，这表明第一部《审计法》为中国审计制度的发展提供了蓝本。1938 年，国民政府对《审计法》进行了修订，其科学性和完整性超过以往的任何一次，其内容共分四章，除去第一章总则之外，第二、三、四章分别针对事前审计、事后审计和稽查制定了细则。该《审计法》的显著特点是审计的职责范围扩大，执法力度加强，除了注重财政收支合法性审计之外，还关注财政支出的合理性和效益性审计，其实这都是长期以来审计制度和审计工作实践的经验总结。1938 年的《审计法》延用时间相当长，直到 1972 年台湾才对其进行了修改。这也说明了当时审计监督财政的实践和理论比较科学，比较符合当时社会经济发展实际情况的需要，审计制度已经相对完善和成熟。审计法确定和巩固了审计的权威性，使审计工作有法可依、有章可循，走上了法制化轨道，为强化财政管理和审计监督奠定了法律基础。

3. 颁行系统、全面的规章制度、审计准则

“审计为财务之司法监督，依据法规预算、经济原则及财政运用是否适当，为期审查之目的。”① 故一国严密的审计规则对于实施有效的财政监

① 贾怀德．民国财政简史［M］．上海：商务印书馆，1942：411.

督非常重要。民国时期的各届政府，为使审计工作更具体、更有可操作性，相应制定了多项规章制度。北京政府时期有《审计处暂行章程》(1912)、《审计处暂行审计规则》(1912)、《暂行审计国债用途规则》(1912)、《审计院编制法》(1913)、《支出单据证明规则》(1913)、《审计法施行规则》(1914)、《审计条例》(1914)、《审计院决算委员会规则》(1915)、《审计官惩戒法》(1915)、《审计处拟定审计成绩报告书格式》(1915)、《审计院各厅审查报告书模范》(1915)、《审查国债支出规则》(1922)，等等。国民政府成立后，也相继制订了《审计法施行细则》(1928、1939)、《审计机关稽查各机关营缮工程及购置变卖财务办法》(1928、1942)、《审计程序》(1928)、《审计部组织法》(1929)、《审计部办事细则》(1931)、《审计会议规则》(1931)、《公有营业及公有事业机关审计条例》(1943)、《审计部暨所属各处办理各机关就地审计事务规则》(1944)、《审计部巡回审计实施办法》(1944)等。审计是一项既繁琐又精确度要求较高的工作，为配合《审计法》这一审计根本法，民国时期的政府颁行了专业化、技术性很强的部门审计及加强审计机关内部管理等多项专门审计法规和具体规章制度、施行细则，使得审计工作有法可依，为保证工作质量、提高效率提供了法律保障。

民国时期，通过层次鲜明、涉及面广、较为系统的审计立法，构建出了一套相对完整的法律法规监督体系，加速了中国审计向法制化、规范化、专业化的道路发展，使审计制度逐渐趋于完善，为改善中国审计工作落后状况、政府加强对财政经济工作的管理和监督、维护国家财政的正常运转起到了一定的积极作用，也为以后的审计法规建设奠定了基础。

（二）公库制度的建立和完善

民国初年曾两任财政总长的周学熙认为，统一财政“以整理出纳机关为前提，而整理出纳机关尤以组织金库为枢纽”①。晚清时期为了整顿混乱的财政状况，政府曾颁行过《统一国库章程》(15 条)，标示着我国近代金库制度建立的开始。南京临时政府颁布《金库出纳事务暂行章程》和《金库条例草案》，明确规定金库掌国库之现金保管及出纳事项；金库分为总金库、分金库、支金库三种，总金库设于政府所在地，分金库及支金库设于地方；所有国库岁出岁入统由金库收纳支付，但依法律契约规定则不在此例。

---

① 虞和平，夏良才．周学熙集［M］．武汉：华中师范大学出版社，2011：527.

北京政府一成立，就认为“统一金库为整理财政之要图”①。当时，全国已开始着手编制预算，划分国、地两税。如不设金库的话，则势必难以总管收支。因此，为便于会计之检查，政府于1913年5月通过《金库条例》和《金库出纳暂行章程》②，规定金库为国家现金收支和出纳事务的管理机关，对现金保管与出纳，总库与分库账簿的设置，以及出纳细则等都有明确规定；金库之现金保管与出纳事项由财政总长委托中国银行掌理之，对于政府需负完全责任；章程还详细规定了对中国银行金库收支、账簿设置、结算报告、抽查及要求等。如银行应将金库款项与营业资本分别储存，不得充银行资金，任意挪用；财政总长、审计院长得随时派员检查中国银行及各分行之金库之金柜及账簿。对于收支款项，规定财政部库藏司接到会计司收款命令后，应出具领受证或批回函送中国银行，通知借款人赴中国银行呈缴。中国银行收款后，即将领受证或批回函交解款人。而中国银行收到借款后应立即报告库藏司，库藏司即凭之入账。财政部国债收入除另行记账外，应将借款性质、指定用途、货币价格，由库藏司通知中国银行详细登载以备审计处查核。如遇国债事务，除照本章办理外，得委托其他银行代理。出纳款项以银元为主，如有必须收支生银或其他种货币时，其买卖价格应先于库藏司妥议，后方能记账。国债收支与非国债收支分开记账，不得相混。同时，财政部又颁布《委托交通银行代理金库暂行章程》(1913)，规定由交通银行参与代行金库的职责。

金库出纳章程和金库条例的制定及实施，在一定程度上厘清了晚清以来紊乱的财政出纳系统，有利于治理财务行政之积弊，标志着政府财政管理工作更快地摆脱具体的事务而向专业行政管理方向发展，同时，还利用中国银行、交通银行遍布全国各地的优势，改变了落后的调度方式，提高了财政资金使用效率。

国民政府于1927年7月颁布《财政部会计则例》，仍然实行由银行代理金库收支的管理制度，并初步规定了金库收支程序。1928年3月，国民政府成立中央银行，授予中央银行代理金库的特权，内设国库司，凡是中央政府的财政收支都必须通过国库进行收付，使国库在财政收支过程中的管理作用大大加强，国库制度初步确立。

为了加强金库对财政资金的统一管理权，国民政府公布《公库法》(1938年6月）和《公库法施行细则》（1939年6月），主要内容如下：

---

① 中国第二历史档案馆．中华民国史料档案资料汇编［M］．第3辑，财政一．南京：江苏古籍出版社，1991：168.

② 蔡鸿源．民国法规集成［M］．合肥：黄山书社，1999：63－64.

①将金库改称为公库。②公库管理对象从原来的中央政府扩大到各级政府，正式形成了国库、省（市）库、县（市）库三级公库组织机构体系：中央政府公库称国库（1946 年改称总库），由财政部主管，负责综合处理全国公库的一切事务；省政府公库称省库（1946 年改称分库），受省财政厅主管，负责办理当地国库收支事务，并奉总库之命处理、承转全省国库事务；县级县库或市库（1946 年改称支库），由县财政局主管，不设财政局的，以各该市县政府主管，负责办理当地国库收支事务。③中央银行为代理公库的机关，办理公库出纳事务。由财政部与中央银行签订代理国库契约，中央银行再与中国银行、交通银行、中国农业银行订立代理国库契约，委托其在全国各地的机构代行国库职责，建立起了比较完整的公库网络体系。规定所有税款收入均应全部解缴公库；国家各机关所有拨款均应由公库出纳拨发，直接支付给债权人；各级政府机关的现金、票据、证券的出纳保管、转移及财务契据等保管事务，除法律另有规定者外，均应由代理公库的指定银行或邮政机关代理。④审计部办理国库审核事务，国库主管机关主办会计人员办理国库会计事务，并对公库出纳程序以及所使用的各种证书作了明确规定。

《公库法》构建了一个行政、公库、会计、审计四权分立、相互监督制约的公库管理体制。一方面可使财政部成为一个协调运行、管理全面的高效的部门，提高财政资金的使用效率。另一方面，政府又可以通过代理公库的中央银行及其他银行，汇集政府和社会的闲散资金，稳定金融市场。亦可以通过这些机构发行纸币或透支以应付财政急需，或利用这些机构的闲散资金投资于工商业，增强了政府调控管理经济的能力。

（三）新式会计制度的建立和完善

会计的产生是基于经济管理的需要，是对经济业务进行核算和监督的一种管理活动。审计的产生则是基于经济监督的需要，二者既有联系又有区别，共同发挥监督经济活动、促进国民经济健康发展的作用。审计的主要对象是会计活动，即会计资料及其所反映的财务收支活动，会计资料是审计的前提和基础。因此，会计制度的完善对审计监督具有非常重要的影响。北京政府于 1914 年 3 月颁布《会计条例》，对会计年度、国家预算决算制度、财政收支、期满免除、工程及买卖贷借、出纳管理等会计事项作了明确规定，规定“国家之租税及其他收入为岁入，一切经费为岁出，岁入岁出均应编入总预算”①。该部会计条例经送参议院议决，完成立法程序后于1914年10月以《会计法》公布施行，这是我国会计史上第一部会计大法。此外，审计院1915年公布的《修订普通官厅用簿记》，确立新式官厅簿记方法，统一规定了账簿之组织、登记方法及顺序、会计凭证运用之程序等②。嗣后又颁布《国有铁路会计条例》（1915、1921）等专业会计法规。

国民政府成立后，陆续制定了一些会计法规，如《财政部会计则例》（1927）、《统一会计制度办法》（1927）、《中央各机关及所属统一会计制度办法》（1932）、《会计法》（1935）、《中央各机关及所属普通公务单位会计制度之一致规定》（1938）、《决算法》（1938）、《决算法实施细则》（1941）、《公有营业会计制度设计要点》（1942）、《会计师法》（1945）等。同时在《公司法》《所得税法》等法规中，也有关于会计方面的规定。政府吸收近代先进的会计方法，统一会计制度，改进会计方法体系，会计制度建设取得了很大的成绩，为进行财政监督提供了审核会计账簿的便利条件。

四、近代财政监督制度的经验借鉴

民国时期的财政监督制度虽然存在一定弊端，但有许多合理因素和经验仍然值得我们现在学习和借鉴。

（一）已经具有较高的法制化水平，形成完善的财政监督法律法规体系

如前所述，南京临时政府、北京政府、广州革命政府、南京国民政府等都很重视财政监督的法制建设，用法律法规来规范财政行为，确保监督工作的顺利开展。特别是将审计载入宪法这一根本大法，赋予监察院、主计处超然独立的监督权力和地位，并根据宪法经过立法程序制定专门的审计法、会计法及相关法规，使相关部门行使监督职责时有了完备的、充实的、适应各方面的、具有可操作性的法律法规作为依据。具有“法”的意义的财政监督制度法律约束力强，权威性高，能够保障监督部门更好地获取财经信息，更加方便地进行财政监督管理，表明民国时期财政监督的法治化程度已发展到了较高的水平。

---

① 中国第二历史档案馆．中华民国史料档案资料汇编［M］．第3辑，财政一．南京：江苏古籍出版社，1991：28.

② 蔡鸿源．民国法规集成［M］．合肥：黄山书社，1999：70－131.

（二）财政监督权的规制和制衡

在孙中山五权分立理论的影响下，民国时期的政府开始重视财政监督主体与监督权力间的规制。特别是国民政府成立时，各机关财务管理由预算到出纳、购买、会计、报销与决算，均由该机关一人兼办，串通舞弊等腐败现象频生。于是，国民政府便实行 1928 年由立法院决议的关于加强财政监督的一种联立综合式的财政体制，逐渐形成完备的监督体系，通过建立相互制衡机制，对财政监督权力进行合理配置，以便有效地防范、控制政府预算执行过程中的制度风险。这一时期的财政监督制度架构分为三个层次：

第一个层次是纵的方面，即中央政府直属主管财务的四大独立系统。国民政府的经济监督系统由财务行政、主计、国库出纳和审计四个联立互动的联综组织体系构成，这四大系统间，各有其主管组织，既各自独立，又相互牵制与互补合作。其中，财务是联综组织的基础，行政院下的财政部是全国财务行政的最高管理机关，对财政收支进行监督，并通过财政专员驻外制度对部门和地方进行监督；出纳是对财务进行的实质性监督，由政府委托中央银行代理金库，内设国库司；而国库司的收支命令系统又隶属于行政院，由财政部执行；主计是对财政与公库进行的正常监督，隶属于国民政府；审计是对财政、公库与主计的职能监督，审计机关隶属检察院，具有超然的独立地位，有权监督、稽查全国各机关一切收支情况。因此，联综组织系统内各自颁行的法律法规，凡与政府财务监督有关的，共同构成了财政监督的体系。国民政府试图通过这种联立并存、相互制约的组织架构，实现相互监督，防止舞弊并提高管理效能，使财政运行规范有序，期望能树立起廉洁的财务管理风气。

第二个层次是横的方面，即每一个公务机关内对财务事项的处理，都必须经过行政、会计、出纳、审计四种人员，可以防止和减少各机关财务上发生舞弊的机会。

第三个层次是中央政府与地方政府之间的财政特派员制度和公库制度，加强了对地方财政的监督。随着分级预算制度的确立，地方政府财政机构逐步建立。1927 年的《财政部会计则例》规定，凡收支款项分为国库、省库两种。最初，中央政府在各省设立的财政厅归省级政府，负责地方财政收支事项，同时兼管中央财政收入的征管工作。1929 年 1 月国民政府修正了《财政特派员暂行章程》，规定由财政部在各省设置的财政特派员接管各省财政厅之一切国税及其机关；省财政厅专门负责地方财政收支的管理工作。1931年11月的《预算章程》规定，凡属省政府的预算编制工作、省库出纳、省税征收、省公债募集和偿还、省公产的管理等事务均由各省财政厅掌管；各市县政府则设财政局（科）掌管本市县的各项财政事务；财政局（科）下设总务、经征、会计等机构。国民政府还以中央主计处为中心，在各省市政府机关设立主计处，县市政府机关设主计室；全国各机关主办岁计、会计、统计的人员，直接对主计处负责，并依法受所在机关长官的指挥。1938年《公库法》颁行后，正式形成国库、省（市）库、县（市）库三级公库组织体系，采用国库单一账户制度加强公库对财政资金的统一集中管理，有效地提高了对各项预算资金的监控力度。

（三）开始重视对财政监督主体的再监督

1928年的《国民政府组织法》和《立法院组织法》规定，立法院具有制定与修改法律、议决法律，以及审查预算案，审查中央政府总预算、总决算以及监督行政部门的权力。国民政府主计处主管各政府机关财务管理的监督，其职能类似于目前的公共会计，而对主计处的监督由立法院承担。主计处每年编成的总预算案、总决算账目要送交国民政府转交行政院提交立法院核议。经立法院审查后，由国民政府公布执行。司法院则对公务员的违法行为进行惩戒，并成立公务员惩戒委员会，颁行《公务员惩戒法》（1931）。这种对行使财政监督职能部门进行再监督的硬性规定以及具体做法，有利于充分发挥财政监督在经济和社会发展中的作用。民国时期形成的由立法、审计、财政和司法四方部门组成的财政监督管理体系，各部门各司其职、分工负责，形成了相互监督、制约的控制系统，从制度设计角度看已经较为成熟，有利于加强对预决算的监督与管理，保证财政支出的合法性和高效性。

除此之外，1932年初成立的全国财政委员会，隶属于国民政府，是为“审查国库各项开支，实行财政公开”而设立，职权为整理财政、审查军政各费概算、稽核公债发行、考核及公布收支数目等。设委员长一人，由行政院院长兼任；委员若干人，“以政府人员及金融界、工商业界、经济学者及有经验之专家充之”，也起到监督财政监督主体的作用。

（四）由监审分离到监审合一的制度设计

北京政府时期和南京国民政府初期的监察和审计是分开的，1928年10月国民政府实行“五院制”后，便将审计院改为审计部，隶属于监察院，开始了监审合一的制度，不仅体现在组织机构设置上，而且还体现在监察权行使方式和审计报告的报告主体上。1935 年 5 月 22 日监察院公布施行的《监察使巡回监察规程》，规定监察使可以在巡回监察中调查各种账项表册，体现了监审合一。《审计法》规定，各级政府编制的年度总决算，要经审计机关审定并附加审计机关出具的审查报告后，由审计部先呈交给监察院，再由监察院报送国民政府；审计部每年的审计报告书，也是同样的程序。这意味着审计工作是监察工作的重要组成部分。

监审合一的制度设计，使审计机关在组织上能够独立于包括行政院在内的其他四院，使审计立法、执法与司法相分离，体现了审计独立性的本质。在权力配置上监审合一，有助于落实审计机关的审查权、处理权，从而增强审计的权威性和效力，也有利于提高审计人员的专业化、职业化程度，从而提高审计工作的效率和质量。另外，监察院还可以利用审计部门提供的信息，将对事的监督和对人的监督紧密结合，提高监察效率，降低了监督制度的执行成本。

综观民国时期的财政监督制度，从制度本身来说，作为具有资本主义性质的政治制度的重要组成部分，经过 30 多年的发展，机构设置完整，统隶严明，职责明晰，无论从财政监督的理论到组织架构体系的建立，还是从监督方法措施、法制建设等比较成型的财政监督规范体系的构建到财政监督体制的创建和渐趋完善，无不表明财政监督制度实现了向近代的转型，制度设计具有一定的科学创见性。民国时期财政监督体制的构建，为财经领域实施的预决算制度改革、分税制改革、分级预算制度的确立等创造了条件。只不过因时局动荡和独裁、专制，甚至帝制观念的影响等多种社会政治环境因素的制约，这些制度不可能完全付诸实施，执行的结果也未达到改制的目标。

参考文献：

[1] 蔡鸿源．民国法规集成［M］．合肥：黄山书社，1999.

[2] 广东社会科学院历史研究所，等．孙中山全集［M］.6 卷．北京：中华书局，1986.

[3] 贾怀德．民国财政简史［M］．上海：商务印书馆，1942.

[4] 虞和平，夏良才．周学熙集［M］．武汉：华中师范大学出版社，2011.

[5] 闫坤，刘新波．中国公共财政理论发展研究综述与评析［J］．首都经济贸易大学学报，2011（3）.

[6] 周天度，郑则民，齐福霖，李义彬，等．中华民国史［M］．8 卷．北京：中华书局，2011.
[7] 中国第二历史档案馆．中华民国史料档案资料汇编［M］．第 3 辑，财政一．南京：江苏古籍出版社，1991.

18. 岳麓秦简所见“租禾”、“刍稾”税和“枲税”刍议

【摘要】岳麓秦简首次披露了秦除了有“禾程”，而且还有“秏程”，并且“租禾”征收物分为带秸秆的禾以及舂出之粟、米、麦、粺（精米）、菽和荅。“租禾”税率指的是应征田亩之比率，既有什一之税，也有什五税一等，与传世文献记载不同。秦“租禾”征收办法主要是依据授田民缴纳租税品种情况而计算出所授之田应纳田亩数，即“度稼得租”，学界争论的按顷、按亩或按实物计征之说不能完全成立。岳麓秦简还第一次揭示秦“稾”税折钱缴纳的历史真相，并且刍和稾的价格也首次有所体现。以往传世文献和简牍材料未见记载的“枲税”和“枲程”也清晰地展现在世人面前。

【关键词】租禾　刍稾　枲税

【作者简介】朱德贵，哈尔滨商业大学商业经济研究院教授

秦代财税制度一直是学者热衷研究的问题，高敏、钱剑夫、黄今言和山田胜芳（日本）等学者的研究成果最有代表性。然而困于史料缺乏，有些问题一直无法深入探讨。如秦“租禾”是如何征收的？“刍稾”税征收的具体办法如何？是否存在“枲税”和“枲程”？诸如此类问题，一直困扰史学界。岳麓秦简的陆续刊布为我们揭开这些谜团带来了新的契机。本文拟结合岳麓秦简有关记载，对秦“租禾”、“刍稾”和“枲税”等问题作一考证，不妥之处，望专家指正。

一、“租禾”

春秋时期的管仲曾经就田税问题发表过言论，如《国语·齐语》管仲曰：“相地而衰征”，韦昭注云：“相，视也；衰，等差也；征，征取也。”即依土地肥瘠之不同，征收不等额的租税。公元前594年鲁国实行了“初税亩”政策。其他如晋国、秦国等纷纷加入田税征收的行列。根据《史记》卷一五《六国年表》记载，秦简公七年（公元前408年）秦国开始实行“初租禾”的政策。那么秦的“租禾”是如何实施的？有哪些具体

规定？兹举几例《岳麓书院藏秦简》简文说明如下：

例1 为貲（实），以所得禾斤数为法，如法一步。（《岳麓书院藏秦简（贰）》，01/0956正）

例2 取禾程述（术），以所已干为法，以生者乘田步为貲（实）＝，貲（实）如法一步。（《岳麓书院藏秦简（贰）》，02/0887）

例3 取程，八步一斗，今干之九升。述（术）曰：十田八步者，以为貲（实），以九升为法，如法一步，不盈步，以法命之。（《岳麓书院藏秦简（贰）》，03/0537）

例4 取程，禾田五步一斗，今干之为九升，问几可（何）步一斗？曰：五步九分步五而一斗。（《岳麓书院藏秦简（贰）》，04/0955）

例5 取禾程，三步一斗，今得粟四升半升，问几可（何）步一斗？得曰：十一步九分步一而一斗。为之述（术）曰：直（置）所得四升。（《岳麓书院藏秦简（贰）》，05/0388）

例6 秏程。以生貲（实）为法，如法而成一。今有禾，此一石舂之为米七升，当益禾几可（何）？其得曰：益禾四斗有（又）七分。（《岳麓书院藏秦简（贰）》，09/0809）

例7 禾兑（税）田卅步，五步一斗，租八斗，今误券九斗，问几可（何）步一斗？得曰：四步九分步四而一斗。述（术）曰：兑（税）田为貲（实），九斗。（《岳麓书院藏秦简（贰）》，12/0982）

例8 租禾。税田廿四步，六步一斗，租四斗，今误券五斗一升，欲耎□□【步数】，几可（何）步一斗？曰：四步五十一分步卅六∟一斗∟其。（《岳麓书院藏秦简（贰）》，14/0817+1939）

例9 禾舆田十一亩，【兑】（税）二百六十四步，五步半步一斗，租四石八斗，其述（术）曰：倍二【百六十四步为】……□。（《岳麓书院藏秦简（贰）》，40/1654）

例10 【仓广】二丈五尺，问袤几可（何）容禾万石？曰：袤卅丈。述（术）曰：以广乘高法，即曰，禾石居十二尺，万石，十二万。（《岳麓书院藏秦简（贰）》，175/0498）

例11 米一升少半升，为粟二升九分二。米一升少半＝（半）升，为粟三升十八分升一。米一升大半＝（半）升，为粟三升十八分升十一·米一升大半＝（半）升四分升一，为粟【四】。（《岳麓书院藏秦简（贰）》，89/1135）

以上简文均出自《岳麓书院藏秦简（贰）·数》，（先秦的“数”是六艺之一，儒家常言“备王道，成六艺”，孔子弟子“身通六艺者七十有二人”。因此，“儒者以《六艺》为法”，更有甚者以“数术穷天地，制作侔造化”。“数”又称为“九数”，郭书春先生说，古书中“九数”指的是：方田、粟米、差分、少广、商功、军输、方程、盈不足、旁要。“九数”与政府的日常行政事务密切相关，因此，政府通常利用这些算题来训练管理者的能力。朱汉民先生和陈松长先生在《岳麓书院藏秦简（贰）·数》的“前言”中说：这部书对研究“秦汉时期社会政治、经济、法律、军事等，都有重要意义”。彭浩先生在《江陵张家山简〈算数书〉注释》一书中也认为：“许多算题与秦汉时期尤其是秦朝县级政府的管理职责有着极为密切的关系。”毋庸置疑，《岳麓书院藏秦简（贰）·数》可能有假设的成分，但是其反映的秦政府当时经济管理的事务应该大致不差。

从以上简文可以看出，当时官吏在“租禾”时要面临几个问题：其一，“禾”是如何征收的？其二，粟又如何征收？其三，禾与粟米如何换算？其四，“租禾”税率几何？

例1表明，政府在“租禾”的时候是按照“石”、“斗”、“斤”和“升”等计算单位来征收的。其他类似记载还有例2至例10。

例2至例4中的“禾程”指的是政府对税务部门征收“禾”方面的税所作的法定规范。在这些简文中，秦征收田税“禾”包含“生者”（湿禾）和“已干（干禾）”二种。

例5至例6详细说明了去除秸秆后的粟米与禾是如何换算的。这表明秦政府在征收田税时除了征收带秸秆的禾以外，还征收粟米。所谓“秏程”就是指去除秸秆后所损耗数目之法定程式。

例7至例8说明，当时税收部门官吏在征收田税时可能会造成误差。这个算题主要考察财务核校时如何处理“误券”问题。因为秦经常要核查财务数据，如《睡虎地秦墓竹简·法律答问》209简：“可（何）如为‘大误’？人户、马牛及者（诸）货材（财）直（值）过六百六十钱为‘大误’，其他为小。”《睡虎地秦墓竹简·效律》60简：“人户、马牛一以上为大误。误自重殹（也），减罪一等。”再如《里耶秦简（壹）》载：“廿九年正月甲辰，迁陵丞昌讯☐书☐。（正）•鞫□悍上禾稼租志误少五縠□☐。（背）”（8－1246）一旦出现这种误差，管理人员该如何换算和处理？这是这些“误券”算题的主旨所在。我们再看看张家山汉简中的记载，如《江陵张家山简〈算数书〉注释》：“误券——租禾误券者，术曰：毋升者直（置）税田数以为实，而以券斗为一，以石为十，并以为法，如法得一步。其券有者，直（置）与•田步数以为实，而以券斗为一，以石为十，并以为法，如法得一步。其券有升者，直（置）与田步数以为实，而以券之升为一，以斗为十，并为法，如•得一步。”再如《江陵张家山简〈算数书〉注释》：“租吴（误）券——田一亩租之十步一斗，凡租二石四斗。今误券一石五斗，欲益耎其步数，问益耎几何。曰：九步五分步三而一斗。术曰：以误券为法，以与田为实。”简文表明，政府在登记租税时会产生误差或存在舞弊行为，如隐匿田税等，《龙岗秦简》147 简载：“坐其所匿税臧（赃），与灋（法）没入其匿田之稼。☑”又，《龙岗秦简》143 简：“□□□不到所租□直（值），虚租而失之如☑。”原始租税账簿一旦校出误差，就要登记造册，这就是“误券”。

例 9 表明，秦确有“什一”之税。如“禾舆田十一亩，【兑】（税）二百六十四步”，整理者认为，这种田税的征收实行了什一之税，再如《岳麓书院藏秦简（贰）》11/0939：“租误券。田多若少，耤令田十亩，税田二百卌步，三步一斗，租八石。•今误券多五斗，欲益田。其述（術）曰：以八石五斗为八百。”这里记载田十亩，税田一亩，即什一之税。而里耶秦简云：“迁陵卌五年豤田舆五十二顷九十五亩税田□顷□□。户百五十二租六百七十七石卫之亩一石五。户婴四石四斗五升奇不卫六斗（正）。启田九顷十亩租九十七石六斗六百七十七石。都田十七顷五十一亩租二百卌一石。贰田廿六顷卌四亩租三百卅九石三。凡田七十顷卌二亩•租凡九百一十（背）”（8－1519）。这里记载了迁陵县启陵乡、都乡和贰村乡缴纳田税的情况。按照秦授田百亩之制，征税什一，税田当为十亩。但是，我们通过计算可知，迁陵县三乡田亩总计五十二顷九十五亩，税田为四顷五十一亩，明显低于什一之税。秦田亩附加税“枲税”的税率也不同，如《岳麓书院藏秦简（贰）》16/0900 云：“舆田租枲述（术）曰：大枲五之，中枲六之，细七之，以高乘之为貣（实），直（置）十五，以一束步数乘之为法，貣（实）如法得。”这里枲田的税率却为十五分之一。可见，我们对秦代的税率问题不能够概而论之，秦政府规定的税率可能根据不同税目或在不同时期有所变化。

例 10 说明秦政府所征收的“禾”是带秸秆的，因为它规定了“禾”堆积的长宽高，并以此来测算仓库的容积。这里所谓的“积”，它的数量没有一定的规定，如《睡虎地秦墓竹简·仓律》21 简：“入禾仓，万石一积而比黎之为户。”《睡虎地秦墓竹简·仓律》26 简：“栎阳二万石一积，咸阳十万一积，其出入禾、增积如律令。”《睡虎地秦墓竹简·仓律》28 简：“入禾稼、刍稾，辄为廥籍，上内史。•刍稾各万石一积，咸阳二万一积，其出入、增积及效如禾。仓。”这里规定了“禾稼、刍稾”皆可按体积计算。秦仓库官吏管理“禾”税时，按照各税目和地方之不同，禾积数目也不一样。

例11表明，秦地方行政官吏在征收田税时除了征收带秸秆的禾以外，还征收粟、米、麦、粺（精米）、菽和荅等各种粮食。如《岳麓书院藏秦简（贰）》96/0987："米一升为毁（毇）十分升吧。米一升为叔（菽）、荅、麦一升半升。以粟求粺，卅七之，五十而成一。以粺求粟，五十之，卅七而成一。"像这样换算的算题还有《岳麓书院藏秦简（贰）》96/0987、84/0971、85/0823、86/0853、87/0756、88/0974和92/0389等。根据这些简文，当时政府可能征收特定的粮食品种以供各种消费群体消费。

例3、例4、例5、例7、例8、例9表明，秦征收田税"禾"时可能根据土地优劣和干湿情况而制定不同征收办法，如"八步一斗"、"三步一斗"、"五步一斗 租八斗"、"六步一斗 租四斗"、"五步半步一斗 租四石八斗"和"五步一斗 租八斗"。

在正确理解了以上简文的基础上，我们再来讨论一下秦田租征收的具体办法。秦田租征收办法是学界聚讼已久的问题，秦田租是按顷征收还是按亩征收？是"舍地而税人"吗？岳麓秦简为我们化解这一谜团提供了坚实的史料基础。笔者认为，秦田租征收采取了如下步骤：

第一，按照应征田亩的税率，确定所需征税的田亩面积。秦的税率指的是应征收田亩数的比率，如前引例9："禾舆田十一亩，【兑】（税）二百六十四步，五步半步一斗，租四石八斗，其述（术）曰：倍二【百六十四步为】……☐。"（《岳麓书院藏秦简（贰）》，40/1654）此为"什一之税"，而前引《里耶秦简（壹）》8：1519却表明秦税率为"什五税一"。可见，秦的税率不是固定不变的，根据不同的作物确定不同的比率，前引《岳麓书院藏秦简（贰）》16/0900规定了枲田的税率为1/15，也说明了这一问题。因此，正如例9等材料所记载，秦征税机构先确定了不同作物的税率，然后再计算应征税田亩的面积。

另外，吴荣曾先生的《战国授田制研究》，田昌武和臧知非先生的《周秦社会结构研究》对战国时期实行的授田制进行了详细分析与考证，本文在此仅作一补充说明，笔者以为，政府授田后土地既可以继承，也可以买卖。如据《包山楚简》151和152记载："左馭（驭）番戌飤（食）田于邵𡨛（国）䜭（噬）邑城田一索畔畹。戌死，其子番疐後（后）之；疐死，无子，其弟番䵹後（后）之；䵹死，无子，左尹士命其从父之弟番款後（后）之。款飤（食）田，疠（病）于�（债），骨儥之。左馭（驭）游（游）晨（晨）骨贾之。又（有）五（伍）節、王士之後（后）𨜒赏阩（间）之，言胃（谓）：番戌无後（后）。左司马适命左斂（令）𪒠定之，言胃（谓）：戌又（有）遂（后）。”意思是说楚怀王时期，有一个名叫番戌的“飤（食）田”（国家所授之田）如何继承和买卖的。在这个诉讼案件中，最后“左敂（令）骮定之”，土地买卖交割完毕。再如《二年律令·户律》记载：“欲益买宅，不比其宅者，勿许。为吏及宦皇帝，得买舍室。（第320简）受田宅，予人若卖宅，不得更受。（第321简）代户，贸卖田宅，乡部、田啬夫、吏留弗为定籍，盈一日，罚金各二两。（第322简）”汉初距秦不远，又汉承秦制。这条材料说明：国有土地授出之后，土地是可以买卖的。秦律又规定：“无貇（垦）不貇（垦），顷入刍三石、稾禾二石。”既然土地可以买卖，授田民土地就有可能增加或减少，但征税却按所授之田应纳税田面积计征，详细情况请参看本文例9的说明。因此，《通典》卷四《食货四》说：“（秦）……地数未盈，其税必备。”这是非常有道理的。

第二，确定征税田亩面积后，再从授田民缴纳粮食品种的情况求解应纳税之田亩数。前引《岳麓书院藏秦简（贰）》96/0987记载：“米一升为毁（毇）十分升吧。米一升为叔（菽）、荅、麦一升半升。以粟求粺，卅七之，五十而成一。以粺求粟，五十之，卅七而成一。”可见，秦除了征收“生者”（湿禾）和“已干（干禾）”之禾之外，还征收粟、米、麦、粺（精米）、菽和荅等粮食品种。由于征收粮食品种不同，具体征收多少数量的各种粮食才能达到应征税之田亩面积？这是地方征税官吏要解决的重要问题。因此，岳麓秦简《为吏治官及黔首》11简才会记载：“度稼得租。”具体的计算格式如例2：（生者 X 田步）/已干 = 禾田步数，例3至例5也是同样算题。例7至例8计算的是每斗租税有多少步的问题，也是求禾田步数。

那么为什么我们看到的田税征收精确到“步”？以及租税标准不一？如简文中记载的“八步一斗”、“三步一斗”、“五步一斗 租八斗”、“六步一斗 租四斗”、“五步半步一斗 租四石八斗”和“五步一斗 租八斗”。这是因为全国地形不同或土地优劣所致。由于江南地区丘陵众多，土地不可能整齐划一，所授之田可能被分割成众多小块土地，地方管理人员在征税时就会采取“度稼得租”这种办法，而且他们为节省行政成本，仅从税收量来求解土地面积，当达到授田应纳田税面积后，即表示此授田民已经完税。

二、“刍稾”税

秦时除了“租禾”外，还征收刍稾税，《商君书·去强》云：“强国知十三数：……马、牛、刍藁之数。”《史记》卷六《秦始皇本纪》记载：“（秦）郡县转输菽粟刍藁，皆令自赍粮食，咸阳三百里内不得食其谷。用法益刻深。”（第269页）《汉书》卷64《主父偃传》记载，秦皇帝派蒙恬将兵攻胡，却地千里，以河为境，然后发天下丁男以守北河，“使天下飞刍挽粟”。（第2800页）诸如此类记载，史书中不胜枚举。刍和稾为当时的牛马饲料，在军国事务中居重要地位。那么秦是如何征收刍稾税的？是否与汉代一样可以折钱缴纳？笔者稽查传世文献和以往简牍资料后，均未发现秦稾税可以折钱缴纳，岳麓秦简首次为我们拨开了困扰学界很久的迷雾，试看如下简文：

例12　刍一石十六钱，稾一石六钱，今刍稾各一升，为钱几可(何)？得曰：五十分钱十一，述（术）曰：刍一升百钱十六，稾一升百分钱。(《岳麓书院藏秦简（贰)》，73/0973)

例13　稾石六钱，一升得百分钱六∟，刍石十六钱，一升得百分☐。《岳麓书院藏秦简（贰)》，75/1839)

例14　刍新（薪）积廿八尺一石。稾卅一尺一石。茅卅六尺一石。(《岳麓书院藏秦简（贰)》，108/0834)

例12、例13表明，当时刍一石十六钱，而稾一石仅六钱。尽管这是个算题，但其与现实刍稾税也不会相差太离谱，基本就在其上下浮动。汉初的《二年律令·田律》记载了刍稾税折钱缴纳的情况，“刍一石当十五钱，稾一石当五钱”，这一点与岳麓秦简相同，只是数量有别，岳麓秦简是“刍一石十六钱，稾一石六钱”。同时，这也说明岳麓秦简中的“数”所记载的租税数目以及反映的事实与秦的历史基本吻合。

再看看刍稾税征纳物的形态问题，如《睡虎地秦墓竹简·田律》9简云：“入顷刍稾禾，以其受田之数，无豤（垦）不豤（垦），顷入刍三石、稾禾二石。刍自黄䅟及䕯束以上皆受之。入刍稾禾，相输度，可殹（也）。田律。”这条材料告诉我们，秦的刍稾税是按顷征收的“户刍”而非本文所论的“田刍”和“田稾”，从最后一句来看，当时征收刍稾确实是实物，即“入刍稾禾，相输度，可殹（也)”。可见，秦规定了征收的具体数量。而据汉初的《二年律令·田律》记载：“入顷刍稾，顷入刍三石；上郡地恶，顷入二石；稾皆二石。令各入其岁所有，毋入陈，不从令者罚黄金四两，收入刍稾，县各度一岁用刍稾，足其县用，其余令顷入五十五钱以当刍稾。刍一石当十五钱，稾一石当五钱。”该处简文明确记载了刍稾税所收数量与睡虎地秦墓竹简一样，但因地力不同，刍税征收有别，“上郡地恶，顷入二石”。结合岳麓秦简和其他史料，我们知道，秦的刍稾征收不但可以折钱缴纳，而且可以上缴刍稾实物。

当然，简牍表明，秦汉刍税分为两种：“户刍”和“田刍”。如《里耶秦简（壹）》载：“户刍钱六十四卅五年☐。”（8：1165）又，“☐十一月□刍钱三百☐”（8：559）。笔者估计“□刍钱三百☐”前的缺字当为“户”字。所谓“田刍”就是指按照应征田亩面积征收的刍税，如本文前面所论之事实；“户刍”就是按户征收的刍税。从里耶秦简来看，“户刍”显然征收的是钱，而非实物。到了汉初，不仅有“户刍”和“田刍”，甚至还出现了“田稿（稾）”，但始终未见“户稿（稾）”之称谓。如《江陵凤凰山西汉简牍》载：

平里户刍廿七石
田刍四石三斗七升
凡卅一石三斗七升
八斗为钱
六石当稿
定廿四石六斗九升当□
田稿二石二斗四升半
刍为稿十二石
凡十四石二斗八升半
稿上户刍十三石
田刍一石六斗六升
凡十四石六斗六升
二斗为钱
一石当稿
定十三石四斗六升给当□
田稿八斗三升
刍为稿二石
凡二石八斗三升。

由上引简文可知，汉初“户刍”有一部分是可以纳钱的，这应该是承继了秦“户刍”之制。总之，这几条简牍文献的价值就在于：其一，它明确告诉我们，秦的稾税可以折钱交纳；其二，首次记载了刍稾的价格，丰富了秦汉物价史的史料。

三、“枲税”

秦除了“租禾”和“刍稾”税以外，还征收“枲税”。岳麓秦简首次向世人展示了秦征收“枲税”的历史真相，请看岳麓秦简如下记载：

例15 舆田租枲述（术）曰：大枲五之，中枲六之，细七之，以高乘之为貣（实），直（置）十五，以一束步数乘之为法，貣（实）如法得。（《岳麓书院藏秦简（贰）》，16/0900）

例16 租枲述（术）曰：置舆田数，大枲也，五之，中枲也，六之，细枲也，七之，以高乘之为貣（实），左置十五，以一束步数乘十。（《岳麓书院藏秦简（贰）》，17/1743）

例17 枲【舆】田六步，大枲高六尺，七步一束，租一两十七朱（铢）七分朱（铢）一。（《岳麓书院藏秦简（贰）》，19/0835）

例18 枲舆田五十步，大枲高八尺，六步一束，租一斤六两五朱（铢）三分朱（铢）一。（《岳麓书院藏秦简（贰）》，20/0890）

例19 大枲田三步少半步，高六尺，六步一束，租一两二朱（铢）大半朱（铢）。（《岳麓书院藏秦简（贰）》，21/0849）

例20 大枲田三步大半步，高五尺=，（尺）五两，三步半步一束，租一两十七朱（铢）廿一分朱（铢）十九。（《岳麓书院藏秦简（贰）》，22/0888）

例21 枲舆田，周廿七步，大枲高五尺，四步一束，成田六十步四分步三，租一斤九两七朱（铢）半朱（铢）。（《岳麓书院藏秦简（贰）》，23/0411）

例22 枲舆田七步半步，中枲高七尺，八步一束，租二两十五朱（铢）。（《岳麓书院藏秦简（贰）》，24/0826）

例23 细枲舆田十二步大半步，高七尺，四步一束，租十两八朱（铢）有（又）十五分朱（铢）一。（《岳麓书院藏秦简（贰）》，25/0837）

例24 细枲田一步少半步，高七尺=，（尺）七两，五步半步一束，租十九朿<朱>（铢）一。（《岳麓书院藏秦简（贰）》，26/0844）

例25 枲舆田九步少半步，【细】枲高丈一尺，三步少半步一束，租十四两八朱（铢）廿五分朱（铢）廿四。（《岳麓书院藏秦简（贰）》，27/0475）

例26 枲税田卌五步，细枲也，高八尺，七步一束，租廿二斤八两。（《岳麓书院藏秦简（贰）》，28/1651）

例27 今枲兑（税）田十六步，大枲高五尺，五步一束，租五斤。今误券一两，欲耎步数，问几可（何）一束？得曰：四步八十一分七十（《岳麓书院藏秦简（贰）》，29/0788）

例28 枲兑（税）田十六步，大枲高五尺，三步一束，租八斤五两

八朱（铢）。今复租之，三步廿八寸当三步有（又）百九十六分步。（《岳麓书院藏秦简（贰）》，32/0841）

例 29 □□自乘，□□一束步数乘之为貢（实），以所得寸数自乘也，为法，貢（实）如法得一步。大枲五。（《岳麓书院藏秦简（贰）》，35/0387）

例 30 枲五之，中枲六之，细枲七之。（《岳麓书院藏秦简（贰）》，36/1652）

例 31 大枲高五尺，枲程八步一束，今。（《岳麓书院藏秦简（贰）》，37/2172）

例 32 为枲生田，以一束两数为法，以一束步数乘十五，以两数乘之为貢（实）〓，貢（实）如法一步。耎枲步数之述（术），以税田乘。（《岳麓书院藏秦简（贰）》，38/0952）

例 33 六之，细枲七之。（《岳麓书院藏秦简（贰）》，C020103）

以上就是岳麓秦简所见所有有关“枲”方面的简文。所谓“枲”，是一种麻类植物的纤维，如《汉书》卷 28《地理志》云：“岱畎丝、枲、鈆、松、怪石。”师古注曰：“枲，麻属也。”这种枲主要用作弓箭弦、鞋和绳索等的原材料，如《居延汉简释文合校》记载有“枲长弦四直百”（326. 6）、“枲长弦三革甲鞮☐”（332. 7）、“□枲□弦□十二枚当以遣罢卒今☐”（264. 30）、“官布复絝一两官枲履一两□　私布橐一”（217. 30）、“枲履一两□□望虏”（332. 19）、“终古三日□□□□□终古部枲绳”（67. 39）和“■枲索五丈☐”（63. 16）等。可见“枲”在军用和民用两方面的作用都很大，秦汉政府当然很重视“枲税”的征收工作。

例 15、例 16 表明，秦征收“枲税”可能分为如下步骤：第一，所征收“枲税”之田必须登记造册；第二，征收的税率为 1/15，即“直（置）十五”。

例 17 至例 31 中“枲税”是依等级征收的，如例 17 中租“一两十七朱（铢）七分朱（铢）一”等。以上简文至少反映了如下几个历史信息：第一，“枲税”分品种征收。当时枲大致分为：大枲、中枲和细枲（三种不同品种的麻枲）。第二，枲的高度不同，征收的租税数目也不同。第三，根据例 31，秦还颁布了征收枲税的官方法律规定，如“枲程”。所谓“程”者，乃政府规定之法定程式。

有关秦“枲”的其他出土文献仅见一处记载，《睡虎地秦墓竹简・金布律》91 简云：“为幏布一，用枲三斤。为褐以禀衣；大褐一，用枲十八斤，直（值）六十钱；中褐一，用枲十四斤，直（值）卌六钱；小褐一，用枲十一斤，直（值）卅六钱。已稟衣，有余褐十以上，输大内，与计偕。都官有用□□□□其官，隶臣妾、舂城旦勿用。”这里仅载明了枲的作用和价格，而未明确枲税征收问题，因而以往研究此类问题的学者未敢轻易断言秦有枲税或枲程。根据这条史料，我们知道，当时的枲除了用于弓箭弦、鞋和绳索之制作外，还可以用来制作褐衣。所谓“褐衣”，其实是一种粗布衣服，是普通百姓或囚徒的日常服装，如《史记》卷76《平原君虞卿列传》载：“民褐衣不完，糟糠不厌。”（第2 369 页）《史记》卷100《季布栾布列传》云：“髡钳季布，衣褐衣，置广柳车中，并与其家僮数十人，之鲁朱家所卖之。”（第2 729 页）这条简文还透露了一条有关秦时“枲”价格的信息，即当时一斤枲大概在三点二八钱左右。

综上，秦“租禾”是按照一定的法定程式征收的，如“禾程”和“秏程”等，而征收之“禾”既包括“生者”（湿禾），也包括“已干(干禾)”之禾。至于“租禾”之税率，秦既有什一之税，也有低于此税率者，我们不能概而论之。岳麓秦简还表明，秦既征收带秸秆的禾，也征收粟、米、麦、粺（精米）、菽和荅等粮食。秦征收田税的具体办法：一是按照应征田亩的比率，确定所需征税的田亩面积；二是确定了应征税田面积后，再从授田民缴纳各种粮食品种的情况求解应纳税之田亩数。岳麓秦简不仅首次揭示了秦“稾”税折钱缴纳的历史真相，而且还第一次详细记载了秦“刍”和“稾”的价格。最后，岳麓秦简首次披露了以往传世文献和简牍材料未见记载的“枲税”和“枲程”，为学者们深入探讨秦田亩附加税提供了第一手原始材料。

参考文献：

[1] 班固．汉书［M］．卷28，地理志．北京：中华书局，1962.

[2] 陈伟．包山楚简初探［M］．武汉：武汉大学出版社，1996.

[3] 杜佑．通典：校点本［M］．卷四，食货四．北京：中华书局，1988.

[4] 范晔．后汉书［M］．卷59，张衡列传．北京：中华书局，1965.

[5] 高敏．秦汉赋税制度考释//秦汉史论集［M］．郑州：中州书画社，1982.

[6] 郭书春．中国科学技术史［M］．数学卷．北京：科学出版社，2010.

[7] 湖北省文物考古研究所．江陵凤凰山西汉简牍［M］．北京：中华书局，2012.

[8] 湖北省荆沙铁路考古队．包山楚简［M］．北京：文物出版社，1991.

[9] 黄今言．秦汉赋役制度研究［M］．南昌：江西教育出版社，1988.

[10] 湖南文物考古研究所．里耶秦简：壹［M］．北京：文物出版社，2012.

[11] 蒋礼鸿．商君书锥指［M］．北京：中华书局，1986.

[12] 李恒全，等．秦汉刍稾税征收方式再探［J］．财贸研究，2007（2）．
[13] 李恒全．也谈西汉田税的征收方式问题——与臧知非先生商榷［J］．江西师范大学学报，2000（1）．
[14] 李恒全．汉代田税百亩征收说确难成立——与臧知非先生再商榷［J］．江西师范大学学报，2001（6）．
[15] 李学勤．包山楚简中的土地买卖［N］．中国文物报，1992-03-22（3）．
[16] 彭浩．张家山汉简〈算数书〉的“并租”与“启从（纵）”［J］．考古，2002（5）．
[17] 睡虎地秦墓竹简整理小组．睡虎地秦墓竹简［M］．北京：文物出版社，1990.
[18] 司马迁．史记［M］．北京：中华书局，1959.
[19] 田昌武，臧知非．周秦社会结构研究［M］．西安：西北大学出版社，1996.
[20] 钱剑夫．秦汉赋役制度考略［M］．武汉：湖北人民出版社，1984.
[21] 山田勝芳．秦漢財政収入の研究［M］．汲古書院，1993.
[22] 彭浩．江陵张家山简《算数书》注释［M］．北京：科学出版社，2001.
[23] 吴荣曾．先秦两汉史研究［M］．北京：中华书局，1995.
[24] 徐元诰．国语集解［M］．北京：中华书局，2002.
[25] 杨伯峻．春秋左传注［M］．修订本．北京：中华书局，2009.
[26] 叶玉英．论张家山汉简〈算数书〉的经济史料价值［J］．中国社会经济史研究，2005（1）．
[27] 朱汉民，陈松长．岳麓书院藏秦简（贰）［M］．上海：上海辞书出版社，2012.
[28] 朱汉民，陈松长．岳麓书院藏秦简（一）［M］．上海：上海辞书出版社，2010.
[29] 中国文物研究所，湖北省文物考古研究所．龙岗秦简［M］．北京：中华书局，2001.
[30] 张家山二四七号汉墓竹简整理小组．张家山汉墓竹简二四七号墓［M］．释文修订本．北京：文物出版社，2006.
[31] 臧知非．汉代田税“以顷计征”新证——兼答李恒全同志［J］．江西师范大学学报，2003（3）．
[32] 臧知非．西汉授田制度与田税征收方式新论——对张家山汉简的初步研究［J］．江海学刊，2003（6）．

19. 中国古代的财产税：历史演进、特点及启示

【摘要】财产税在中国历史上是个很特殊的税种。在中国历史上，以财产税为取向的改革发生在各朝财政急剧紧张时期，不连续、不规范，随意性大，其内容随着社会的发展而变化。探讨中国历史上财产税的发展演进历程，总结财产税发展变化的特点和规律，对于当前我国的税制改革具有重大的理论价值和现实意义。

【关键词】财产税　中国财政史　演变规律

【作者简介】赵兴罗，中南财经政法大学财税学院副教授

在中国历史上，财产税是一个古老的税种，所谓财产税，是对纳税人所有的或属其支配的动产或不动产所征收的税。不同的朝代，财产税所涵盖的内容不同，在整个税收中所占的地位也不同。财产税在中国历史上是个很特殊的税种，一方面它很早即在西汉产生，算缗钱、算商车是较典型的财产税，而另一方面，一些税种在以后各代却又较少再现。产生于唐的户税具有财产税的性质，但两税法后与农业税混在一起，又于明代随一条鞭法归并于农业税中了。这里仅初步探讨历史上数例财产税，以挖掘其发展演进历程及其呈现的特点。

一、中国古代财产税的演进

（一）算缗钱、算商车

算缗钱，又称缗钱税，是向商人和高利贷者征收的财产税。缗，是穿钱用的绳子，俗称钱贯或钱串子，一缗即一贯，相当于钱1 000文。缗钱税是以贯为单位征税。算商车，是对车船主征收的财产税。

汉代征缗钱税、车船税的原因主要有两个，一是由于战争和宫廷奢侈生活的需要，使国家府库空虚，财用不足。二是由于连年遭受自然灾害，农民大量流亡破产，国家不仅不能从农民那儿搜刮到更多的财富，反而需要大量财物进行安顿。《史记》中记载："财或累万金"的富商大贾、高利贷者，却"不佐公家之急，黎民重困"，他们居富不仁，囤积居奇，骄

横乡里，大发横财，而不急国家所急。所以，为解决财政困难，打击富商大贾、高利贷者的经济势力，汉武帝于公元前129年（元光六年）颁布征收商人车船税后，又于公元前119年（元狩四年），颁布了算缗和告缗的诏令，加重富商巨贾和高利贷者的赋税课征，规定：①凡商人、高利贷者、放债取利及囤积货物者都是缗钱税的纳税人，按规定向官府申报钱财及货物总值，经官府查验后，按财物数值总额纳税。最初的课征对象是对商人的货币和货物，即对“储钱”征税，有收益税的性质，后来扩大到田宅、畜产和奴婢等方面，即对全部财产进行估算，统一征税，从而具有财产税性质。每2 000钱抽税一算，一算为120钱，税率为6%。②手工业作坊主的财产，每4 000钱抽一算，税率为3%。③不是“三老”、“骑士”而有轺车的，每辆车抽取一算，商人有轺车者加倍征收，即征二算；船五丈以上者，每只船抽税一算。④禁止商人及其家属购买田地，违者没收土地及货物，并罚作农奴。⑤纳税人必须如实申报，如隐瞒不报或自报不实者，鼓励知情者揭发，叫“告缗”。凡揭发属实，被告者即被没收全部财产，罚戍边一年，对告发者奖给被没收财产的一半。

“告缗令”一行，各地争相告缗，据记载，“中家以上大氐（抵）皆遇告。……得民财物以亿计，奴婢以千万数，田大县数百顷，小县百余顷；宅亦如之。于是商贾中家以上大氐（抵）破”。汉政府又发了一笔横财。算缗钱和告缗的施行，反映了统治阶级在制定政策过程中充分考虑到商人的固定资产是否有增加财富的因素。此后，资产税仍然存在，通过算缗、告缗“得民财物以亿计”、“民不益赋而天下用饶”。[①]

（二）算赀

算赀，也称赀税，是指按民户财产征收的一种财产税，属于直接税。汉武帝除了对商人、高利贷者、手工业者课征财产税外，还对一般民户征收“赀算”（或算赀），又称赀税或民赀税，也属于财产税性质，是对纳税人包括货币、田、宅、车、马、牛、奴婢等一切动产、不动产在内的全部财产，甚至衣履釜鬲等日常用品也计算在内，进行估价，然后根据财产折价后的货币总额征税，总值不足万钱者不征税，万钱以上者按“赀万钱，算百二十钱”的标准征课。汉代官府登记家赀的办法先是由民户家长“各以其物自占”，“自占”后，由国家通过地方官吏对民户进行核算和“评赀”活动；如果隐瞒财产不报的话，则科以隐匿之罪[②]。这一税种后

① 《汉书》卷24，《食货志》。

② 《史记》，卷30，《平准书》。

来被沿袭下去。其税率在西汉一代较长时间内是有赀万钱而一算，即1.2%。王莽时由于匈奴入侵，战事迭起，遂改为“赀三十取一(3.3%)”，可能只是暂时的权宜之计，直到东汉末赀算仍是统治者向人民剥削的税收之一。东汉以后的赀算率可能仍是西汉时的旧法。计赀征税虽有一定的合理性，但在具体贯彻中也存在诸多弊端。

曹魏统治时期，也曾实行过按评定资产征税的办法。晋朝以后，官府对各家各户的财产，进行核定、登记，编制赀簿，并以此来征税。南朝宋文帝元嘉二十七年（450 年），因国用军需，下令上自王公妃主，下至小民，均须献纳金帛私财，家赀满 50 万、僧尼满 20 万者，缴纳资财的 1/4，后又规定不满 3 000 者不征税①。北朝北齐武平（570—575 年）之后，民户分为九等，其中六等以上的户为富户，要出钱②，这亦是财产税的性质。

（三）赊贷税

赊贷税，亦称贳贷税，是对出贷货币或粮食收取利息所课的收益税，课征的对象是高利贷者，属于资本利息税。

西汉初年，由于经济复兴，生产和商品流通繁荣，一些商人凭借冶铁、煮盐以及巧取豪夺积累了大量金钱，以高息贷出盘剥百姓，最初政府对借贷营利未加限制，商人乘机渔利，年利率一般在 20%。放出 1 000 贯钱，一年可收息 200 贯，相当于一个千户侯的收入。汉武帝时，开始对高利贷收取的利息征税，即赊贷税，税率为每 2 000 钱征收一算，即 6% 的税率，以限制高利贷业和高利贷者。

隋唐及以后，这种向高利贷商人征税的现象也时有出现。

（四）间架税

间架税是以房屋为课征对象所征收的一种财产税，类似现代的房屋税。间架税始于唐德宗建中四年（783 年），以弥补军费不足为名开征。由于两税法已将一切杂税都并入在内，因此属于两税之外的加征，并与两税法中的户税有重征之嫌。规定屋两架为一间，根据房间的大小、质量分三等征税，上等每间2 000，中等1 000，下等 500③。由税吏执丈量工具及登记簿，至每家丈量登记，凡隐匿房间申报不实者，隐没一间杖 60，举报者赏钱 50 文，由隐匿者负担。这一税率在当时是很高的，而且不公平，

① 《宋书》，卷 95，《索虏传》。

② 《隋书》，卷 24，《食货志》。

③ 《旧唐书·卢杞传》。

对于一些没落家族来讲，房屋不少，却很少有土地或其他资财，出钱动辄须几万或几十万、上百万缗，负担是极其沉重的，对一般的老百姓也是一项沉重的负担。由于人民怨声载道，德宗被迫于785年废除。

五代十国时期，也有征房屋税的记载，是向城市居民征收，不论房屋是否属于自己，均以居住者为纳税人，强行征收，分夏秋两季交纳。

（五）牲畜税

牲畜税是对规定的家养牲畜所征的税。始于汉武帝时征收的马口钱，这一税种是由于战争频繁马匹伤亡严重急需补充，国家却财政困难无以购买，而老百姓饲养马匹的数量增多，所以对马征税，按头数折价，每千钱交税20，即2%。为弥补战马损失，武帝元鼎五年（公元前112年），下诏令边境人民养马，由官府借给母马，满三年后，十马还官一驹，即1/10的税率；这促进了牲畜繁殖，并增加了税源。对牛、羊、鸡等六畜征税，税率为所饲养牲畜价值的2%①。

北魏时期，除了对农户实行租调制外，还对从事畜牧业生产的牧民征牛马调。如永兴五年（413年）规定，诸州60户出戎马一匹，421年规定，调民20户输戎马一匹，大牛一头。羊满百口输戎马一匹②。对牛马征调，当是军事所需。

元代也有畜牧税，最早见于1229年，规定蒙古民有马百者输牝马一匹，牛百者输小牛一头，羊百者输羒羊一。1296年下诏民间马牛羊百取其一，羊不满百者亦取之。

（六）率贷和借商

率贷和借商是唐朝向富豪商贾征收一定比率的钱财，具有临时财产税性质。虽是债的形式，实际上是强制征课的一种，已超出商税的范围，具有勒索商人的性质。为镇压安史之乱，各地驻军用度不足，天宝末年（755年），向豪商富户率贷，籍其家资，所有财货畜产，五分纳一，所收巨万计③。唐肃宗于756年向江淮、蜀汉一带的富商右族赀富，十收其二。782年（建中三年），为了筹措兵费，德宗向长安商贾借钱，规定“钱超过万贯者，留百贯为业，其余官借以给军需。冀得五百万贯。帝许之。”

---

① 《汉书·西域传》。

② 《魏书（一）》，第52、61页。

③ 《古今图书集成·食货典》，卷217，《杂税部》一，《唐》一，“天宝”条。

钱数不够，复以“借做柜钱”强行盘剥，“长安为之罢市”。[①] 计得80余万缗，商人不胜其苦。[②] 后来诸道节度使，多率贷商贾，以作军费，名为借，实为课。有的在津口要道或市肆等地，对持钱1 000以上的商人，都按率收税。率贷发展的结果，使各临时财产税转变为营业税或通过税性质的杂税，严重阻碍了商业的发展。

二、中国古代财产税演进的特点

中国古代的财产税在整个赋税中的地位逐渐加重，多次成为赋税改革的主要取向和里程碑。在其发展中，呈现出以下特点：

（一）以财产税为取向的改革发生在各朝财政急剧紧张时期

中国封建国家的一切经济活动，在主观上都是出于财政目的，是为了维持统治的需要。中国历史上财产税的发展，一方面是商品经济发展的产物，工商业的发展、货币化程度的提高，为财产税的发展提供了物质基础。另一方面又是政府增加财政收入的重要手段，历史上很多朝代的统治者，在财产税税种及征收手段上费尽心机，推动了财产税的发展，但其目的主要是为了增加财政收入，而没有从发展经济的角度考虑，因此封建国家的工商税收大多会阻碍社会经济发展。

例如，汉代施行的算缗、告缗虽抑制了豪商大贾的非法活动，增加了国家的财政收入，解决了当时的财政困难。但实际上是一种杀鸡取卵、竭泽而渔的做法，商贾之家的大量财产被没收入官，以及“重租税以困辱之”的方法，等于巨额工商业资本、高利贷资本不正常地退出了流通领域，极大地削弱了社会再生产能力，阻碍了商品交换的继续发展。这也造成大量工商业资本、高利贷资本退出工商业，加入到土地兼并的行列，也堵塞了农业过剩人口向私人工商业流动的渠道，是造成西汉中后期人民流亡和沦为奴婢的主要原因之一。

（二）财产税不连续、不规范，随意性大

中国古代财产税在不同的朝代有不同的内容，其内容随着社会的发展而变化。封建统治者征收财产税的主要目的是增加财政收入，因而，一般在朝代的初期，统治者善于总结前代灭亡的教训，会较好地处理国家与民众的关系，整顿吏治、轻徭薄赋，于是出现了汉初的“文景之治”、唐初

---

① 朱伯康，施正康．中国经济通史：上［M］．北京：中国社会科学出版社，1995：583.

② 《资治通鉴》，卷227，“德宗建中三年”条。

的“贞观之治”、明初的“洪武之治”。然而，在统治秩序基本稳定以后，统治者往往沉醉于太平盛世的表象中，认为盛世的延续和政权的巩固关键在于官员，因而将官员的利益放在首位。随着官员队伍的扩大，出现冗官、冗政、冗费等现象，官僚地主勾结税官，逃避赋税，将税负转嫁给贫民，赋税不均现象日益严重，财政入不敷出。到了社会矛盾十分尖锐的情况下，统治者就不得不实行改革。在富户逃税严重的背景下，征收税源广泛的资产税是必然的选择。这就是汉、唐、宋、明、清中期均选择财产税作为改革取向的主要原因。

也正因如此，每当财政拮据，统治者就会在寻找新税源，挖掘新税种上大费心机，财产税的征收不一定会延续下去。例如，西汉产生的算缗钱、算商车，就是较典型的财产税，而在以后各代却又较少再现；唐代的间架税在唐之后也很少再现。此外，产生于唐的户税具有财产税的性质，但两税法后与农业税混在一起，又于明代随一条鞭法归并于农业税中了。从这个意义上来说，中国封建社会的财产税又具有不连续性，正是其不连续，也决定了财产税制十分不规范，随意性很大。

（三）财产税的内容随着社会的发展而变化

在中国封建社会，土地是重要的生产资料和重要的财富形式。在生产力水平比较低、人少地多的条件下，劳动力是创造财富的关键，所以，国家征收赋税以力役税为主。随着生产力的发展，人口增多，土地在财富生产中的地位日渐重要，所以，土地税逐步代替人丁税。在汉代、唐代的资产税中，除了土地财物以外，奴婢也作为主人的财产征税，这既反映了社会等级制度对人权的不尊重，又反映了生产力水平低下时期，劳动力在财富生产中的重要作用。明清时期的财税改革，主要是摊丁入地，以财产税代替人丁税，土地在财产税中的地位日益上升，土地税逐渐代替人丁税。

土地税代替人丁税集中体现在明清时期的赋役制度改革。随着生产力的发展，田亩产量的提高，土地的负税能力越来越强，而随着人口的增多，劳动力在生产财富中的重要性下降，负税能力也下降，土地税代替人丁税成为必然，而且土地在财产税中的地位也上升。

到了民国时期，广义的财产税不仅包括了地价税、土地增值税、房捐，还包括了遗产税、所得税、过分利得税等现代税种。总之，随着生产力水平和社会制度的变化，也相应引起了财产税内容的变化。

（四）财产税在客观上起到了调均贫富的作用

财产税是直接税，对于调节贫富差距以及收入分配有重要作用。在中国漫长的封建社会，财富失衡始终是非常严重的社会问题。历代出现的财富差距都相当悬殊，《汉书·食货志》中记载：“庶人之富者累巨万，贫者食糟糠”，《汉书·董仲舒传》也记载：“富者田连阡陌，贫者亡立锥之地”、“富者奢侈羡溢，贫者穷急愁苦”，这就是我国古代财富差距的生动写照。基于社会舆论的推动及巩固统治的需要，历代统治者均清醒地认识到社会贫富不均状况以及由此带来的社会隐患。为了维护社会政治经济秩序，当政者在施政过程中对贫富不均给予了一定的关注，并采取财税措施对财富分配进行干预和控制。

例如，西汉征收的赀算，就是资产税，乃为户税，按户资出钱。资产税在西汉称为“赀算”，即以家庭财产为税基、以户为单位征税，计赀的范围在不同时期不尽一致，税额为赀万钱一算（120 钱）。按照资产多少征收相应的资产税，小家若家訾 2 万，岁课资产税 240 钱，中家若家訾 10 万，岁课资产税1 200钱。大家若家訾百万，岁课资产税12 000钱。以此类推，訾多税多，訾少税少，无訾不税。每年汉代政府都会派人到每家每户度量财产进行核计，再根据财产的多寡按比例课税，体现贫富有别。

尽管财产税的征收还难以摆脱本身的缺陷以及时代和阶级的局限性，使其最终难以完成“调均贫富”的目标，但在在客观上有助于调均贫富，限制贫富失度，一定程度上对调节贫富失衡起到了一定的作用。

三、中国古代财产税的历史启示

综上所述，中国古代财产税经历了长期的历史演变，呈现出一些鲜明的特点，研究历史上的财产税对当前我国进行财产税改革有重要的历史启示。

（一）探索财产税的适当形式

随着历史条件的变化，我们要认真研究财产税的内容，当前理论界广泛争议的物业税、房产税和遗产税改革，就是财产税的重要形式。

（二）发挥财产税在调节贫富差距中的功效

财产税在调节贫富差距中发挥着十分重要的作用，在我国当前政府解决收入分配的重要改革中，也应当有效发挥财产税的收入分配的作用。官僚一般是财产多者，他们总想法抵制财产税的出台，例如遗产税，在我国讨论的时间很长，但议而不决，决而不行。出台后也尽量规避。在当前，本应实行官员财产申报制度，但鉴于各种原因，财产申报尚没有全面推行，而这又成为遗产税开征条件不成熟的理由。

（三）进一步完善我国的财产税制度

中国封建社会的财产税征收的主要目的是增加政府的财政收入，因而，其开征与否以及征收什么样的财产税、怎么征等问题，都是基于统治者对财产税的需要，这就决定了封建社会的财产税制度不规范、不连续、随意性大。而在当前，我国征收财产税的主要目的是调节收入分配、公平税负和优化资源配置，因而，我国开征财产税必须结合当前的经济现实，根据经济形势的变化而实时进行改革，例如，物业税、房产税、遗产税的开征，就要考虑到我国现实的社会和经济形势，同时，加强财产税的征管，严防税收流失。

参考文献：

[1] 刘孝诚．中国财税史［M］．北京：中国财政经济出版社，2006.

[2] 陈志勇．财产税：理论与制度构建［M］．北京：中国财政经济出版社，2006.

[3] 项怀诚．中国财政通史［M］．清代卷．北京：中国财政经济出版社，2006.

[4] 赵兴罗．我国古代财政调控财富分配的实践及启示［C］//规范收入分配秩序研究——收入分配理论与政策国际研讨会论文集．北京：经济科学出版社，2012.